es 1917
edition suhrkamp
Neue Folge Band 917

Die Moderne ist der unaufhörliche Versuch, die Kluft zwischen gelebten Wirklichkeiten und erträumten Möglichkeiten zu überwinden. Ihre Geschichte nimmt sich aus wie ein gigantisches ›Guinnessbuch der Rekorde‹. Immer schneller, immer weiter, immer mehr – so lautet die Devise in allen Lebensbereichen.

Peter Gross analysiert die Verheißungen und Widersprüche des Fortschrittsgedankens in einer offenen Gesellschaft, die keine ernstzunehmenden Feinde mehr hat. Er beschreibt die individuellen und gesellschaftlichen Folgen des unendlichen Begehrens nach ›Mehr‹. Er fragt, ob die abendländische Fortschrittslektion angesichts schwindender Ressourcen und knapper werdender Verteilungsspielräume relativiert werden muß. Er stellt zur Diskussion, ob die Anerkennung von Unterschieden, ob Differenzakzeptanz die Gegenformel sein könnte zur transpolitischen Programmatik einer endlosen Ausfaltung immer neuer Möglichkeiten und Teilhabehoffnungen.

Peter Gross, Dr. rer. pol., geb. 1941, 1979-1989 Professor für Sozialstruktur im internationalen Vergleich an der Universität Bamberg, seit 1989 Professor für Soziologie an der Hochschule St. Gallen (Schweiz).

Peter Gross
Die Multioptionsgesellschaft

Suhrkamp

edition suhrkamp 1917
Neue Folge Band 917
Erste Auflage 1994
© Suhrkamp Verlag Frankfurt am Main 1994
Erstausgabe
Alle Rechte vorbehalten, insbesondere das
der Übersetzung, des öffentlichen Vortrags
sowie der Übertragung durch Rundfunk und Fernsehen,
auch einzelner Teile.
Satz: Hümmer, Waldbüttelbrunn
Druck: Nomos Verlagsgesellschaft, Baden-Baden
Umschlagentwurf: Willy Fleckhaus
Printed in Germany

2 3 4 5 6 - 99 98 97 96 95

Inhalt

Vorwort 11

Prolog
Die offene Gesellschaft ohne Feinde 14

Anlaß 14   Das Auge der Wissenschaft 18   Unterwegs 26
Zum Inhalt 30

Erster Teil
Steigerung und Zerstörung 35

I. Optionierung 40

Nicht nur Glühlampen 41   Die Stockwerke der Multioptionsgesellschaft 44   Hinter den Regalen 48   Gesucht wird... 50
Multiple Elternschaft 54   Vom Mosaik der Lebensstile und Lebensläufe 57   Unendliche Erlebniswelten 61   Beliebige Weltverständnisse 64   Postmoderne als Multioptionsgesellschaft 69

II. Entobligationierung 71

Entgrenzung 75   Entzeitlichung 77   Enthierarchisierung 82
Entheiligung 84   Abbau innerer Zäsuren 87   Erledigung der Ewigkeit 92   Verlust der Herkunft 95   Vom Kreuzritter zum Gangster 99   Postmoderne als Miniobligationsgesellschaft 103

Zweiter Teil
Transformation und Triebkraft 107

I. Transformationsprozesse 112

Kräftefeld 113   Ebenen und Prozesse 115   Kognitive Umschmelzung: Entzauberung 117   Zauber entzaubernder Weltbilder 123   Technologische Innovation: Entfatalisierung 128
Wirtschaftliche Transformation: Vermarktung 136   Transpolitisches Programm: Demokratisierung 143

II. Triebkraft 149

Mobilisierung 151   Beschleunigung 154   Multiplikation 158   Reformulierung der Transzendenz 160   Ewige Revolutionierung 166   Statt Selektions-, Realisierungsdruck! 174   Individualisierung als Realisierung 180

Dritter Teil
Fluchten, Zwischenwelten, Exodus-Phantasien 187

I. Fluchten 193

Zwischenwelten 195   Prozeduren 200   Prozesse 205   In Transitonien 207   Beunruhigung 214   Der andere Krieg 218   Tod den Optionen 225   Präsenzpsychose, Paralyse 228   Kokon-Dasein 231   Selbstzerstörung 233

II. Exodus-Phantasien 239

Denkmalpflege 242   Utopische Miniaturen 248   Verschmelzungs-Träume 252   Gelobte Länder 263   Bronx–Galaxis einfach 267   Simulationswelten 275   Der Schmerz des Leibes 283   Aufhebung letzter Differenzen 289

Vierter Teil
Grenzen im Grenzenlosen? 303

I. Unendlichkeit des Fortschritts 309

Entsperrung mentaler Universen 310   Realisierung statt Sublimierung 314   Demonstration der Differenz 318   Drift 323   Schrankenlosigkeit 328   Repetitive Unendlichkeit 331

II. Begrenzungsversuche, Grenzen 336

Untaugliche Fußangeln 338   Ökologischer Vulgärmarxismus 341   Neugier- und Denkverbote? 345   Verschwendung und Vernichtung 350   Die Optionierung verschont nichts 355   Wirkliche Postmoderne 360

Epilog
Quo vadis? 364

Ende der Geschichte? 364 Unendliches Begehren nach Mehr 367 Alles allen: Differenzminderung 377 Die Rechnung geht nie auf 387 Was tun? 393 Differenzakzeptanz als Lösung? 399

Literatur 413

»Alles ist möglich.«
Alexandre Kojève

»Nichts ist unmöglich.«
Toyota

Vorwort

Vor über tausend Jahren bereits keimte im Abendland der Gedanke, die Jenseits-Verheißungen des Christentums im Diesseits Wirklichkeit werden zu lassen. Vor mehr als hundert Jahren hat Alexis de Tocqueville behauptet, daß es auf Erden zwei große Völker, die Amerikaner und die Russen, gebe, die von verschiedenen Punkten ausgehend zum selben Ziel vorrückten. Heute, nach dem Ende der ideologischen Zweiteilung der Welt, sind alle großen und alle kleinen Völker, wir eingeschlossen, wie einem globalen Marschbefehl folgend, unterwegs. Aber kennen wir Auftrag und Ziel? Was treibt uns? Wohin?

Unter dem wortungetümen Titel »Multioptionsgesellschaft« verbirgt sich der Versuch, darauf eine Antwort zu geben. An Antworten besteht zwar heute kein Mangel, auch nicht an Antworten, die alle bisherigen Antworten zu umfassen und zu überbieten behaupten. Die »Multioptionsgesellschaft« beinhaltet ein Grundverständnis der Gegenwartsdynamik, das genau an diesem Punkte ansetzt. Sie demonstriert, was sie beschreibt. Die endlose und kompetitive Ausfaltung neuer Möglichkeiten ist omnipräsent, nicht nur in den Regalen der Supermärkte, sondern auch im Reich des Geistes. Die rasche Folge von die Lebenswirklichkeit als Parallelwelten begleitenden, einander kommentierenden und konkurrierenden Theorie- und Sinnwelten offenbart einen Welt-, Menschen- und Selbstverbesserungszwang, der endlose Folge und weitertreibende Ursache der gleichen gesellschaftlichen Dynamik ist.

Was im Titel schwach aufleuchtet, ist ein tief in die modernen Gesellschaften eingemeißelter und ins Herz des modernen Menschen implantierter Wille zur Steigerung, zum Vorwärts, zum Mehr. Auf dem Drang nach Mehr gründet die Moderne. Sie ist, wie es Louis Dumont formuliert hat, ausgezogen, um die Kluft zwischen Erfahrung und Vernunft zu schließen.* Insofern die Vernunft ermöglicht und das Erfahrene im Hinblick auf das Mögliche verbessert und transformiert werden soll, drängt und treibt die Moderne vorwärts. Das Mögliche ist das mit Ködern ausstaffierte

---

* Louis Dumont, *Individualismus. Zur Ideologie der Moderne*. Aus dem Französischen von Una Pfau und Achim Russer, Frankfurt / New York 1991.

Morgen, das Heute ein noch nicht zu sich gekommener Vorschein möglichen Glücks. Das Leben ist die Hoffnung, dort irgendwie und irgendwann, aber jedenfalls in diesem Leben anzukommen. Aber wo eigentlich? Und um welchen Preis? Läßt sich die Kluft schließen, und lassen sich die Möglichkeitsträume frisch und unbefleckt halten? Sind sie überhaupt realisierbar, gar universalisierbar? Oder muß der Marschbefehl vernichtet, das Schlaraffenland wieder zwischen die Buchdeckel, das irdische Paradies in einen jenseitigen Himmel verbracht werden? Ist die abendländische Fortschrittslektion zu relativieren? Sind Unterschiede, Differenzen, vielleicht sogar Ungleichheiten anzuerkennen? Ist abzulassen davon, die gegenwärtige Welt als einen korrigierbaren Irrtum und die Parallelwelten der Theorie als korrigierbare Umsetzungen korrigierbarer Irrtümer anzusetzen und auf Änderung, Verbesserung, Fort- und Weiterschreiten zu verzichten? Über die Unmöglichkeit, dies derzeit zu fordern, und die Notwendigkeit, darüber nachzudenken, versucht das vorliegende Buch zu berichten.

Zu danken habe ich zahlreichen Kollegen der Hochschule St. Gallen, namentlich Hans Christoph Binswanger, Thomas Dyllick, Peter Gomez, Matthias Haller, Martin Hilb, Felix Philipp Ingold und Emil Walter-Busch für ihre Anregungen aus soziologiefernen Ländern. Gerne erinnere ich mich an meine ehemaligen Kollegen von der Universität Bamberg, in deren Kreis die Anfänge dieses Buches zu suchen sind, insbesondere an Ulrich Beck, Michael Sukale, Laszlo Vaskovics, Sepp Schmidt, Dieter Wuttke und Gerhard Schulze, vor allem auch an Ronald Hitzler und Manfred Garhammer. Nicht ohne Skepsis verfolgt haben meinen wachsenden Stapel an Manuskriptseiten Anne Honer, Thomas S. Eberle, Christoph Maeder, Achim Brosziewski und Olaf Zorzi. Ich hoffe, daß ihre Mühe nicht ganz umsonst war. Die Überarbeitungen und Übermalungen immer wieder in eine akzeptable Form gebracht zu haben ist das Verdienst von Brigitte Engeli. Der Inhalt des Buches kontrastiert mit den ungezählten Stunden der Muße und Freude, in denen das Wort von Michael Walzer so gar nicht zutraf, daß wo immer man lebt, Ägypten sei! Die Stunden und Tage werden fortgeführt mit Ilse und Horst, Jackie und Jürgen, Ulla und Lutz, Ilja und Michael, aber auch mit Pater Flurin, Ira, Hans, Agathe, Paßfahrer Migg, Marianne und Jürg, Kathrin und Philipp, Uschi und Thomas. Nicht der Auszug aus Ägypten ist zu üben, sondern der Einzug in die Welt, die man hat. In diesem Sinne danke ich zuletzt und zuerst meiner Familie: meiner Mutter Paula, meiner Frau Ursula und unseren Kindern Miriam und Lukas.

Gelegenheiten und Bühnen für die Erprobung von Gedanken stellten liebenswürdigerweise und immer wieder zur Verfügung: Margarethe Schmidt Sonntag, Emil Brauchlin, Peter Atteslander, Wolf Linder, Fredmund Malik, Jürg Manella, Erich P. Meyer und die Studenten, deren wacher Aufmerksamkeit das Buch viel verdankt.

Prolog
Die offene Gesellschaft ohne Feinde

Anlaß

Karl R. Popper hat in seiner vor bald einem halben Jahrhundert verfaßten Kampfschrift *Die offene Gesellschaft und ihre Feinde* (1957 f.) Platon, Hegel und Marx als geistige Führergestalten geschlossener Systeme gebrandmarkt. Platon spielt in der zeitgenössischen Philosophie eine eher nebensächliche Rolle. Hegel wird unterdessen benutzt, um das Ende der Geschichte und die Herabkunft einer finalen, offenen Gesellschaft nachzuweisen. Und Karl Marx ist, wie man, Lester Thurow (1993) paraphrasierend, sagen könnte, mitsamt dem russischen Bären in den Wäldern verschwunden. Die offene Gesellschaft scheint keine ernstzunehmenden Feinde mehr zu haben. Ihr Sieg ist *vollständig, total*. Sie entfesselt Energien und aktiviert Potentiale, deren barbarische Seiten sogar *für* und nicht gegen sie sprechen. Gleichzeitig sind wir überall anwesend. Wir nehmen mit unseren Apparaten teil an den Stammesfehden in Afrika, den Religionskriegen in Jugoslawien, den Bandenfehden in St. Petersburg oder Palermo, aber auch an Techno-Partys in Berlin oder Peking, Schönheitskonkurrenzen in Hawaii und Intimaffären im Weißen Haus. Wir sind selber offen, expansiv, an immer mehr Orten anwesend. Wir saugen immer mehr Möglichkeiten in uns auf, die, in uns gespeichert, auf ihre fetischartige Aktivierung warten. Wenn die Moderne oder Postmoderne, bei aller ihr nachgesagten Ambivalenz und Unentschiedenheit, einen Leitbegriff kennt, der uneingeschränkt herrscht und durchgesetzt wird, von der Persönlichkeitsbildung und dem Sozialverhalten bis zum Verhältnis von Geschlechtern, Generationen, gesellschaftlichen Gruppen, Nationen und Kontinenten, dann ist es die *Offenheit*. Offenheit heißt Zugänglichkeit, und Zugang will eröffnet, ermöglicht, erschlossen werden – von allen zu allem. Zu allem, was die Moderne gegenüber der Vormoderne an Erstrebenswertem anzubieten hat – und das ist *unendlich viel*.

Die Steigerung der Erlebens-, Handlungs- und Lebensmöglichkeiten, die Optionensteigerung, ist der augenscheinlichste Vorgang der Modernisierung. Darum der Begriff der *Multioptionsgesellschaft*. Die Steigerung der Handlungsmöglichkeiten ist so präsent und evident, daß es fast schwerfällt, für diesen Vorgang den tausend Beispielen die passenden zu entnehmen. Denn irgendwie paßt alles; die Illustration erscheint selber als Illustration der Optionierung. Die Zahl der valablen Möglichkeiten ist weitaus größer, als je in einem noch so dicken Buch unterzubringen ist. Die Geschichte selber erscheint als eine exponentiell wachsende Bibliothek von Büchern mit Möglichkeiten. Von der Pizzakarte über die Fernsehprogramme bis hin zu den Partnerschafts- und Heiratsmärkten werden in furiosen Folgen neue Handlungsmöglichkeiten aufgetan. Täglich wird die Kontingenz, die Zahl der Alternativen erhöht. Jeder Tag versorgt uns von neuem mit einem kunterbunten Gemisch von Angeboten, Lockrufen, Versprechungen und Angeboten, das Angebotene realisieren zu helfen. Ein Ende ist nicht abzusehen. Denn die Moderne selber lebt in der Möglichkeitsform. Die Gegenwart ist einer nach vorne marschierenden Moderne obsolet. Überall klaffen Lücken zwischen dem, was ist, und dem, was sein könnte; überall werden Differenzen zwischen Wirklichem und Möglichem aufgeblendet, überall werden sagenhafte Leistungen und große Sprünge demonstriert. Die Moderne ächzt in der Anstrengung, den Abgrund, der zwischen Wirklichkeit und Möglichkeit liegt, zu verringern. Wirklichkeit und Möglichkeit sind tausendköpfige Wesen: ausgemessen, ausphantasiert und ausprobiert mit tausenderlei Wegen dazwischen und dem Versprechen, die Anstrengungen zu honorieren.

In einer nie dagewesenen Weise erscheint dementsprechend auch die Zukunft offen. Immer mehr Grenzen werden fallen, immer mehr Länder werden zu Fußnoten der Geschichte, alle Landkarten müssen andauernd überholt werden, die Weltraumtüren werden aufgestoßen. Auch zeitlich und sozial hat sich das Verfügbare unabsehbar erweitert. Die offene Gesellschaft, für die noch vor wenigen Jahrzehnten erbittert gekämpft werden mußte, hat keine Feinde mehr, sondern ist mitten unter uns. Der Rhythmus von *Öffnung* und *Schließung* von Handlungs- und Entscheidungsspielräumen ist einer weltweit akzeptierten, *monotonen Steigerungsprogrammatik* gewichen. Zur Erweiterung, Steigerung und Vertiefung von Erlebnis-, Lebens- und Handlungsmöglichkeiten tritt die Forderung einer Steigerung der *Teilhabe*. Öffnen heißt offenbaren und das Geoffenbarte allen zugänglich machen. Alle Gruppen der Gesellschaft und alle Gesellschaften der Welt verlangen gleichen Zutritt – das ist nicht mehr nur das euro-amerikanische, sondern ein transpolitisch-globales Programm. Deshalb sind *alle* Gesellschaften Multioptionsgesellschaften. Sie unterscheiden sich lediglich im Grad der Teilhabe. Vor dem Hintergrund der erlebten und erfahrenen Möglichkeiten und des egalitären Programms werden *unterschiedliche Realisierungszustände* zum Problem. Wo man hinblickt, versuchen Menschen, Kulturen, Nationen, ganze Kontinente, die Differenzen zwischen Wirklichem und Möglichem zu verringern; zwischen Arm und Reich, Mann und Frau, Ost und West, Dritter und Erster Welt. Vor wenigen Jahren hat sich die uns von Kindsbeinen an vertraute weltgesellschaftliche Konstellation decodiert, aufgelöst, selbstzerstört. Markt, Demokratie und Emanzipation prangen einzeln oder als neue heilige Trinität auf den Fahnen aller Länder; in die Verfassungen ist in ersten Artikeln das Recht auf freie Entfaltung der Persönlichkeit aufgenommen. Gleichzeitig wird zwar die Zerstörung der Natur, die Erosion der Traditionen und das Verblassen von festen Bindungen und Gewißheiten beklagt. Die schwindende Naturbasis der Industrienationen ist der ökonomische Ausdruck des verschwindenden Sinns, das Ozonloch oben im Himmel verweist auf ein weit aufgerissenes Sinnloch.

Optionensteigerung und *Traditionsvernichtung* gehen indes, wie es schon Alfred Döblin in seiner Romantrilogie *Amazonas* (1938) drastisch beschrieben hat, Hand in Hand. Es handelt sich weder um eine positive noch um eine negative Dialektik, sondern um eine *unsichtbare* und *verschwiegene Allianz*. Die Zerstörung und der Tod des Alten ist der immer wieder formulierte, aber nie so konkretisierte Preis der Aufklärung dessen, was Projekt der Moderne genannt wird. Die Aufklärung ist auch ein zerstörerischer Diskus, der Liberalismus – bis heute – eine Methodologie des Abschaffens, Sprengens, De-Regulierens. Erst wenn es keine Selbstverständlichkeiten mehr gibt, kann man sich frei bewegen und entscheiden. Erst die Entfernung der mittelalterlichen Häuser läßt ihre Nutzung als Supermärkte zu. Erst wenn alles beseitigt ist, was die Entfaltung des Individuums verhindert, tritt strahlend die Freiheit hervor. Die Multioptionsgesellschaft ist deshalb eine ihrer Obligationen mehr und mehr verlustig gehende *Miniobligationsgesellschaft*. Die Obligations- oder Gewißheitsgesellschaften sind die ungute Alte Zeit. Wenn sie sich innerhalb der realisierten Multioptionsgesellschaften als Fundamentalismen hervorwagen, werden sie mit Feuer und Schwert bekämpft.

Noch vor wenigen Jahrhunderten drang die Missionierung auf dunklen und abenteuerlichen Pfaden in die fremden Welten und Kulturen ein. Livingstones vor mehr als hundert Jahren unternommene Reisen ins Innere Afrikas und Sir Henry Stanleys Expeditionen in den dunklen Erdteil, um den verschollenen Livingstone aufzufinden, das waren Lieblingsbücher meiner Kindheit. Livingstones Reisen waren darüber hinaus Missionsreisen; er stieß von Süden her, durch den brennenden Sand der Kalahari-Wüste, von feindlichen Stämmen und wilden Tieren bedroht, nach Norden in das Herz Afrikas vor. Fast ein Vierteljahrhundert setzte er daran, die verschlossenen Tore des schwarzen Kontinents zu sprengen und den Völkern dort die Segnungen des Christentums und der Zivilisation zu bringen. Diese Art von Missionierung ist beendet. »The World is going digital«, so lautet das Leitmotiv der zweiten Welle der elektronischen Revolution. Der Papst spricht über den Äther, ist im interaktiven Fernsehen bald anzufassen und hat außerdem jeden Punkt der Erde innerhalb eines Tages bereist. Die Kinder kennen Nansen und Livingstone nicht mehr, sondern blinzeln tagtäglich auf den bläulich schimmernden Erdball der im Fernsehen übermittelten Satellitenbilder, auf dem sich die Wolken für den Wetterbericht ruckweise verschieben. Die Welt erscheint aller Entfernungen beraubt. In Las Palmas hat der Kapitän eines russischen Frachters bei unserem Besuch alsgleich die Television eingeschaltet. Unter dem Geschrei des amerikanischen Parteikonvents haben wir uns über das zerfallende Jugoslawien unterhalten. Überall werden Energien entfesselt: technische, aktivistische, reflexive. Die Potentiale fluten frei im Äther, auf den Bildschirmen, in der Wirklichkeit. Es herrscht ein atemberaubendes Tempo und Durcheinander, eine Hyperaktivität, in der alles Bisherige, die versunkenen Kulturen, die erloschenen Traditionen, die in der Gegenwart ausgebreiteten Möglichkeiten, die Erzählungen und Erzählungen über Erzählungen, die erträumten, erhofften, phantasierten und verwünschten Zukünfte, zusammenfließen. Die Welt erscheint wie neutralisiert und gleichzeitig stimuliert, Optionen zu realisieren und Differenzen zu verringern.

Um welche Mission, der alle Transport- und Informationswege heute dienen, die hinter dem Rauschen auf den Autobahnen, beim Roden der letzten Urwälder und dem Summen der PCs zu hören ist, handelt es sich? Wie eine Plastikhaut spannt sich ein telematisches Gewirr von ätherischen Stimmen um die Erde, deren musikalische Grundfigur der *Marsch* ist. Vierundzwanzig Stunden im Tag herrscht eine Atmosphäre des Zapfenstreichs. In *einem* kleinen Abschnitt in der heutigen Tageszeitung über »Kraft und Krise Amerikas« (NZZ, 19./20. 3. 1994) ist von »erneuerter Kraft«, »wieder überholen«, »überspringen«, »zurückerobern« und »Nase vorn« die Rede, und an einem durchschnittlichen Vormittag wie heute fallen einem dutzendweise Marschbefehle aus dem Briefkasten in die Hände. Uns wird der Marsch geblasen. Von wem? Existiert ein geheimes Programm, ein Katechismus des Fortschritts? Warum? Wer und zu welchem Zweck betreibt denn die Temposteigerung, die Flexibilisierung und technische Aufrüstung, wer befiehlt diesen Kult der Performanz? Woher rührt dieser *expansive, polemische und despotische Welt-, Menschen- und Selbstverbesserungszwang*? Und warum macht die ganze Welt mit? Welchem *Ziel* rückt die Gesellschaft, wenn sie sich wie ein riesiger Arcimboldo durch die Jahrhunderte bewegt, näher? Sind die Trümmer der Vergangenheit, denen wir uns liebevoll im Auktionshaus und schaudernd im Schlachthaus der Geschichtsbücher zuwenden, Beutestücke eines Feldzuges gegen eine von allem Anfang an verdorbene Welt? Ist die realisierungswütige Gegenwart Ausdruck einer anthropologischen Differenz, einer göttlichen Strafe oder eines historisch einmaligen Steigerungswillens? Ist die ruhelose Mobilisierung, die sich in allen Lebensbereichen zeigt, Ausdruck der Orientierungslosigkeit, ein Bewegungssturm angesichts eines nahenden Endes, eine prä-katastrophische Konvulsion? Oder tragen wir, auf hunderttausend Füßen, die Gesellschaft wie ein riesiges Insekt, von Ameisen vorwärtsgeschleppt, einem Ziel entgegen, das, sobald es erreicht ist, in neue Ferne rückt, also im Unendlichen endet? Fragen über Fragen, in denen aber immer die eine und gleiche Frage steckt.

Das Auge der Wissenschaft

Kann die Wissenschaft, in diesem Fall die zeitdiagnostisch orientierte Sozialwissenschaft, sie beantworten? Kann sie den Führer spielen und Weg und Ausweg nennen? Gewohnt, immer neue szientische Welten zu generieren; gefordert, die wachsende Zahl von Möglichkeiten und von Beziehungen zwischen den Möglichkeiten zu erfassen; und unersättlich neugierig, allem, was man nicht weiß, auf die Spur zu kommen, illustriert sie selber in bester Weise das moderne Steigerungs- und Teilhabeprogramm. Zunächst und *erstens*: Sie will *mehr*. Sie ähnelt darin dem Sport, der Wirtschaft, dem Unternehmen, der Abteilung im Unternehmen, den in ihr Tätigen – allem! Es geht zwar nicht um Mehr-Wert, sondern um Mehr-Wissen. In der Bank-Wirtschaft versteht man unter »Derivatismus« die zwanghafte Vorstellung, immer komplizierte Vertragsformen auf dem Anlagemarkt zu erfinden. Die in den Forschungs- und Technikbeilagen dem eiligen Leser servierten Ergebnisse, etwa über die Zementherstellung von Regenwürmern, schwarze Löcher im All oder die Bedeutung des Lodenmantels in Gegenden, wo er nicht getragen wird, machen einen ähnlich abwegigen Eindruck. Ganz im Gegenteil zum allgemein beklagten Verschwinden der Artenvielfalt in Flora und Fauna entwickelt sich im Treibhaus der Wissenschaften eine farbenprächtige und glitzernde Welt von Welten. In immer schnellerer Kadenz werden neue Ergebnisse der Astronomie, der Metaphysik, der Betriebswirtschaft oder der Soziologie einer staunenden Öffentlichkeit dargeboten. Man fühlt sich häufig an Weisheiten aus Haefs' Wissens-Postille (1991) von der Art: »Alle Menschen haben im Durchschnitt weniger als 2 Augen« erinnert (Bd. 2, S. 29). Der Grenzwert dieses Erneuerungsprozesses ist die Eintagsfliege, der eintägige Lebenszyklus, die tägliche Vernutzung aller materiellen und immateriellen Leistungen, Deutungen und Deutungen von Deutungen. Was sich in der Wissenschaft abspielt, ist Spiegel einer Moderne, die unter Fortschritt Steigerung versteht. *Bigger, Better, Faster, More*, Longseller der 4 Non-Blondes, ist der Longseller, der auf allen Stockwerken der Gesellschaft antreibt. Auch die Wissenschaft folgt dem Steigerungsimperativ und läßt auf ihren Bühnen die Muskeln spielen. Der Grundkonsens in und über die Wissenschaft ist keineswegs zerbrochen. Jede Disziplin frönt der losen Ausfaltung neuer Denkmöglichkeiten und Handlungsspielräume. Was als okzidentales, nun transpolitisches und globales Fortschrittsprogramm wie ein Feuer auf allen Stockwerken der Gesellschaft brennt, ist auch die Feuersäule der Wissenschaft.

Diagnostische Konkurrenz also allenthalben und weltweit. Sei die Modernisierung, der gesellschaftliche Wandel, das euro-amerikanische Projekt, das Projekt der Moderne oder der Fortschritt ihr

Gegenstand, der wissenschaftliche Gesundheits-Checkup generiert am laufenden Band, auf dem gleichen Papier, in den gleichen Verlagen, mit den gleichen Imprimaturen Analysen, die von todkrank bis kerngesund reichen. Zu den Diagnosen gesellen sich ebenso viele und ebenso unterschiedliche Therapien über Strukturreformen in Wirtschaft und Gesellschaft, im Weltaufenthaltswesen. Der Wissenschaft hat die Stunde der Wissenschaftsmoden geschlagen; die eine, geteilte Wissenschaftsauffassung ist verschwunden, aus den Augen geraten, und die konkurrierenden Wahrheitsansprüche sind zugunsten eines mittelpunktlosen, aber nach wie vor alle Zeichen der Gelehrsamkeit tragenden Wissenschaftstreibens in sich immer feiner ausdifferenzierenden Claims ermattet. Die Wissenschaft wird zudem zunehmend aus dem Elfenbeinturm herausgeködert und sieht sich einer doppelten Allianz gegenüber. Die innerwissenschaftlichen Ansprüche erhalten Konkurrenz durch die auf Sensationen wartenden Kulturproduzenten in den Medien – wobei sich die Bedeutsamkeit in der Gelehrtenrepublik häufig im gleichen Maße verflüchtigt, wie extern zugelegt wird. Aber *ein* Grundkonsens ist, auch in den Sozialwissenschaften, nicht zerbrochen: der unbedingte Wille zum Mehr. Wie immer die Gesellschaft in hochfunktionalisierte Teilsysteme auseinandergebrochen ist, wie tief auch der Graben zwischen Gesellschaft und ihrer Beschreibung, zwischen Erlebnissen erster Ordnung und Beschreibungen zweiter Ordnung geworden ist und wie unterschiedlich schließlich die Gegenstände der Wissenschaften und die Methoden, sich ihnen zu nähern, sind, alles wird weitergetrieben, alles läuft in *eine* Richtung, alles ist durchdrungen vom *konjunktivistischen Existenzmodus*.

Überall wird das *gleiche* Stück gespielt, auf und hinter der wissenschaftlichen Bühne, bei den Schauspielern und im Zuschauerraum, im Leben der Zuschauer und Schauspieler, im Milieu der Prominenz und in den Stuben der kleinen Leute. Aber die unerbittliche irdische Geschichtsmetaphysik, in die wir eingespannt sind, scheint keine Basis, keine Referenz, keinen Umriß zu haben, in die sie ausmündet, in der sie sich objektivieren und zu sich selber kommen könnte. Ein alles verzehrender metaphysischer Kreuzzug ohne Kreuz, aber mit einem Banner, auf dem ein Zeichen steht: das *PLUS*. Oder ließe sich eine Sportart, eine Technik, ein politisches Programm oder weltanschauliche Ansprüche formulieren und vertreten, die nicht ein Mehr, sondern die Konservierung und Bewahrung der Bestände und die Wiederholung des Bisherigen beinhaltete? Erfolgt aber nicht auch die Konservierung, Spurensicherung, Aufbereitung der Geschichte unter dem Diktat des Mehr? Und ließe sich eine Wissenschaftsauffassung aufrechterhalten, in der die wissenschaftliche Arbeit nicht in den Ablauf des Fortschritts eingespannt wäre, wie das Max Weber vom Kunstwerk sagt? Wohl kaum, denn: »Jede wissenschaftliche ›Erfüllung‹ bedeutet neue ›Fragen‹ und will ›überboten‹ werden und veraltet. Damit hat sich jeder abzufinden, der der Wissenschaft dienen will« (1992, S. 85). Und wissenschaftlich überholt zu werden ist, so Max Weber weiter, »nicht nur unser aller Schicksal, sondern unser aller Zweck« (ebd.). Würde Bubka gefragt, warum er nach dem 36. den 37., 38., 39. Weltrekord im Stabhochsprung springen wolle, würde er wohl die damit verbundenen materiellen Segnungen, Preisgelder und Orden nennen. Segnungen, Preisgelder und Orden verleiht auch das Preisgericht der Wissenschaft denjenigen, die höher springen, tiefer tauchen, Mehrwissenschaft schaffen. Zum Mehr gehört heute mehr als die eifrige Arbeit im Garten des Herrn.

Dies führt freilich *zweitens* die *Folgen* einer mittelpunktlosen, der Überbietung und Selbstüberbietung frönenden Sozialwissenschaft eindringlich vor Augen. Sie ist Siedlung gegen den Wald im Reich des Geistes. Ihre Axt ist der *Rotstift*. Gerade wenn die externen Kulturproduzenten in Konkurrenz zum Urteil der Angehörigen der Zunft treten, wird der Schlachtenlärm im Elfenbeinturm um so lauter. Produzenten belauern Produzenten, welche Überbietung nun als nächste folge. Vorheriges veraltet schneller und nimmt schneller den Weg ins Antiquariat. Die Weltsynchronizität des disziplinären *State of the Art* führt zu einer Erhöhung der gleichzeitig einsehbaren und kontrollierbaren Ansätze. Die Arbeitsweise wird atemlos, die Durchlaufzeit von der Neuerscheinung zur Restanz immer kürzer. Aufmerksamkeit, die klingende Münze der Jetztzeit, muß mit immer ausgefalleneren Methoden, Resultaten, Behauptungen und Spekulationen errungen werden, zum Beispiel mit Büchern, die *keinen* Erkenntnisgewinn versprechen, und mit Kapiteln, die mit einem »*Tralala*« schließen. Wir warten auf die Wiederholung der Richard-Mutt-Affäre von Marcel Duchamps, der ein Urinoir in einer Kunstausstellung plaziert hat, im Reich der Wissenschaft, auf ihren endgültigen Ausbruch aus dem stählernen Gehäuse der abendländischen Vorstellung von Erkenntnis (vgl. Hochkeppel 1994).

Und schließlich huldigt die moderne Sozialwissenschaft, deutlicher als alle anderen Human-Wissenschaften, dem *Teilhabeideal*. Es sollen *mehr* zu Worte kommen als Propheten und Philosophen. Sorgsam, respektvoll und geduldig ist das Leben der Menschen zu deuten (Berger, Kellner 1984). Mit Hilfe der Empirie läßt sie sich vom Kreuz der Theorie zum Menschen herab. Die Forderung nach erfahrungswissenschaftlicher Ausrichtung der Forschung will – wie die Demokratie – viele Zungen, am besten alle, und wenn das schwerfällt, eine Repräsentation aller vernehmlich werden lassen. Die Menschen sollen in allem, auch in ihren einfältigsten Facetten ernst genommen werden, ihre Ansichten, Erlebnisse, Einstellungen und Orientierungen die Referenzpunkte und Bausteine von Theorien darstellen, die Second-Hand-Charakter haben; Theorien jener Theorien, welche die Menschen selber im Kopf haben. Nachdem Gott die Position räumen mußte, die Zukünfte optioniert und die Vergangenheiten obsolet geworden sind, tritt das *Subjekt* in die Lücke. Wahrheit ist deren Wahrheit und deren Beobachtungen sind zu beobachten und zu beschreiben. Die Sozialwissenschaften bilden V-Leute aus, die mit immer neuen Ermittlungstechniken ausgestattet sich ins Kapillarsystem der Gesellschaft hinablassen.

Aber worauf stößt die Wissenschaft? Auf den *wieder gleichen Vorgang*! Sie kann beginnen, wo sie will. Die Wirklichkeit ist nicht mehr hierarchisch, sondern horizontal, ohne Höhen und Tiefen organisiert; in Wirklichkeitsregionen oder Sinnprovinzen, die entsprechend dem humanistischen Verständnis alle gleich nahe zu Gott und damit gleich untersuchungswürdig sind. Das ermöglicht einerseits eine ungeheure Ausdehnung der Wissenschaft. In den nächsten fünfzehn Jahren wird, nach einer Hochrechnung, mehr geforscht als in den zwei Jahrtausenden bisher und mehr publiziert als von der Zeit des Buchdrucks bis heute. Trotzdem, so der Präsident der Deutschen Forschungsgemeinschaft, sei der Ozean des Nichtwissens größer geworden. Es werden phantastische und auch für den Experten nicht mehr kontrollierbare Massen von Wissen produziert, denn alle Erlebnisse, Erfahrungen, Handlungen, Sinnprovinzen sind gleichwertig. Die religiösen Erfahrungen und die Einstellungen zu Gott haben im gleichen Bottich Platz wie etwa die Frage, warum die Menschen mit Haustieren leben oder wie sie am Imbißstand Würste verzehren.

Die Wirklichkeit teilt sich in einen untersuchten und vermessenen und einen nicht vermessenen Teil. Weiße Flecken auf der Landkarte dienen wie ehedem den Seefahrern und Kolonisatoren als Grund, loszufahren. Wo man nicht weiß, was der Fall ist, können sich die Möglichkeitsträume ungehindert entfalten. Nicht mehr die Relevanz einer Frage steht im Vordergrund, sondern die besondere Behandlungsbedürftigkeit all dessen, was auf den Landkarten der Wissenschaften als weiß erscheint. Während die Begründung für Forschung und für Geld für Forschung früher eine wie auch immer geartete Hierarchisierung von nachvollziehbaren Wissenswerten war, genügt heute der Hinweis darauf, daß man es nicht weiß, daß es *noch nicht bearbeitet* ist. *Alles*, was man nicht weiß, ist zu wissen! Das ist das andere des Gleichen: Mehr ist zu wissen. Das ist auch die moderne und allseits akzeptierte Begründung für den Wissenschaftsbetrieb. Man hat nicht mehr zu begründen, warum man etwas tut, sondern warum man nichts tut. Allerdings ist das Wissen mit adäquaten Methoden zu vervollständigen. Die Methodik verhilft zur leidenschafts- und prioritätslosen Schau des für wissenswert Gehaltenen. Die Suche nach der verlorenen Gewißheit wird umgeleitet in den Hafen der sicheren Methoden. Die Unterordnung der theoretischen Relevanz unter die Magie der Methoden erlaubt es, die ungeheuren Material- und Wissensmassen wenigstens nach der Qualität der Daten zu ordnen.

Die Wissenschaft trifft auf ein *Meer und ein Mehr* von Befunden, Ergebnissen und sich gegenseitig oder selbst korrigierenden, steigernden und überbietenden Deutungen von Befunden, die selber wiederum Resultate eines alle Lebensbereiche und -sphären und eben auch das Wissenschaftstreiben durchdringenden Programmes sind. Die schlechthin unendliche Mannigfaltigkeit von, wie es Max Weber in *Wissenschaft und Beruf* ausgedrückt hat, »nach- und nebeneinander auftauchenden und vergehenden Vorgängen in uns und außer uns« (1992, S. 128), zeitgemäßer ausgedrückt, des ständig anschwellenden Durcheinanders von Genres, Diskursen und kommunikativen Gattungen, muß *deshalb selber zum Thema gemacht werden*. Denn mit dieser Mannigfaltigkeit hängen alle in den letzten Jahrzehnten aufgeworfenen Fragen zusammen, die sich längerfristig in der sozialwissenschaftlichen Diskussion gehalten haben. Die Steigerung der Optionen, der Verlust an Gewißheiten, die Überfülle an Ereignissen und die daraus resultierende metaphysische Orientierungslosigkeit bzw. Individualisierung; die freigesetzten, entfesselten, durch keine Genehmigungspflichten mehr behelligten Potentiale an Reflexion und – neuerdings – an aktivistischen, gewaltsuchenden und zerstörerischen Energien.

Und schließlich und endlich, auch dies impliziert die Fortschrittsprogrammatik, ist das objektivierte Wissen in geeigneten Portionen denjenigen, denen man es abgerungen hat, wieder zurückzugeben, um ihre Selbstreflexion zu steigern. Nun warten die Menschen für eine Deutung ihres Lebens nicht auf die Wissenschaft. Mehr oder minder unbeeinflußt von deren Resultaten, und ohne von Hegel oder Kojève, von Fukuyama oder Sukale, von Luhmann oder Beck einmal gehört zu haben, schlagen sie sich durchs Leben und versuchen, was geschieht, von Fall zu Fall mit Sinn zu erfüllen. Von Fall zu Fall, höchst unterschiedlich, selten mit einem Absolutheitsanspruch und ohne Ehrgeiz, Verstehen zu verstehen. Aber ist die wissenschaftliche Selbsterhellung der Gesellschaft von innen her unterdessen nicht auch eine unstete, fallweise, mit Adhoc-Überlegungen arbeitende? Falten sich nicht auch die Verständigungsversuche und die entsprechenden Diskurse und Approaches ins Unübersehbare auseinander? Öffnet sich, wenn man den Blick hilfesuchend himmelwärts wendet, nicht eine endlose Kaskade von Kabinetten, in denen sich der immer gleiche Vorgang spiegelt? Hat nicht das *Projekt Moderne* die Wissenschaften aus ihrer Kontemplation gerissen und zu einem *nach vorn schießenden Projektil umgeschmolzen*? Wie also die für das Verständnis unserer Zeit kulturbedeutsamen Fragen und Erscheinungen auffinden?

Es gibt keine andere Möglichkeit, als die Odyssee in allen Lebensbereichen als Leitfaden für die Frage zu nehmen, was denn die Eigenart und Bedeutsamkeit dieser modernen Welt, in die wir hineingestellt sind, ausmacht. Wenn schon in einer ständig erhöhten Kadenz Gesellschaften generiert werden: die Dienstleistungsgesellschaft, die Arbeitsgesellschaft, die Risikogesellschaft, die Erlebnisgesellschaft, die Regenbogengesellschaft, die Selbsthilfegesellschaft, die Wertewandelsgesellschaft (und nun noch die Multioptionsgesellschaft); wenn sich die Revisionskadenz nicht nur von Gesetzen, sondern von gesellschaftlichen Ordnungen beschleunigt; wenn schon immer neue kleine Sinnwelten, die Welt des Feuerwehrmannes, des Tennisclubs, des Tierfriedhofs, des Heimwerkers, des Algophilen ausgefiltert werden; wenn schon immer neue Genres und Diskurse entdeckt und wenn schon immer neue Methoden und Ethnomethoden entwickelt und die immer neuen Gesellschaften, Lebenswelten, Genres und Diskurse in immer neue und immer mehr »wissenschaftliche« Kategorien, Tableaus und Trends und diese in immer neuen Trendreports und Trendführern und diese wiederum in ultimativen Führern durch die Trendführer aufgearbeitet werden, dann verweisen auch diese sozialweltlichen Kataklysmen auf eine *alles durchdringende Programmatik*. Und diese heißt *Steigerung*; *Steigerung der Optionen* und auch *Steigerung der Teilhabe an ihnen*. Steigerung ist Moses und die Propheten. Der einstige Philosophentraum der Entfaltung des Individuums lebt, wie Helmut Klages bemerkt, »mitten unter uns, ja in uns selbst« (1993, S. 260); er lebt mithin, so könnte man weiterfahren, in allen denkbaren Welten, in den kleinen und großen Provinzen unseres Daseins, in den lichten Höhen und schattenhaften Winkeln.* Das heißt: Die wissenschaftliche Reflexion kommentiert in ihren Antworten immer auch sich selbst.

* Insofern Helmut Klages den Begriff ›Optionsgesellschaft‹ in einer neuen Schrift verwendet, muß die Differenz zu ihm genannt sein. Er schreibt: »Wenn man unserer heutigen Gesellschaft einen Namen geben wollte, der das hervorhebt, was den in ihr lebenden Menschen im Unterschied zur Vergangenheit zunehmend angeboten wird, dann müßte man wahrscheinlich von einer *Optionsgesellschaft* sprechen, in welcher man ein entfaltetes – oder zumindest ein entfaltungsbereites – Individuum sein muß, wenn man das bestehende Chancenangebot ausschöpfen will. Ich möchte in diesem Augenblick nur mit einem Satz anmerken, daß dieser Name in gewisser Hinsicht futuristisch ist, weil er eine Entwicklungstendenz aufgreift, die im gegenwärtigen Augenblick keineswegs bereits zum Abschluß gelangt ist, sondern vielmehr umgekehrt an verschiedenen Punkten noch gravierende Löcher aufweist« (1993, S. 260). Gerade weil die Optionensteigerung *nie* zu einem Abschluß gelangt, das Endlose in das Entfaltungsprogramm eingebaut ist, ist die Optionsgesellschaft kein Futurismus, sondern allermassivste und omnipräsente Gegenwart, wie Klages übrigens selber anmerkt, wenn er sagt, daß die Wirklichkeit selbst die Rolle des Philosophentraums übernommen habe (S. 255).

Und insofern die *Multioptionsgesellschaft* chronologisch an die *Risikogesellschaft* (1986) und an die *Erlebnisgesellschaft* (1992) meiner damaligen Bamberger Kollegen Ulrich Beck und Gerhard Schulze anschließt, sich aber mit diesen nur implizit auseinandersetzt, ist folgender Kurzkommentar unumgänglich: Die *Risikogesellschaft*, deren Gegenstand die Entfesselung industriegesellschaftlicher Gefährdungen darstellt, ist eine Folge der (im zweiten Teil der *Risikogesellschaft* zur Darstellung kommenden) Optionierung der Lebensmöglichkeiten und -verhältnisse einerseits, der Enttraditionalisierung andererseits. Während für Ulrich Beck die Entstandardisierung und Restandardisierung im Vordergrund der Dynamik steht, sind es für uns die aus Optionensteigerung und Obligationenverlust herrührende Individualisierung und die Gefährdungspotentiale, die vom entfaltungs- und kampfbereiten Individuum ausgehen. Und während Beck seine Hoffnung auf eine

Unterwegs

Man kann also beginnen, wo man will, man sieht überall denselben Vorgang. Es ergeht einem wie Max, dem Schauspieler, in einem Stück von Botho Strauß in der Rolle des Zuschauers: »Was für ein Abend! Ich gehe ins Theater, um mir die Sorgen zu vertreiben. Was sehe ich aber auf der Bühne: haargenau meine Sorgen ... Man kommt von der Garderobe und betritt den Zuschauerraum. Man nimmt Platz. Der Vorhang öffnet sich, und man sieht vor sich wiederum die Garderobe« (Strauß 1988, S. 59). Nur sind es nicht Sorgen, sondern Optionen, die wir erblicken. Deren Vielzahl mag uns gewiß auch manchmal, darauf wird zurückzukommen sein, Sorgen bereiten. Optionen sind *prinzipiell realisierbare Handlungsmöglichkeiten*. Hierin unterscheidet sich unser Begriff von Option nicht vom gerade derzeit allüberall erklärten bankwirtschaftlichen Term.* Während allerdings die in der Tat prinzipiell allen offenstehende Teilhabe an den derivativen Finanzmärkten nur von wenigen, vor allem institutionellen Anlegern realisiert wird, gibt es andere Märkte, die jedermann nicht nur offenstehen, sondern auch von jedermann realisiert werden. Es sind die Märkte des *Geistes* und die Möglichkeiten des Phantasierens, Denkens, Träumens, die Optionen des Hörens und Sehens. Die Multiop-

---

sich durch die Katastrophenwahrscheinlichkeit gleichsam selbst erzeugende »reflexive Moderne« mit einem subpolitisch gestützten »Mehr« an Einsicht, Politik, Aufklärung und Technik setzt, ist für uns dieses Mehr ein Ausdruck desselben Projektes der Moderne, durch das die neuartigen Gefährdungslagen gerade heraufbeschworen worden sind. Ob man den Teufel mit dem Beelzebub austreiben kann, ist die hier sich stellende Frage! Und sie taucht auf im »Traum«, der Becks letztes Buch *Die Erfindung des Politischen* (1993) beschließt. Gerhard Schulzes *Erlebnisgesellschaft* andererseits lebt vom gewachsenen Raum der Erlebnis-Möglichkeiten, behauptet aber, daß im durch die Enttraditionalisierung der Lebensformen hinterlassenen Vakuum andauernd und bienenfleißig Regulierungen und Institutionalisierungen entworfen und gehärtet würden, in die sich der moderne Mensch getrost wie in Polstersessel fallen lassen könne. Die Multioptionsgesellschaft begreift das Wachstum der Erlebensmöglichkeiten als Wachstum nicht nur der Erlebens-, sondern der Lebens- und natürlich auch der Theoriemöglichkeiten. Sie ist das letzte unüberbietbare Stadium der Moderne und eröffnet den Weg *aus* dieser vorwärtsdrängenden und immer schneller ihre bunten Kleider wechselnden Moderne.

* *Das große Buch der Optionen* von Horst Weissenfeld (1993), das sich mit den explosionsartig gewachsenen derivativen Finanzmärkten und den ebenso explosiv sich vermehrenden innovativen Instrumenten in ihnen befaßt, liest sich wie eine Veranschaulichung der hier beschriebenen Modernisierungsvorgänge – auf einer lebenspraktischen Neben-, aber finanztechnischen Hauptbühne.

tionsgesellschaft ist – im Geiste – allen zugänglich, für alle begehbar, das garantierte Grundeinkommen ist hier, selbst wo es obrigkeitlich verboten ist, alles zu denken, weltweit verwirklicht. In diesem Sinne sind *alle* Gesellschaften Multioptionsgesellschaften, auch wenn sie sich im Realisierungsgrad unterscheiden. Und die denkmöglichen Wirklichkeiten, wie sie etwa in den Medien geschmiedet und in die letzten Hütten und Nischen dieser globalen Welt getragen werden, sind nicht Schein, sondern *prinzipiell realisierbares Sein*, sind zumindest Seinsmöglichkeiten, Vorschein von Sein. Sie schärfen den Blick für das Mögliche, für Steigerungen im Guten wie im Schlechten. Die Optionensteigerung ist ja zunächst neutral gegenüber Gut und Böse, der Maßstab ist die Steigerung, sei es jene an guten Taten oder an schlechten, und es macht keinen Unterschied, wer steigert, sei es nun ein Amokläufer oder ein Tenniscrack, sei es nun der Zuhälter oder ein Wissenschaftler.

Insofern nun immerzu und überall gesteigert, optioniert und gesteigert wird, kommt eine Beschreibung dieses Vorgangs natürlich prinzipiell zu spät, alles ist längst wieder überboten; so auch das Geschriebene selbst. Man hat das Gefühl, nie aufhören zu können, und steht unter Druck, die täglich hereinströmenden Nachrichten zu verarbeiten, alles zu verarbeiten, umzuformen, zu verwerfen und neu zu konstruieren. Man hat Angst, den Anschluß ans Weltgeschehen zu verpassen, nicht mehr mithalten zu können. *Man gerät selber unter Realisierungsdruck.* Man kontrolliert alle irgendwie passenden Neuerscheinungen auf allenfalls vorhandene Steigerungen in Aussage sowie Art und Weise auszusagen. Die Bibliothek wird unablässig umgeräumt. Die Ablagen quellen (wie die Welt) über von Hinweisen, Ausschnitten, Exzerpten, Alarmen, Marschbefehlen. Carlo Emilio Gadda, der italienische Buchhalter des Universums, überließ sein Papierchaos den Philologen und der Sekundärliteratur. Uns überläßt die Welt ihr Papier- und reales Chaos samt Philologen; Sekundärliteratur und Literatur über die Sekundärliteratur. Solange das Manuskript im Hause ist, wird es andauernd überarbeitet, korrigiert, werden Neuigkeiten eingefügt. Gesetzt den Fall, man gibt es weiter, zum Lesen, Korrigieren, Kritisieren, muß man erneut lesen, korrigieren, kritisieren. Alles müßte simultan, wie in einem einzigen *Schrei* wiederzugeben sein. Aber das Schreiben selber ist ein Fortschreiben. Es bewegt sich in einem Muster, das vielleicht dissipativ genannt werden kann: immer neue Zustände ergeben sich, die – obwohl in ständiger Pulsation – regelmäßig wiederkehrende Strukturen bilden. Was resultiert, muß den Eindruck der Redundanz, der endlosen Variation des Immergleichen wecken. Unter der unerschöpflichen, sich tagtäglich vervielfältigenden Menge an Beispielen läßt sich in der Tat nicht nur eine *allgemeine Struktur* finden, sondern das Schreiben selbst steht unter der Sichtweise, unter der auch das Leben steht: einer Grundhaltung, in der die Wirklichkeit nicht nur intentional erfaßt ist – das wird sie im Bewußtsein immer –, sondern aggressiv, polemisch, als etwas zu Ergreifendes, Umzuarbeitendes, zu Bezwingendes. Alle Technik und alle Wissenschaft hat irgendwie diesen Blick, den Alltag beherrscht ein Zwang zur dauernden Um- und Reorganisation. Und selbst Reflexionen, die sich mit diesem verbissenen *Kampf* und *Putschismus* auf allen Ebenen und in allen Lebensbereichen befassen, sind Illustrationen für diese tiefsitzende Feldherren- und Eroberungsperspektive. Sie erklärt die Angst, nicht mithalten zu können, die Geschwindigkeit, die Speicherungstechniken.

Die komplett entgegengesetzte Haltung wäre die der Hingabe, der *Duldung* des Unfertigen und Fehlerhaften, die *Indifferenz gegenüber der Differenz*. Man baut Fahrräder, ohne daß man mit ihnen fahren will; man sieht Berge, ohne daß man das unstillbare Verlangen hat, sie zu besteigen; man achtet Menschen, ohne daß man von ihnen Besitz zu ergreifen sucht, man erlebt mit Hingabe den Schwund der eigenen Kräfte, ohne ans Fitneß-Studio zu denken. Die Züge fahren im Kreise. Man *ruht*. Man *repetiert*. Die Welt *pausiert*. Die Wissenschaft *bleibt stehen*. Die panische Mobilität, die totale Mobilmachung auf allen Ebenen wird *abgebrochen*. Jemand ruft und jedermann gibt es weiter: *Ende der Übung*. Die Marschbefehle werden *vernichtet*. Ist Voraussetzung nicht Wissen, woher das überall aufdringlich sichtbare Begehren nach Mehr, nach Steigerung, nach Steigerung des Ganzen oder seiner Teile, nach Steigerung der Steigerung rührt, das wie ein Rauschmittel unserer Gesellschaft beigemengt, wie ein Implantat tief in unsere Herzen gesenkt ist? Die Steigerung der Handlungs- und Wahlmöglichkeiten und die Steigerung der Teilhabe aller an ihnen ist transpolitisches, transversales und überindividuelles Programm, keineswegs beschränkt auf wirtschaftliches Wachstum. Jeder Ansatz zur Erklärung, der auf der ökonomischen Ebene verharrt und durch die auf einem Auge blinde marxianische Brille nur Warenproduktion, Markt, Konkurrenz und Arbeit wahrnimmt, entflieht jener verborgenen Triebkraft des Fortschritts, die auch und immer wieder die unterschiedlichsten Deutungen dieser Situation aus der Gesellschaft heraustreibt. Das konkurrenzwirtschaftliche Marktsystem und die Warenproduktion sind Erscheinungsformen, unter deren Oberfläche sich ein in das *Kapillarsystem* der Gesellschaft und *in die Adern des einzelnen eingelassenes Programm* verbirgt. Lohn, Preis, Profit als Erklärungskategorien sind selber saurierhafte Fossile aus der heroischen Vergangenheit der Kapitalismustheorie. Aber auch Aufklärung, Kulturalisierung, Zivilisierung und Modernisierung sind wenig hilfreiche Semantiken, um das, was geschieht, verständlich zu machen. Sie sind vorwärtstreibende, sprengstoffgeladene Ideen.

Im zerfallenden Jugoslawien sollen Gefangene mit an ihre Körper gebundenen Sprengstoffladungen zu ihrer Truppe zurückgetrieben worden sein. Während der Blockade einer Autobahn bei Frankfurt rennt ein Kurde auf einen Polizisten zu, nachdem er sich selber in Brand gesteckt hat. Die Welt ist voll von Getriebenen, die das Fortschrittsprogramm in Brand gesteckt hat! Freigesetzte Gedanken, Phantasien, Leidenschaften; entfesselte Energien und flutende Potentiale, von denen alles durchdrungen ist. Die Essenz der Sprengkraft heißt Freiheit, als Frei-Werden von Bindungen, und Gleichheit, als unendliche Anstrengung, aller Optionen alsbald habhaft zu werden. Die Autonomie des Menschen verwandelt sich in die Tyrannei der Möglichkeiten, wie es Hannah Arendt formuliert hat. Wohin führen sie uns? Wohin treibt es uns? Was ist Motor, was Treibstoff? Wird das Mögliche, das zu erreichen die Moderne ausgezogen ist, wirklich wirklich? Und wenn nicht? Bricht die Moderne unter ihren eigenen Voraussetzungen auseinander, ergreift und optioniert sie sich schlußendlich selber, erleidet sie den Herztod? Findet sie ihre neue Gestalt als eine denkmögliche Option auf den Wühltischen gesellschaftlicher Verfassungen?

Wie in der Wirklichkeit, ist auch in diesem Buch das Unterwegs immerfort präsent. Seine Anlage spiegelt einen Erlebnis- und Denkprozeß, den in anderen Folgen, mit anderen Beispielen und mit anderen Gewichtungen alle irgendwann und irgendwie durchlaufen. Der empirische Test besteht im Bestehen vor der Erlebniswirklichkeit des Lesers. Insofern der Leser, angeschlossen an die großen Verteilungskanäle von Informationen, von vielem das gleiche mitbekommt, ist diese Prüfung nicht sonderlich schwer. Natürlich ist es ein Problem, daß im Zeitpunkt der Veröffentlichung alles schon überboten ist. Nam Jun Paik hat sicher schon 2000 Monitore unter dem Motto »The More the Better« aufeinandergetürmt, Renault seine neuen Modelle mit 10 Memory-Positionen ausgestattet, statt zehn Bindestrich-Gesellschaften gibt es möglicherweise schon zwanzig, vielleicht denkt Christo über die Verpackung der Ganzwelt nach! Aber es kommt nicht auf die Beispiele, sondern auf den Vorgang an. Dieser spiegelt sich im großen wie im kleinen, in der Entwicklung des Automobils und der Weltdeutungen. Alles geschieht schneller, in immer schnellerer Kadenz, die Mulitoptionsgesellschaft ist nicht nur ein Endlos-, sondern ein sich selbst beschleunigendes Endlos-Projekt.

Unterwegs! Jeden Morgen legt sich, wenn weltweit aus Radios und Zeitungen die News sprudeln, ein erdrückendes Schwerefeld von Neuem über das Alte, späht das müde Auge in die unermeßliche Weite neuer Möglichkeiten. Jeder Gedanke, jede Realisierung erfährt sofort, wenn in das interaktive Weltgeschehen entlassen, Präzisierung, Bestätigung, Widerlegung, Gegenrealisierung. Würde die Gesellschaft nicht zutiefst erschrecken, wenn eines schönen Morgens alles, was sie hört, liest, beobachtet, alles, was getan oder nicht getan wird, genauso wäre wie am Vortag! Die Repetition, die Reproduktion dieses einen Tages wäre erklärungsbedürftig; nicht die tägliche zerstörerische Neuschöpfung. Begründungsbedürftig ist nicht das Neue, sondern das Alte, nicht die Veränderung, sondern die Wiederholung.

Zum Inhalt

Die weltumgestaltende Wucht und Selbstverständlichkeit der Fortschrittsbewegung und Beschleunigung bildet Anfang und Ausgangspunkt der folgenden Überlegungen. Gegenstand des *ersten Teils* sind dementsprechend die parallelen Vorgänge der Steigerung und Zerstörung, der Optionierung und Enttraditionalisierung. Die Philosophie des *Ent-* und der Stolz darüber steht merklich, von der Aufklärung bis zur Theorie der Modernisierung, im Vordergrund. Immer wieder ist vom Preis der Freiheit die Rede. Freiheit muß Überkommenes preisgeben. Nur der kastenlose Paria kann die Moderne realisieren. Die aneignende Vernichtung, Relativierung, Plünderung und Optionierung von Traditionen ist ein Resultat der offenen, aufgeklärten, keine unantastbaren Autoritäten mehr anerkennenden, offenen Gesellschaft; das Bewußtsein, angesichts der vervielfältigten Optionen falsch entschieden zu haben und dafür die Last der Verantwortung tragen zu müssen, der individuell dafür zu entrichtende Preis. Der selten offenkundige, meist verborgene Zusammenhang von Enttraditionalisierung und Optionierung sowie die Triebkraft des Geschehens, der Motor dieses Steigerungs- und gesellschaftlichen Deregulierungsprozesses werden im *zweiten Teil* erörtert: Die Beispiele sind beliebig, auswechselbar, fluide. Sie sind stumme oder beredte Zeichen des immergleichen Grundvorganges mit immer demselben Preis. Die moderne Kultur ist – freundlich betrachtet – ein weltweites Auktionshaus ohne einen Zentralkatalog. In unterschiedlichsten Abteilungen und Stockwerken werden nicht nur Pagoden und Monstranzen, Ahnenkulte und die Kunst des Bogenschießens gehandelt, sondern auch Weltanschauungen und Sinndeutungen. Ein Totenhaus der Kulturen? Alles wird dem Zugriff der Tecknik, dem Schema des Marktes, der Bewegung der Reflexion ausgesetzt. Eben lese ich über die Benin-Sammlung des Museums für Völkerkunde in Wien: »Die Bestände sind museale Restbestände einer Kultur, die nicht nur durch gewaltsame Eroberung, sondern auch durch käuflichen Erwerb zugrunde gerichtet wurde. Wertschöpfung durch Weltvernichtung – hierin liegt die Tragik, die nicht nur in der Geschichte der Wiener Benin-Sammlung zutage tritt« (Duchâteau 1989, S. 19).

Was als Tragik beklagt ist, hat eine viel grundsätzlichere Bedeutung für die moderne Gesellschaft. Man mag es als Dialektik der Aufklärung oder als widersprüchlichen Charakter des Fortschritts bezeichnen. Was das im einzelnen heißt, ist zu erfinden. Die Moderne ist ein vorwärtsdrängendes Projekt, die an ihrem Anfang stehende Aufklärung eine Bewegung. Aber welchen Anteil daran haben Technik und Wissenschaft, Markt und Politik? Was *treibt* die Moderne an, die letzten Gewißheiten in Wahlmöglichkeiten umzuschmelzen: Namen, Ahnen, Heimat, Kirche; was, die Kluft zwischen Wirklichkeit und Möglichkeit in der Wirklichkeit zu schließen? Ist es die Anziehungskraft der Fülle? Ein dem Menschen eingeborenes Begehren nach Mehr? Das aufklärerische Programm? Freiheit, Gleichheit, Brüderlichkeit? Ein Projekt, das möglicherweise im Dominium Terrae, im Genesis-Wort »Machet euch die Erde untertan« wurzelt? Also eine verweltlichte Reformulierung eines dem Menschen innewohnenden Futurismus? Das Zurückbiegen der Transzendenz in die Immanenz? Oder eine Verirrung? Die ungerechtfertigte Verallgemeinerung eines kulturspezifischen Ideals?

Hineingestoßen in die neonerleuchtete Welt eines gigantischen Supermarktes fühlt sich der Mensch einerseits frei, andererseits heimatlos. Was aus dieser Situation für den modernen Menschen resultiert, ist Gegenstand des *dritten Teils*. Er weiß nicht mehr genau, was er will, weil er nicht mehr genau weiß, was er soll. Er ängstigt sich zwischen Verlorenem und noch nicht Erreichtem. Eintauchend in virtuelle Cyber-Welten oder die Verschmelzung suchend im Du, in der Gemeinschaft, in der Natur, findet er sich wieder in der gleichen Dynamik. Selbst das Bedürfnis nach Zugehörigkeit verweist wie alles auf ein kommendes Reich. Der Zuwachs von Erlebens- und Lebensmöglichkeiten, das Schwinden und die Entzauberung der überkommenen Lebensverhältnisse und Traditionen, kurz, die *Emanzipation*, ist gewiß ein vom Individuum nicht durchwegs gewollter, aber prinzipiell begrüßter Prozeß. Der Emanzipationsgedanke prolongiert das Projekt der Moderne, einschließlich der zerstörerischen Seiten, bis in die Liliputwelten der Familien, Partnerschaften und Liebesbeziehungen hinein. Schon befeuern darüber hinaus intergalaktische Exodus-Phantasien die Techniker. In der Tagesschau und bei der Wetterprognose üben die Kinder ihre planetarische Identität ein. Die Eliminierung des Körpers und der Ausstieg des Geistes aus ihm wird, auf dem Papier und durch die Prothesentechnik, vorbereitet. Wer indes nicht fertig wird mit dem Zuwachs an Optionen, wird paralysiert zu fliehen oder präsenzpsychotisch alle Optionen zu realisieren versuchen. Viel von dem, was tagtäglich zu erfahren ist, vom Todeswunsch bis zum Amoklauf, vom Cyber-Sex bis zu den Club-Ferien, wird verständlich! Die moderne Schlaflosigkeit rührt aus der Angst, etwas zu verpassen. Schon ein Wochenende, ein freier Tag, ein Abend ohne Fernsehen, ein Frühstück ohne Zeitung – wirft es einen nicht zurück?

Der Steigerungsimperativ selber wird in zwischen verblassenden Obligationen und vervielfältigten Optionen eingelassenen Zwischenwelten, in hochdifferenzierten und funktionalen Organisationen, in Warte-, Kontroll- und Sammelstellen verfolgt. Die großen Ströme an Menschen und an Kulturen, an Gedanken und

Ideen, die heute rund um die Welt zirkulieren, bedürfen der Regulierung, der Kontrolle, der Kanalisierung der individuellen Arrangierung. Aber die organisierenden und regulierenden Teilbereiche der Gesellschaft unterstehen selber dem Steigerungsimperativ. Es gibt, wie Jünger in einem anderen Zusammenhang im Tagebuch notiert, »viele Meinungen, viele Parteien, doch nur eine *schiefe Ebene*« (5. 2. 1993). Die sukzessive verschwindenden, selbstverständlichen und gewissen Ordnungen werden in dieser, je nach Blickrichtung, düsteren und moralfreien oder funkelnden und überschäumenden Zwischenzeit kompensiert mittels sozial reflektierten Konstruktionen, durch Organisationen, Reglemente, die das Verhalten von Menschen zum Zweck der Steigerung von Handlungsmöglichkeiten zusammenführen und koordinieren. Die Segregierungs- und Schließungsversuche, die Funktionalisierung und Organisierung der Handlungen erhöhen freilich nur noch das Steigerungspotential.

Im *vierten Teil* schließlich wird das Endlose des Fortschritts und die daraus resultierende Fortschritts- und Performanzekstase zur Diskussion gestellt. Das weltweit, individuell und universell, vorangetriebene Selbst- und Weltverbesserungsprogramm reicht nicht nur ins Unendliche und damit ins Sinnlose. Es hat auch nicht nur zu einer Steigerung der Erlebens- und Lebensmöglichkeiten geführt, sondern zu einer Programmatik der *Inklusion*, einer sukzessiven Einforderung von Zugängen und Anrechten an den Optionen. Die Kirchen haben das Bewußtsein für das Glückselige geschärft und gleichzeitig den Bekehrungseifer und den Willen zur Differenzminderung befeuert. Aber erst die Verweltlichung des christlichen Futurismus hat die Zivilisations- und Wachstumsdynamik in dieser Schärfe entfacht. Die Erledigung der Ewigkeit und die daraus resultierende Verwiesenheit aufs Gegebene macht aus dieser etwas zu Bezähmendes, Korrigierendes; läßt den Blick polemisch, aggressiv und unduldsam werden, markiert den Übergang vom duldenden zum strebenden Menschen, vom Homo sapiens zum Homo iactans (Sloterdijk), zum Erzieher, Züchter und Angreifer. Das Riskante dieser Entwicklung besteht beileibe nicht nur im eventuell technisch machbaren Globalsuizid, sondern in einer mit der Unendlichkeit des Fortschritts und der Endlichkeit des Lebens vorprogrammierten, lebensfeindlichen und selbstmörderischen Selbstüberforderung. Schön wäre es und beruhigend dazu, wenn es sich dabei lediglich um eine Erzählform handelte, in der das, was in so massivem und omnipräsentem Ausmaß sich beschleunigt abspielt, begriffen und organisiert würde – ein »rhetorisches Vehikel«, ein *Mythos* unter anderen Mythen. Denn dieser »Mythos« hat die anderen Mythen pulverisiert, sie zu rhetorischen Vehikeln degradiert und sie durch die spitzen Klingen der Vernunft getrieben.

Der Sturm ist, wie Walter Benjamin gesagt hat, das, was wir Fortschritt nennen. Er treibt uns wie mit einem Riesenpropeller vor sich her, vielleicht auf jene Kante zu! Aber wie diese Zivilisationsdynamik überwinden? Und wohin soll es denn sonst gehen? Ist das die zivilisatorische Dynamik befeuernde aufklärerische Projekt nicht Engel und Teufel in einem? Wie lassen sich Differenzen mindern, wenn andauernd neue geschaffen werden? Was steht an, wenn der Traum einer immerwährenden globalen Prosperität, einer weltweiten Seligkeit, in der alle Tränen getrocknet werden (Offb. 21.4), für aller Augen ein Traum ist? Schweigen? *Oder fällt das Steigerungsprojekt über sich selber her?* Lassen sich Inseln von Seligen mit Hilfe einer Planetenpolizei gegen den Tritt der »Barbaren« aufrechterhalten? Verkehren sich die Fronten? Steht eine reaktive Refundamentalisierung an, eine neue Civitas Dei mit Verzicht, Unterbindung des Wissenwollens und der Errichtung einer Barriere zwischen Möglichkeiten und Wirklichkeit? Entsteigen in einer vollends entzauberten Moderne, wie es Max Weber befürchtet hat, die Götter wieder den Gräbern? Wird die Drift vom Kopf in die Füße unterbunden? Werden die Satellitenempfänger abgebaut? Oder geschieht das Naheliegendste und gleichzeitig Gefährlichste, was man sich im modernen Weltverständnis ausdenken kann: Akzeptanz und Anerkennung von Differenzen? Der *Epilog*, (der auch für sich allein gelesen werden kann), erkundet diese Möglichkeit. Sie würde nicht das vielzitierte Ende *der*, sondern *dieser* Geschichte bedeuten.

Erster Teil

Steigerung und Zerstörung

Der jedem Architekten evidente Zusammenhang von Steigerung und Zerstörung ist in der Theorie der Modernisierung bis in die konstruktivistischen Ansätze hinein in einer frappanten Weise auseinandergetrennt. Ein brillanter, liberaler Sozialwissenschaftler schreibt: »Wer sich daran macht, utopische Pläne zu verwirklichen, muß zunächst die Leinwand, auf die die wirkliche Welt gemalt ist, von allen Farbspuren reinigen« (Dahrendorf 1990, S. 59). Er richtet diese Worte anklagend an jene, die Utopien, Verheißungen, dritte Wege preisen. Die moderne, offene Gesellschaft, in der wir leben, ist in der Tat ohne großen Entwurf, ohne Utopie anvisiert und realisiert worden. Aber die Steigerung von Handlungsmöglichkeiten und die Steigerung der Teilhabe an den Handlungsmöglichkeiten, das was häufig als Essenz der modernen »offenen« Gesellschaft bezeichnet wird, war ohne eine Reinigung der Leinwand von den bisherigen Bildern der bisherigen Welt ebenfalls unmöglich. Auch das nach Dahrendorf (1979) komplizierteste aller Ideale, die Verbindung von Optionen und hervorgebrachten Traditionen bzw. Ligaturen, ruht, sofern man ein entsprechendes Gleichgewicht herzustellen sucht, auf dosierter Zerstörung auf. Die Vernichtung bisheriger Traditionen, Kulturen und Religionen, die fortwährende Umwälzung des Bestehenden indes ist, im wohlgefälligen Blick auf die gigantische Steigerung von Lebens- und Erlebnismöglichkeiten in der modernen Gesellschaft, eine eher störende Begleiterscheinung. Man ist gerne bereit, sie als »Stoffwechsel mit der Natur« oder als »kritische Aneignung der Tradition«, wie es so schön heißt, gelassen hinzunehmen. Zerstörung und Verschwinden, verdrängt gegenüber dem Auftauchen und Hervorbringen, gegenüber Kreation und Innovation, sind umgedeutet in eine Philosophie des *Ent-*, des Entrinnens und Entgehens, der Entbindung und Entlastung.

Daß die Freiheit ihren *Preis* hat, ist ein geflügeltes Wort geworden, fast nur noch das. Und daß alles Bestehende, wie Karl Marx es ausdrückt, verdampft, alles Heilige entweiht wird, hat darüber hinaus auch immer Freisetzung aus überkommenen Traditionen und Lebensverhältnissen, Emanzipation aus verrosteten Ketten des Standes und der feudalen Ordnungen bedeutet. *Ent-* steht vor Verben und Ableitungen aus Verben und bedeutet Trennung von etwas. Trennung als Loskommen und Befreiung von überkommenen Verhältnissen, als Entpflichtung, Entbindung und Enthebung. Deshalb wohl ist auch der Zusammenhang von Schöpfung und Vernichtung selten bedacht. Dabei ist er *zwingend und selbstverständlich*. Die Durchsetzung neuer Weltbilder, die Installierung eines neuen Regimes, die Auswechslung der Führungsspitze, ein Generationenwechsel – jede Art von Umbruch und Wandel vollzieht sich in einem Zwei- oder Parallelschritt: die Steigerung ist verbunden oder erfordert die Zerstörung, Nivellierung, Relativierung des Bisherigen. Gerade der Liberalismus, dessen Ziel die Verwirklichung der Freiheit, der Freiheit des Individuums ist, war (und ist es im wesentlichen heute noch) im Kern eine Philosophie nicht des Schaffens, sondern des *Abschaffens* (vgl. Leontovitsch 1985, S. 37), des Abschaffens des absolutistischen Regimes des 18. Jahrhunderts. Die Aufklärung ist, wie der Begriff es auch ausdrückt, alles andere als ein konstruktives Ethos, sie ist vielmehr der *dekonstruktive Diskurs par excellence*. Gewiß geschieht parallel dazu ein zweites Ent-, das Ent- als Entbergung und Entfaltung immer neuer Handlungs- und Lebensmöglichkeiten. Und komplementär findet sich, ab dem 18. Jahrhundert, die Entstehung der Gesellschafts- und Entscheidungswissenschaften. Der erwachte Sinn für die Überforderung des befreiten Menschen durch die Welt (vgl. Luhmann 1984, S. 81) läßt die Frage nach dem Wie der gesellschaftlichen Ordnung nach dem Ende theologischer und naturrechtlicher Systeme, die Gesellschaftswissenschaften, erwachen. Das Streben, die menschlichen Verhältnisse frei von Bindungen an Tradition neu zu konzipieren, setzt sich heute noch in ihrer *dekonstruktiven Tendenz* in alle libertären Vorstellungen hinein fort. Obwohl also Steigerung und Neuschöpfung mit Vernichtung und Zerstörung Hand in Hand gehen und die Vernichtung oder Umwertung der alten Ordnung eine notwendige Voraussetzung jeder neuen Ordnung ist, auch des Projektes der Moderne, mit dem Ziel einer Steigerung der Möglichkeiten, wird sie bis hin zu den vom frischen Wind des »Machens« durchzogenen Spielarten des Konstruktivismus von Maturana oder Varela oder Watzlawick (vgl. Knorr-Cetina 1989) in einer merkwürdigen und folgenreichen Weise heruntergespielt, unterschlagen oder einfach vergessen.

In den osteuropäischen Kapitalen sind die Kirchen in den Zentren gesprengt worden, um Aufmarschareale für Armeen und Raum für Präsidentenpaläste zu gewinnen. Die Altstädte hierzulande sind entkernt und im Innern umgenutzt. Hinter den Barockfassaden machen sich Supermärkte breit und unter Jugendstilgirlanden summen die Computer. Es findet außerdem, weniger beachtet als die Zerstörung von Natur, Wald und Bauten, eine Vernichtung und Umnutzung auch im Reich des Geistes statt. Es tritt nicht einfach und nicht immer Neues anstelle des Alten. Altes wird vielmehr umgeschmolzen und dabei so verändert, daß der Sinn ein anderer wird. Sinngewißheit wird abgebaut, disponibel gemacht und optioniert. Gewißheiten werden entzaubert, in der Reflexion relativiert, Obligationen verwandeln sich in Optionen. Deren ungeheure Steigerung, in allen Lebensbereichen und auf allen Seins- und Denkebenen, wird im folgenden Kapitel veranschaulicht. Die unsichtbare Allianz von Optionierung und Entobligationierung ist Gegenstand des zweiten Kapitels dieses Teils.

I. Optionierung

»Wohin soll ich mich wenden« haben wir und unsere Eltern mit Inbrunst in der Kirche gesungen. Das Eingangslied aus der Schubert-Messe ist heute nicht mehr vielen Kindern bekannt. Aber der klagende Anfang bringt den Zustand, die heimliche Ratlosigkeit einer ganzen Zivilisation auf eine unüberbietbare Kurzformel. Und wir stehen in immer wiederkehrenden Lebenssituationen vor der Frage des Introitus aus Schuberts Messe. Nicht nur, wenn wir ratlos vor der gewaltigen Speisekarte griechischer oder italienischer Gaststätten sitzen; nicht nur, wenn wir für ein Patenkind eine Uhr erstehen, das eigene Kind mit einem Namen versehen wollen, nein, auch wenn wir eine Antwort auf die Frage suchen, *warum dies so ist*. So etablieren sich immer neue arbeitsteilige Hierarchien von Suchenden und Führern, von Beratenden und Beratern. Sobald ein Angebot unübersichtlich wird, etablieren sich Führer durch die Regale; vom Gault Millau bis zum Ratgeber für Vornamen. Und wenn die Führerlandschaft selber unübersichtlich wird, etablieren sich Führer-Führer, Berater von Beratern usf. Die Unübersichtlichkeit stellt sich auf jeder Ebene neu her, jede Beratungsebene wird ab einer bestimmten Größe zu einem beratungsbedürftigen Angebot. Der endlose Prozeß der Steigerung von Wahlmöglichkeiten, dieser geheime Lehrplan allen Tun und Lassens, dieser Zuwachs an Möglichkeiten, der als Zuwachs von Freiheitsgraden gedeutet wird – er findet auch auf der letzten und hintersten Ebene, auf der nicht mehr über den Verwandlungsmechanismus, sondern über das Warum dieser endlosen Steigerung verhandelt wird, keine endgültige Antwort, keine Endlösung. Selbst dieser Zuwachs an Sinn, an Deutungen und Interpretationen über das Warum erscheint als Zuwachs von Alternativen.

Gewiß ist die Optionenspanne nicht in allen Lebensbereichen in gleichem Maße gewachsen. Fernsehen, überhaupt die Medien, sind Schrittmacher der Optionierung aller Seinsbereiche. Die tendenzielle unendliche Vielfalt von Programmen, die wir alle mit gleichem Aufwand und unter prinzipiell gleichen Teilhabechancen wählen und wieder abwählen können, ist der gewünschte Endzustand für alles, was knapp ist. Wie eine Grundwelle ergreift dieser

Wunsch die Wirklichkeit. Sie erscheint als unausschöpfbares Reservoir der Optionenbildung. Räume, Zeiten, Sozialitäten zerfallen in Wahlmöglichkeiten: Quartiere, Gemeinden, Städte, Nationen, Kontinente werden genauso wahlmöglich wie Religionen, Ethnien, Milieus, Freund- und Nachbarschaften. Uhrzeit oder meditatives Zeiterleben – gerade jetzt, gegen Abend, die gedankliche Wahlqual oder -möglichkeit. Sie sind noch nicht jedermann – kognitiv und finanziell – in gleichem Maße zugänglich wie Radio- oder Kabelfernsehen. Sie sind nicht für jedermann so optioniert wie die Radiostationen, die man einfach einschaltet, ohne daß man eine bestimmte Sendung hören will. Aber freie Auswahl aus einer möglichst hohen Anzahl von Wahlmöglichkeiten bildet den *geheimen Lehrplan* jedes fortschrittlichen Denkens. Der globale Supermarkt an Möglichkeiten, an realisierbaren Möglichkeiten, ist das erstrebte Endziel, wo wir auch hinschauen. In Somalia, so war jüngst zu lesen, laufen die Bewaffneten im Bürgerkrieg, und zwar die Regierungstruppen und die Rebellen, mit geplünderten Fernsehapparaten herum. Es wiederholt sich am Bildschirm, wird kommentiert und von den Truppen wieder umgesetzt. Schwerpunkt der Bedürfnisse in der ehemaligen DDR sind, nach der Währungsumstellung, Videorecorder, Autos und alles Bunte. Wie Spiegelchen und Glasperlen das Tor zum schwarzen Kontinent öffneten, sind die medialen Glitzerwelten der offenen Gesellschaften der Eingangspaß in die postkommunistischen Länder.

Nicht nur Glühlampen

John Naisbitt, der amerikanische Trendforscher und Bestsellerautor, hat in seinen Buch *Megatrends* den zehnten Trend mit »Vom Entweder-Oder zur multiplen Option« überschrieben (1984, S. 323 ff.). Die Zeiten sind vorbei, so sein Beispiel, wo die Badewannen weiß, die Telefone schwarz, die Einzahlungsscheine grün waren. Er schildert einen Laden in Manhattan, der sich »Just Bulbs« – »Nur Glühlampen« nennt und der zweitausendfünfhundert verschiedene Sorten von Glühlampen vorrätig hat, sonst nichts (S. 324). Die Zeiten sind, nicht nur bei den Glühlampen, vorbei. Überall findet sich ein Feuerwerk von Produkten, welche die gleiche Grundfunktion haben oder das gleiche Grundbedürfnis decken wollen. Die Massenmärkte zerfallen in Marken- und

Firmenmärkte. Immer neue Teil- und Submärkte etablieren sich. Die Sortimente explodieren. Immer neue Produktvarianten und Kombinationsmöglichkeiten schießen aus den Entwicklungsabteilungen. Die eben ins Haus geschneite Anzeige einer Pizzeria (»Hast Du Gäste, Feste oder Pause, Testarossa bringt die Pizza Dir nach Hause«) offeriert für die Hauslieferung vierunddreißig (!) unterschiedliche Pizzen. Durch Kombinationen ließen sich (jede mit jeder) telefonbuchdicke Speisekarten ausarbeiten. Ob Schuhe, Skis, Radiogeräte, Wirtschaftsmagazine; ob Mineralwasser, Würste, Zimmerpflanzen oder Brotsorten, wo wir hinschauen, vervielfältigen sich die Optionen und die Optionen innerhalb der Optionen.

Das kleinste Detail spiegelt den immergleichen Vorgang. Die unzähligen Vorgänge, die sich vor unseren Augen abspielen, sind Abwandlungen eines und desselben Geschehens, alle Bewegungen sind gleichsam *Bewegungen einer Bewegung*. Ob es sich um Naisbitts Glühlampen, Rosenbergs Telefone, neue Kapitalanlagen auf dem Anlagenmarkt, Züchtungen in der Pflanzenwelt, Neudeutungen von Max Webers Wissenschaftslehre, um Neudeutungen von Neudeutungen, um Solartechnologien oder Weltraumexperimente handelt; ob das Europaparlament empfiehlt, Heiraten unter Homosexuellen anzuerkennen, oder ein japanisches Familiengericht einem jungen Paar gestattet, seinen Sohn »Teufel« zu taufen – wir brauchen keine Hermeneutik, keine Chiffrieranleitung, um darin *einen immergleichen Grundvorgang* zu erblicken. Gerade die Namengebung ist ein instruktives Beispiel. Die Nachbenennung nach Ahnen und Heiligen, die so lange die Namengebung zu etwas Selbstverständlichem gemacht hat, ist nur mehr eine Möglichkeit unter anderen (vgl. Mitterauer 1993). 1993 ist in der Schweiz der Name »Kevin«, der noch im Econ-Ratgeber über Vornamen aus dem Jahre 1985, der 2500 Namen enthält, nicht einmal genannt ist, der meistvergebene Bubenname. Wenn das schweizerische Bundesgericht es ablehnt, »Skywalker« als Vornamen zuzulassen, so wird dieses Urteil als kurioses Rückzugsgefecht in die Geschichte eingehen, eine Geschichte nämlich, welche die Namengebung weiter optioniert und schon optioniert hat. In Brasilien begegnen uns die Namen deutscher Wehrmachtsgeneräle in den Villenvierteln und in den Slums. Goethe und Einstein sind gern verwandte Vornamen. In der Bundesrepublik sind einer eben gehörten Rundfunkmeldung zufolge von verheirateten Paaren die

Nachnamen doppelt *und* unterschiedlich führbar. In den USA ist gegen Gebühr auch der Nachname disponibel wählbar, gegen Gebühr kann man sich von ihm scheiden und sich einen neuen Namen beglaubigen lassen. Nachdem der Europäische Gerichtshof für Menschenrechte gerade (Februar 1994) die Schweiz belehrt hat, daß einem Ehemann, der, wie auch in der Schweiz seit 1988 möglich, den Namen der Frau als Familiennamen angenommen hat, es nicht verwehrt werden dürfe, seinem Namen den Familiennamen voranzustellen, weil dies sonst eine Geschlechterdiskriminierung darstelle, ist es, gewettet, nur mehr ein Frage der Zeit, bis die Mädchen Bubennamen tragen dürfen und umgekehrt. (Und schon ist es geschehen: Der Schweizerische Bundesrat hat auf den 1. Juli 1994 die Zivilstandsverordnung dahingehend geändert. Die bisherige Vorschrift, daß der Vorname das *Geschlecht des Kindes* eindeutig erkennen lassen müsse, erscheint ihm wegen der Zunahme von Vornamen aus anderen Kulturkreisen nicht mehr praktikabel. Noch dürfen die Eltern ihrem Kind keinen unzweifelhaft dem anderen Geschlecht zugehörigen Vornamen geben. *Noch!*). Nach der Optionierung der Vor- und Nachnamen steht die Optionierung und Hybridisierung der geschlechtsspezifischen Namengebung an. Die Namengebung folgt der Abschaffung genusspezifischer Bezeichnungen in anderen Lebensbereichen. Und auch eine Frage der Zeit ist es, bis ein Ehepaar dem zuständigen Amt erklären wird, daß mit der Namengebung überhaupt abgewartet werden müsse, bis das Kind sich selber dazu äußern könne. Im Zeichen der Individualisierung werden absolut einmalige Namen, Namenskombinationen und -verballhornungen an Gewicht gewinnen. Und es ist, wie zu zeigen sein wird, keineswegs Fiktion, daß dem zuständigen Amt mit dem Hinweis, das Kind solle sich selber entscheiden, die Benennung des Geschlechts verweigert werden könnte! Jedenfalls läuft hier jener Vorgang ab, der überall abläuft, mit Phasenverschiebungen, Überlappungen und sonderbaren Rückzugsgefechten, mit mehr oder weniger Lärm, mehr oder weniger beachtet. Mit der Namengebung jedenfalls ist 80 Jahre, nachdem Duchamp ein Urinoir unter der Bezeichnung »Fountain« in der New Yorker Ausstellung der »Society of Independent Artists« als Kunstwerk zu plazieren vermochte und damit den Raum des Kunstmöglichen unendlich erweiterte, also mit 80 Jahren Verspätung, der Raum möglicher Namengebung so erweitert worden, daß es nur eine Frage der Zeit sein wird, bis irgendwo in der Welt Eltern ihre Kinder mit dem Namen »Namenlos« oder »Fountain« zu taufen wünschen.

Beim bereits erwähnten großen Buch der Optionen (Weissenfeld 1993) handelt es sich um einen praktischen Ratgeber für Kapitalanlagen, in denen, insbesondere mit der Erfindung der derivativen Finanzmärkte, die Möglichkeiten ins Unendliche gewachsen sind. Für viele Lebensbereiche gibt es diese Optionenbücher bereits, von Warenhauskatalogen bis zu Beratungs-Führern (vgl. Gross 1994 d). Und ein Stockwerk höher die entsprechenden Ratgeber, die helfen wollen, sich in den Optionen nicht zu verlieren, diese auflisten, sie wie die Vornamenbücher, mit Erklärungen über Herkunft, Bedeutung und berühmte Träger versehen. Die traditionellen Namen sind aber, wie überhaupt die Traditionen, keineswegs verschwunden. Im Vornamenbuch finden sich alle Heiligen und alle traditionellen Namen wieder, auch griechische, hebräische, lateinische und germanische Namen, aber als prinzipiell, als realisierbare Optionen eingestellt in einen sich weitenden Möglichkeitsraum. Ein Blick in die Telefonbücher zeigt die realisierten Namengebungen. Das Telefonbuch selber ist Ansammlung der meisten in der Geschichte verwandten Namen, eine Art Namenauktionshaus, in dem sich alle Kulturen und alle geschichtlichen Epochen, Namen aus der Bibel und aus der Antike einträchtig versammeln und auf ihre Aneignung warten.

Die Stockwerke der Multioptionsgesellschaft

Die Waren- oder Produktebene, die Auslagen der Supermärkte oder die Namenkataloge sind aber lediglich eine Seinsebene der Multioptionsgesellschaft. Die Multioptionsgesellschaft ist eine Gesellschaft *mit vielen Stockwerken*. Zuoberst wird Sinn produziert, zuunterst befindet sich das Parterre der Waren. Nicht nur in westeuropäischen Gesellschaften ist diese Ebene voll optioniert. Wenn in der untersten Seinsebene, wie letzthin eine ostdeutsche Verkäuferin meinte, die an der Bahnhofstraße in Zürich eine Schnupperwoche als Verkäuferin hinter sich gebracht hat, von hundert Parfums eines nicht zur Hand ist, rasten die Käufer aus. In der ehemaligen DDR haben die Parfumnachfrager kaum Auswahl gehabt und sich, so die Verkäuferin, auch wenn das eine nicht am Lager war, stumm und ohne zu murren in die Warteschlange im nächsten Geschäft eingereiht. Jetzt, seit die Grenzen offen sind, eilen die Ostdeutschen an die Optionenkrippen, solange das Geld reicht. Und wir selber? Auch die Westler eilen, wenn Schluß- und Sonderverkäufe beginnen, in die Märkte, als hätten sie nur noch diese einzige, letzte Gelegenheit. Was dem einen der Strumpf, ist dem andern der Fotoapparat, das Bild, das Schmuckstück, das Auto. Und was dem einen das Warenhaus, ist dem andern das Schatzhaus des Wissens.

Die Vervielfältigung der Optionen erfolgt in immer schnelleren Zyklen. Die neuen Modelle türmen sich in immer schnelleren Folgen auf die Auslaufmodelle. Die Auslaufmodelle sind wohl bald nicht mehr vom letzten Jahr, sondern vom letzten Tag! Die Unikatproduktion nimmt darüber hinaus zu – der Tennisschläger »Prince Sovereign« wird nach dreiundvierzig Kriterien in individueller Zusammenstellung gefertigt. Mercedes offeriert und inseriert maßgeschneiderte Autos, die man sich aus 1000 möglichen Kombinationen zusammenstellen kann, und wirbt mit dem Satz: »Die Wahrscheinlichkeit, daß es Ihre neue E-Klasse so noch einmal gibt, ist ungefähr so groß wie 5 Richtige im Lotto, sprich 1 : 55 491.« Und bei BMW, wo man, genau gerechnet, 10 Milliarden unterschiedliche Versionen ordern kann, vervielfältigen sich die Optionen in bezug auf einzelne Bestandteile: Fahrersitze, Lautsprecher, Lacke. Die Innovationszyklen werden noch schneller und die Zerfallszeit von Produkten noch kürzer. Die Unternehmen müssen sich mit immer breiteren Produktpaletten auf dem Markt zu behaupten versuchen und die einzelnen Varianten müssen »mehr« bieten und »besser« sein als die vorherigen. Also statt zwei Memory-Positionen im Fahrersitz deren drei, vier, zehn oder hundert, dann dasselbe für alle Sitze, dann das Gleiche für Konzertbestuhlungen und Fauteuils zu Hause – die gleiche endlose Dynamik! Ein Orthopäde hat mir kürzlich eine Diaaufnahme aller gebräuchlichen Hüftgelenksprothesen gezeigt, die auf dem Markt sind und im Prinzip auch verpflanzt werden können. Wie Schmetterlinge hingen ein halbes Hundert unterschiedliche Prothesen an der Wand. Als Kind habe ich mich gerne in jene Nebenräume der Wallfahrtskirchen begeben, wo die Devotionalien und Ex Voto-Tafeln hingen. Die Wände waren voll von nachgebildeten Gliedmaßen, die wunderbar geheilt werden konnten. Die Wände und die Prospekte der Ärztevertreter sind voll von Gliedmaßen, die gewählt werden können! Aber im Gegensatz zu früher, als

Wachs- und Silbergliedmaßen der Dank für Heilung waren, lassen sich heute immer mehr Körperteile austauschen und transplantieren, zur Heilung selber verwenden.

Die Massenproduktion war in den fünziger und sechziger Jahren, der Zeit des »*Aufstandes der Massen*« (Ortega y Gasset), das Neue. Homogenisierung, ja Uniformisierung prägten das Angebot. Die standardisierte Massenproduktion erfolgte aufgrund verfahrenstechnischer Fortschritte. Erst in den 80er Jahren begann das Denken an innovatorische Produkte jenes an innovatorische Maschinen zur Herstellung von Produkten abzulösen. Was zählt, ist *Produktinnovation und Produktindividualisierung*. Voraussetzung ist der rasche Verfall des Überkommenen – und die Akzeptanz des Neuen. Wie Pestel (1988) in seinem neuen Bericht an den Club of Rome ausführt, wächst die erzeugte Gütermenge, bei einem jährlichen Wachstum des Sozialprodukts von nur vier Prozent, innerhalb der nächsten siebzig Jahre um das Sechzehnfache. In der Bundesrepublik würde im Jahr 2060 ein Gütervolumen von mehr als dreißig Billionen Mark erzeugt, weit mehr, als die gesamte Welt gegenwärtig produziert. Aber das in der Bundesrepublik erzeugte Gütervolumen wäre nur beschränkt zur Stillung des Bedarfs der drei Viertel der Menschheit in der Dritten Welt verwendbar. Es werden hochdifferenzierte und hochindustrialisierte Luxusartikel sein, nicht zum Verzehr, sondern zum Vergnügen. Sicher gibt es immer noch gesellschaftliche Zustände, wo weder ein Minimum von Optionen noch überhaupt eine Wahlmöglichkeit besteht. Drei Viertel der Menschheit in der Dritten Welt können nur denken und träumen, vielleicht im Rundfunkgerät oder im Fernsehen sogar hören und sehen – aber nicht mehr. Sie träumen von jenen Optionen, über die wir in unseren, den realisierten Multioptionsgesellschaften in so reicher Art verfügen.

Die Ablösung der standardisierten Massenproduktion verlangt eine dauernde Rekombination von Materialien und Werkstoffen, welche in immer neuen Ansichten auf dem Weltmarkt angeboten werden. Erfolgreiche Marktstrategien beruhen darauf, ein Feuerwerk von Produkten zu entwickeln, um mit diesen näher an den individualisierten Käufer heranzukommen und vom Massen-Marketing Abstand zu nehmen. Auf Vorrat produzierte Groß-Serien werden immer schwieriger absetzbar, weil sich Absatzmärkte zusehens atomisieren. Die Informationstechnik ermöglicht automatische Maßfabrikation auf Abruf. Produzenten müssen mit den Konsumenten in intensiveren Dialog treten. Produkte können nur mehr beschränkt von oben nach unten durchgedrückt werden. Das Grundmuster des Handwerks findet, über flexible Universalmaschinen, Eingang in die moderne Produktion. Die Produktpalette wird verbreitert, die Produkte werden differenziert und individualisiert. Die neuen Formeln heißen dementsprechend »mimetisches« oder »dialogisches« Marketing: »bottom up« statt »top down« (Gerken 1989).

Andererseits erhöht sich mit der Innovationsgeschwindigkeit zugleich der Reliktanfall (Lübbe 1992). Davon wird ausführlich die Rede sein. Je rascher die Menge wächst, um so rascher muß sie veralten, um Neuem Platz zu machen. Das Veraltete staut sich in Museen und auf Halden. Die firmeneigenen Museen bieten eine Schau ausgelaufener Modelle an. Nostalgie, Oldtimerseligkeit, Dampfloks vor den Bahnhöfen, die Moderne staut sich in der Postmoderne, die alles zu Optionen transformiert. Die Nostalgie ergreift immer schneller immer jüngere Produkte. Die Schweizer Swatches aus der ersten Serie (1983) bringen mindestens vier-, teilweise schon fünfstellige Verkaufssummen. Der Grenzwert individualisierter Produktion ist dann erreicht, wenn jedermann das auf ihn zugeschnittene Produkt bekommt, wie das bei den Dienstleistungen teilweise schon der Fall ist. Eine vollständig individualisierte Produktion von Unikat-Produkten, von Produkten, die völlig auf das Individuum zugeschnitten sind, steigert die Wahlmöglichkeiten bis ins letzte. *So viele Individuen – so viele Optionen!*

Die Multioptionsgesellschaft wird darüber hinaus in die Produkte selber *eingebaut*. Es wird multifunktional sichergestellt, daß sich bei der Wahl einer Option gleichzeitig weitere Optionen wahrnehmen lassen. Von Wendejacken bis zu den multifunktionalen Freizeitzentren und den Uhren, die auch all jene Zeiten anzeigen, die ich gerade nicht habe, reicht das Angebot. Eben beobachtet: ein multifunktionales Bügeleisen, das in der Lage ist, Fenster zu reinigen, Regenmäntel und Schuhe zu imprägnieren und berührungslos zu bügeln! Früher hat man alle zehn Jahre die Sportart gewechselt, hat sie in etwa dem natürlichen Alterungsprozeß angepaßt: nach Fußball Faustball und nach Faustball Spazieren. Heute werden Cross-Programme angeboten, wo jeden Tag eine andere Freizeitsportart betrieben wird. Bald wird es Angebote geben, wo jede Stunde Sportart und Sportanzug gewechselt werden. Und bald kann mittels neuartiger Techniken (Chaplin beim Frühstück!), wohl das Umziehen beschleunigt werden (die Umkleidemaschine – vielleicht ein tragbares Klappmodell?).

Hinter den Regalen

Die entfesselten und überquellenden »Katarakte«, wie Emile Zola im *Paradies der Dame* die Warenhäuser bezeichnet hat, sind die Schaufenster der Multioptionsgesellschaft. Sie führen die Seligkeiten der Warengesellschaft von Bogotá bis Moskau vor. Aber die Multioptionsgesellschaft reicht *tiefer*. Hinter dem Warenhaus, hinter den Regalen und Verkäuferinnen, hinter dem verteilenden Apparat erstrecken sich weitere Endlosigkeiten: Tätigkeiten und eine höchst vielfältige Palette von Berufen. Dem multioptionalen Angebot entsprechen herstellende, planende, verteilende Arbeiten, deren Erfüllung eine Kombination von Kenntnissen, Fertigkeiten und Qualifikationen erfordert, die Berufe genannt werden. Das Spektrum der Berufe ist auch für die Berufsberater *so unübersehbar geworden wie das Angebot an Glühlampen*... Die Berufskunde kann nicht mehr Schritt halten mit der Berufsvermehrung. Das heitere Beruferaten scheint in alle Ewigkeit mit Novitäten versorgt. Die Eltern können ihren Kindern nicht mehr raten, was sie für einen Beruf ergreifen sollten, weil sie die Berufe nicht mehr kennen. Fortschreitende Arbeitsteilung, technischer Fortschritt, Ausgliederung von Funktionen, Arbeitszerlegung, Wandlungen im Produktions- und Verteilungsapparat und die zunehmende Kommerzialisierung von bisher unentgeltlich angebotenen und erbrachten Leistungen und Diensten, gemeinhin für die neue Unübersichtlichkeit in diesem Bereich verantwortlich gemacht, sind Folgen desselben impliziten Programms.

Während zur Zeit der frühen Industrialisierung (um 1700) für das Gebiet von Deutschland etwa zweihundert verschiedene Berufe gezählt worden sind, sind es heute etwa dreißigtausend. Die Standardklassifikation des internationalen Arbeitsamtes (ISCO) umfaßte 1980 acht Berufshauptgruppen, dreiundachtzig Berufsuntergruppen, zweihundertvierundachtzig Berufsgattungen und eintausendfünfhundertsechs Berufsfelder. Die von der Bundesanstalt für Arbeit verwandte »Klassifizierung der Berufe« umfaßt in der ersten Stufe der Gliederung sechs Berufsbereiche, in der zweiten dreiunddreißig Berufsabschnitte, dann sechsundachtzig Berufsgruppen, ihnen folgen dreihundertachtundzwanzig Berufsordnungen, diesen wiederum eintausendsechshundertzweiundsiebzig Berufsklassen. Im letzten Glied stehen die fünfstelligen Berufsbezeichnungen – es sind unterdessen an die zwölftausend. Der zunehmende Differenzierungsgrad der Arbeitsteilung läßt sich z. B. an den medizinischen Berufen besonders anschaulich nachzeichnen. Der Bader und Feldscher des 18. Jahrhunderts war für alle denkbaren Krankheiten zuständig. Der Allgemeinpraktiker, nach dem heute wieder der Ruf erschallt, war noch eine Art Generalist. Er hörte die Herztöne ab, schiente gebrochene Beine und brachte notfalls Kinder zur Welt. Heute hat sich für jedes Organ, für jedes Glied, für jede Körperfunktion ein Spezialarzt etabliert. Nasen-, Augen-, Ohren-, Zahnärzte spezialisieren sich aufs Gesicht. Dazu kommt der Hautarzt, der Herzspezialist usf. Es fehlt noch der Haararzt, der Lippenspezialist, der Zungenarzt. Ist es nicht denkbar, daß die zahnärztlichen Spezialisierungen über Kieferorthopäden hinaus auf Unter- und Oberkiefer oder schließlich gar auf einzelne Zähne weitergetrieben werden? Gehen unsere Kinder künftig zum Schneidezahnspezialisten? Dementsprechend stehen die jungen Menschen, wenn sie einen Beruf erlernen wollen, vor einer Unzahl von Optionen, zu denen ihnen kundgetan wird, daß sie mit großer Wahrscheinlichkeit gar nicht ein Leben lang ausgeübt werden können. Was soll nun ein Bub oder ein Mädchen – angesichts dieser Vielfalt von Berufen – wählen? Ist auch hier »Akkumulation« Moses und die Propheten? Wenn man heute von der Berufswahl spricht, so ist die Multioptionssituation schon angesprochen. Die moderne Gesellschaft ist, auch hinsichtlich der Berufe, eine *multiple-choice-Gesellschaft*, wo es nie nur eine Antwort anzukreuzen gibt. Ich weiß nicht, ab welcher Zeit man von *Berufswahl* gesprochen hat. Noch im letzten Jahrhundert hat man gemeinhin den Beruf ergriffen, den der Vater ausgeübt hat. Es gab keine Alternative, keine Wahl. Man ist Bauer geworden, weil die Eltern einen Hof besaßen. Man ist zumindest im Umkreis der verwandtschaftlich realisierten Berufe verblieben.

Aber man hat die Berufe, die es gab, auch noch einigermaßen gekannt. Von den zweihundert Berufen, die um 1700 in Deutschland gezählt worden sind, standen vielleicht zehn zur Disposition, nicht zur Auswahl, denn die Wahl folgte weitgehend den im häuslichen, verwandtschaftlichen oder dörflichen Milieu tradierten Vorstellungen. Die Rechtsordnung der römischen Kaiserzeit hat – insbesondere seit dem dritten Jahrhundert –, nicht nur die Mitgliedschaft in einer Innung, d. h. in einem Verband zwingend vorgeschrieben, die Angehörigen einer Familie hatten überdies den gleichen Beruf zu ergreifen wie ihre Väter und Vorväter. Die familiäre Tradition der beruflichen Lenkung war also sogar gesetzlich verankert. Die Tradition konnte nun angesichts der neu entstehenden Berufe gar nicht mehr greifen. Sie versagte angesichts all jener Berufe, die noch gar keine Tradition ausbilden konnten. Vor vierzig Jahren war es der Programmierer oder der Pilot, vor zwanzig Jahren der Fernsehtechniker, heute der Consultant, der berät, von wem man sich beraten lassen soll.

Der abnehmende Druck von Traditionen läßt die Optionenspanne erst so richtig ins Gesichtsfeld treten. Ebenso häufig konnten und können sich indes gar keine Traditionen ausbilden. Berufe kommen und gehen schneller als Generationen. Mit aller Deutlichkeit wird am Beispiel der Berufswahl sichtbar: Der abnehmende Selektionsdruck von Traditionen geht Hand in Hand mit einer Verhundert-, Vertausendfachung der Berufe. Diese Vervielfältigung ist gewiß auch das Resultat der fortschreitenden Arbeitsteilung und Arbeitszerlegung. Diese aber ist wiederum eingebettet in das allgemeine Vordringen der erwerbswirtschaftlichen Produktionsweise. Aber die Dynamik der erwerbswirtschaftlichen Produktionsweise und die Vervielfältigung der Berufe folgen der allgemeinen Dynamik, die sich bei genauerem Zusehen *überall* zeigt.

Gesucht wird...

Der erlernte und der ausgeübte Beruf sind bekanntlich zwei unterschiedliche Dinge. Heute sagt man, daß niemand mehr seinen erlernten Beruf über ein Leben hinweg ausüben kann. Aber schon früher haben viele Berufe ihre eng definierten Spezialausbildungen verlassen müssen, um auf dem Stellenmarkt unterzukommen. In den Wochenblättern des 19. Jahrhunderts waren Stelleninserate eher selten. Käufe und Verkäufe, Wohnungsgesuche und »Auslehnungen« (Vermietungen) nahmen demgegenüber viel Platz ein.

Heute ist es umgekehrt: In den großen Tageszeitungen wimmelt es von Stelleninseraten und Stellengesuchen. »Sekretärin sucht selbständige und interessante Tätigkeit in einem aufgestellten Team.« »Kaufmann sucht neue Top-Möglichkeiten.« »Neue Herausforderung gesucht.« So oder ähnlich lauten die Inserate und Gesuche. Angepriesen und gesucht werden auch internationale Erfahrung. Ein initiativer und flexibler Diplomingenieur gibt öffentlich kund, daß er als Achtundvierzigjähriger noch *voll im Saft* sei. Die auf den Märkten anbietenden oder ihre Arbeit und ihr Können verkaufenden Menschen sind überdies Anbieter und Nachfrager. Der stellensuchende Arbeitnehmer bestimmt seinerseits über die Geschicke der Bewerber um ein öffentliches Amt in seiner Gemeinde, der den Friseur sich aussuchende Schreinermeister wird seinerseits wieder ausgesucht von einem Friseur, der sein Geschäft umbaut usf. Wie in der Politik besitzen wir auf allen Menschenmärkten das »aktive« und das »passive« Wahlrecht. Manchmal werden wir gewählt oder auch nicht, manchmal wählen wir selbst.

Die Menschenmärkte sind von einer heute gigantischen *Größe und Heterogenität*. Prototypisch hierfür ist das oben aufgeführte Wachstum und die Differenzierung der Arbeitsmärkte. Einerseits gibt es – über neue Berufsbilder – eine zunehmende Differenzierung des Arbeitsmarktes, andererseits ermöglichen die Informationsnetze, Jobbörsen, Stellenvermittlungsbüros, aber auch die neuen internationalen Wirtschaftsräume nie dagewesene Optionen. Bald werden die EG-Mitglieder ihren Arbeitskräften völlige Freizügigkeit in der Arbeitssuche garantieren. Die Arbeitgeber haben Optionen, fehlende Arbeitskräfte aus allen Ländern der Welt zu rekrutieren. Man mag dazu stehen wie man will, daß die Schweinehirten in der Schweiz meist Jugoslawen, die Putzkolonnen in der Bundesrepublik meist Türken sind. Daraus resultiert die sogenannte Multikulturalisierung der Gesellschaft. Aus der räumlichen Vereinheitlichung resultiert zwangsläufig eine soziale Durcheinanderwirbelung kultureller und gesellschaftlicher Gruppen. Und die gegenseitige Berührung führt zu Relativierung und damit zur Optionierung kultureller Lebensformen.

Die Handlungsmöglichkeiten im kulturellen und kommunikativen Raum wachsen proportional zu den gesellschaftlich konstruierten und angebotenen Möglichkeiten. Die Familienmitglieder haben – z. B. in der Schule – soviel aufgebürdet bekommen an mehr oder weniger sinnvollem Wissen über sizilianische Vulkane, mittelalterliche Handschriften und Götter im griechischen Götterhimmel, daß sich die Frage, was in der Schule »gemacht« worden ist, mit Recht als dümmlich anhört. Sie reduziert sich nicht nur gelegentlich auf die Frage, ob es schön gewesen sei. Insofern man immer häufiger mit wildfremden Leuten zusammentrifft, im Lift, im Kino, im Bahnabteil, in der Gaststätte, hat man es selbstredend auch mit einem zunächst *weit geöffneten Spielraum von Möglichkeiten*, von Möglichkeiten kommunikativer Gattungen, Themen etc. zu wählen, zu tun. Im Ausland ist man umschwirrt von einer Vielzahl von Kulturen und Sprachen.

Natürlich treffen wir überall auf Vorschriften, Anordnungen und Reglementierungen, wie die tausendfältigen Optionen zu limitieren sind. Die freiflutenden Bedürfnisse und Potentiale müssen gewiß organisiert und kanalisiert werden. Aber selbst in jenem Bereich, wo wir uns wie nirgendwo heimisch fühlen, in jener kleinen liliputanischen Welt, die nicht ohne Recht die Keimzelle der modernen Gesellschaft genannt wird, stehen wir – bei genauerem Hinsehen – vor einem unübersichtlichen Chaos (Beck, Beck-Gernsheim 1990). Die Liebe, die Partnerschaft, die Familie wird in allen ihren Facetten ebenfalls durchoptioniert. Wer Kinder hat, der weiß, daß es heute ziemlich schwierig ist, ab einem bestimmten Alter einen Einfluß auf die Kameradschaften der eigenen Kinder auszuüben. Jede Kritik oder offene Meinungsäußerung an den Freunden oder Freundinnen wird schon durch die Scheinweisheit unterbunden, daß die Bindung an Personen, die von den Eltern kritisiert oder abgelehnt würden, dadurch gerade verstärkt werde. Das ganz Andere, Exotische hat sogar seinen ganz besonderen Reiz: die türkische Freundin, der schwarze amerikanische Soldat.

Auch die Lebensform des »Single« ist zu einer attraktiven und akzeptierten Option geworden. Vor einigen Jahrzehnten war das »Fräulein«-Dasein noch eine belächelte und verpönte Lebensform, der Junggeselle hatte etwas zu kurz Gekommenes an sich. Die gemischtkonfessionelle Ehe war noch in meiner Jugendzeit (im Toggenburg) eine nicht akzeptierte Option; hat sie trotzdem jemand gewählt, hat man hinter vorgehaltener Hand diese Häresie beklagt und haben wir Kinder dieses wunderliche Verhältnis bestaunt wie heute eine Lesben- oder Homosexuellenehe. Seit eheähnliche Beziehungen zwischen homosexuellen Partnern in Dänemark gesetzlich geregelt sind, haben sich dort sechshundertachtundvierzig gleichgeschlechtliche Paare registrieren lassen, teilt das Statistische Zentralamt in Kopenhagen im Mai 1990 mit. Kürzlich hat Ulrich Meyer in einer privaten Fernsehanstalt ein lesbisches Paar in Deutschland durch einen dänischen Priester öffentlich trauen lassen. Im britischen Unterhaus hat die ehemalige konservative Gesundheitsministerin verlangt, die homosexuellen den heterosexuellen Beziehungen gleichzustellen.

Damit nicht genug. Gewiß gab es immer eine Vielfalt von Formen des Zusammenlebens zwischen den Geschlechtern. Das Neue ist auch in seinen obskursten und abwegigsten Formen Trumpf. Wie lange dauert es noch, bis die faktisch häufig praktizierte und in den Frauenzeitschriften unter der Überschrift »Ich lebe mit zwei Frauen« behandelte Bigamie öffentlich beglaubigt und standesamtlich eingetragen wird? Auf der Partnerschafts- und Freundschaftsebene haben sich die Märkte enorm geweitet und internationalisiert. Selbst die *Neue Zürcher Zeitung* eröffnet überraschende Perspektiven. Neben der »asiatischen Akademikerin aus erster Familie«, der Filipina und dem »Come with me«-Indian 45/179/75, öffnen sich die Zeitungsannoncen nun auch »DDR-Damen« und – besonders nachdrücklich – *frischen* russischen Anfragen. In den Tageszeitungen bieten Pia Tai und Suzy Wong ihre Dienste an und spezialisierte Vermittlungsinstitute blättern geheimnisvolle Praktiken auf. So finden wir dann in Siebenbürgen oder im Obertoggenburg auf abgelegenen Bauernhöfen plötzlich importierte Exotinnen, merkwürdige, kultähnliche Veranstaltungen und häufig eher tragische als komische Paarbildungen.

Der neueste Hit auf dem Partnermarkt ist die Teilzeit-Ehe. Die Vorteile, die Teilzeitjobs gewähren, sollen nun auch mit Teilzeit-Ehen real gemacht werden. Man kann sich mehr auf den Beruf konzentrieren – und auch mehr auf die Liebe. Die Lebensbereiche und Aktivitätsbereiche sind sauber getrennt und verfließen nicht ineinander. *Jeder lebt sein Leben, und doch sind wir zusammen*, so lautet der Titel eines eben erschienenen Buches über die Teilzeit-Ehe (1990). Die Verfasserin sieht in dieser Form des Zusammenlebens eine Möglichkeit, die Scheidungsrate zu senken – und vor allem, die Liäson mit andern Partnern möglich zu machen. Am Zürcher Soziologentag (1989) wurde ein Vortrag mit dem Titel »Wer gehört heute zur Familie?« angeboten. Viele Statements offenbarten eine grundlegende Unsicherheit darüber, was man eigentlich heute überhaupt als Familie bezeichnen könne. Dies rührt daher, daß sich die Formen des Zusammenlebens in einer ganz offensichtlichen Art eben nicht nur gewandelt, sondern vervielfältigt haben. Zählen wir auf: Ein-Eltern-Familien, nichteheliche Lebensgemeinschaften, Ehen ohne Trauschein, Partnerschaften auf Zeit, Wohn- und Versorgungsgemeinschaften nach dem »Josefs-«-Prinzip, Zwei-Kern-, Drei-Kern-, Mehr-Kern-Familien, in denen Kinder aus erster Ehe mit Kindern nächstfolgender Ehen zusammenleben, neue Formen erweiterter Elternschaften und Clans, multiple Elternschaften väterlicher- oder mütterlicherseits, und nun die mittels der Reproduktionstechnologien über die Familien hereinbrechende Komplizierung familialer Verhältnisse durch anonyme Vater- oder Mutterschaften, durch Familien, in denen ein Kind drei Mütter und zwei Väter hat, oder wo die leibliche Großmutter gleichzeitig, weil sie das Kind ihrer Tochter austrägt, die leibliche Mutter ist.

Multiple Elternschaft

In einer exorbitanten Weise gesteigert haben sich die Optionen in bezug auf die ursprüngliche Aufgabe der Familie: das Kinderhaben. Der Schritt vom Schicksal zum Entweder-Oder und zur multiplen Option ist hier besonders anschaulich. Mit der Entwicklung der Anti-Konzeptiva, insbesondere mit der Erfindung der Anti-Baby-Pille, wurden die Frauen in die Lage versetzt, die Empfängnis zu verhüten. Dies hat dem vorehelichen Raum Praktiken geöffnet, die über Jahrhunderte, jedenfalls moralisch, dem ehelichen Zusammenleben vorbehalten waren. »40 ways to get a child« hat die Überschrift in einer deutschen Monatszeitschrift geheißen – vierzig Wege, ein Kind zu bekommen. Der Titel weckt etwas übertriebene Erwartungen. Aber tatsächlich stehen die modernen Familien vor einer Vervielfachung von Möglichkeiten. Auch das Kind ist im »ganz normalen Chaos der Liebe«, wie Elisabeth Beck-Gernsheim und Ulrich Beck die Vervielfältigung der familiären Konstellationen liebevoll nennen, das letztverbliebene Glied einer »letzten, verbliebenen, unaufkündbaren, unaustauschbaren Primärbeziehung« (1990, S. 188). Das wird sich rapide ändern. Nicht nur Partner kommen und gehen, sondern, wie beispielsweise in Zweitehen, auch die Kinder.

In Konsekutivehen, wo die Monogamie seriell betrieben wird, werden die Kinder wie Wanderpokale von einem familialen Milieu ins andere mitgenommen oder mitgezwungen. Die Reproduktionstechniken eröffnen noch einmal neue und spektakuläre Handlungsspielräume. Während die künstliche Befruchtung, in der ein Arzt die Zeugung mittels eines Eingriffes vornimmt, seit Jahrzehnten, wenn auch mehr oder weniger im verborgenen praktiziert wird, besteht die Möglichkeit, den Zeugungsvorgang mittels der Zeugung in vitro, im Reagenzglas, vollständig aus der Paarbeziehung auszukoppeln, erst seit gut zehn Jahren. 1978 hat Louise Brown, das erste in einer Retorte gezeugte Baby, das Licht der Welt erblickt und nach allem, was man liest, erfreut es sich – trotz der großen Aufmerksamkeit, die seinem Gedeihen entgegengebracht wird – guter Gesundheit.

Die Datenlage zur Zahl der artifiziellen oder »High-Tech«-Kinder, also zur Zahl der Kinder, die mit Hilfe der Reproduktionstechnologien zur Welt gebracht werden, ist desolat. Für die Schweiz wird angenommen, daß 0,1 bis 1 Prozent der jährlich geborenen Kinder durch künstliche Befruchtung gezeugt werden, also ohne Vereinigung in der ehelichen oder nichtehelichen Liebe. Für die USA nimmt man seit 1979 eine Zahl von Sechshunderttausend bis zu einer Million Kinder an, deren Herkunft auf »artificial insemination«, durch Erbgut des eigenen Mannes oder eines Spenders, beruht. In den ersten zehn Jahren der In-vitro-Fertilisation, der Zeugung, die außerhalb des menschlichen Leibes vorgenommen wird, sind weltweit etwa zweitausend Versuche gelungen – heute (1994) ist von zwanzigtausend so erzeugten Kindern die Rede.

Im kleinen Begriffslexikon, das im GEO-Magazin »Wissen« zum Thema Geburt und Sex erschienen ist, findet sich schon der Begriff der »Ektogenese« (1989). Darunter wird die vollständige Auslagerung des Vorganges der Zeugung, der Austragung und der Geburt aus dem menschlichen Leib verstanden. Die Inkubatorforschung arbeitet mit voller Kraft an der Entwicklung einer künstlichen Gebärmutter. »On n'arête pas le progrès.« Es sind Forschungen bekannt, in denen weltweit die sozialen und psychischen Determinanten der Reifung im Mutterleib aufgearbeitet werden, um sie technisch zu simulieren. Der Übertritt ans Licht der Welt kann sanft und gleitend gestaltet werden, kein Fallen aus der bergenden Dunkelheit in eine gleißende Helligkeit (vgl. Koch 1994,

S. 67). Es handelt sich nur noch um ein Tunneldurchstichproblem: Frühgeburten sind schon ab dem sechsten Monat überlebensfähig, und ein Embryo kann heute schon einige Tage nach der Zeugung erhalten werden, bis er, wie das bei der In-vitro-Fertilisation noch üblich ist, in den Leib der leiblichen Mutter oder einer pränatalen Amme, der Leih- oder Gastmutter, verpflanzt wird. Außerdem haben, so ist zu lesen, australische Mediziner die technologischen Voraussetzungen entwickelt, um menschliche Föten in den männlichen Unterleib zu verpflanzen, dort zu verankern und als Bauchhöhlenschwangerschaft reifen zu lassen. Der Gynäkologe Jules Black aus Sydney behauptet, Männer könnten in die Lage versetzt werden, Kinder zu säugen.

Damit wäre, was die Optionensteigerung bezüglich des Kinderwunsches und des Kinderhabens betrifft, *alles* erreicht. Frau und Mann hätten die gleichen Optionen, Kinder zu empfangen, auszutragen, zu gebären, zu säugen. Endgültige Optionengleichkeit zwischen Mann und Frau wäre freilich erst dann hergestellt, wenn die Ungleichkeit der Geschlechter selber aufgehoben, dem Geschlechterkampf um gleiche Optionen, der bis ins hinterste Appenzellerland tobt, der Boden durch die Aufhebung der Geschlechter entzogen würde. Das »androgyne Projekt« läuft, im übrigen weltweit, wie später zu zeigen sein wird. Es ist auch nicht einzusehen, warum die Kinder nicht nur in bezug auf Hasenscharten und andere Geburtsfehler durch operative Eingriffe mit gleichen Waffen auf dem Optionenmarkt ausgestattet werden. Warum sind ihnen nicht scharenweise gleiche Zahnstellungen, gleiche Ohren, gleiche Nasen zu verpassen, damit sie die gleichberechtigten Optionen realisieren können? Durch Klonen, was ja bekanntlich an Menschenembryonen gelungen ist (nachher wurden die Klone aus ethischen Gründen vernichtet). Bekanntlich zahlt unter bestimmten Voraussetzungen die Krankenkasse die Geschlechtsumwandlung, nämlich dann, wenn ärztlich indiziertes psychisches Leiden, eine akzeptable Indikation vorliegt. Frage: Wer leidet manchmal nicht unter seiner männlichen oder fraulichen Geschlechtlichkeit?

Im Reproduktionsbereich wird die Optionierung der Handlungschancen noch kontrovers diskutiert. Im Produktionsbereich sollen und wollen Männer und Frauen die gleichen Optionen haben. Es wurde in dieser Hinsicht wahrhaftig viel erreicht. Die Frauenerwerbsquoten sind in allen westeuropäischen Ländern stark gestiegen, die Männer haben das akzeptiert, allerdings ohne daß sie sich bislang allzu sehr um Haus und Herd gekümmert hätten. Die Optionssteigerung, was das Kinderhaben betrifft, wird indes auch die Optionen im Produktionsbereich noch einmal unabsehbar vermehren. Über die Kryotechniken, das heißt über die Konservierungstechniken von Keimzellen, wird es über deren Kopplung mit der In-vitro-Fertilisation in naher Zukunft möglich sein, berufliche Karriere und Familiengründung in ein Nacheinander anstelle des heutigen Nebeneinander zu bringen. Mit sechzig wird der Universitätsklinik der Befehl zum Start der Zeugung von eigenen, leiblichen Kindern gegeben, die man dann nach der Geburt oder nach dem Austritt aus dem Inkubator übernimmt. Zwischenzeitlich gelingt es, mit Hilfe eines Bologneser Arztes, wie zu lesen ist, auch ohne Gastmutter. Eine gewisse Inkonsequenz ist lediglich darin zu sehen, daß die gleichen, die im Produktionsbereich die gleichen Optionen für Mann und Frau fordern, diese im Reproduktionsbereich häufig energisch bekämpfen, gerade auch Feministinnen. Vorkämpferinnen der ersten Stunde haben immer wieder beklagt, daß »solange sich die Reproduktion im Bauch der halben Menschheit abspielt, es keine Emanzipation gibt« (Firestone 1976, S. 261). Oder, wie Claus Koch es ausdrückt: »Solange der sogenannten natürlichen Empfängnis und der Schwangerschaft nur ein Hauch des Makels bleibt, den ihnen der jüdisch-christliche Code angeheftet hat, solange die erniedrigende Schwächung des Weibes die Bedingung für die Entstehung menschlichen Lebens sein soll, kann keine Ruhe gegeben werden« (1994, S. 73).

Vom Mosaik der Lebensstile und Lebensläufe

Unter der Bezeichnung »Tristan« hat Swatch in der 1990er Kollektion eine Uhr auf den Markt gebracht, die aussieht, als wäre sie einem Bildband über Ravenna entnommen. Ravenna, wie wir es kennen, ist das Produkt eines Überganges aus dem römischen Altertum zum christlichen Mittelalter. In den Kirchen von Ravenna, besonders wunderbar in San Vitale, überdauert auch noch der Byzantinismus. Das Oktogon birgt die mit einem Heiligenschein geschmückten Porträts des Kaisers Justitian und seiner Gemahlin Theodora. Theodora findet sich leicht verfremdet auf der Swatch wieder. Mit blutig roten Lippen kündet sie künftigen Generationen von einer Übergangszeit, in der sich alle vorherigen Kulturen plastifiziert wiederfinden. Die Künstler der Postmoderne nutzen das multikulturelle und transhistorische Nebeneinander als Stilprinzip. Die Postmoderne ist die geballte Wiederholung der Vergangenheit und damit – der viel zuviel zitierte Fukuyama hat recht – das Ende der, fügen wir hinzu, dieser Geschichte (1989). Aber das Zittrige und Multiple der Postmoderne, Plastikuhr mal byzantinisch eingefärbtes Mosaik mal modernste Technik, treffen wir nicht erst in der modernen Postmoderne an. Jencks (1980), einer der Theoretiker der Postmoderne, nennt Gaudi, den die anderen Architekturhistoriker freilich als Prämodernisten bezeichnen. So oder so. Und man kann eben so oder so – und so und so bauen. Nicht die historischen Tendenzen in der Architektur sind das Wesentliche, nicht die grelle Farbigkeit dieser Lollypop-Kultur, die sich mit Verspätung nun auch in der Theodora-Swatch findet, nicht der spielerische Eklektizismus und Synkretismus, also nicht der allüberall gesuchte Mix, sondern der nur mehr mögliche Endlosmix.

Wenn Theodora heute nicht nur auf dem Plastikarmband der Sommerkollektion von Swatch aufleuchtet, sondern in St. Gallen oder Tiefenellern auf der Straße herumläuft, ja nicht nur sie, sondern auch Marilyn Monroe, Billy the Kid, Mick Jagger, Napoleon, der Franziskaner, die Römerin mit den hochgeschnürten Sandaletten, der Stadtindianer, der bärtige Eremit, so ist das nicht nur ein Kampfprinzip, nicht nur ein Ausdruck dessen, was man heute halt alles tragen, alles machen kann, sondern die selbstverständliche und darum wenig bedachte Voraussetzung der postmodernen Mosaikkultur, das Vorhanden- und Zuhausesein aller möglichen Optionen. Nehmen wir – Gott hab ihn selig – den amerikanischen Yuppie, wie er auf der Titelseite von *The Yuppie Handbook* dargestellt ist: mit Rolex Watch, Gucci Briefcase, Burberry Trench Coat und eingestecktem Cross Pen, so ist das eben alles zunächst einmal erhältlich. Die Voraussetzung dessen, was man heute Lebensstile nennt und was die Klassen, Schichten, Einkommensgruppen etc. überformt und zunehmend im Marketing, auch Politmarketing, die wichtige Zielgruppen darstellen sollen, ist ein unerschöpflich nutzbares Reservoir von Optionen auf allen Seinsebenen.

Die Wahlfreiheiten des Einzelnen sind in vieler Hinsicht nicht nur größer geworden, sondern geradezu *geplatzt*. Die mehr oder weniger individuelle Lebensform oder Lebensführung und -gestaltung setzt sich nicht einfach zusammen aus den in allen Lebensbereichen präferierten und gewählten Optionen, sondern der für das eigene Leben erwünschte und antizipierte Lebensstil strahlt ab auf die in Frage stehenden und wählbaren Einzeloptionen. Von der Wohnungseinrichtung bis zur Haartracht sind die Optionen ins Feinste ausdifferenziert. Ein Lebensstil, ein kulturelles Arrangement, eine Wohnungseinrichtung kann durchaus in sich selber noch eine heterogene Mischung von überkommenen Stilen darstellen: die neobarocke Vitrine, Halogenlampen, Stiche aus dem neunzehnten Jahrhundert und ein Plüschtier in der Sofaecke – ein vertrauter Mix. Der Heterogenisierung der Lebensstile und dem *Mix* von Lebensstilen aus heterogenen Elementen sind keine Grenzen gesetzt. Wie konzentrische Kreise arrangiert der Einzelne von der Unterwäsche über die Kleidung, die Wohnung und die von ihm frequentierten halböffentlichen oder öffentlichen Sphären seine Hüllen und verankert sie in einem Konstrukt, das, obwohl Lebensstil genannt, angesichts der heterogenen Elemente diesen Ausdruck kaum mehr verdient.

Die Vervielfältigung der Lebensstile ist nicht zuletzt eine Folge der vervielfältigten biographischen Möglichkeiten. Wie will man leben? Welchem Lebensentwurf will man Genüge tun? Gibt es überhaupt noch feste Lebensentwürfe in dem Sinne, daß diese wie eine zu überwindende Strecke zwischen Wirklichkeit und Möglichkeit ausgelegt werden? Lassen sich die Lebensentwürfe noch irgendwelchen Landkarten entnehmen, wie die Routen, die wir planen, wenn wir ein räumliches Ziel erreichen wollen? Oder heißt es nicht häufig genug: *Fahren wir einfach drauf los!* Die Vervielfältigung biographischer Möglichkeiten und die wachsende Heterogenität von Lebensverläufen geht Hand in Hand mit einer zunehmenden Brechung und Stückelung der imaginierten Lebensentwürfe. Die Lebensentwürfe werden, wo immer sie im nachhinein wohlgeordnet und systematisiert werden (»Kenn ich den überhaupt?« – ist man häufig in Abdankungsreden geneigt zu spotten!), immer *aleatorischer*, um einen Ausdruck aus der Kompositionstechnik zu gebrauchen. Weil dem Interpreten bei der Gestaltung von Melodie und Klangbild breiter Raum gewährt wird, entwickelt sich das musikalische Geschehen unvorhersehbarer. In ähnlicher Weise erscheinen Leben und Lebensverläufe *improvisierter*, die Lebensabschnitte haben keine konsequente Gliederung, keinen mit dem kalendarischen Altern stimmig korrelierbaren Aufbau mehr. So hat sich etwas, was die berufliche Karriere betrifft, der Karrierehöhepunkt, der vormals üblicherweise zwischen fünfzig und sechzig erreicht worden ist, in eine Vielzahl von möglichen Wechseln und entsprechenden Höhepunkten aufgesplittet: viele Beispiele von erfolgreichen Karrieren sind bekannt, die mit dreißig, vierzig, fünfzig Jahren erst oder erneut gipfelten. Ebenso häufig trifft man die Akkumulation von Karrieren, etwa politischer, beruflicher, militärischer an, oder deren Sukzession in verschiedenen Lebensphasen: erst Manager bei Essex, dann Staatssekretär, schließlich Professor oder vielleicht auch in umgekehrter Reihenfolge. Gleichermaßen haben sich die Familienverläufe von einer familialen Normalbiographie wegbewegt: nicht nur bezüglich der Vervielfältigung familiärer und familienähnlicher Konstellationen, sondern auch hinsichtlich des Zeitpunktes der Familiengründung. Die Familie mit Kindern kontrahiert in ihren Außenbeziehungen und expandiert in den Binnenbeziehungen.

Die medizinischen und neuerdings auch die reproduktionsmedizinischen Techniken machen es heute möglich, das Kinderhaben vom biologischen Alter stärker, vielleicht endgültig, abzulösen. Auch wenn sich zwei Biographien ineinander verschlingen, sei es in der Ehe, sei es in eheähnlichen Gemeinschaften, stabilisiert sich die Biographie nicht. Sie verkompliziert sich. Die sogenannte Pluralisierung familialer Lebensformen, die Folge- oder Konsekutivehen, sind ein genaues Abbild dieser Multioptionssituation. So wie die Akkumulation von Rollen und die Sukzession von Karrieren in unterschiedlichen Lebensbereichen eine Selbstverständlichkeit zu werden beginnt, steht es auch mit der Akkumulation und Sukzession von Partner- und Kindschaften.

Die zusammengesetzte Familie, in der leibliche und Stiefkinder mit ihren in zweiter Ehe zusammenlebenden Eltern bzw. Stiefeltern zusammenleben, ein Konglomerat von Bezügen und Verwandtschaften, das durch das Einbringen von unehelichen Kindern, Adoptivkindern und »High-Tech«-Kindern noch wesentlich komplizierter gestaltet werden kann, entspricht der häufig höchst komplexen Akkumulation von Erwerbsrollen an einer Person oder in einem Familienhaushalt, wo der Mann z. B. sowohl Beamter als auch Nebenerwerbsselbständiger ist und die Frau einen Hobbyladen führt: drei Erwerbsrollen in einem Haushalt. Die zunehmend diversere Gesellschaft, die nach Optionierung und Optionen verlangt, die immer zappeliger und schizoider wird, wie Gerken es ausdrückt, in der die Menschen immer unterschiedlicher werden, sich immer weiter ausdifferenzieren, verlangt eine immer flexiblere Produktion, welche die Unkalkulierbarkeit steigert (1990). Und sie verlangt Menschen, die in der Lage sind, mit einem *Portfolio* von Kompetenzen auf die neuen Herausforderungen *optional* zu reagieren (vgl. Handy 1989).

Unendliche Erlebniswelten

Mehr an Menschen, mehr an Waren, mehr an Seinsmöglichkeiten, mehr berufliche und überhaupt Lebensmöglichkeiten – überall zeigt sich das gleiche Bild. Jedes Angebot, sonst ist es keines, schließt ein, daß man es wählen, haben, kaufen kann. Die Reiseprospekte mit ihren sonnendurchfluteten Paradiesen, die Supermärkte mit ihren Tischen, die Wohnungsinserate und die Heiratsannoncen schließen Wahlmöglichkeiten und damit ein Mehr an Handlungsmöglichkeiten mit ein. »Es ist die Wirklichkeit, welche die Möglichkeiten weckt«, schreibt Robert Musil im *Mann ohne Eigenschaften* (1952, S. 17). *Der Himmel der Konjunktive* mußte aber erst einmal aufgestoßen werden, um wie ein Schneewittchen die Wirklichkeit zu wecken. Das Handeln und Mittun ist nicht immer einfach, weder von den Teilhabechancen noch von der Leichtigkeit der Handlung her, wie beim morgendlichen Wählen eines Rundfunkprogramms oder beim abendlichen Hin- und Herschalten auf dem Fernbedienungsgerät des Fernsehens. Rundfunk und Fernsehen bieten nicht nur immer mehr Programme; alle können diese Programme frei wählen.

In New York hat der Medienkonzern Time Warner das dort vorhandene Kabelfernsehnetz, das bislang über fünfundsiebzig Kanäle verfügte, auf hundertfünfzig Kanäle ausgebaut. Schon experimentieren Medien-Giganten mit sechshundert Kanälen und zweitausend ständig abrufbaren Filmen. Über das Netz stehen den Abonnenten schon heute im Tag durchschnittlich rund sechsundzwanzig unterschiedliche Spielfilme zur Verfügung. Dieses Angebot findet sich bei uns in kleineren Städten in den Kinos nicht mehr. Die Erlebniswelten werden ins Häusliche zurückverlagert.

Damit der Kinogang nicht allzusehr vermißt wird, arbeitet man an völlig neuen Formen *interaktiven Fernsehens*. Das wirkliche Leben hat einen *utopischen Einschlag*. Eine Vielfalt an Optionen ist nicht nur als prinzipielle Möglichkeit gewährleistet, sondern die Teilhabe ist völlig demokratisiert (sobald man einen Rundfunkempfänger besitzt – und wer besitzt den nicht). Es herrscht schlaraffenlandartige Fülle. Nicht die gebratenen Tauben fliegen uns in den Mund, sondern die schönsten Melodien in die Ohren und die prächtigsten Bilder in die Augen. Vom St. Galler Open Air im Sittertobel dringt *Godfather* James Browns »Sex Machine« an unser Ohr. Gleichzeitig schunkeln in der Engelgasse Mitbürgerinnen und Mitbürger zum Biergarten-Medley »Wir kommen alle, alle, alle in den Himmel, weil wir so brav sind, weil wir so brav sind...«.

Fünfundneunzig Prozent der erwachsenen Bevölkerung in der Schweiz besitzen ein Rundfunkgerät, über neunzig einen Fernseher. Nicht alle schalten jeden Abend fleißig hin und her, aber die meisten tun es. Wer früh ins Bett geht, kann nicht schlafen, aus Angst, etwas zu verpassen. Einige Radio- und ein Fernsehprogramm laufen rund um die Uhr, so daß diese Möglichkeiten immerfort, wie die guten Geister, von denen wir in den Märchenbüchern lasen, gegeben sind, ob sie nun genutzt werden oder nicht. Der übliche Handgriff beim morgendlichen Aufstehen betätigt den Einschaltknopf der Stereoanlage, aus der sofort Musik erklingt. Das Universum der technischen Bilder, die telematische Wirklichkeit hat eine Schrittmacherfunktion für alle übrigen Lebensbereiche. Die kulturrevolutionäre Mutation unserer Erfahrung, von der Vilém Flusser angesichts der Bilderflut schreibt, besteht auch darin, daß nun die Welt immer weniger eindimensional, linear, prozessual, historisch erlebt wird, sondern immer mehr zweidimensional, als Fläche, als Kontext, als Szene (Flusser 1989). In der telematischen und in der radiophonen Wirklichkeit ist die Teilhabe an den Optionen – für alle – voll durchgeführt und gesichert.

Diese traumhafte Lebensstimmung dringt und trieft in die Poren der Gesellschaft und weckt überall das *unendliche Begehren nach Mehr. Realisierungsdruck tritt an die Stelle des Selektionsdruckes*! Die himmlische Heimat einer voll durchgeführten, stufenlosen Multioptionsgesellschaft ist freilich schon vortelematisch angelegt und in den Phantasiewelten einschränkungslos gegeben.

»Da wir in einer Welt, die zu uns kommt, es nicht nötig haben, eigens zu ihr hinzufahren, ist dasjenige, was wir gestern ›Erfahrung‹ genannt haben, überflüssig geworden«, notiert Günther Anders (1956, S. 114). Zu den Erlebniswelten und Träumen mußte man nie hinfahren. Aber nicht immer waren die Gedanken zollfrei. Es ist noch gar nicht solange her, da haben die kulturellen und religiösen Traditionen unsere Denkmöglichkeiten beschnitten. Noch in meiner Jugend war in der monatlichen Beichte über eine Anzahl von schlechten Gedanken Rechenschaft abzulegen.

Heute sind Denkverbote schlechthin undenkbar. Wer immer Limitierungen, Einschränkungen fordert, fordert dies ganz gewiß *nicht im Denken*. In ihm existieren keine verbotenen Zonen. Die Limitierungen und Verbote von Möglichkeiten in der Lebenswirklichkeit lösen sich sukzessive auf. »Angenommen die riesigen Verkaufsziffern (von pornographischen Artikeln) würden beweisen, wie gering die Zahl der Menschen ist, die sich heutzutage ohne Krücken im Land der Sexualität bewegen können, und wie groß die Zahl der Frustrierten und Verkrüppelten ist, die nur im Geist fremdgehen, weil sie im Gegensatz zur These vom sündigen Fleisch eben nicht sündig genug sind, um zu tun, wovon sie träumen« (so Ernst Bornemann), so kann man nicht hoffen, daß diese ›Verkrüppeltheit‹ weiterhin andauert. Erleben und Leben fließen mehr denn je unterschiedslos ineinander über.

Völlig ungebunden ist die Welterzeugung im Kopf. Nicht nur der Aufschwung, wie eine landesweite Plakataktion in der Schweiz anmahnt, *alles* beginnt im Kopf. Weder Zensuren noch Neugierverbote im Reich des Geistes existieren. In einem amerikanischen Ratespiel wurde gefragt, ob es erlaubt sei, beim Geschlechtsverkehr mit dem Ehepartner an berühmte Schauspieler oder andere öffentliche Personen zu denken. Die richtige Antwort war: Ja. Wer Nein sagte, hatte verloren! Während die Theorien der Wahlhandlungen und die menschenwissenschaftlichen Ansätze sich hoffnungslos, je zu einer Übereinkunft zu kommen, darin bekämpfen, ob die Menschen sich gewinn-, nutzen- oder altruistisch-orientiert verhalten und in welchem Mischungsverhältnis diese Präferenzen allenfalls in bestimmten Situationen zum Tragen kommen, ist diese Frage hinsichtlich der Erzeugung von Erlebniswelten unsinnig. Gewiß gibt es eine gesellschaftliche (telematische!) Lenkung des Traums. »Werden Sie jetzt Millionär!«, ruft uns die Glücksspirale zu! Aber die Erlebniswelten ermöglichen es auch, sich den ordinären Präferenzen zu entziehen und einmal wirklich zu tun bzw. zu denken, was und an was man will. Etwas überspitzt könnte man sagen, die Erlebniswelten seien jene Sinnprovinzen, deren Nützlichkeit sich auch darin erweise, daß alle Arten von Nützlichkeitserwägungen ausgeklammert würden.

Die Erlebniswelten, die wir im Kopf erzeugen können, sind unendlich, *weil sie keiner Repräsentationspflicht unterliegen*. Gedanken sind zollfrei. Schrill sind die Äußerungen der Gegenwartskunst, obsessiv die literarischen Welten, die für jedermann einsehbar ausliegen, bewundernswert die telematischen Zurichtungen der Wirklichkeit, unschlagbar sind ihre Träume! Filme sind objektivierte Träume. Sie sind flüchtig, aber reproduzierbar. In den Filmstudios leben die vergänglichen Landschaften und Requisiten, in denen die Träume auf Zelluloid gebannt werden. In den Film- und Videotheken können wir seit wenigen Jahren objektivierte Träume auswählen und für einen Abend mit nach Hause nehmen. Das Fernsehen spielt sie uns ins Haus und jede Zeitung hat eine Zeitung in der Zeitung, in der die abendlichen Optionen angepriesen werden. *Golden Girls, Weg in die Wildnis, Max mon amour, Hospital, Kämpfer im Weltraum – Master of the Universe, Das Fräulein und der Vagabund, Die Himmelhunde von Boragora,* (Ah!), *Wenn es Nacht wird in Manhattan, Abenteuer in Rio –* dies eine Auswahl aus dem heute abend ins Haus gelieferten Programm.

Beliebige Weltverständnisse

Es ist nicht nur schwer, sich in der Wirklichkeit zurechtzufinden, weil es keine übergreifenden Deutungen mehr gibt. »Bedeutungen gibt's zehn auf einen Cent«, bemerkt Saul Bellow (1959). Seit der Erfindung des Buches, seit der noch gar nicht allzu lange geschehenen Obligationierung von Lesen und Schreiben ist eine gewaltige Sinnproduktion im Gange. Was wird uns alles angedient! Tausend Propheten verkünden lautstark ihre Botschaften. Die größeren Buchhandlungen führen ganze Stockwerke mit esoterischen, religiösen und politischen Sinnversprechen. Je nach Gusto bedient man sich bald dieser, bald jener Beruhigungspille. Die Welt erscheint seit der Erfindung des Buchdrucks selber wie ein Kapitel für Kapitel neu geschriebenes Buch. Aber aus einem Buch sind hunderttausend verschiedene Bücher geworden. Noch vor einigen Jahrhunderten gab es für das einzige weit verbreitete Buch, für die Bibel, eine Auslegung und eine Lehre des Verstehens. Heute gibt es nicht nur hunderttausend Bücher, sondern ebenso viele Auslegungen und Interpretationen. Täglich erscheinen weltweit tausend Bücher. Die Glaubenskriege des Mittelalters waren nicht zuletzt Kämpfe um die Auslegung der Heiligen Schrift. Die Kämpfe werden heute allenfalls auf dem Papier ausgefochten. Ideologische Weltkriege scheinen überwunden. Die derzeit tobenden Kleinkriege sind keine Stellvertreterkriege für große, ideologische Systeme. Hier kämpfen sie um ethnische Reinheit, dort um die Macht an der Regierung.

»Laßt Hypothesen anstelle von uns sterben!«, hat Popper ausgerufen. Eine Pluralität von Meinungen ist erwünscht. Man will viele Bücher und immer mehr Auslegungen. Man ist daran gewöhnt, Meinungen einander gegenüberzustellen und sich daraus eine eigene Meinung zu bilden. Das, wie auch die Tatsache, daß es selbstverständlich verschiedene zugelassene Meinungen gibt, auch über die letzten Dinge, z. B. darüber, ob man Menschen ob ihres Tuns in den Tod schicken darf oder ob und bis zu welchem Monat man Embryos töten darf, ist das radikal Neue. »Die Bewegung verläuft von der einen und einzigen Wahrheit und einer fertig vorgefundenen Welt zum Erzeugungsprozeß einer Vielfalt von richtigen und sogar konfligierenden Versionen oder Welten«, schreibt Nelson Goodman und bezeichnet sich selber als einen radikalen Relativisten, der mit den »überhitzten« Doktrinen des Rationalismus ebenso auf Kriegsfuß steht wie mit jenen des Empirismus, Materialismus, Idealismus, Dualismus, Essentialismus, Existentialismus, Mechanismus, Vitalismus, Mystizismus und Szientismus (1990, S. 10). Er verbreitet damit eine lebenspraktisch längst verbindliche Binsenwahrheit.

Die Chaostheorien, welche nicht nur in die Natur-, sondern nun auch in die Sozialwissenschaften Eingang finden, sind, wie die konstruktivistischen Ansätze in den Sozialtheorien, Spiegelbild und Deutung dieser Situation. Nicht die Ordnung, wie die Wissenschaft lange glaubte, nicht das Gleichgewicht sei in natürlichen Prozessen die Regel, sondern die Anarchie und das Ungleichgewicht. Tom Peters, der höchstbezahlte Festredner an Management-Tagungen, predigt schon der Geschäftswelt, das Chaos als Tatsache anzunehmen und als Chance zu begreifen; das Chaos als Marktchance (1988, S. 9 f.)! Chaos ist auch die Chance für eine neue Form der Wirklichkeitsauffassung, die behauptet, die Wirklichkeit werde nicht gefunden, sondern »erfunden« und Deutungen oder Abbildungen der Wirklichkeit müßten nicht wahr, sondern »passend« sein. Es ist einigermaßen verblüffend, wenn z. B. Vilém Flusser, einer der wirklich interessanten zeitgenössischen Modephilosophen behauptet, Kopernikus z. B. sei nicht wahrer gewesen als Ptolemäus, sondern bequemer und passender (1989, S. 76). Die Katholische Kirche, die kürzlich Galilei rehabilitiert hat, hätte von ihm lernen können!

Paul Watzlawick, Mentor und Promotor der konstruktivistischen Wirklichkeitsauffassung, geht in ganz ähnlicher Weise davon aus, daß wir solche Wirklichkeiten erschaffen, erfinden, konstruieren, die in die Gegebenheiten passen, und zwar so passen, daß wir uns lebenspraktisch zurechtfinden (1976). Es gibt keine objektive Wirklichkeit, sie ist vielmehr offen für unsere Entwürfe, ja die Wirklichkeit besteht aus Entwürfen, sie ist ein chaotisches Sammelsurium von Konstruktionen. Aber nicht nur die Wissenschaftler beginnen sich mit der Situation der Beliebigkeit zu befreunden, auch die Münder der Prediger, der Politiker und der Menschen im Alltag sind offen. Alle Münder erzählen unaufhörlich Geschichten und viele dieser Geschichten sind Deutungen. Wir neigen nach Lyotard dazu, den großen religiösen Meistererzählungen nicht mehr, den Erzählungen der Dissidenten, der Häretiker, der Gefangenen und Unruhestiftern um so mehr zu glauben. Die Geschichten aus dem Untergrund, die wie Dampf den Schächten entsteigen, haben sogar eine eigentümliche Anziehungskraft (1979, S. 19). Die »politische Korrektheit« verlangt deren Pflege und erzeugt immer neue, gleichberechtigte Geschichten.

Alles kann Stoff von Geschichten werden, die Geschichte ist eine Riesenwolke aus Erzählungen: »Erzählungen, die man berichtet, die man erfindet, die man hört und spielt; daß das Volk nicht als Subjekt existiert, daß es ein Haufen Milliarden unbedeutender oder folgenschwerer kleiner Geschichten ist, die sich anziehen und zu Riesenerzählungen verdichten, bald sich in umherschweifende Elemente zerstreuen...« (Finkielkraut 1989, S. 117f.) Und jede Erzählung kann gewählt werden, von den christlichen Weltreligionen über pagaistische Systeme bis zu den Elixieren des Teufels. Die Erzählungen sind inkommensurabel, nicht ineinander übersetzbar, sie gehören unterschiedlichen Ordnungen an. *Sie sind inkommensurabel, aber gleichwertig*. Es soll in der modernen postmodernen Gesellschaft keine Über- und Unterordnung, keine Haupt- und Untergeschichten mehr geben. Das einzige, was die Optionen sowohl homogenisiert und gleichmacht als auch unterscheidet, sei, sofern sie käuflich sind, ihr Preis. Und da man einen Roman von Nabakov, einen Designeranzug oder einen Pestheiligen aus dem siebzehnten Jahrhundert samt und sonders auf Märkten kaufen kann, ist alles, was vermarktbar ist, in dieser Hinsicht kommensurabel.

Insofern findet sich die höchste Seinsebene, jene der Rechtfertigungen, Erklärungen, Deutungen, Sinnhaftigkeiten unvermittelt auf der untersten, jener der Waren wieder. Geschichtenerzähler und Wissensproduzenten haben die Evangelisten von früher, die die eine und wahre Erzählung verkündet haben, abgelöst. Die letzteren sind die Kapitalisten von morgen, sie horten Kapital und Information; eine neue Klasse? Wie die Kapitalisten mit unterschiedlichen Waren konkurrieren, produzieren sich die Wissensproduzenten mit unterschiedlichem Wissen. Wie es auf dem Gütermarkt zu jedem Gut Dutzende, vielleicht Hunderte von Wahlalternativen gibt, gibt es auf dem Wissensmarkt zu jedem ›issue‹ tausend Varietäten. Georges Clemenceau seufzte: »Alles ist richtig, nichts ist richtig. Das ist der Weisheit letzter Schluß.« Was Paul A. Samuelson, nach ihm die meisten und heute noch die Neoklassische Schule in der Nationalökonomie, zum Besten geben konnte: »Like eggs, there are only two kinds of theories: good ones and bad ones«, gilt in keiner Weise und in fast keiner Disziplin mehr. Und wenn das Sinnloch des modernen Menschen beklagt wird und allenthalben Seminarteilnehmer, bis hinauf in die obersten Führungsebenen, den Marschbefehl zur Sinnsuche erhalten, muß dieser keineswegs wie eine Stecknadel im Heuhaufen gesucht werden. Er liegt in tausend Versionen auf der Straße.

Diese Vielzahl von Meinungen wird in immer kürzerer Zeit abgelöst durch eine neue Vielzahl von Meinungen, in denen von Zeit zu Zeit alte Meinungen wieder aufblühen und sich wie beim Benzin, je nach Motor-, d. h. Zivilisationstyp, neue Mischungsverhältnisse einstellen. Damit hat sich auch der Charakter von Wissen geändert; was wir heute Wissen nennen, sind Meinungen. Die klassische Philosophie bewegt sich, wie Karl Löwith (1956, S. 12) schreibt, innerhalb des Entweder-Oder von ›episteme‹ und ›doxa‹. Gemessen am Maßstab der episteme als des wahren Wissens ist heute die doxa kein religiöser Glaube mehr, sondern es verbirgt sich in ihr eine endlose und beliebig interpretierbare Fülle von semi-industriell erzeugten Geschichten, deren Verschleiß schon eingeplant ist. »Die Lebensdauer wissenschaftlicher Fakten ist ähnlich der von Schuhen, etwa drei bis fünf Jahre«, schreibt Chargaff (1989, S. 360).

Heute setzen sich Trends mittels der neuen Informationstechnologien blitzschnell weltweit durch. Man kommt gar nicht mehr dazu, die Schuhe zu tragen; kaum hat man sie angezogen, kommt schon der Befehl, sie wieder auszuziehen und das nächste Paar zu probieren! Man kommt, um bei Chargaffs Schuhbeispiel zu bleiben, überhaupt nicht mehr aus dem Schuhladen heraus! Es handelt sich derzeit um eine Art *High Speed Marketing auch in der Wissenschaft*, und wenn im New Age-Denken gerne von co-evolutivem Denken, vom Driften geredet wird, so verstehen es gerade die Sozial- und Geisteswissenschaftler hervorragend, im internationalen Theorienstrom zu driften. Das letzte Suhlbad, das man weltweit genommen hat, war das New Age. Jetzt bereiten Chaos- und Selbstorganisationstheorien neue Aufregung. Angesichts der irisierenden Buntheit von Theorien, Erklärungen, Kontratheorien, Erklärungen von Erklärungen.

So scheinen alle Meinungen, Deutungen und Kulturen gleichermaßen legitim, alle Traditionen gleichwertig, die Werte beliebig und austauschbar. Die Farben wechseln nicht, wie es Max Weber noch gesehen hat (1991, S. 102), irgendwann gemächlich, mit langen Übergangsfristen, sondern immerzu, und das Licht der großen Kulturprobleme zieht nicht friedlich weiter, sondern ist erloschen und ersetzt durch tausend kleine, gleichzeitig lockende Lichtlein. Max Planck trifft John Coltrane, Helmut Schmidt Thomas Gottschalk. Stephen Hawking meets Gott. Im Schwund kultureller Homogenität stauen sich die unterschiedlichsten Lebensformen und Orientierungsweisen und die entsprechenden Werte und Leitbilder. Es fällt schwer, in der »offenen«, »multikulturellen«, informationstechnisch globalisierten Gesellschaft der »Postmoderne« irgendeinen Wert *nicht* bzw. nicht als prinzipiell anerkennenswert zu bejahen, *es sei denn, dieses Prinzip selber*. In der Anerkennung, ja Schätzung dieser Pluralität liegt, wie uns die Philosophie sagt, der »Fokus der Postmoderne, das Herz ihrer Antriebe, der Fluchtpunkt ihrer Vision« (Welsch 1988, S. 23).

Postmoderne als Multioptionsgesellschaft

Karl R. Popper prophezeite der Moderne *einen* Weg zur Seligkeit. Dieser führe in die offene Gesellschaft. Es gäbe keine Rückkehr zu einer geschlossenen Welt: »Wenn wir uns zurückwenden, dann müssen wir den ganzen Weg gehen – wir müssen zu Bestien werden« (1957, S. 268). Ganz in diesem Sinne werden heute weltweit, um zu verhindern, daß wir Bestien werden, rückwärtsgewandte Totalitaristen und Fundamentalisten bekämpft. China und Burma sind weiterhin inakzeptabel, Kuba ist beinahe schon nostalgisch, museal. Im Prozeß gegen zweihundertneunundsiebzig Fundamentalisten in Tunesien ist für 19 Angeklagte, wie den Zeitungen von heute zu entnehmen ist (11.8.1992), die Todesstrafe beantragt. Die Feinde der offenen Gesellschaft, leben sie nun im Irak, in der Türkei, in Kabul, in Tunesien oder im Sudan, sind weltweit, wie immer sie Gewaltakte inszenieren, auf dem Rückzug. Die Spannung zwischen Tradition und dem »global village« muß, das ist der Interkulturellenschicht allüberall scheinbar klar, überwunden werden wie die Spannung zwischen Kamel und Flugzeug. Wenn es heute eine Zweiteilung der Welt in böse und gute Glieder gibt, dann ist es die Zweiteilung in Feinde und Freunde der offenen Gesellschaft.

In den westeuropäischen Wohlfahrtsstaaten, in den luxurierenden Multioptionsgesellschaften des Westens gibt es keine ernstzunehmenden Gegner der offenen Gesellschaft mehr. Die Gegner der multikulturellen Gesellschaft sammeln sich unter dem Banner wirtschaftlicher und politischer Differenzen. Die Gegner einer europäischen Entgrenzung und Öffnung bekämpfen diesen mit den gleichen Argumenten wie ihn die Befürworter befürworten. Die Steigerung der Handlungsmöglichkeiten und Lebenschancen soll, je nach Lage und Sicht der Dinge, unter einer Ent- oder Begrenzung leiden. Das Programm der offenen Gesellschaft erfordert nicht das friedliche Zusammenleben von Kulturen, sondern Freiheit – und Freiheit, von sich bietenden Möglichkeiten Gebrauch machen zu können. Offene Gesellschaft, auf ihren Kernbestand reduziert, heißt: *Steigerung der Optionen auf allen Seinsebenen, Steigerung der Teilhabe an den Optionen und Setzung minimaler Standards der Teilhabe.* »Conscious, Civilization, Society« – heißt die Devise von Popper bis Dahrendorf. Keine Einschränkung der Wissensvermehrung und Wissenserzeugung, freier Zugang zu allen Informationen für alle (die kongeniale Rechtfertigung der Informationstechnologie), die allgemein kognitive Dissipation oder ein garantiertes Grundeinkommen, vorerst an Wissen oder vielleicht Sendekanälen. »Handle stets so, daß weitere Möglichkeiten entstehen«, das ist der *ethische Imperativ der Multioptionsgesellschaft* (van Foerster 1985, S. 60), und zwar in allen Lebensbereichen.

Die Kennzeichnung unserer Gesellschaft durch die multiple Option führt zur Frage, ob die Gesellschaft in einen qualitativ neuen Zustand gekippt ist, in einen Zustand, dessen überall genannte Erscheinungsformen wie Komplexität, Kontingenz, Fluktuation, Dynamik, Nichtlinearität, Turbulenz, Chaos alle auf eine gemeinsame Grunderscheinung rückführbar sind: die durchgreifende Optionierung aller Lebensbereiche und Seinsebenen. Über den geologischen Schichten, welche die Jahrmilliarden als Erde hinterließen, erstrecken sich die in wenigen Jahrtausenden angehäuften Kulturschichten: Altertum, Mittelalter, Neuzeit, Moderne und, gräbt man noch tiefer: archaische Kulturen. Während sich verzierte Töpferwaren, Schlittschuhe aus Tierknochen, Knochen von Auer, Wildschwein und Hirsch, durchbohrte Pferdezähne und Katzenkiefer nur an verstreuten Orten auffinden lassen, wird die nachmoderne Zivilisation, wenn sie unsere Spuren verfolgt, überall auf gewaltige Massen von Zeugnissen und Kulturresten der Jetztzeit stoßen. Wie eine zerfetzte Haut umspannt unsere Zivilisation den Erdball, besetzt mit Knoten, übersät mit Wunden, durchsetzt mit Einschlüssen älterer Kulturen. Die Gesamtkultur, die sich über die Natur schmiegt, sie zu ersticken droht, zeigt sich in ihrer ganzen Vielfalt in der letzten neuzeitlichen Schicht. Alle Gestalten und Bewegungen, alle Bezeichnungen und Texte erscheinen als Relikte in den Museen, Ausstellungen und Wohnräumen der Moderne wieder. Die bisherige Geschichte ist vor unseren Augen ausgebreitet. Zum Ansehen, Betasten, als Antiquität käuflich, in ihren Texten, Abbildungen und Beschreibungen frei zugänglich. Alles, was war, ist objektiviert und wird in einer zusammengewachsenen Welt in Wanderausstellungen um den Erdball gesandt. Was die Lebenswirklichkeit dabei verliert, ist Gegenstand des nächsten Kapitels.

II. Entobligationierung

»Je enger der Käfig, um so schöner die Freiheit«, sagt ein Sprichwort. Die multiplen Optionen sind solange kein Problem, als feste Traditionen unsere Schritte, ja auch schon unser Erleben und Wahrnehmen der Wirklichkeit bestimmen. Selbstverständlichkeiten sind immer weniger selbstverständlich, Gewißheiten immer weniger gewiß. Entobligationierung ist der Preis der Optionierung. Einer Zeitungsmeldung zufolge sind im südkalifornischen El Cajon die Gefängniszellen ohne Wissen der Insassen aus Karton erstellt worden. Ein Wutanfall des Häftlings John Pugh bewirkte, daß die Zelle auseinanderbrach. Die Wände klappten nach außen. Ein großes Loch tat sich auf. Pugh fand sich plötzlich im Freien, im gleißenden Licht eines hellen Tages. El Cajon, ist das nicht die komprimierte Geschichte der letzten fünfhundert Jahre? Die modernen Multioptionsgesellschaften sprengen alles: ihre räumlichen Grenzen, zeitlichen Strukturen und sozialen Schranken und vor allem die Vorstellung, es gäbe irgend etwas, was nicht von dieser Welt, nicht von Menschenhand, *nicht letztlich wie aus Karton wäre*. Die alten Ägypter lebten auf einer flachen, in der Mitte durch einen Fluß geteilten Insel, und über dem Ganzen schwebte, von vier Pfosten getragen, der Himmelsbaldachin. Beim Schreiben dieser Zeilen wird der arabische Baldachin durch amerikanische Bomben und irakische Raketen zerfetzt. Für den Leser dieser Zeilen ist das bereits zehnmal umgedeutete und umgeschriebene Geschichte. In der Bibel hat die Erde die Gestalt einer flachen Scheibe, so daß man, reist man nur weit genug, am »Ende der Welt« ankommt (Deut. 13,8; 28,64; Jes. 5,26). Wie die Erde hat auch der Himmel ein Ende; der Himmel aller Himmel, der Sitz Gottes liegt außerhalb des Endes des Himmels. Unsere Vorstellung vom Universum, das keine Grenze im Raum hat, das sich unendlich ausdehnt, ohne Anfang und ohne Ende in der Zeit, hat deshalb – wie Hawking kindlich triumphierend feststellt – »nichts, was einem Schöpfer zu tun bliebe« (1988, S. 12).

Zu den Indios im Amazonasgebiet kommen seit dem 16. Jahrhundert die Europäer in zweierlei Gestalt, als Missionare und als Zerstörer. Das eine erfordert das andere. Die durch keine humanitären Sentimentalitäten gezügelte physische Vernichtungswut, die Döblin in seinem Roman *Amazonas* so eindrücklich beschreibt, ist indes nur eine, wenn auch die brutalste Zurichtung des Bodens für das Neue. Was im Golfkrieg vonstatten ging, war der Kampf zwischen dem Projekt der Moderne und einer halben Moderne, einer islamischen Moderne, welche die technische Auswirkung will und sich damit brüstet, aber nicht die aufklärerische Abrüstung des ideellen Kosmos. Die Geschichte ist voll von Säuberungen dieser Art. Echnaton, der ägyptische Pharao, hat seine Lehre des Lebens und den ersten Monotheismus in der Weltgeschichte durch Vernichtung aller Denkmäler des übernommenen Polytheismus durchgesetzt. Seine Steinmetzen schwärmten Heerscharen gleich ins Land hinaus und wüteten wie eine Heuschreckenplage. Die Namen der alten Götter wurden ausgemerzt, sogar die Pluralschreibung des Wortes »ntr«, Gott, mußte getilgt werden (vgl. Zweifel 1993). Die gigantische Reißbrettstadt »Achetaton«, die Echnaton für hunderttausend gottes- und königstreue Untertanen aus dem Wüstensand stampfen ließ, wird schon bald von Sethos I. geschleift und wieder ziehen Steinmetze übers Land, um das Gesicht von Echnaton auszuhacken. Der Sinn der Zerstörung ist die Durchsetzung des Neuen – nicht immer, aber häufig, ebenfalls in allen Lebensbereichen und auf allen Seinsebenen, bis hinauf zur Hermeneutik – die in ihren modernen Ausprägungen weniger Kunstlehre des Verstehens als Kunstlehre der Zerstörung alter Lesarten zu sein scheint.

Das versteckt der Text, wenn er zeilenbündig aus dem Laserdrucker hervorschießt. Der Kampf ist ihm nicht anzusehen und man kann ihm diesen nicht ansehen. »Aus Nichts schafft Gott, wir schaffen aus Ruinen! Erst zu Stücken müssen wir uns schlagen, eh wir wissen, was wir sind und was wir können! – Schreckliches Los! –«, klagt der Biedermeier-Dichter der Scheußlichkeiten und Grausamkeiten Dietrich Grabbe (1801-1836; vgl. Cortesi 1987), eine Klage, die der zeitgenössischen bildenden Kunst nicht mehr geläufig ist. Georges Bataille bemerkt in *Der heilige Eros*: »In den angerichteten Speisen darf nichts daran (an das Schlachten!) erinnern« (1984, S. 88). Die Kunsthallen zeitgenössischer Kunst mahnen an Schlachtfelder: ausgerissene Böden, geplatzte Decken, zerrissene Stoffe; den Skulpturen von Josef Felix Müller oder von Baselitz ist die Gewaltanwendung ansehbar, sie sind behauen, beschlagen, mit Kettensägen zersägt, zerschnitten und notdürftig mit Farbe wie mit Notverbänden behandelt. Während die Skulpturen der Barockzeit, etwa die sogenannten »Pestheilande«, mit Bluttrauben behangene, zerschlagene und verquollene Darstellungen von Gekreuzigten (wie das Gerokreuz am Kölner Dom oder der Kruzifixus von Lumbrein; vgl. Reinle 1986), das Leiden des Dargestellten zum Ausdruck brachten, bringen die Skulpturen von Josef Felix Müller oder Baselitz das Leiden und den Kampf des Dargestellten und des Schöpfers ins Bild.

Nicht nur Künstler sind, wie Malraux annimmt, *Zerstörer*, sofern sie Rang und Namen haben (vgl. Gehlen 1960, S. 47), *sondern alle*. Modernisierung bedeutet andauernde Umarbeitung, Korrektur, Verbesserung des Bestehenden. Die Mittel sind vielfältig, brachial, wenn es um Mauern, Monumente und Menschen geht, feiner bei Verbindlichkeiten oder Ligaturen. Zum Hammer und zur Axt treten Objektivierung und Ironisierung, zum Feuerstrahl der verächtliche Blick. Die Sprengung des Daseinspanzers erfolgt nicht an einer besonders verwundbaren Stelle. Überredungskünste und Ironie verzehren das Selbstverständliche und Überkommene. Die Psychoanalyse schmilzt in der Reflexion und in der Besprechung die unbewußten Zwänge in Optionen um, die Psychologie stellt Verhaltensweisen bloß, die Soziologie entschärft in ihrer Untersuchung der schicht- und milieuspezifischen Verhaltensweisen die Prägeformen des Verhaltens. Technische Entwicklungen entfatalisieren biologische Diktate, stellen Apparate für die Überwindung der Erden- und Körperschwere parat.

Nichts auf Erden ist von Dauer. Verschleiß und Verfall sind unerbittlich eingebaut in das Kulturgut. Sie können nicht verhindert, nur aufgehalten oder aber beschleunigt werden. Echnatons Befehl war Abrechnung; die Schleifung der Bastille und die Zerstörung der Königsdenkmäler in der Französischen Revolution waren historische Racheakte, wie auch der Abriß der Stadtschlösser von Potsdam und Berlin oder der Berliner Mauer. Diese großen und augenfälligen Beispiele sind begleitet von den kleinen und unsichtbaren. Die »damnatio memoriae« erstreckt sich auch auf immaterielle Kulturgüter. Die Außenhaut kann, wie im Falle vieler Kirchen, sogar die innere Aushöhlung und Entkernung überstehen. Mit gesteigerter Geschwindigkeit spielt sich dieser Vorgang heute *im Innern der Gesellschaft als von allen verfolgtes und befolgtes Programm* ab – im Namen des Fortschritts, der in der Optionensteigerung die Obligationenvernichtung einschließt.

Nie hat kulturell und herkunftsmäßig so Heterogenes auf dem gleichen Boden koexistiert. Wer sieht, daß ein Weihwasserbecken zum Aschenbecher, ein Tabernakel zum Geldschrank umfunktioniert ist; daß die Monstranz, der Leib Christi, im Auktionshaus neben Buddha steht, daß der auf einem Palmesel reitende Heiland neben einer sitzenden Kuyanin auf einem ruhenden Elefanten im Schaufenster eines Kuriositätenladens auf Käufer wartet, der erfaßt blitzartig die Transformationskräfte, die unsichtbar wirken. Die italienischen Salesianer stecken die Indianerkinder im Orinoco-Becken Venezuelas noch heute in Internate, um sie dem traditionellen Einfluß zu entziehen. Die Yanomani-Indianer gelten bei der »New York Tribes Mission« als blutrünstige Krieger, Frauenräuber und Kindsmörder, welche bekehrt werden müssen. Lisa Faesslers jüngster Film *Die letzte Beute* zeigt in eindrücklicher Weise die Verwandlung der Secoya-Indianer im Amazonasgebiet von nomadisierenden Dschungelbewohnern, die mit dem Blasrohr Papageien aus Baumkronen schießen, zu Christen, die nun in Industrietextilien mit Flinten die letzten Affen herunterholen. Er zeigt, wie sich Indianer »auf den Weg der Zivilisation begeben, seßhaft werden und so den Wald für die Holzfäller, Petroleumsucher und Ölpalmenpflanzer freimachen, welche den Missionaren auf den Fersen folgen« (*Neue Zürcher Zeitung*, 9.11.1990). Aber das ist nur der Vordergrund.

Der Zusammenhang von Erweiterung der Optionenspanne und verfallender Überzeugungskraft, ja Vernichtung von Obligationen, von Selbstverständlichkeiten, Traditionen und fraglosen Verbindlichkeiten ist *evident und verborgen zugleich*. Wählen können setzt nicht nur unterscheidbare Optionen voraus, sondern die Zerstörung von Gewißheiten, Zivilisierung geht einher mit Entzivilisierung, Konstruktion mit Dekonstruktion (vgl. Bruer 1992, S. 173 ff.). Verbindlichkeiten und Gläubigkeit verbieten und kanalisieren das Tun, aber auch Wahrnehmen und Denken. Das Abbrennen von Wäldern und die Sprengung von Denkmälern, das »Schlachten von heiligen Kühen«, sind äußere, sichtbare Seiten und Metaphern eines im wesentlichen sich im Innern abspielenden, schleichenden Zerstörungsprozesses. Die Weltgeschichte verdankt letztlich Rom nicht den »zündelnden Griechen in Troja«, sondern der griechischen Neugierde. Wie die Bücher in den großen Bibliotheken der Welt langsam zu Staub zerfallen, ist der Sinn, der unserem Leben, von der Neugierde bis zum Tun, eine Richtung gegeben und unsere Existenzweise kohärent, zielbezogen gemacht hat, kraftlos. Richtungslosigkeit und Ziellosigkeit, frei strömende Neugier, Trekking im Unbekannten, das sind die Voraussetzungen der Fahrten von Odysseus, der Entdeckungen von Columbus, der Zeichnungen von Leonardo da Vinci und der High Tech-Kinder der Zukunft. Auf der Kostenseite der offenen Gesellschaft steht eine Liste von Zerstörtem und Verschwundenem, auf der nicht nur Menschen und Kulturgüter stehen, sondern Geographien, Zeitstrukturen, Ordnungen, Sinnsysteme. Modernisierung kennt keinen Halt, keine Etappe, sondern nur die Dauerverschränkung von Schöpfung und Zerstörung, von Konstruktion und Destruktion. Das ist der andere Inhalt dessen, was man *Fortschritt* nennt.

Entgrenzung

In allen Lebens- und Seinsbereichen sind Erosions- und Auflösungserscheinungen und auch Deregulierungsinitiativen zu beobachten: räumlich, zeitlich, innen, außen. Die Schlagbäume an den Landesgrenzen bleiben in der Höhe, die festen Zeitdiktate werden aufgeweicht, die Nacht ist an immer mehr Orten hell wie der Tag, immer mehr Betriebe laufen rund-um-die-Uhr, immer mehr Straßen bleiben auch nachts erleuchtet; das Auto ist genauso zu gebrauchen in der Nacht, dem Rundfunk entströmt pausenlos Musik, das Fernsehen fährt uns unterdessen schon mit vier Sendern rund um die Uhr Bilder auf. Niemand findet etwas dabei, beim Frühstück zu erleben, »wie dem Dschungelmädchen das Messer zwischen die sexüberwölbten Rippen gestoßen wird, während ihm gleichzeitig die Triolen der Mondscheinsonate in sein Ohr tröpfeln« – konnte noch Günter Anders in einem Anflug von Humor bemerken (1956, S. 141). Heute findet niemand etwas dabei, wenn echtes Blut in den Bildschirmen tröpfelt. Die Beziehung Mensch-Welt ist unilateral geworden; ungleichzeitig gleichzeitig, wie die Zeiten der Weltuhr am Handgelenk; abwesend anwesend, wie die aller Weltkulturen und Weltreligionen; unerreichbar erreichbar wie jeder räumliche Punkt auf der Erde innerhalb eines Tages erreichbar ist. Die fiktive Reise um die Welt von Jules Verne vor knapp hundert Jahren hat noch achtzig Tage gedauert!

Vor fünf Jahrzehnten hat ein Bild die Welt erschüttert: Deutsche

Soldaten reißen beim Überfall auf Polen die Schlagbäume nieder. Heute erfreuen wir uns immer noch der friedlichen Invasoren, die durch die mit Trucks geschlagenen Breschen mit Bierflaschen in der Hand Ost-Berlin stürmen. Die gefeierten Politiker sind heute die Abbruchpolitiker, die beklatschten Parolen *fußen* im *Grenzenlos*. *Deregulierung* heißt das Zauberwort, dereguliert wird auch innen, aber besonders illustrativ ist die Entgrenzung der Nationen. Nationale Grenzen erscheinen als etwas Antiquiertes und Kleinliches. Das Grenzenlose ist erstrebenswerter Endzustand. »Aus Grenzen Brücken machen« – wer hat das eigentlich erfunden? Das Schicksal der Erde, nicht mehr jenes der Völker wird heute diskutiert. Wie die radioaktive Wolke nicht mehr vor Grenzen haltmacht, bald hierhin, bald dorthin treibt, werden Wissen, Meinungen, Bilder und Töne weltweit vertrieben. In Afghanistan werden die gleichen Bilder am Fernsehen gezeigt wie in Trogen, in Peking rinnt dieselbe Klassik aus dem Radio wie in New York. In London werden die gleichen ökonomischen Theorien diskutiert wie in St. Gallen.

Das Grenzenlose ist Trumpf. Es gibt einen internationalen Bilder- und Theorienstrom, einen Hauptstrom und Nebenflüsse. Internationalität ist besser als Nationalität. Die Veröffentlichung in einem internationalen Journal ist besser als in einem hiesigen. Wenn die Gedanken sich internationalisieren und die Wolken über die Grenzen hinwegziehen, wenn sich das Verbrechen multinationalisiert und Gewalttäter und Kriminelle in nur noch international ausgelegten Schlingen zu fangen sind, erscheinen Grenzen in der Tat als Relikte. Daß die Epoche der Nationalstaatlichkeit zu Ende geht, hat Carl Schmitt schon vor drei Jahrzehnten konstatiert (1963, S. 10). Die Geographie muß ständig überarbeitet werden. Der Schulatlas vom vorletzten Jahr ist schon wieder veraltet. Das Zurücktreten des Staates wird mit dem Dominantwerden der technischen Realisationen unausweichlich. Der Kern moderner Gesellschaften ist nicht der Staat, sondern die Multioptionsgesellschaft. Sind es heute, in der Risikogesellschaft, nicht sogar die Folgen der Industriegesellschaft, die selbst jene Nationen oder Stämme treffen, die irgendwo im Dschungel oder in Australien noch ein Leben abgegrenzt und fern der Zivilisation führen, die zur Grenzenlosigkeit zwingen? *Nieder mit den Grenzen*, lautet dementsprechend die Devise. *Keine Sonderfälle, keine Appenzeller!* Deregulierung und Internationalisierung sind nicht Schlagworte, sondern gefeierte Programme. Mögen im östlichen Mitteleuropa ethnische Kriege toben, mögen in Kabul rivalisierende Gruppen um die Macht kämpfen! Es handelt sich nicht um Neuauflagen von Auseinandersetzungen von Systemen, sondern um Spätfolgen von unter und in Systeme gezwängten Völkern.

So erleben wir vordergründig eine Sprengung geopolitischer Grenzen einzigartigen Ausmaßes. Mit eisernen Vorhängen eingezäunte Länder werden plötzlich zu Fußnoten der Geschichte. Die Sowjetunion nimmt sich im Zeitraffer eines Jahres wie ein fahnenflüchtiges Heer aus, das in allen Richtungen davonsprengt. Schon wird der Zerfall der USA vorausgesagt. Gleichzeitig wird Europa unter einen Hut gepreßt. Wer nicht darunter will, scheint nicht auf der Höhe der Zeit. Ich habe seit Jahren nichts mehr vorgezeigt an den schweizerischen, österreichischen und deutschen Zöllen. Seit an den Übergängen ein grünes »E« prangt, sausen immer mehr Autos ohne anzuhalten durch. Der Fall der Zäune ist der einfachste Fall der Enttraditionalisierung. Aber Zäune waren immer auch Schutzwälle für kleine Gemeinschaften, die sich nicht auslieferten, sich sperrten, ihre Identität bewahrten, nicht ausgesogen werden und ihre Kultur behalten wollten. Grenz- und Marksteine heimlich versetzen war gerade in Alpenländern, in denen es viele Sagen von ewig zur Strafe für eine Versetzung umherirrende Sünder gibt, ein ernstes Delikt. Die äußeren Grenzen haben private, regionale und nationale Kulturen markiert. Man ist ihrer beim Passieren ansichtig geworden. Wir haben mit unsern Kindern, als Auslandschweizer, viele Dutzend Male die Heimatgrenzen passiert. »Wie schade«, haben wir mit unseren Kindern gemeint, »wenn es keinen Zoll mehr gibt, wo man gefragt wird, ob man etwas zum Verzollen dabeihabe.« Braucht eine nationale Identität, braucht ein Kind, das im Ausland als Schweizer aufgewachsen ist, diese äußeren Übergänge, um einen innerlichen überhaupt zu vollziehen?

Entzeitlichung

Der Abbau der *Grenzen* wird begleitet von einem *Abbau der überkommenen Zeitstrukturen*. Was wir als von den Tarifpartnern aufgeführtes Dauerdrama erleben, ist der Abbau der temporalen Strukturen, das Schleifen der Chronokratie. Die tradierten Zeitdiktate werden durch die Flexibilisierung der Arbeitszeiten gebrochen. Die Verkürzungsdebatte ist vertraut, aber sie war das Thema der 80er Jahre. Das Thema der 90er Jahre ist nicht mehr die Frage der Dauer der Arbeitszeiten, sondern die Lage der Arbeitszeiten rund-um-die-Uhr und rund-um-die-Woche. Normalarbeitsverhältnis und Normalarbeitszeit, implizite Denkvoraussetzungen aller Diskussion über Arbeit und Beruf, lösen sich auf. Wer nachts durch die Außenstädte fährt, erlebt im Blick auf die rauchenden Schlote und erleuchteten Fabrikgelände die kommende Rund-um-die-Uhr-Gesellschaft. Eben haben die Russen, ausgerechnet die Russen, nachts einen Lichtstrahl der Sonne auf die Erde reflektiert und ihn über die Kontinente wandern lassen. Sie arbeiten, wir kennen das aus dem Zeitalter der praktisch und technisch verstandenen Aufklärung, an der Abschaffung der Nacht. Die zeitliche, mit der räumlichen Auslagerung der Erwerbsarbeit einhergehende Konstitution eines festen, ja monolithischen Erwerbsarbeitszeitblockes und die damit einhergehende Verstetigung des Lebens, das bis dahin viel stärker den natürlichen Rhythmen und biologischen Prozessen folgte, war eine gewaltige Kulturleistung. Es ist bemerkenswert, wie diese Leistung derzeit negiert wird. Die Befürworter der Flexibilisierung haben semantisch den Fortschritt für sich gepachtet. Warum sollte man eigentlich den Erwerbstätigen nicht ermöglichen, aus der Einheitsarbeitszeit herauszutreten, die zeitliche Kolonnenformation einer Stechuhrgesellschaft hinter sich zu lassen? Warum dem Erwerbsbürger wie dem politischen Bürger oder dem Konsumenten nicht zubilligen, selbstbestimmt seine Arbeitszeiten aus unterschiedlichen Optionen auswählen zu können?

Definiert man Normalarbeitszeit durch eine Arbeitszeit von fünfunddreißig bis vierzig Stunden, durch die Fünf-Tage-Woche, durch eine Arbeitszeit von Montag bis Freitag untertags (d. h. ohne Schicht-, Nachtarbeit) und ohne Gleitzeit, so arbeiteten in der Bundesrepublik Deutschland 1989 nur noch vierundzwanzig Prozent (heute vermutlich unter zwanzig Prozent) der Beschäftigten in einer der Normalarbeitszeit entsprechenden Arbeitszeit. Drei Viertel aller Beschäftigten hatten schon flexible Arbeitszeiten (Gross u. a. 1989). Bei den in solchen Zusammenhängen immer wieder außer Betracht gelassenen Selbständigen, insbesondere bei den freien Berufen, herrschen eh »anormale« Arbeitszeitverhältnisse. Die Verkürzung der Arbeitszeit stand und steht bei ihnen nie zur Debatte und niemand hat sie je kontrolliert, ob sie nachts oder über das Wochenende arbeiteten. Im gleichen Zug, wie sich das Normalarbeitsverhältnis auflöst, löst sich auch das Normalfreizeitverhältnis auf. Die Geschichte der Freizeit ist die spiegelverkehrte Geschichte der Arbeitszeit. Während die Erwerbsarbeitszeit sukzessive *verkürzt* worden ist, hat sich die Freizeit sukzessive *verlängert*. Die letzte vorliegende repräsentative Untersuchung weist eine durchschnittliche Freizeit pro Kopf der erwachsenen Bevölkerung (ab 16 Jahren) an einem normalen Werktag (Montag bis Freitag) von 5,6 Stunden, für Berufstätige von 5,2 Stunden aus. Am Wochenende standen der Gesamtheit der Befragten 14,4 Stunden als Freizeit zur Verfügung, den Berufstätigen 15,2 Stunden. Sowohl für die Gesamtheit der Befragten (42,4 Stunden) wie für die Berufstätigen (41,2 Stunden) hat damit das wöchentliche Freizeitvolumen die effektive durchschnittliche Arbeitszeit in einer normalen Werkwoche von etwa neununddreißig Stunden deutlich übertroffen. Auch ohne Berücksichtigung der Urlaubsfreizeit (die im Zeitraum zwischen 1975 und 1985 um zweiundsiebzig Prozent und damit stärker als die Alltagsfreizeit wuchs) hat die Alltagsfreizeit (auch für Erwerbstätige) die Erwerbszeit überholt, zumindest gleichgezogen (vgl. auch Garhammer 1994).

Im gleichen Sinne, wie man von einem Normal- oder Regelarbeitszeitverhältnis sprechen kann, läßt sich auch von einer Normalfreizeit reden. Diese ist, in ganz ähnlicher Weise wie die Normalarbeitszeit, die die implizierte Denkvoraussetzung der Diskussionen über die Arbeitszeitveränderungen bildet, die Denkvoraussetzung der Freizeitdiskussion. Diese Denkvoraussetzung ist durch die faktische Entwicklung der Arbeitszeiten überholt. Aus dem monolithischen Block der Normalarbeitszeit ist ein fluktuierendes Ganzes mit *multiplen Möglichkeiten* der Arbeitszeitanlage geworden. Damit gerät auch die Normalfreizeit in Bedrängnis, sie löst sich in rund-ums-Jahr, rund-um-die-Uhr und rund-um-den-Tag gelegene Freizeitblöcke auf. Einzig die Altersfreizeit ist vorderhand noch berechenbar, auch wenn das durchschnittliche Austrittsalter aus dem Erwerbsleben (im wesentlichen aufgrund der Vorruhestandsregelungen) für die abhängig Beschäftigten in der Bundesrepublik auf achtundfünfzig Jahre gesunken ist.

Die verbindliche Zäsur zwischen Arbeits- und Freizeit löst sich also auf. Die Zeitblöcke von Arbeits- und Freizeit purzeln durcheinander. Vom Individuum, vom Erwerbstätigen aus gesehen, stellt sich seine individuelle Verfügung über Freizeit zwar als im Prinzip berechenbar dar, auch wenn man wie in rotierenden Schichtsystemen nicht mehr ohne Kalender sagen kann, ob man in fünf Wochen ein freies Wochenende hat. Aber sobald man die Freizeit gemeinsam nutzen will, mit Freunden, Bekannten oder Verwandten, fehlt die Transparenz, wer wann arbeitet. Das Verbringen von Sozialzeit wird, wie Ingrid Kurz-Scherf bemerkt, »zum komplizierten Optimierungsproblem der Großrechenlage für soziale Bezüge«; die Teilnahme am Leben der andern verlagert sich immer mehr von der direkten auf die Tele-Kommunikation, und das eigene Leben hängt immer mehr »am Tropf des Computer-Aided-Working-Programm (CAWP) einerseits und des Computer-Aided-Social-Life (CASL) andererseits« (1988, S. 547). Während die modernen Speicherungstechniken von den Videoaufzeichnungsgeräten bis zum Kühlschrank auch Fernsehsendungen und Kartoffeln rund-um-die-Uhr verfügbar machen, sind die sozialen Bezüge leider nicht entsprechend flexibilisierbar. Das flexibilisierte Verhältnis von Arbeits- und Freizeiten ist indes nur die öffentlich diskutierte Oberfläche der fundamentalen Deregulierung verbindlicher Obligationszeiten. Zu Hause und in den Selbstbedienungsgaststätten kann man essen, wann man will. Das Mittagessen ist – zumindest am Wochenende – unverbindlich geworden. Feste Bettzeiten oder Schlafzeiten gibt es nicht mehr. Man treibt zu jeder Tages- und Nachtzeit Sport. Der morgendliche Jogger ist uns so selbstverständlich wie der Nachbar, der abends zehn Uhr seine Tennisstunde absolviert. Bezüglich des Sexes gibt es keine Rhythmen zwischen enthaltsamen und nicht enthaltsamen Zeiten mehr. In den Kaufläden kaufen wir das ganze Jahr Rosen; die Jahreszeiten werden, wie auch die biologischen Rhythmen, technisch übertölpelt.

Die weggeschmolzenen Verbindlichkeiten betreffen alle Zeitdimensionen. Wir tragen Uhren, auf denen alle Zeiten der Orte angegeben sind, wo wir gerade nicht sind. Die Uhr zeigt nur eine Zeitdimension, die physikalisch kontrollierte Uhrzeit. Erst im 16. Jahrhundert begann man sich an eine Zeitmessung zu gewöhnen, zuerst für den Gottesdienst und von den Turmuhren, dann von den Rathäusern, schließlich von den Stand-, Wand-, Tisch- und Taschenuhren, heute von den Armbanduhren. Als fabelhafte und unsinnige Kunstwerke, die immer genauer messen (auf die 1/100 sec.!), deren Ganggenauigkeit in die nächsten Jahrtausende reicht (genauer als die planetarische Zeit) und deren Resistenz unterdessen Wassertiefen erreicht, in die wir ohne gepanzerte Unterseeboote überhaupt nicht vorrücken können, gaukeln sie uns ein immer präziseres Zeitmanagement vor. Sowohl die Zäsuren zwischen Arbeits- und Freizeit, als auch alle marktgängigen Kalendarien und Zeitplanungssysteme bewegen sich ebenfalls in der Uhrzeitdimension. Das moderne Zeitbewußtsein mag sich in die Esperanto-Zeit flüchten, lebenspraktisch wissen wir um die Vordringlichkeit, die lebenspraktische Dominanz der erlebten Zeit und der Lebenszeit. Die Schrecksekunde dauert ewig und die schönen Stunden und Tage, ach – wie fliehen sie dahin! In der Mitte des Lebens beginnen wir unser noch zu erwartendes Alter zu zählen und wir wissen um die Verteilung von Zeitwohlständen und Zeitnöten im Lebenslauf; z. B. davon, daß trotz Zeitwohlstand im Alter die Zeit, je näher man dem Tode rückt, um so schneller zerrinnt.

Mit dem Verlust der religiösen Rahmenerzählungen haben wir auch die Ewigkeit verloren, *die Weltzeit ist geschrumpft auf die individuelle Lebenszeit*. Wir suchen uns Ewigkeitssubstitute in den Kindern, dem Laub der Erde, aber das Diesseits erfährt eine enorme Verdichtung, ein einziges Leben muß genügen, um die Träume vom Jenseits im Diesseits zu realisieren. Der Druck wird erhöht durch die Verkürzungen, welche die für die materiellen Wunschparadiese notwendigen Erwerbszeiten erfahren: die Arbeitszeit wird am Tag, in der Woche, im Jahr und auch als Lebensarbeitszeit verkürzt, die Ausbildungszeiten andererseits verlängert, der Tod künstlich hinausgeschoben, ganze Gruppen der Bevölkerung auf ein kalendarisches Signal hin aus dem Erwerbsstand gekippt. Das Verblassen der religiösen Rahmenerzählungen läßt nicht nur die Ewigkeit verschwinden, sondern auch die Geschichte als Heilsgeschichte, als Universalgeschichte. Wie die Zukünfte optioniert, werden auch die geschichtlichen Deutungen beliebig. Hat Tell gelebt oder nicht, gab es den Rütlischwur, wann lebte eigentlich Jesus?

Enthierarchisierung

Drittens gehen wir, rückwärtsgewandt formuliert, des *Vertikalaufbaus* der Gesellschaft verlustig. Fergies Busen, Dianas Kußgeräusche und Prinz Charles' Phantasien am Telefon sind Massengüter geworden. Stände, Klassen, Schichten bildeten noch Stabilitätsgaranten, eine Art Trittsteine im glitschigen Bett der Gesellschaft. Stände und Klassen bildeten kohärente, gegeneinander mehr oder weniger abgeschottete Lebensstile, in denen man sich, soweit man das überhaupt sagen kann, nicht immer wohl, heimisch fühlte. Die Schichten waren schon weitaus weniger greifbar und selbstevident, sie beruhten auf mehrstufigen und mehrdimensionalen Schemata, in denen Einkommens-, Macht-, Bildungs- und Berufsunterschiede zusammenflossen. Nicht mehr der geistliche Stand oder das Proletariat bildeten Fixpunkte des Selbst- und Fremdverständnisses, sondern ein Gemisch von akademischen, zwar dem Selbstverständnis entnommenen, aber in ihrem Zusammenwirken höchst unklaren Vorstellungen, die sich in ebenso unanschaulichen Kategorien wie »oberes Unten« oder »mittlere Mitte« verdichteten. Bis in die Sozialkundelehrbücher der Gymnasien ist die Boltesche Zwiebelfigur gedrungen, ohne daß Schüler und Lehrer je herausfinden konnten, wie die vierzehn von Hundert »mittlere Mitte« zustande kamen. Wenn heute von Lebensstilen die Rede ist, so ist dies eine erneute Hilfskonstruktion für eine unter den Forschungshänden zerbröckelnde gesellschaftliche Wirklichkeit. Die parteipolitische Anmahnung, mit den Programmen auf Lebensstilgruppen zu zielen und nicht mehr auf traditionelle, an Klassen und Schichten orientierte Zielgruppen wie Arbeiter, Angestellte, kleine Selbständige, hat denselben Ausgangspunkt.

Gemeinhin wird die veränderte Situation, das vertikale Niemandsland darauf zurückgeführt, daß Verteilungsrelationen sozialer Ungleichheit in den westlichen Industrieländern relativ konstant geblieben seien, während sich gleichzeitig, und zwar »ziemlich drastisch«, die Lebensbedingungen der Menschen geändert hätten (Beck 1984). Die Pferdehaltung für Ausritte oder zum Vorspannen war im 19. Jahrhundert nur den Kapitalisten vorbehalten (oder noch jenen adeligen Geschlechtern, die ihre Relikte ins Industriezeitalter hinein retten konnten). In den fünfziger Jahren war der Autobesitzer die anschauliche Oberschicht. Heute fährt nicht nur jedermann Auto, sondern jedermann kann sich, unter bestimmten Bedingungen, die nicht mit Schicht, sondern nur mit den gegenwärtigen Lebensbedingungen zu tun haben, einen Jaguar leisten. Während mein Vater mich noch mit achtzehn Jahren mit der Vespa und dem angeschnallten Koffer mit meiner Wäsche über sechzig Kilometer gefahren hat, um mich im Internat abzuliefern, fahren heute die 18jährigen Töchter und Söhne mit dem Auto ins nahe gelegene Stadtbad. Es mag sein, daß die Kinder der Eltern, die sich vor dreißig Jahren in dem unteren Drittel der Einkommens-, Macht-, Bildungs- und Prestigehierarchie befanden, sich auch heute noch in der überwiegenden Mehrzahl der Fälle in dem unteren Drittel der Einkommens-, Macht-, Bildungs- und Prestigehierarchie befinden – aber mit dem gleichen Fernseher, dem gleichen Auto (die größten Autos stehen in den Slums herum!), dem gleichen Fotoapparat und dem gleichen gefüllten Kühlschrank, dem gleichen Whisky und dem gleichen Kaffee am Morgen.

Und vor allem: den gleichen Erlebnissen! Insofern fast alle beim gleichen Whisky in der gleichen Sendung die immer gleichen Katastrophen, Desaster und Nöte aus Entwicklungs- und Schwellenländern ansehen wollen oder müssen, ist der Fahrstuhl-Effekt, der alle bei konstanter Binnendifferenzierung nach oben trägt, noch wirksamer. Der Fahrstuhl ist gläsern, er steigt erschütterungslos, eine grandiose Aufzugsarchitektur, während rundum die Flammen zischen, die Kinder weinen, die Menschen flüchten. Angesichts der zwei Drittel der Menschheit, die am Rande des Existenzminimums dahintaumeln, erscheint die eigene Situation besonders komfortabel und die Ultrastabilität der internen Unterschiede als einzige Wohlstandssorge. Friedrich Nietzsche schreibt in den *Unzeitgemäßen Betrachtungen*: »Das rasend-unbedachte Zersplittern und Zerfasern aller Fundamente, ihre Auflösung in ein immer fließendes und zerfließendes Werden, das unermüdliche Zerspinnen und Historisieren alles Gewordenen durch den modernen Menschen, die große Kreuzspinne im Knoten des Weltall-Netzes – das mag den Moralisten, den Künstler, den Frommen, auch wohl den Staatsmann beschäftigen und bekümmern; uns soll es heute einmal erheitern...« (o.J., Bd. III, S. 41). Das war vermutlich damals eher möglich als heute!

Entheiligung

Zerfallene Burgen und verlassene Kapellen sind nicht nur stimmungsvolle Sujets der Historienmalerei, sondern eher melancholisch stimmende Reste überrollter Traditionen. Vielleicht freuen wir uns an den glänzenden, herausgeputzten und nun als Bürohäuser umbenutzten Palästen, an von gelangweilten Touristen bevölkerten Schloßparks. 1865 ist in Bern der Christoffelturm abgebrochen worden. Die Berner Gemeindeversammlung vom 15. Dezember 1864 opferte damals mit einem Zufallsmehr von 415 : 411 Stimmen den Christoffelturm samt seiner Figur dem Verkehr und dem Bau eines neuen Bahnhofs. Die riesenhafte Holzfigur des Christophorus, des Schutzpatrons der Stadt, wurde zerhackt und den Armen als Brennholz abgegeben. Diese Art von Umnutzung ist heute eher selten. Statt verbrannt, werden die Heiligen des Christentums säkularisiert. Die Reliquie wird aus einem sakralen in einen musealen Gegenstand verwandelt. Das Weihwasserbecken funktioniert als Spucknapf (Cioran 1979, S. 96), der Messeritus, den wir noch als Kinder dem Meßbuch entnehmen konnten, ist, seit dem zweiten vatikanischen Konzil, verhandelbar und die Kommunion Frühstück für jedermann (vgl. Fuchs 1992). Der Fürst wird Museumsdirektor, der Pfarrer Schausteller, der Küster Kustos (vgl. Jünger 1950, S. 133 ff.). Das ist der unvermeidliche Gang des Fortschritts.

Das gilt in derselben Weise für das Denken und Wissen, für Theorien, Erklärungen, Legitimierungen, Menschen- und Weltbilder. Das kopernikanische hat das ptolemäische Weltbild verdrängt. Das Bild des selbstverantwortlichen Menschen hat das Bild des Geschöpfes aus Gottes Hand in die Flucht geschlagen. Die Rechtfertigung des Bösen durch eine mißlungene Erziehung wechselt den Teufel aus und an die Stelle der Erklärungen von Krankheiten als Strafe treten Rückführungen auf Schadstoffe und Viren. Die satelliteninformierte Wetterprognose entzieht dem Erfahrungswissen die Grundlage, das Denken in Systemen annektiert jenes in Kausalitäten. Die Auswechslung der Weltbilder fällt uns beim halbjährlich anstehenden Kulissenwechsel der kosmologischen Modelle auf. Das wachsende Unbehagen der Astronomenzunft an der Big-Bang-Theorie, nach der die Schöpfung mit einer Explosion startete und sich dann zu Galaxien verklumpte; die erheblichen Zweifel, die heute laut werden an der Entstehung des Planeten Erde, der sich am Rande der Milchstraßen aus kosmischen Staubwolken zusammenpappte, sind für unsere Erfahrungswelt bedeutungslose Spielereien. Die naturwissenschaftliche Wirklichkeit ist vollkommen hinter die Erfahrungswirklichkeit gerutscht. Daß ein Tisch ein schwirrender Elektronenhaufen ist, ist lebenspraktisch bedeutungslos.

Ob Big-Bang oder Urknall, ob sich der Kosmos unablässig dehnt oder gleichförmig in einem unendlichen Raum verteilt ist, erreicht nicht einmal die Wirklichkeit eines Regentropfens. Galilei war, so Bertold Brecht, einer jener Gardinenverkäufer, der die Wirklichkeit, wie wir sie sehen und erfahren, wegen ein paar unpassender Beobachtungen mittels neuartiger Instrumente hinter einer Gardine verbarg, Astronomie und Physik abspaltete und somit diese Wissenschaften ihrer gesellschaftlichen Bedeutung beraubte (1963, S. 12f.). Wenn dann ein »Jahrhundertgenie wie Albert Einstein« (so der *Spiegel*), nämlich Stephen W. Hawking, der an den Rollstuhl gefesselte Physiker, sich im Rahmen seiner Suche nach der Urkraft des Universums nicht nur mit den schwarzen Löchern, die alles verschlucken, am Ende vermutlich sich selbst (wie es einem schon der unvergeßliche Rüsselmann in »Yellow Submarine« von den Beatles vorgemacht hat), mit jenen kosmologischen Theorien befaßt, die wir als theologische Systeme bezeichnen und deren Kraft auf ihrer sinnhaften Bezüglichkeit auf die Lebenspraxis beruht, dann erinnert man sich des chinesischen Sprichwortes: »Der Mensch denkt, Gott lacht!« Und wie er lacht! Bei Hawkings herausgepreßten Überlegungen noch leise, verständnisvoll. Bei den Hawkings Erfolgsrezept folgenden Überbietungen, in denen neben der Existenz oder Nichtexistenz Gottes auch die Auferstehung der Toten und das ewige Leben physikalisch bewiesen wird (in diesem Sinne Tipler 1994), hält sich Gott den Bauch vor Lachen.

Die transzendentalen Wirklichkeiten sind Dächer für die Menschen, unter denen sie sich geborgen oder gefordert fühlen sollen, die naturwissenschaftlichen Wirklichkeiten hingegen sind hinter oder unter die Dinge gerutscht, sie sind kalt und bezugslos. »Man könnte sich ... vorstellen, Gott habe die Welt im Augenblick des Urknalls erschaffen oder auch danach, indem er ihr den Anschein verlieh, es habe einen Urknall gegeben. Aber es wäre sinnlos, anzunehmen, sie sei *vor* dem Urknall geschaffen worden. Das Modell eines expandierenden Universums schließt einen Schöpfer nicht aus, grenzt aber den Zeitpunkt ein, da er sein Werk verrichtet haben könnte« (vgl. Staguhn 1990). Es gibt kein einheitliches Weltbild mehr, sondern beliebige Weltverständnisse, die, weil sie völlig andere Funktionen haben, nur mehr teilweise ineinander übersetzbar sind. Wenn der Physiker versucht, Glaubens- und Wissenssysteme zu vermitteln, so unterliegt er auch einer Verwechslung der Jahrhunderte: Er fällt hinter Galilei zurück. Er benimmt sich wie der mittelalterliche Anatom, der im Menschenleib keine Seele, oder der Astronom, der mit dem Fernrohr in noch so entfernten Galaxien keinen Himmel entdecken kann.

Die Verwandlung von Brot und Wein in den Leib Christi, so heißt es schon in den Hegelschen Jugendschriften, ist nur dann ein unbegreifliches Wunder, wenn man sich Brot und Wein als tote Objekte, naturwissenschaftlich-physikalisch vorstellt. Der religiöse Glaube muß für das aufgeklärte Wissen ein törichter Aberglaube sein, solange die Aufklärung nicht über sich selber aufgeklärt ist. Die aufgeklärte Aufklärung anerkennt, daß man den lieben Gott nicht mit dem Fernrohr suchen und die Verwandlung von Brot und Wein in den Leib Christi nicht chemisch untersuchen kann. Es gibt keine Übergänge vom Glauben zum Wissen. Glauben und Wissen, das Übersinnliche und das Sinnliche, sind verschiedene Sphären. Gewiß lassen die Bedrohungen der Zivilisation, die Schad- und Giftstoffe, die radioaktiven Strahlen und chemischen Dämpfe, insofern sie auch nicht sinnlich wahrnehmbar sind, eine Art neues Schattenreich entstehen (Beck 1986).

Aber dieses Schattenreich ist keinesfalls vergleichbar mit den Göttern und Dämonen der Frühzeit. Die Schad- und Giftstoffe treiben nicht wie die Teufel im Mittelalter ihr Unwesen! Die Teufelchen und Dämonen lassen sich nicht wie die Schad- und Giftstoffe mit dem Maßstab einfangen! Gegen sie kann man sich nicht mit Gasmasken oder in Unterständen schützen! Wenn der rote Apfel, den ich in meinen Händen halte, obwohl rotbackig, giftig ist, so ist das etwas völlig anderes als z. B. Evas Apfel symbolisiert. Das Ozonloch sieht man zwar ebensowenig wie das *Transzendenzloch*. Aber das Transzendenzloch hat niemand gemessen, weil es nicht meßbar, aber dennoch da ist. Die Evidenzen des Greifbaren waren immer umschattet und überwölbt vom Ungreifbaren (vgl. Delumeau 1985). Die Sichtbarkeitskultur, Armut und Reichtum, Hunger und Sattheit, Leere und Prunk waren immer aufgehoben und legitimiert in einer Kosmologie. Die alten Ägypter, die

Sumerer in Babylon, die Juden, die Inder, der Islam, die Griechen und das Christentum hatten Plätze für die Toten und die noch nicht Geborenen bereitgestellt, und Recht und Unglück, Unglück und Glück in einen ausgleichenden Hintergrund gespiegelt. Die Moderne hat abgespeckt. Sie hat die alten Kosmologien demontiert. Der Glaube an etwas hinter der sichtbaren Welt ist geblieben. Aber wer den Vorhang der sinnlichen Erfahrung wegzieht, sieht in die toten Augen von mathematischen Modellen und chemischen Formeln – und in die Gifttöpfe.

Abbau innerer Zäsuren

Entgrenzung, Entzeitlichung und Enthierarchisierung betreffen Selbstverständlichkeiten und Traditionen, die, wie der Fall der Landesgrenzen, augenfällig sind. Die Entheiligung, in den Humanwissenschaften und in der Theologie mit dem Ausdruck »Säkularisierung« bedacht (was ursprünglich die Aneignung von geistlichen Eigentums- und Herrschaftsrechten durch die weltliche Macht bedeutete), ist ein die überkommene Ansicht der Welt entzaubernder Vorgang. Betroffen und getroffen sind indes auch die *psychomoralischen Fundamente*. Diese brechen unter dem Ansturm der modernen Wirtschafts-, Wissenschafts- und Politikprogramme ebenso weg. Es handelt sich bei der Erosion dieser Fundamente um das Verschwimmen und Verschwinden von Zäsuren, die Konstitutionsbedingungen der modernen Gesellschaft darstellen. Die vielbeschworene Krise der Normalität, die Tatsache, daß das Normale nicht nur an den Rand gedrängt, sondern häufig überhaupt nicht mehr ausmachbar ist, verschwimmt, gleitet weg, beruht darauf, daß normal und nicht normal immer schwerer gegeneinander abgrenzbar sind. Sehr anschaulich demonstriert dies der moderne Krankheitsbegriff. Er hat sich im gleichen Maße gedehnt, wie sich der Gesundheitsbegriff verengt hat. Der vielzitierte und vielkritisierte Gesundheitsbegriff der Weltgesundheitsorganisation, die diesen definiert als Zustand des »vollkommenen körperlichen, seelischen und geistigen Wohlbefindens«, ist ein Ausdruck dieser Verengung, einen engelgleichen Zustand der Vollkommenheit zu erreichen hat niemand eine Chance. Es ist ein *androider Gesundheitsbegriff*, mit dem uns die Medien konfrontieren: die elfengleichen, entrückten, nazarenischen Wesen der Modezeitschriften und Werbespots, die einem aufgeputzt auch noch zu besonderen Anlässen oder im Friseursalon entgegentreten und deren Körperlichkeit sich z. B. durch das durch die Coiffeurbluse deutlich hörbare Magenglucksen verrät – ein merkwürdiger Kontrast zum duftenden, agil-geschmeidigen Äußeren.

In einer Welt, die einem großen Krankenhaus gleicht, ist der Bedarf an Transplantationen, Operationen, Prothesen unerschöpflich. Jeder Menschenmund bietet einem Heer von Zahnärzten und Kieferorthopäden Arbeit, bis der androide Zustand des makellosen, natürlichen oder künstlichen Gebisses erreicht ist, bis die Zähne so stehen und glänzen, wie sie sollen. Wer ist gesund, wer krank? Der eingebildete Kranke von Molière hat sich seine Krankheiten eingebildet, heute bildet man sich die Gesundheit ein, wenn man meint, man sei gesund. Ärztewitze persiflieren diesen Zustand. Der moderne Hypochonder sagt, ich fühle mich so wohl, ich glaube, ich bin krank. Gesundheit als Abwesenheit von Leid? Es gibt kein Halten! Die Pathogenität läßt sich überall festmachen, am Handeln oder Nichthandeln, am laut oder leise Reden. Insofern die Krankheit den Einzelnen immer auch der Verantwortung für lebenspraktische Dinge wie die alltäglichen Besorgungen für sich und andere enthebt, ist mit der Ausweitung des Krankheitsbegriffs auch ein Abbau der Zuständigkeiten verbunden. Dieser Abbau der Zuständigkeit für das eigene Tun bringt nun ein konstitutives Grundprinzip aller historisch bekannten Gesellschaften ins Wanken. Gewiß hat die aufklärerische Freisetzung des Individuums in der Aufklärung den Einzelnen stärker verantwortlich gemacht. Die Theorie der Aufklärung ist eine Theorie des »Do it yourself«. »*Do it!*« herrscht uns die aufklärerische Philosophie seit Kant an. Du mußt es selber wissen und selber verantworten, das ruft uns jede Emanzipationsbemühung zu.

Aber alle Gesellschaften beruhen auf einer im Grunde identischen Annahme. Diese lautet, daß »Menschen manches tun und anderes lassen können; mehr noch, daß sie manches *entweder* tun oder lassen können« (Schütz, Luckmann 1979, S. 16). Dies bedeutet, daß sie die Freiheit haben, etwas zu tun oder zu lassen, daß sie damit für bestimmte Dinge verantwortlich zeichnen, für andere nicht. Das daraus folgende Prinzip der Zurechenbarkeit von Handlungen und Verhaltensweisen schließt natürlich auch die Verantwortung für die Folgen dieses Tuns und Lassens ein. Wir stehen heute vor einer eigentümlichen Verkehrung der Dinge. Während in einer determinierten, kosmologischen Weltordnung, über die ein Schöpfer wacht, die Verantwortung externalisiert werden kann, Gott oder der Teufel, Dämonen oder Geister, oder ein numinoses Fatum die Handlungen schicksalsmächtig bestimmen, streicht die Aufklärung diese Externalisierungsmöglichkeiten. Gnadenlos wird der Einzelne für sein Tun und Lassen verantwortlich gemacht. Die außerweltliche Externalisierung schuldhaften Handelns erfährt erst durch die modernen Humanwissenschaften, durch Soziologie und Psychologie, eine *innerweltliche Theodizee*, eine *säkularisierte Rechtfertigung* durch Umstände, Milieu, Erziehung, äußere oder innere Not.

Diese *Auflösung* der Grenze zwischen einem Handeln, für das man verantwortlich ist, und einem Verhalten, für das andere schuldig erklärt werden können, ist in anschaulicher, für den Laien häufig haarsträubender Weise ins kriminologische Denken eingeflossen. Der folgende, beliebig herausgegriffene Gerichtsbericht veranschaulicht die menschenwissenschaftliche Externalisierungsstrategie: »Die Strafkammer des St. Galler Kantonsgerichts hat am Mittwoch einen 21jährigen Mann von der Anklage der vorsätzlichen Tötung seiner Eltern sowie der vorsätzlichen Brandstiftung freigesprochen. Es attestierte dem Angeklagten für die Tatzeit eine völlige Unzurechnungsfähigkeit. Der Freigesprochene hatte in der Nacht vom 22. September 1987 Vater und Mutter im Schlafzimmer erstochen und anschließend den Raum in Brand gesteckt«. So weit – so schlecht. Aber die Berichterstattung führt weiter aus: »In der mündlichen Begründung erklärte nun aber der Gerichtspräsident, das Gericht sei zwar von der Täterschaft überzeugt, aber es seien erhebliche Zweifel an der Zurechnungsfähigkeit des Angeklagten aufgetaucht. Das Gericht habe schließlich für die Tatzeit, wie auch das psychiatrische Gutachten, eine völlige Unzurechnungsfähigkeit angenommen. Der Angeklagte habe bei seiner Tat in einer Art seelischem Dämmerzustand gehandelt, und es habe sich um eine absolute Ausnahmesituation gehandelt. Die Motive des Täters bleiben auch nach der Gerichtsverhandlung im dunkeln. Er kann sich an die Tat nicht mehr erinnern. Vor Gericht erklärte er, daß die Tat für ihn immer noch völlig unverständlich sei. Er habe sich damals unter einem gewissen Schulstreß befunden, erklärte er weiter. Der Verteidiger hatte auf Freispruch plädiert, weil für das einzig erklärbare Tatmotiv eine völlige Unzurechnungsfähigkeit anzunehmen sei. Gemäß dem psychiatrischen Gutachten hat der Verurteilte eine abnorme Persönlichkeitsentwicklung mit schizoiden Zügen. Nach der Tat war der Verurteilte vorerst nicht ansprechbar gewesen. Später habe er verschiedene Darstellungen abgegeben, sich selbst aber nie der Tötung seiner Eltern bezichtigt. Er sprach in den Einvernahmen immer wieder von einer unbekannten Person, die ähnlich einem Ungeheuer in der Wohnung gewütet haben mußte.«

Der Verteidiger plädiert auf Freispruch, weil das einzig erklärbare Tatmotiv die »völlige Unzurechnungsfähigkeit« sei! Dieses Motiv entnimmt der Verteidiger dem menschenwissenschaftlichen Gutachten, das offenbar als eine Art säkularisierter Gottesbeweis fungiert, zumindest das Gericht von der Urteilsfindung entlastet. Eigenartig ist: In der Handlung oder Tat wird erst der gesellschaftliche Gnadenstand sichtbar, ob jemand verantwortlich oder nicht verantwortlich ist für das, was er tut. Die gesellschaftliche Prädetermination kommt in der Tat zum Ausdruck. Die verwerfliche ungeheuerliche Tat schließt in kurioser Weise schon die Unzurechnungsfähigkeit und damit die Entschuldigung mit ein. Die Gouverneurin von New Jersey hat im Dezember 1993 den zum Tode verurteilten und seit 1991 in einer Todeszelle einsitzenden Spitz Taro begnadigt. Er hatte der Nichte seiner Eigentümerin in die Lippe gebissen. Während offenbar neuerdings Hunde auf der Höhe von Menschen abgeurteilt werden, werden die Menschen nicht selten auf dem Niveau von Hunden abgeurteilt. Heute ist unter »Kurzmeldungen« folgende Notiz zu lesen: »›Tötungsdelikt in einer Berner Bar kein Mord.‹ Ein heute 25jähriger Waffennarr, der Mitte Februar 1992 den Discjockey einer Berner Bar erschossen und einen unbeteiligten Passanten verletzt hatte, ist kein Mörder. So urteilte das Geschworenengericht Bern Mittelland am Donnerstag in Bern und verhängte gegen den jungen Schweizer eine Zuchthausstrafe von sechs Jahren wegen fahrlässiger Tötung und versuchten Mordes. Der Verurteilte hatte vor der Tat mehrere Wasserpfeifen Haschisch geraucht, Kokain geschnupft und Bier getrunken, weshalb ihm das psychiatrische Gutachten verminderte Zurechnungsfähigkeit zugestand« (Schweizerische Depeschenagentur, 17.3.1994).

Es lassen sich weitere Beispiele nennen, die den Sachverhalt veranschaulichen. Der Arzt wird, im Falle eines Kunstfehlers an einem Patienten, der einen »Lebensfehler« gemacht hat, zur Verantwortung gezogen, während der Patient geschont wird. In analoger Weise versuchte ein bekannter Anwalt kürzlich, in einem Geiselnahmeprozeß nicht die Geiselgangster, sondern den die Polizeiaktion leitenden Minister für die Tötung der Geisel verantwortlich zu machen. Überdies stellt sich diese Differenz zwischen Verstehen und Entschuldigen anders dar, als in diesem Zusammenhang gemeinhin angenommen! Verstehen heißt, auch lebenspraktisch, nicht verzeihen! Es handelt sich beim Verstehen und Verzeihen um unterschiedliche Denkgattungen. Denn andererseits kann ich verzeihen, ohne zu verstehen! Im genannten Beispiel wird nun das prinzipielle Nichtverstehenkönnen als Motiv für den Freispruch gesetzt. Das ist das Modell der Refatalisierung. Eine nochmalige Weitung erfährt dieses Weltbild, wenn nicht Taten und Untaten, sondern auch Taten, die man nicht tat, in den Sog dieses externalisierenden Denkens hineingerissen werden. Wenn Lempp schreibt: »... es ist nicht unser Verdienst, wenn wir nicht straffällig werden, wenn wir im Leben niemand durch unsere Schuld töten«, so ist die Grenzziehung zwischen selbstverantwortetem und nichtselbstverantwortetem Tun vollends aufgelöst (1984, S. 10). Die Grenzziehung zwischen normalem und abweichendem Verhalten ist gleichzeitig die Grenzziehung zwischen Zurechnungsfähigkeit und Unzurechnungsfähigkeit. Wer jemanden tötet, der kann nur unzurechnungsfähig sein.

Dieses Denken ist in die Sozialpolitik eingedrungen. Es legitimiert den *dritten Punkt* des Metaprogrammes der Moderne. Das macht die Gesundheitspolitik besonders deutlich. Krankheit und Gesundheit sind gesetzlich gleichgeschaltet. Wer krank ist, ist daran nicht selber schuld, sonst würde die Krankenversicherung nicht dafür aufkommen, und wer gesund ist, kann dafür nichts, sonst würde er nicht auch dann zahlen, wenn er nie krank wäre. Das ist – um Ivan Illich zu paraphrasieren – die gesetzliche Enteignung der Gesundheit! Die Gesunden, die nichts dafür können, daß sie gesund bzw. nicht krank sind, zahlen die Gesundung derjenigen, die nichts dafür können, daß sie krank sind. Und die »gesetzliche Enteignung« wird plausibilisiert durch die menschenwissenschaftliche Exkulpierung, durch die »szientistische«, die »sozialsoziologistische Enteignung« der Gesundheit. Es mag sein, daß sich dadurch in naher Zukunft der Krankheitsbegriff soweit dehnt, daß er alle Gesundheit verschlingt (vgl. Gross, Hitzler, Honer 1989, Gross 1991 b). Die Rechtfertigung der Krankenversicherung heißt dann nicht mehr: Die Gesunden, die nichts dafür können, daß sie gesund sind, zahlen für Kranke, die nichts dafür können, daß sie krank sind, sondern: Kranke helfen Kranken. Einer des anderen humaner Krankenwärter – die Welt ein großes Hospital. Was Goethe vor langer Zeit, weit weg vom nebligen Deutschland, notiert, als man ihm mitteilt, daß Herders »Dritter Teil« der *Ideen zur Geschichte der Menschheit* erschienen sei, wird dann Wirklichkeit geworden sein, wenn der medizinische Zugriff den Gesundheitsbegriff, ganz entgegen den modischen Ganzheitsvorstellungen, so eng führt, daß nichts mehr davon übrigbleibt. Die vielbeschworene »Krisis der Normalität« erledigt sich in ihrer *Abschaffung*.

Erledigung der Ewigkeit

Der Tod als zerlumpter, abstoßender Knochenmann, als mähender Schnitter, diese angstmachende Figur im großen Welttheater ist den Leuten geblieben. Aber er ist verschmolzen mit dem Gestorbenen selber, mit der allgemeinen Entvölkerung des Himmels, ist gewissermaßen in den Sterbenden und besonders in den Toten hineingekrochen. Es sei den Menschen zugute gehalten, daß man sich des Todes, nicht des gestorbenen Menschen, Vaters, entledigen will. Das ist die individuelle Inversion der Thanatologie: *Der Tod verschmilzt mit den Toten*. Anfang und Ende der Welt fallen mit Geburt und Tod eines einzelnen Menschen zusammen. Diese Deutung des Todes hat weitreichende Folgen für das Leben.

Eben hat ein leichter Luftzug den zwei Tage vor dem Tode meines Vaters in einer Zeitung erschienenen Rückblick meines Vaters auf sein Leben auf den Boden geweht. Der letzte Satz lautet: »Ich wühle in alten Pappschachteln... in meinen Erinnerungen versuche ich, Zusammenhänge zwischen Wünschen und Geschehen zu ergründen und versuche, sie zu beschreiben. Doch heute weiß ich: wichtiger als schreiben ist streichen, durchstreichen, wegschneiden.« Ich, wir wissen mit dem Satz nicht allzuviel anzufangen und können Vater leider nicht mehr fragen. Man hat ihm, dem toten Vater, mit einem Kinntuch den Mund zugebunden. Oder doch? Meinte er, daß alles Unwichtige im Angesicht des Wichtigen gelassen werden muß, daß das Leben mehr ist, als Leben beschreiben? Hat er sich in voller Konzentration jener Zukunft zuwenden wollen, die nun eingetreten ist? Hat er sich auf jenen ungleichen Kampf mit dem Sensenmann vorbereitet, dessen Sieg immer schon feststeht? Wie viele hundertmal hat mein Vater den Sieg des Todes über seine Mitchristen auf der Kirchenorgel begleitet. Als Organist hat er nach und nach alles aufgegeben. Vor zwei Jahren hat er uns anläßlich seines achtzigsten Geburtstages noch eine von ihm bespielte Kassette übergeben. An den Totenmessen hat er festgehalten, zur Einstimmung, wie er sagte, auf das eigene Ende.

Nun ist er also von uns gegangen. Wußte er wohin? War ihm der Tod noch nicht das furchterregend Sinnlose, wie für die meisten von uns? Beginnt er, der keine Zäsur, sondern das endgültige Ende bedeutet, nicht schon sehr früh, zumindest von der Mitte des Lebens an, unser Tun und Lassen zu begleiten, nicht als Hoffnung, sondern als Drohung? Ist der Tod, seit er endgültig ist, nicht gegenwärtiger als zu Zeiten, wo er etwas anderes verhieß? Ist das nekrophile *Hineinkriechen* in den Toten, die Vereinigung mit ihm, die Vervielfältigung und gleichzeitige Individualisierung der einheitlich allegorischen Gestalt (jeder wird zum Tod!) nicht auch der Grund, warum man ihn möglichst rasch – würdelos – wegfährt? Man fährt den personifizierten Tod ins Kühlhaus, nicht den Vater. Die heute bei uns üblichen Verhältnisse machen den Tod würdelos.

Im Mittelalter war der Tod zwar fürchterlicher: Ein am Arm verletzter Ritter konnte Monate dahinsiechen, bis er an Wundbrand starb. Daher die Trostbüchlein, die mit Gebeten und Liedern das Leiden lindern und den Sinn des Lebens erkennen ließen. Heute sind körperliche Schmerzen *abgesagt*. Es gibt keinen »großen Tod« (Rilke) mehr, nicht einmal mehr den kleinen. Man wünscht eine Art technisches Gleiten vom Leben in den Tod. Aber (auch deswegen!) ist der Tod trostloser geworden und psychologisch belastender. Interessanterweise gibt es etwas Ähnliches bei Hinrichtungen. Als die Henker von Paris am Anfang des 19. Jahrhunderts nicht mehr selber das Beil schwangen, sondern nur noch ein Handzeichen gaben, damit die Gehilfen ihrerseits das Fallbeil durch Hebel auslösen konnten, da fielen sie in psychische Angstzustände (vgl. Sukale 1990)! Die erste Frage, die eine Frau, die neben meiner Mutter im Wochenbett lag, an den Arzt gerichtet hatte, lautete: »Hät's Chlumpfüessli?« Beim Tod fragt niemand mehr danach. Wenn man in einzelnen Familien durch das Aufbahren des Toten zu Hause ihm eben diese Aufmerksamkeit angedeihen lassen will, wendet sich die Gesellschaft verblüfft oder schaudernd davon ab. Denn dem Tod folgt nichts, er ist kein Übergang, sondern Ende.

Wer die Augen schließt, kommt nicht in den Himmel oder in die Hölle, sondern ins Kühlhaus. Die Geburt wird, gegenüber früher, gesellschaftlich wichtiger als der Tod, obwohl dessen Abstrahlung auf den mittleren Lebensabschnitt intensiver ist als je. Gerade hat man in einem europäischen Land das staatliche Sterbegeld gestrichen. Im Mittelalter war der Tod als individuelles Ereignis unwichtig, als gesellschaftliches hat er eine einzigartige Bedeutung gehabt. Die mittelalterliche Ikonologie zeigt den Tod und das Sterben in allen Varianten; der Tod dreht sich auf den Kirchtürmen, ziert die Vanitas-Bilder, die Märtyrer stehen mit den Marterinstrumenten, mit denen sie zu Tode gepeinigt worden sind, in den Kirchenschiffen. Die Reliquien liegen überall in vollem Ornat, wunderlich verziert und geschmückt unter den Meßtischen, eine selbstverständliche Einheit zwischen Lebenden und Toten. Und heute?

Der Tod löst nur noch Feindseligkeit aus, gleichgültig, wie und wo er stattfindet. Er wird aus dem Gesichtskreis verbannt. Seine Verdrängung zeigt zwar, daß man ihm nicht teilnahmslos gegenübersteht, aber man weiß nicht, was man mit ihm anfangen soll. Er irritiert, weil er sinnlos ist. Am liebsten ist einem, wenn jemand stirbt wie ein Tier, sich absondernd oder klinisch sauber im Spitalbett, von wo der direkte Weg via Kühlhaus ins Grab oder Krematorium erfolgt. Kämpfen, schreien, sich wehren gegen den Tod – *das* ist schwer zu ertragen, nicht der Tod! Selbst die Todesurteile werden im gesellschaftlichen Dunkel vollstreckt. Es ist furchtbar, wenn man sich die Einsamkeit vorstellt, in der z. B. in einigen Bundesstaaten der USA die Verurteilten ihre elektrischen Stühle besteigen oder ihre Gaskammern betreten, obwohl den Hinrichtungen, so grausam es erscheint, ein gesellschaftlicher Sinn noch zugesprochen werden kann. Es ist unstatthaft, aus heutiger Sicht, dagegen die öffentlichen Hinrichtungen im Mittelalter abzuwägen. Aber der Tod war ein *öffentliches* Ereignis, währenddem er heute weder öffentlich noch privat ist; er wird vor der Öffentlichkeit bis auf einige weiterhin eingehaltene Konventionen, wie Todesanzeigen und öffentliche Beerdigung, *versteckt*. Denn er, um den es eigentlich geht, ist nicht einmal als Hülle mehr da, es wird an der Haustüre kondoliert für einen Toten, der nicht im Haus ist, wie wenn er in der Fremde gestorben wäre.

Was für eine ungeheure gesellschaftliche Aufmerksamkeit wird nun – ganz im Gegensatz zur Todesvergegenwärtigung – dem *Eintritt* ins Leben zugewandt! Wie viele Bücher gibt es, welche die ersten Tage, die ersten Wochen, die Wochen und Monate vor der Geburt behandeln, werdenden Müttern und Eltern Anleitung für diese Zeit geben! Wie viele Bücher gibt es über die letzten Tage mit Sterbenden, wie viele über die letzten Tage mit Verstorbenen? Die Todesanzeige meines Vaters enthielt Kinder und Enkelkinder, alle unter Freuden und Schmerzen ins Leben gebracht. Alle sind aus den Eltern hervorgegangen, mit denen sie jetzt leben. Sie sind nicht aus dem Nichts, sondern aus dem Leib ihrer Mutter ins Leben getreten, der, wie es die Bibel ausdrückt, ein Fleisch mit dem des Vaters geworden ist. Während nach dem Tod nichts kommt, der Tod der Ein- oder Übertritt (bei allen Hilfskonstruktionen, etwa daß man in Bäumen oder in Kindern weiterlebe) ins Nichts ist, tritt man ins Leben nicht aus dem Nichts, sondern aus dem Leib einer Mutter, die wiederum leiblich eingebunden ist in einen unendlichen Strom der Generationen. Es gibt eine Vergangenheit, aber keine Zukunft für den Einzelnen. Jeder wächst auf einem Stamm, der fest verwurzelt im generativen Erdreich steht – aber jeder Zweig, jedes Blatt stirbt ab, verdorrt, obwohl die Stammbäume, die wir von unseren Familien übernehmen, ein Bleiben im Geäst suggerieren. Sie bleiben als Vorfahren, so könnte man das auch sehen, aber die einzige Zukunft, die man sehen kann, ist die Vergangenheit für die eigenen Nachfahren. Die Gesellschaft richtet dementsprechend ungeheure Anstrengungen darauf, den Eintritt ins Leben politisch, rechtlich, technisch, professionell abzusichern, währenddem sie dem Austritt aus dem Leben, weil er nutzlos, sinnlos scheint, keine besondere Aufmerksamkeit widmet. Aber geschieht der Vergangenheit, auch der individuell-generativen, nicht ähnliches?

Verlust der Herkunft

Ein Blick in die Geschichte zeigt erst die tiefgreifende Veränderung der Gewichtung der beiden, das Leben rahmenden Ereignisse, Geburt und Tod. Während Geburt, Wohlergehen des Kindes heute an erste Stelle in der Familie rückt und während, wie Sudnow (1973) bemerkt, auch der Tod von Kindern heute, ganz im Unterschied zur Abfertigung des Todes sonst, große Betroffenheit und verzweifelte Trauer hervorrufen kann, war der frühe Tod gerade von Kindern bis zum 19. Jahrhundert etwas ganz Selbstverständliches (S. VI). Im 18. Jahrhundert mußte damit gerechnet werden, daß von drei Kindern eines im ersten Lebensjahr starb und nur eines von zweien das einundzwanzigste Lebensjahr erreichte. Die Gleichgültigkeit gegenüber dem Werden und Sterben der Kinder darf aber nicht mit den heutigen Maßstäben gemessen werden. Einer Zeit, der es nur noch ein Diesseits gibt und kein Jenseits, wo es nur mehr eine Geburt in ein diesseitiges Leben und keine zweite Geburt in ein Jenseits gibt (die darum auch wichtiger ist), einer solchen Zeit wird das Kind zum Wichtigsten. Während die Soziologie von der zweiten soziokulturellen Geburt während der Sozialisation spricht, hat man noch 1840 vom Tod als der zweiten glückseligen Geburt gesprochen. Gebeine sind geschmückt worden, der Kindstod im getauften Zustand der Unschuld hatte einen ganz anderen außerweltlichen Sinn. Das Kind wird, wie Ulrich Beck wehmütig schreibt, »zur letzten Gemeinsamkeit, die die Menschen gegen die ihnen entgleitenden Liebesmöglichkeiten errichten können«. Das Kind wird Gegenstand der »letzten verbliebenen, unaufkündbaren, unaustauschbaren Primärbeziehung« (1986, S. 193f.). Partner kommen und gehen, *das Kind bleibt*. Das ist wahr und schön und falsch zugleich. Und zwar nicht nur deshalb, weil diese letzte unaufkündbare Primärbeziehung früher gekündigt wird als jene annehmen, die keine Kinder haben, sondern weil auch Kinder kommen und gehen, diese letzte Primärbeziehung in einer ganz eigentümlichen Weise fungibler, austauschbarer geworden ist. *Die Geburt gleicht sich dem Tod an!* Der Eintritt ins Leben beginnt mehr und mehr etwas ähnlich Furchterregendes darzustellen wie der Austritt. Wie wir nicht mehr wissen, wohin wir nach dem Tod gehen, wissen wir immer weniger, woher wir kommen. Genauer: wir wissen immer weniger, woher sie kommen! Seltsamerweise ist diese Entwicklung auch die Folge jener genannten erhöhten Aufmerksamkeitszuwendung auf die Geburt.

Die Geburt ist in das gleißende Licht neuartiger Geburtshilfetechniken geraten. Die Fortpflanzungstechnologien sind das modernste Demonstrationsfeld der menschlichen Geschichtlichkeit, des menschlichen Freiwerdenwollens von der Natur und vom Schicksal, das der biologische Bauplan dem Menschen setzt. Die

Lebensverlängerung stößt auf naturgegebene Grenzen. Nichts im Leben ist sicherer als der Tod. Der Austritt aus dem Leben ist in den letzten Jahrzehnten und Jahren nur noch um ein paar kleine Trippelschritte hinausgeschoben worden. Die Reproduktionstechnologien haben ein Tor aufgestoßen, hinter dem sich je nach Gesichtspunkt großartige neue Zukünfte oder aber dunkle und furchterregende Abgründe auftun. In naher Zukunft wird Menschenproduktion *außerhalb* von Mütterleibern möglich sein. Vor fünf Jahrzehnten hat der englische Romancier Aldous Huxley seine *Brave New World* auf zwei Prämissen reduziert, die nun technisch möglich geworden sind: (1) die demografische Reproduktion wird aus den Familien ausgelagert und öffentlichen Großlabors übertragen; (2) die Aufzucht und Erziehung der Retortengeneration erfolgt mittels genetischer Programmierung (1953, S. 58f.). Das eröffnet für die einen furchterregende Perspektiven, für andere neue Hoffnungen, doch noch Kinder zu haben. *Und die Kinder selber?* An sie wollen wir denken. Was geschieht ihnen? Viele von ihnen, die im Jahr 1992 geboren worden sind, heißen, wie schon erwähnt, Kevin oder Melanie. Diese Vornamen stehen hierzulande ganz oben auf der Beliebtheitsskala. Danach, bei den männlichen Vornamen, Michael, Simon, Patrick – kein Hans, kein Peter, kein Josef, kein Emil, schon gar kein Franz, kein Horst oder Max. Bei den Mädchen führen nach Melanie die Namen Sarah, Laura, Jessica und Sabrina die Namens-Hitparade an. Nicht zu finden sind Anne und Ilse, Brigitte und Marianne, Agathe und Miriam, Paula und Ursula, mir liebe Namen. In der Namengebung hat sich in wenigen Jahrzehnten jene Revolution abgespielt, welche sich überall abspielt.

Aber es geschieht noch anderes, epochal Neues an und mit ihnen. Sie werden in naher Zukunft schon in ihrer Mehrzahl nicht mehr bei ihren leiblichen, oder nurmehr bei einem leiblichen Elternteil aufwachsen. Insofern beginnt sich der Eintritt ins Leben dem Austritt aus ihm anzugleichen! Wir wissen nicht mehr, wohin wir kommen, wenn wir sterben. Und immer mehr Kinder wissen nicht mehr – und werden es nie wissen –, *woher sie kommen, wenn sie auf die Welt kommen!* Genauer, wir wissen es nur mehr technisch: wir wissen, daß wir mit großer Wahrscheinlichkeit in Leichenhallen enden, und immer mehr Kinder werden wissen, daß sie in Großlabors gezeugt worden sind. Der transzendentale Rahmen jedes individuellen Lebens hat darin bestanden, daß das Diesseits eingespannt war in ein unsichtbares, aber geglaubtes Nachher, das einen nach dem Tod erwartet, und in ein sichtbares Vorher, verkörpert durch die Zeugungsfamilie, durch Mutter und Vater, Großmutter und Großvater, Urgroßmutter und Urgroßvater usf. Wobei der Anteil der Reproduktionsmedizin an dieser Entwicklung noch verschwindend klein ist. Den Hauptanteil trägt die weiterhin steigende Scheidungsrate und die über Wiederverheiratungen sowie die steigende Zahl von Stieffamilien. In den Zweitfamilien, ganz zu schweigen von den Konsekutivfamilien, wo nicht zwei-, sondern drei-, vier-, fünfmal geheiratet und geschieden wird, unter jeweiliger Mitnahme von Kindern aus verschiedenen Ehen, kommen und gehen nicht nur die Partner, sondern eben auch die Kinder!

Partner kommen und gehen, das Kind bleibt, das stimmt nicht. Das Kind kommt und geht in einer zweifachen Weise! Es kommt ins Leben der Familien und geht früher als je aus der Familie, und es wandert wie ein Wanderpokal durch die Familien, die mit Vater oder Mutter, meistens mit der Mutter, verbunden sind, mit Namen, die wie Zahlenschlösser am Aktenkoffer einstellbar sind. Dementsprechend nimmt der Druck aufs Diesseits zu. Die Verabschiedung des Jenseits und der Abschied von der individuellen Geschichte zwingt zur Schaffung des Jenseits im Diesseits, des Paradieses auf Erden. »Transzendenz mache sanft, Immanenz gewalttätig«, schreibt Hans Blumenberg in seinem Buch *Lebenszeit und Weltzeit* (1986, S. 245). Was ist denn schon »eine Verdoppelung oder selbst eine Verdreifachung der irdischen Lebensjahre angesichts einer eingebüßten Ewigkeit«, fragt Arthur E. Imhof (1984, S. 128). Selbst die Zeit, die wir in der Lebenszeit noch haben, schrumpft. Denn wir können ja nur die Zeit rechnen, die der diesseitigen Heilserwartung dienlich ist. Da die Verrentungsgrenze immer stärker ins mittlere Alter hineindrängt und die Ausbildungszeiten immer länger werden, bleiben eigentlich für die angestrebten gleißenden Karrieren, für die Schaffung des Himmelreichs auf Erden, und zwar für alle ziemlich einheitlich, knappe zwanzig Jahre.

Vom Kreuzritter zum Gangster

Unübersehbar gewandelt haben sich auch die Beweggründe von Krieg und Gewalt. Die Geschichte Europas ist eine schmerzerfüllte Geschichte. Die Kinder lernen schon in der Schule eine endlose Geschichte von Morden, Plünderungen, Überfällen, Kriegen. Auf den meisten europäischen Münzen sind Herrscher oder Gewalttäter dargestellt. In den historischen Gebäuden, die wir an historischen Stätten bewundern, sei es in Italien oder Bayern, in Hampton Court oder in Versailles, sind Wappen mit Rüstungen oder gerüsteten Männern in die Mauern eingelassen und künden großartige Gemälde von gräßlichen Schlächtereien. In der kleinen Kirche von Vella im Kanton Graubünden sprengt ein riesiges, die Ausmaße von etwa drei mal vier Metern aufweisendes Kolossalgemälde der Schlacht von Lepanto die beschauliche Ruhe des Wanderers, der sich hierher verloren hat. Wovon zeugen die Überreste von Bildern, Türmen und Festungen, die Reste von Geschützen und Streitwagen, die Kettenhemden und die gut geölten Waffensammlungen in den Rittersälen von Coburg oder Meersburg? Was verursacht die Kette von Gewalt, die sich wie eine Blutspur durch die europäische Geschichte zieht? Ist der Mensch ein »kriegerisches Tier«, ist er die einzige Gattung, die seinesgleichen umbringt? Treibt den Menschen eine Todessehnsucht, ein Todestrieb, wie es Sigmund Freud annahm? Wie wäre sonst der Tod auf dem Feld der Ehre erklärbar – als postumes Imponierverhalten?

Eine wohl zu simple Erklärung, nicht nur, weil sich, wie die Ethologie nachweist, auch Turteltauben zu Tode martern. Die Geißelung und Kreuzigung Christi, die Kreuzzüge im Namen Christi und die Verfolgung und Ermordung der jüdischen Mörder Christi – was zeigen sie? Diese Geschichte ist keine Räubergeschichte. Die Kreuzzüge, diese ersten Genozide des christlichen Abendlandes, waren auf demselben gegründet wie die Einnahme der Stadt Tenochtitlan ein paar hundert Jahre später, wie die revolutionären Kriege im 19. Jahrhundert, die ersten und zweiten Weltkriege. Sie alle verstanden sich als *belli justi*, als gerechte Kriege. Sie geschahen im Namen Gottes, im Namen einer Ideologie, im Namen der Demokratie. Ausbeutung und Plünderungen waren angenehme oder unangenehme Nebeneffekte. Die Kreuzritter waren Werkzeuge Gottes, »glücklich und vor Freude weinend gingen sie zum Grab unses Heilandes Jesus Christus und entledigten sich ihrer Schuld gegen ihn. Am andern Morgen stiegen sie auf das Dach des Tempels, griffen die Sarazenen an, Männer und Frauen, und enthaupteten sie mit gezogenem Schwert« (Uhle-Wettler 1989, S. 73).

Die europäische Antike hat, von Klassenkämpfen abgesehen, die Heiden und Barbaren ausgegrenzt. Die Ketzer waren wie die Hexen die Konkurrenz der Rechtgläubigen und wurden nicht aus Aggressionslust und Tötungstrieb vernichtet, sondern weil sie einen geschlossenen Sinn gefährdeten. Die Unterdrückung von Ländern, Kontinenten, die Kriege gegen die Heiden, gegen die Barbaren, gegen die Asiaten und Araber kanalisieren zwar aufgestaute, keinen Ausweg mehr findende Aggressionsbedürfnisse; aber es handelt sich um systematische Unterdrückungen im Namen von Glaubenssystemen. Stuart Miller (1987) bemerkt in seinem Blick auf Europa, daß die Gewalt hierzulande das Privileg der Eliten der herrschenden Sozialschichten war und immer noch militärische Macht mit gesellschaftlichem Ansehen verknüpft sei; daß der europäische Adel eine »Gruppe von Gangstern und Miezen« war, während die Amerikaner noch immer den Pionier, den Jäger, den Fallensteller, den Pfadfinder, den Cowboy bewundern. Mit Blick auf die Gegenwart mag es in der Tat so sein, daß der Adel auch hierzulande, wie Bruder Emerald aus dem Hause Thurn und Taxis im Fernsehen monierte, sich in die Nähe der Gangster und Miezen begeben hat. Nicht die Sarazenen und Hunnen sind heute das Problem, auch nicht die Kreuzritter und Terroristen. Hunnen und Terroristen sind, da sie obligationär, an kulturelle oder ideologische Systeme zurückgebunden handeln, berechenbar. Die Ermordung hoher Beamter in Sizilien durch die Mafia, die Terroraktionen gegen das Staatssicherheitsgericht in der Türkei, die Anschläge auf die Asylbewerberheime in der Schweiz sind rational erklärbar. Über Motive und Ziele herrscht, nach Bekennerbriefen, Klarheit.

Das wirklich Angstmachende in der modernen Gesellschaft ist das *Irreguläre und Unberechenbare*. Es resultiert aus der gesamtgesellschaftlichen Deregulierung. Welcher Schrecken der Gesellschaft in die Glieder fahren würde, hat Enzensberger (1988) unter dem Titel *Die Leere im Zentrum des Terrors* ausgemalt. Wenn die Gesellschaft begreifen würde, daß weder allwissende Drahtzieher noch irgendwelche Verschwörungszusammenhänge existieren, daß es Phantome wie Carlos, Abu Nidal oder Mafia-Bosse gar nicht gibt, daß diese lediglich ihre leeren und grundlosen Attentate mit Drahtziehern notdürftig garnieren, dann wäre, so Enzensberger, der Schrecken unermeßlich! Wir sähen uns nämlich »mit einem Schrecken konfrontiert, der zugibt, daß er um seiner selbst Willen existiert, mit einem Schrecken ohne Ritual, ohne Ziel, ohne Warum; einem Terror, einem leeren Putschismus wider das Gegebene, der von jedem ausgeübt werden und der jeden treffen kann. Das grundlose Attentat, der leere Terror! Wir könnten uns nicht mehr mit der Feststellung beruhigen, gemeint sei immer ein anderer, nämlich der oder jener aus diesem oder jenem Grund. Es gäbe keine Forderung mehr, über die man verhandelt, keine Bedingungen, die man erfüllen, kein Motiv mehr, auf das man eingehen könnte« (S. 248).

Was ein Zentralthema der 42. Internationalen Filmfestspiele von Berlin war, nämlich das unerklärliche Böse und die motivlose Gewalt, hat nicht Scorceses *Cape Fear*, in dem sich ein ehemaliger Sträfling (Robert de Niro) an einem Richter (Nick Nolte) und an seiner Familie rächen will, sondern der schwedische Beitrag *Il Capitano* (von Jan Troell und Per Olov Enquist) zu zeigen versucht. Es passiert, was man in *Cape Fear* zwei Stunden lang befürchtet: Eine Familie wird ermordet. Allerdings handelt es sich nicht um eine Rachetat und um Sippenhaft, sondern um eine vollkommen unerklärliche, ohne Motiv und Absicht, von einem vagabundierenden Paar begangene Tat, eine Tat ohne Höhepunkt, als langsames Hineindriften zweier sinn- und zielloser Existenzen in eine sinn- und ziellose Tat. Exakt diese Gewalttaten scheinen sich zu häufen: »Eine Woche hörte das Geschworenengericht Zeugen an, befragte die Psychiater und ließ sich von den Experten des Wissenschaftlichen Dienstes der Stadtpolizei Zürich, des Gerichtlich-Medizinischen Instituts der Universität Zürich und des Instituts für Rechtsmedizin der Universität Bern deren Gutachten erläutern. Am Schluß war man so klug wie zuvor: Niemand wußte eine überzeugende Antwort auf die Frage, weshalb der 27 Jahre alte Erlando G. seinen Kollegen Claudio Musio umgebracht hatte« (*Neue Zürcher Zeitung*, 26.3.1992, S. 57).

Wieder Grundlosigkeit als Motiv! Keine Zurechnungsmöglichkeit in persönlichen Eigenschaften, sozialstrukturellen Bedingungen, überindividuellen Werten! Die Standardgeschichten versagen. Zwar hat der Täter gemäß Gutachten eine abnorme Persönlichkeitsentwicklung mit schizoiden Zügen. Aber die Motive bleiben im dunkeln. Es sind keine auffindbar. Der Täter spricht in seinen Einvernahmen immer wieder von einer unbekannten Person, die, ähnlich einem Ungeheuer, in der Wohnung gewütet haben muß. Bricht durch die Hintertür der Teufel in eine transzendenzlose Welt ein? Was sich in den Gewalttaten spiegelt, ist indes nur die Spitze eines Eisberges an Irregularität. Wir hören die schrillsten Töne einer Melodie, die überall gesungen wird. Die kontinuierliche Erweiterung und Steigerung der Handlungsmöglichkeiten bei gleichzeitiger Deregulierung der gesamtgesellschaftlichen Verbindlichkeiten vollzieht sich als eine Doppelbewegung, in der der Mensch luxurierender Multioptionsgesellschaften ohne Sinn, aber mit einer sinnsubstituierenden Formel zurückgelassen wird, mit der Formel: Tue was Du willst, aber übertreffe das bisher Getane! Bei aufsehenerregenden Attentaten und Anschlägen ist zumindest vermehrt die Möglichkeit mitzudenken, es sei eine Art sportlicher Ehrgeiz im Spiel, ein Kampf gegen den Drachen, ein Versteckspiel mit der Polizei, die Hoffnung auf Aufsehen, Berühmtheit, Geld! *Überbietung* ist auch die Devise der *Zerstörung*. Die Olympiatreppchen gibt es *auch* im Bereich der Kriminalität. Der Kriminelle muß, wenn die Gefängnisse voll und das Delikt Normalität wird, an krimineller Energie alles Dagewesene *überbieten*, um ins Rampenlicht zu treten oder überhaupt einen Prozeß zu bekommen, wie in Washington, wo 48 Prozent aller »African Americans« im Alter von 28 bis 35 Jahren entweder im Gefängnis oder auf Bewährung frei sind, gegen Kaution auf freiem Fuß oder wegen eines Haftbefehls auf der Fahndungsliste stehen (*Spiegel* 10/1994, S. 162). Wer Leistung zeigt, bekommt etwas, und sei es einen Prozeß, ein Urteil, die Aufmerksamkeit. Die sportliche Philosophie des Überbietens und des Zeigens der Überbietung hält *im Bösen* Einzug. Das Summum Bonum, der höchste Zweck, auf den traditionellerweise das menschliche Handeln ausgerichtet wurde, ist ersetzt durch einen alle Lebensbereiche und Seinsebenen durchziehenden, unendlichen Steigerungsimperativ.

Postmoderne als Miniobligationsgesellschaft

Aber der Steigerungsimperativ ist eben nur die eine Seite des sich vor unseren Augen abspielenden zivilisatorischen Prozesses. Dieser läßt sich zwar, wie auch der individuelle Lebenslauf (und übrigens auch natürliche Vorgänge in der Pflanzen-, Tier- und Menschenwelt, die zyklisch ablaufen) als Folge von Öffnungs- und Schließungsvorgängen ansehen, wie dies die evolutionäre Institutionentheorie von Gehlen bis Schelsky suggeriert (vgl. dazu Klages 1993, S. 270ff.). Der *Entfesselung* von Energien und Potentialen folgt, gewissermaßen auf dem Fuße, deren *Fesselung* (vgl. Teil III). Die freiflutenden Bedürfnismassen werden kanalisiert und institutionalisiert. Diese Sicht der Dinge sieht freilich über die Ursachen der Entfesselung hinweg. Die Moderne ist eine Entfesselungskünstlerin. Es ist das *»Ent-«* in tausend Variationen; die Ent-zauberung, Ent-heiligung, Ent-standardisierung, die Ent-traditionalisierung, welche zu dieser Entfesselung von kognitiven, interaktiven und aktivistischen Potentialen führt. Der Blick auf die daraus resultierenden erweiterten Handlungsspielräume, die Kontingenzerhöhung und Optionensteigerung deutet diese Entfesselung als Befreiung und Emanzipation. Ganz in dieser Tradition stehen die großen und treibenden Ideen der Moderne; politisch der Liberalismus (eine Ideologie der Abschaffung), philosophisch die Aufklärung (eine Philosophie der Zerstörung von Beschränkungen der Freiheit) und sozialphilosophisch der Marxismus und die kritische Theorie (als Herstellung der Vernunft). Wer sich mehr auf die Enttraditionalisierungsvorgänge, auf die Destruktion und die Dekonstruktion einläßt, kommt in Versuchung, den Liberalismus als eine zerstörerische Ideologie und die Aufklärung nach dem Beispiel der militärischen Luftaufklärung und die kritische Theorie als reine Negation und Destruktion des Gegenwärtigen zu deuten.

Nicht nur die Literatur, aber diese ganz besonders, ist von der zweiten Deutung eingenommen. Im ersten Artikel seines vor bald einem Jahrhundert geschriebenen Buches der inneren Unruhe schreibt Fernando Pessoa, stellvertretend für viele: »Als die Generation geboren wurde, der ich angehöre, fand sie die Welt ohne Stützen für Leute mit Herz und Hirn vor. Die zerstörerische Arbeit der vorangegangenen Generation hatte bewirkt, daß die Welt, in die wir hineingeboren wurden, uns keinerlei Sicherheit in religiöser Hinsicht, keinerlei Halt in moralischer Hinsicht und keinerlei Ruhe in politischer Hinsicht bieten konnte. Wir wurden in metaphysische Angst, in moralische Angst, in politische Unruhe hineingeboren. Trunken von äußerlichen Formeln, von den bloßen Verfahren der Vernunft und der Wissenschaft hatten die uns vorangegangenen Generationen alle Fundamente des christlichen Glaubens unterhöhlt, weil ihre Bibelkritik, die von der Kritik an den Texten zur Kritik an der Mythologie des Christentums übergegangen war, die Evangelien und die vorangehende Hierographie der Juden auf eine ungewisse Ansammlung von Mythen, Legenden und bloßer Literatur reduziert hatte; ihre wissenschaftliche Kritik deckte Schritt um Schritt die Irrtümer und groben Naivitäten der ursprünglichen »Wissenschaft« der Evangelien auf; gleichzeitig schwemmte die Diskussionsfreiheit, die alle metaphysischen Probleme zur Debatte stellt, die religiösen Probleme mit sich fort, soweit sie metaphysischer Natur waren. Trunken von einer ungewissen Sache, die sie ›Positivismus‹ nannten, kritisierten diese Generationen die gesamte Moral, durchstöberten alle Lebensregeln, und von diesem Zusammenstoß der Lehrmeinungen blieb nur die Ungewißheit aller zurück und der Schmerz darüber, daß es keine Gewißheit gab. Eine solcherart in ihren Grundlagen erschütterte Gesellschaft konnte konsequenterweise auch in der Politik nur ein Opfer dieser Disziplinlosigkeit werden; und so erwachten wir für eine nach gesellschaftlichen Neuerungen begierige Welt, und mit Freude ging man auf die Eroberung einer Freiheit los, von der man nicht wußte, was sie war, und auf einen Fortschritt, der nie genau definiert worden war« (1985, S. 13).

Das Bedrohliche und Angstmachende der Zerstörung wird nicht erst von der Soziologie der Jahrhundertwende in den Vordergrund gerückt. Von Henry de Saint Simon über Emil Durkheim bis zu Max Weber und Ferdinand Tönnies erklingt eine offene (wie etwa bei Tönnies) oder eher heimliche (wie etwa bei Max Weber) Klage über den Verlust traditioneller Ordnungen. Insbesondere Max Weber war, in seiner Beschreibung des Vordrängens rationaler methodischer Lebensführung, vor allem an der Freisetzung der Motivation zu rationaler Lebensführung interessiert, und seine Trauer über den Verlust aller Ordnungen (und seine Befürchtungen über die eisernen Gehäuse der Hörigkeit der Zukunft) sind eher implizit geblieben (vgl. Seyfarth 1973, S. 354f.). Das Klagelied zieht sich über Hans Freyer (1955) und Arnold Gehlen (1975) bis hin zu Dahrendorf (1983). »Optionen sind«, schreibt dieser, »leere Wahlchancen, wenn die Koordinaten fehlen, die ihnen Sinn geben. Diese Koordinaten aber bestehen aus tiefen Bindungen, die ich Ligaturen nenne... Wenn wir nicht den Weg von der bindungslosen Anomie ungezählter Optionen zu einer Welt der durch Ligaturen mit Sinn erfüllten Optionen finden, dann ist mit Recht und Ordnung der Gesellschaftsvertrag selbst in Gefahr« (S. 125 f.). Literatur, Zeitgeschichte und Wissenschaft pendeln zwischen Gegensatzpaaren hin und her: zwischen Gemeinschaft und Gesellschaft, zwischen Herkunft und Zukunft, zwischen Dekonstruktion und Konstruktion. Angesichts des gerade jetzt die Luft erfüllenden Schlachtenlärms im nur wenige Flugstunden entfernten Jugoslawien, angesichts der breitenwirksam beschriebenen Zerstörung der Erde, auf der wir stehen, und der Ozonschicht, unter der wir atmen, angesichts der vorausgesagten Weltbürgerkriege allerorten, auch im Kapillarsystem der Gesellschaft, in denen die letzten Ligaturen aufgesprengt, oder wie kürzlich gelesen, »intelligent zerstört« werden, schlägt das Pendel auf die Seite der Zerstörung aus.

Steigerung und *Zerstörung*, *Kontingenzerhöhung* und *Enttraditionalisierung*, *Konstruktion* und *Destruktion* geben sich indes gezwungenermaßen oder liebevoll die Hand. Sie erscheinen, je nach Perspektive, als apokalyptisches oder freundliches, mit Schwert oder Trost durch die Geschichte reitendes Paar. Die Optionensteigerung läuft der Vernichtung von Obligationen, von Gewißheiten parallel, ist ohne sie gar nicht denkbar. Der abnehmende Selektionsdruck von Traditionen zwingt Wahrnehmung und Auge, Möglichkeiten zu sehen und bringt die Hände erst dazu, kontinuierlich neue Möglichkeiten zu schaffen. Das ist der Gang der modernen Welt!

In der Kombination von Schöpfung und Zerstörung oder von Zerstörung und Schöpfung wird die Wirklichkeit umgebaut. Aber was zerstört wird, wird nur in seiner bisherigen Bedeutung zerstört. Die Nachbenennung nach Heiligen und Ahnen wird von einer Selbstverständlichkeit zu einer Handlungsmöglichkeit. Die Kirchen werden nicht geschlossen, aber der Küster mutiert zum Kustos. Die Besucher fallen nicht mehr vor der schwarzen Madonna in Einsiedeln auf die Knie, sondern fragen, warum sie schwarz sei oder ob sie sie kaufen können! Der Kirchturm wird nicht abgebrochen, sondern mit Solarzellen (wie in Steckborn,

Schweiz) bestückt. Die Kirche produziert nicht mehr Sinn, sondern Strom. Enttraditionalisierung bedeutet also *nicht endgültiger Verlust von Traditionen, sondern ihr Wiedergewinn als Option.* Damit stellen sich zwei Fragen: Erstens, was sind die treibenden Kräfte hinter diesem Dauerprozeß der schöpferischen Zerstörung oder zerstörerischen Schöpfung? Was steckt dahinter? Lassen sich Motor und Treibstoff dieser Zivilisationsdynamik, die in wenigen Jahrhunderten die Welt so vollständig verändert hat, ausmachen? Und zweitens: Lassen sich jene Prozesse benennen, die aus institutionellen Gewißheiten, nicht hinterfragten und damit selbstverständlichen, quasi natürlichen Verbindlichkeiten wählbare Optionen machen?

Zweiter Teil
Transformation und Triebkraft

In einer statischen Momentaufnahme, in der, wie auf einer nur die Höhen und Tiefen ausweisenden Gebirgskarte, lediglich die Optionen und Obligationen eingetragen wären, würde man das aus der Optionierung der Lebens- und Handlungsmöglichkeiten resultierende Ungleichgewicht zwischen Optionen und Obligationen eindrücklich sehen können: bunte und schwere Optionenbündel auf der einen Seite, leere und ausgeräumte Obligationenpole auf der andern. In einer dynamischen Betrachtung böte sich dem Auge ein Bild dar, das sich vielleicht am ehesten mit einem Ausverkauf vergleichen ließe: Ein unaufhörlicher Strom von Gütern gelangt durch die Hintertür in eine Halle, in der sich die Menschen drängen. Die Güter kommen von überall. Die hochindustrialisierten Gesellschaften des Westens und Südostasiens stellen (und so kommen sie dem Afrikaner oder Russen, der nur einen Verbraucher- oder Supermarkt besucht, auch vor) die Auktionshäuser der Moderne. In diesen Zentren werden auch alle übrigen Kulturen und Traditionen angeboten: Buddha steht neben Christus, der beopferte afrikanische Fetisch neben einer Monstranz mit dem Allerheiligsten.

Über die Folgen dieser Situation ist viel gedacht, gemutmaßt und behauptet worden. Die Philosophen haben die metaphysische Heimatlosigkeit, die Soziologen die Orientierungslosigkeit, die Psychiater das existentielle Vakuum und die Kulturkritiker die geistige Verwahrlosung beschworen. Angesichts der multiplen Optionen einerseits und der verblaßten Selbstverständlichkeiten andererseits, also weder mehr wissend, was er eigentlich will, noch glaubend, was er soll, tut sich in der Tat eine Leere auf, die den Menschen von heute immer wieder auf *sich selbst zurückwirft*, zurückverweist. Die Notwendigkeit, selbstverantwortlich mit multiplen Optionen in Umwelt, Mitwelt und sich selbst zurechtzukommen, figuriert in der modernen Soziologie als Individualisierung. Die Herauslösung der Individualität aus den, wie es Georg Simmel formuliert hat, verrosteten Ketten der Zunft, des Geburtsstandes und der Kirche und die Entstehung des Individuums als einzigartiger und unverwechselbarer Person ist, auch schon bei Simmel, ein ambivalenter Vorgang (1984, S. 216). Diese Ambivalenz ist eingegangen in unzählige Betrachtungen über die

Moderne, als Klage über die verlorengegangenen Figurationen bei Dahrendorf, als Freude über die sperrangelweite Öffnung der Gesellschaft bei Popper, als Schmerz über den Verlust der Selbstverständlichkeiten bei Arnold Gehlen, als Heiterkeit über deren Erledigung bei Gerd Gerken.

Aber gleichviel, ob heilsgeschichtliche Überhöhung des Vorgangs als Erlösung oder kulturkritische Deutung, als Atomisierung und Vereinzelung: die hinter diesem mit erhöhter Wucht ablaufenden Vorgang stehenden Kräfte bleiben im dunkeln. Individualisierung erscheint, wie Optionierung und Entobligationierung, als Schicksal. Alle individualisieren sich, Individualisierung geschieht wie in »kollektiver Trance, wie im Vollzug eines höheren Gesetzes, einer höheren Gerechtigkeit«, wie die Becks dazu schreiben (1990, S. 11). Aus dieser Sicht der Dinge resultieren dann auch jene tröstlichen soziologischen Variationen, die sich mit den sich wie von selbst herstellenden Erlebens- und Lebensmustern, Milieus und Verhaltensschemata befassen (wie Schulze 1992). Dem nach der Genese von gesellschaftlichen Ordnungen spähenden Blick mag diese Perspektive genügen. Beruhigt darüber, daß es auch dem modernen Menschen immer wieder zu gelingen scheint, Standards zu entwickeln und in kollektive Schematisierungen hineinzugleiten, scheint die Ausgangsfrage der Sozialwissenschaft, wie nach der feudalen, ständischen Ordnung gesellschaftliche Ordnung noch, wieder möglich ist, eindrucksvoll und wie von selbst beantwortet. *Aber was ist Treibstoff? Was Motor?* Was läßt die Optionenregale anschwellen, was leert die Obligationenpole? Gibt es einen Zusammenhang zwischen Optionierung und Enttraditionalisierung? Warum ist Individualisierung Realisierung? Lassen sich Schöpfung und Zerstörung, Steigerung und Entleerung, Produktion und Destruktion als ineinander verflochtene Vorgänge ansehen? Wie ist diese unerbittliche, irdische Geschichtsmetaphysik, die alle Lebensbereiche überformt, aufsaugt und verwandelt wieder aus sich entläßt, zu benennen?

Die Stelle, wo sich das Subjekt kollektiven Schematisierungen öffnet und wie von einer unsichtbaren Hand hineingeführt wird oder hineingleitet in selbstgeschaffene Ordnungen, lenkt den Blick eher weg von jener andere Stelle, wo es sich wie besessen auf alles stürzt, um es zu bearbeiten, zu verbessern, zu korrigieren. Man muß überhaupt nicht die furchtmachende Metapher vom in der Geschichte erstmals möglichen Globalsuizid bemühen, um die Relevanz der Frage zu erkennen. Die Riskanz dieser Entwicklung besteht auch nicht nur im immer wieder angemahnten Schwinden der Naturbasis. Sie besteht vielmehr in der mit der offenbaren Unendlichkeit dieses Fortschrittsprogrammes bei gleichzeitiger Endlichkeit des individuellen Lebens vorprogrammierten lebensfeindlichen, ja selbstmörderischen Selbst- und Fremdüberforderung. Der moderne Mensch ist wie hineingestoßen in die neonerleuchtete Welt eines gigantischen Supermarktes, in dem alles buchstäblich zur Disposition steht. Woher kommen die Waren? Wer füllt die Regale? Warum genügt das Bisherige nie? Wer will eigentlich immer mehr? Die an Schnelligkeit und Wucht zunehmende Wachstums- und Zivilisationsdynamik hat ein vorwärtstreibendes Programm, das selber – sagen wir vorsichtig – nur teilaufgeklärt ist. Es steht im Mittelpunkt dieses Teils.

I. Transformationsprozesse

Entweihung und Entzauberung, Entmythologisierung und Entfatalisierung, Säkularisierung und Profanisierung, sind gängige Formeln für das »Wie« des Modernisierungsprozesses. Sie stellen das Herauskommen, das Ausbrechen aus den überkommenen Gegebenheiten und Verbindlichkeiten in den Vordergrund. Der alte Zauber der Götter und Mythen wird abgelegt. Das Schicksal, gegen das man nichts machen kann, wird als machbares ins Auge gefaßt. Wie auch bei den Begriffen Rationalisierung, Kommerzialisierung, Säkularisierung, Demokratisierung handelt es sich um Bezeichnungen für einen Doppelvorgang, der selber schicksalhaft erscheint. Nicht nur sind die Gefahren und Kosten dieser ineinander verschränkten Vorgänge wenig bilanziert. Der Zusammenhang von Enttraditionalisierung und Optionierung wird überhaupt mit Samthandschuhen angefaßt.

Gewiß haben die breitenwirksam verspürten Folgeerscheinungen der Zivilisationsdynamik, die schwindende Naturbasis des wirtschaftlichen Wachstums, die im Gleichschritt mit dem Wachstum wachsende Orientierungslosigkeit dazu geführt, daß die Wachstumsdynamik, wenn nicht zur Disposition gestellt, so doch aufmerksamer betrachtet worden ist. Die aus dem Bemühen, den Naturzwang zu brechen, resultierenden Zerstörungen, welche die Lebensgrundlage der Menschen selber untergraben, werden in düsteren Visionen über das Ende der Natur beschworen. Aber aufklärerisches Triumphieren und die Besorgtheit über die Zukunft laufen auf getrennten Schienen, obwohl das eine nicht nur zum anderen gehört, sondern die beiden Schienen ein Gleis sind, auf dem Freisetzung und Zerstörung gleichzeitig beschleunigen. Das Individuum wird in diesem Beschleunigungsprozeß doppelt freigesetzt: zu einem auf den Menschenmärkten frei wählbaren Objekt des Begehrend und der Nutzung einerseits, und zu einem selber frei sich entscheiden könnenden und frei handelnden Subjekt andererseits. Der vormoderne Mensch verschwindet nicht, *er kehrt verwandelt wieder*. Entzauberung heißt nicht wegzaubern, sondern in etwas anderes verwandeln. Entweihung heißt nicht die geweihten Gegenstände vernichten, sondern sie anders zu gebrauchen, sie profanen Zwecken zuzuführen. Die Moderne baut ein

Kraftfeld auf, in dem alles transformiert wird, die Menschen, ihre Gewißheiten und Traditionen, die Gegenstände, aber auch die Lesarten der Welt und die Deutungen des Menschen. Diese Transformationsdynamik vollzieht sich in allen gesellschaftlichen Lebensbereichen und auf allen gesellschaftlich relevanten Ebenen. Die Optionierung betrifft Güter, Menschen und Gedanken. Die Entobligationierung ebenso. Die Moderne hat ein *Kräftefeld aufgebaut*, das alle Gegenstände, Verhältnisse und Verbindlichkeiten *destruiert*, *transformiert* und *optioniert*.

Kräftefeld

Das Kräftefeld ist zwischen dem Obligationen- und dem Optionenpol aufgespannt. Die Welt, die One World ist das globale, das Bewußtsein das minimale Feld. In der »One World«-Produktion *Der Marsch* von William Nicholson, der am 19. Mai 1990 über die Fernsehschirme flimmerte (Nicholson 1990), beschließen die Schwarzafrikaner den Marsch nach Europa. Zwei Jahrhunderte vor Christus war Hannibal mit seinen Afrikanern wie ein Sturmwind über die mediterrane Welt von Nordafrika aus über Spanien nach Frankreich und Italien hinweggefegt. Es sind keine Soldaten mehr, sondern waffenlose und hungernde Bittsteller, zerlumpte Gestalten, die mit flehenden Augen heute die europäischen Waffen zu bezwingen suchen. In Europa leben nach Schätzungen derzeit rund 20 Millionen Einwohner aus anderen Zonen. Rechnet man die illegalen Einwanderer ein, sind es vielleicht 25, 30 oder gar 35 Millionen! Was drängt sie, was die Osteuropäer, nach dem Fall der Mauer, zu Hunderttausenden nach Westen, nach Europa? Was bewegt Kollektive und Individuen?

Die Anziehungskraft von Millionen-Städten wie Mexiko-City, in die entgegen aller Vernunft jährlich Hunderttausende von Mexikanern aus dem umliegenden Land ziehen, beruht auf der magnetischen Kraft ihrer Optionentische. Der entfaltete Weltmarkt fordert die Mobilisierung des Kapitals und der Arbeitskräfte und zieht die große Wanderung der nicht erwerbstätigen Bevölkerung nach sich. Für diese haben die Verheißungen, wie die Schaufenster an Weihnachten für die Kinder, eine geradezu magische Leuchtkraft. Der Großteil der Slumbevölkerung wird sich wenig oder nichts von den dargebotenen Möglich- und Seligkeiten leisten können. Aber man kann sich im Glitzern und Glimmern der Großstadt bewegen. Die Füße führen, die Augen flanieren. Dasselbe auch innerhalb der luxurierenden Multioptionsgesellschaften. Schon die Kinder wollen in die Stadt. Die Städte bieten sich, gerade in der Schweiz, wo die Einkaufsstraßen ganzjährlich beflaggt sind, das ganze Jahr, wie wenn Weihnachten wäre, an. Alles *glitzert*, alles *glimmert*. Überall Ausstellung und Selbstausstellung. Je lauter und durchdringender Angebot und Lärm, desto größer das Gefallen. Und wenn wir in die Menschen hineinsehen könnten, dann ließe sich die merkwürdige Drift an die Optionentische auch in ihnen beobachten. Die Köpfe leuchten und setzen die Füße in Bewegung.

Der gigantische Supermarkt, den eine westeuropäische Stadt für den aus der afrikanischen Wüste oder der kommunistisch geprägten Enge Hergereisten darstellt (vor dem Abriß der Mauer zwischen West- und Ostberlin hatte man auf engstem Raum beides unmittelbar nebeneinander: die Multioptionsgesellschaft mit schwachen und schwächer werdenden Verbindlichkeiten und die Multiobligationsgesellschaft in der ehemaligen DDR mit wenig Optionen!), ist das anschaulichste Gegenwartsexempel für die Anziehungskraft des Optionenpols. Die Optionenpole haben, wie dargestellt, vieles zu bieten: Wahlmöglichkeiten zwischen Menschen, Vorstellungen, Ansichten, Ansichten über Ansichten. Auf allen Seinsebenen das gleiche Bild. *Das* ist es, was die Driften der Menschen auslöst. Aber ist es der Motor? Daß mehr Wahlmöglichkeiten an Dingen, Menschen, Formen, Sinnangeboten besser ist als weniger und daß kein politisches Programm denkbar wäre, das über die partialen Appelle, wie man weniger Auto fahren sollte oder weniger Fleisch essen könnte, ein prinzipielles *Weniger* beinhalten würde, macht zumindest deutlich, daß dieses Programm eine selbstverständliche Voraussetzung unserer modernen Gesellschaft berührt. Mehr ist besser als Weniger. Mehr Erlebens- und Lebensmöglichkeiten sind besser als weniger. Mehr Teilhabechancen an den eröffneten Handlungsmöglichkeiten sind besser als keine oder wenige zu haben. Jedes Produkt, jede Politik, jede Wissenschaft läßt sich damit legitimieren. Jede Migrationsbewegung folgt, spiele sie sich nun in einem Land oder zwischen Ländern oder zwischen Kontinenten ab, diesem selbstverständlichen Gesetz. *Aber wie werden aus Gewißheiten Wahlmöglichkeiten?* Was macht religiöse Traditionen disponibel? Was verpflanzt afrikanische Kultfiguren und nepalesische Buddhas in die Auktionshäuser nach Zürich, was Rockmusicals in Kirchen? Welche Prozesse verwandeln natürliche Vorgegebenheiten (wie z. B. die Anteile von Frau und Mann an der Reproduktion) in Wahlmöglichkeiten?

Ebenen und Prozesse

Insofern sich die Steigerung der Optionen und die Vernichtung von Traditionen nicht nur in allen gesellschaftlichen Lebensbereichen, sondern auch auf allen gesellschaftlich relevanten Ebenen zeigt, sind wohl auch unterschiedliche Prozesse auszumachen, welche die Obligationen an die Optionenpole transportieren oder sie in solche transformieren. So läßt sich, für das Auftauchen des Buddhas im Zürcher Auktionshaus, der Markt, die Nachfrage nach Asiatica bemühen. Für die Explosion von Sinnangeboten, die zu erklären versuchen, warum das, was läuft, so und nicht anders läuft, wird auf die aus der Sinnleere des modernen Menschen resultierende Suche nach Sinn verwiesen. Die unerhörte Steigerung von Handlungsmöglichkeiten in räumlicher, zeitlicher und sozialer Hinsicht wird mit der Globalisierung und Multikulturalisierung der modernen Gesellschaft begründet. Sichtbar ist eine Art *kinetisches Grundmuster*, das überall, in allen Lebensbereichen und auf allen Seinsebenen den gleichen Vorgang zeigt: Die Steigerung der Optionen und die gleichzeitige Entkernung, Umschmelzung und Vernichtung von Traditionen. Optionensteigerung und Optionenschwund sind ineinander verflochten. Beides läuft gleichzeitig ab, also hängt beides zusammen. Aber wie?

Die Optionenvielfalt ist in doppelter Hinsicht das Resultat des Obligationenschwundes: einerseits durch die Umwandlung, die Transformation von Obligationen in Optionen, andererseits durch die Lösung, Herauslösung des Denkens und Handelns aus den Gleisen der Tradition. Die Obligationen werden in ihrer Aufklärung in Optionen verwandelt und die technischen Innovationen setzen die Menschen von äußeren Naturgewalten und inneren Naturbedingungen frei. Die Herauslösung des Denkens und Handelns aus den kulturellen Verbindlichkeiten führt nicht nur in Güterfülle, sondern läßt Optionen und Angebote explodieren. Wie die Curiositas, die theoretische Neugierde nach der aufklärerischen Zertrümmerung der Curiositas-Verbote ungezügelt wuchs und sich alles im Himmel und auf Erden forschend vorgenommen hat, ist auch die Machseligkeit ins Unermeßliche gesteigert worden. In allen Lebensbereichen finden wird die erstaunlichsten Beispiele von Produkten ungebremster Schaffenskraft. Von den Sitzmöbeln bis zu den Gläsern, von den Scherzartikeln bis zu Videos gibt es nichts, was es nicht gibt.

Innovationen sind per se positiv, auch wenn daraus Unsinn und Überflüssiges resultiert. Gerade die Japaner – unsere großen Herausforderer, wie sie immer wieder apostrophiert werden – sind vielleicht augenzwinkernd führend in Scheininnovationen. Immer genauere Uhren, die immer mehr Zeiten anzeigen und wasserdicht sind bis auf hundert Meter unter Meer; Kameras, die immer winziger werden und immer schneller laufen; Miniaturrechner, die suggerieren, ganze Kompanien von Buchhaltern zu ersetzen; Autos mit vierundzwanzigfach verstellbaren Sitzen und einem Interieur, das an eine Kirmes erinnert. Offenbar kommt es niemandem mehr in den Sinn, nach dem Warum und dem Wozu zu fragen. Das Warum und Wozu ist in einer merkwürdig leeren, nämlich rein quantitativen Weise immer schon vorgegeben. Wirft man einen Blick in die Zukunftskataloge (vgl. Abrams, Bernstein 1990), in die Reports über künftige Technologien (vgl. Burrus 1994) oder in einen der ins Haus flatternden Warenhauskataloge, die sensationellen neuen Produkte und Verfahren stehen unter dem gleichen kalten Stern der Steigerung und der Verpflanzung der Steigerungsidee in neue Kontexte, Situationen, Lebensbereiche und Seinsebenen. Alles, von Urinoir von Duchamps über die Wendejacken bis zum interaktiven Fernsehen, den elektronischen Notizblöcken und den rekombinanten DNA-Technologien, sind Beispiele für Steigerung und deren laterales und vertikales Displacement.

Bei allem Panischen unserer Kultur lassen sich also *Kraftfelder* abgrenzen und *Kernprozesse* benennen, die diese Situation hervorgerufen haben und sie weitertreiben. Es sind einige wenige Grundentscheidungen und Grundvorgänge, die die neuzeitliche Geschichte angetrieben haben und weiter antreiben. Technisierung, Kommerzialisierung, Demokratisierung und Reflexionskraft treiben die Zivilisationsdynamik voran und formen Felder aus. Die Explosion der Neugierde und des Machens, die aus der Abkopplung der Sinnes-, Verstandes- und Tätigkeitsweisen resultiert, hat sich niedergeschlagen in den gewaltigen Mengen an Waren, die wir tagtäglich in den Auslagen der Warenhäuser und in den Inseraten der Zeitungen sehen. Sie entbirgt sich in besonders drastischer Weise in der Kunst, in der Literatur, aber auch im Zwischenbereich der Kleidung oder Werbung, wo das Gütezeichen nicht die Perfektionierung eines Standards, sondern die Originalität, das noch nie Dagewesene ist. 348 965 literarische Optionen, davon ein Drittel Neuerscheinungen, wurden an der vorletztjährigen Frankfurter Buchmesse (1992) angepriesen. Man muß sich gegenüber den mittelalterlichen Kleiderordnungen einmal den schnellen Wechsel an Formen und Farben in der Mode veranschaulichen, der überlagert oder unterfüttert von sämtlichen Moden der letzten Jahrzehnte über die Laufstege und auf den Straßen flaniert. Man muß, um sich das brodelnde Laboratorium, welches die Moderne auf allen Seinsebenen darstellt, einmal plastisch als x-beliebigen Kiosk oder Buchladen, verpflanzt in eine mittelalterliche Stadt oder in die Stiftsbibliothek St. Gallen, vorstellen. Und man muß im Buchladen um die Ecke einmal das Stockwerk aufsuchen, wo sich einem ein Arsenal von Lebensentwürfen und Sinngebungen entgegentürmt!

Kognitive Umschmelzung: Entzauberung

Nichts fällt in einer entobligationierten Gesellschaft schwerer, als Wissen und Wissenschaft in ihrer für die traditionellen Weltbilder zerstörerischen Funktion auszuweisen. Der sakrosankte Status insbesondere der Naturwissenschaften zeigt sich eindrücklich, wenn Naturwissenschaftler sich über ihr Fach hinaus zu Gott, zur Natur des Menschen und zum Teufel, oder überhaupt zu den alten philosophischen Fragen äußern. Wenn Stephen Hawking Gedankensplitter über Gott, Zeit und Ewigkeit zum besten gibt, wird ein Theologe aus einem andern Grund erschauern als der Mann auf der Straße, der jene atheistischen Variationen aus berufenem Nobelpreisträgermunde hört, mit denen ihn schon sein Pfarrer im Religionsunterricht konfrontiert hat. Weil sich nicht alles klären läßt oder ausgeführt wird, weil es sich mit dem Fernrohr nicht finden läßt, der Wissenschaft kommt in diesen Fragen heute mehr Autorität zu als dem Papst. Der Papst ist, wie andere Größen, eine Person zum Anfassen geworden. Er findet im Wachsfigurenkabinett ebenso seinen Platz wie Michael Jackson, der seinerseits auf den Devotionalienmärkten zu kaufen ist. Die Konzertbesucher der Rolling Stones sind die gleichen, die Jahre oder Jahrzehnte später den Petersplatz bevölkern, wenn der Papst segnend am Fenster erscheint. Die Messe selber ist eine Messe wie andere Messen. Sie dient als Bühne für Festakte, Promotionsfeiern von Wirtschaftshochschulen und für Rockkonzerte. Eben entnehme ich der Zeitung, daß in einer protestantischen Kirche im Norden Londons ein Musical aufgeführt wurde (»Bad Boy Jonny and the Prophets of Boom«), in dem der Papst tot zusammenbricht, nachdem er von einer nackten Nonne verführt worden ist (*Neue Zürcher Zeitung*, 31. Januar 1994).

Was einem heute in jedem Auktionshaus begegnet, nämlich daß wir christliche Kanzeln, Märtyrer und Jesusknaben neben japanischen Buddhaschreinen, indischen Krishnas und nepalesischen Reliquien und Tabuschränkchen finden und ersteigern können, die Optionierung der Weltreligionen also, erleben unsere Kinder schon im Gymnasium, wenn sie nach Lehrplan mit den anderen Weltreligionen konfrontiert werden. In den bayrischen Gymnasien, die kirchennah sind und offen atheistische Tendenzen wohl ungern sehen würden, wird der Atheismus nämlich unbeabsichtigt dadurch eingeführt, daß es den Kindern freigestellt wird, den Religionsunterricht zu besuchen (Lehrplan 1976). Selbstredend wird so die Annahme oder Ablehnung einer Weltreligion davon abhängig gemacht, ob der Religionslehrer ein Quizmaster oder ein Langweiler, ein jugendlich-attraktiver oder ein kurz vor der Pensionierung stehender Altherr ist. Es wird nicht der Religionsfreiheit Genüge getan, sondern die Kinder werden in einer hoffnungslosen Weise überfordert. Die Auflösung der Hegemonie der christlichen Weltdeutung erfolgt lehrplanmäßig dort, wo die anderen Weltreligionen behandelt werden müssen. In der neunten Jahrgangsstufe des Gymnasiums sind laut dem curricularen Lehrplan katholische Religionslehre und die Weltreligionen im Überblick in ihren Zielen und Lebensprinzipien zu behandeln. Konfuzianismus, Hinduismus, Buddhismus und Islam werden dem Christentum zur Seite gestellt. Wenn im Zeichen der Zeit und um Verständnis für die türkischen Brüder und die tamilischen Asylbewerber zu wecken, auch deren religiöse Bekenntnisse behandelt werden, so ist das der Anfang vom Ende eines selbstverständlichen christlichen Glaubens. Die Kirchen und ihre Glaubens-Gewißheiten sind in einen Prozeß hineinverflochten, den sie Anpassung an die Zeitläufte nennen, der aber das liebvolle Hand in Hand von Optionierung und Entobligationierung an jedem Detail genauestens widerspiegelt. Nicht nur die gesamte Schöpfung Gottes ist für den Gläubigen im Kleinen und Kleinsten entzifferbar, sondern auch, für den Ungläubigen, das Ineinandergreifen von Zerstörung und Neuschöpfung. Vor- und aufbereitet durch ihre sprachliche Fassung und Objektivierung, sind etwa die religiösen Riten und Rituale in ihrer invarianten Repetition gleichsam modifiziert und dem diskursiven Zugriff ausgesetzt. An Objektivationen erst kann der Spaten der Aufklärung ansetzen. In der Be- und Verhandlung wird *Negationspotential* freigesetzt, werden Alternativen entwickelt, wird der Messeritus ins Licht anderer Möglichkeiten gerückt, kontingent gesetzt (vgl. dazu Fuchs 1992).

»Jedes Sich-Einlassen auf Situationen, auf Wirklichkeiten einer außereuropäischen Kultur führt unweigerlich zu einer Verunsicherung und Infragestellung der eigenen Person, ihrer Werte, Normen und Ordnungen« (Parin 1985, S. 14). Diese Devise galt für die Kolonisten, sie gilt heute für die Eingeborenen aller Kulturen, sie gilt auch für uns. Die australischen Aborigines, die neuerdings Rockbands als Botschafter ihrer Kultur aussenden, werden darob nicht mehr ihre physische, um so mehr aber ihre kulturelle Ausrottung beklagen müssen. Im Zeichen der religiösen Toleranz ist in einem bundesgerichtlichen Entscheid das Kreuz in der Tessiner Schulstube verboten worden. Mit drei zu zwei Stimmen haben sich die Bundesrichter in diesem Sinne dafür ausgesprochen! Ein Richter betonte, daß einer plakativ propagandistischen, provokativ-triumphalen, nicht bloß symbolischen Verwendung des Kruzifixes in öffentlichen Schulen entgegengetreten werden müsse. Auf dem Fuß wird nun die Frage folgen, ob man allen Konfessionen das Anbringen von religiösen Symbolen auf öffentlichen Plätzen gestatten oder auch dort eventuell die Bildstöcklein und Wegkreuze abräumen soll. Gewiß wird, wie von Schweizern befürchtet, das Kreuz nicht aus dem Schweizer Wappen entfernt werden, denn die Schweizer Fahne trägt ein Kreuz, nicht ein Kruzifix, darum ging es im Entscheid. Dennoch sind wir gespannt auf die unbeabsichtigten Folgen dieses Entscheides. Was, wenn sich die anderen religiösen Gruppierungen in der Schweiz auch entschlössen, anstelle von Kirchengeläut stündlich von Minaretten ihre Gebete auszusingen?

Die schlichte Tatsache, daß man andere Weltreligionen zuläßt, die genauso alt sind und die, wie der Islam, auch mit dem alleinseligmachenden Anspruch auftreten, *relativiert* und *entzaubert* den eigenen Glauben. Es braucht gar keiner Hinweise auf die Marxsche Religionskritik, die Freudsche Lebenshilfethese, die Gehlensche Stabilisierungsvorstellung, die Luhmannsche Kontingenzbewältigungsannahme oder die alle objektiven Wahrheiten verzehrende Behauptung des radikalen Konstruktivismus, daß die Wirklichkeit nicht ge-, sondern erfunden werde! Damit ist natürlich noch überhaupt nichts ausgesagt über die christlichen Hypotheken im guten oder im schlechten Sinne, welche die jungen Menschen weiterhin mit sich herumtragen. Was deutlich wird, ist die alles verzehrende Schmelzkraft des modernen Wissens und des Wissenwollens, wenn sie sich auf die verbliebenen kulturellen Habseligkeiten richtet. Religiöse Traditionen veranschaulichen, was mit allen Traditionen geschieht, besonders drastisch.

Gibt es eine Lebensregel, die im gebildeten Menschen wirksamer ist als jene, daß das Nachdenken über Probleme diese schon halbwegs löst? Zumindest: Daß deren Reflexion besser ist, als sie in Ruhe zu lassen? Stellt nicht die gesamte Lebenshilfe-Literatur und -praxis auf den Grundsatz ab, daß Nichtwissen in Wissen transformiert werden muß? Herrscht nicht die unhinterfragte Voraussetzung, daß es besser ist, etwas zu wissen, als es nicht zu wissen, und ist das Nichtwissen nicht immer schon die absolut genügende Legitimation der Untersuchung und Forschung? Ulrich, die Hauptperson von Musils Schlüsselroman *Der Mann ohne Eigenschaften* (1952), der mit seiner ihm fremd gewordenen Schwester Agathe in Wien den »anderen Zustand« sucht, weiß, daß man nicht die Perspektive der modernen Wissenschaft einnehmen und die Welt dann doch mit denselben Augen wie vorher betrachten kann. Glauben und Wissen vertragen sich nicht; wer mehr über den Glauben wissen will, stellt ihn in Frage. Der Glaube ist selbstverständlich, Verstehenwollen macht ihn unverständlich. Gewißheit wird im Wissenwollen zur Ungewißheit. Der Glaube ist für das weltliche Wissen ein Skandalon (Löwith 1956, S. 6).

Butter zerfließt in der Wärme, Zinnsoldaten schmelzen im Feuer. Die energetischen Quellen, die Zerstörungsprozesse in Gang setzen, sind vielfältig. Das reflektierende Bewußtsein gleicht einem Feuerstoß, in dem die Bestände sichtbar gemacht, ausgeleuchtet werden und – das ist der *erste* Transformationsvorgang –

in Optionen umgegossen werden. *Licht ist die Metapher der Aufklärung.* Sie ist uralt: Heraklit wird das Wort zugesprochen, die Bildung sei die andere Sonne für den Gebildeten. Lukrez kleidete seine philosophische Mission in die Sprache des Sonnenaufgangs. Im Alten Testament wird die Erscheinung des Messias mit einem Sonnenaufgang und die Eröffnung des Weltgerichts mit dem Tagesanbruch veranschaulicht (Demandt 1979). Jesus sagt von sich selbst: »Ich bin das Licht der Welt; wer mir nachfolget, der wird nicht wandeln in der Finsternis, sondern wird das Licht des Lebens haben.« Paulus warnt die Langschläfer und merkwürdigerweise soll der Tag des Herrn kommen wie ein Dieb in der Nacht (1. Tess. 5,12) – und dieser Tag bringt dann ewiges Licht für die Gerechten. Die Philosophie hat, wie Hans-Dieter Bahr in seiner Philosophie der Maschine bemerkt, unentwegt einen Diskurs über das Licht geführt (o. J., S. 50 ff.). Fundamentale Kategorien wie Schein und Erscheinung, Idee und Intuition, Projektion und Wesensschau sind Lichtbilder für philosophische Argumentationen.

Jede geschichtliche Periode hat ihre Vergangenheit in Gestalt einer herrschenden Vorstellung darüber, was gewesen ist. In Paraphrase eines Wortes von Stanislaw Lem erscheint diese Vorstellung wie die von einem Spiegel zurückgeworfene Gegenwart (1982, S. 1). Die frühe Neuzeit hat glänzende Spiegel in die Zukunft gestellt und die Vergangenheit, das Mittelalter, in die Finsternis getaucht. Das neue Zeitalter, die aufgeklärte Moderne, wird unter die Lichtmetapher gestellt: als Aufklärung. Vom Dunkel zum Licht heißt die Devise (Stuke 1972, S. 243 ff.)! Selbstbewußt hat die erste Welt, später auch die angloamerikanische, auf dem Gipfel der modernen Entwicklung posiert; sind Modernisierung, Industrialisierung, Demokratisierung, Rationalisierung als universelle Prozesse aufgefaßt worden, in denen sich gleichsam eine geheime lichtvolle Teleologie zu verwirklichen schien. Vom Dunkel zum Licht: Ungebrochen und unbezweifelt lebt diese Idee fort und weiter, irritierende Sonderfälle wie die Rebarbarisierung Deutschlands im Dritten Reich werden durch Individualisierung immunisiert.

Gasflamme, Gasglühlicht, Bogenlicht und die Glühbirne haben Schritt für Schritt die Wohnräume, die Straßen, die Arbeitsstätten und die öffentlichen Häuser mit Licht erfüllt. Für die Weltausstellung in Paris 1889 sollte die Nacht durch den Bau eines monumentalen Tour soleil, eines lichtspendenen Sonnenturms, zum Tag werden (Schivelbusch 1983, S. 125 ff.). Im topographischen Zentrum von Paris hätten systematisch in der ganzen Stadt verteilte Reflektoren den letzten Winkel auszuleuchten und das Kunstlicht, wie das wirkliche Licht der Sonne, in das Innere der Häuser zu transportieren. Im 18. Jahrhundert setzten auch auf breiter Basis die Bemühungen um eine Desodorierung von Paris im Sinne einer sozialen wie auch topographischen Toilette ein. Der »plan voisin« von Le Corbusier erscheint wie ein Versuch, eine gigantische Luftfilteranlage aus Paris zu machen. Wie ein Aggregat von Radiatoren oder Filtern starren lange Reihen von Hochhäusern in die Luft.

Gebündelt hat sich diese Teleologie in der neuzeitlichen Wissenschaft. Die sich wortgeschichtlich mit dem Begriff der *Aufklärung* verbindende Vorstellungen des Aufklärens, Aufdeckens und Klarmachens von Sachverhalten, die bislang im dunkeln lagen, ist auch die Leitidee, der die modernen Wissenschaften folgten und weiterhin folgen. Wer diese Idee nicht anerkennt, wird zu den Obskuranten verstoßen. In ähnlicher Weise wie auf der Titelseite der Zeitschrift *La lumière éléctrique* aus dem Jahr 1882 die Elektrizität vergöttlicht und die Glühlampe die Rolle des Auges Gottes übernimmt, erscheinen den ersten Abhandlungen zur Naturphilosophie, Naturwissenschaft und Mathematik als allegorische Figuren mit Strahlenkranz und thront Newton wie eine überirdische Erscheinung mit Himmelsglobus und Zirkel auf einer Wolke, während eine von Engeln umschwärmte Frauengestalt mit ihrem Spiegel etwas vom himmlischen Licht, das Newton umgibt, auf Voltaires Schreibtisch wirft.

Der Widerschein der Apotheose des Lichts in der Philosophie der Aufklärung findet sich auch in den im 18. Jahrhundert aufkommenden Menschen- oder Humanwissenschaften. Aber während in den Geisteswissenschaften Romantik, Idealismus und Erweckungsbewegung die mit dem Epochenbegriff gemeinte Sache und das mit der Lichtmetapher verklärte Programm kritisierten und bekämpften, während sich der Begriff der Aufklärung zu einem Modewort gemausert hat, das alles oder nichts bedeutet, und während heutzutage der Begriff auf militärische Erkundung verengt wird (und die Sexualaufklärung in den Schulen Einzug gehalten hat!), haben die zeitgenössischen Sozialwissenschaften die aufklärerische Intention starr durchgehalten und sie gleichzeitig in einer eigentümlichen Weise, nämlich was die latente Stoßrichtung ihrer Forschung betrifft, *umgekehrt* (vgl. auch Luhmann 1984, S. 88). »Aufklärung« als Epochenbegriff bezeichnet jene in der zweiten Hälfte des 17. Jahrhunderts einsetzende und im 18. Jahrhundert kulminierende abendländische Geistesbewegung, durch die alle gesellschaftlichen Lebensbereiche und -sphären verändert worden sind. Max Weber hat diese Veränderung in eine Kurzformel gefaßt: *Entzauberung der Welt.* Darin ist mitbedeutet, was Alfred Seidel nicht für die Naturwissenschaft wie Husserl (1936), sondern für das Bewußtsein und die Reflexion im allgemeinen herausgearbeitet hat. Sein Buch mit dem bezeichnenden Titel »Bewußtsein als Verhängnis« beginnt mit dem Satz: »Noch immer ergeht sich unsere Zeit trotz aller auftauchenden Resignation in der Verherrlichung des Bewußtseins und des Wissens« (1926, S 72). Noch immer? So könnte man heute, im Zeitalter der Informatik, der elektronischen Revolutionen, der weltweiten Datennetworks noch immer Bücher einleiten. Wie wenn nichts geschehen wäre!

Zauber entzaubernder Weltbilder

Ziel der Entzauberung ist die Emanzipation des Menschen aus der Welt des geschichtlichen Herkommens, seine Befreiung von allen Autoritäten, Lehren, Ordnungen, Selbstverständlichkeiten, Institutionen, Konventionen, die der kritischen Prüfung durch die autonom gesetzte menschliche Vernunft nicht standzuhalten vermögen. Oder in der berühmten Kurzformel eines berühmten deutschen Aufklärers: der Ausgang des Menschen aus seiner selbstverschuldeten Unmündigkeit. Die zeitgenössischen Sozialwissenschaften haben die aufklärerische Intention naiv durchgehalten und gleichzeitig in ihr Gegenteil verkehrt. Die latente Generalhypothese sozialwissenschaftlichen Denkens, Forschens, Untersuchens und Tuns geht normalerweise von einem geheimen Determinationszusammenhang aus, in den die Individuen hoffnungslos verstrickt sind. Eine selbstverschuldete Mündigkeit im Sinne Kants gibt es nicht, vielleicht auch keine Hoffnung, mündig zu werden. Sie wird mit dem Fortgang der Forschung Zug um Zug begraben. Aber vielleicht ist ja Unmündigkeit der Gnadenstand des heimatlosen Menschen der Moderne!

Die Emanzipation des Menschen aus der Welt der geschichtlichen Herkunft, seine Herauslösung aus allen Ordnungen und Bindungen, dieses Programm der Aufklärung wird sozialwissenschaftlich gewendet in eine immer breitere, umfassendere und in immer neue Tiefen drängende Herausarbeitung von Ordnungen, Bindungen, Institutionen, Konventionen. Das Aufhellen, Aufdecken, Klarmachen eines Sachverhalts, diese Vorstellung der Klärung und Aufhellung einer Sache, die im dunkeln liegt, richtet sich nun auf das Klarmachen von Zusammenhängen, die alle in derselben Weise ein dunkles Schicksal aufdecken, welches wie das gewaltige Wurzelwerk eines uralten Baumes überall hinreicht, in alles hineingedrungen ist.

Gewiß, das moderne Fatum ist von einer völlig anderen Natur als das alte. Wie die Naturwissenschaften, wenn sie von »Natur« und nicht mehr von »Schöpfung« sprechen, Gott diese aus der Hand genommen und sie darum zum frei verfügbaren Material wissenschaftlicher Forschung und technisch-wirtschaftlicher Nutzung und Ausbeutung gemacht haben, haben die Menschenwissenschaften sich selbst Gott aus der Hand genommen und sich zum Souverän eigenen Daseins gemacht. Heinrich Heine hat dieser völlig veränderten metaphysischen Stellung des Menschen auf seine Art Ausdruck verliehen: »Ich war jung und stolz«, heißt es bei ihm, »und es tat meinem Hochmuth wohl, als ich von Hegel erfuhr, daß nicht, wie meine Großmutter meinte, der liebe Gott im Himmel residirt, sondern ich selbst hier auf Erden der liebe Gott sei« (zit. in Sternberger 1976, S. 260). Die Sozialwissenschaften haben diese Veränderung der metaphysischen Stellung nicht nur gespiegelt, *sie resultieren aus ihr.* Daß das menschliche Handeln seinem Ablauf und seinem Sinn nach auf andere bezogen und daran in seinem Ablauf orientiert wird, so wie Max Weber in den soziologischen Grundbegriffen das Programm der handlungstheoretischen Soziologie definiert hat, ist nicht nur für den Sozialwissenschaftler, sondern für jeden Menschenwissenschaftler eine pure Selbstverständlichkeit. Aber diese Selbstverständlichkeit spiegelt die neue Stellung des Menschen, sie ist gewissermaßen die sozialwissenschaftliche transformierte Säkularisierung.

Hans Blumenberg schreibt in seiner Abhandlung über die Legitimität der Neuzeit, der Mensch habe in der Moderne die Hoffnung auf das Jenseits verloren, sei aber nicht »mit der dadurch freigewordenen Intensität des Bewußtseins auf das Diesseits eingegangen: vielmehr wurde er aus der jenseitigen und diesseitigen

Welt auf sich selbst zurückgeworfen« (1974, S. 15). Die oben genannte Definition von Max Weber wirft ihn auf *sich selbst und die anderen zurück*. Das Tun und Lassen des Menschen ist nicht mehr kosmologisch und durch Bezug auf außerweltliche Evidenzen zu erklären und zu legitimieren, sondern daraufhin zu untersuchen, wie es innerweltlich mit dem Verhalten und Handeln anderer Menschen verknüpft ist. Der Handelnde darf sich nicht mehr, wie der naive Schüler Hegels, auf sich selbst verlassen, die Menschenwissenschaften legen ihm nahe, sich nicht als Vollzugsorgan freier und eigener Entscheidungen zu begreifen, sondern als Exekutive von im Schummerlicht unklar erkennbaren, aber in ›the long run‹ endgültig herauszupräparierenden gesellschaftlichen Strukturen. Diese liegen noch weitgehend im dunkeln, sie sind ans Licht zu heben, sie rufen nach einer finalen Kodierung (vgl. Gross 1994b). Daß die gesellschaftliche Wirklichkeit *nicht* ist, wie sie sich darstellt, daß deshalb die »erste Stufe der Weisheit in der Soziologie ist, daß die Dinge *nicht* sind, was sie scheinen« und daß die Sozialwissenschaften die »wirkliche« Wirklichkeit erhellen, schließlich, daß irgendwann die Aufklärung vollendet und die Zukunft licht und transparent werde, das ist das unverzagte Credo aufklärerischer Sozialwissenschaften (vgl. Berger 1971, S. 32). Daß sie im Fortschreiten der sozialwissenschaftlichen Ergebnisse selber dunkel, undurchdringlich werden könnte und der in der Aufklärung freigesetzte Mensch einen neuen Gott und einen neuen Beichtstuhl aufbaut, das ist die moderne, auf die Menschenwissenschaften umgelegte und nicht bedachte Ambivalenz der Aufklärung.

Licht ist nicht möglich ohne Dunkel, die künstliche Helligkeit erzeugt sie in Form von wechselnden Schatten. Dieses Zugleich von Licht und Schatten, von Aufklärung und Verdunkelung, ist in den Sozialwissenschaften selber verdunkelt. Für die Naturwissenschaften sind die resignativen Hinweise von Horkheimer und Adorno in der *Dialektik der Aufklärung* (1969) und die Umkehrung der Fortschrittsgeschichte in der *Negativen Dialektik* Adornos (1966) bekannt. Daß die neuzeitlichen Naturwissenschaften und ihre praktische Umsetzung in die Technik Berge von Müll, Unsummen von Schadstoffen und Verwüstungen größten Stils erzeugt haben, auch das ist wohlvertraut und in einer Flut von Schriften, Programmen und Büchern erörtert. Wo findet sich eine ähnliche Selbstreflexion der Sozial- und Menschenwissenschaften? In der »faustischen Kultur« des Abendlandes herrscht nach

Gotthard Günther eine »Helle und Hitze der Seinsreflexion (...), die die Substanz des Menschen fast verbrennt, anstatt sie historisch zu entwickeln« (1962, S 630).

Auf der Jagd nach der numinosen Wirklichkeit sind die Gesellschaftswissenschaften fiebrig neuerungssüchtig. In schneller Folge werden die entlegensten und abseitigsten Trends der Nachbarschaften angeeignet, assimiliert und salonfähig gemacht. Dazu tritt die Aufgabe der gesellschaftlichen Dauerbeobachtung, das Aufspüren und Verfolgen der großen Entwicklungen und Verwerfungen. Hechelnd werden die immer schneller verlaufenden Entwicklungen objektiviert, zuerst das Vordringen, dann das Zurückgehen der Orientierungen und Mentalitäten, wie Feuerwerkskörper zischen Trends in den Nachthimmel. Schattenarbeit, informeller Sektor, das Abklingen des protestantischen Ethos, die entsprechenden Methoden und Techniken tauchen auf, ziehen einen lebhaft glühenden Kometenschweif hinter sich her, glühen im Kreuzfeuer der Symposien und Sammelbände noch einmal auf und verschwinden. Der einzelne Wissenschaftler, unfähig sich allen Neuigkeiten anzupassen, sich rasch genug zu adaptieren, muß – wie Chargaff die Situation formuliert – »keuchend dem Fortschritt nachhasten, nachhusten« in der »beschämenden Rolle eines Durchfallskandidaten für hochbegabte Jugendliche« (1984, S. 49), oder er wird sich unendlich, uneinholbar spezialisieren, minimalisieren, um nicht als letzter Hintermann, schlecht synchronisiert mit allen seinen Vordermännern, um Günther Anders zu paraphrasieren, dem Fortschritt nachzuhumpeln.

Die Situation in den Naturwissenschaften stellt sich insofern anders dar, als ihre in rascher Folge erzeugten und wieder verschwindenden Weltbilder irrelevant für den Menschen geworden sind. Vor vier Jahrzehnten hat Thure von Uexküll in einer kleinen Schrift behauptet, die Wirklichkeit der exakten Naturwissenschaften sei aus dem Vordergrund unserer Wahrnehmungen immer mehr in den Hintergrund geglitten und könne eigentlich nicht mehr wahrgenommen, sondern nur noch gedacht werden. Er schreibt: »Diese Bewegung der Wirklichkeit aus einem wahrgenommenen Vordergrund in einen gedachten Hintergrund ist Schritt für Schritt in Etappen erfolgt, wobei jeweils die Wirklichkeit genau dem Stand der physikalischen Wissenschaft und der Art und Weise entsprach, wie sie an die Welt herantrat. Es war, als ob Vorhang um Vorhang beiseite gezogen würde, bis wir heute vor dem letzten Vorhang dieser Wirklichkeit stehen, auf dem sich nur noch Protonen- und Elektronenbewegungen abzeichnen« (1945, S. 29). Diese letzte Wirklichkeit ist wirklich vollkommen unwirklich, würden wir sie als die eigentliche ansehen, so wäre in der Tat die gesamte wahrgenommene Welt nichts anderes als eine Sinnestäuschung.

Lassen wir uns vielleicht deshalb jede gedankliche Revolution der naturwissenschaftlichen Weltbilder gefallen? Maxwell, die Thermodynamik, die Atomphysik, das mit Quarks tapezierte Universum? Interessiert uns an den Theorien über das Universum, daß die Erde ein Kollisionssplitter oder daß sich das Universum nach dem Urknall in ungeheurer Geschwindigkeit ausgedehnt hat und weiter ausdehnt, überhaupt an der Raumfahrtsgeschichte nicht am ehesten noch, wie die Raumfahrer mit den Tücken des Alltags, mit Schlafen, Essen und Trinken zu Rande kommen, wie sie ins Schwerelose entwichenen Orangensaft einfangen und wie sie mit Verdauung und Entleerung fertig werden? Und würde jemand behaupten und belegen, daß die Erde doch der Mittelpunkt der Galaxis sei und ausrufen: »Und sie bewegt sich doch nicht!«, so wäre auch das ohne alle Bedeutung für die Ereignisse selbst und erst recht für die alltägliche Lebenspraxis. Niemand würde deswegen früher oder später aufstehen, sowenig wie wir uns nicht mehr auf einen Stuhl setzen, nur weil er im atomphysikalischen Weltbild einen schwirrenden Elektronenhaufen darstellt.

Zwar haben die naturwissenschaftlichen Weltbilder die Wirklichkeit, in der wir leben, in einem gewaltigen Ausmaß verändert und umgestaltet. Die Planetenbahnen sind Fahrbahnen für Satelliten geworden und die elektrischen Schwingungen transportieren Fußballspiele und Konzerte in die entlegensten Regionen und nach Mac Luhan kommt auch der Beduine ohne Transistor nicht mehr aus, aber sie sind kulturell irrelevant, sinnindifferent (Lübbe 1979). Sie sind nicht in der Lage, Lebenssinn zu erzeugen, ja, sie haben – weil wir auf diese Fortschritte starren und eigentlich nichts mit ihnen anzufangen wissen – diesen sogar verdunkelt. Sie geben unserem Leben, unserem Tun und Lassen keine Richtung. Und selbst, daß man mit den aus den naturwissenschaftlichen Weltbildern abgeleiteten Techniken mit einem Knopfdruck das Leben zerstören kann, selbst diese Tatsache hat lediglich die Sinnfrage angestachelt und die Leere offenbarer werden lassen.

Technologische Innovation: Entfatalisierung

Der *zweite, anschaulicher zu vergegenwärtigende* Transformationsprozeß, resultiert aus der *technologischen Transformation natürlicher Bedingtheiten*. Die Geschichte der Menschheit ist eine Geschichte der fortschreitenden Emanzipation von der äußeren und von der inneren Natur. Die Nacht wurde durch Feuer und Elektrizität zum Tage gemacht, die Luft zum Tragkissen für Flugboote. Die Herstellung von Werkzeugen kennzeichnet scharf die Grenze von tierischem und menschlichem Verhalten, so Gehlen in *Urmensch und Spätkultur* (1986, S. 11). Fügen wir hinzu, die Herstellung von Gegenständen, Geräten, Bauten, Einrichtungen mit den hergestellten Werkzeugen macht den archaischen Menschen Zug um Zug von der Natur unabhängiger. Die Höhlen, in die man heute den Menschen zurückbomben kann, sind, sobald sie verbessert, geweitet, ausgestattet werden, die Übergangsformen zur Kultur. Kultur ist nicht nur die schöne Kunst und das Essen mit Gabel und Löffel, Kultur ist Überwindung, Transformation der Natur.

Nietzsche hat den Menschen das nicht festgestellte Tier genannt, und in mannigfachen Variationen ist dieser Gedanke von der philosophischen Anthropologie und der Soziologie aufgenommen worden. Ob man nun aber den Menschen als arrivierten Affen oder als Sohn Gottes versteht, ob er planetarisch hereingeschneit wurde oder, wie auf den Schulwandbildern, sich ruckweise aufrichtet, sein Becken geradestellt, sein Gebiß zurücknimmt und die fliehende Stirn nach vorne wölbt, um jener weichen Masse Platz zu machen, die heute, medizinisch und anthropologisch, das Herz ersetzt und zum Zentrum des Menschenlebens erhoben wird – hat, wie zu zeigen sein wird, unabsehbaren Folgen. Der Mensch als gefährdetes und riskiertes Wesen, mit der Chance zu verunglücken, formt die Natur und sich selbst nach seinem Bilde. Der Mensch ist keine, wie es Herder ausdrückt, »unfehlbare Maschine in den Händen der Natur«, sondern sich selbst Zweck und Ziel der Bearbeitung. Morphologisch ist der Mensch durch Mängel bestimmt, es fehlt das Haarkleid, es fehlen die tödlichen Angriffswaffen, die zur schnellen Flucht geeignete Körperbildung, der justierte Sinn, der nur das wahrnimmt, was in seinen unmittelbaren Verhaltenskreis gehört, er hat einen lebensgefährlichen Mangel an Instinkten und unterliegt während der ganzen Säuglings- und Kinderzeit einer unvergleichlich langen Schutzbedürftigkeit. Gerade die Unspezialisiertheit der Instinkte und die schwache, wenn auch von Sinnes- zu Sinnesorgan unterschiedliche Selektivität der Wahrnehmung und die starke, ja enorme Kombinationsfähigkeit der gehirnlichen Verarbeitung hilft ihm, die Natur Stück um Stück sich dienstbar zu machen, zu optionieren. Die Optionierung der Natur, d. h. die Um- oder Verformung natürlicher Bedingtheiten und Unausweichlichkeiten, natürlicher Schicksals- in Wahlmöglichkeiten, erfolgt von *außen* nach *innen*, erfaßt zunächst die außermenschliche, dann die menschliche Natur, und bezüglich der außermenschlichen wie der menschlichen Natur zuerst das Offensichtliche und Sichtbare, dann das Verborgene und Unsichtbare.

Aristoteles definierte in seiner *Politik* zwei Arten von Maschinen: belebte und unbelebte. Das Ruder ist ein unbelebtes Instrument der Schiffssteuerung, der Ausschau haltende Matrose ein belebtes. Die belebte Mustermaschine des Altertums ist der Sklave. Diese Hierarchie ist heute in die belebte Maschine, in den Menschen selbst hineinverlagert. Der Körper ist eine Maschine mit Inhalt, im Gehirn ruht körperloser Geist. Die moderne Emanzipationsvorstellung heißt nicht mehr Lösung von historischen und gesellschaftlichen Bedingtheiten, sondern von natürlichen, von eigennatürlichen. Hat nicht der »natürliche« Tod etwas Unnatürliches und Skandalöses, fragt sich Jean Améry (1981). Das anstehende gigantische neue Emanzipationsprojekt ist die Optionierung des Körpers und seiner natürlichen Ungleichheiten. Und auch hier wiederum läuft es von außen nach innen, von der äußerlichen, sichtbaren zur inneren, unsichtbaren Körperlichkeit.

Die Einebnung äußerlicher natürlicher Ungleichheiten ist das Programm der plastischen Chirurgie (zu der übrigens bis zu einem gewissen Grad auch die Zahnmedizin gehört). Innere Ungleichheiten durch versagende Körperteile oder Organe behebt die Orthopädie und die Transplantationsmedizin. Biologische Ungleichheiten schließlich, wie Alter und Geschlecht, erschienen bis vor wenigen Jahrzehnten irreversibel und technisch unkorrigierbar. Während die Optionierung von Altersphasen ein noch völlig irreales Projekt darstellt (Earl Asquith: »Die Jugend wäre ein nahezu idealer Zustand, wenn man sie später im Leben haben könnte«), erscheint die massenhafte Reversibilität der Geschlechter nur noch eine Frage der Zeit zu sein. Vor zwei Jahrzehnten hat Sulamith

Firestone geklagt: »Solange sich die Reproduktion im Bauch der halben Menschheit abspielt, gibt es keine Emanzipation« (1976). Solange eine Frau gebären muß, bleibt Gleichberechtigung ein Traum, der nicht zu verwirklichen ist! Die Emanzipationsfrage führt deshalb *zwingend vom Produktions- in den Reproduktionsbereich*. Man kann nicht gleiche Optionen für Mann und Frau in der Erwerbs- und Hausarbeit fordern und die viel schwerwiegenderen Ungleichheiten im Reproduktionsbereich billigen.

Bezüglich der Fortpflanzung haben wir es mit einer höchst ungleich verteilten und unterschiedlichen Arbeit zwischen den Geschlechtern zu tun. Der Mann zeugt, die Frau empfängt, so jedenfalls die überkommene aristotelisch-scholastische Zeugungstheorie, sie trägt das werdende Leben in der Schwangerschaft aus und bringt es zur Welt, während der Zeuger höchstenfalls zuguckt, es neuerdings noch baden darf, wenn er will. Es ist schwer vorauszusagen, ob es irgendwann möglich sein wird, die Lebensphasen zu verlängern oder zu verkürzen. Ebenso erscheint das Projekt einer Entfatalisierung der geschlechtlichen Ungleichheit ein höchst spekulatives Projekt, wie immer die androgyne Revolution Mann und Frau, Jungen und Mädchen äußerlich angleicht (Badinter 1987; Gross 1990). Die Theorie der Reproduktion ist indes auf dem richtigen, dem differenzmindernden Weg, wenn es heute nicht mehr heißt: »Er« hat, sondern »sie« haben das Kind gezeugt! Beläßt man es indes in solchen Spekulationen bei der Frage der Reproduktion, der Zeugung, Austragung und Geburt, so eröffnen sich nicht nur Perspektiven für Fiction-Romane. Gewiß hat die Fiction-Literatur die Emanzipation vom biologischen Diktat des Geschlechts am weitesten auf dem Papier vorangetrieben. Während die Vorstellungen von Huxley in seiner *Schönen Neuen Welt* bezüglich der Reproduktionstechniken längst von der Wirklichkeit überholt sind, hat die mehrfach ausgezeichnete amerikanische Autorin, Ursula K. Leguin, deren Science-fiction-Romane auch hierzulande Bestseller wurden, die am weitesten gehende Version der Geschlechter-Metamorphose geliefert (1974). Im *Winterplanet* beschreibt sie auf eindringliche Art einen eisbedeckten Stern, dessen Bewohner zweigeschlechtlich sind, wobei sich Monat für Monat immer wieder neu entscheidet, ob sie sich in Richtung eines weiblichen oder männlichen Geschlechtspartners entwickeln (Kap. 7). In einer bestimmten Phase etablieren sich bei zwei, zunächst androgynen Partnern die weibliche oder männliche Dominanz, das Geschlecht baut sich auf. Kommt es zur Zeugung, bleibt der Androgyn, der die Rolle der Frau übernommen hat, während der 8,4monatigen Gestationsperiode und der sechs- bis achtmonatigen Stillperiode weiblich. Mit dem Ende der Stillperiode wird die weibliche Rolle abgebaut.

Frau Leguins Lösung der Sexualfrage für die Bewohner des Eissterns wäre in der Tat die endgültige Lösung des Geschlechterkampfes. So wie in Marxens Theorie des Klassenkampfes dieser dann aufhört, wenn es keine Klassen mehr gibt, hebt sich der Geschlechterkampf selber auf, wenn die Geschlechter verschwinden. Diese Idee ist der feministischen Diskussion natürlich keineswegs fremd. Wer sich der *Dialectic of Sex* von Sulamith Firestone erinnert, wird sich auch ihrer blanken Übertragung des Klassenkampfmodells auf den Geschlechterkampf erinnern. Sie hat, vor bald zwanzig Jahren, geschrieben: »Der natürlich reproduktive Unterschied zwischen den Geschlechtern führte unmittelbar zur ersten Arbeitsteilung in der Urgesellschaft und lieferte gleichzeitig das Paradebeispiel für die Kaste (Diskriminierung aufgrund biologischer Merkmale)... Genau wie am Ende einer sozialistischen Revolution nicht nur die Abschaffung von ökonomischen Klassenprivilegien, sondern die Aufhebung der Klassenunterschiede selbst steht, so muß die feministische Revolution, im Gegensatz zur ersten feministischen Bewegung, nicht einfach auf die Beseitigung männlicher Privilegien, sondern der Geschlechtsunterschiede selbst zielen... Die Reproduktion der Art allein durch ein Geschlecht zugunsten beider Geschlechter würde durch künstliche Fortpflanzung ersetzt werden. Die Tyrannei der biologischen Familien wäre zerschlagen« (1976, S. 261 ff.).

Was vor zwanzig Jahren intellektuelle Spielerei radikaler Feministinnen war und vor zehn Jahren Thema von Fiction-Romanen, hat heute eine neue, erhoffte oder unverhoffte Aktualität gewonnen. Die Entfatalisierung natürlicher und biologischer Bedingtheiten läuft, die Aufhebung der Geschlechter ist in vollem Gang (vgl. Koch 1994). Und zwar durch *äußere Angleichung* der Geschlechter; durch technische Auslagerung von geschlechtsspezifischen Prozessen und durch *inneren Umbau* der biologischen Konstitution der Geschlechter. Was die äußere Angleichung der Geschlechter betrifft, sind die alten Geschlechtercharaktere, insbesondere bei der jungen Generation, am Zerfallen. Mit dem sich langsam durchsetzenden Prozeß der Gleichstellung im beruflichen Feld korreliert ein komplementärer Prozeß der äußerlichen Angleichung im Habitus. Den Frauen werden in diesem Umschmelzungsprozeß männliche Qualitäten abverlangt – aber auch männliches Auftreten. Der Abstand zwischen den Geschlechtern verringert sich auf der Straße und für die Polizeibeamten, die in Videoaufnahmen von Schnellfahrern häufig nicht mehr zwischen Mann und Frau unterscheiden können! Das Vexierspiel auf der Straße ist alltäglich – das Geschlecht verschwindet unter der Unisexmode. Die Körperschemata entwickeln sich gemäß diesem androgynen Trend. Die Durchschnittsfrau wird in ihren weiblichen Maßen männlicher, die Statur des starken Geschlechts scheint sich zu feminisieren. Es mag sein, daß der Umschmelzungsprozeß ein Geschlecht stärker trifft als das andere, daß das schwache Geschlecht sich – wie es schon die Semantik von Stärke und Schwäche bei der Benennung der Geschlechter ausdrückt – dem starken auch im Habitus anschmiegt.

Dennoch: Es handelt sich hier nicht um ein epochales Sozialdrama, wo die Geschlechter ihrer Auflösung entgegentreiben, sondern um eine manchmal reizvolle, manchmal angestrengte Geschlechtstheatralik, um ein irritierendes und erotisierendes Verbergen und Zeigen. Transsexuelle Phänomene, sei es in Form von Transvestiten oder Hermaphroditen, aber auch Geschlechtsumwandlungen und geheimnisvolle laszive Figuren der Szene, von denen man nicht weiß, ob sie eigentlich Männer oder Frauen sind, haben hohen Aufmerksamkeitswert. Davon zeugen die sich derzeit jagenden Veröffentlichungen über historische und aktuelle Geschlechterwechsel und -umwandlungen (vgl. Pfäfflin, Junge 1992). Aber ob die androgyne Revolution mehr ist als ein zyklisches, immer wieder auftretendes Phänomen, die wechselt mit Zeiten, in denen Dualität, Dichotomie, Unterschiede zwischen den Geschlechtern kulturbedeutsam sind? Ein evolutionäres Drängen?

Für die technische Auslagerung von geschlechtsspezifischen Prozessen lassen sich Indizien in Fülle beibringen. Bei Organismen mit sexueller Reproduktion, bei Lebewesen also, die sich nicht durch Zellteilung »autopoetisch« fortpflanzen, wie dies etwa bei den Prokaryoten der Fall ist, ergeben sich Überlebensvorteile für den Organismus derart, daß reiche strukturelle Verknüpfungen entstehen, wechselseitige Kreuzungen von sich fortpflanzenden Stämmen und damit eine Zunahme struktureller Variation ermöglichen. Es wird ein Netzwerk von unterschiedlichen reproduktiven Abstammungslinien erzeugt. Die List der Natur, die Zeugung zwischen Organismen mit sexueller Anziehung und Stimulierung zu koppeln und dadurch die absolut notwendige Verbindung zweier Organismen auf ein Kontinuität sicherndes Fundament zu stellen, wendet sich gegen sich selber, wenn Organismen sich dieses biologischen Zwangs zur Koppelung zwecks Reproduktion bewußt werden.

Genau das ist beim Menschen der Fall. Die für die Reproduktion unerläßliche Zwangsvereinigung von Mann und Frau zum Zwecke der Zeugung verteilt die Rollen, wie variantenreich diese sonst bei den Wirbel- und Säugetieren ist. Es ist klar, daß die reproduktive Arbeitsteilung, ganz abgesehen von ihrem archaischen Charakter, dem Ideal einer Gleichverteilung von Aufgaben, Pflichten und Optionen widerspricht. Daher begründet sich ja der Ruf der radikalen Feministinnen nach Befreiung der Frau von den biologische Zwängen der Empfängnis, Schwangerschaft und Geburt. Zeugung, Schwangerschaft und Geburt sind nun in einer unverhofften Weise verfügbar geworden. Reproduktionstechnische Innovationen ermöglichen es, zum ersten Male in der Evolution, den Vorgang sexueller Reproduktion teilweise technisch auszukoppeln und außerhalb des menschlichen Körpers zu bewerkstelligen; bezüglich des Zeugungsvorgangs durch die Methoden der künstlichen Befruchtung, zum Beispiel die in der In-vitro-Fertilisation, bezüglich der Austragung durch die Einschaltung einer Gast- oder Leihmutter, die bald zur Ektogenese fortentwickelten Inkubatortechniken und entsprechenden Entlastungen von der Geburt.

Die endgültige Befreiung der Frau von der »Gefangenschaft der Gebärerinnenrolle« ermöglicht eben erst die *Ektogenese*, die vollständige Auslagerung von Zeugung, Schwangerschaft, Geburt. Diese ist erreicht, wenn die sogenannte künstliche Gebärmutter anwendungsreif ist. Die Inkubatortechniken ermöglichen schon heute eine Reduktion der mütterlichen Schwangerschaft auf etwa die Hälfte der Austragungsmonate. Es handelt oder handelte sich um ein »Durchstichproblem« wie bei einem Tunnel, der von zwei Seiten vorangetrieben wird. Irgendwann wird man sich in der Mitte treffen, je länger der Embryo nach der In-vitro-Fertilisation außerhalb gehalten werden kann und je früher er außerhalb der Gebärmutter überleben kann. Wer aufmerksam die Meldungen, etwa der australischen Ärzteteams, die weltweit führend sein sollen, verfolgt, sieht, wie nahe die Vision, »... daß das junge Paar eine Art Aquarium auf dem Sideboard stehen hat, in dem ihr Baby – natürlich mit programmiertem Geschlecht – heranwächst, in einer Nährflüssigkeit schwimmend, bis es nach neun Monaten entkorkt wird«, schon geglückt ist (Hirsch, Eberbach 1987, S. 267).

Die letzte Eskalationsstufe wäre indes durch *inneren Umbau* der Geschlechter erreicht. Die Organisation einer sexuellen Reproduktion und die dafür notwendige Etablierung einer prinzipiellen Dualität zwischen Geschlechtern hat sich phylogenetisch in einem sehr langen Prozeß herausgebildet. Dieser Prozeß wiederholt sich ontogenetisch. Die Dualität der Geschlechter baut sich im embryonalen Stadium erst auf. Es stellt sich also die Frage, ob durch hormonelle Behandlungen die Etablierung der Dualität zunächst gestoppt und Geschlechter in der Tat als Optionen gewählt werden können. Das bereitet insofern Schwierigkeiten, als das Geschlecht genetisch vorprogrammiert ist und die hormonelle Stimulierung eines Geschlechtscharakters auf einer genetischen Vorprogrammierung des Geschlechts erfolgt. Die bekannten Geschlechtsumwandlungen erfolgen auf Grund einer falschen Zuordnung (zum Beispiel Immunität der Zellen gegen Adrogene) des Geschlechts. Vielleicht ermöglicht es eine Kombination von pharmakologischen und gentechnischen Eingriffen einmal, auch die genetische Vorprogrammierung des Geschlechts auszusetzen.

Ob es vielleicht sogar durch Implantation der Gebärmutter von der Frau zum Mann dem Mann möglich werden könnte, Kinder auszutragen? Eben dies ist, will man Zeitungsmeldungen glauben, unterdessen (zumindest in Australien) Wirklichkeit oder zumindest theoretische Möglichkeit geworden, und zwar ohne Verpflanzung der Gebärmutter. Seit 1979 eine Neuseeländerin, der die Gebärmutter entfernt worden war, ein Kind durch Kaiserschnitt gebar, weiß man, daß es erfolgreiche Bauchhöhlenschwangerschaften gibt, daß also auch der Mann eine Schwangerschaft haben könnte. Die lebensnotwendige Plazenta wird vom Embryo aus dem sogenannten Trophoblasten selber gebildet und entsteht schon nach den ersten Zellteilungsstadien. Der innere Umbau wird vom Embryo selber vorangetrieben! Die Transsexualität, deren entscheidendes Manko bei der Umwandlung eines Mannes in eine Frau oder umgekehrt ja darin besteht, daß die Zeugungs- und

Gebärfähigkeit nicht operativ herstellbar ist, es sich bei der operativen Umwandlung eigentlich nur um eine äußere Angleichung an die innere Verfaßtheit handelt, erhält mit der Realisierung dieser Möglichkeiten ein ganz anderes Gewicht.

Schließlich ist nicht auszuschließen, daß über hormonelle Behandlungen in Kombination mit gentechnischen Eingriffen in jene Genkombination, welche das Geschlecht ausbilden, völlig neue Flexibilitäten und vielleicht auch Hybride konstruiert werden könnten. Ein Blick auf die Vielgeschlechtlichkeit, die Vielfalt natürlicher »Kasten« bei sozialen Insekten, muß zur Frage führen, warum das höchstentwickelte Lebewesen auf diesem Planeten »nur« *zwei* Geschlechter ausgebildet hat, ohne Zwischenformen. In allen Lebensbereichen einer sich selbst ständig alarmierenden Risikogesellschaft sollen Risiken minimiert werden. Warum soll dies für die Reproduktion nicht gelten? »Im Laufe der Evolution hat sich die biparentale Fortpflanzung durchgesetzt, d. h., es sind zwei Individuen notwendig zur Reproduktion eines neuen. Es steht außer Zweifel, daß diese Art der Fortpflanzung störanfällig ist« – das ist in einem neueren Praktikum der extrakorporalen Befruchtung zu lesen.

Die in allen anderen Lebensbereichen gültige Vorstellung einer Optimierung des Produkts und des Produzierens ist auch in diesem Bereich unabweisbar; seien es nun die umstrittenen Überlegungen über die schädliche Durchkreuzung der natürlichen Auslese durch Gesundheits- und Sozialpolitik und eine medizinische Technik, die »Berge« von defekten Mutantengruppen anwachsen ließe, die sich zu allem Elend noch vermehren (so der amerikanische Genetiker und Nobelpreisträger Muller), oder seien es einfachere Überlegungen über die Zuchtwahl, die Optimierung bestimmter Eigenschaften und die dadurch implizierte Abschaffung des Zufallsrouletts Fortpflanzung (zit. in Kaufmann 1964). Die Haupttriebkraft ist indes auch in diesem Fall die *Entsperrung* der wissenschaftlichen Neugierde. Es gibt keine curiositas-Verbote mehr. Wir können denken, was wir wollen. Die Wissenschaft findet ihre Legitimation nicht in Zwecken, sondern auch, in vielen Disziplinen sogar ausschließlich, im Zwecklosen. Man will wissen, was man nicht weiß, weil man es nicht weiß.

Wirtschaftliche Transformation: Vermarktung

Auf der Speisekarte eines hiesigen Pizzarestaurants finden sich fünfunddreißig Pizzen, die auch von zu Hause aus bestellt werden können. Beginnend bei »Abacus« und endend bei »Quattroformaggi« sind in ihnen teilweise die gleichen, teilweise aber auch unterschiedliche Fleisch-, Fisch- und Gemüsesorten gemischt. Sie sind alle in eine einheitliche runde Form gebracht – unverkennbar Pizza, sie verwenden alle den gleichen Pizzateig, sie sind bei allen Unterschieden Pizzen. In einem Supermarkt oder auch in einem Auktionshaus sind die angebotenen Waren und Dinge weit unterschiedlicher als die Pizzen auf der Speisekarte und auch weit vielfältiger. Neben Früchten und Gemüsen finden wir Kleider, Spielzeuge, Zelte, Fahrräder, Bücher und Zeitschriften. Auf dem Flohmarkt sind Jahrhunderte durcheinandergemischt, Lampen aus den zwanziger Jahren finden sich neben Biedermeierkommoden, Barockbildern, Renaissancestabellen und Inkunabeln aus dem Mittelalter. Aber auch sie sind in eine einheitliche Form gepreßt, sie sind verkäuflich, Waren. Sie sind marktförmig zugerichtet. Sie tragen eine Erkennungsmarke in Form ihres Preises.

Die Vermarktung ist der *dritte* und augenscheinlichste Faktor der Optionierung. Wenn wir uns auf einem südländischen oder afrikanischen Markt tummeln, wo wir Dinge zu Gesicht bekommen, die wir noch nie gesehen haben, spüren wir die Verwandlungskraft des Marktes. Er verwandelt die Dinge und er verwandelt uns. Er verändert unsern Blick. Der Markt transformiert alle kulturellen, religiösen, ethnischen Eigenheiten *in die gleiche Ebene*. Er definiert die Dinge um. Er verwandelt auch die staunenden Touristen in Nachfrager. Die erwerbswirtschaftliche Produktionsweise formt einen Weltbürger, zu dem es keine Alternative zu geben scheint (Heintel 1992, S. 3ff.). Märkte sind farben- und rassenblind. Sie machen auch besonders im südlichen Basar blind für die Bedürfnisse. Gekauft wird weiß Gott nicht nur, was man braucht, sondern nur zu häufig Unnützes und Überflüssiges, was es aber in diesem Winkel der Erde besonders günstig zu geben scheint (z.B. Gürtel und Geldtaschen aus Schlangenleder). Es gehört zu den Erkenntnissen der Neuropsychologie, daß die einströmenden Wahrnehmungen, Intensitäten und Erlebnisse vom Gehirn gleichsam sprachlich abgepackt werden. Die Welt, wie wir sie sehen, erscheint uns nicht wohlgeordnet, weil sie wohlgeordnet ist, sondern weil wir sie mit Hilfe unserer gedanklichen und sprachlichen Konstruktionen räumlich, zeitlich und begrifflich einfassen. Die Verarbeitung und Organisation dumpfer und unterbewußter Intensitäten in Dinge, die Transformation von Erlebnissen in Erfahrungen und die sprachliche Repräsentation und Objektivierung dieser Erfahrungen stellt eine Art Vorbedingung ihrer Transformation in Waren dar. Im Warencharakter werden dann diese Dinge handlich gemacht, tauschbar, mund- und augengerecht auf Bedürfnisse und Lebensstandard zugeschnitten, zeitlich und räumlich gestückelt und so definiert, daß man sie mit einem Preis versehen kann. Was immer man von Karl Marx halten mag, er hat die Transformation von einer Tauschgesellschaft zu einer Warengesellschaft, in der, in den Worten von Adam Smith, *jedermann ein Kaufmann ist*, eindringlich beschrieben. In dieser Gesellschaft wird »alles, was die Menschen bisher als unveräußerlich betrachtet haben, Gegenstand des Austausches, des Schachers... Es ist die Zeit, wo selbst Dinge, die bis anhin mitgeteilt wurden, aber nie ausgetauscht, gegeben, aber nie verkauft, erworben, aber nie gekauft: Tugend, Liebe, Überzeugung, Wissen, Gewissen... Sache des Handelns wurden« (1964, S. 69).

Wie weit dieser Prozeß in hochindustrialisierten Gesellschaften gediehen ist, bemerken wir gar nicht mehr. Aber soweit das Auge reicht, sehen wir Waren – von den Häusern über die Zäune, bis zu den Hunden und Fahrzeugen. Wenn wir an uns selber herunterblicken, so sind wir vollständig eingekleidet mit Gekauftem, von den Schuhen bis zur Brille, die wir brauchen, um die Schuhe überhaupt zu sehen. Die Verwandlung der produzierten Dinge in geldwerte Waren, die »große Transformation«, wie Polany diesen Prozeß nennt, führt zu einer Vielzahl von Fragen und Problemen (1978). Wirtschaftliches Wachstum bedeutet keineswegs immer ein Mehr, häufig auch ein Weniger. Die unendliche Expansion der Wirtschaft führt zu ökologischen Problemen. Die Abfall- und Müllberge wachsen. Natürliche Kreisläufe werden gestört. Klimakatastrophen und Ozonlöcher führen dramatische Folgen vor Augen. Die Geldwirtschaft beschleunigt das Wachstum, weil es sich aus den natürlichen Kreisläufen (z. B. als Buchgeld) herausgelöst hat und deshalb praktisch unendlich vermehrt werden kann und demzufolge die Dynamik des Marktes antreibt. Indem alle Produkte unter dem Geldaspekt erscheinen, »lösen sich die Bande, welche die Produktion ursprünglich an die – begrenzte –

Natur gebunden hatten: Die Natur erscheint im Bereich der Geldwerte auf einmal ebenso unendlich vermehrbar wie das Geld selbst. In Wirklichkeit wird sie aber gerade wegen dieser scheinbaren Unendlichkeit erst recht ausgebeutet und zerstört, wenn bestimmte Grenzen der Beanspruchung überschritten werden« (Binswanger 1991, S. 17).

Weniger offenkundig ist die dadurch erfolgende Optionierung von Kultur und Tradition. Während die Nationalökonomie vor allem die Verwandlung von Natur in geldwerte Waren und schließlich in Geld behandelt, erscheint der Transformationsprozeß von Kulturgut in Waren ephemer. Es ist die Zeit, so noch einmal Karl Marx, wo Tugend, Liebe, Wissen und Gewissen Sache des Handels werden. Das ist der *eigentlich interessierende Kreislauf*. Als letzthin ein Kollege von mir eine Auskunft wünschte und ich ihm mitteilen ließ, daß ich dazu gerne bereit sei, ließ er mir bekanntgeben, daß ich ihm ein Angebot unterbreiten soll. Neulich erreichte mich der Telefonanruf eines Wirtschaftsredaktors, den ich nach zehn Minuten Gespräch fragte, ob dies ein Interview sei. Vermutlich in der Meinung, nun müsse er bezahlen, hat sich dieser schleunigst verabschiedet. Nach einer Prognose werden in wenigen Jahren acht von zehn alten Menschen nicht mehr zu Hause, sondern in Heimen gepflegt werden. »Das sind wir den Alten schuldig«, meint die Politik dazu. In Pflegeheimen werden Hilfen wie Behandlung, Beratung und Pflege gegen Entgelt ausgeübt. Bezahlte Kräfte »warten« die Bedürftigen (Gross 1983). Es ist müßig, alle damit verbundenen Probleme hier abzuhandeln! Entscheidend ist der Umstand, daß uralte Verpflichtungen, Obligationen in Optionen umgewandelt werden.

Gerne redet der Volkswirtschafter von freien Gütern und meint damit Dinge, die wir noch haben können, ohne sie zahlen zu müssen. Sie gehören noch niemandem, also kann man sich ihrer frei bedienen. Die klassischen freien Güter: Land, Luft, Wasser werden, wie wir wissen, sukzessive in Warenkreisläufe eingezogen, nicht nur, um mit ihnen ein Geschäft zu machen, sondern eher, um sie zu schützen. Es gibt andere freie Güter, die der Ökonom lieber meidet, obwohl ihre Verwahrung viel offensichtlicher und anschaulicher ist, ihre Behandlung, weil sie keinen güterlich abgrenzbaren Charakter haben, fluid sind, allerdings etwas diffiziler macht. Jedermann weiß, daß Informationen und Wissen Machtfaktoren ersten Ranges sind. Von Daniel Bell (1975) bis zum neuen

Buch von Alvin Toffler (1990) wird eine künftige Tektonik der Macht entworfen, in der die Information die entscheidende Ressource, die Experten die neue herrschende Klasse darstellen. Da Information und Wissen in den Köpfen produziert werden muß, dringt die Vermarktung bis an die Schwelle der Köpfe vor *und in sie hinein*. Das Bewußtsein ist eine Folge von undifferenzierten Zuständen, von Erlebnissen, Bewußtseinsströmen, Aktivitäten. Die Diskussion des Urheberrechts hat völlig neue Bereiche, wie Wertsteigerung von Kunstwerken oder das Nachspielen von Melodien, zu Waren gemacht. Es ist nur eine Frage der Zeit, bis das Zitieren in Büchern wie diesem ein Copyright braucht und man jedes Zitat nach Marktpreis des Autors bezahlen muß.

Die konkurrenzwirtschaftliche Produktionsweise setzt das einzelne Unternehmen darüber hinaus unter Druck, zu innovieren und ständig neue Produkte anzubieten. Der sprechende Handschuh, in den USA bereits zum Patent angemeldet, ermöglicht es den Taubstummen, über Kleincomputer mit uns zu sprechen. Er ist eine Erfindung, die es möglicherweise nur wegen der Konkurrenzwirtschaft gibt. Die fortwährende Ausbreitung und Vertiefung der erwerbswirtschaftlichen Produktionsweise, die dadurch sich ergebende fortwährende Transformation von gegebenen Gütern und Ereignissen in käufliche Waren und die dauernde Neuerfindung von mehr oder weniger nützlichen und brauchbaren Produkten, die Unterwerfung immer weiterer gesellschaftlicher Sphären und Seinsebenen und nun der letzten Regionen auf dem Planeten erfolgt nicht einfach wegen einer mystischen Profit- und Gewinngier, nicht aufgrund eines Naturtriebes nach Mehr. Vielmehr lassen sich, wie im Krieg, wo natürlich vorhandene Aggressionen kanalisiert werden, die Strebungen nach Ansehen, Macht, Steigerung praktisch verlust- und reibungslos umsetzen und für die Zielsetzung aller Zielsetzungen, für das Programm der Programme fruchtbar machen. Das für das Projekt der Moderne so selbstverständliche und unangreifbare Steigerungsprogramm wird damit gewissermaßen automatisiert.

Die Legitimierung der kompletten *Durchkapitalisierung* der Seinsebenen ist die gleiche wie jene einer Durchoptionierung. Die aus der Kapitalisierung herauskommenden Optionen sind gleichsam doppelt kodiert: kognitiv und merkantil. Je größer die Märkte und je vielfältiger die Palette der angebotenen Waren, desto höher erscheint der Lebensstandard und desto besser die Versorgung der

Bevölkerung. Wer könnte etwas gegen eine Hebung des Lebensstandards einwenden? Wer wagte angesichts der Bilder von Versorgungsknappheiten im Osten etwas gegen die weltweite Steigerung eines allgemeinen Lebensführungsniveaus in unserem Sinne zu sagen? Sind wir Zeugen einer unerbittlich expandierenden Wirtschaft, welche die Gesellschaft in allen Bereichen in ihre Einzelbestandteile zermalmt, um sie dann stückweise zu verkaufen – oder sind wir Beobachter einer ungeheuren und unermeßlichen Steigerung des Lebensführungsniveaus und einer ebenso unglaublichen Steigerung der Teilhabe an den Standards? Sind wir Teilnehmer und Mitbetreiber einer *gesellschaftlichen Zerrüttung*, in der alles käuflich wird, oder sind wir Zeugen und Betreiber eines *Fortschrittes individueller Freiheiten*?

Besonders illustrativ ist der erst in jüngster Zeit explodierte Markt an Anlagemodellen, denen jede Basis entzogen scheint. Die herkömmlichen Anlagen, Aktien und Obligationen waren Schuld- oder Anteilscheine an privaten oder öffentlichen Unternehmen. Optionen sind Instrumente, die zunächst, nach dem Übergang zu flexiblen Wechselkursen, der Absicherung von Währungsrisiken dienten. Neuerdings gibt es »synthetische« oder »abgeleitete« Optionen (»Derivate«), die Spekulationen über künftige Bewegungen von Kursen unterschiedlichster Art ermöglichen und Rechte einräumen, innerhalb eines definierten Zeitraumes oder zu einem künftigen Zeitpunkt zu einem vorab festgelegten Preis eine bestimmte Menge eines bestimmten Wertpapiers zu kaufen oder zu verkaufen. Es gibt Optionen auf Währungen, Zinssätze, Indizes, Rohstoffe. Man setzt auf steigende oder sinkende Aktienkurse, auf Währungs- und Zinsentwicklungen, auf steigende und fallende Rohstoffpreise und nicht auf bestimmte Werte, Waren, Aktien. »Wir rasen auf weiter verfeinerte Investitionen zu«, schreibt Toffler, »die auf Indizes von Indizes, Derivaten von Derivaten, weitersynthetisierten Synthetikwerten beruhen« (1990, S. 90). Das Kapital wird supersymbolisch, aber bewegt sich in riesigen Volumina. Die Derivatmärkte haben weltweit (1993) die Marke von 10 000 Mrd. $ erreicht, die Weltdrogenumsätze sind ein Bruchteil dagegen. Wie die Mathematiker Theorem auf Theorem setzen, die Ingenieure der künstlichen Intelligenz schwindelerregende Inferenzarchitekturen konstruieren, wird über den Sachwerten ein Schleier von Kapitalströmen installiert, der einer endlosen Spiegelflucht gleicht. Es ist wohl nur eine Frage der Zeit, bis noch ganz andere Optionen möglich sind, z. B. Optionen auf die Ermordung bestimmter Politiker, auf Resultate von Abstimmungen, auf die Stimmigkeit der Wetterprognose, sich mithin das Kapitalgeschäft immer stärker dem Weltgeschäft annähert. Statt auf Pferde oder auf Karten oder auf Windhunde wettet man auf wirtschaftliche, politische und gesellschaftliche Auf- oder Abwärtsbewegungen. Um die hohen Siegesprämien der Spieler zahlen zu können, hat sich die Schweizer Nationalmannschaft »gegen« einen Erfolg zum Glück versichert. Nicht nur Mannschaften, sondern alle werden sich früher oder später sowohl gegen Mißerfolge und Erfolge versichern wollen. Gigantische neue Märkte tun sich auf. Dem Wetten sind überhaupt keine Grenzen gesetzt. Man kann auf alles und jedes wetten. Man kann alles unter dem Gesichtspunkt des Wettens, also bestimmter Zustandsveränderungen oder des Eintreffens bzw. Nicht-Eintreffens von Voraussagen betrachten. Aber selbstverständlich verändern sich Güter, Menschen, Bewegungen, wenn man sie so betrachtet. Ein Windhund wird nicht mehr als Windhund, sondern als Anlageobjekt gesehen. Der Windhund, der zwei Längen langsamer ist als der erste oder zweite, wird uninteressant. Man tastet die Windhunde, wenn sie vor dem Rennen in Augenschein genommen werden, auf latente Eigenschaften wie Kopfhaltung, Gangart, Nervosität etc. ab. Der Hund ist kein Hund mehr, wie das Rennpferd kein Pferd mehr, der Jockey kein Mensch mehr ist.

Das bewirkt der Markt. Er ist, volkswirtschaftlich betrachtet, eine Stätte, wo Angebot und Nachfrage aufeinandertreffen und sich ein Preis herausbildet, der ein Gleichgewicht zwischen Angebot und Nachfrage herstellt. Kognitiv gesehen ist der Markt für den Verbraucher eine Auslage von mit Preisen *gebrandmarkten*, dem Tod durch Gebrauch und Verbrauch geweihten Dingen. Was einen auf orientalischen Basaren und südlichen Fischmärkten mit leichtem Schaudern erfüllt, das Durcheinander von toten, halbtoten und halblebenden Dingen, die auf Auslagen zum Verkauf angeboten mit Preisen gekennzeichnet sind, das ist *nach unten sublimiert* (indem nie mehr lebende Tiere zum Schlachten angeboten werden, und auch die toten Tiere so gestückelt und abgepackt sind, daß sie gleichsam synthetisch daherkommen) und *nach oben synthetisiert*. Das Zweiwegespiegel-Vogelhäuschen, das Hundehalsband mit Bellbremse, die Empfängnisverhütung mit Zeitauslöser, die Sonnenbräune in Flaschen, das Gesichtsfalten glättende

Kopfkissen, der ferngesteuerte, apportierende Enten-Lockvogel, der Solar-Aktenkoffer, der sich selbst jätende Rasen, die expansible Heimdampfmaschine oder der Badeanzug mit eingebautem Stimmungsbarometer; das sind alles Erfindungen, die nicht aus Menschenliebe resultieren, sondern hinter denen unternehmerischer Geist steht, die Marktanteile zu vergrößern, neue Märkte zu erobern, die Gewinnspanne zu erhöhen und schlußendlich etwas und dann etwas mehr zu verdienen, so daß sich der ganze Aufwand auch lohnt.

Die Durchsetzung marktförmiger, konkurrenzwirtschaftlicher Prozesse ist endlos legitimierbar, weil sie im Namen aller vordringen können. Die sukzessive Ersetzung der Naturalwirtschaft, der Tauschwirtschaft und der Versorgungswirtschaft durch die Erwerbswirtschaft entsperrt die sich ursprünglich an der Versorgung entlang orientierende lebensnotwendige wirtschaftliche Tätigkeit und ist auf Unersättlichkeit angelegt. Eine Wirtschaft, die auf Gelderwerb angelegt ist, geht ins Endlose, aber ins Endlose erstreckt sich auch der Wunsch des Menschen nach Mehr. Die in eine Geldwirtschaft, nicht zuletzt über die »Huckepack-Finanzierung« der Staatsausgaben, eingebauten Wachstumszwänge, die spiralartige Ausbreitung des Produktions-, Konsum- und Geldstroms in den modernen Volkswirtschaften koppeln sich mit dem andauernd stimulierten Verlangen des Menschen nach Mehr. Wenn Bedürfnisse niedriger Ordnung momentan gedeckt sind, so springt die Unersättlichkeit auf die nächsthöhere Stufe, etwa auf jene der Selbstverwirklichungsbedürfnisse, auf. Sind Bedürfnisse in einem Bereich gedeckt (z. B. Winterausrüstung des Autos), so wechselt das Verlangen nach Mehr in Bereiche, wo eine Sättigung überhaupt nicht denkbar ist, z. B. im Bereich der Sicherheitsbedürfnisse. Die Versicherungen und die Versicherungen von Versicherungen (Rückversicherer) sind Akzeleratoren der Dynamik. Immer mehr Menschen lassen sich versichern, die Versicherer lassen sich rückversichern. Die »Bayrische Rückversicherung«, die mit über 2 Milliarden DM Prämienvolumen weltweit zu den führenden Rückversicherern zählt, hat in ihrem Prospekt für Besucher folgenden Satz stehen: »Und es ist kein Geheimnis, daß wir vor ungewöhnlichen Dingen keine Angst haben! Im Gegenteil, wir leben mit ihnen.« Versicherungen nehmen Angst, weil die Risiken versichert sind, so geht man das Risiko mit gutem oder zumindest besserem Gewissen ein! In den Wirkungslinien dieser aneinandergekoppelten Schubkräfte türmen sich die ungeheuren Mengen an käuflichen Dingen, der Lebenswelt entrissen und mit einem Preis versehen. Und im Ausguck der Unternehmen und Unternehmensgründer ist die Wirklichkeit ein Gelände, das unbarmherzig, Tag und Nacht, oben und unten nach Nischen für neue Produkte und nach Ertragschancen für neue Geschäftsideen abgetastet wird.

Nachdem der Osten wie ein Scheunentor aufgegangen ist, erobert die Marktwirtschaft die letzten Territorien. Erst »das Kapital« verwirklicht die römische Idee einer imperialen Ausdehnung« (Lyotard 1985, S. 16). Die Schaffung kontinentweiter und globaler Märkte schafft im gleichen Zug neue Ungleichgewichte und Ansprüche nach Ausgleich. Die Transportströme schwellen an, nach den Parabolantennen werden Fahrzeuge verkauft, um die leeren Räume mit Waren zu bedienen. Die Wachstumsdynamik verlegt sich, nach Sättigung mit Speis und Trank, und nachdem nicht nur im Bauch, sondern auch in der Wohnung kein Platz mehr vorhanden ist, Güter anzusammeln, nach oben, in die immateriellen Bereiche – und in die Beseitigungsindustrie. Die Probleme, die sich hieraus ergeben haben und weiter ergeben, sind Gegenstand politischer, wirtschaftlicher und wissenschaftlicher Auseinandersetzungen. Aber die lautstarken und medienspektakulären, weil die Ängste alarmierenden Diskussionen über die ungebremste Wachstumswirtschaft und ihre Folgen verdecken den unerbittlichen Zusammenhang dieser mit dem Raubbau an Obligationen.

Transpolitisches Programm: Demokratisierung

Schließlich und endlich und nur weil es die Niederschrift nicht anders erlaubt, der *vierte* Vorgang, die *Demokratisierung*. In einem schönen kleinen Büchlein mit dem Titel *Postmoderne – Pluralität als ethischer und politischer Wert* hat Wolfgang Welsch Pluralität und die Zustimmung zu ihr zum Fokus der Postmoderne stilisiert: zum »Herz ihrer Antriebe«, zum »Fluchtpunkt ihrer Vision« und zum »Brennpunkt ihrer Probleme« (1988, S. 16). Ist Pluralität nicht eher eine Last? Erfolgt die Zustimmung nicht meist unter dem Druck der Verhältnisse? Das Herz der Antriebe und der Fluchtpunkt der Vision ist eine andere Semantik: der Dreiklang von Freiheit, Gleichheit und Brüderlichkeit. Dieser Dreiklang läutet zum Sturm auf die Vormoderne. Das ist die Do-it-yourself-Semantik nicht nur der Übergangszeit von der Vormoderne zur Moderne, sondern auch von der Moderne zur Vollendung der Moderne. Im Rahmen dieses Dreiklangs ist die Pluralität (und die Zustimmung zu ihr!) lediglich erster Schritt des Dreipunkteprogramms der Moderne. Die Steigerung der Wahl- und Handlungsmöglichkeiten (der erste Punkt des Projektes der Moderne) führt zwangsläufig zur Pluralität, aber nicht automatisch zur Zustimmung.

Dies mag teils, wie im politischen oder im kulturellen Bereich, unproblematisch gegeben sein. Im religiösen Bereich, wo der Preis der Pluralität am deutlichsten spürbar ist, ist es noch keineswegs so weit. Die Traditionalisten wehren sich mit Händen und Füßen und nehmen sogar eine Exkommunikation in Kauf. Der Fundamentalismus ist neu erwacht. Er ist nicht nur ein Resultat enttäuschter Erwartungen (wie in Marokko, Tunesien, Iran), sondern hierzulande, bei erfüllten Ansprüchen, eine Geburt des Schreckens ob der Plünderung und Traditionsvernichtung nicht nur im Religiösen, sondern in allen Lebensbereichen. Der Zerstörung von Schlössern und Gotteshäusern ist zwar Einhalt geboten. Die demonstrative Art der Traditionsvernichtung war in der Revolutionszeit auch hierzulande an der Tagesordnung, ganz zu schweigen von den Exekutionsstätten, auf denen vor Volkes Augen verkörperte Traditionen zu Tode gebracht wurden! Sie wurde in ähnlichem Stil noch vor einigen Jahren in Rumänien unter Ceaucescu praktiziert. Die zeitgemäße Plünderung ist *subtiler*. Aber der mobilisierende Schrecken reicht gleich tief. Beim Auftauchen der Reliquie im Auktionshaus, beim Begreifen des philosophisch sezierten monotheistischen Mechanismus. Pluralität ist keineswegs der ethische und politische Wert, welcher in der Postmoderne Zustimmung erheischt, sondern die nicht intendierte Folge des Projektes der Moderne. Die Zustimmung zur Pluralität fällt leichter, wenn man den antreibenden ersten Programmpunkt im Zusammenhang mit dem zweiten und dem dritten sieht. Die Steigerung der Optionen soll allen zuteil werden. Die aufklärerische Semantik fordert gleiche Teilhabe ein.

Unsere modernen Gesellschaften sind Marktgesellschaften mit einer demokratischen Verfassung. Die Demokratie garantiert Menschenrechte und Grundfreiheiten, die allen Menschen durch Geburt zukommen und die unveräußerlich sind. Die demokratische Verfassung sichert darüber hinaus das Eigentum und das

Recht, am Markt als Produzent teilzunehmen. Aus der Demokratisierung resultiert aber ein Realisierungs- und Umverteilungsdruck auf allen Ebenen. Der Gleichheitsvorstellung auf der politischen Ebene korreliert jene in Wirtschaft und Gesellschaft. Insofern ist in der Tat die Entdeckung des allgemeinen und gleichen Menschen weit folgenreicher gewesen als die Entdeckung Amerikas. Und diese wäre, wären die Entdeckungen in umgekehrter Reihenfolge erfolgt (zuerst die Entdeckung des gleichen Menschen!), vermutlich auch anders abgelaufen. Die Menschen haben die gleichen Rechte: das Recht der freien Meinungsäußerung, Gedanken-, Gewissens- und Religionsfreiheit, die Bewegungsfreiheit, die Niederlassungsfreiheit, das Stimm- und Wahlrecht usf. In diesen Beziehungen ist eine oder einer wie die andere oder der andere. Dennoch haben sie faktisch eine höchst unterschiedliche Teilhabe an den gesellschaftlich, wirtschaftlich, politisch und privat eröffneten Optionen realisiert. Es gibt eine neue Armut, man steht auch in unseren Breitengraden vor der Tatsache sich eher verschärfender Ungleichheiten in bezug auf Einkommens- und Vermögensverteilungen, in bezug auf räumliche, zeitliche, soziale Nutzungsangebote. Das Programm der Demokratisierung, das transpolitisch durch alle Parteien akzeptiert ist, enthält selbstverständlich die Programmatik einer allgemeinen Steigerung der Teilhabe an den eröffneten Handlungsmöglichkeiten. Das Ziel einer Gleichverteilung von Einkommen ist zwar kein explizites Ziel westlicher Gesellschaften. Die wohlfahrtsstaatliche Umverteilungspolitik versucht aber, die auf dem Markt entstehende Ungleichheit der Einkommensverteilung zu mildern. Vom Ziel einer Gleichverteilung von Bildung ist man noch sehr weit entfernt, aber alle diesbezüglichen bildungspolitischen Anstrengungen stehen unter diesem Stern. Erreicht ist hingegen, über ein Obligatorium, die Gleichverteilung des »Könnens« von Lesen und Schreiben, auch wenn derzeit ein neuer, merkwürdiger Analphabetismus im Vormarsch begriffen ist.

Jedes Grundrecht und jedes Gleichstellungsangebot löst eine Kaskade von weiteren Anstrengungen aus, die Teilhabe an den eröffneten gesellschaftlichen Optionen und Handlungsmöglichkeiten in allen Lebensbereichen zu *steigern*. Der allgemeine Grundsatz der Rechtsgleichheit, der auch die Gleichbehandlung von Mann und Frau einschließt, läßt überall Kommissionen und Gremien tätig werden, welche die Ungleichheiten zu identifizieren haben und Lösungen vorschlagen. Können Lösungen nicht in nützlicher Frist und freiwillig erreicht werden, wird die Gleichbehandlung gesetzlich erzwungen. Das letzte Beispiel war die Aufhebung des Verbots der Nachtarbeit für die Frau in der Schweiz. Die Quotenregelungen sind ebenfalls Versuche, eine Gleichverteilung von Chancen der Teilhabe über Festlegung von Quoten in Kommissionen, Gremien, Vertretungen oder auf Wahllisten zu sichern, selbst die wohlfahrtsstaatliche Sicherung minimaler Standards der Teilhabe ist in den europäischen Wohlfahrtsstaaten wie nirgends sonst gewährleistet.

Angesichts der Bevölkerungsverschiebungen von Ost nach West und von Süd nach Nord, angesichts der Vorboten des »großen Marsches«, in den Fluchtbewegungen der Afrikaner, Georgier und nun Albaner, angesichts der internationalen Beliebtheit Europas als dem gelobtem Land, muß man sich ja fragen, was diese, unsere *Attraktivität* ausmacht? Vom eingangs genannten Dreipunkteprogramm der Moderne ist es wohl der *dritte* Punkt: der garantierte Standard der Teilhabe. In St. Gallen fällt niemand auf der Straße um, kein Drogensüchtiger, kein Asylbewerber, kein Schwarzer oder Chinese, dem nicht augenblicklich Hilfe, sei es ärztliche oder andere, zuteil würde. Jeder wird mit dem gleichen Blaulicht ins Krankenhaus gefahren. Jeder kommt auf die gleiche Intensivstation, für jeden werden alle Maschinen angeworfen. Jeder erhält sofort die aufwendigsten Untersuchungen und Therapien. Ähnlich in Deutschland, Schweden, Österreich, Finnland, Norwegen, mit gewissen Abstrichen wohl in Frankreich, Italien, Spanien. Wer den Zaun zu unseren Ländern überklettert, hat, selbst wenn er wieder zurückgesandt wird, für ein paar Tage zu essen. Das ist meist schon mehr, als was ihn »zu Hause« in Bangladesh, in Kenya, im Sudan oder in Albanien wieder erwartet.

Kürzlich erzählten uns Bekannte, die gerade in Tunesien Ferien gemacht hatten, daß sie sich außerordentlich über die außergewöhnliche Dienstbarkeit ihrer Hausangestellten gewundert hätten. Diese hätten jeweils auf der Terrasse bis in die Nacht hinein gewartet, aber nicht aus Dienstfertigkeit, sondern weil der Balkon im Hotel gegenüber ihrer Wohnsituation weitaus komfortabler und angenehmer sei, sie deshalb gerne die ganze Nacht auf Heimkehrer warten würden! Der aufgeklärte Europäer, dem die Aufklärung seit Jahrhunderten zuruft *Do it yourself*, kommt mit der Situation der Entwicklungs- und Schwellenländer schwer zurecht.

Auch wenn, wie es die Medien bis zum Überdruß (zum Überdruß, weil nichts geschieht!) wiederholen, täglich vierzigtausend Kinder an Hunger und Unterernährung sterben, ist er, sind wir ganz offenbar nicht gewillt, das Dreipunkteprogramm der Moderne über die Grenzen luxurierender Multioptionsgesellschaften hinaus *faktisch* zu realisieren. Die Frage ist natürlich, ob wir es überhaupt können. Davon wird noch die Rede sein. Die Medien, welche die gleichen Bilder von Dallas, Tennisfinalen, Formel-1-Rennen und Hotelsuiten an immerblauen Stränden weltweit diffundieren, steigern jedenfalls die Erwartungen in diesen Ländern und stacheln die Ansprüche an.

Was geschieht, läßt sich gerade derzeit gewissermaßen *in flagranti* für die der Vergangenheit angehörende Deutsche Demokratische Republik beobachten. Im Versuch, den vom Westfernsehen aufgeblendeten Erwartungen zu folgen, hat ihre Seele eine Metamorphose durchlaufen, welcher die Realität nicht zu folgen vermag. Ein ganzes Land empfindet eine Art prometheische Scham über das nicht überbrückbare Gefälle zwischen dem Wunderland des Kapitals und der eigenen Situation, zwischen der Vorstellung und dem Machen, zwischen den formellen und den reellen Freiheiten. Das Rennen und Eilen hat sich schon für die meisten in ein *Humpeln* verwandelt. Aus den stolzen Ausfahrten der Westler in die ehemalige DDR sind für die Geschäftsleute, zumindest für die sensibleren unter ihnen, Canossagänge geworden. Die Familienväter haben ihre Sonntagsausflüge nach Dresden und Leipzig gestrichen. Schon werden höhere Mauern »als je« gegen die Westler gefordert.

Aber für die ehemalige DDR wie für alle ins westeuropäische Staatensystem eingegliederten Nationen, stellt die Asynchronizität von Erwartungen und Realisierung der Erwartung zwar ein Problem dar, aber eines, das (und das gilt auch für die ehemalige DDR) durch die Setzung einer Grundsicherung minimaler Teilhabe an den vorhandenen Möglichkeiten gemildert ist. Zwar berichten die Medien, daß Arbeitslose und Alte die Abfälle von Gemüseläden und Imbißbuden nach Eßbarem durchwühlen. Man erfährt, daß die Selbstmordquote und überhaupt die Suizidgefahr beängstigend gestiegen sei. Aber im Unterschied zu Indien, Schwarzafrika, Mexiko können die Betreffenden das Sozialamt aufsuchen, wo man sie zumindest nicht verhungern ließe und medizinisch grundversorgen würde. Außerdem werden, wie immer in schlechten Zeiten, Wechsel auf die Zukunft ausgestellt. Das Projekt wird ins Unendliche prolongiert. In den Entwicklungsländern hinken nicht nur die Tatsachen hinter den aufgeblendeten Erwartungen her. Die transpolitische Programmatik in ihren drei Punkten: Steigerung von Optionen, Steigerung der Teilhabe an den vorhandenen Optionen und Sicherung minimaler Standards der Teilhabe wird nur telematisch aufgeblendet! »Europa befreit sich vom Erbe der Vergangenheit«, läßt die Charta von Paris, die von vierunddreißig Staats- und Regierungschefs Ende 1990 unterzeichnet worden ist, stolz verlauten (Charta 1990, S. 4). »Durch den Mut von Männern und Frauen, die Willensstärke der Völker und die Kraft der Ideen der Schlußakte von Helsinki bricht in Europa ein neues Zeitalter der Demokratie, des Friedens und der Einheit an«, heißt es weiter. Die Demokratie als Teilhabeprogramm ist wie das Steigerungsprogramm eine abendländische Erbschaft, die weit zurückreicht. Gleichzeitig ist die Zukunft anderer Kontinente so elend, daß man gar nicht mehr hinzusehen wagt.

Unterdessen wird die Demokratie weltweit propagiert und kein Land kann sich der Attraktivität des Teilhabeprogramms längerfristig entziehen. Ob Afrika oder Asien oder Südamerika, Demokratie wollen alle, Diktaturen niemand. Es ist schon erstaunlich, wie eine hierzulande geläufige, politische Selbstverständlichkeit weltweit ohne »erklärte« Feinde ist! Die Zahl der Demokratien hat sich in der UNO in den letzten zwanzig Jahren verdoppelt. Südamerika ist von Diktaturen gereinigt, außer Kuba (und El Salvador) nennen sich alle Länder demokratisch. Die Teilhabeformel wird also weltweit verbreitet und Entwicklungsländer werden unter Druck gesetzt, parlamentarische Regierungsformen einzuführen und den Menschen politische Teilhaberechte zu gewähren. Die propagierte Teilhabe wird häufig nur politisch realisiert, als Voraussetzung der weiteren Modernisierung. Die Teilhabe an Wahlen ist universalisierbar – aber nicht die Teilhabe am Wohlstand. Es ist die Frage, ob die großen Weltkulturen mit dem abendländischen, dem euro-amerikanischen Weg kompatibel sind. Außer Japan und einigen kleineren Nationen im Osten hat es bislang keine außereuropäische bzw. außeramerikanische Kultur geschafft. Die andere Frage ist, ob unser Wohlstand überhaupt massenfähig ist, ob die Entwicklungsländer je auf die Höhe unseres Wohlstandes kommen könnten, ob die Natur dafür ausreicht.

II. Triebkraft

Daß die moderne Zivilisationsdynamik immer neue Erlebnis-, Lebens- und Handlungsmöglichkeiten erzeugt, ist, wenn überhaupt behandelt, wie die Enttraditionalisierung, je nach Perspektive, fortschrittsgläubig oder kulturkritisch dargestellt worden. Aber daß sich die überkommenen Werte nicht nur gewandelt haben und sich weiter wandeln, sondern selber zu Wahlmöglichkeiten mutieren und damit als Verbindlichkeiten vernichtet werden, wurde, zumindest in den Sozialwissenschaften, seltsam genug, kaum beachtet. Zum Fortschritt als Freiwerden von Bindungen und zum Fortschritt als Offenwerden für Optionen schmelzen die Bindungen in Bindungsmöglichkeiten, die Obligationen in Optionen um. Aber welcher Art sind die treibenden Kräfte dieser Dynamik?

Als Kinder haben wir, angesichts der ersten Autos auf unseren Straßen, uns die abenteuerlichsten Geschichten über Antrieb und Motor des neuartigen Fahrzeugs ausgedacht. Wie im Radiostudio ein hundertmal verkleinertes Orchester saß, das uns in »Vergnügt um Elf« die neuesten Schlager aufspielte, saß unter der Motorhaube ein stampfender Geist, den wir allerdings, bei der Behandlung des Explosionsmotors in der Sekundarschule, schnell entzaubern lernten. Die kontinuierliche Verwandlung, rund um uns, die Stimulierung und Bewegung, die alltäglich und allüberall in uns und außer uns in jedermann und mit jedermann stattfindet, die Transformation von Selbstverständlichkeiten in Handlungsmöglichkeiten, deren Vervielfältigung und Steigerung erscheint selber so selbstverständlich, daß man gar nicht nach Gründen fragt. Das Selbstverständliche zeichnet sich gerade dadurch aus, daß es keiner Rechtfertigung bedarf. So sind die Begriffe, die verwandt werden, um den Steigerungswillen zu begründen, reine Abwandlungen des Steigerungsbegriffs. Das neue Buch von Meadows & Randers, *Die neuen Grenzen des Wachstums* (1992), enthält ein Kapitel mit der Überschrift »Die treibende Kraft: Exponentielles Wachstum« (S. 35 ff.). Wachstum wird auf Wachstum zurückgeführt! Was steckt hinter dieser hilflosen Tautologie?

In der Tat erscheint die Steigerung der Handlungsmöglichkeiten und die Steigerung der Teilhabe an den Handlungsmöglichkeiten als überideologisches, von allen geteiltes, wenn auch in seinem zweiten Punkt nicht immer gelebtes Aktionsprogramm der Moderne. Zwar wird die Steigerung und die mit ihr Hand in Hand gehende Zerstörung und Vernichtung fast ausschließlich in einem Lebensbereich, im Sektor der Produktion von Gütern und Dienstleistungen, also im wirtschaftlichen Bereich diskutiert. Die letzten tropischen Regenwälder, das Ozonloch, die Schröpfung der Ölquellen; es fehlt nicht an Beispielen. Freilich ist die Produktion nur eine Art Zweigwerk, eine Niederlassung eines Betriebes, der in allen Lebensbereichen und auf allen Seinsebenen (wie im Ersten Teil gezeigt) tätig ist. Denn es will nicht nur mehr produziert, sondern mehr gedacht werden. Der Mehrgott ist allüberall, universell. Die Wachstumslokomotiven, von denen im entwicklungspolitischen Paradigma die Rede ist, sind in allen Lebensbereichen und auf allen Seinsebenen auf gleichem Kurs. Das Steigerungs- und Expansionsprogramm läuft auch im Reich der Reflexion ab. Niemand will weniger bewußt leben, weniger nachdenken, sich weniger im Geiste ertüchtigen, sich weniger bilden. Weder käme es einem Literaten in den Sinn, schlechtere Gedichte zu schreiben als seine Mitdichter (auch wenn sie dann vielleicht doch schlechter sind), noch würde ein Wissenschaftler mit der Vorstellung, nun eine Forschung zu betreiben, die nicht etwas Neues, ein Quentchen jenes »Mehrs« gegenüber der bisherigen Forschung bringt, irgendwo reüssieren (auch wenn sie dieses Quentchen dann möglicherweise nicht erbringt). Mehr Markt, mehr Demokratie, mehr Technik, mehr Bildung, mehr Kunst, mehr Reflexion – wer könnte und wollte sich diesen Aufforderungen entziehen. Nicht das Kind in der Schule, nicht der Manager, nicht der Fußballer, nicht der Regisseur, auch nicht die Wissenschaft. Die Zukunft hat besser, muskulöser zu sein als Vergangenheit und Gegenwart.

Vielleicht ist das *Mehr* jeweils leicht verändert. Statt mehr Technik, heißt es heute, mehr umweltbewußte Technik. Diese erfordert wieder mehr Forschung über die Umwelt, mehr und genauere Meßgeräte, mehr Sensorsysteme, mehr Wissen, mehr Vernetzung, mehr Daten, mehr Datenbanken. *Das Mehr erzeugt sich auch selber.* Umweltschädigungen durch eine wachsende Produktion geben Anlaß zur Umwelttechnik, technisch bedingte Unfallgefahren lassen die Sicherheitstechnik entstehen, wachsende Unfallzahlen führen zu Straßenbauprogrammen. So durchdringt die Mehrformel alle Einzelformeln und alle Denkweisen. Woher also rührt ihre Kraft? Was treibt, was drängt, was führt zu diesem unendlichen

Begehren nach Mehr? Allüberall ist die Rede von den globalen Herausforderungen der Zukunft. Sind diese nicht zuerst kognitive Herausforderungen? »Sein und Wissen ist ein uferloses Meer: je weiter wir vordringen, um so unermeßlicher dehnt sich aus, was noch vor uns liegt...«, so hat 1727 Isaac Newton, der englische Physiker, sein Lebenswerk beschlossen. Warum will nichts so bleiben, wie es ist? Und warum will niemand wissen, *warum man nicht bleiben will, wo und wie man ist?*

Mobilisierung

Zunächst sieht man nur, daß niemand irgendwo bleiben will. Dem Ort, wo man ist, darf man nicht trauen. Alles was ist, ist obsolet. Der Landstreicher ist, wie Zygmunt Bauman schreibt, nicht marginal, sondern für moderne Gesellschaften epochal (1993). Aus der Vogelperspektive sehen die Städte heute aus wie die historischen Bilder von Aufständen und Mobilmachungen, in Petersburg, Berlin, München, aus den zwanziger Jahren. Überall Menschenströme und ruckweise sich ballende und lösende Menschenmassen. Aus der Satellitenperspektive macht die Welt mobil: riesige Menschenströme bewegen, verdichten und verschieben sich – in übereinandergeschichteten Strömen, zu Fuß, mit Fahrzeugen, im Flugzeug. Aus der Satellitenperspektive sieht man die Anziehungspunkte. Regionale, kontinentale und globale Ballungsräume saugen die Menschenmassen auf, während sich im Gegenzug Regionen, Länder, Kontinente entleeren. Auf den bald von Jahr zu Jahr veränderten Land- und Weltkarten fallen nicht nur neue Grenzen und neue Entgrenzungen auf, sondern auch neue Wanderungsachsen.

Die geographischen Achsen, denen entlang sich die Menschenströme bewegen, und der Limes, den sie zu überwinden gedenken, sind offenkundig. Die Hauptströme bewegen sich von Süd nach Nord und von Ost nach West. Die Anziehungspunkte sind Europa, die USA und einige Nationen Südostasiens. Ein Blick in die Regale der Supermärkte und der Buchhandlungen, in die Vorlesungsverzeichnisse der Universitäten und die Programme der Fernsehstationen genügt, um zu wissen, woher die Anziehungskraft rührt. In einem kürzlich ausgestrahlten Film, der über Afrikaner berichtete, die nach Europa wollen, wurden deren Situation und Lebensinhalt drastisch gezeichnet. Am Flughafen sitzend, ein Bilderbuch über die reichsten Leute Europas und Amerikas lesend, wird immer wieder aufgebrochen, sobald das Geld zusammen ist. Der Landung folgt die Ausweisung, der Ausweisung die Rückschaffung, der Rückschaffung das erneute Warten auf eine Gelegenheit. Warten und Ansparen beginnt von neuem. Columbus ist aus Entdeckungsgier wochenlang auf dem Weltmeer gekreuzt. Mit den modernen Verkehrsmitteln läßt sich jeder Punkt der Erde innerhalb weniger Tage erreichen. Für den Flug von Lissabon an die Stelle, wo Columbus nach endlos scheinender, wochenlanger Überfahrt anstieß, wird heute zwischen acht und sechzehn Stunden gebraucht. Die Geschwindigkeit, mit der heute alle Prozesse ablaufen, hat alle Vorgänge, das Bewußtsein und das Bewußtsein vom Bewußtsein ergriffen. Das Steigerungsprogramm wird auf alle Koordinaten des Lebens angewandt.

Die weltweiten Wanderungsbewegungen in die Immigrationsländer West- und Nordeuropas und ihre Supermärkte an Erlebnis- und Handlungsmöglichkeiten nimmt sich aus wie eine neue Völkerwanderung. Sie bestätigt sich tagtäglich. Die Bevölkerungsexplosion, Hungerkatastrophen und politische Wirren intensivieren die Wanderungsbewegungen. Noch sind in den hochentwickelten Ländern kaum Stimmen zu hören, die bezweifeln – oder verhindern wollen –, ob der luxurierende Lebensstil der Multioptionsgesellschaften globalisierbar ist. Wird diese Hoffnung genommen, wird sich der Druck verstärken. Die Massenemigration käme erst dann zum Stillstand, wenn »sich die ganze Welt entweder auf dem Niveau der Ersten oder auf dem Niveau der Dritten Welt befände« (Hoffmann-Nowotny 1991, S. 96), oder, fügen wir hinzu – das Steigerungs- und Teilhabeprogramm reformuliert würde. Im Innern der hochentwickelten Multioptionsgesellschaften spielt sich vielmehr eine beschleunigte Mobilisierung auf allen Ebenen ab.

Alles muß schneller gehen, das Reisen, das Essen, das Zähneputzen. Man will in der gleichen Zeit immer mehr. Das gilt nicht nur für die Produktion, in der die Produktivität als »mehr in der gleichen Zeit« oder »gleich viel in kürzerer Zeit« definiert werden kann. Diese Mobilmachung hat in der Tat etwas Panisches und Katastrophisches. Der Weg ist schon bei Siegburg (1961) vorgezeichnet. Wir vernehmen freilich nicht nur den Tritt der nachrückenden barbarischen Erben, sondern sehen die Flammenschriften gewaltiger Katastrophen. Das Menetekel begegnet uns in den Texten aus den Sprühdosen, in Unterführungen und auf Autobahnbrücken. Daß das Nahen des Weltendes nicht verspürt und nicht bekämpft wird, daß die Bomben nicht vernichtet und die Kernkraftwerke nicht abgebaut werden, daß die riskanten Produktionen und Innovationen nicht eingestellt werden, liegt nach Sloterdijk nicht an der Dummheit der Menschen und an der Einfältigkeit unseres Zeitalters. Insofern selbst Unfälle größeren Ausmaßes »keine prinzipiellen Zweifel am Kurs und an der Gangart des zivilisierten Prozesses auslösen« (1989, S. 112), sind eben Kurs und Gangart der Rahmen, in dem die Katastrophen auch Platz haben: *Kurs und Gangart*!

Die Katastrophe ist der blitzartige ineinander verschränkte Vollzug von Optionierung und Entobligationierung. Wenn Sloterdijk sich ob eines Studenten wundert, der sich in fast triumphierendem Ton dazu bekennt, daß er die Fernsehbilder der explodierenden Challenger-Rakete »genossen« habe (1989, S. 114), so ist das nicht nur nachvollziehbar, sondern alltägliche Attraktion der Action-Filme. Die Anrufung der Apokalypse erfolgt nicht nur, um bessere Einsichten zu erzeugen. Im Fernsehen werden Video-Filme angepriesen, auf denen ausschließlich Unfälle gezeigt werden: Statt Humor Klein-Katastrophen am laufenden Band! Nun hält die Wirklichkeit von Unfällen und Verbrechen in Form von Augenzeugenvideos und wirklichkeitsgetreuen Aufmischungen von nachgestellten und wirklichen Vorfällen wirklich Einzug im »Reality TV« der privaten Sender. Die Katastrophe vergleichzeitigt den Zentralvorgang.

Indem sie die Dinge im Lichtsturm einer gewaltigen Nuklearexplosion enthüllt und gleichzeitig verbrennt, antizipiert sie die finale Katastrophe, das jüngste Gericht. Wir wollen schweigen von den auf den ersten Blick eigentümlichen Reaktionen auf Katastrophen, von der heimlichen Freude, daß es nicht nur andere, sondern im Falle einer Weltnuklearexplosion, wie uns Ulrich Beck (1986) warnend immer wieder beibringt, alle, eben und zum Glück ausnahmslos alle trifft. Daß auch die Schönen und Reichen, die Kaiser und Päpste nicht verschont bleiben werden, ist eben auch das erfreulich Neue und Demokratische an den ins Haus stehenden Katastrophen, vielleicht sogar ein Grund, sie *herbeizuwünschen*. So zeugt das Spiel mit der Katastrophe nicht von schlechtem (Koch 1994, S. 146), sondern eher von demokratischem Geschmack. Nicht nur jene, die nichts zu verlieren haben als ihre Ketten, wie Marx das Proletariat des 18. und 19. Jahrhunderts charakterisiert hat, sondern auch jene, deren enttäuschte Erwartungen sich nicht erfüllt haben und sich – wie in Entwicklungsländern – nie erfüllen werden, wünschen uns die Katastrophe, auch wenn sie davon mitbetroffen würden. Das sind weltweit Millionen von, wie Enzensberger sie benennt, lebenden Zeitbomben. Nicht nur Putschisten und Warlords aus der Dritten und der ehemaligen Zweiten Welt, nicht nur sich selber einsetzende »Rächer der Enterbten«, sondern alle jene, die früher oder später bemerken, »daß sie nie wieder eine Gewinnerchance haben werden und daß das unaufhaltsame weitere Verlieren ihnen jede Lebensmöglichkeit rauben muß« (Kurz 1991, S. 230). Sie werden infolgedessen »das Spielbrett vom Tisch werfen und auf alle ›Spielregeln‹ der sogenannten Weltzivilisation pfeifen« (ebd.). Aber auch die Geduld der im Innern unserer Multioptionsgesellschaften Herausgefallenen und an den Rand Gedrängten ist nicht unbegrenzt. Sie »rasten aus«, sie wünschen den anderen nicht nur die Katastrophe, sondern führen sie gegebenenfalls herbei.

Beschleunigung statt Entwicklung, Gleichzeitigkeit statt Sukzession heißen die Devisen. Schnellere Innovationen und blitzartige Zerstörungen werden gefordert. Nicht nur im Krieg, sondern in der Produktion werden Blitzkriege erforderlich, um die Konkurrenz zu besiegen. Nicht mehr die Großen fressen die Kleinen, sondern die Schnellen fressen die Langsamen. In den Drittweltländern hält eine reproduktive Falle einen Teufelskreis von Armut in Gang, ausgelöst durch die der Produktion ständig voraus- und wegeilende Bevölkerungsproduktion. In den luxurierenden Multioptionsgesellschaften mit ihrem Bevölkerungsschwund existiert eine Art *Innovationsfalle*: Die Innovationen, an denen man teilzuhaben versucht, laufen dem Einkommen und der Zeit davon!

Beschleunigung

Ist also die Begrenztheit der Zeit die Triebkraft des Fortschritts, die Befristung das Vorwärtstreibende? Ist die Vergänglichkeit das Motiv der inneren Unruhe, das unaufhaltsam nahende Ende des Lebens die Ursache der Beschleunigung? Geschwindigkeit, Tempo, Beschleunigung sind zweifellos herausragende Kennzeichen unserer Epoche. »Der Papalagi wendet seine ganze Kraft auf und gibt alle Gedanken daran, wie er die Zeit möglichst dick machen könnte. Er nutzt das Wasser und das Feuer, den Sturm, die Blitze des Himmels, um die Zeit aufzuhalten. Er tut eiserne Räder unter seine Füße und gibt seinen Worten Flügel, um mehr Zeit zu haben« (Tuiavii 1973, S. 34f.). Der Südseehäuptling aus Tiavea käme über den Geschwindigkeitsrekorden und Geschwindigkeitsanforderungen der letzten zwanzig Jahre aus dem Staunen nicht mehr heraus.

Alles, was schneller macht, Berufe und Industrien, bekommen einen religiösen Glanz. Der alte Traum der Größe, der unterdessen selbst in wirtschaftlichen Kreisen als Wahn entlarvt ist, kehrt wieder in neuer Verkleidung. Bis hinunter zu den Gegenständen der Alltagspraxis, der täglichen Besorgungen, der Küchengeräte und Telefonapparate, wird *alles schneller*. Die zeitsparenden Erfindungen wie Fließband, Drucktasten, Sofortbildkamera nutzen die moderne Sofortmentalität. Es gibt Erfindungen, die dem Menschen helfen, Zeit zu vertreiben. Und es gibt solche, die ihm helfen, Zeit zu sparen. Ein Kennzeichen unserer Zeit scheint gerade das krasse Hervortreten der zeitsparenden Erfindungen zu sein. Daß die gesparte Zeit wieder vertrieben werden muß, ist Folge. Der Wunsch, Zeit zu sparen, hat seinen Beweggrund darin, sich dem Zeitvertreib zuzuwenden!

Man kann also hinsehen, wo man will. Das Auto, so Sloterdijk, ist die »kultische Mitte der kinetischen Weltreligion« (1989, S. 47). Die Zunahme der Reisegeschwindigkeit in den letzten hundert Jahren, seit den Tagen der Postkutsche, ist enorm. Meine Freunde jammern, wenn sie ihren Flug nach Tokio nicht unter fünfzehn Stunden schaffen. Vor hundert Jahren schrieb Jules Verne seinen Zukunftsroman *In 80 Tagen um die Welt*. Heute umkreisen bemannte Satelliten die Welt in einem Tag und die Concorde schafft (12. Oktober 1992) eine Weltumkreisung in 34 Stunden, also in weniger als eineinhalb Tagen! Die Hochleistungszüge sind unterdessen so schnell, daß man die Landschaft, wegen der man vielleicht die Bahnreise unternimmt, gar nicht mehr sieht. Wenn wir dem Bahnhofvorstand in Gossau zuwinken, sind wir bereits in Flawil. Wie bei den Schnellbooten, mit denen man von Neapel nach Stromboli übersetzen kann, in denen man sich in einem Tunnel von Gischt bewegt, ohne vom Meer etwas zu sehen, huscht die Landschaft nur noch in Farbintensitäten vorbei. Überall verringern sich die Zeitspannen. Grundlagenforschung, Entwicklung und Kommerzialisierung von Produkten fließen ineinander. Viele Phasen verlaufen nur noch embryonal. Man ist an einem Punkt angelangt, wo die Kommerzialisierung von Produkten stattfindet, die noch gar nicht entwickelt sind. Die Innovationszyklen folgen sich in nachfrageintensiven Märkten so schnell, daß eine Evaluation nicht mehr möglich ist. Vorher-Nachher-Vergleiche werden obsolet, weil es keine Vergleichsmaßstäbe gibt, denn diese ändern sich ebenso. Das Wissen und die Qualifikationen veralten immer schneller. Das in einem Studium aufgebaute Qualifikationsprofil (z. B. beim Informatiker) ist im Moment der Praxisreife schon wieder veraltet. Die geschichtslose Rasanz erlaubt keinen Stillstand, keinen Rückblick und keine historische Evaluation (Knöpfel 1988, S. 128). Selbst die Dinge reden heute die Sprache der Geschwindigkeit. Die Flugzeuge sind in ihrer Erscheinung keine Flugapparate mehr, sondern ganz Flügel. Die Automobile gleichen sich Geschossen an. Selbst die Geräte, die Schreibmaschinen, Fineliner, Spielzeuge, Flaschenformen werden immer windschnittiger. Behälter für Fruchtsäfte und Shampoos nehmen das Gesicht von kleinen Raketen an. Das Tempo *rutscht in sie hinein.*

Endlos ließen sich Beispiele für die Tempogesellschaft anführen. Mr. High Speed, das High Speed Marketing. Besonders instruktiv die Uhren- und Chronometertechnik. Nicht nur, daß viele Uhren all jene Zeiten jener Orte anzeigen, wo man sich gerade nicht befindet! Die modernen Chronometer messen Hundertstel-, ja Tausendstel-Sekunden! Sie sind wasserdicht und halten unmenschliche Tiefen aus, in die diese Uhren, auch ohne uns, nie hinabtauchen. Es gibt ganggenaue Atomuhren, die genauer sein sollen als die Weltzeit. Die Captains Graph (DW-7000) von CASIO ist wasserdicht bis zweihundert Meter, die Penta Graph (DW-7200) enthält einen Multisport-Countdown für neun Sportarten, einen Chronographen für dreißig Zwischenzeiten sowie Tagesalarme! In den alpinen Skiabfahrten muß der Sinneserfahrung der Zeitspannen zwischen dem ersten und dem zweiten Sieger durch die räumliche Übersetzung von Zeitabständen nachgeholfen werden. Präzision dient als Sinnersatz. Eine Hundertstelsekunde bedeutet bei einer drei km langen Strecke einen Vorsprung von etwas mehr als zwölf Zentimeter. Für die Zuschauer, die um Wasmeier oder wen auch immer fiebern, sind die Hundertstel, wenn sie über die Computeruhren flimmern, unendlich lang. Die Sekunden, die zwischen dem Ersten und dem Letzten liegen, sind, wie der Reporter versichert, Welten.

Die Erhöhung der Geschwindigkeiten durch die Steigerung der kinetischen Energie weckt im mobilisierten Körper rauschhafte Zustände. Man fühlt sich selber als Geschoß in der Zeit. Die Kamikaze-Piloten im Zweiten Weltkrieg hatten einen mimetischen Zweck: Sie stürzten sich, verschmolzen mit ihrer tödlichen Maschinerie, selbst Munition, auf die gegnerischen, träge dahindümpelnden Kriegsschiffe. »Die Armee ist eine riesige Granate, die der Generalstab abfeuert«, notierte der Kommunarden-General Cluseret (zit. in Virillio 1978, S. 14). Die Geschwindigkeit ist keineswegs nur ein Mittel, um möglichst schnell ein Ziel zu erreichen, sie ist selber Ziel. Gleichwohl ist die Zeitknappheit eine Ursache des erhöhten Tempos in allen Lebensbereichen und auf allen Seinsebenen, aber nicht die letzte. Die Limitierung der Lebenszeit auf eine Episode zwischen Geburt und Tod, die Begrenzung der Lebensspanne, reicht zwar aus, um die fundamentale Hast, Hektik, die tiefe innere Unruhe zu erklären, aber nur unter der weiterhin unhinterfragten Voraussetzung, daß die Gesellschaft, die Nation, die Familie und der einzelne nicht bleiben wollen, wo sie sind, sondern von einem Ist zu einem Soll, von der Wirklichkeit zu einer erträumten Möglichkeitsform des Daseins gelangen wollen.

Dieses Wollen, dieser Druck, von A nach B zu gelangen und die zeitliche Limitierung, unter der dieses Vorhaben steht (die tikkende Zeit), sind sogar noch ungleiche Voraussetzungen. Denn unter Zeitdruck gerät nur, wer in begrenzter Zeit von A nach B gelangen will. Das Leben wird erst zur Verlustgeschichte, in der jeder Augenblick noch verbleibende Zeit vernichtet, wenn es um etwas geht, was mehr ist als das Leben, was dem Leben einen Sinn gibt, den es zu verwirklichen gilt, Möglichkeiten, die es zu erreichen, und Träume, die es zu realisieren gilt. Allein die Todvermeidung, das Hinausschieben des Todes erzwingt noch keine Geschwindigkeit – im Gegenteil. Unruhe, Streß und Hast verringern die Lebenserwartung. Mag sein, daß die Zeitknappheit die Urform aller Knappheit und Begrenztheit darstellt wegen der »unwiderruflichen Begrenzung der Lebensspanne«. Aber einmal ganz abgesehen davon, daß die Begrenzung der Lebensspanne eine Konsequenz des Verlustes, ja der Vernichtung des Glaubens an eine Ewigkeit darstellt, verbleibt die Frage, warum von A nach B?

Multiplikation

Resultiert das Steigerungsprogramm aus den vervielfältigten Möglichkeiten? Neue Möglichkeiten – neue Wünsche? Wir drückten unsere Nasen in der Vorweihnachtszeit an den Schaufenstern platt. Heute nehmen die Kinder im Fernsehen Maß. Wo die familiären Autoritätsstrukturen zusammengebrochen sind, ordnet die Werbewirtschaft sie neu. Auch wir senken täglich unsere Augen in die Zeitungen, in Bücher und Fernsehen und stauen Wünsche auf. Wir sitzen an der Schreibmaschine und denken uns neue Möglichkeiten, neue Überraschungen aus. Wir überlegen die nächste Tagung und planen einen neuartigen und effektvollen Einstieg.

Neue Möglichkeiten schaffen neue Wünsche. Aber wären nicht Möglichkeiten denkbar, die Denkmöglichkeiten blieben, deren Aufblendung nicht die Wünsche in Bewegung setzen würde? Könnte die Erreichbarkeit nicht an Bedingungen geknüpft sein, z. B. an harte Arbeit, jahrelangen Verzicht? Wenn Möglichkeiten als erreichbar definiert werden, fordern sie noch nicht zur Erreichung heraus, wenn der Preis als zu hoch erscheint. Aber gibt es heute noch Unerreichbares? Wird nicht alles als *erreichbar* hingestellt! Alle Versprechungen, die wir uns, anderen, andere uns und wir den Kindern machen, laufen darauf hinaus, daß wir oder sie, wenn wir oder sie dies oder jenes nicht tun, diese oder jene Möglichkeiten nie erreichen können. Und alle Drohungen drohen, bei allfälliger Unterlassung, einen daraus resultierenden Verzicht an. Beim Müßiggang, schon beim Mittagsschlaf oder wenn man nichts tut, z. B. nur denkt und tagträumt, stellt sich ein schlechtes Gewissen ein. Daß das Denkmögliche nicht prinzipiell unerreichbar, unrealisierbar erscheint, macht die »offenen« Gesellschaften in eigenartiger Weise gleichzeitig (und beileibe nicht nur, was ihre Verpflichtungen und Selbstverständlichkeiten betrifft) zu Knappheitsgesellschaften.

Je mehr Güter heutzutage bereitgestellt werden, desto mehr stellt sich gerade das Gefühl der Knappheit ein. Es ist, wie wenn die Erzeugung von Optionen gleichzeitig Knappheit miterzeugen würde. John K. Galbraith hat, man erinnert sich fast nicht mehr daran, in seinen Überlegungen zur Überflußgesellschaft das Phänomen der Knappheit als konstitutiv für Überflußgesellschaften angesehen (1959). Der Güterproduktion geht eine Bedürfnisproduktion voran (sonst wären – so Galbraith – die Güter nicht absetzbar), womit andauernd eine Kluft zwischen Bedürfnis und Mitteln ihrer Befriedigung erzeugt wird, die es der Produktion auch erlaubt, sich bei der Steigerung der Produktivität immer auf den vorhandenen Bedarf zu berufen. Außerdem ist die erreichte Befriedigung *nie* befriedigend; je mehr man sich von den existentiellen Bedürfnissen entfernt und in die immateriellen aufsteigt, desto stärker tritt ein unendliches Begehren nach Mehr auf.

Jede Befriedigung erheischt den Übergang in neue Bedarfslagen. Galbraith vergleicht die Bemühung mit immer neuen Befriedigungsmitteln und mittels einer immer schnelleren Produktivitätssteigerung, die Bedürfnisse befriedigen zu wollen, mit der Situation eines Eichhörnchens im Laufrad, das sich plagt, mit dem Laufrad Schritt zu halten, dessen Drehgeschwindigkeit es selber erzeugt. Inmitten der Überfülle von Gütern und Leistungen besteht eine sich gleichsam selbsterzeugende Knappheit fort. Daraus resultiert jene panische, präsenzpsychotische Mobilmachung. Aber nicht nur alles Wirtschaften und jedes Streben nach materiellen Gütern wird vom *kalten Stern* der Knappheit regiert. Die zwei Banditen, die verhindern, daß jeder alles haben kann, was er möchte, und die daher die Knappheit hervorrufen, sind die Natur einerseits und der Rest der Menschen andererseits, so der erste Satz eines amerikanischen Lehrbuchs. In der Tat, aufgrund der naturgegebenen Knappheit ruft der Mensch die Wirtschaft ins Dasein.

Wenn nun freilich mit der modernen Wirtschaft eine derart ungeheure Fülle von Waren produziert und präsentiert wird, so daß sich das Erlebnis der Multioptionalität, der Grenzenlosigkeit einstellt, das Bewußtsein, daß man alles haben könnte oder alles, was man tut, auch anders tun oder anders haben könnte. Und wenn jede Handlung oder auch Nichthandlung eine Auswahl aus vielen anderen ebenso möglichen darstellt und Alternativen durch die je konkrete Entscheidung entweder definitiv oder erst einmal eliminiert werden, weil man den gleichen Augenblick nicht zum zweiten Mal erleben, sein Geld nicht zweimal ausgeben kann, dann werden die Optionengewinne durch die beschränkte Zeit, in der sie zu realisieren sind, zunichte gemacht. Die Menge der Optionen wächst rascher als das Ausmaß der Zeit, die man braucht, um diese zu realisieren. Es ist eine normale Erfahrung, wie Hermann Lübbe schreibt, daß die Menge der Möglichkeiten, präsent zu sein, zu partizipieren und zu kommunizieren, weitaus größer ist »als die

Menge der Möglichkeiten, dafür Termine im eigenen Kalender unterzubringen« (1992, S. 347).

Gewiß, die Erfahrung, daß die Zeit knapp ist, intensiviert sich mit der Steigerung der realisierbaren Möglichkeiten. Gewiß bewirkt die Verknappung der Zeit durch die Erledigung der Ewigkeit eine drastische Verschärfung des Zeitdruckes. Aber ist das nicht zu einfach? Stellt sich das Bewußtsein der Knappheit angesichts der Multioptionalität, der begrenzten Ressourcen und der Endlichkeit unseres Daseins ein? Ein Jawort, in der Tat, impliziert, wie es Alois Hahn (1987) hübsch sagt, »ein Nein für alle andern Schönen« (S. 121). Aber nur unter der Voraussetzung, daß die Zeit beschränkt, das Leben endlich, die Schönen älter werden. Aber was *treibt* zu den, zu dem Schönen? Fiele nicht Knappheit und Realisierungsdruck weg, wenn wir zwar um die Existenz des Schönen wüßten, aber auch um eine Unerreichbarkeit? Der zum Tode Verurteilte wird sich, ebenso wie der durch eine schwere und unheilbare Krankheit ans Bett Gefesselte, weiterhin Seligkeiten ausmalen, aber er weiß, nur ein Wunder ließe ihn diese noch in dieser Welt erreichen. Sünde ist auch im Christentum eng verbunden mit dem Wissen und dem Wollen. Falsches und sündhaftes Begehren soll durch körperliche Kasteiung und innere Abtötung, durch Zucht der Seele gezügelt und durch strengste Regulierung von Tag und Nacht verhindert werden (Pfiffner 1961). Der Sklave, der Fabrikarbeiter der frühen Industrialisierung, die islamische Bäuerin in Kasachstan, ihnen kann die Phantasie, die Möglichkeit an anderes zu denken, schwer ausgetrieben werden. Und daß das Vollkommene, Seligmachende, Endgültige vorstellbar, aber nicht realisierbar sein könnte, die Differenzerfahrung ohne den Druck einer Differenzminderung wäre ebenso unvorstellbar. Wer A hat, will B. Warum drängt es von A nach B? Das ist die Frage.

Reformulierung der Transzendenz

Der *Differenzen* muß man erst einmal gewahr werden. Differenzen müssen als Differenzen erkannt, Asymmetrien als solche erlebt werden. Ob man es »Offenheit« nennt, ob man vom »Entwurfcharakter« menschlichen Denkens redet, ob man die Transzendenzerfahrung betont oder, wie die moderne Neurobiologie, einen »Comporator«, eine Vergleichsmaschine im Nervensystem einfügt, in dem die Sinneseindrücke mit einem mitlaufenden Weltmodell verglichen werden, alle Anthropologien und Philosophien setzen eine wie immer formulierte Differenzerfahrung an den Anfang. Für ein Differenzüberbrückungsprogramm, wie es die Moderne bereitstellt, genügt indes auch das Erkennen von Differenzen noch nicht. Die Differenz zwischen Erde und Abendstern beunruhigt nicht. Solange jedenfalls nicht, als man den Abendstern nicht mit Raumschiffen erreichen und erobern will. Die Gegebenheiten von Natur und Gesellschaft brauchen nicht zwingend vom Feldherrenhügel, vom Eroberungsstandpunkt angeschaut werden. Die *polemische, aggressive Realitätsdefinition*, die sich hinter jedem Begehren zu verbergen scheint, ist zwar wie angeboren, dem Menschen eigen, anthropologisch vorgegeben. Schon die Säuglinge versuchen, sich alles anzueignen und einzuverleiben. Sie führen alles an und in den Mund. Alles, was kommt, ist zu bewältigen. Jeder Blick ist eine Erfassung, jeder Schritt eine Eroberung gegebener Wirklichkeiten. Jedes Handeln bezieht sich auf eine aktuell gegebene und eine potentiell mitlaufende Wirklichkeit. Und jedes Produzieren verwandelt, vernichtet die Wirklichkeit und schafft etwas Neues.

Ist der Mensch morphologisch ein *Ausnahmefall*, so daß Aneignung und Umformung erklärlich erscheinen? Muß er nicht, um überhaupt zu überleben, seine organische Mittellosigkeit durch Eroberungen und Vernichtungen kompensieren? Der Mensch hat kein Haarkleid, also muß er sich eines anfertigen. Er hat keine natürliche Behausung und macht keinen programmierten Winterschlaf, also muß er sich eine Behausung schaffen und den Winter mittels spezieller Vorrichtungen gegen die Kälte überstehen. So hat sich der Mensch über die ganze Erde verbreitet und sich trotz seiner physischen Mittellosigkeit die Natur unterworfen. Er hält sich, wie Gehlen schön sagt, »unter Pol und Äquator, auf dem Wasser und auf dem Lande, im Wald, Sumpf, Gebirge und Steppe« (Gehlen 1961, S. 47) auf. Er schafft sich eine Kultur und Kultur ist tätig veränderte Natur. Er erlernt Techniken der Nahrungsbeschaffung und -zubereitung, erfindet Waffen, Organisationsformen, Techniken der Fortbewegung – immer um von A nach B zu gelangen. Um sich zu ernähren, zu jagen, zu erobern. Ist also der Mensch, weil morphologisch mittellos, organisch ein Mängelwesen, in natürlichen Umwelten lebensunfähig? Hat er seine Kultürlichkeit in einer Art und Weise erschaffen, welche Überwindung,

Eroberung und Vernichtung bedeutet? Vielleicht, wer weiß, es ist schwer zu sagen. Wo immer man beginnt und wie immer man den Menschen umschreibt, einkreist, definiert, ob als handelndes, als weltoffenes, als lernendes, als aggressives, ja selbst als soziales Wesen, immer ist auch in irgendeiner Weise die Aneignung von Natur, von Dingen, von Tieren, von Gütern, von Wissen und auch von Menschen, in Liebe, Haß oder Neid miteingeschlossen.

Aber Wirklichkeit ist eben nicht nur die *unmittelbar* gegebene Wirklichkeit. Auch die Tiere schützen sich, so gut es geht und instinktiv, gegen Wärme und Kälte. Aber sie leben vollkommen eingebunden in eine Wirklichkeit hier und jetzt. Sie verbleiben in einer panischen Aktualität, immer auf dem Sprung, fluchtbereit. Der Mensch ist mehr als eine Tiergattung. Der automatische Comparator vergleicht Erleben und Sinneseindrücke mit einem *mitlaufenden Weltmodell*, das aus den gemachten Erfahrungen verfertigt ist und allem Tun vorausgeworfen wird. Ist es plötzlich totenstill an einem Mittag in der Stadt, nachdem der Vorausentwurf Lärm mitbeinhaltet, entsteht Angst, Panik. Sehnsucht, Wollen entsteht, wenn der generative Comparator in Aktion tritt und andere Welten entwirft. Der Mensch lebt nicht nur in Welten, sondern kann sich über diese *erheben*. In der Phantasie malt sich der Mensch immer neue Bilder aus. Er ist immer begierig, »die Schranken seines Jetzt-Hier-So-Seins zu durchbrechen, immer strebend, die Wirklichkeit, die ihn umgibt, zu transzendieren« (Scheler 1962, auch Löwe 1992). Die Lebenswelt des Alltags ist schlicht gegeben und umfaßt dennoch immer mehr als das schlicht Gegebene. Der Mensch versinkt, so Schütz und Luckmann, »in Schlaf, Tag für Tag, er gibt die alltägliche, natürliche Einstellung auf, um in fiktive Welten, ins Phantasieren zu verfallen« (Schütz, Luckmann 1979, S. 47). Er kann die gegebene Wirklichkeit transzendieren, sich gleichermaßen außer sie stellen und vor allem: Er kann sich über sich Gedanken machen und tut es auch andauernd.

Es ist zunächst ganz gleichgültig, welche Welten in welcher Form gegeben und welche gedacht werden. Und es ist auch ohne Belang, in welcher Form, bestätigend, beruhigend, sich selber tadelnd, ich über mich nachdenke. Entscheidend ist die Tatsache, daß man es kann und andauernd tut. Aber wenn man es tut, setzt man etwas mit der gegebenen Wirklichkeit in Beziehung, das diese Wirklichkeit als eine *andere* Wirklichkeit transzendiert. *Die Tran-*

szendenzerfahrung ist eine Differenzierung. Das noch nicht Erfahrene, das andere, fällt nur verschieden aus. Das lebensweltliche Leben ist, auch in luxurierenden Multioptionsgesellschaften, keine eitel Freude. Der Wirklichkeit, von der T. S. Eliot sagt, daß der Mensch nicht sehr viel davon ertragen könne, stellt die Phantasie Bilder entgegen, die ein anderes und besseres Leben suggerieren. Vieles ist zu tun, was getan werden muß. Zum Alltag gehört die Mühsal, der Konflikt, der Zweifel, die Hast, die Überforderung, die Verzweiflung. Und solange der Mensch, wie Ernst Bloch es ausdrückt, »im Argen liegt«, sind privates wie öffentliches Dasein »von Tagträumen durchzogen; von Träumen eines besseren Lebens als des... bisher gewordenen« (1959, S. 3). Wie immer das noch nicht Gewordene, der Steinbruch der Träume, Utopien und Schlaraffenländer, das Mögliche durchforscht und aufgearbeitet wird, wie immer der einzelne auch seine Luftschlösser und individuellen Paradiese auszumalen versteht, die entstehende und sich offenbarende Differenz fordert heraus. Menschsein fordert permanent heraus, Zugänge zu suchen, zu dem, was es nicht ist. Grenzüberschreitungen sind dem Menschen auferlegt. Zu überschreiten, zu transzendieren ist konstitutiv für die Position des Menschen.

Der *Differenzen* wird man freilich schon ansichtig, wenn man in der Welt verbleibt, die wir die wirkliche Welt nennen. Schon im Vergleich mit anderen ergeben und zeigen sie sich: Differenzen in der Körpergröße, Haar- und Hautfarbe, im Alter, im Geschlecht. Diese Differenzen werden offenkundig, ohne daß andere Welten phantasiert werden. Aber offenkundig werden sie erst in der Entdeckung des *allgemeinen* und *gleichen* Menschen (vgl. Heintel 1992, S. 144). Desgleichen werden wir Differenzen zwischen der eigenen Lebenssituation und anderer Menschen gewahr. Jeder Besuch bei Bekannten ist schon wegen der offenkundigen Unterschiede im Lebensstil interessant. Die aufgeräumte, gute Stube, das Repräsentationsgemach, die chaotische Gelehrtenbude, die zur Schau gestellten Beutestücke, die zierlichen Biedermeierstühle passend zum Tisch und die feudalen Sessel am Kamin, die gesammelten Kaffeemühlen, Bügeleisen oder rostigen Scheren: *Differenzen überall.* Keineswegs fordern sie immer zum Gleichtun heraus: zum Mitsammeln von Antikem – oder bloß Antiquarischem, zur Imitation von Lebensstilen. Meist wird die eigene, Schritt um Schritt dem erwünschten Zustand nähergeschobene

Wirklichkeit sogar vorgezogen. Aber manchmal bedrängt einen auch ein Gefühl der Inferiorität. Vielleicht der Neid und die Mißgunst als Beweggründe, als Motoren der modernen Dynamik und des Steigerungsprogramms?

Der Soziologe Helmut Schoeck (1980) hat den *Neid* als Statthalter der Differenzveränderungssucht eingesetzt. Im Vergleich mit dem oder den anderen, also in der Wahrnehmung einer Differenz stellt sich, so Schoeck, auch die Wahrnehmung einer Hierarchie, zwischen einem Ist und einem Soll ein. Daraus folgt der Neid und daraus wieder der Antrieb, so zu werden wie andere. Wenn der Neid ein Grundtatbestand jeder Gesellschaft ist, so ist seine Zügelung eine zentrale Aufgabe, mit der jede Gesellschaft fertig werden muß. Insofern, so Schoeck, es allerdings keine wirklich egalitäre Gesellschaft geben kann, in der alle Differenzen eingeebnet sind, somit der Neid die Grundlage der Gesellschaft, eben ihre Differenzierung, angreift, hat auch jede Kultur Mittel und Wege gesucht, den Neid zu kultivieren (S. 36 ff.). Menschengesellschaften streben einen neidunterdrückenden Zustand an. Sowohl die Rückführung persönlicher Erfolge und Überlegenheiten auf überindividuelle Gegebenheiten, auf die Konstellation der Sterne oder auf gesellschaftliche Umstände (so gelangt man unvermittelt in die soziologisierende Gegenwart), wie das institutionalisierte Verstecken neiderweckender Güter und Gaben, aber auch Tabus, die Einübung von Schuldgefühlen, sogenannte Hackordnungen und vieles andere mehr, lassen sich so als Kultivierungsversuche des Neides deuten.

Bei den Siriono, einem Indianerstamm in Bolivien, hat Holmberg beobachtet, daß der Siriono in der Regel allein und nachts ißt und jeder verbirgt, was er an Eßbarem hat (nach Schoeck 1980, S. 40f.). Und wieder gelangen wir unvermittelt in die Gegenwart, wenn wir daran denken, was es in unserer Gesellschaft für mannigfache institutionalisierte Verhaltensweisen gibt, um Eßbares zu horten und zu verbergen, und bei welchen Gelegenheiten man auch in Gesellschaft (z. B. auf Wanderungen oder auf Skitouren) schnell alleine zu essen oder einen Bissen oder einen Schluck aus der Flasche zu sich zu nehmen sucht, ohne daß es die anderen sehen. Es ist, in dieser Interpretation, nicht Egoismus, sondern eine Art präventive Neidvermeidung. Könnte es nun sein, daß man in der modernen Gesellschaft mit ihrem egalitären Programm, genauer mit dem zweiten Punkt des Projektes der Moderne, »der Steigerung der Teilhabe an den geöffneten Optionen«, die zivilisatorische Zähmung des Neides aufgehoben hat? Werden die Differenzen zur Stimulierung der Steigerung, zur Erhöhung der Unruhe nicht andauernd und provokativ *zur Schau* gestellt?

In der Tat ist die weltweite mediale Aufblendung eines schönen und luxuriösen Lebens in den hintersten Winkeln der Erde und die Auslage der erträumten Mittel der Glückseligkeit in den Warenhäusern in Karachi und im letzten Hotel in Tumbuktu, plus die Idee der offenen, allen Chancen eröffnenden Gesellschaft eine Ursache der *tiefen inneren Unruhe*, der Unzufriedenheit, der Mobilmachung. Der Neid erscheint als mächtiger Antrieb zur Steigerung der Optionen, damit die Differenzen erhöht, und zur Steigerung der Teilhabe an den Optionen, damit die Differenzen vermindert werden können, eingesetzt. Aber hinter ihm steckt anderes. Nicht er setzt Individuen und Gesellschaften in Bewegung. Nicht er steht hinter dem Marsch in die europäischen Metropolen. Für Fernandez de la Mora ist der Neid weder eine »Schuppe der Evolution« noch Motor des Fortschritts. Ihm ist er *Folge der egalitären Ideologie,* welche der prinzipiellen Ungleichheit und dem Ungleichseinwollen der Menschen widerspreche (1987, S. 265). Der Egalitarismus ist der unmögliche Alptraum, er diktiert die »dunklen Seiten der Geschichte« (S. 268 f.). Er bringt die Menschen gegeneinander auf, macht sie kompetitiv und läßt sie über die strategischen Probleme nachdenken, die der Neid mit sich bringt (vgl. Neckel 1993).

Neid ist in dieser Betrachtungsweise nicht Teil oder Derivat der Selbsterhaltung. Die Asymmetrie, die Differenz, die Ungleichheit ist vielmehr das Urszenario, welches die Überlebensfähigkeit der Gattung garantiert. Können Kinder auf ihre Eltern neidisch sein oder umgekehrt? Männer auf Frauen oder umgekehrt? Die Großen auf die Kleinen, die Schwarzen auf die Weißen, die Deutschen auf die Schweizer, die aus Kreis 5 auf die aus Kreis 6 oder umgekehrt? Man macht es sich zu leicht, im Neid eine Art Generalmarschbefehl für die Differenzminderung zu sehen; der mit dem Teilhabeprogramm veranlaßte Kampf um Gleichheit verführt vielmehr dazu, Neid als ursprüngliche Triebkraft anzusetzen. Vielleicht ist der Neid eine Art Vizestatthalter egalitärer Ideen, vielleicht ist er die eher peinliche Kehrseite des vom Kampf um Selbsterhaltung befreiten, nun den Kampf um Anerkennung kämpfenden, luxurierenden Geistes (vgl. Honneth 1992). In einer die Selbstverantwortung, Selbstverwirklichung und Eigenleistung betonenden Gesellschaft sind alle Wünsche erlaubt, sofern man sich zu deren Realisierung anstrengt und etwas leistet. Neid mißgönnt ohne aufholen zu wollen; letztlich wirkt der Neid sogar paralysierend und bremsend.

Wenn immer wieder die Gehälter von Führungskräften, Sport- und Showsternen in den entsprechenden Magazinen und Postillen einer staunenden Bevölkerung unter die Nase gerieben werden, so ist das weder Dummheit noch Dreistigkeit, sondern hat das Bewußtsein für Unterschiede schärfendes *System*: »Die Bekanntgabe von Topgehältern bringt«, so Horst Albach, eine »Gemeinwohlsteigerung« (1991, S. 107). Denn: »Die gesellschaftliche Belohnung der Höchstleistung beeinflußt die Leistung aller anderen positiv.« Selbst Einkommen wie jenes der Popsängerin Madonna, die unlängst mit dem Medienkonzern Time Warner einen siebenjährigen Arbeitsvertrag von über sechzig Mio. Dollar abschloß, machen in dieser Situation keine Schwierigkeiten. Solange der gar nicht nur amerikanische Traum realisierbar erscheint, daß jene Personen mit einem großen Geldsegen rechnen dürfen, die erfolgreich große Risiken auf sich nehmen und wildwütig arbeiten, ist die Publizität erwünscht, motivierend, antreibend und den Neid akzelerierend. »Wo immer es großen Besitz gibt, gibt es große Ungleichheit«, lautet ein häufig zitierter Satz von Adam Smith (Schoeck 1981, S. 193). »Je mehr ich habe, um so weniger kann ein anderer haben«, fügt Kierkegaard hinzu. In einer Wachstumsgesellschaft gilt das letztere nicht, die Welt ist kein Nullsummenspiel, und die große Ungleichheit stimuliert, solange Differenzierung und Differenzminderung aus eigener Kraft möglich erscheinen. Die Wachstumsgesellschaft und die Fortschrittsidee lassen den Neid schuldig werden; die Besitzlosen und nicht die Besitzenden!

Ewige Revolutionierung

Neid, und das Nachdenken über den Neid, resultiert letztlich aus der allein dem Menschen gegebenen Möglichkeit, sich selber und seine Welt zu transzendieren, etwas anderes zu denken, zu phantasieren. Ob die und wie die zweite, die erste Wirklichkeit transzendierende Möglichkeit erreicht, erobert, erzwungen oder als unerreichbar belassen wird, ist die zentrale kulturhistorische Frage. Jede geschichtliche Epoche und jede Kultur formuliert invariante Grundprobleme auf *ihre Weise*. So ist auch die Differenz von Wirklichkeit und Möglichkeit *unterschiedlich* ausgelegt – und handhabbar. Die moderne Wachstumsdynamik resultiert aus einer geschichtlich *einmaligen Reformulierung mit einmaligen Mitteln*. Die Differenz von Wirklichkeit und Möglichkeit ist von grundsätzlicher, vermutlich evolutionärer Bedeutung für die Entwicklung des Menschen und seiner Kulturen. Mithin hat sie jede Kultur auf ihre Weise auszudeuten. Dieser Auslegung bedürftig ist das Mehr, das die Aktualität übersteigende Potentielle, aber auch das Weniger. Und der Auslegung bedürftig sind die Mittel, die von einer gegebenen Kultur definiert und zur Verfügung gestellt werden, um von dem, was ist, zu dem, was sein könnte, zu gelangen. Fortschritt als Differenzierung heißt doch fortschreiten auf einer stets sich selber übertreffenden neuen, schönen Welt.

Die schöne neue Welt ist schon in der Antike philosophisch, von Platon etwa als Idealstaat, ausgemalt worden. Hegels Formel, daß das, was wirklich ist, vernünftig, und was vernünftig ist, wirklich ist, und die Frage, ob er in der vorfindlichen Wirklichkeit, im preußischen Staat, die vollendete Vernunft und damit eine fertige Geschichte heiliggesprochen habe (was ja dann von Karl Marx bis Karl Popper zu Sarkasmen und Beschimpfungen führt) oder ob er umgekehrt das über die revolutionären Umwälzungen seiner Zeit erstmalige Auftreten der Vernunft in der Wirklichkeit diagnostiziert habe (Theunissen 1970), hat Generationen von Differenzauslegungen provoziert. Wirklichkeit kann als Vernunft, Möglichkeit als Hölle gedeutet werden; Wirklichkeit als schlechtes Diesseits, Möglichkeit als seliges, unendliches Jenseits, als Ort des immerwährenden Trostes, der Ruhe, des Glücks, der ewigen Herrlichkeit aufgefaßt sein. »Man kann Aktuelles als schlecht und Potentielles als gut auslegen – oder umgekehrt – und so zu moralischen Imperativen gelangen. Man kann Wirkliches für ungerecht halten und Möglichkeiten als gerecht entwerfen und daraus politische Zielsetzungen gewinnen« (Markowitz 1990, S. 386). Die Differenz läßt sich beliebig reformulieren. Schon die Schöpfungsgeschichte gibt uns aber den Leitfaden für die im Abendland kulturbedeutsame Auslegung an die Hand: Die Wirklichkeit ist gegenüber der Möglichkeit *armselig*.

Im christlichen Weltverständnis, auf dessen Hintergrund wir

uns über unser Verständnis wundern, ärgern oder freuen, ist ein *Keil* zwischen Wirklichkeit und Möglichkeit getrieben. Diese Trennung wird als eine Trennung von Welt- und Heilsgeschichte benannt (vgl. Luckmann 1972; Löwith 1952). Irgendwann im Religionsunterricht haben wir das Christuswort mitbekommen: *Mein Reich ist nicht von dieser Welt.* Das Herbeigesehnte und Heraufkommende ist keine konkrete Utopie, sondern das ganz andere. Die Differenz von Wirklichkeit und Möglichkeit wird hierarchisch und weltzeitlich relativiert: In einen Himmel über der Erde, der irdisch verdient, aber nicht erreicht werden kann. Der religiöse Ernst richtet sich auf eine Zukunft am Ende der Geschichte aus, nicht aber auf eine zur Vergänglichkeit verurteilte Herstellung des irdischen Friedens. Der irdische Weg ist eine Art Pilgerfahrt, sie ist gleichzeitig Hindernis und Voraussetzung zum Heil. Die Wirklichkeit wird relativiert mit Blick auf die Überwirklichkeit. Die Jenseitserwartung entwertet das Diesseits als Möglichkeitsraum. Das Weltliche ist zwar auf das Außerweltliche wie einen Magneten gerichtet, aber das Außerweltliche, das Jenseits wird nicht im Innerweltlichen, im Diesseits erreicht.

Die christliche Welt, obgleich längst säkularisiert, hält an solchen Denkformen beharrlich fest. Indem man den Krieg, Elend, Krankheit, Mühsal als unentbehrliche Bestandteile einer gefallenen Welt ansieht, werden sie immer wieder als Geißeln Gottes, als Strafen hingenommen, zumindest, wenn sie andere treffen, aber beileibe nicht nur dann. Das Elend der Aids-Kranken und die stille Genugtuung vieler über deren Bestrafung für ein ausschweifendes Leben gehört in diesen Zusammenhang, wie auch das demütige Ertragen von Krankheiten. Der Kronzeuge dieser horizontalen weltzeitlichen Reformulierung der Differenz ist der Kirchenvater Augustinus. Sein Satz aus dem Gottesstaat: »Die Zukunft hat der Auferstandene versprochen – Friede auf dieser Erde hat er nicht versprochen« (*Gottesstaat*, XIX, 13). Mit der Aufklärung wird nun die Trennung zwischen Menschengeschichte und Heilsgeschichte wieder rückgängig gemacht und die Differenzerfahrung, dieser Anfang des gigantischen evolutionären Prozesses in äußerst folgenreicher Weise, die moderne Dynamik anstoßend, *reformuliert.* Ausgerechnet mit Augustinus, dem Kronzeugen der Trennung von Menschen- und Heilsgeschichte, beginnt, so Dumont, jene moderne Ära, die sich als »gigantische Anstrengung begreifen läßt, den Abgrund, der ursprünglich zwischen Vernunft und der Erfahrung lag, zu verringern«. Augustinus inaugurierte, so Dumont, »einen tausendjährigen, immer aufs neue entstehenden, vielgestaltigen, existentiellen Kampf zwischen der Vernunft und der Erfahrung, der, da er immer neue Ebenen ergreift, letzten Endes die Beziehung zwischen Idealem und Realem verändert« (1991, S. 47).

Mit Augustinus schreitet deshalb die Kirche *in die Welt*. Das Reich Gottes ist auf Erden zu explizieren und zu realisieren. Der christliche Glaube hat Wirklichkeit zu werden. Aus der Theologie der Geschichte wird Geschichtsphilosophie. Das Heilsgeschehen wird auf die Ebene der Weltgeschichte projiziert. Aus dem Gottesstaat soll ein Staat Gottes werden. Heute werden Kirche und Papst zur Lösung weltlicher Probleme angefleht. Der Stellvertreter Gottes auf Erden ist Stellvertreter eines in die Welt geschrittenen Gottes, weil die transzendenten Bezüge gehalten werden können. Wie ein auf Unsichtbarkeit angelegter Glaube unter dem Druck, wirklich zu werden, Glaube bleiben kann, ist eine andere Frage. Die Spannung, die Differenz, der Abgrund zwischen Wirklichkeit und Möglichkeit bleibt, aber als Differenz in der Wirklichkeit. Alles Mögliche kann, ja soll zur Wirklichkeit werden. Die unendlichen Wünsche, die Phantasien, die Begierden – sie werden nicht mehr aufgehoben für das Himmelreich und, ja, und den Sündenpfuhl. Himmelreich und Sündenpfuhl wollen die diesseitige Verwirklichung.

Gewiß ist auch das andere, das Phantasierte, das Mögliche, in ganz unterschiedlicher Weise ausgelegt worden. Ein Kompendium der Möglichkeiten wäre unendlich lang. Wir finden Ideologien, Archetypen, Ideale, Utopien, Wunschbilder, Luftschlösser, Schlaraffenländer, ideale Kommunikationsgemeinschaften. Die bildende Kunst entzückt uns mit Ideallandschaften, Wunscharchitekturen, Idealstädten. Märchen, Lieder und Sprichwörter der Volkskultur haben von alters her Schlaraffenländer popularisiert (vgl. Richter 1989). Die Geographie erfindet das Eldorado und Eden, Arkadien und Nirwana. Die sozialen Wunschbilder eines Thomas Morus, eines Campanella oder die Sozialutopien von Owen, Fourier und Saint-Simon tauchen auf. Im Grundriß einer besseren Welt, wie Ernst Bloch den vierten Teil seines *Prinzip Hoffnung* nennt (1959, S. 523 ff.), fehlt auch das warme Bett nicht und die ärztliche Utopie einer vollkommenen Gesundheit (die vollkommene Gesundheit ist, auch für die Weltgesundheitsorganisation, das erreichbare Ziel). Das andere, das Phantasierte und das Mögliche, hat gegenüber dem Wirklichen den Vorzug, in unterschiedlichster Weise konzipiert werden zu können. Das andere, das Phantasierte, das Mögliche, ist Erträumtes und Erwünschtes. Erträumtes und Erwünschtes kann zwar vielerlei sein. Das Musée imaginaire der Weltreligionen versorgt uns ebenso mit Seligkeiten wie die politischen Klassen. Der islamische Himmel, das Nirwana des Buddhismus, das christliche Paradies, die großen, religiös domestizierten und institutionalisierten Transzendenzen, die klassenlose Gesellschaft, Fouriers Phalanstères, Cabets Ikarien, Apels ideale Kommunikationsgemeinschaften, aber auch die kleinen, privaten Wunschbilder der Selbsterfüllung, der Sakralisierung des Körpers, der geschlechtlichen Verschmelzung – all diese individuell oder sozial konstruierten Sinnwelten, sie haben einen gemeinsamen Nenner: sie sind erwünschte, als Gegenbilder zu Diesseitigkeiten entworfene *Seligkeitssphären*. Ob und wie man in diese Seligkeiten gelangt, wie man ihrer Versprechungen teilhaftig wird, ist unterschiedlich geregelt. Askese, ein frommes Leben, der tägliche Kirchgang, jeden Tag eine gute Tat, die Kasteiung des Körpers, Bodybuilding, Abstinenz; es gab und gibt tausend Wege, selig zu werden. Man kann nicht nicht religiös sein. Aber ist mit der Steigerung der privatistischen Rückzugsmöglichkeiten in kleine geschrumpfte Transzendenzen nicht ein neuer heiliger Kosmos eröffnet worden?

Ein Kosmos, der von einer hochgradig spezialisierten Institution getragen wird, deren Vertreter ein Expertenwissen über den Kosmos besitzen; ein Kosmos, in dessen Zentrum eine sogar einmalige, nämlich global geteilte paradiesische Möglichkeit liegt, die man erreicht, wenn man sich an die vorgeschriebenen Pflichten hält? Geht die *Schrumpfung* von Transzendenzen nicht einher mit der *Expansion* einer politisch-wirtschaftlichen Fortschrittskonzeption und deren *Transformation ins Religiöse*? Der traditionelle, der christliche »Heilige Kosmos« ist in diesen neuen Heiligen Kosmos ebenso eingeschmolzen wie die kleinen privaten Seelenwanderungen. Es ist eine Folge der Segmentierung und Arbeitsteilung und der funktionalen Spezialisierung moderner Gesellschaften, daß »kein allgemeines, selbstverständlich verbindliches, gesellschaftlich konstruiertes Modell einer außeralltäglichen Wirklichkeit mehr besteht« (Luckmann 1991, S. 179). So ist der neue Heilige Kosmos, der global und konkurrenzlos in Kraft erscheint, nicht mit Engeln und Heiligen ausstaffiert. Er ist numinos, unsichtbar und dennoch von größter Anziehungskraft. Jeder kann sich nach seiner eigenen Fasson zusätzliche Seligkeiten ausdenken. Alle können irgendwann in ihrem Leben selig werden! Es gibt nur einen Pfad der Tugend: Er heißt Arbeit und Erfolg. Wer immer strebend sich bemüht, den können wir erlösen, rufen wir einander zu. Es gibt nur einen Gott, das ist der Mehrgott oder der Gott des Wachstums und der Steigerung. Er ist ganz anders und doch Bestandteil der alltäglichen Welt. Das Ziel ist ins *Endlich-Unendliche* gerückt. Eine Welt, in der Überfluß, Glück, Seligkeit, Friede und Gerechtigkeit herrschen, ist eine unendliche, aber *irdische* Aufgabe.

Die gewaltige Energie, die wie in den Menschen geschossen erscheint und zu immer neuen Höchstleistungen veranlaßt, ist das Ergebnis einer nochmaligen Reformulierung der Differenz. Die Differenzierung und Spezialisierung der Welt in eigenen Sphären, die Sphäre der Kunst, der Religion, der Phantasie, des Traums, der Arbeit und der Freizeit, hat es nämlich auch ermöglicht, die Energien zu absorbieren und die Möglichkeit in Sonderwelten zu realisieren. Funktionale Spezialisierung ermöglicht auch, die Ab- und Umlenkung des Realisierungsdruckes nach dem Motto: Was im eigenen Alltag nicht gestattet ist, kann man in der Dichtung und Kunst sublimieren. Heute freilich erscheint die Differenz zwischen Traum und Wirklichkeit selber aufgehoben. Was tagtäglich in der Wirklichkeit realisiert und weltweit anschaulich gemacht wird, schlägt alle Träume. Mit der Flucht in künstliche Paradiese, in Bewußtseinsveränderungen und Traumzustände versuchten, wie Piero Camporesi (1990) schreibt, die zerlumpten und ausgehungerten Massen der frühen Neuzeit ihren harten Lebensbedingungen zu entkommen. Heute werden die Träume nicht im Schlaf gesucht, sondern in der Wirklichkeit.

Mit der Durchdringung aller Lebensbereiche und Seinssphären durch die Fortschrittsprogrammatik muß diese selber in der Substanz unscharf werden. Das Ausmalen der Himmelreiche auf Erden kann der immer schneller voranschreitenden Ausdifferenzierung der Lebensbereiche gar nicht folgen. Aus der Heilserwartung wird eine *substanzlose, generalisierte Mehrformel*, welche die Olympiade, die Kochkunst, die Selbstverwirklichung und das Sinnieren über den Fortschritt gleichermaßen überdacht. Diese Mehrformel, die keine Ziele, sondern nur Etappen – Zwischenziele – kennt, prolongiert darüber hinaus das Fortschrittsprojekt ins Unendliche. Es hört nie auf. Selbst im Schnellauf wird es, noch in tausend Jahren, vielleicht in Nanosekunden, meßbare Verbesserungen geben. Die Dinge haben, könnte man Jean Baudrillard paraphrasierend sagen, einen Weg gefunden, der Dialektik von Traum und Wirklichkeit zu entfliehen. »Sie wuchern bis ins Unendliche, potenzieren sich und übersteigern ihr eigenes Wesen bis ins Extrem, bis hin zu einer Obszönität, die ... zu ihrer inneren Zweckbestimmung ... wird« (1985, S. 7). Sie haben einen Realisierungsgrad in den Medien erreicht, der jeder Beschreibung spottet – und doch ganz selbstverständlich ist. Fürs Fernsehen, wo wir heute Kriege live erleben können, ist es wohl nur noch eine Frage der Zeit, bis nicht nur die Infanteristen ihre Helme alle mit Flugaufzeichnungsgeräten bestückt haben, sondern selbst die Geschosse mit winzigen Kameras versehen sind, so daß man ihren Flug und ihr Sich-Einbohren in Häuser und Körper und ihre Wirkungsweise genau verfolgen kann: man ist dabei und nicht dabei!

Bei der morgendlichen Lektüre waten wir in Blutlachen und schwelgen in von Mitmenschen und Nebenmenschen realisierten Träumen. In den Träumen hingegen schlagen wir uns nicht mehr mit Himmel und Hölle herum, sondern mit einem verlorenen Schuh, einem Loch im Reifen, einem Unfall, mit allem, was wir nicht wollen. Die Differenz zwischen Wirklichem und Möglichem ist vollständig in die Wirklichkeit zurückgenommen, *reintegriert*. Sie wird tagtäglich weltweit aufgeblendet und im Zeichen der sich drehenden Weltkugel auf den Bildschirmen, der One World, global neutralisiert. Sie rutscht, schießt in den einzelnen hinein, arbeitet er nun in der Maschinenfabrik Oerlikon oder auf den Müllhalden Limas. Das Projekt der Moderne ermöglicht es, die Spannung zwischen aufgeblendeten Träumen und der gegebenen Situation zu ertragen. Aber nur für kurze Zeit, nicht auf die Länge. Unterschiede sind seelisch tragbar und rationalisierbar in einer Gesellschaft, welche sich nicht nur die Steigerung der Optionen, sondern die Steigerung der Teilhabe an den Optionen auf die Fahnen geschrieben hat. Die Furcht, andere neidisch zu machen und entsprechende Sanktionen zu gewärtigen, ist auf ein Minimum reduziert. Der Neid wird vielmehr gleichzeitig geschürt und kanalisiert. Die offene Gesellschaft stellt unendlich viele Mittel und Wege bereit, das zu erlangen, was man möchte, öffentliche und private, gesellschaftlich anerkannte und verheimlichte. Der Neid ist, wie Kierkegaard es einmal formuliert hat, nicht Neid, sondern versteckte Bewunderung.

Insofern die Güter und Paradiese dieser Welt in der modernen Gesellschaft als prinzipiell erlangbar dargestellt werden, wird auch verständlich, warum die Bezieher niederer Einkommen und die kleinen Vermögensbesitzer die progressive Besteuerung mit Sätzen über fünfzig Prozent stärker als prohibitiv empfinden als die Großverdiener selber. Eine Erhöhung der Erbschaftssteuer, die der liberalen Haltung einer mobilen, aufstiegsoffenen Gesellschaft entsprechen würde, scheitert am Widerstand nicht nur der Vermögenden, sondern auch, ja vor allem, der Unvermögenden, weil diese sich, in einer Gesellschaft, in der die Unterschiede zwischen den Schichten ideologisch aufgehoben sind (wie immer sie faktisch in Teilbereichen des Lebens fortbestehen), sich in der Phantasie selber an die Stelle der Vermögenden setzen. Der Klassenkampf und die Auseinandersetzung zwischen Schichten ist entschärft und gleichzeitig verschärft. Er wird nicht mehr von Kollektiven ausgetragen; die apokalyptischen Visionen eines Kampfes auf Leben und Tod zwischen einer siegreichen und einer zum Untergang verdammten Klasse sind mit den realsozialistischen Diktaturen untergegangen. Der Kampf ist ein individueller geworden, die Unzufriedenheit ist in tausend Formen in den einzelnen *hineingesenkt* – und es gibt tausend Möglichkeiten, ihrer Herr zu werden.

Der Neid, um noch einmal auf ihn zurückzukommen, verwandelt sich in dieser Situation, wie Simmel es im vierten Kapitel seiner *Soziologie* beschreibt, in Eifersucht und Mißgunst: »Dem als Eifersucht Bezeichneten ist es eigen, daß das Subjekt auf jenen Besitz einen Rechtsanspruch zu haben meint, während der Neid nicht nach dem Recht, sondern einfach nach der Begehrbarkeit des Versagten fragt; ihm ist es auch gleichgültig, ob das Gut ihm deshalb versagt ist, *weil* jener Dritte es besitzt, oder ob selbst Verlust oder Verzicht seitens dieses ihm nicht dazu verhelfen würde« (Simmel, 1968, S. 210). Diese Vorenthaltung eines begehrten Gutes oder Menschen und die gleichzeitige Lobpreisung der offenen Gesellschaft, nach der jeder, der sich nur genug anstrengt, in den Besitz der erträumten Sache gelangen kann, mobilisiert nun auch die Eifersucht: aus der Eifersucht wird Eifer, das vorenthaltene Gut zu erlangen.

Deshalb entwickelt in unserer Gesellschaft nicht der Beneidete Schuldgefühle, sondern der Neider. Wer als Neider tituliert wird, kommt sofort in eine hoffnungslose Schieflage. Je mehr er diesen Vorwurf zurückweist, desto neidischer wird er in den Augen des anderen. Denn das Prinzip des Mehr und Besser, das in allen Lebensbereichen dominiert, warum soll es hier plötzlich an seine Grenzen stoßen? Nicht der Beneidete, sondern der Neider also hat in unserer Gesellschaft einen schweren Stand. Dennoch ist der Neid eine unübertreffliche und in der modernen Gesellschaft, im transpolitischen Programm in hervorragender Weise kultivierte Antriebskraft, Dinge zu begehren, besitzen zu wollen, anzueignen, zu erobern. Statt in Aufruhr versetzt der Neid in Spannung, statt zur Mordlust und zum Vandalentum stachelt er zur Mehrleistung an.

Statt Selektions-, Realisierungsdruck!

Die Lebenswelt eröffnet heute zu jedem Zeitpunkt weit mehr Erfahrungsmöglichkeiten, als man erfahren, und weit mehr Handlungsmöglichkeiten, als man je realisieren kann. Im modernen Schmelztiegel der Nationen sind die Menschen aus ihren überkommenen Traditionen herausgelöst. Festverschraubt in ihren Ständen, Kasten und Klassen, eingelassen in ihre Milieus und Schichten, ließen sich auch Selbstverständlichkeiten bewahren und weitergeben. Heute rechnen die Katholiken nicht nur mit Protestanten als Nebenbuhler um das einzig wahre Seelenheil, sondern auch mit Buddhisten, Moslems, den Uriella-Anhängern – und umgekehrt. Mit einer Mischung von Bedauern und Entrüstung verfolgen wir die Versuche religiöser und ethnischer Gemeinschaften, ihre Traditionen zu halten. Die orthodoxen Juden mit ihren schwarzen Hüten und die sporadisch auftretenden, von islamischen Fundamentalisten provozierten Kopftuchaffären, sind Nostalgien.

Kein Teil der Menschheit kann mehr seine Geschichte unter einer Glasglocke fortschreiben, unberührt von den Verflechtungen der weltweiten Wirtschaft. So wie heute die Großstadtkinder aus Zürich eine Appenzeller-Kuh als Ohrschmuck tragen, wird jede ethnische Eigenart im »melting pot« der Moderne zur Mode. Es ist nur eine Frage der Zeit, bis katholische Jugendgruppen den

Tschador tragen und Skins im orthodoxen Judenlook auftauchen. Festgefügte Ethnien sind zwar noch nicht, wie die Stände- und Klassengesellschaften, Lehrbuchkuriositäten, aber jene anderen Erlebens- und Lebensmöglichkeiten werden in die hintersten Winkel der Welt getragen und *schärfen* das Bewußtsein für *Unterschiede*. Der Fernseher ist etwas anderes als die Kirche, seine Bilder haben von Anfang an einen andern Stellenwert als Monstranz und Engelsschwingen. Die Welt im Farbfernseher ist eine realistischere Welt als die der illusionistischen Deckenmalereien in den Barockkirchen, zu denen wir beim touristischen Kirchenbesuch aufschauen. Wir schauen hin und möchten hin, das ist die Differenz zur christlichen Handhabung der Differenz zwischen Wirklichkeit und Möglichkeit. An die Stelle eines unmerklichen Selektionsdruckes bezüglich der Erlebens-, Wahrnehmungs-, Erfahrungs- und Handlungsmöglichkeiten, der den Himmel zum Paradies und die Erde zur Hölle macht, tritt ein scharfer Druck, das Jenseits im Diesseits, das Paradies auf Erden zu realisieren.

Angesichts der vielen Möglichkeiten, die die Moden den Multioptionsgesellschaften bieten, ergeben sich freilich auch neuartige Probleme. Aufgefordert, sich zu entscheiden und zu wählen; aufgerufen, Regelungen zu treffen, ist man immer weniger gut in der Lage, dies auch verantwortlich zu tun. Nicht nur, weil eben das Gewissen keine Richtschnur mehr abgibt und es *keine* selbstverständlichen Antworten mehr gibt! Schon diese Tatsache führt, wie endlos demonstriert werden kann, zur Belastung. Solange es nur einen für mich bestimmten Beruf gibt, der ständegesellschaftlich vorgegeben ist, solange ich nur bestimmte Partnerschaften eingehen kann, solange die Supermärkte nicht nur nicht so voll, sondern die Speisen an bestimmten Tagen (wie Fisch am Freitag) noch selbstverständlich waren, die Regale hätten das Doppelte enthalten können; man hätte wohl alles wahr- und doch nicht wahrgenommen, nicht wahrgenommen als wählbare Option.

Heute besteigen und befahren im Jahr bald eine halbe Million Menschen den Säntis, und Millionen und Abermillionen erobern Jahr für Jahr, Sommer und Winter die Alpen (vgl. Gross 1994). Die Alpen waren immer da, die Menschen haben die Berge, den Säntis, immer gesehen und dennoch nicht gesehen, zumindest nicht als Objekte des Begehrens, der Besteigung. Man wundert sich über den Schrecken, den eine Bergbesteigung ausgelöst hat noch zu den Zeiten von Goethe, und wir wundern uns, daß im Ötztal die Leiche eines vier- oder fünftausend Jahre alten Mannes auf dreitausend Metern Höhe gefunden worden ist. Was ist geschehen, könnte man bezüglich der Berge sagen, daß man plötzlich sah, was man über Jahrtausende anders sah? Was treibt die Menschen seit der Aufklärung auf die Berge? Was führt zu den Expeditionen auf die höchsten Gipfel der Erde?

Die Massenwanderung in den Bergen, die Eroberung der letzten lockenden Gipfel, die Konjunktur der Free Climber, das gewaltige Kommen und Gehen auf den Flughäfen um ferne und fernste Ziele, sind freilich nur besonders in die Augen springende Beispiele eines bis in die letzten Winkel der Seele hineinwirkenden Antriebs. Eine beispiellose Unruhe scheint die Menschen, nicht nur auf den Bahnhöfen und auf den Flughäfen, sondern auf den Straßen, in den Geschäften, ja auch zu Hause, ergriffen zu haben. Friedrich Sieburg hat 1961 geschrieben, es sei das antizipierte Ende, welches statt lähmend euphorisierend auf den modernen Menschen wirke. Die Lust am Untergang rufe eine phantastische Steigerung der Sterbevorbereitungen hervor, sie führte zu einer Art lichten Rausches, in dem alle Dinge unvergänglich, alle Lichter festlich und alle Menschen gut sind. Ist es Lust am Untergang? Oder am Fortgang, um dem Untergang zu entgehen? Mit jeder Bewegung wird die Bewegung leichter, mit jeder Bewegung aus der eigenen Beheimatung verliert sich die Heimat und wird sie blasser. Die modernen Emanzipationsbestrebungen haben ja den einzelnen aus dem Boden geschraubt. *Flugsand sein* ist kulturelles Ideal. Da Verpflanzung erwünscht, Mobilität erforderlich ist, schlägt man am besten gar keine Wurzeln mehr und hütet sich, Verpflichtungen einzugehen, deren Gegenwert man eventuell gar nie erhält. »Es hat keinen Sinne mehr, in Dich zu investieren«, hat vor unserem letzten Umzug ein Kollege scherzhaft zu mir gemeint. Der Weltbürger ist die anvisierte Norm, in welcher die Provinzler und Nationalstaatler gezwungen werden sollen. Der vollmobile Single, so Ulrich Beck, ist die Grundfigur der durchgesetzten Moderne (1986, S. 199). Ein Weltball der einsamen Herzen, die beziehungslos durcheinanderwirbeln.

Es fehlt natürlich nicht an Klagen über das Verschwinden der Geschichte und das Verblassen der Herkunft. Konjunkturen von Nostalgien, Fürstenhäusern und Kaiserreichen wölben sich kontrazyklisch darüber. Die Entdeckung der eigenen Geschichtlichkeit erfolgt mit ihrem Verschwinden. Wie man sich erst mit dem

Wald beschäftigt, wenn er zu sterben droht, oder mit den Eltern, wenn sie gestorben sind, tritt die Geschichte in den Vordergrund, wenn sie als selbstverständlicher Hintergrund außer Kraft gesetzt ist, nicht mehr im einzelnen fortwirkt. Sie hat zwar von den Sachbüchern über Ägypten, über die Griechen, die Staufer, die Eidgenossen, in den Ausstellungen über Friedrich II. oder Napoleon eine bescheidene Konjunktur erlebt. Aber die Konjunktur ist paradoxerweise ihre Außerkraftsetzung als *bestimmende* Geschichte. Geschichte, die als Herkunft in Kraft ist, unser Handeln mit Leitplanken versieht, ist keine Geschichte. Ihre reflexive Vergegenwärtigung macht sie zu einer künstlich beatmeten Bilder- und Faktensammlung. Das Museum ist gleichzeitig Vergegenwärtigung *und* Schlachthaus der Geschichte. Die Musealisierung einer Kultur ist gleichbedeutend mit dem Ende einer fraglos gelebten Kultur. Wer die Trachten oder Federhauben, die er selber an Festtagen überzieht, plötzlich im Museum sieht, zieht sie von diesem Augenblick an anders über. Den Appenzellern, denen im Film *Urmusig* von Cyrill Schläpfer (1993) ihre eigenen Traditionen unter dem Johlen von Halbwüchsigen vorgeführt werden, führen diese von diesem Zeitpunkt an *vor*. Eben lese ich, daß »erst mit der Inbetriebnahme der Guillotine« das Wachsfigurenkabinett aufkam, als »Ort der Kontemplation inmitten des Terrors« (Becher 1992). Die Geschichte wird, so Roda Becher, zum Hintertreppenwitz, der das »Leiden unter dem grassierenden Sinnverlust und unter der Orientierungslosigkeit erleichtert« (S. 462). Die Geschichte als Wachsfigurenkabinett vergegenwärtigt nicht Geschichte, sondern *erledigt* sie. Sie löst sie von ihrem Grund ab.

Das Auseinandersetzen von Weltdeutungen und Sozialstrukturen, von Strukturen des Wissens und sozialen Fundamenten ist ja eines der großen Themen der zeitgenössischen Modernisierungstheorien (Luckmann 1972 b; Giesen 1991). Es handelt sich bei diesem Vorgang aber keinesfalls nur um einen akademischen Hiatus zwischen symbolischen Codes und lebenspraktischem Handeln, zwischen Weltdeutungen und Weltverhaftung. Die ganztags am Rundfunk wiederholte Meldung, in Südafrika sei eine Autobombe explodiert, die niemanden verletzt habe, gehört zwar nur mehr einem symbolischen Universum, einem Kognitionsraum an und ist lebenspraktisch bedeutungslos. Der Nachrichtensprecher könnte ebensogut von Gespenstern sprechen. Es sind auch die Menschen selbst, die, von ihren Gründen abgelöst, wie in einem

Vakuum treiben. Sie bewegen nicht nur ihre Gedanken und Aufmerksamkeiten rund um die Welt, sondern ihre Körper.

Während in ländlichen Gemeinden der Schweiz noch über fünfzig Prozent der Menschen am Geburtsort den Großteil ihres Lebens verbringen und auch dort sterben, sind es in den Städten nur noch kleine Populationen. Auch ganze Regionen, wie etwa der Tessin in der Schweiz oder die Lombardei in Italien, sind in diesem Sinne »überfremdet«. Die neuen Populationen brauchen Zeit, um wieder anzuwachsen, und die alten sehen ihre tragenden Traditionen dem Gelächter und der Imitation der Touristen ausgesetzt. Alles löst sich ab, nicht nur der symbolische Code, wie es fast militärisch heißt, alles, auch das lebenspraktische Handeln, bewegt sich in einer kulturellen und religiösen Leere.

Dieser Vorgang der Ablösung der Gesellschaften als Ganzes aus ihrer Vertäuung in einer Tradition wird durch die zeitgemäße Nostalgie, diese unbestimmte vergangenheitsbezogene Sehnsucht, nicht gemildert, sondern noch gesteigert. Die rekonstruierten Relikte, seien es nun die säuberlich in Glasvitrinen zugänglich gemachten Handschriften des Stammlers Notker oder die Supermärkte der Vergangenheit, die Antik-Messen und Flohmärkte werden als Requisiten in die multikulturellen Umlaufbahnen hineingezogen. Wie die Trümmer der Raumfähren und Satelliten in ihren Umlaufbahnen, rotieren die gewachsenen Zivilisationen schwerelos über der Erdkruste. Der Wind treibt sie, wie Wolkenfelder, bald hierhin, bald dorthin. »Nachdem indessen die Angleichung der Silhouette von Frankfurt an die von Dallas oder Denver sehr weit fortgeschritten ist, sieht jedermann, daß die Expansion der Moderne nicht die Liquidation der Relikte der Vormoderne erzwingt, vielmehr, ganz im Gegenteil, nie zuvor gekannte Anstrengungen ihrer Rekonstruktion« (Lübbe 1988, S. 213f.).

Die historisch durch eine beispiellose Dynamik sich auszeichnende wissenschaftlich-technische Zivilisation überlagert in der Tat die geschichtlich gewachsenen Herkunftskulturen. Der szientifische Blick aller, keineswegs nur der der technischen Wissenschaften, schmilzt sie zugleich um. Die reflexive Musealisierung tut mit den Alten dasselbe wie das Museum, sie entreißt die Gegenstände ihrem Kontext und macht aus ihnen lehrhaftes Museumsinventar und käufliche Antiquitäten. Man kann es auch anders formulieren. Die medial vermittelten sozialstrukturellen und gesellschaftlichen Entwicklungen sind in ihrer Fülle überhaupt nicht mehr mit dem eigenen Erlebnis- und Erfahrungsbericht in Einklang zu bringen. Sie dröhnen dumpf Tag und Nacht an unser Ohr, sie bilden eine Art Hintergrundgeräusch unserer Aktivitäten – wie der nie aufhörende Lärm in der Stadt, in deren Sichtweite ich jetzt gerade schreibe.

Die Weltgesellschaft und die in den Nachrichten punktuell aufgegriffenen Unglücksfälle, Katastrophen, Explosionen sind darüber hinaus einer Vielfalt von ziemlich beliebigen Deutungen ausgesetzt, deren Nähe zur personalen Erfahrung meist nicht mehr gegeben ist. Wie soll man das Erleben des beliebigen Schweizer Bahnhofs mit den herumstreifenden und herumsitzenden Ausländern in Übereinstimmung bringen mit der Anerkennung gewaltiger und unlösbarer Probleme, etwa in Albanien, welche die Immigrationswellen auslösen? Das Strandgut von Menschen, die buchstäblich an die Küsten jener Länder gespült werden, die Küsten haben, bedauert man, doch im gleichen Atemzug fühlt man sich bedroht. Das Schicksal der Person wird in einer neuartigen Weise *prekär*. Die Identität wird gleichsam zerrieben zwischen dem, was man weiß, und dem, was man erlebt. Man wendet sich ab oder ergreift die Flucht nach vorn, man steckt den Kopf in den Sand oder erzwingt eine Art akademische Koinzidenz. Man versperrt sich dem planetarischen Schultergeklopfe der Politiker und weigert sich, zuzusehen, wenn an irgendeinem der sich jagenden Weltgipfel in den Pausen der Konferenzen die Fische gefüttert und die Hände geschüttelt werden.

Dieses *Auseinandertreten* von Erlebtem und Gewußtem, von Person und Sozialstruktur, von Welterfahrung und Weltdeutungen, ist an beliebigen Beispielen aufweisbar. So kommt es bezüglich der Raumerfahrung zu einem Bruch von erlebtem und gewußtem Raum. Während in archaischen Gesellschaften eine Kongruenz von Erlebtem und Gewußtem, mit den Füßen erobertem Raum vorhanden war und in den Hochkulturen der Weltreligionen der *fremde* Raum mit Mythen, Göttern, mit Engeln und Teufeln bevölkert worden ist, wissen wir um die Unendlichkeit des galaktischen Raumes und die Endlichkeit der Erde. Dennoch: Wie weit und wie schnell wir immer die Scholle, den bewohnten und abgeschnittenen heimischen Raum heute verlassen können, er bleibt gleich groß, gleich schwer.

Gehlen hat irgendwo notiert, daß es die Hölle wäre, könnten wir uns nicht immer wieder auf unsere physisch erleb- und greifbare Umwelt von etwa einem Meter zurückziehen, also auf uns selber und die Eigenbewegung. Unser Nachbar ist Arzt; seelenruhig pflanzt er trotz Sommersmog seine Salate und verzehrt sie ebenso, auch wenn er öffentlich verkündigt, wie gefährlich selbst dieser Verzehr heute sei. Auch wenn der Salat nicht mehr der gleiche ist, auch wenn der Raum des Atomzeitalters der Raum globaler Bedrohungen ist, er wird mit Klauen und Zähnen verteidigt. Gleiches geschieht mit der erlebten Zeit und der gelebten Sozialität. In archaischen Kulturen fühlte sich (vermutlich – sagen wir vorsichtig) der einzelne *eingebunden* in einen unaufhörlichen *Strom* des Werdens und Vergehens, in den Hochkulturen ist die Endlichkeit des Lebens durch das ewige Leben oder die Reinkarnation entschärft worden. Wir tragen alle weltweit die gleiche Zeit am Handgelenk. Das Ticken der Armbanduhr verspricht nicht die Erlösung oder den Übergang, sondern bedroht uns, wie das Tikken einer mit einem Uhrwerk versehenen Zeitbombe, mit dem endgültigen Ende. Die Angst schwillt an, in der kurzen Lebenszeit, im einen Leben, das ja nicht verlängert wird, weil die Lebensarbeitszeit ebenfalls komprimiert wird (nur das Alter wird länger), das was verlangt ist, nämlich das Jenseits im Diesseits individuell zu bewerkstelligen, in *einem* Leben zu erreichen!

Individualisierung als Realisierung

Insofern verfehlt die Individualisierungsdebatte, wie sie seit Simmel in der Soziologie und anderswo geführt wird, das Motorische dieses Prozesses, den Befehl an das Individuum, weiterzugehen, zu überschreiten, mehr zu begehren, zu wollen. Die seit Jahrhunderten andauernde Herausschälung des Individuums endet entweder bei einem kraftlosen, sich selbst genügenden Individuum, das die Energie vollständig absorbiert. Oder neue Normierungen und Standardisierungen dringen im Gleichschritt mit der Individualisierung vor, das punkthafte Subjekt öffnet sich kollektiven Schematisierungen (Schulze 1992), wird wie von einer unsichtbaren Hand hineingeführt in neue Ordnungen. Aber weder zieht sich das Individuum einfach zusammen noch läßt es sich hineingleiten in gemachte Betten. Das Projekt der Moderne hat das Individuum zu einem Projektil umgeschmolzen: zum »l'individu-trajectoire« (Ehrenberg 1991, S. 280ff.).

Individualisierung, so eine Allgemeingut gewordene Umschreibung, heißt, daß sich die Produktion persönlicher Identität in die Individuen *selbst* hineinverlagert habe (Luckmann 1980, S. 138). Weltauffassung ist für den einzelnen nicht mehr verbindlich und unausweichlich sozialstrukturell vorbestimmt, persönliche Identität nicht mehr eine Frage des sozio-historischen Apriori (ebd.). Aber Individualisierung bedeutet *entsetzlich mehr* als genügsame Selbstproduktion. Der allmorgendliche Blick in die Zeitungen und der allabendliche in die Tagesschau demonstriert andauernde Überschreitung und Übergriffe – bis hin zur Ausmerzung des Andern und Differenten. Eben entnehme ich der Tageszeitung, daß ein südamerikanischer Präsident unliebsame Gegner, wenn es ihm zu mühsam erscheint, mit ihnen zu reden, einfach vernichtet. Erst die mit Realisierungs- und Weltverbesserungswut gepaarte Individualisierung hat zu jener ununterbrochenen Erschütterung und Umwälzung der gesellschaftlichen Zustände geführt, die in immer schnellerer Kadenz alles Stehende, wie es Karl Marx schon vor über hundert Jahren formuliert hat, verdampft. Erst die Symbiose von Individualisierung und Realisierungswillen führt zu jener modernen Entfesselung von Energien, in deren Wirkungslinien das Bestehende dem Komplementärvorgang von endloser Zerstörung und Schöpfung unterworfen wird. Erst dieses Zusammentreffen entfesselt jene Wucht, die gleich einem Hurrikan alle vergangenen und gegenwärtigen Traditionen, Kulturen und Gewißheiten verwüstet, in sich aufsaugt und sie – in Optionen transformiert – wieder aus sich entläßt. Erst das Dioskurenpaar von Individualisierung und Realisierung führt zur Entfesselung eines Fortschritts- und Steigerungsprojektes, das die Überschreitung, Übersteigung, Überflügelung, Übertreibung, Überwindung, Überarbeitung und Überlistung alles Gegebenen dauernd *gebieterisch einfordert*. Und erst diese jüdisch-christlich aufgeladene Konfiguration führt auch zu jener hochriskanten Gesellschaft, in der Gefahren und Wehen Begleiterscheinungen eines Ablaufs sind, dessen Wurzeln in der Individualisierung und dessen Folgen in einer *Realisierung* der Individualisierung zu suchen sind, deren Ziel es offenbar ist, letztendlich die Kluft zwischen Wirklichkeit und Möglichkeit zu schließen.

Individualisierung ist also weder asketische Selbstproduktion noch lebensbedrohliche Destruktion. Individualisierung erfolgt zwar wie in »kollektiver Trance, wie im Vollzug eines höheren

Gesetzes, einer höheren Gerechtigkeit« (Beck, Beck-Gernsheim 1990, S. 11), aber sie wird auch individuell vorangetrieben. Zur Individualisierung ist man verdammt und verdammt sich selber dazu. Warum entscheiden sich so viele, dem Flexibilisierungs- und Individualisierungsimperativ, einem Traum zu folgen, auch dann noch, »wenn dieser Traum längst Züge eines Alptraums angenommen hat« (ebd., S. 12f.)? Weil sie weder untergehen noch sich selbst verstecken, sondern vorwärts wollen. Unendlich ist das Begehren nach Mehr. Die panische Mobilmachung, der wir gewahr werden und in der wir selber mittreiben, ist panisch aus Angst, der aufgeblendeten Möglichkeiten nicht Herr werden zu können. Es ist *Versagensangst*. Die moderne Reformulierung der Differenzen zwischen Wirklichkeit und Möglichkeit, zwischen dem, was ist, und dem, was sein könnte, in der die Himmelsleiter auf die Erde geplatscht ist, verkürzt die Weltzeit auf die Lebenszeit. Die Verlängerung der Ausbildung und der frühere Austritt aus dem Erwerbsleben führt zu einer Kompression der Zeit. Wie im modernen Tennisspiel werden die Games zwar länger, die effektive Spielzeit wird aber immer kürzer. Jeder versucht, angesichts der verbleibenden Zeit, zu einem Serve- und Volley-Spieler zu werden. Die Mobilisierung führt zu einem andauernden Kulissenwechsel von Wirklichkeiten, die sich wie beliebig kombinieren lassen. Im Laientheater zu meiner Schulzeit gab es noch genau aufeinander abgestimmte Interieurs oder Landschaften: Die Bauernstube, der Salon der Altreichen, die Moorlandschaft (in der der Böse unter lautem Schreien versank), die Stadt. So wie die Kulissen im avantgardistischen Theater ganz neue Kombinationsmöglichkeiten eröffnen, eröffnet und erzwingt die Mobilisierung ein *neophiles Aufmischen* von Wirklichkeitsausschnitten. Die konstruktivistische Wirklichkeitsauffassung, die behauptet, die »Wirklichkeit werde nicht ge-, sondern erfunden«, hat zumindest recht darin, daß die gefundenen Wirklichkeiten konstruktiv zum Passen gebracht werden müssen.

Aus den Trümmern und Abbruchmaterialien, den religiösen, ideologischen und kulturellen Resten werden von Fall zu Fall behelfsmäßige Gebrauchsgegenstände geschaffen. Nicht nur die Pepenadores auf den Müllhalden Limas oder Mexico Citys, sondern wir alle stehen auf dem Müll und wühlen in ihm nach Brauchbarem. Ob wir die morgendliche Zeitungslektüre oder die nächste Einladung, an der den Gästen etwas Leckeres serviert werden soll, überdenken, wir basteln die Obligationen aus Obligationen von Fall zu Fall zusammen. Paßt die Speisenfolge, welche Getränke? Was sagt Jürg dazu? Passen die Leute zueinander? Wer kommt neben wem zu sitzen? Passen die gelesenen Bruchstücke, damit ich mir ein Bild über die Weltereignisse von gestern machen kann? Selbst die Wissenschaft löst sich erleichtert von den endlosen Kämpfen um Wahrheit und Objektivität. Die letztere wird kommunikativ als Intersubjektivität aufgelöst, die Frage nach der Wahrheit ist ersetzt durch die Frage, ob es paßt!

Wie Flusser irgendwo sagt, war Galilei nicht »wahrer« in seinen Theorien als Ptolemäus. Er hat besser gepaßt in einen veränderten Rahmen. Etwas so zusammenbasteln, daß es paßt, das in unser aller Aufgabe. Die »Fitter« in Ghana haben höchste Meisterschaft erlangt, mit ungeheurem Improvisationstalent und den abenteuerlichsten Mitteln europäische Autos zu reparieren. Die Europäer haben höchste Meisterschaft erlangt, mit ungeheurem Improvisionstalent und den abenteuerlichsten Mitteln von Tag zu Tag ihre Begründungen und Theorien für das, was geschieht, zusammenzubasteln. Handle es sich um die Festlegung von Schwellenwerten oder um einen Hausumbau, um das Schreiben von Abhandlungen oder die Planung von Sommerferien – überall wird gnadenlos improvisiert.

Die Verdunkelung der Herkunft, ja die Zerschneidung eines einsinnigen Zusammenhangs zwischen Vorher und Jetzt (zugunsten einer bastelnden Beliebigkeit von geschichtlichen Konstruktionen) zwingt zur radikalen Konzentration auf die *Gegenwart*, auf das *Jetzt*, auf die *momentane Wirklichkeit*. Die Wirklichkeit hat sich wie in einer gewaltsamen Kontraktion von der Vergangenheit abgelöst und auf die Gegenwart zusammengezogen. Im Schwund kultureller Traditionen stauen sich die unterschiedlichsten Lebensformen, Orientierungsweisen und die entsprechenden Werte und Leitbilder in der Gegenwart an. In einem unaufhörlichen Strom von Fahrzeugen wird, entlang der Kraftlinien der Entzauberung, Entfatalisierung, Vermarktung und Demokratisierung, das Gestrige herangekarrt. Kürzlich erschien im Lamuv-Verlag ein schmales Bändchen von Werner Rabe mit dem Titel *Die Erde im Fieber* (1990). Es geht darin um die an der schützenden Ozonschicht nagenden Gase, die todbringenden ultravioletten Strahlen der Sonne, den ungedrosselten Energieverbrauch und den daraus resultierenden Treibhauseffekt. Das Ozonloch ist eine

Metapher für das Transzendenzloch, der Treibhauseffekt betrifft auch das Transzendenzloch und der Treibhauseffekt betrifft auch die »innere« Temperatur. Die Erde scheint wie im Fieber, aber nicht infolge der durch Holz, Kohle und Öl freigesetzten Mengen von Kohlendioxyd. In diesem Winter scheint es sogar kälter zu sein als seit Jahren, obwohl der Sommer extrem heiß war. Noch jetzt, Mitte Juli 1994, blicke ich, wenn es klar genug ist, vom Balkon auf einen schneebedeckten Säntis. Dort ist es kalt. Die Gesellschaft ist es, die erhitzt ist durch eine unkontrollierte Entfesselung, eine *Flüssigkeit* des Seins und des Bewußtseins, die in der entfesselten räumlichen Mobilität und den lichtgeschwinden Informationsströmen und -entladungen ihr materielles Korrelat haben.

In einem kleinen Film waren Patienten zu sehen, die unter einem sogenannten Schleudertrauma leiden. Bei Unfällen herausgeschleudert aus ihrem Auto oder geschleudert mit ihrem Auto, haben sie seelische Erschütterungen erfahren, die traumatisch ihr Leben dergestalt verändern, daß sie vergeßlich, gedankenflüchtig, unaufmerksam, kurz ihren lebenspraktischen Betätigungen nur mehr halbwegs und einer geregelten Arbeit überhaupt nicht mehr nachgehen können. Da das Trauma zwar sichtbar als Verhaltensstörung erkennbar ist, aber keine somatisch-körperliche Entsprechung aufweist, sind diese Fälle versicherungstheoretisch umstritten. Ist es nicht so, daß der moderne Mensch sich wie in einem *permanenten Schleudertrauma* befindet? Man kann sich dieses Eindrucks zu oft nicht erwehren. Herausgeschleudert aus der Bahn unumstößlicher Gewißheiten funkelt und strahlt ein fernes, schwer definierbares, aber irdisches Glück.

Das Ende der Geschichte als eine Geschichte der sich bekämpfenden Utopien und Wege dahin, wie es uns Fukuyama beibringt (1989), wird abgelöst von millionen- und milliardenfach ihren eigenen Glückseligkeitsvorstellungen nachrennenden und nachhastenden Individuen. Das Ende der ideologischen Evolution ist keineswegs die Ära des letzten Menschen, der gleichmütig und technisch zufriedengestellt dahindämmert. Jeder Blick in die Zeitung und jede Erfahrung widersprechen diesem Bild. Die moderne Rahmenerzählung ist eine reformierte und individualisierte Erlösungs- und Heilsvorstellung: *Das Jenseits im Diesseits.*

Steigerung auf allen Ebenen und in allen Seinsbereichen und Steigerung der Teilhabe an den Steigerungen, das ist die moderne

Litanei, die zeitgemäße Religion, die politisch verkündet und der nachgelebt wird. Von Süd nach Nord, von Ost nach West ist die Welt mit Automobilen, Fernsehern, Brillen, Zentralheizungen, Straßen, Medikamenten, Zeitungen, Schuhen, wissenschaftlichen Erkenntnissen, Rockkonzerten, Weiterbildungsveranstaltungen, Computern, Uhren, Bieren, Klebstoff, Kulturgütern und so weiter zu versorgen. Die ideologische Evolution ist schon fast vergessen. Sie ist einer hundert-, tausend-, millionenfachen Navigation zwischen Wirklichem und Möglichem, zwischen Empirie und Phantasie, zwischen Sein und Sollen gewichen.

Dritter Teil

Fluchten, Zwischenwelten,
Exodus-Phantasien

So tritt uns die alte Frage »Wohin soll ich mich wenden?« unter neuen Voraussetzungen entgegen. Nicht angesichts von Not und Armut, sondern inmitten von Reichtum und Fülle. Auf das Introitus der Schubert-Messe haben wir in der Kirche noch die Antwort singen können: »Zu Dir, zu Dir oh Vater, komm ich in Freud und Leiden, Du sendest ja die Freuden, Du heilest jeden Schmerz.« Eine Antwort, die damals für uns Kinder vielleicht noch eine Antwort war. Welche Antworten werden heute angeboten? Wer gibt sie? Die zerstörerische Arbeit der vorangegangenen Generation hatte, hören wir noch einmal Pessoa, bewirkt, »daß die Welt, in die wir hineingeboren wurden, uns keinerlei Sicherheit in religiöser Hinsicht, keinerlei Halt in moralischer Hinsicht und keinerlei Ruhe in politischer Hinsicht bieten« könne (1987, S. 13). »Wir wurden«, so Pessoa (und es klingt wie eine Zusammenfassung des Bisherigen!), »in metaphysische Angst, in moralische Angst, in politische Unruhe hineingeboren. Trunken von äußerlichen Formeln, von den bloßen Verfahren der Vernunft und Wissenschaft, hatten die uns vorangegangenen Generationen alle Fundamente des christlichen Glaubens unterhöhlt, weil ihre Bibelkritik, die von der Kritik an den Texten zur Kritik an der Mythologie des Christentums übergegangen war, die Evangelien und die vorangehende Hierographie der Juden auf eine ungewisse Ansammlung von Mythen, Legenden und bloßer Literatur reduziert hatte... Trunken von einer ungewissen Sache, die sie ›Positivismus‹ nannten, kritisierten diese Generationen die gesamte Moral, durchstöberten alle Lebensregeln, und von diesem Zusammenstoß der Lehrmeinungen blieb nur die Ungewißheit aller zurück und der Schmerz darüber, daß es keine Gewißheit gab« (ebd.).

Metaphysische Angst, moralische Kritik und politische Unruhe resultieren aber vielleicht gar nicht aus der Ungewißheit, sondern aus ihrer *Paarung* mit der Fortschritts- und Steigerungsprogrammatik. Es fehlt zwar an Antworten, aber eine Antwort übertönt alle anderen: *Vorwärts Marsch*! Das ist in aller Ungewißheit der Generalbefehl, der weltweit in die Ohren und Poren der Gesellschaft hinab weitergeschrien wird. Das Übermaß und die Überfülle an Möglichkeiten (deshalb ja bezeichnet Marc Augé [1994] die Gegenwart als »Übermoderne«) wird nicht mehr religiös, moralisch, mittels selbstverständlicher Gewißheiten definiert, geordnet, hierarchisiert. Die Lücken, die, wie es Pessoa nennt, die »zerstörerische Arbeit« der Generationen vor uns gerissen haben, sind angefüllt mit mehr oder minder anonymen Ratgebern und Rezeptbüchern durch die Möglichkeitswelten. Heerscharen von Experten sind andauernd beschäftigt, Betriebsanleitungen zu schreiben und Ordnungen zu verfassen.

Aber man hat ja nicht nur zu lesen, sondern zu leben. Auch das Leben ist multipel geworden. Überladen mit Ereignissen und überfrachtet mit Zukünften, gleicht es einem gigantischen *Multiple-Choice Test*, der uns nie erlaubt, nur *eine* Möglichkeit anzukreuzen. Was daraus resultiert, nennt die Anlageberatung Optimierung, die Psychologie Multiphrenie, die Psychiatrie Präsenzpsychose und die Soziologie Individualisierung. Das Ich muß sich auf Optionen aufspalten, wird weich, zerfließt. Es gerät andauernd in Gefahr, sich im endlosen Möglichkeitsraum zu verlieren. Die Flucht, das Absehen, das Sich-entfernen-Wollen von und aus dieser Welt ist eine der möglichen Reaktionen. Der Verzicht, das Nein, die Entsagung – kann man sich damit dem Marschbefehl entziehen? Ist der Fortschritt nicht auch ihnen bis in die letzten Winkel auf den Fersen? Pessoa schreibt, daß er schreibe, weil er abends alleine sei und keine Freunde habe. Er schreibt – manisch – für die Truhe, er hinterläßt einer staunenden Öffentlichkeit, die sich erst ein halbes Jahrhundert nach seinem Tode für seine Truhe interessiert, einen Nachlaß, der 27543 Manuskripte umfaßt. In einem der Manuskripte, das im *Buch der Unruhe* unter dem Datum des 30. 12. 1932, also kurz vor Neujahr niedergeschrieben worden ist, vermerkt er: »Mitten in meiner dumpfen, gleichförmigen, nutzlosen Tagesform steigen in mir Fluchtvisionen auf, erträumte Spuren ferner Inseln, Fest auf Parkalleen anderer Zeitalter, andere Landschaften, andere Gefühle, ein anderes Ich« (S. 26).

Träume, ferne Inseln, andere Landschaften – das ist heute alles in- *und außerhalb* der Träume zu haben. Die Hochglanz-Reiseprospekte, die uns im Sommer in die Briefkästen flattern, überbieten sich in Anpreisungen. Aber der Fluchten und Fluchtorte gibt es andere und aus anderen Gründen. Sie steigen nicht in der »dumpfen, gleichförmigen, nutzlosen Tagesform« auf. Sie resultieren aus der Überfülle der Herausforderungen und der Angst, die Zugkräfte einer vorwärtsdrängenden Wirklichkeit nicht aushalten zu können. Unter dem Titel »Flüchten oder Verdrängen« zeigt ein ap-Bild in der heutigen Tageszeitung Kindergartenschüler in Hollywood, die die Einnahme jener Körperstellung üben, die im Falle eines Erdbebens die größte Überlebenschance gewährleisten soll (*Neue Zürcher Zeitung*, 19. 4. 1994, S. 13). Die Auftragsbücher der Umzugsunternehmen in Los Angeles sind voll – 25 Prozent der befragten Südkalifornier äußern den Wunsch, den Staat wegen Erdbebengefahr zu verlassen. Zahlreiche Einwohner der Stadt schlafen nach wie vor, statt in ihren Betten, unter stabilen Küchentischen und deponieren Helme oder Salatschüsseln aus rostfreiem Edelstahl neben ihrer Schlafstelle (ebd.). Ein eigener »Disaster Market« hat sich etabliert: Stahlhimmelbetten, die den Einsturz des ganzen Daches auffangen sollen, tragbare Minitoiletten, Erdbebenwachs zum Ankleben von Geschirr und Gläsern, Uhren, die zugleich Seismographen sind.

Im unscheinbarsten Detail noch spiegeln sich die beiden scheinbaren Auswege: die *Weltflucht* und die *Weltsucht*; die Verweigerung und der Versuch, *alles* zu ergattern. Sie stehen freilich beide, darum sind sie fiktiv, unter dem Diktat der Steigerung. Die Moderne wird in der Tat, aufgrund ihrer Multioptionalität und aufgrund der Unentscheidbarkeit zwischen Optionen, reflexiv. Aber auch *aggressiv*. Übergangslos verwandelt sich die Flucht in aggressive Selbstwehr. Viele Formen der Weltflucht sind weniger mönchisch als kriminell. Dem Diktat der Steigerung und dem Kult der Performanz unterliegt nicht nur der Sportler, der Abenteurer oder der Unternehmer. Alles, auch das Verbrechen, hat heute den Hang zum Superlativ. Dies ruft nach Organisierung und Regulierung. An die Stelle von Selbstverständlichkeiten treten Organisation und Administration. An die Stelle einer gewachsenen Moral tritt eine eilige, die sich ständig erweiternden Optionenräume andauernd nachregulierende Ethik.

Schubweise wird enttraditionalisiert. Gleichzeitig werden neue, organisatorische Regeln kompensatorisch erlassen. Die permanente Baustelle der Moderne resultiert aus einem Vakuum, das die Deregulierung der bisherigen Geschichte bei gleichzeitiger Entfaltung immer neuer Handlungsmöglichkeiten zurückgelassen hat. Dieses Vakuum wird nur beschränkt kompensiert durch Regulierung und die Möglichkeit, sich in den wehrhaften Kokon zurückzuziehen. Das füllt die Sinnleere nicht. Nicht einmal ein Weltenbrand würde die mentalen Beliebigkeiten und Erlebniswelten schmälern. Die kleinen und die kleinsten Gemeinschaften stehen wie die Welt insgesamt unter sportlichem Erfolgsdruck. Der Fundamentalismus ist optioniert, zersplittert in tausend kleine, einander ebenfalls konkurrierende Fundamentalismen. Nur die *Technik* befindet sich im erd- und körpertranszendierenden Freiheitsrausch. Eröffnet sie, mit dem Öffnen der Weltraumtüren, mit Transplantations-, Reproduktions- und Gentechnologie, mehr als astrophysikalische und mikrobiologische Infinismen, neue Steigerungsdimensionen?

I. Fluchten

Desertion, Abkehr, in sich selbst verschwinden, sich selbst vernichten, verschwinden in solitären Enklaven, in kleinen Flips – es gibt so viele Streikmöglichkeiten gegen das Sein, wie es Nutzungsmöglichkeiten gibt. Um die Bürden oder Freuden der Multioptionsgesellschaft zu limitieren, bieten sich ebenfalls tausend Wege an. Produkte können boykottiert, Lebensmöglichkeiten amputiert, Zeitungen abbestellt, die Kabel zu den Parabolantennen zerschnitten werden. Aber die moderne Gesellschaft bietet weder praktisch noch theoretisch eine Möglichkeit, ihrem Pressen zu entgehen. Nicht nur sind wir alle schon mit ihrem Programm groß geworden und wurden von frühester Kindheit an mit ihren Werten infiziert, die Welt ist für das ganz Andere einfach zu klein geworden. Ob über dem Amazonas oder im Himalaya, überall ziehen die Flugmaschinen ihre Silberstreifen. Am Nachthimmel leuchten neben den Sternen und Galaxien die Satelliten. Die Uhren sind weltweit synchronisiert und die Frequenzen der Radio- und Fernsehsender spannen ein immer dichteres Netz um die Erde.

Aber unterhalb der globalen Netzwerke herrscht Gewalt, Leid, Zerstörung: ein Krieg im Kapillarsystem der Gesellschaft. Jede Tageszeitung bringt uns am Morgen, neben den Weltenbränden, den molekularen Schrecken ins Haus. »Heckenschütze nimmt seit Herbst 90 die A9 unter Beschuß«; »Neunjährige in Handschellen«; »Kranke Häftlinge persönlich getötet«; »Zehn Jahre Haft für Totschlag an einem Regensburger Callgirl«; »Alle Reifen zerstochen«; »Drogen für 40 Mio. Mark beschlagnahmt«; »Auch Professoren und Juristen aus Polen arbeiten auf deutschen Baustellen und Gurkenfeldern«; »Hat der Täter von Milwaukee auch in Deutschland gemordet?«; »Geldbote überfallen: 50 DM Beute«; »10000 Kinder leben in der Schweiz im ›Untergrund‹«; »Frauen: Nehmt Männern Waffen weg«; so lauten die Überschriften eines Morgens im *Fränkischen Tag* (27. Juli 1991). Im Inseratenteil offeriert die Zeitung das neue Treuebuch mit dem Titel *Bronx* auf holzfreiem Papier, mit vierfarbigem Schutzumschlag und Goldprägung von Heywood Gould. »Mitten in Bronx«, so steht zu lesen, »in New Yorks berüchtigtem Slum-Viertel liegt das 41. Polizei-Revier, auch ›Fort Apache‹ genannt. Die Polizisten, die in dieser Polizeiwache Dienst verrichten, müssen hilflos zusehen, wie die Zahl der Gewaltverbrechen täglich steigt. Bei ihrem mühsamen, fast aussichtslosen Kampf wenden sie selbst bedenkliche, nicht immer legale Methoden an.« In den USA sind zur Zeit 750 000 Menschen eingesperrt. Pro Jahr sehen 13 Mio. Amerikaner das Gefängnis von innen. Aber nur für ein paar Tage. Denn selbst viele, die um der öffentlichen Aufmerksamkeit willen einen Prozeß wollen, werden, da es keine Möglichkeiten gibt, sie zu verwahren, geschweige denn, ihnen Hilfe zukommen zu lassen, gleichentags wieder entlassen. Gleichzeitig kämpfen die Sensationsreporter auf ihre Art mit der Multioptionsgesellschaft: Sie wissen nicht, welchen der täglichen Morde sie bringen sollen! Es sind nur mehr die rekordverdächtigen Klassen- und Serienmorde, die in den Boulevardzeitungen Aufnahme finden. So funktionieren Kriminalität und Journalismus nach dem gleichen Prinzip: dem Kult der sich selbst überbietenden Performanz.

Marcel Proust schreibt von jenem »greulichen und doch wollüstigen Akt, genannt Zeitungslesen, dank dessen alles Unglück und alle Kataklysmen dieser Welt im Verlauf der letzten 24 Stunden, die Schlachten, die 50 000 Männern das Leben kostete, die Verbrechen, Arbeitsniederlegungen, Bankrotte, Feuersbrünste, Vergiftungen, Selbstmorde, Ehescheidungen, die grausamen Gemütsaufwallungen des Staatsmannes wie des Schauspielers, uns, die wir darin nicht involviert sind, zur morgendlichen Speise verwandelt, sich auf höchst erregende und stärkende Weise mit dem anempfohlenen Einnehmen einiger Schlucke Milchkaffee verbinden« (zit. in Bourdieu 1982, S. 44). Heute ist der wollüstige Akt des Lesens von Angst begleitet, daß wir involviert werden, vielleicht schon sind. Auch hierzulande, vor allem in Zürich, muß die Polizei auf und neben der Straße immer häufiger für Ordnung sorgen. Nicht nur die Polizisten im ›Fort Apache‹ müssen hilflos zusehen, wie die Zahl der Gewaltverbrechen täglich steigt. Unsere Gesellschaft ist multioptional, multikulturell und – die untrennbare Kehrseite – *multikriminell*. In einer Schilderung des Zuges nach Versailles am 5. Oktober 1789, mitten in der Französischen Revolution, schreibt ein gewisser Robert Hohlbaum ein verschrecktes Requiem auf dieses Schloß: »Wie aus langem Schlafe erwacht, begannen sie sich zu rühren. Die Arme reckten sich, die Finger ballten sich zur Faust, die geduckten Köpfe hoben sich aus den schmutzigen Hemdkragen, höher strafften sich die gekrümmten

Gestalten, die gedämpften Stimmen schwangen sich auf zu heißem Fluchwort. Aus allen Häusern kam's heraus, immer dichter und dichter. Schwarze Menschenklumpen formten sich, wuchsen, schwollen an zu einer einzigen wogenden, wälzenden, murrenden, schreienden, brüllenden, kreischenden Masse... Die Wände des Schlosses erbebten, die armen, von Menschenwillkür verkrüppelten Bäume zitterten, von den kiesbestreuten Wegen, die nur der Fuß zarter Marquisen betreten, wehte, wallte, wirbelte der Staub« (Lang 1989, S. 150f.).

Versailles erahnt man heute überall; in der Schweiz Zürich, in der Bundesrepublik München, in Zürich die Goldküste, in München der Starnberger See, ganz zu schweigen von Jugoslawien oder Ruanda. Wie lange dauert es, bis der Staub von deren Straßen und Wegen, bisher nur vom Fuß verweichlichter Großbürger betreten, weht, wallt, wirbelt? Wie lange dauert es, bis Rostock die alten Bundesländer erreicht? Und wie lange, wie eben von Akira Kudo erwähnt, bis China 10 Millionen Boat People in Bewegung setzt? Wird die Schweiz im Jahre 2005 aussehen wie der Platzspitz im Zürich des Jahres 1992? Wird das »dunkle Zeitalter« mit Chaos und Zerfall, das heute schon die Länder Osteuropas erreicht hat, gar, wie es durchaus ernstzunehmende Beobachter annehmen, noch »vor dem Ende des 20. Jahrhunderts« eintreten (vgl. Kurz 1991, S. 257)? Wie sich die Bilder gleichen vom Zug nach Versailles am 5. Oktober 1789 und vom Sturm des Regierungssitzes in Bukarest durch Bergarbeiter vom 25. September 1991. Die Bewaffnung der Bergarbeiter war frühindustriell: Äxte, Knüppel, Eisenstangen. Die Drohung der Drittweltländer ist archaisch einfach: die *schiere Zahl*. Wird die Restmenschheit, die der weltweit aufgeblendeten und versprochenen Erwartungen noch nicht teilhaftig ist, deren Realisierung mit Gewalt erzwingen wollen und auch können?

Zwischenwelten

Die freigelassene Energie erschöpft sich nicht im Eskapismus, im Vandalismus, in Amokläufen, in Selbstzerstörung. Selbst die von Enzensberger ausgemachte *Leere in der Mitte des Tuns* (1988) bezieht sich auf Begründungen und Motive, nicht aufs Prozedurale. Nicht einmal der Amokläufer nimmt seine Waffe verkehrt in die

Hand, und der motivlose Terrorist plant seine Tat aufs genaueste. Der muntere Optionalismus mit unternehmungslustigen Flaneuren und einer immerwährenden Kirmes mit unbeschränkten, über virtuelle Realitäten unterdessen vervielfachten Angeboten ist so offenkundig für jedermann auch wieder nicht. Zwingt die Agenda des Tages, des Betriebes, der Arbeit, des Haushalts nicht mehr oder weniger detaillierte Ablaufpläne und Verhaltensvorschriften auf, in denen der Überschuß an Möglichkeiten, an Optionen, Schritt für Schritt reduziert wird? Morgen für Morgen machen sich Millionen auf, in Organisationen und Bürokratien einzutreten, die Punkt für Punkt regeln, was zu tun und zu lassen ist. Tag für Tag begeben sich Millionen und Abermillionen auf Arbeitsplätze und Schulbänke und befolgen Vorgaben, Vorschriften, Anweisungen – auferlegte und selbstgegebene. Und Tag für Tag füllen sich die Kalender mit Marschbefehlen und flattern aus dem Briefkasten uns neue entgegen. Abend für Abend sinken die gleichen Millionen (seit der zunehmenden Arbeitszeitflexibilisierung allerdings etwas weniger vollzählig) rechtzeitig ins Bett, um anderntags wieder zeitig aufzustehen. Ist das nicht die weitaus bedeutendere und handlungsrelevantere Realität als der Einkauf im Warenhaus, das Umschalten am Fernseher, die Namensuche für Kinder?

Nennen wir diese Welten *Zwischenwelten*. Sie sind aufgespannt an den Resten von Traditionen und bieten Wege an im Chaos der Optionen. Sie organisieren über Mitgliedschaften, freiwillige und auferlegte, was zu tun ist. Sie numerieren die Elemente des alltäglich, allwöchentlich, alljährlich zu lösenden Puzzles. Sie befreien von der modernen Zumutung, die Bausteine ohne fremde Hilfe so aneinanderzufügen, daß ein Bild, ein Sinn, eine brauchbare Konfiguration entsteht. Dennoch, auch wer das Zusammensetzspiel alleine zusammenfügt, die Kunst des Puzzles beginnt mit dem vorab bekannten und nun in zehn, hundert oder tausend Elemente zerstückelten Bild: dem Farbphoto eines italienischen Schlosses, einer Genreszene von Vermeer, einem gepflügten Schweizer Akker. Wer bestimmt, welche Bilder zusammengesetzt werden? Wer bestimmt die Puzzle-Klassen, -Gruppen und -Teile? Die höchste Wahrheit des Puzzles ist, so Georges Perec, daß es eben *kein* solitäres Spiel ist: »Jede Gebärde, die der Puzzlespieler macht, hat der Puzzlehersteller bereits vor ihm gemacht; jeder Baustein, den er immer wieder zur Hand nimmt, den er betrachtet, den er liebkost, jede Kombination, die er versucht und wieder versucht, jedes Tasten, jede Intuition, jede Hoffnung, jede Entmutigung sind von den andern ergründet, auskalkuliert, beschlossen worden« (1982, S. 15). Das Lebens-Puzzle ist gerade das nicht! Niemand hat es vorher ausgedacht, ausgelegt und wieder in Einzelteile zerlegt. Aber es will vervollständigt werden.

»Wenn ich einen Film über das moderne Leben drehen wollte«, so Micky Reman, »würde ich eine Schlüsselszene im Transitraum von New Jeddah Airport ansiedeln. Der Rhein-Main-Flughafen ist eine Blockhütte dagegen, ob mit oder ohne Startbahn West... Draußen ist die Welt, und fängt erst nach der Paßkontrolle an... eine Drehung um 180 Grad und schon ist die Welt verschwunden. Ich bin in Transitonia. Ein Land voller Niemands. Engländer, Nigerianer, Japaner, Deutsche nur dem Namen nach; einige und gleiche Brüder im gemeinsamen Vakuum« (1984, S. 38). Das gemeinsame Vakuum oder der »Nicht-Ort«, wie ihn Marc Augé (1994) nennt, ist die zwischen abblätternden Obligationen und sich wie ein Feuerwerk entfaltenden Optionen eingespannte Zwischenwelt, eine Welt, die zumindest prozedurale Sicherheit verbürgt. Man weiß, was man zu tun hat, aber nicht aufgrund tradierter Gewißheiten, sondern, weil es nachzulesen und im Kopf nachzuvollziehen und dementsprechend auch zu verhandeln ist. Soziale Systeme, Organisationen, Bürokratien, Administrationen – wie immer man diese Gebilde nennen will, ihr entscheidender Unterschied (ihr Defizit, würde Arnold Gehlen, ihr Vorteil, würde Max Weber sagen) gegenüber kulturellen Traditionen und Obligationen ist ihre kontingente Konstruktion. Gewißheiten sind *begründungslos gewiß* und werden gleichsam *bewußtlos gelebt*. Die Studienordnung, die Warteschlaufe im Transitraum, das Geschäftsreglement, die Arbeitsordnung, die Tischordnung für Firmenessen sind von einem völlig anderen Zuschnitt. Es handelt sich immer um Regelungen, die offenkundig von Menschen gemacht sind, wenn auch nicht immer absichtlich und planvoll. Man weiß, daß sie anders ausfallen könnten. Die Veränderungsmöglichkeiten sind gleichsam eingebaut.

Die immer auch anders möglichen und damit auch beliebig veränderbaren Konstruktionen – im Unterschied zu selbstverständlichen und nicht weiter hinterfragten Obligationen –, die sich in gesellschaftlichen *Institutionen* (wie Familie) bündeln, sind also nicht zweiter, sondern eher dritter Natur (vgl. Gehlen 1961). Sie stabilisieren die ins Wanken geratene und in Trümmer gelegte zweite Natur, die institutionell-fraglose Sicherheit. Die Gesellschaft hat, wie eine Babuschka, eine Puppe in der Puppe, ineinander verschachtelte Sicherheitsvorkehrungen, damit sie nicht auseinanderbricht. Motorik, Antriebsüberschuß und obligatorische Energien machen die »erste« Natur des Menschen instabil, deshalb die Sicherheitsvorkehrungen der Kultur als zweiter Natur. Aus dem fortschreitenden Abbau der hochselektiven, kulturellen und religiösen Traditionen zugunsten einer – nur bezüglich der gesellschaftlichen Nachfrage sensitiven, aber überhaupt nicht mehr selektiven – Steigerung von Optionen und die daraus erwachsende Drift vom Obligations- zum Optionenpol resultieren Potentiale, die erneut gebunden werden müssen.

Wenn wilde Tiere, die lange gefangengehalten worden sind, ausgesetzt werden, versuchen sie, in ihre Zwinger und Käfige zurückzuflüchten. Radio DRS 3 hat kürzlich folgendes Programm angekündigt: »Focus-Gast: Bruno Zwahlen. Seit einem Monat ist Bruno Zwahlen ein freier Mann. Ist damit alles vorbei und vergessen? Wie hat der bekannteste Schweizer Ex-Häftling die ersten vier Wochen in Freiheit überstanden?« Das ist in der Tat die Frage, die sich nicht nur Radio DRS angesichts Zwahlens Freikommen stellen muß. Freiheit ist alles andere als einfach. Ein eben erschienenes Buch über Rußland von einem an der Universität Moskau lehrenden Psychologen trägt den Titel: *Von den Schrecken der Freiheit* (Gosmann 1993). Freiheit ist eine Überlebensübung, die Phantasie, Kreativität, Eigenleistung verlangt. Auf den Wegweisern steht, was uns die Aufklärung seit drei Jahrhunderten abverlangt: »Das mußt Du selber wissen.« Zwahlen kann, statt verschwinden, untertauchen, amoklaufen, geblendet von der Freiheit, sich einen neuen Käfig suchen oder sich einen selber bauen. Die Zwischenwelt, die Welt zwischen Chaos und selbstverständlicher Ordnung, ist vollgepfropft mit Zwingern, Käfigen, Gefängnissen, Sicherheitstrakten.

In Robert Musils *Mann ohne Eigenschaften* gibt Ulrich General Stumm zu bedenken, daß das Militär die vergeistigste aller Ordnungen sei, denn Geist sucht Ordnung und wo könnte man mehr Ordnung finden als beim Militär: »Alle Halskragen haben dort eine Höhe von vier Zentimetern, die Zahl der Knöpfe ist genau festgelegt, und selbst in den traumreichsten Nächten stehen die Betten schnurgerade an den Wänden« (1952, S. 377). Erving Goffman hat die »totalen Institutionen« am Beispiel der Irrenanstalten abgehandelt (1972); Cohen und Taylor (1977) haben sich mit dem Leben von Gefängnisinsassen im Sicherheitstrakt befaßt, mit den verschlossenen Türen, den Wächtern an jeder Ecke, die vollständig durchexerzierte Ordnung und das sekundengenau einzuhaltende Zeitmanagement; Foucault (1973) mit der unsichtbaren Ordnung im ärztlichen Blick und seiner Entsprechung in der Organisation der Spitäler und Kliniken.

Wenn Gefängnisse, Sicherheitstrakte, Kliniken, psychiatrische Krankenhäuser als totale Institutionen bezeichnet werden, so fragt man sich in der Tat, inwieweit diese modernen, durchstrukturierten und total geordneten Bezirke mit der These von der weitgehenden Auflösung, Destruktion und Deregulierung überkommener Ordnungen vereinbar sind! Sie sind es! Man entweicht der Paralyse durch *Systembildung*. Alle sind, in den realisierten Multioptionsgesellschaften, andauernd am Basteln, Flicken, Klittern, sei es im täglichen Leben oder in der Wissenschaft. Diese Institutionen sind, auch wenn sie häufig so genannt werden, gerade keine Institutionen. Im von Traditionen und Autoritäten leergefegten Raum wuchern kompensatorisch für die verlorengegangenen großen gesellschaftlichen Ordnungen die Organisationen, Administrationen, Bürokratien. Auf die Frage: »Wohin soll ich mich wenden?« erhalten die Fragenden Gesetze, Reglements, Ausführungsvorschriften. Institutionen hingegen sind unreflektiert, latent, sie sind Institutionen, solange sie nicht als solche »entlarvt«, als kognitive oder soziale Konstruktionen dargestellt werden. Und der Begriff *Deregulierung* bezieht sich niemals, obwohl man ihn metaphorisch auch hier anwenden könnte, auf Sinnkosmen, sondern auf Grenzen, Gesetze, Reglemente.

Die verzehrende Kraft des modernen Bewußtseins entzaubert Himmel und Erde, Ideen und Wirtschaftssysteme, politische Verfassungen, letzte Werte. Am radikalsten gebärdet sich in dieser Hinsicht der sogenannte radikale Konstruktivismus, dessen Grundthese lautet, daß die Wirklichkeit nicht *ge*-, sondern *erfunden* werde. Wenn Wirklichkeits- und Institutionenbegriff konstruktivistisch ausgelegt werden, so beschleunigt sich die gesamtgesellschaftliche Deregulierung. Nur was man als »gemacht« begreift, läßt sich auch weiterhin machen! Wird angenommen, daß alles gemacht ist, so läßt sich alles machen. Auf der andern Seite hinterläßt der Deregulierungsvorgang, der Prozeß des Abbaus, ja der Vernichtung von kulturellen Traditionen ein Loch. Scheiden tut weh! John Pugh steht, nach der ungewollten Zerstörung seines Gefängnisses, geblendet im Freien. Der Fallschirmspringer ist im Feindes- oder Freundesland gelandet und weiß nicht, ob er sich hierhin oder dorthin wenden soll.

Es gibt in dieser Situation nicht nur die Umkehr, das Heimweh, die Zuflucht ins alte Gemäuer. Es bietet sich nicht nur eine Wiederverzauberung der Welt, eine Reobligationierung oder eine Refundamentalisierung an. Die radikal ich-bezogenen, subjektivistischen Auswege, die Weltflucht und das »In-sich-selbst-Verschwinden« bis hin zur Selbstvernichtung, sind häufig planmäßig inszeniert. Der Geisterfahrer, der im Kanton Tessin verurteilt worden ist, weil er, wie er zugab, in selbstmörderischer Absicht die Autobahn auf der falschen Spur befahren hat, hat die Verkehrsordnung in seiner Weise in einen Plan umgesetzt. Der Buschauffeur, der in Stein (Appenzell Außerrhoden) mit vollbesetztem Bus mitten auf der Brücke hielt, sich nach hinten zu den Fahrgästen wandte und sagte: »Jetz hani gnueg«, die Türe elektrisch öffnete, ausstieg und übers Brückengeländer sprang, hatte einen Abgang, von dem noch lange die Rede sein wird.

Prozeduren

Unter dem Titel »Die Geschichte unserer Kanalisation« hat Alexander Solschenyzin in seinem finsteren GULAG-Buch (1974) von den großen Strömen geschrieben, die über Rußland geflossen sind; Menschenströme, Heimkehrer, Zwangsarbeiterströme, Verhafteten- und Gefangenenströme, die in die Tundra und Taiga geschwemmt wurden: »Ganze Nationen wurden durch die Abflußrohre gepumpt« (S. 36). In den Rohren, so das eindrucksvolle Bild von Solschenyzin, »gab es Pulsschwankungen – einmal lag der Druck über dem Kalkulierten, ein andermal darunter, doch niemals blieben die Gefängniskanäle leer. Blut, Schweiß und Harn, was vor und nach der Ausquetschung übrigblieb, sprudelte dahin ohne Unterlaß« (ebd.).

Heute sprudelt es nicht nur in den Gefängniskanälen fort und fort. Es sprudeln die Gedanken, die Phantasien, die Wünsche; es sprudelt am Fernsehen, in den Zeitungen (vorzugsweise auf der letzten Seite), das Sprudeln beginnt nicht erst nach einer Ausquetschung, sondern es sprudelt von allem Anfang an und Nonstop weiter, in den Gefängnissen und in den Salons, in den Kaffeehäusern und in den universitären Seminaren, in den Buchreihen – auch in dieser. Sind die modernen »Kanalsysteme« in der Lage, den end- und formlosen Strom der Ereignisse, der sich, wie Max Weber es mit Pathos ausgedrückt hat, »durch die Zeit dahinwälzt«, zu fassen? Geben die modernen Ordnungen, die an die Stelle der sakralen, selbstverständlichen, traditionellen und stetigen Ordnungen getreten sind, dem überschießenden Handeln Halt? Vermögen die Neubildungen und Rekonstruktionen und die in ihnen vorherrschenden Handlungstypen den Optionen eine Richtung zu weisen?

Zunächst und noch einmal: Ordnungen, Regeln, Pläne sind Ersatzinstitutionen, keine Institutionen. Sie kompensieren verlorene Ordnungen. Die Hausordnung, in der geregelt ist, wann welcher Hausbewohner was zu tun hat, ist eine von den Hausbewohnern zwar nach einer Musterordnung, aber gemeinsam erarbeitete Ordnung. Wir sind alle, nach Franz Kafka, Kaderangestellte und Mitarbeiter der Großfirma *Gesellschaft*. Wie die russische Säuberung nach der großen Revolution versucht hat, die »Trunkenbolde, Rowdys, Konterrevolutionäre, ganze unbotmäßige Stämme wie die Tataren, Kalmücken oder Tschetschenen in einer gigantischen Aktion zu kanalisieren« (Solschenyzin 1974, Kap. 2), versucht unsere Zivilisation das in der Deregulierung überhandnehmende Irreguläre zu kanalisieren.

Die Sicherheit der Lebensführung wurde in einfachen, archaischen Sozialordnungen durch selbstverständliche Annahmen, Traditionen, Mythen erreicht. Sie schienen menschlicher Disposition entzogen. Sie wurden repetitiv, rituell bekräftigt. Sie waren zwar letztlich von Menschen gemacht, aber nicht bewußt gemacht! Kanalisationen durch sekundäre Ordnungen waren nicht notwendig. Sie bildeten keine (wie das heute bei unseren Anthropologen und Sozialwissenschaftlern heißt) Ersatzwelten für die verlorengegangenen Instinkte. Sie waren nicht natürlich-künstlich und nicht künstlich-natürlich. Die Kultursphäre, von der wir heute im Zeitalter eines vordringenden offensiven Konstruktivismus reden, war keine Kultursphäre, sondern eine transzendente, den menschlichen Schöpfungsbereich übersteigende und darum *nicht* zur Disposition stehende Überwelt. Je weniger es nun diese selbstverständlichen Annahmen gibt, je mehr sie der Reflexion und damit Disposition ausgesetzt werden, desto mehr reüssieren Ersatzwelten zweiter Ordnung: gesetzte Rechte, vorgeschriebene Prozeduren, Reglemente.

Die Transformation der transzendenten Ordnungen, der Institutionen in verhandelbare Organisationen hängt gewiß auch mit dem Übergang von archaischen und hochkulturellen *Obligations*-Gesellschaften in die modernen *Options*-Gesellschaften zusammen. Mit der Beschleunigung der Entwicklung, der Ausdifferenzierung der Lebensbereiche und der zunehmenden Mobilität wird die überkommene Ordnung relativiert und müssen die Umschlagspunkte von Ideen, Traditionen, Personen, Gütern neu geregelt werden. »Eine sehr komplexe möglichkeitsreiche Welt läßt sich nur konstituieren und im Blick halten, wenn uns soweit die daraus resultierende Last der Selektion von Erleben und Handeln in sozialen Systemen geregelt und verteilt werden kann«, derart drückt Niklas Luhmann diesen an sich einsichtigen Sachverhalt aus (1973, S. 51). Man muß lernen, weltanschauliche Differenzen auszutragen und zu ertragen (ebd., S. 52), und man muß gefaßt sein, überall auf der Welt sich an Verkehrsregeln, Aufnahmeverfahren, Rechtsordnungen zu halten, und man hat, solange die Cola-Kultur noch nicht in die Poren gedrungen ist, kulturspezifische Bräuche zu berücksichtigen.

Gibt es solche überhaupt noch? Von ihnen haben wir vor zwanzig Jahren in Vorlesungen gehört, von Eskimos und Stammesangehörigen irgendwo in Schwarzafrika, die, statt sich die Hände zu geben, die Nasen aneinanderreiben. Oder schämen sie sich unterdessen? Je mehr die Institutionen als etwas Gottgegebenes, naturhaft Gewachsenes, Selbstverständliches, nicht Hinterfragbares fortwelken, um so stärker wird der Ruf nach Organisationen, die die Lebensführung wenigstens noch äußerlich reglementieren. Die Regeln des heiligen Benedikt waren heilige Regeln, die Studienordnungen der Hochschulen und Universitäten sind angesichts der Massen von Studenten notwendige Regeln, die, wie man sagt, die Komplexität reduzieren. Selbst die Kleiderordnungen in der mittelalterlichen Ständegesellschaft waren gottgegeben; der Knigge war eine erste Reaktion auf die allgemeine Verunsicherung (und zugleich hat er das Bewußtsein des Konstruktiven, Gemachten mit seinen langwierigen Erörterungen der Sitten in die Tiefe getrieben). Heute sitzt im »Zischtigs-Club« des Schweizer Fernsehens ein heterosexueller Therapeut in einer Sendung über homosexuelle Ehen in kurzen Hosen da, Präsident Clinton läßt sich in Turnhosen vor dem Vatikan mit einer albernen Mütze fotografieren – und es treten auch in Bayreuth an den Wagner-Festspielen im Festspielhaus die ersten Turnschuhe auf blasse Böden.

Aber im Zischtigs-Club und in Bayreuth ist die Prozedur *bis ins Feinste geregelt*. Herr Heiniger weiß genau, warum er kein weißes Hemd anzieht und warum er wen wo plaziert. In Bayreuth ist es drei Stunden so still, daß man – nein, nicht mehr die Stecknadel fallen, sondern die Swatch-Uhr am Handgelenk der Nachbarin ticken hört. Im Zischtigs-Club ist die Redefolge so geregelt, daß der Zwischenruf oder die Zwischenfrage auch von den Diskutanten mit der Bemerkung »Jetzt lassen Sie mich einmal ausreden, ich lasse Sie auch« abgelegt wird. Ein genaueres Hinsehen führt vor Augen, was an die Stelle der Institutionen tritt: die räumlich-zeitliche Organisation des Handelns und seine innerorganisatorische Legitimierung. Was man tut, tut man nun nicht mehr, um das ewige Leben oder die irdische Glückseligkeit zu erlangen, sondern um Programme, Ablaufstrukturen, Organisationsziele, Termine einzuhalten und zu erfüllen. Verfahren »kanalisieren« und ermöglichen Kommunikation und garantieren das Zustandekommen nicht von Sinn, sondern von Entscheidungen.

Der Blick in die Terminkalender zeigt, an was man sich heute hält, und ein Blick in die Entwicklung der Zeitplansysteme veranschaulicht, in welche Tiefen hinein heute die Zeitplanung dringt. Die Erstellung von Tagesplänen ist das Minimum; die beruflichen und persönlichen Datenteile enthalten ganze Pakete mit Form- und Notizblättern, Listen und Informationen, Projektplanungen, Messeterminen, Argumentationslisten, Umsatzzahlen, Postgebühren, Bücherlisten, Flugverbindungen, Hoteladressen, Family Friends Lists, Einnahmen und Ausgaben, Steuerterminen, Temperaturkalendern (für Frauen), Blankoblättern, Ideenkarteien, Checklisten, Klemmtaschen, Klarsichthüllen, Umschlagtaschen für Eurochecks, Briefmarken, Kredit- und Checkkarten, Firmenausweisen, Geldscheinen, Fotos. »Was für eine Zeit, wo man sich, um ein paar Worte miteinander zu sprechen, auf Monate hinaus verabreden muß«, hat ein Bekannter kürzlich geäußert.

Erfolgreiche Persönlichkeiten haben offenbar ganz konkrete Zielvorstellungen und durchdachte Lebenskonzepte, aber diese gehen unter in einem Wust von Terminen. Der Terminsalat ist die häufigste Vorspeise zu allen Hauptgerichten. Es kommt zwar nicht nur darauf an, was man tut, sondern wozu man etwas tut. Und es ist, wie Bennis (1990) hübsch formuliert, die Aufgabe von Managern, nach dem Wann, Was, Wo zu fragen, die Aufgabe von Führungskräften aber, die Frage nach dem Warum zu stellen (S. 48). Die von Seiwert (1987) genannten Ziele sind betriebliche Umsatzziele; die Pareto-Regel (80 : 20-Regel), die besagt, daß 20 Prozent des Zeitaufwandes bereits 80 Prozent des Ergebnisses bringen, wird angewandt auf – was denn sonst – betriebliche Ergebnisse.

Die Organisation, die anstelle der Institution Handlungssicherheit verheißt, verlangt also einerseits ein Umschalten auf Prozeduren, andererseits quantifizierbare und zeitlich berechenbare Ziele. Die in die Multioptionsgesellschaften eingelassene Organisationsgesellschaft, die zwischen den Einzelnen und der Gesellschaft vermittelt, reduziert die aus Optionensteigerung und Traditionsvernichtung resultierende Komplexität der modernen Welt auf zeitlich-räumliche Koordinaten, in deren Geflecht von Vorschriften, Regeln, Ordnungen (die immer sagen, was wann wie zu tun ist – und was wann wie verboten ist) *Organisationsziele* erreicht werden wollen, die ihrerseits wieder quantifizierbar zu sein haben. Die Legitimierung von Handlungsweisen erfolgt dann ebenfalls im Rückgriff auf Prozeduren und Organisationsziele. Der Himmel ist, wie Habermas seinem Kollegen Luhmann bedeutet hat, von kulturellen Werten leergefegt. Luhmann fegt ihn nicht leer. *Er geht von der Leere aus.* Wie in einem Zwischendeck sind an deren Stelle ein labyrinthisches Gewirr von Schaltungen und Leitungen angebracht, welche die frei flottierenden Energien bündeln und kanalisieren.

Aber es handelt sich um Welten, die nicht mehr eingespannt sind in übergreifende, lebensstiftende Kosmologien. Es sind Verschalungen, welche die Einsturzgefahr aufhalten. Schon die Rede von Strukturen ist pompös, Laufordnungen sind es eher als Stadien. Hierher gehören alle Versuche, durch institutionelle Schleusen oder durch Propagierung bestimmter Handlungstypen das Flüssige, Freiflutende, Unberechenbare einzufangen. Organisationen werden in die von Traditionen entleerten Räume hineingepflanzt, wie Straßen gebaut werden, um den Verkehr zu kanalisieren. Die Kosmologien haben demgegenüber nicht nur das Leben, sondern auch den Tod, z. B. durch Einsturz des Weltendaches, kosmisiert, mit Sinn versehen können. Systeme sind eine Art primitive Unterstände auf dem gesellschaftlichen Schlachtfeld. Heute ist man schon froh um das schützende Dach und die Bank, die zum Sitzen einlädt.

Prozesse

Gewiß formen sich im Zwischenland von verblaßten Verbindlichkeiten und multiplen Handlungsmöglichkeiten *selbstregulativ* soziale Muster, Milieus und Lebensstile aus. Sie bilden Strömungen und Wirbel, an denen sich die Menschen orientieren. Das Entscheidende dieser Ordnungen ist, daß sie zwar das Resultat menschlichen Handelns sind, aber nicht geplanten, gewollten Handelns. Selbstorganisation ist immer ein Ergebnis offener Situationen. Eigendynamische Selbststrukturierungen von sozialen Systemen erwarten uns an Massenveranstaltungen und an unstrukturierten Partyanlässen, sie bilden sich an der Kinokasse bei Andrang und auf dem Deck des Popitzschen Luxusliners (1962). Sie sind aber insbesondere in vordergründig chaotischen, ungleichgewichtigen Situationen zu beobachten, in denen kleine und kleinste Abweichungen eine kaskadenartige Verstärkung begünstigen, die wiederum zum Chaos als einem Zustand der Unterdeterminiertheit als auch zur Ausbildung von disproportionalen Strukturen (von Macht, Monopolen) führen kann (vgl. Paslack 1991; Eigen, Schuster 1979; Probst 1987).

Beispiele lassen sich, in dieser Zeit der Unterdeterminiertheit, mehr als genug beibringen. Aus winzigen Anfangsfluktuationen entstehen gewaltige Flüchtlingsströme, aus einer kleinen Demonstration wird eine Revolution, die alle, auch die über Nacht zu Revolutionären gewordenen Revolutionäre überrascht, wenn nicht auch noch auffrißt! Die Regulierung und Justierung dieser Ordnungen von oben kommt prinzipiell zu spät. Ihre Objektivierung, auch die soziologische, wird schon nach kürzester Zeit zur Sozialgeschichtsschreibung. Große Untersuchungen, die im Jahre 1988 – repräsentativ für die Bundesrepublik – begonnen haben, stehen heute, wo sie ihre Resultate veröffentlichen, vor völlig neuen Situationen. Die Kontinuität von Vergangenheit und Zukunft ist wie nie zuvor gebrochen. Man muß mehr denn je mit Überraschungen rechnen. Gerade rechtzeitig hat die Moderne die Wahrscheinlichkeitsrechnung erfunden. »Wir können nur sicher sein, daß wir nicht sicher sein können, wo irgend etwas von dem, was wir als vergangen erinnern, in Zukunft so bleiben wird, wie es war« (Luhmann 1992, S. 136).

Diesem Wissensnotstand über das, was die Leute morgen und übermorgen tun, will ja eben durch immer *feinere* Regulierungen abgeholfen werden. Der andauernde Prozeß der Deregulierung und Regulierung, diese gesellschaftlichen Nach-, An- und Umbauten, deren genauer Spiegel ja die andauernden Abbruch- und Aufbau-, Sanierungs- und Konservierungsarbeiten in Häusern und Quartieren sind, wiederholt sich in allen Lebensbereichen und auf allen Seinsebenen. Die Architekten bauen, die Schreiber schreiben, die Wissenschaftler treiben Wissenschaft, alle folgen Vorschriften und Genehmigungspflichten. Aber alle organisieren sich – in einem komplizierten Wechselspiel mit den Regulierungsvorgängen – auch selbst. Die in der leeren Zwischenwelt angesiedelten Organisationen und Administrationen, die Regulierungen und Wegweiser bilden ein feinmaschiges Netz von Wegen in einer unwegsamen Gegend, an die sich die Wanderer halten, halten müssen oder halten können. Es gibt Kanalsysteme, durch die man hindurchgespült wird, es gibt Organisationen, die, wenn man in sie eintritt, einen fest beobachten, ob man sich an die Regeln hält – und es gibt Lebensbereiche und Seinsebenen, die definitorisch entreguliert, auf den ersten Anblick chaotisch sind.

Das ist das *gefundene Fressen* für die Theorie und Praxis der Selbstorganisation. Und auch das Tummelfeld von Lebensstilforschern, Marktwissenschaftlern und Marketingfachleuten. Seit Bourdieu kreuzen die Materialisten, die an der Selektions- und Determinationskraft des ökonomischen Kapitals festhalten, die Klinge mit den Kulturalisten. Für diese formen sich Milieus und Lebensstile entlang kultureller Kompetenzen und Einstellungen zu wichtigen Lebensfragen heraus. In psychologischen Landkarten werden laufend Milieus zusammengestellt, die sich, wie jene von Demoscope, in vier Quadranten schubladisieren lassen, die sich wiederum entlang zweier Achsen: der Achse konservativ-progressiv und der Achse innengerichtet-außengerichtet ausprägen. In den vier Quadranten finden die Kappa-Typen, die Beta-Typen, die Sigma-Typen und die Gamma-Typen ihr geistiges Zuhause (vgl. Wyss 1989, S. 70ff.). Der Sigma-Typ organisiert sich um »Soft Drinks, Schokoladengetränke, Fast Food und Bier. Spitzenwerte werden verzeichnet für den Besitz von Motorrädern, Hi-Fi-Anlagen und den Besuch von Disco, Bar, Kino und Sportanlässen. Auf den Tisch kommen besonders häufig Fleisch, Teigwaren und Fertiggerichte. Die Frauen von diesem Schlag verbrauchen mehr als andere Deodorants und Parfum« (ebd., S. 72f.). Die Konsumentypologien fächern sich auf von zwei- zu multidimensional. Im Marketing kursiert das Bonmot, daß die letzte Zielgruppe, die heute noch auszumachen sei, der Einzelne sei. Es existieren so viele Lebensstile wie Menschen in den Multioptionsgesellschaften. Die Versuche, die Gesamtbevölkerung aufgrund von empirischen Erhebungen zu typisieren, stehen vor der immer gleichen Aufgabe, evidente und dennoch innovative Typologien zu präsentieren. Es ist ein eigener, an den Typologien sich labender und von ihnen lebender Markt von Autoren, Instituten und Typologien entstanden. Je nachdem werden Lebensbereiche in den Vordergrund geschoben: der Konsumbereich, der Arbeitsbereich, der Freizeitbereich, neuerdings der Erlebnisbereich.

Gerade in ihm zeigt sich aber, daß es nicht um das Erleben schönen Lebens geht (wie die Untersuchung von Schulze [1992] suggeriert), sondern um die *Steigerung* des Erlebens *und* Lebens, die Steigerung der Optionen. Die Selbstorganisation und Selbststrukturierung erfolgt an unterschiedlichen Polen, aber unter einem handlungs- und organisationsstrukturierenden Leitmotiv: dem Leitmotiv der Steigerung. Das macht die Selbstorganisation komplex, sie stößt in alle Lebensbereiche hinein, aber immer unter dem gleichen Imperativ, dem Imperativ der Steigerung und Ausweitung. Eine unendlich gewordene Welt im Makro- wie im Mikrokosmos, in den technisch eröffneten galaktischen Räumen und virtuellen Paradiesen wie auch in den mentalen Beliebigkeitsräumen ist unendlicher Stoff für das *Mehr*.

In Transitonien

An die Stelle von erledigten Utopien und barbarischen Träumen hat sich aber auch die *Melancholie* gesetzt. Scheiden tut nicht nur weh, sondern gebiert Wehmut. Die neue Gefahr in den osteuropäischen Ländern und Völkern, hundertfünfzig sind allein in der ehemaligen Sowjetunion freigesetzt, ist einerseits der organisierte Terrorismus, andererseits aber die Apathie. Im Warteraum, in dem man auf etwas, was man nicht kennt, wartet, herrscht keine frohe

Stimmung. Es liegt vielmehr eine merkwürdige Spannung in Erwartung des Unerwarteten in der Luft, Unruhe in der Ruhe. Schon die Kinder sind in einer eigenartigen Weise unstet. Ihre Ruhelosigkeit rührt daher, daß sie nicht wissen, wohin es mit ihnen geht, und daß ihnen niemand mehr sagen kann, was aus ihnen wird. Sie wachsen auf mit vagen Vorstellungen, daß es irgendwie mehr sein muß, was sie tun müssen, um zu überleben. Die Art Übererregtheit resultiert gewiß auch aus dem *Willen nach Mehr*, nach Differenzminderung, nach einer unklaren Potentialität. Wenn einen etwas erwartet, was man nicht kennt, so ist man unruhiger, als wenn man es kennt. Unruhig schweift das Auge, um den Kenntnisstand zu verbessern. Dementsprechend macht es den Anschein, als wäre alle Welt damit beschäftigt, das Weltgeschehen immer lückenloser und feinmaschiger zu dokumentieren und zu objektivieren, und als wäre jedermann damit beschäftigt und technisch auch in der Lage, immer mehr zu überwachen und zu kontrollieren.

Günther Anders hat den Begriff des »Massen-Eremiten« geprägt (1956). In Millionen von Exemplaren, schreibt er, »sitzen sie nun, jeder vom andern abgeschnitten, dennoch jeder dem andern gleich, einsiedlerisch im Gehäus...« (S. 102). Aber das Gehäus ist nicht die Höhle des mittelalterlichen Einsiedlers, es ist eine Art Horchstation, hochtechnisiert, auf Dauerempfang gestellt, weltweit energetisch und medial vernetzt. Die Masseneremiten lauern wie Späher an der Front auf *Indizien eines Prozesses*, der etwas, was man nicht genau weiß, ankündigt. Ob arm oder reich, ob Slum oder Villenhügel, ob auf Nachtwache oder Polarexpedition, alle haben auf *Empfang* geschaltet. Die ärmlichsten Hütten sind ausgestattet mit dem neuesten Gerät – und wenn noch nicht verkabelt, machen die Dörfer mit ihren antennenbestückten Dächern den Eindruck militärischer Horchposten. Gerade in den Entwicklungs- und Schwellenländern und gerade in den Enklaven der zu uns geflüchteten Menschen ist alles auf Empfang geschaltet. Man fragt sich, was eigentlich gesehen und gehört werden will. Mit Riesenteleskopen wird in den Weltraum hineingehorcht. Wer einen Tag lang im Auto unterwegs, stündlich die Nachricht hört, daß irgendeinem Präsidenten irgendeine Nachricht nicht gefallen habe, und daß in irgendeinem entfernten Winkel der Welt eine Plastikbombe entschärft oder explodiert sei und zwei Menschen verschont oder getötet habe, der fragt sich, wofür eigentlich dieser tagtägliche gewaltige weltweite Aufwand getrieben wird; warum weltweit stündlich Tausende von Sprechern über Tausende von Wellen in Millionen von aufgedrehten Apparaten die eine Nachricht, daß der Präsident XY den Präsidenten YX begrüßt oder nicht begrüßt habe, so ernst verlesen wird, als seien wir in ganz unmittelbarer Weise davon betroffen. Es ist eine absolute und groteske Verschwendung, eine Informationspollution – was aber steht dahinter?

Warum stürzen wir am Abend, zu Hause angekommen, an die Drucktasten des Fernsehers; warum kontrollieren wir so früh es morgens geht, die Ereignisse, die sich in den letzten 24 Stunden zugetragen haben? Warum wird ein unvorstellbares Ausmaß an persönlicher Energie für die Aufzeichnung und Speicherung von Fernsehsendungen verwandt, von denen man annimmt, daß sie möglicherweise wichtig sein könnten, ohne daß man sie je wieder ansieht? Ist es nicht so, wie wenn alle etwas erwarten würden, auch wenn sie nicht genau wissen, was sie erwarten? Estragon und Wladimir in Samuel Becketts »En attendant Godot« warten und warten auf gar nichts, das macht nicht ihre Komik, sondern ihren Realismus aus. Das Stück hat seit Jahrzehnten diesen Erfolg, weil es unsere Situation genauestens widerspiegelt. Der Massen-Eremit wartet nicht auf *nichts*, sondern auf *etwas*, das er nicht kennt, auf etwas Numinoses, Dunkles, auf ein jüngstes Gericht, eine gewaltige Katastrophe, eine Strafe Gottes. Er ist in Wartestellung, versucht das überquellende Weltgeschehen zu kontrollieren. Die modernen Kommunikationsapparate, Rundfunk, Telefon, Fernsehen, Videoanlage, Personal-Computer, Mail-Netzwerke, Datenbanken, wirken sie nicht wie eine Art zivile Rüstung für den Ernstfall, dessen Verbreitung über den Äther erfolgt? Ein Vorgeschmack hat der Chemieunfall in Basel geliefert, wo frühmorgens die Aufforderung über das Radio verbreitet worden ist, man solle das Haus nicht verlassen und die Fenster schließen. Das ist die Apokalypse, wenn diese Meldung einmal weltweit erfolgt, »An Alle« (so hieß doch ein Gedicht von Hans Magnus Enzensberger), auch an jene, die keine Fenster schließen können, weil sie keine haben, und die nicht im Haus bleiben können, weil sie im Freien leben. »Kommt jetzt eine Durchsage?« hat irritiert anläßlich eines Gastvortrages ein Referent gefragt, als der Pausengong im Vortragsraum ertönte. Es ist, wie wenn ein *Monsterprozeß* anstünde, für den in einer Weltsuchaktion Indizien aufzuspüren wären! Alles wird kontrolliert: die Zeitungen, die Kioske (die aussehen wie Vorboten zur Hölle), das Fernsehen, die Fernsehprogramme. Nichts entgeht unseren Augen, nicht die Krähen und Möwen im Luftraum unseres Grundstückes, nicht die Katzen und Hunde, die das Grundstück bestreunen, ebensowenig die Laute aus den Wohnungen unten und oben, die Aufschreie der Kinder und die Rufe der Nachbarn. Es ist ein Puzzle mit unendlich vielen Teilen, das nie vollständig ist, aber ab einem bestimmten Zusammensetzungsgrad erschlossen werden kann. Aber *was* will erschlossen werden? Auf welche *Gesamtbewegung* hin werden die Einzelbewegungen geordnet?

Die Wissenschaften haben viel Arbeit in elegante Theorien und sorgfältige Forschungsberichte gesteckt. Die Arbeiten der Sozial- und Geisteswissenschaften vervollständigen Auslegeordnungen oder Paradigmen, welche sich zwar bezüglich ihrer zugrundeliegenden Menschenbilder als auch ihres Vorgehens, ihrer Interessen und der intendierten Resultate unterscheiden. Aber sie unterscheiden sich nicht im Sammeln von Belegen. Man fühlt sich wie zurückversetzt in eine Sammler- und Wildbeuterkultur. Alles wird abgehorcht, überall Wanzen! Die wissenschaftlichen Bibliotheken sind randvoll gefüllt mit Belegen und Widerlegungen von Belegen, die von überall her stammen. Es gibt keine einheitlichen Fragen, keine Hierarchie von Fragen mehr, aber eine merkwürdig einheitliche und selbstverständliche Kultur des Belegens. Die Wissenschaften machen einen besessenen Eindruck, was ihre Beschreibungswut betrifft. Die wissenschaftlichen Gemeinschaften, wie man die in den Spezialdisziplinen zusammengeschlossenen Forscher nennt (wie wäre es, von einer »Gemeinschaft« der Kugelstoßer oder Weitspringer zu reden?), sind *Beobachter-Gesellschaften*. Sie sind die Schrittmacher jener »Beobachter-Sozietät«, als die Martin Meyer die heutige Gesellschaft westlichen Zuschnitts bezeichnet (Meyer 1993, S. 219). Die Methoden werden immer feiner, die Raster immer feinmaschiger, die Beschreibungen immer dichter. Alles Bisherige ist unzureichend. Mittels der neuen Aufzeichnungs- und Speichergeräte ist auch das Entlegenste objektivier- und einsehbar. Eben gibt der Kommentator der zwölften Etappe der Tour de France seiner Hoffnung Ausdruck, daß die Fahrer künftig alle mit Mikrophonen ausgestattet werden, damit man auch ihre Absprachen und Selbstgespräche während der Fahrt verstehen könnte. Insbesondere die Sozialwissenschaften sind ingeniös in der Erfindung neuer Verfahren der Spurensicherung. Die entsprechenden Studiengänge bilden Abertausende von V-Leuten oder, wie Peter Berger (1994) sie nennt, Partisanen für die Erforschung der nicht sichtbaren sechs Siebtel der Gesellschaft aus. Die empirischen Humanwissenschaften erblicken etwa gleichzeitig das Licht der Welt wie die wissenschaftliche Kriminalistik. Erst im ausgehenden 18. Jahrhundert erlangt die Argumentation mit Indizien vor Gericht eine gewisse Anerkennung (vgl. Brunold 1994). Zur gleichen Zeit werden empirisch erhobene Daten wichtig. Belege reihen sich an Belege, Beweise an Beweise. Bald werden (siehe die nichtreaktiven Verfahren in den Sozialwissenschaften) Textilfasern, Lebensmittelrückstände, Sporen, Hautschuppen, Haare, Finger- und Fußnagelreste, eingetrocknete Sekrete, Schleifspuren auf Treppen, selektive Abnutzung von Kleidern und Teppichfliesen, Rutschspuren auf Stühlen und Bänken der Wahrheitsfindung der Sozialwissenschaften dienen müssen.

Das angehäufte Material der Sozialwissenschaften erinnert irgendwie an Prozeßakten, die Methodenbücher liefern eine komplette Sittengeschichte des wissenschaftlichen Erkennungs- und Spurensicherungsdienstes. Zentnerweise sind Zeitungsausschnitte gesammelt, zu jedem Thema gibt es hundert Meter Bücher; die Ausschnitte menschlichen Handelns, die sozialwissenschaftlich untersucht werden, werden immer kürzer, die Objektivierungen der immer kürzeren Sequenzen immer diffiziler und länger. Die Zeitnutzungsbögen in den Zeitbudgetstudien laufen nun rund um die Uhr und rund um die Woche, es ist nur eine Frage der Zeit, bis die Sozialforschung Objekte ihr Leben lang mittels an den Körper gehefteter Aufnahme- und Sendegeräte verfolgt. *Die Sittengeschichte des Erkennungsdienstes*, die Uwe Nettelbeck verfaßt hat (1979), erscheint als das Kapitel der Sozialforschung, dessen Zweck offenkundig ist, nämlich kriminelle Akte aufzuklären und Täter zu überführen. Die sozialwissenschaftliche Spurensicherung ihrerseits erfolgt gewiß auch, um Sozialprogramme zu entwerfen, die Gesellschaft umzugestalten, Produkte zu verkaufen usf. Aber ein Großteil der Forschung hat – das gilt auch für die Geschichtsschreibung und deren historische Spurensicherung – den erklärten Zweck, uns über unser Verhalten aufzuklären, nämlich »warum wir lieben oder hassen, zusammenarbeiten oder miteinander konkurrieren, uns unterwerfen oder dominieren, uns anpassen oder rebellieren, uns engagieren oder treiben lassen, andern Beistand leisten oder sie verletzen« (Hunt 1991, S. 12). Warum wir, was wir tun, so tun, wie wir es tun, ist eine in der Sozialforschung keineswegs mehr selbstverständliche Frage. Das urteilende Subjekt ist hinter das protokollierende getreten. Man leuchtet hinein in die Werkstätten des Geistes, in die naturwissenschaftlichen Labors und in Protokollstuben der Geisteswissenschaften und erarbeitet, wie gearbeitet wird. Viele, insbesondere aus den Wildparks wieder der Freiheit zugeführte Tiere werden beringt, damit man ihren Lebenszyklus exakt verfolgen kann. Wie wäre es mit einer automatischen Ausstattung des Menschen mit implantierten Minisendern, die es erlauben würden, alles, was weltweit kommuniziert wird, zentral zu speichern, über eine Weltregie zu steuern und im Namen des egalitären Programms einen Datenpool zu schaffen, der Geschichte und ihre Auslegung allen Menschen so zugänglich macht, daß sie in der Lage sind, sich selber in ihren vergangenen Aktionen abzurufen, zu interpretieren, zu reflektieren und zu komprimieren?

Aber warum wir wissen wollen, warum wir das, was wir tun, so tun und warum wir immer feinere Instrumente entwickeln, um zu untersuchen, warum sich auch die Wissenschaft der Selbstverpflichtung zur sich selbst überholenden Überbietung beugt, ist offen. Die Situation erinnert an Nigel Barleys Forschungsaufenthalt bei den Dowayos in Nordkamerun, wo er sich in den ersten Wochen schwach und entsetzlich einsam fühlte. Es regnete in Strömen. Wie die meisten Ethnologen in dieser Situation, suchte Barley, wie er schreibt, »Zuflucht in der Tätigkeit des Datensammelns« (1990, S. 451). Den Fakten werde nicht ein innerer Wert zugemessen. Deren Sammlung und Anhäufung sei in einer Haltung begründet, die sich mit dem Satz umschreiben ließe: »Im Zweifelsfall Daten sammeln« (ebd.). Im Zweifelsfall gibt es freilich noch eine ebenso selbstverständliche wie schlagende Begründung. Zumindest für die nicht anwendungsbezogene Forschung ist die Differenz zwischen dem, was man weiß, und dem, was man noch nicht weiß, eine immerwährende Herausforderung. Übrigens: Je größer die Aktenbestände (täglich wachsen die Archive weltweit um Kilometer!), desto uneinlösbarer und unendlicher die Aufgabe. Die Begründung, daß das, was man nicht weiß, *weil* man es nicht weiß, erforscht werden soll, ist, man denke an das biblische Gleichnis vom Baum der Erkenntnis, zwar fragwürdig, aber eingebettet in die Fortschrittsphilosophie des *Mehr*. Nicht allein daher rührt es, das zwanghafte Registrieren, Ordnen, Ermitteln, Zählen, Kategorisieren; der Beziehungswahn, mit dem wir alles mit allem zusammenbringen und abgleichen wollen. Die Attraktivität des ganzheitlichen, vernetzten Vorgehens, beruht sie nicht auf derselben Sammelwut, die das Mehr als Fortschritt deutet?

Die französischen Klassiker der Soziologie, insbesondere Durkheim und Comte, haben die verborgene Ordnung der Gesellschaft ausfindig machen wollen, um die Lücke, welche die Aufklärung in die geistliche und weltliche Ordnung gerissen hatte, zu schließen. Durkheim sah in der Soziologie die Grundlage einer laizistischen Ethik und brachte es sogar zustande, daß eine Zeitlang der soziologische Katechismus anstelle des katholischen Katechismus in den Schulen verwendet wurde. Auguste Comte wollte die nachrevolutionäre Ära und deren Dynamik gleichsam soziologisch stabilisieren durch eine positive Philosophie, die zur endgültigen Religion erhoben werden sollte. In einem Brief von 1851 wagte Comte die Prophezeiung, daß er noch vor 1860 das Evangelium des Positivismus in Notre-Dame zu Paris predigen werde (zit. in Löwith 1952, S. 86f.). So unrecht hat er nicht gehabt, das Evangelium des Positivismus wird allüberall von den Kathedern der Wissenschaft verkündet. Aber der Positivismus ist eine leere Religion, weil er nur fordert, gewissenhaft nach allen Regeln der positivistischen Kunst zu beschreiben, was noch nicht beschrieben, und zu sammeln, was noch nicht gesammelt ist.

Die Belege zur Familie, zur Industrie, zum Management, über die Massenmedien, über Adoleszenz, psychische Krankheiten, über die Immigration, die demographische Entwicklung, über die Wünschelrutengänger und die Organisation des Klatsches, über das Haustier und die Kommunikation zwischen Mensch und Haustier, über die sichtbare Religion, über die unsichtbare Religion, über Gewalt, über Liebe und Sexualität, über den Verlust der Tugend und zeit- und ortloser Märkte sind zahllos und wachsen ständig. Aber sie wachsen irgendwie mittelpunktlos. Unsere Zeit ist bekenntnisschwach, gegenüber Göttern, Messianismen, Utopien und Ideologien gleichgültig geworden. Die geschichtlichen Revolutionen erscheinen in den Geschichtsbüchern als großartige, von Führern und Geführten gemeinsam intendierte Leistungen. Den zeitgenössischen Politikern und Wirtschaftsführern fällt keine Utopie mehr ein. Ihre Wünsche und Rechtfertigungen bewegen sich im immer gleichen Dreieck von Wohlstand, Wachstum, und Mehr. Die zeitgenössische Sozialwissenschaft tendiert in gleicher Weise zur Anhäufung, zur empirischen Reduktion, zur Unterordnung der Theorie unter die Methode. Frei werden, frei machen von die Freiheit beengenden Rahmen, lautet auch hier die Devise. Die Gesellschaft strebt *vorwärts* und entledigt sich ihrer Gewichte. Aber im Unterschied zu den Vorstellungen einer auf verschlungenen Wegen letztlich doch zielgerichteten Emanzipation, in der alle Wege einmünden und wo sich der Mensch als freigesetztes und autonomes Wesen wiederfindet, läuft der faktische, der realisierte Fortschritt auf eine unendliche Vielzahl von sich immer weiter verzweigenden Möglichkeiten hinaus.

Beunruhigung

Das Irreguläre, die drohende sich öffnende Kontingenz, die wachsende Unberechenbarkeit des Erwartbaren, die zunehmende Komplexität und die raschen Zustandsänderungen von Phänomenen sind nicht nur die eine Folge der gigantischen Steigerung und Multiplizierung von Optionen auf allen Seinsebenen und in allen Seinsbereichen. Gewiß überschreitet der Kalkulationsaufwand des Einzelnen angesichts der komplexen Situationen häufig die Kalkulationsfähigkeit. Man weiß nicht mehr, was auf einen zukommt, egal, wie man sich verhält. Die kritische Masse an Fremdartigem ist unterdessen nicht nur auf den Bahnhöfen häufig überschritten. Dementsprechend haben Knigges Nachfahren Konjunktur. Zumindest für die ersten Züge von Begegnungen, Aquisitionen und Fusionen. Aber die Rezepte können lebenspraktischen Notwendigkeiten gar nicht folgen. Wenn, sagen wir, auf einem Gehsteig der Schweizerischen Bundesbahnen eine fremdartige Frau den Bahnkunden einen Zettel in die Hand drückt, so weiß man zunächst nicht, auch ich nicht, ob man ihn nehmen soll oder nicht. Nimmt man ihn und liest: »zwei Kind – kein Milch«, so weiß man wiederum nicht, ob der Obolus, den man gibt, erschwindelt ist. Tröstlich und unvergeßlich die Seniorin, die die fremde Bettelkultur einfach am Arm ergriff mit den Worten: »Häsch Hunger, wöttsch ä Brotwurscht?« Eine Bewältigung, die die moderne Komplexität der Welt einfach einklammert und handelt, wie man in solchen Fällen immer gehandelt hat, würde uns vielleicht in trunkenem Zustand auch einfallen. Aber viele andere

Reaktionen sind eher denkbar, z. B. die Bahnhofsmission oder die Polizei informieren, wegsehen, freundlich abwehrend lächeln, den Zettel nehmen und wegwerfen, oder ihn lesen und dann wegstecken, etwas anbieten, zwei Franken oder zwanzig Rappen, usf., usf.

Dahrendorf beunruhigte uns vor zwanzig Jahren mit dem Gegenbild des Normen sich beugenden »*Homo sociologicus*«. Wenn unser Verhalten bloß den Gesetzen der Zufallswahrscheinlichkeit unterläge, würden einfachste Alltagsroutinen zusammenbrechen. Würden wir etwa jemandem die Hand zum Gruß geben, wäre die »Chance gleich groß, daß er uns ins Gesicht spuckt oder uns übersieht oder auf die Stirn küßt oder mit einer Pistole bedroht oder uns auch die Hand reicht« (1967, S. 49). Dieses irritierende Bild ist aus den soziologischen Lehrbüchern heraus in die Wirklichkeit gedrungen, Wirklichkeit geworden. Der Dahrendorfsche Kunstmensch, der erwartungssicher handelt und der den Überschuß von Verhaltensalternativen automatisch und überlegungslos selektiv abarbeitet, wird mehr und mehr konkurrenziert vom – wie Ronald Hitzler (1991) ihn genannt hat – *Goffmenschen*. Darunter ist nicht der zappelige »Gooffy« aus Walt Disneys Entenwelt verstanden, sondern das den Arbeiten Goffmans zugrundeliegende, aus der Gegenwart herausdestillierte Bild eines Menschen, der prinzipiell in Situationen gerät, in denen etwas geschieht, das nicht genau einzuordnen ist. Nicht mehr sicher, daß ihm der andere *nicht* ins Gesicht spuckt, verfängt er sich in einem Knäuel von Erwartungen, die ihn innehalten und fragen lassen: *Was ist denn hier eigentlich los?* (vgl. Goffman 1977).

Diese Frage tritt nicht nur dann auf, wenn plötzlich Neues und Unvorhergesehenes ins Blickfeld tritt (und das ist ja heute nicht nur auf dem Bahnhof in einem überwältigenden Ausmaß Tag für Tag der Fall!). Sie trifft den Fallschirmspringer, der über Feindesland abgeworfen, ohne Karte und Kompaß in einer johlenden Menschenmenge landet. Sie trifft den blinden Passagier, der sich, statt am Fuße der Freiheitsstatue, irgendwo in Schwarzafrika aus der Kiste herauswindet. Insofern das Fremde zu uns hingetragen wird, werden auch wir, nicht nur auf den Bahnhöfen, mehr und mehr zu Goffmenschen. Sie steht auch dann als Frage im Raum, wenn die Verbindlichkeiten und Erwartungssicherheiten nicht mehr die selbstverständliche Kraft haben und wir sie auch nicht mehr selbstverständlich unterstellen können. Die Welt öffnet und verzweigt sich nach vorn in immer neue Möglichkeiten. Der Himmel hängt nicht mehr voller Geigen, sondern voller Optionen. Gleichzeitig fallen die überkommenen Verhaltenssicherheiten ab – oder werden ebenfalls in Optionen umgeschmolzen. Wenn alles möglich wäre, würde das zwar von keinem Menschen zu bewältigen sein. Die ältere Anthropologie und Soziologie hat die Frage gestellt, wie prinzipielle Weltoffenheit, in die der Mensch geworfen ist, auszuhalten sei. Helmuth Plessner bemüht gemeinsame intersubjektiv geteilte Weltdeutungen als orientierungssichernde Krücken, Gehlen als selbstverständlich geltende Institutionen. Luhmann stabilisiert die an allen Ecken und Enden auseinanderbrechende und in den Halterungen schlingernde Gesellschaft in sozialen Systemen und Beschreibungen von sozialen Systemen, die komplexitätsreduzierend wirken sollen. Und wir?

Die zerlumpten und ausgehungerten Massen der frühen Neuzeit versuchten, so Camporesi (1990), ihren harten Lebensbedingungen durch die Flucht in künstliche Paradiese, in kopfstehende Welten und überspannte Träume zu entkommen. Zur gleichen Zeit, als der abendländische Rationalismus in Intellektuellen wie Galilei, Bacon und Descartes Fuß faßte und die Welt nach dem Bild einer ausgeklügelten Maschine abgebildet wurde, erfolgten massenhafte Delirien, Trancezustände und Ausbrüche von Tanzwut, die begleitet waren von Wolken des Imaginären, Phantastischen. Das okzidentale Europa hatte – zumindest bis ins 17. Jahrhundert – »das Aussehen eines riesigen Hauses der Träume, in dem der Zustand bei Tageslicht dazu neigt, sich mit dem bei Nacht zu vermischen« (S. 17). Heute ist es umgekehrt. Die Wirklichkeit ist phantastisch. Die ausgehungerten Massen der Dritten Welt versuchen, wie die Bewohner von luxurierenden Multioptionsgesellschaften, die Träume nicht in den Träumen, sondern in der Wirklichkeit zu realisieren. Das okzidentale Europa hat heute, zumindest im Überblick aller gebotenen und realisierbaren Möglichkeiten, das Aussehen eines riesigen Hauses verwirklichbarer Träume. *Alle wollen in dieses Haus.* Das ist das Ziel. Und dazu ist, in einer multikulturellen Gesellschaft, *jedes Mittel recht*, weil irgendwo, in irgendeiner Kultur legitimierbar.

Vor dreißig Jahren hat Ortega y Gasset seinen Weltbestseller »Der Aufstand der Massen« (1956) mit den Worten begonnen: »Es gibt eine Tatsache, die das öffentliche Leben Europas in der gegenwärtigen Stunde – sei es zum Guten, sei es zum Bösen – entscheidend bestimmt: das Heraufkommen der Massen« (S. 7). An den Massenstatus haben wir uns gewöhnt. Im Grau der Massen zeichnen sich aber neue Figuren ab. Es brodelt im Innern. Die Masse ist wie eine nicht mehr kompakte Decke, die überall Risse zeigt. In ihnen tauchen Charaktere auf, welche die Masse brauchen, um sich von ihr abzuheben. Nicht der Aufstand der Massen ist beunruhigend, sondern der Aufstand des *Einzelnen in der Masse.* Erstrangig sind heute nicht die industriegesellschaftlich, sondern die *permissiv-liberalstaatlich* und *konkurrenzökonomisch* produzierten Risiken. Diese nahen von den aus dem Fortschritt herausgefallenen Kontinenten, Ländern, Regionen und Menschen, die ihre Situation zum Irregulären treibt und zwingt. Die Tatsache, daß das Irreguläre in der modernen Gesellschaft Triumphe feiert, der Kultus des Verbrechens, die Zugkraft von Gefahrsurrogaten in den Medien, der glänzend inszenierte Katastrophenkitsch, wo man Risiken stellvertretend genießen kann, der Glorienschein der Selbstjustiz und des Faustrechts, der Glanz des modernen Strauchrittertums an den Börsen und an den Computern, die millionenfache tägliche Lektüre der Gewalt- und Schandtaten beim morgendlichen Kaffee oder beim abendlichen Schoppen ist keineswegs die heimliche Bestätigung einer kraftvollen Ordnung. Im Innern, im Bauch der Gesellschaft, lassen sich nicht nur die Baumeister, Techniker, Beschwichtiger, Aufklärer, Fortschrittsfanatiker und Assekuranztheoretiker ausmachen, sondern die *Risikosucher.* Wir erleben das alltägliche Rasen, Klettern, Fliegen und Springen. Wir sehen einen Japaner den Mount Everest hinuntersausen, einen Österreicher eine Woche in den Achttausender von Nepal verschwinden, Rüdiger Nehberg mit einem Plüschfrosch im Amazonasgebiet untertauchen. Wir beobachten jeden Tag Freunde, Bekannte oder auch Fremde, die auf ihre Art Sensationelles leisten oder Sensationelles bewundern. Selbst Terroristen, Putschisten, Desperados und Hijacker, die ihre blutige Spur in die Geschichte kratzen, werden nicht mehr nur insgeheim bewundert. Sie setzen um! Sie realisieren!

Die blitzartig illuminierten Gestalten an der Rampe, in Prozessen, in den Medien und in der Literatur über das organisierte Verbrechen sind nur die Spitze eines Eisberges. Sie werden nicht an die Öffentlichkeit gezerrt, sondern die Öffentlichkeit verlangt nach ihnen. Sie sind nicht einzelne Figuren oder Gruppen, sondern sie verkörpern eine Haltung. Dieser Haltung ist die Devise eingeschrieben: »Wir tun nicht, was ihr erwartet!« Donoso hat in seinen verzweifelten Briefen an den Grafen Raczynski die Menschheit als ein Schiff beschrieben, das ziellos auf dem Meer herumgeworfen wird, bepackt mit einer aufrührerischen, zwangsweise rekrutierten Mannschaft, die grölt und tanzt, bis Gott das rebellische Gesindel ins Meer stößt, damit wieder Schweigen herrscht (vgl. Schmitt 1934, S. 75).

Haucht ein Kulturkreis – im Hagel aller andern Kulturen – sein Leben aus? Wovon sollte ein abgekehrter Geist denn träumen, wenn nicht von Rohlingen, von Raubtieren, von Barbaren? Durchzieht nicht eine heimliche Freude am Verbrechen die Schriften subtiler Denker und Menschenkenner, von Freud bis in die Berichterstattungen großer Strafprozesse? Ist das Heimweh nach der Barbarei das letzte Wort der Zivilisation, wie Cioran es annimmt (1980)? Oder ist unsere Krankheit, wie es der 84jährige Stefan Heym beklagt, die grenzenlose Langeweile? Ist es die verlorene Transzendenz, die gewalttätig macht, so daß man alles meint, auf einen Schlag erleben zu müssen? Wirkt das antizipierte Ende nicht lähmend, sondern *euphorisierend*? Trennt uns die Abschaffung der Metaphysik, die uns wohnlich umgebenden Trümmer und Reste eines gläubigen Zeitalters zur transitorischen Raserei, die immer nur im Absturz endet? Steigert das Irreguläre und das damit verbundene Ende des Regulären jene Lust am Untergang, von der Friedrich Sieburg schon 1961 geschrieben hat, daß sich in ihr die Furcht mit heimlichem Vergnügen mische, daß sie im Grunde eine phantastische Steigerung der Sterbevorbereitungen hervorrufe, eine Art lichten Rausches, in dem alle Dinge unvergänglich, alle Lichter festlich und alle Menschen gut sind. So, schreibt er, »verbrachten einst absinkende Kulturen, die ihr Ende voraussahen und schon den Tritt der nachrückenden barbarischen Erben vernahmen, ihre letzten Tage« (S. 45 f.).

Der andere Krieg

Die Zahl der Gewaltverbrechen in den USA hat 1991 einen neuen Höchststand erreicht. Es wurden, so die offizielle Statistik, 24 703 Menschen ermordet, 37 000 Personen starben an Schußwunden. Im vergangenen Jahr ist dieser Höchststand erneut übertroffen worden. Die absolute Rate der Gewaltverbrechen ist ebenfalls gestiegen, und zwar auf 758 pro 100000 Einwohner. Einer von Hundert begeht ein Gewaltverbrechen. An der Kreuzung Broadway und 47. Straße in New York ist zu Beginn dieses Jahres (1994) eine dreieinhalb Stockwerke hohe »Todesuhr« installiert worden, die, sofern unterdessen nicht die Registratur zusammengebrochen ist, registrierte Tötungen durch Schußwaffen für die USA kontinuierlich anzeigt. Da die Zahl der Gewaltverbrechen davon abhängt, was als »Gewaltverbrechen« definiert und was überhaupt zur Anzeige gebracht wird, sind diese Zahlen, wie man weiß, der Hinweis auf andere Größenordnungen. Opferbefragungen führen zu einer Verzehnfachung der polizeilich registrierten Gewaltakte. Die Kriminalstatistik ist eine Oberflächenritzung, die Spitze des Eisberges, die nur das Selbst- oder Fremdangezeigte aufnimmt. Durch mehr oder minder gewollte oder ungewollte Zufälle an die Oberfläche und in die Hand von Ermittlern und staatlichen Organen gespült, erwartet sie die Registrierung. Die Entdeckung der Leiche in der Kühltruhe, der Hinweis auf ein Verbrechen auf einem Videofilm – es handelt sich um Taten, deren Spuren vom Täter verwischt, deren Entdeckung durch die Öffentlichkeit meist zufällig geschieht.

Aber es sind nicht die alten Kriege in alten Bahnen. Weder treten die Guten gegen die Schlechten an, noch versuchen die Schlechten ihre Untaten zu verbergen. Heute verwandeln sich unauffällige gute Bürger über Nacht in »Hooligans, Brandstifter, Amokläufer und Serienkiller« (Enzensberger 1993, S. 19). Jeder U-Bahn-Wagen kann blitzschnell zu einem »Bosnien en miniature« werden (ebd., S. 171). Man muß bei jedem Streit um eine Parklücke, bei »jeder Beschwerde über zu lauten Partylärm damit rechnen, erschossen, erstochen oder zusammengeschlagen zu werden...« (Breuer 1992). Oder, und das wohlvermerkt, es ereignet sich das Umgekehrte; der Bürger greift, wie in Joel Schumachers Kinofilm *Falling Down* (1993), durch und weist die bettelnden Farbigen, die schwulen Nazis, die kastrierenden Weiber und das renitente Servierpersonal und die damit verbundene »politisch korrekte« Rhetorik in die Schranken. Aber die Gewaltaktionen von Banden, die Plünderung von Supermärkten, die Angriffe von Skins auf Asylbewerberheime, die Zusammenrottungen von RAF-Sympathisanten in Bad Weilen, die Straßenschlachten und Lichterketten haben andere Wurzeln. Sie wurzeln im Niemandsland einer ziellos schwappenden, richtungslosen Energie. Das Niemandsland ist ein

Niemandsland, weil es das Allerweltsland eines Fortschritts ist, dessen Ziel kein Ziel, sondern der Fortschritt als solcher ist!

Kriege früher wurden als nationale Befreiungskämpfe, als revolutionäre Aufstände, als Putsche für oder gegen Gesellschaftssysteme geführt. »Mit leuchtenden Augen folgten die Anhänger Hitlers und Stalins den Evangelien ihrer Führer...« (Enzensberger 1993, S. 173). Die Terroristen wollten die Gesellschaft auf eine ideale Zukunft hin bomben, die Partisanen den Rückzug auf eine ideale Vergangenheit erzwingen. Man hat, sofern man überhaupt gekämpft hat, gekämpft für und gegen Ideen, Modelle des Zusammenlebens, Traditionen, Utopien. Die Kämpfer haben sich mit Idealen identifiziert und uniformiert. Der Abbau sakraler Ordnungen geht einher mit dem Aufbau von Apparaten der physischen Gewalt. Die gesellschaftliche Ordnung, die herrschende säkulare Ideologie muß mit Polizei, Militär und Waffen geschützt und zusammengehalten werden (vgl. Szalay 1994, S. 183). Heute tobt im Innern der Gesellschaft ein anderer Krieg mit anderen Armeen. Der »Waldgänger« Ernst Jüngers, die dritte der großen Gestalten, die nach dem Arbeiter und dem unbekannten Soldaten sich schemenhaft als die kulturbedeutsame Figur unseres Jahrhunderts in den Vordergrund schiebt, ist gegenüber dem Skin, dem Hooligan, dem Heavy Metaller und dem Parkgaragenbrandstifter und dem PC-Therapeuten, der diese Gruppen noch automatisch heiligspricht, geradezu liebenswert anachronistisch. Durch den großen weltgeschichtlichen Prozeß der Optionierung und Entpflichtung heimatlos geworden, sieht dieser sich der Vernichtung ausgeliefert und ist entschlossen, einen aussichtslosen Kampf für die Freiheit und gegen den Fatalismus zu führen. Die Apparaturen »wachsen unermeßlich und rücken ganz nah heran« (ebd., S. 348). In dieser Zeit liegt die Aufgabe des Waldgängers darin, die »Masse« der für eine künftige Epoche gültigen Freiheit »abzustecken« (ebd., S. 356). Welch altmodisch soldatische Formulierung!

Schon der Waldgänger ist kein Soldat, er kennt nicht die soldatischen Formen und ihre Disziplin; er ficht nicht nach Kriegsrecht, der Wald als Kampfplatz ist überall, der Waldgänger führt den Krieg »entlang der Schienenstränge und Nachschubstraßen, bedroht die Brücken, Kabel und Depots... Er schlägt sich ins Anonyme, um wieder zu erscheinen... Er verbreitet ständige Unruhe, erregt nächtliche Paniken« (ebd., S. 364f.). In solchen

Formulierungen scheint das Gesicht des vordergründig *leeren* Terrors, des *motivlosen* Vandalismus auf. Der im Innern der Gesellschaft sich abzeichnende Bürgerkrieg ist in der Tat kein Kreuzzug, kein eingeschleppter Virus, sondern ein endogener Prozeß. Er eskaliert ohne Flugblätter (oder nur zur Tarnung), ohne öffentliche Programme und Proklamationen; er wütet scheinbar begründungslos. Aber er folgt jenem Steigerungs- und Teilhabeprogramm, das, weil universell und inhaltlich leer, *nur nicht als solches erkannt wird*.

Der ostgermanische Volksstamm der Vandalen, der, aus Schlesien herkommend, zu Beginn unserer Zeitrechnung den Rhein und die Pyrenäen überschritt, die Meerenge von Gibraltar überwand und in Nordafrika unter Geiserich das Vandalenreich gründete und das westliche Mittelmeer beherrschte und im Jahre 455 n. Chr. in blinder Zerstörungswut Rom heimsuchte, hat späte Nachkommen in allen luxurierenden Multioptionsgesellschaften. Am 29. Mai 1985 machten im Brüsseler Heyselstadion Liverpooler Hooligans Jagd auf Fußballfans aus Turin. Nach dieser blutigen Schlacht war, so ein Fan in einer Monatszeitschrift, »der Zulauf riesig« (*Tempo*, Dez. 1990, S. 52). Bei den Auftritten einer »Nirwana« heißenden amerikanischen Band wurde das ›stagediving‹ erfunden (Rutschky 1992, S. 703). Fans werfen sich, nachdem sie die Bühne erstiegen haben, wie fliegende Fische in die Menge. New Yorker Jugendliche haben die Liftschächte als Abenteuerspielplätze entdeckt. Sie setzen sich auf den Lift und lassen sich hinauf- und hinuntertragen. Die New Yorker Polizei soll eine Spezialeinheit für die Verhinderung dieses in letzten Jahren ein Dutzend Todesopfer fordernde Vergnügen gebildet haben. Ob die Öffentlichkeit oder wie im Liftschacht der Ausschluß der Öffentlichkeit gesucht wird, wir sind Konsumenten ununterbrochenen Aufruhrs, Gewalt, selbstmörderischer Riskanz. Beim Zug-Surfen mit der Eisenbahn, wo Jugendliche sich aus den Zugtüren rückwärts in den Fahrtwind fallen lassen, ist – einer Pressemeldung zufolge – heute (17. April 1994) einem Jugendlichen der Kopf zertrümmert worden. Der Kult der Performanz (Ehrenberg 1991) hat auch die Schattenseiten des Lebens ergriffen. Nicht mehr nur Sportler, Unternehmer und Abenteurer überbieten sich und einander, sondern auch Schläger und Killer.

Mag sein, daß die besondere Anziehungskraft des Mobs auch daher rührt, daß absolute und indiskutable Gleichheit herrscht:

»Ein Kopf ist ein Kopf, ein Arm ist ein Arm, auf Unterschiede zwischen ihnen kommt es nicht an« (Canetti, 1980, S. 26). Insofern die Forderungen nach Gerechtigkeit aus diesem Gleichheitserlebnis ihre Energien beziehen, handelt es sich aber, auch wenn man die These Canettis teilt, um punktuelle Vergegenwärtigungen und Verwirklichungen des Projektes der Moderne, die in Gestalt der religiösen Klagemeuten, ja schon als Jagdmeuten stampfende Vorwegnahmen einer gleichen Teilhabe aller an allem waren. Der Mob ist nur anfänglich unberechenbarer Pöbel, ein unorganisierter, beweglicher und aufgestachelter Haufen. Er versammelt sich auf öffentlichen Straßen und Plätzen. Gegen den Mob werden Einsatzwagen bereitgestellt, Kordons errichtet, die Armee kommt zu Hilfe. Der Mob rottet sich auf den Zinnen der Gesellschaft zusammen und wird auf den Zinnen bekämpft. Der Mob ist für jeden, den er sich zum Gegner erwählt hat, gefährlich. Aber er ist auch für jeden Gegner erkennbar. Im regulären, im erklärten Krieg sind die Waffen offen zu tragen, um die regulären Kombattanten von den Freischärlern, Untergrundkämpfern und Guerillas zu unterscheiden. Die Soldaten aller Armeen tragen Uniformen. *Inter arma caritas*, gleichgültig, welches Irresein, welche Dummheit und Brutalität man dem Straßenmob anlastet, er trägt die Uniform, seien es nun Springerstiefel, Roger-Staub-Mützen oder gezwirnte Armbändchen.

In der ein Fanal setzenden, aufsehenerregenden Straßenschlacht von Rostock im Frühsommer 1993, bei der 74 Polizisten verletzt worden sind, bedient sich der Straßenmob freilich einer neuen Taktik. Er weicht, bei Gegenangriffen der Polizei, zurück in die sympathisierenden Zuschauer, er taucht mit deren Billigung in ihnen unter. Der zeitgemäße Mob ist überall, er verwandelt sich flugs zurück in den braven Bürger. *»Wir alle sind Geiseln, wir alle sind Terroristen«* (Baudrillard 1985, S. 46). Und überall sind seine Hinterlassenschaften, seine Zeichen, Verwüstungen, Vandalismen sichtbar. Halterungen sind herausgerissen, Signale umgestürzt, Wände besprüht, Toiletten bekritzelt, Totenköpfe in Sitzbänke eingekerbt, weiße Kreuze auf Bäume gemalt. In den Großräumen der brasilianischen Touristenmetropole Rio de Janeiro machen beispiellose Mordserien von sich reden. Die Hälfte der Morde sollen von den »Justiceiros«, geheimen Organisationen von Polizeibeamten, verübt worden sein.

Die modernen Vandalen marschieren nicht an der Spitze zerstörungssüchtiger Banden, sie sind keine Mitglieder anarchistischer Vereinigungen. Ihre Einsprüche gegen die Realität erfolgen höchst selten als Frontalattacken, als Sturmangriffe, als wohlgeplante Kampagnen. In der Kleinkriegsanweisung des Schweizerischen Unteroffiziersverbandes heißt es: »Beweg dich nur in der Nacht und ruhe am Tage in den Wäldern« (zit. in Schmitt 1963, S. 31). Die Bewegungen in der Nacht, die Verschiebungen in der Dunkelheit sind, weil nicht offen vereinnahmbar und zur höheren Ehre einer numinosen Pluralität einsetzbar, gefährlicher. Sabotage, die planmäßige Beeinträchtigung militärischer Operationen oder wirtschaftlicher Produktionsabläufe durch passiven Widerstand oder durch heimliche Zerstörung von Schlüsseleinrichtungen des Gegners, ist ein epidemisches Phänomen. Der Kampf hat in der Tat neue Dimensionen angenommen, die Gewalt, wie Sloterdijk (1993) sagt, *sphärisches Format, den Modus des Überalls* (1993, S. 57). Die Fronten verlaufen, wie im zerfallenen Jugoslawien, auch bei uns so, daß die stehenden Polizei- und Militärtruppen nicht einmal mehr wissen, wie die Fronten verlaufen.

Dienst nach Vorschrift, innere Kündigung, heimliche Selbstpensionierung treten nach Meinung von Führungskräften immer häufiger auf. Sie entsprechen den Devisen moderner Guerillakriege mit zivilen Mitteln. Derzeit ist die innere Kündigung manchem Personalleiter der benötigte Grund für die äußere Kündigung. Diese wiederum ist dem Gekündigten in steigendem Maße Grund zur Rache. In Kalifornien sind 144 Opfer von rachesuchenden Entlassenen zu beklagen (*Neue Zürcher Zeitung*, 18. April 1994, S. 7). Die Abteilungsleiter rüsten sich mit kugelsicheren Westen aus (ebd.). Der Aufstand gegen das Unerträgliche, den Robert Jungk in *Menschenbeben* (1983) beschreibt, ist wohl nur eingeschränkt ein Aufmarsch gegen Kriege, Unmenschlichkeiten und Großtechniken, sondern Aufstand gegen die pausenlose Selbstüberforderung – auch durch die pausenlos angezeigten Kriege, Unmenschlichkeiten und Großunfälle. Sie widerlegen sich vielleicht nicht selbst, aber sie bestätigen dennoch bis zu einem gewissen Grad das, wogegen sie kämpfen. Es wird ein anderer Krieg geführt. Die inneren Gegenwelten expandieren. Auch das Unerträgliche hat andere Färbungen angenommen. Es sind nicht mehr äußere Bedrohungen, sondern innere Lasten. Gesucht ist nicht der Weltfrieden, sondern der innere Frieden. Bekämpft wird eine innere Unruhe. Gekämpft wird nicht auf dem Schlachtfeld, sondern in den Niemandsländern der Seele. Die Gegengesellschaften versuchten Optionen und Teilhabe an Optionen, die ihnen in einer hart geschmiedeten Ständegesellschaft nicht zustanden, zu erpressen, zu errauben. Sie lebten als Parodien von Ritter- und Adligengesellschaften in ihren mit geraubtem Gold vollgestopften Unterschlüpfen. Die Gaunerbanden in uns wollen keine Gegengesellschaften, sondern die Erfüllung der Versprechungen der modernen Gesellschaft. In ihnen steckt der Virus der Potenzierung, der Kult der Performanz. Auch das Verbrechen hat den Drang zum *Superlativ*. Rekordsummen an Leichen; die Filme *Das Schweigen der Lämmer* oder *The Texas Chainsaw Massacre* überbieten sich in Gräßlichkeiten. Die Überfälle und Greueltaten realisieren mit illegitimen Mitteln die Teilhabe an den endlos gesteigerten Optionen oder protestieren gegen ihre Vorenthaltung (vgl. Didion 1991).

Wirtschaftskriminalität und Drogenkonsum scheinen nichts miteinander zu tun zu haben, außer daß bei beiden Phänomenen ein rasanter Anstieg zu verzeichnen ist. Wirtschaftskriminalität umfaßt Straftaten, die regelmäßig gewaltlos bei tatsächlicher oder vorgetäuschter wirtschaftlicher Betätigung verübt werden und hohe materielle und immaterielle Schäden (bei andern) verursachen. Aber wird nicht in beiden Delikten versucht, an Optionen heranzukommen, die erwünscht und erhofft, aber noch nicht realisiert sind, obwohl ihre prinzipielle Realisierungsmöglichkeit gesellschaftlich andauernd bestätigt wird? In der Wirtschaftskriminalität geht es um Geld und materielle Güter, den Drogenkonsumenten geht es um immaterielle Zuneigung und Liebe. Dem Wirtschaftskriminellen schwebt, sofern er nicht motivlos, aus Spaß oder Risikolust deliktisch tätig wird, der telematische Schönling vor, der, Wirtschafts- und Unterhaltungsstar in einem, am Swimming Pool gleichmütig eine korsische Zigarette pafft, einen golddunklen Cognac durch die Kehle schickt und seinen Ferrari mit 190 km/h über die deutschen Autobahnen röhren läßt und abends leicht verspätet, aber braungebrannt und mit einer frischen Schönen am Arm, als einer der letzten, aber meisterwarteten Gäste auf einer Abendgesellschaft auftaucht. Die nie gekühlten Wünsche werden angestachelt bei der Lektüre von Wirtschafts- und Managermagazinen, beim Lesen von *Ambiente* und *Architectura*, bei der Kontrolle der Preise von Luxuswagen und Luxushotels.

Der Drogensüchtige hingegen will am Minimum teilhaben, an einem Minimum von Anerkennung, Liebe, Freuden und Freunden. Er kämpft mittels der Selbsttötungsdrohung seinen verzweifelten Kampf um Anerkennung. Brutalität und Vandalismus sind häufig genug verdeckte Kämpfe um Anerkennung. Die Zuwendung wird erpreßt durch verzweifelte Aktionen und Drohungen. »Die anderen spüren lassen, daß man noch da ist«, wie sich eben ein Jugendlicher am Fernsehen ausgedrückt hat (*Raymond – Der Junge mit dem Engelsgesicht.* Film von Wilfried Huismann, ARD 23. 7. 1993). Ein »Kampf um Anerkennung« (vgl. Honneth 1992), nicht auf höchstem, sondern auf *tiefstem* Niveau. Bei den Jüngeren grassiert – so Esther Vilar – »mangels brauchbarer Kollektivreligionen längst die kollektive Depression... es gibt in diesem Toleranzsystem weder etwas für noch etwas gegen das man im großen Maßstab kämpfen könnte, man hat weder bedeutende Ziele noch nennenswerte Feinde... Die einen behelfen sich, indem sie sich für ständig wechselnde Kleinziele engagieren... Die anderen haben sich darauf verlegt, mit Akten des Massenvandalismus bei den demokratischen Autoritäten buchstäblich um Feinde zu betteln« (1982, S. 154f.). Wie häufig ist die kriminelle Energie letztmöglicher verzweifelter Wille um Anhörung! »Selbst auf einer Anklagebank ist es immer interessant, von sich sprechen zu hören«, schreibt Albert Camus (1961, S. 124). Das ist es. Besser, man wird belehrt, verfolgt, beredet, therapiert, als daß man allein am Alleinsein zugrunde geht.

Tod den Optionen

Aber Optionen hat man im Überfluß. Man hat wenig echte, aber beliebig viele Freunde. Man will die wahre Liebe nicht mehr wahrhaben, sondern die optimale Liebe. In allen Lebensbereichen und auf allen Seinsebenen wird anempfohlen, die Portefeuilles optimal zusammenzustellen; ein Portfolio von Lebensmöglichkeiten, Erwerbstätigkeiten, Hobbys. »Everyone will live a portfolio life one day for part of their lives« (Handy 1989, S. 154). Alles ist nach dem Muster der modernen Portfoliotheorie in der Vermögensverwaltung zu optimieren. Aber wie häufig bringt man das nicht mehr zusammen? Aus der anfänglichen Optimierungseuphorie entsteht eine Optimierungspsychose und aus dieser eine latente Abneigung, ein versteckter Haß. Diesem läßt sich nicht nur mit Obstruktion, innerem Widerstand und heimlichem Vandalismus begegnen, sondern auch durch den Versuch, der Optimierungsaufgabe durch Reduzierung der Optionen zu entgehen. Man rächt sich an einem Leben, das einem nicht gibt, was es verspricht. Die moderne Zerstörungswut, die sich gerade gegen moderne Kommunikationsmittel richtet, bündelt sich in der gleichzeitig Beunruhigung und Angst, aber auch heimliche Befriedigung hervorrufenden Gestalt des *Amokläufers*.

Markus Bitsch hat am 29. August 1986, bei einer Amokfahrt in Karlsruher Vororten drei Frauen und zwei Männer erschossen sowie vier Menschen schwer verletzt. Der Täter litt, so das Gericht, seit Jahren an einer schweren chronischen Psychose, einer halluzinatorischen Schizophrenie. Seit dem Tod der Mutter hätten sich die Vorstellungen wahnhaft verdichtet. Er habe schließlich alle Kontakte vermieden und völlig isoliert gelebt. Seine Behausung habe er durch allerlei seltsame Vorrichtungen gegen vermeintliche Angriffe zu sichern versucht. Die Nächte habe Bitsch in einer überdeckten Hängematte, die Tage in einer Art Unterstand verbracht. Wovor hat sich Bitsch zu schützen versucht? Und wovor hat er sich letztlich nicht schützen können und darum den Ausbruch aus seinem Unterstand versucht? Der Amoklauf ist eine psychotische Paralyse, ein tobender Blackout, eine optionenvernichtende Optimierungspsychose. Wer sich massiv bedroht fühlt, ist nur noch mit der Abwehr dieser Drohungen befaßt. Er ist das verkehrte Abziehbild der Multioptionsgesellschaft (wahllos in die Menge schießen) mit minimalen Obligationen (nicht wissen warum). Er ist Widerstand gegen diese Gesellschaft und tödlich überhöhte Realisierung ihrer Grundvollzüge in einem. Im Massaker von Hebron hat der jüdische Siedler Baruch Goldstein ein Maximum an palästinensischen, arabischen und islamischen Tabus verletzt (er tötete die Palästinenser auf ihrem eigenen Boden, im heiligen Monat Ramadan, im Heiligtum ihres Stammvaters, als ihre Stirnen im Frühgebet den Boden berührten) und ein Maximum an Toten hinterlassen. Partisan und Terrorist leisten Widerstand gegen die Moderne; der eine will gewaltsam vorwärts, der andere gewaltsam aufhalten. Der Amokläufer wird mit der Gegenwart nicht fertig, ohne Hoffnung auf eine bessere Zukunft und ohne Erinnerung an eine tröstliche Vergangenheit. Im Schauspiel *Heldenplatz* von Thomas Bernhard sagt Professor Robert über die Lage in Wien: »In ihr müßte ein Sehender rund um die Uhr Amok laufen. Die Unerträglichkeit dieser Welt besteht darin, daß man vieles, viel zu vieles sieht und zu viele Möglichkeiten nicht wahrnehmen kann.«

Die obskuren kleinen Amokläufer, die wie lebende Bomben durch die Multioptionsgesellschaft irren, weil ihre Erwartungen enttäuscht und ein Ausweg nur mehr in der Vernichtung der Optionenwelt, im Schießen auf »alles was sich bewegt«, gesehen wird, haben indes ihre geschichtsmächtigen Parallelen. In einem kleinen Einschub in seinem Buch über *Lebenszeit und Weltzeit* (1986, S. 80-85) führt Blumenberg Hitlers dämonischen Finish, in dem er seine Selbstvernichtung in der Weltvernichtung kumulieren lassen wollte, auf die wahnhafte Kongruierung von Lebenszeit und Weltzeit zurück. Die Erzwingung von Lebens- und Weltzeit, so Blumenberg, »war die letzte seiner Ungeheuerlichkeiten« (S. 80). Diese Zurückzwingung der Weltzeit, der unendlichen Dimensionen der Welt auf sein persönliches Dasein, der Entschluß der Unterordnung seines politischen Zeitplans unter seine persönliche Lebenserwartung hat Hitler, angesichts des Scheiterns, zur Aussage bewegt: »Wir kapitulieren nicht, niemals. Wir können untergehen. Aber wir werden eine Welt mitnehmen.« Von diesem Ende her hebt sich, so Blumenberg, die Beispiellosigkeit des Entschlusses, Lebenszeit und Weltzeit zu synchronisieren, mit voller Deutlichkeit heraus. »Weil Hitler die geschichtliche Existenz seiner Welt auf das Leben eines einzigen Mannes gestellt wissen wollte, war ihm jede Regelung für das, was ihn etwa überleben könnte, ebenso zuwider wie die Respektierung dessen, was vor ihm überlebt hatte« (S. 83). Die versuchte Erzwingung von Weltzeit und persönlicher Lebenszeit ist prototypisches Kennzeichen des modernen Daseins en miniature. Hitler ist in dieser Beziehung kein Sonderfall.

Wer Selbstverständlichkeiten verliert, ist gezwungen, sein Leben zu variieren, zu improvisieren; wenn sich nichts mehr von selbst versteht, werden die Möglichkeiten gleichwertig. Und wenn die Möglichkeiten gleichwertig werden, gerät man unter den Druck, mit der Überfülle von Möglichkeiten in immer kürzerer Zeit fertig werden zu wollen. Das gilt selbstverständlich auch für die Verwirklichung politischer Optionen, für rundum liegende Länder, Völker, Räume, in die man mit Armeen hineinstoßen kann. Denn Hitler war nicht im Warenhaus, sondern im Krieg glücklich, sein Warenhaus war die Landkarte Europas und der Welt, sein Eintrittspreis waren Kompanien und Bataillone. Wenn er sagt: »Ich... stehe unter dem Schicksalsgebot, alles innerhalb eines kurzen Menschenlebens zu vollenden... Wofür die anderen eine Ewigkeit haben, dafür bleiben mir nur ein paar armselige Jahre« (Bormann-Diktate, zit. in Blumenberg, S. 83), so will er *alles*, und wenn es nicht gelingt, will er *alles* – auch sich selber – *vernichten*.

Präsenzpsychose, Paralyse

Gestern hörte ich von einem Selbstmord im Appenzellerland, das zumindest für unsere auswärtigen Freunde noch so etwas wie eine heile Welt verkörpert. Der Mann, ein Einheimischer, hinterließ folgende karge Erklärung für seinen Abgang: »Ich werde nicht fertig mit dieser Welt.« Nicht fertig werden, wer kennt das nicht! Von allen Seiten wachsen einem Angebote, Aufforderungen und Marschbefehle zu. Man müßte ein Heer sein und nicht ein einzelner, hat schon d'Annunzio geklagt. In einer Untersuchung des BAT-Freizeitforschungsinstitutes beschweren sich fast 80 Prozent von befragten 14- bis 19jährigen darüber, daß die wachsende Zahl der Freizeitangebote ihnen den Schlaf raube (Opaschowski 1992). Im Beruf ist es die Angst zu versagen, in der Freizeit ist es die Angst, etwas zu verpassen. Paul Auster zitiert in seinem Roman *City of Glass* (1985), in dem er einen Mann zu bewachen hat, der immer mehr verschwindet, Baudelaire: »Il me semble que je serais toujours bien là où je ne suis pas.« Diese in den Vereinigten Staaten »Hopping« genannte Haltung, in der man, wenn man an einem Ort ist, bereits am nächsten sein möchte, ist indes leicht erklärlich. Weil man, wegen der abnehmenden Selektionskraft der Traditionen, nicht mehr so recht weiß, was man angesichts der sich vervielfältigenden Handlungsmöglichkeiten tun soll, versucht man möglichst alles zu realisieren. Zappen, Hoppen, neuerdings »Street-Strolling«, Streunen und – im Essen – Äsen im Vorbeigehen (vgl. Gerken 1993). Eine ganze Industrie hat sich an die Angst, nicht alles bewältigen zu können, gehängt: Speicher- und Aufzeichnungsgeräte, aber auch Jubel, Trubel, um zu vergessen. Der immer wieder zitierte Satz von Mark Twain, »Als wir das Ziel aus den Augen verloren, verdoppelten wir unsere Anstrengungen«, ist alltägliche Erfahrung und Kurzdiagnose der Gegenwart zugleich. Immer mehr und immer neue Möglichkeiten, eine endlose Spirale.

Im Schweizer Spielfilm *Lüzzas Walkman* (1989, von Christian Schocher) klaut Lüzza, der Bauernsohn aus einem Bündner Bergdorf, einen Touristenjeep und macht sich auf nach Zürich. Von dieser Stadt hat er, wie von einem fremden Stern, über den Walkman, den er sich zum Melken über die Ohren zieht, gehört. Mind-programmiert findet er im vorweihnachtlichen Zürich ein Panoptikum von Situationen und Möglichkeiten vor, die so mit Vaters Bauernhof kontrastieren, wie die realisierungswütige Multioptionsgesellschaft mit der hochselektiven, traditionellen Gesellschaft. Im neontriefenden Zürich weiß man nichts mehr von selbst. Es ist bis an den Rand gefüllt mit Umherirrenden und Verirrten. Die Stadt erinnert im Frieden an einen Kriegsschauplatz, das Hin- und Her-Gehetze an eine allgemeine Mobilmachung ohne öffentlichen Ausruf. Lüzza kehrt zurück auf seinen Bauernhof. Da weiß man, was man zu tun hat. Aber wenn man das nicht weiß, weil man keinen Bauernhof, nicht einmal einen metaphysischen, hat?

Das Beispiel, das Peter Handke gegeben hat, ist instruktiv. In seinen Büchern andauernd mit Grenzbeziehungen beschäftigt, hat er sich die Grenzenlosigkeit durch ein Leben aus dem Koffer anzueignen versucht. »Ich habe jetzt ein ideales Leben..., ich ziehe herum, gehe aus dem Hotel ins Café, denke, wo könnte ich heute hinfahren; fahr ich in die Natur oder nehme ich das Flugzeug und fliege nach Lissabon« (Handke 1990, S. 220ff.). Aber dann sagt er: »Die vielen Möglichkeiten sind schon fast stummfilmreif, weil man dann vor der Abfahrtstafel steht und einen Entschluß für den Tag sucht: Da stehen sie zwei Stunden davor und wissen nicht, wohin sie sollen. Oft und oft ist es mir in diesem Jahr so gegangen. Ich könnte alles tun und mache dann nichts.« Alles tun können und dann nichts machen, eine Reaktionsform, die man wohl paralytisch nennen muß. Unser Schweizer Regierungsrat Moritz Leuenberger macht mit seinem Wein im Keller ähnliche Erfahrungen: »Im Weinkeller kann ich so lange vor zwei Weinflaschen stehen, daß ich am Schluß keine trinke, weil ich mich nicht entscheiden kann« (*St. Galler Tagblatt*, 20. Oktober 1992). Im Glossar von Couplands *Generation X* (1992) findet sich, lange nachdem dieses Kapitelchen entworfen worden ist, »Option paralysis«, als stehender Begriff im Jargon der Nach-Baby-Boomer. Option Paralysis: »Die Neigung, sich bei unbegrenzter Auswahl für nichts zu entscheiden« (S. 171).

Die *Paralyse ist eine Bewegungslähmung.* Sie tritt in der Regel auf, wenn eine unausweichliche Gefahr zu drohen scheint. Die Paralyse durch die Überzahl von wahrnehmbaren Optionen erfolgt umgekehrt, wenn alles Denkbare möglich ist und man sich dennoch nur für eine Option entscheiden muß. Bekanntlich ist häufig schon mit der errungenen Möglichkeit, ein Ziel oder eine Sache zu erreichen, die oder das Betreffende nicht mehr interessant. Seit alle nach Leipzig reisen können, gehen die wenigen, die vorher die Leipziger Messe besuchten, nicht mehr hin. In einer vollen Bibliothek verflüchtigt sich der Hunger nach Büchern. Wo es keine Grenzen, sondern nur mehr offene Schlagbäume gibt, werden Übergänge schal. Die Optionenparalyse hat diese psychologische Gesetzmäßigkeit zur Voraussetzung. Alles ist erreichbar, alles ist wählbar, aber die Selektion, d. h. das Wissen darum, daß die Wahl auch anders ausfallen könnte, dieser Gedanke drängt sich auf. Ob es nicht einen Handlungstypus gibt, der sich aus diesen Gründen Möglichkeiten ausdenkt oder wahrnimmt, die nicht im Bereich der Möglichkeiten liegen? Selbst dann würde man wieder beim Ergebnis landen, daß es unendlich viele Denkmöglichkeiten gibt, die weder realisiert noch in den Bannkreis der Handlungsmöglichkeiten eingegangen sind.

Es handelt sich bei der Optionenparalyse dennoch um eine eher luxurierende Art des Fertigwerdens mit Möglichkeiten. Schon Buridans Esel verhungerte, weil er sich nicht zwischen zwei Heuhaufen, die gleich weit von ihm entfernt lagen, entscheiden konnte. Der Mensch im Optionenkranz kann sich die Paralyse nur erlauben, weil er sich alles erlauben darf und sich um Hunger schon gar nicht kümmern muß. »E. T.«, Steven Spielbergs extraterrestrischer Faun, der aus einem notgelandeten Raumschiff in unsere Welt verschlagen wird, blickt mit seinen tränenden Babyaugen in den nächtlichen Himmel und wiederholt und wiederholt *At home – Nach Hause.* Die Repetition ist besonders rührend, weil so viele dasselbe immerzu denken und klagen. Auch für die terrestrischen Landbewohner ist das Zuhause das Schlupfloch im modernen Durcheinandertal. Schutz findet man am besten und leichtesten in den eigenen vier Wänden. Das panische Durcheinander, die tagtäglich entfesselten Selbstbewegungen in den Kaufhäusern, auf den Autobahnen und im Betrieb, in der Luft und auf den Pisten, sie kommen allabendlich in den selbstgewählten Enklaven, im Solitären zum Erliegen. Im Alter von 36 Jahren soll Nietzsche, statt in philosophischer Wut über die Erde zu wandern, stundenlang wie eine Eidechse zusammengerollt auf einem Felsenriff in der Sonne gelegen haben. Viele Kinder rollen sich, die infrastrukturelle Ausstattung, Fernseher, Radio, Plattenspieler, reicht dazu völlig aus, schon mit 12 Jahren in ihrem Zimmer zusammen.

Kokon-Dasein

Die Paralyse ist wie ihr Gegenteil, der Bewegungssturm, der blinde Amoklauf eine extreme Reaktion auf die Multioptionalität der Welt. Während wir Paralyse und Amok als bewußtlose Reaktionen erst im nachhinein zum Bewußtsein bringen, sind Um- oder Abkehr, der Entscheid für die Null-Option, propagierte und gern in Anspruch genommene Rettungsversuche. Umkehr als Versuch, versunkene Lebensformen wieder aufleben zu lassen, endet häufig, zumindest in den multiplen Weltgesellschaften, in Folklore. Nur noch die Hüllen der Traditionen werden aufrechterhalten, rosa Kleider, Prozessionen, restaurierte Kirchen, in denen Scheinheilige mit Kulturführern und Kameras herumstehen. Statt an den Umzügen mitzuziehen, kann man sie fliehen. Dem Bombardement von Möglichkeiten kann man versuchen, sich zu entziehen. Gloria von Thurn und Taxis' Worte in einer Fernsehsendung: »Ich bin so gern allein, weil ich so selten allein bin«, sind präziser Ausdruck dieser Sachlage. Freiwillige oder erzwungene Orte der Absonderung waren die Höhle, der Kerker, das Versteck, die Wüste. Die Einsiedler, Einzelhäftlinge, Eremiten sind die überkommenen Protagonisten der Abkehr. Sie waren für ihre Zeit untypisch, Randfiguren der Gesellschaft. Heute ist die Abkehr ebenso typisch wie das Alles-haben-Wollen. Der Mensch der Moderne braucht angesichts der Vielfalt von Lebensmöglichkeiten auch die Möglichkeit der *Weltflucht*. Schon Montaigne schrieb am Beginn der Moderne: »An öffentlichen Orten und im Gewimmel und Gedränge von Menschen raffe ich mich mehr in meine eigene Haut zusammen...« (zit. in Kon 1983, S. 190). *Das Ich zieht sich auf sich selbst zurück.* Was man von ihm noch zu sehen bekommt, sind Artefakte, Clips, Hüllen, Spuren: »Was ich geschrieben habe, habe ich nicht« (Ingold 1993). So lebt Weltflucht fort, nicht als religiöses Virtuosentum, nicht als Showeinlage, sondern als kulturtypisches Verhalten.

Im Zeitalter der Massen, Massenaufmärsche und Massenveranstaltungen, wo alle Räume und Nischen mit Menschen gefüllt, verstopft sind, auf den höchsten Bergen und in den tiefsten Schluchten Völkerwanderungen stattfinden, wo die Informationstechnologie rund-um-die-Uhr läuft, bilden sich Raum- und Zeitnischen aus, die vor der Sozialität Schutz bieten und Rückzugsoptionen eröffnen, die das Alleinsein ermöglichen. Im Zeitalter der Massen erscheint so der fliehende, der Gesellschaft kündigende, das Alleinsein suchende Typus besonders kulturbedeutsam; die solitäre Enklave eine besonders erhoffte und gesuchte Oase, der Homo Clausus der Prototyp der Moderne. Es gibt keine offizielle Statistik des Verschwindens. In der Schweiz werden jährlich 2000, in der Bundesrepublik 20000 Vermißtenanzeigen gemacht. Über die Gründe des willentlichen Untertauchens kann nur spekuliert werden. Vor dreißig Jahren hat Ortega y Gasset seinen *Aufstand der Massen* (1954) mit den Worten begonnen: »Es gibt eine Tatsache, die das öffentliche Leben Europas in der gegenwärtigen Stunde, sei es zum Guten, sei es zum Bösen, entscheidend bestimmt: Das Heraufkommen der Massen« (S. 7). Haben wir es heute nicht mit zwei Kräften zu tun? Mit der Sogkraft der Massen einerseits, mit einer Art Massenflucht aus der Masse andererseits?

Während Massenphänomene offensichtlich sind, wenn sie zu Ansammlungen führen, ist der Masseneremit schwer zu fassen. Das Verschwinden, der Rückzug, das Abtauchen in die Höhle, die Klause, die solitäre Idylle oder Enklave will sich der Beobachtung gerade entziehen. Höhlen, Gruben, Spalten, Wälder eignen sich in unseren Breitengraden kaum mehr für das Versteck. Der Waldmensch, den die Bamberger Polizei gefunden hat, der niemanden zu sehen wünschte und allein in einer selbstgebastelten Hütte im Hauptsmoorwald hauste, wurde bei aller Tarnung nach vierundzwanzig Monaten entdeckt. Alle Rückzüge sind in der modernen Gesellschaft auf die Mittel verwiesen, die die Gesellschaft zur Verfügung stellt. Die schätzungsweise neunzigtausend Menschen, die jährlich in Deutschland untertauchen und großteils nie wieder zurückkehren, verschwinden nicht in die Seen- und Gletscherwelt, nicht in feuchten Urwäldern oder in den nepalesischen Bergen, sondern in Menschenmassen. Sowenig sich in einer Stadt von der Jagd leben läßt, sowenig im Wald. Die modernen Wälder sind Stadtwälder. Der Supermarkt an Formen des Weltverzichts in unserer Gesellschaft gestattet keinen Weltverzicht in voller Unabhängigkeit. Der Weltverzicht in der Moderne kann noch so sehr außerweltlich orientiert sein, Ausrüstung und Überlebensrucksack sind innerweltliche Requisiten. Die zeitgemäßen Höhlen sind High-Tech-Höhlen. Man läßt die Rolläden herunter, schüttelt die Kissen auf und betätigt die Fernbedienung (Popcorn 1991, S. 39 ff.). Der Verkauf von Popcorn zur Zubereitung im eigenen Mikrowellenherd war ein 300-Millionen-Dollar-Geschäft in den USA (ebd., S. 41). Wer keine Freiheit will, man erinnert sich an eine Stelle aus Kafkas *Bericht für eine Akademie*. Der Affe, der vor Publikum einen Bericht über seine Hominisation ablegt, hat den heimlichen und öffentlichen Lehrplan der Moderne kapiert. *Weiterkommen, weiterkommen – wohin immer*, lautet sinngemäß seine von den Menschen gelernte Parole.

Es gibt keinen Abgrund, der die Entsagenden von der vorwärtsdriftenden Welt trennt. Die Welt kann nicht hinter sich gelassen werden, weil die Welt überall ist, in alle Poren dringt. Der »Einsiedler« im Tal von Urnäsch hat sich eine Steinhütte mit Kamin gebaut, einen Sitzplatz mit Feuerstelle angelegt, Holzvorräte gestapelt, eine Quelle angezapft und ein paar Solarzellen montiert für Radio und Kühlschrank (*St. Galler Tagblatt*, 17. September 1991). Im *Hard Times Handbook* der Smiths (1987) ist ein Kapitel »Wenn die Lichter ausgehen« betitelt (S. 25-40). Johannes Kurz, der »Krisenfreak«, wie ihn die Zeitschrift *Tempo* eben genannt hat (2/1994), hat sein letztes Buch *Der Letzte macht das Licht aus* betitelt (Berlin 1993). Aber entscheidend ist nicht, daß der Entsagende in seiner Subsistenz von dieser Welt abhängt, sondern daß seine Existenz nicht mehr bezogen auf Gott ist, auf Außerweltliches. Alle Arten des Weltverzichts und der Entsagung werden dadurch anders. Der Weltverzicht wird apologetisch, er bietet nur kurze Pausen.

Selbstzerstörung

Zerstörung als notwendige Voraussetzung der Erneuerung wird, wie anfangs gezeigt, im Fortschrittsgedanken auf Dauer gestellt. Modernisierung hält keine Etappe aus. Zerstörung hat viele Mittel, Grade und Gründe. *Selbstzerstörung* gab es zu allen Zeiten. Daß sie heute gehäuft auftritt und daß es Organisationen gibt, die

Selbsttötung propagieren, ist allerdings in doppelter Weise Konsequenz des Fortschrittsprojektes. Einerseits bedeutet sie letzter Versuch, Anerkennung oder Aufmerksamkeit zu erringen. Andererseits aber, im Nichtbelassenkönnen dessen, was ist, ist sie letzte Konsequenz des sich selbst helfenden Fortschrittsglaubens. Man hält es nicht aus, gleichzubleiben, und schon gar nicht, statt mehr immer weniger zu sein. Wenn nur *Mehr* Sinn verspricht, wird jedes Weniger sinnlos.

Rüdiger Safranski erzählt in seinem Buch über das Verschwinden eine Geschichte aus China, von einem Maler, der, alt geworden, einsam an der Arbeit über seinem einzigen Bilde sitzt (1990, S. 11). Als es endlich fertig war, lud er seine noch verbliebenen Freunde ein. Auf dem Bild, das sie alle umstanden, war ein Park zu sehen, ein »schmaler Weg zwischen Wiesen führte zu einem Haus auf der Anhöhe. Als die Freunde, fertig mit ihrem Urteil, sich dem Maler zuwenden wollen, ist der nicht mehr da. Sie blicken ins Bild: Dort geht er auf dem Weg die sanfte Anhöhe hinauf, öffnet die Tür des Hauses, steht einen Augenblick still, dreht sich um, lächelt, winkt noch einmal und verschwindet, sorgfältig die gemalte Tür hinter sich verschließend.« Man kann das fortspinnen, auch in eine andere Richtung, als es Safranski tut. Der Eremit desertiert aus der Wirklichkeit. Der Einsiedler führt jene schon Kindern aus Heiligengeschichten bekannte, eben einsiedlerische Lebensweise. Aber er verschwindet nicht in seiner Klause, wenn Menschen zu ihm kommen. Möglicherweise wird das Klausendasein gewählt, um der häuslichen Einsamkeit zu entrinnen. Viele sind einsamer als der Einsiedler, der, bestaunt von den Heraneilenden, seine inneren Welten öffnet. Der Einsiedler führt eine zölibatäre Lebensweise im gewöhnlichen Sinne, er meidet nur die Begegnung mit Frauen. Safranski schildert Menschen, die alles und alle meiden, die zölibatär in jeder Beziehung sind, ja die irgendwann beschließen, die Verbundenheit nicht nur zu limitieren, sondern völlig aufzugeben. Er erzählt drei Geschichten, die die Null-Option im sozialen Bereich illustrieren. Rousseau, Nietzsche und Kleist: Dreimal die Wahrheit des Ich gegen den Rest der Welt (ebd., S. 13).

Kleist will, so Safranski, sich in sich selbst zurückziehen. Dieser schreibt seiner Schwester Ulrike: »Ach, liebe Ulrike, ich passe nicht unter die Menschen, es ist eine traurige Wahrheit, aber eine Wahrheit..., froh kann ich nur in meiner eigenen Gesellschaft sein.« Aber der Rückzug in sich selbst gerät zur Katastrophe. Er findet nichts in sich, er ekelt sich vor sich selber. Er versucht, sich selbst zu vergessen. »Meine heitersten Augenblicke sind solche, wo ich mich selbst vergesse«, schreibt er weiter. Er hält es »auf sich selbst zurückgeworfen, nicht mehr bei sich aus« (S. 41). Er will handeln, aber wie soll er ohne Richtschnur handeln? Er sucht in sich und kann nichts finden. Weder Halt in einer Kosmologie, in einer Metaphysik oder in einer Religion, noch Ruhe in der Selbstgewißheit. Was geschieht, läßt sich, so Safranski, etwa folgendermaßen rekonstruieren: »Am 20. November 1811 fahren Kleist und Henriette Vogel an den Kleinen Wannsee hinaus. Nehmen Quartier in einem Gasthaus. Verlangen Licht und Schreibzeug auf ihre Zimmer. Sie schlafen getrennt. Henriette hat die Zwischentür verschlossen. Am andern Tag scherzen sie miteinander. Kleist springt über die Bretter der Kegelbahn. Am Nachmittag lassen sie sich auf einer Anhöhe in unmittelbarer Nähe des Gasthauses ein Tischchen aufstellen und Kaffee servieren. Kleist bittet die Wirtsfrau um einen Bleistift. Als diese mit dem Verlangten zurückkehrt, hört sie zwei Schüsse. Auf der Anhöhe findet sie die beiden tot. Henriette auf dem Rücken liegend, Kleist vor ihr zusammengesunken, der Kopf dicht an ihrem rechten Bein. Am Boden zwei Pistolen« (ebd., S. 50). Kleist hat sein Verschwinden inszeniert. Er agiert wie der Maler in der eingangs genannten chinesischen Geschichte. Wohl jenen, die ihren Selbstmord als dramatisches Schlußtableau inszenieren können. Die üblichen Abgänge sind anderer Art: heimlich – vor allem von den Angehörigen verheimlicht, immer noch als Schande, auch als eigenes Versagen betrachtet. Nicht als Antwort auf innere Leere und äußere Freiheit, sondern als eine Art Beendigung nicht endender Zumutungen.

Es ist, als stieße man eine »sehr schwere, in den Angeln ächzende, dem Druck widerstrebende Holztür auf, um ins Helle zu gelangen« – notiert Jean Améry in seinem *Diskurs über den Freitod* (1981, S. 13), wenn man in die geschlossene Welt des Selbstmords einzudringen versucht. Und heute? Heute erscheinen reihenweise Arbeiten über Suizidhandlungen, Selbsttötungen, Sterbehilfe. Die Medien befassen sich mit der Selbstmord-Broschüre der Gesellschaft für Humanes Sterben, mit den geplanten Sterbehäusern der Vereinigung EXIT. Sammelbände und wissenschaftliche Arbeiten über diese Thematik gibt es zuhauf (vgl. Willemsen 1986). Der Gedanke an die Möglichkeit der Selbstzerstörung macht das Leben so stark und frei, wie die Bindung den Märtyrer gestärkt hat.

Noch nie ist so offen über Selbstzerstörung geredet, der Selbstmord empfohlen und die Selbstschädigung zur Schau gestellt worden wie heute. Offen hat sich, ein Beispiel unter vielen, Iris von Roten, die Autorin eines epochalen Buches zur Frauenemanzipation (1958), das weit vor der Zeit erschien, in der es eine gnädige Aufnahme gefunden hätte, mit den Worten verabschiedet, »der wohlerzogene Gast müsse beizeiten vom Tisch des Lebens aufzustehen wissen« und ihrem Leben ein Ende gesetzt (Joris, 1991). Vor ein paar Tagen (Frühling 1994) hat eine erfolgreiche Roman-Schriftstellerin in der *Neuen Zürcher Zeitung* mit ebenso blumigen wie schneidigen Worten ihre eigene Todesanzeige aufgegeben und sich dann, ihren Äußerungen zufolge, leichten Herzens vom Leben verabschiedet.

Die kirchliche Scholastik hat bis ins 20. Jahrhundert, gestützt durch die Schriften von Augustinus und Thomas von Aquin, einen kirchlichen Bannstrahl gegen die Selbstmörder gerichtet. Exkommunikation, nachträgliche Hinrichtung und Einziehung des Besitzes sollten Leben und die Spur des Selbstmörders tilgen (Vogel 1987). Dem aufsehenerregenden Diskurs Jean Amérys über den Freitod (1981) sind viele weitere gefolgt. Die 1980 in der Bundesrepublik Deutschland gegründete »Gesellschaft für Humanes Sterben« vertreibt eine Broschüre, in der detaillierte Anweisungen für verschiedene Methoden des Selbstmordes gegeben werden. Die schweizerische »Vereinigung für humanes Sterben«, die sich offen »EXIT« nennt, wirbt in den hiesigen Zeitungen mit dem Satz: »Wenn wir schon sterben müssen, dann wenigstens genauso selbstbestimmt, wie wir leben.« Der Slogan ist nicht ohne Ironie. So selbstbestimmt, wie wir gerne leben würden!

Das kulturelle Ideal der Selbstbestimmung und der Selbsthilfe wird auf den Abgang aus dem Leben ausgedehnt. Die aus den Selbstmordstatistiken abgeleitete Sorge, daß diese eine Krankheit der Gesellschaft indizierten, wechselt die Farbe und gerät zur Freude ob der zunehmenden Selbstbestimmung. Sind die fast fünfzehntausend jährliche Selbsttötungen in der alten Bundesrepublik eventuell gar kein Indiz alltäglicher Katastrophen mehr, sondern Manifestation einer *voll* durchgeführten Selbstbestimmung? Gewiß nicht nur! Der Fortschritt erträgt keinen Rückschritt. Einem dem Mehr verpflichteten Lebenssinn ist das Weniger die wahre Katastrophe. Insofern hat die Selbsttötung heute etwas Konsequentes. Die moderne Gesellschaft verbietet außerdem eine selbstverantwortliche Beschäftigung mit dem »fremden« Tod, dem Tod von Angehörigen, Bekannten, überhaupt anderen. Sie verdunkelt den Tod, liefert ihn den Kranken- und Bestattungshäusern aus und läßt die Toten unverzüglich wie Aussätzige in Leichenhäuser karren. Experten sprechen das Urteil über Leben und Tod. Die moderne Verlängerung des Lebens auf Intensivstationen stößt den Arzt in die Funktion des Richters über Leben und Tod, dem häufig nur mehr die Wahl zwischen qualvoller Lebensverlängerung und Euthanasie bleibt. Insofern ist eine Selbsttötung Widerstand und Selbsthilfe.

Der Selbstmord ist indes nicht nur eine Konsequenz des Selbsthilfezeitgeistes! Er läßt sich als an der eigenen Existenz durchgeführte *Modernisierung* deuten, welche nichts belassen will, wie es ist. Vom Retortenkind zum auf der Intensivstation liegenden Senior, der sich selber, selbstbestimmt, mit einem Knopfdruck abschaltet. Der Tod wird optimiert und nimmt den Weg allen Fortschritts: »Man kann ihn nicht mehr, in Gottes Namen, über sich ergehen lassen« (Koch 1994, S. 9). Indem der Suizid den Weg aller Tabus nimmt, nämlich in eine disponible Option verwandelt erscheint, wird einmal mehr die Multioptionsgesellschaft in jener undenkbaren letzten Konsequenz realisiert, die auch die Selbstzerstörung zuläßt. Die Gesellschaft, der man nicht mehr Herr wird, die man beschließt zu verlassen, weil sie einen verlassen hat, wird gleichsam bestraft, indem man ihr sich selbst entzieht – und sie damit *gleichzeitig bestätigt*. Die Ausrufung des selbstverantwortlichen Individuums erscheint nicht zuletzt aus der Sicht des Suizidärs und seiner Angehörigen großmütig. Aber auch, wenn an den Selbstmord als eine Selbstvernichtung angesichts einer maßlosen und unerträglichen, anderen nur noch so mitteilbaren persönlichen Tragödie gedacht wird; auch dann, wenn man ihn als letzten Schritt einer Geschichte des Unglücks zu begreifen versucht, gliedert er sich dennoch fugenlos ein in ein Bild der Gesellschaft, die die Teilhabe an Wohlstand, Komfort, Luxus, die Steigerung der Erlebnis- und Handlungsmöglichkeiten bzw. das Fortschreiten auf ihre Fahnen geschrieben hat. Die Reduzierung der Lebensmöglichkeiten im Alter, gesellschaftlich verhängte Limitierungen der Teilhabe oder die durch Anmutungen und Zumutungen allerorts aus dem Gleichgewicht geratenen seelischen Zustände werden selbstbestimmt beendet. Der Freitod wird als Möglichkeit zum Tode gewählt. Als beide Gläser gefüllt waren, so Melville in *The*

Confidence Man, erhob Charlemont seines und sagte: »Wenn du eines Tages das Ende nahen siehst und, weil du die Menschen zu verstehen glaubst, um deine Freunde und um deinen Stolz bangst; und wenn du, teils durch Liebe zu dem einen und Furcht vor dem anderen, beschließt, der Welt voraus zu sein und sie vor einer Sünde zu bewahren, indem du vorausschauend diese Sünde auf dich nimmst, dann wirst du tun, was einst einer getan hat, von dem ich jetzt träume...« (Shneidman 1987, S. 23).

II. Exodus-Phantasien

Aber mit den genannten Bewältigungs- und Limitierungsversuchen endet die Geschichte nicht. Weder der wilde Amoklauf nach vorn noch die Versuche, den Druck in sich selbst zurückzunehmen, entlasten auf Dauer. Denn auch die Zwischenwelten, wie fein sie immer reguliert sind und wie genau sie die Schritte auch festlegen, vermögen die Differenzerfahrung nicht zu löschen. Diese wird, wie im Falle des Amoklaufs und der Selbstvernichtung, vermindert durch die Weigerung, sie weiter zu erfahren. Nicht Einsicht in die Sinnlosigkeit treibt zur Tat, sondern Einsicht in die Sinnlosigkeit, Differenzen zu *mindern*. Heute ist in einer Lokalzeitung unter der Rubrik »Leserbriefe« eine unterdessen ebenso bekannte wie fruchtlose Therapie für Drogensüchtige in besonders drastischer Form angepriesen worden. »Wir verfügen«, so der Leserbriefschreiber, »bekanntlich über moderne, seit dem zweiten Weltkrieg stillgelegte Befestigungsanlagen im Rheintal, die sich bestens für die Aufnahme von Drogensüchtigen eignen würden. Bestausgerüstete Aufenthalts- und Schlafräume mit Klimaanlagen und Küchen sind vorhanden. Die polizeiliche Kontrolle und Bewachung bei nur einem Zugang wäre denkbar einfach und sicher« (*St. Galler Tagblatt*, 12. 8. 1991).

Die polizeiliche Kontrolle und Bewachung der Gedanken, Wünsche, Phantasien wäre freilich unmöglich. Sie entziehen sich jeder Reglementierung. Sie werden in die bestausgerüsteten Gefängnisse, ja gerade in diese, auch zoll- und zensurfrei eingeführt. »Wo das Leben eingemauert ist, sucht das Denken einen Ausweg« (Proust). In den Gesprächen mit den Wärtern und den Therapeuten, in der Lektüre der Zeitungen und Zeitschriften, in den Botschaften der Medien werden jene Erwartungen erneut aufgeblendet, vor denen man – nicht durchwegs, aber wohl im häufigsten Fall – gerade geflüchtet ist. Nicht durchwegs, weil die Multioptionsgesellschaft mit ihren Steigerungs- und Erwartungsprogrammen alle, auch extreme und abseitige Gedanken und Handlungen, sofern sie der Steigerung von Handlungsmöglichkeiten dienen, toleriert und prämiert.

Gerade die Reduktion der Weltbewältigung auf das Überwachen selbstbeherrschter Räume wirft auf die Differenz zurück.

Eingespannt in das Berufsleben und im schnellen Lauf durch die Regulierungssysteme begriffen, bleibt die Differenz bewußtlos. Sie bekommt Aus-Zeiten, wenn man sich ausklinkt. Wenn sie sich meldet, wenn man nicht schlafen kann, ärgert sie, weil die Schnelligkeit am nächsten Tag unter ihr leiden könnte. Aber sie gehört zum Menschsein. Das Andere, Mögliche läuft ständig mit. Die Wirklichkeit wird unentwegt transzendiert. Der Weltverzicht zwang die Mönche über die ewige Seligkeit nachzudenken. Stufe um Stufe sollte die Leiter, die in die Vollkommenheit führte, durch strenge Askese und Pflichterfüllung erstiegen werden. Gerade die Entsagung ist eine Weltflucht, um Gott näher zu sein. Der moderne Weltverzicht, betreffe er nun den Einsiedler von Urnäsch oder den raketenbauenden Wissenschaftler, ist Weltverzicht, um bestimmter Welten schneller habhaft zu werden. Der Weltverzicht ist eine anstrengende Leistung. Und die Ausdifferenzierung von Parallelwelten, vornehmlich technischen und virtuellen, unterliegt der Drift. Alles was möglich ist, will wirklich werden.

»The end of history will be a very sad time... the worldwide ideological struggle that called forth daring, courage, imagination and idealism, will be replaced by economic calculation, the endless solving of technical problems... and the satisfaction of... consumer demands« – dieser schöne, vielzitierte und melancholische Satz von Fukuyama (1989, S. 19) befürchtet mit dem Ende der ideologischen Evolution ein Ende von Imagination und Kreation, von Idealismus und Mut. Die ökonomische Rationalität, das endlose Lösen von technischen Problemen und die Befriedigung von Bedürfnissen der Konsumenten verbleiben als langweilige Aufgaben für die Zukunft. Eine Art gesellschaftlicher Tod, ein immer langsamer werdendes Versickern der Energie, ein melancholischer Ball einsamer Herzen wird angekündigt.

Allein schon die weltweit stattfindenden Kleinkriege und Kampfhandlungen geben Fukuyama Unrecht. Der Fortschritt hängt darüber hinaus nicht von Ideologien ab. Diese sind die intellektualisierten Versionen von alltäglichen Phantasien. Deren utopischer und vorwärtsstreibender Gehalt in Form der verweltlichten Differenz von Wirklichkeit und Möglichkeit bleibt nicht nur bestehen, sondern wird durch das Ende politischer Ideologien und religiöser Heilsvorstellungen und durch das Versprechen der diesseitigen Realisierung sogar gesteigert. Insofern werden die verendenden politischen Ideologien kompensiert durch privatistische, unsichtbare Religionen, Verschmelzungsphantasien, technische Utopien. Die Ideologien existieren weiter – *im Konjunktiv*. Wer allein ist, träumt *Gemeinsamkeit*, wer die Vereinzelung zum Thema macht, mahnt *Ligaturen* an. Der entscheidende Vorgang ist nicht die Ablösung der Utopie durch die Mythologie, nicht die der Soziologie durch Geschichte, nicht die Ablösung von Beuys durch Kiefer und die Ablösung dieser Hilfs- und Haltepunkte durch eine geschichtslose Endzeit im Sinne Fukuyamas. Die Parteiprogramme, auf deren Ebene Fukuyama denkt, sind ja standardisierte Möglichkeitserfahrungen mit unterschiedlichen Akzenten. Die Ideologien sind diesseitsbezogen und nicht mehr auf ein Jenseits gewandt. Sie blicken nicht auf ein außerweltliches Reich, auf einen Heiligen Kosmos, sondern sie sakralisieren das Subjekt, die Intersubjektivität, die Natur, was gerade Mode ist. »Im Schatten der Atomraketen schwingen sich die Kosaken wieder für Rußland aufs Pferd, und während die Kosmonauten im Weltraum schweben, wünscht sich eine ... Minderheit wieder den Zarismus herbei« (Schütz 1993, S. 65). Alles hat Platz nebeneinander, aber alles steht unter dem Steigerungs-, Glücks- und Erfüllungsanspruch, auch das »endlose« Lösen technischer Probleme. Selbst das Bedürfnis nach Zugehörigkeit verweist auf die Zukunft. Aber die Technik ist und bleibt eines der beliebtesten Einwanderungsländer für die Fortschrittsträume. Schneller, weiter, höher, tiefer, lautloser, einsamer, umweltfreundlicher, abgasärmer, wirkungsvoller; der Fortschritt liegt überall im *-er*.

Fortschritt heißt Differenzschaffung, und Differenzminderung hat Differenzen und die Differenzerfahrung zur Voraussetzung. Das ist der neue Kreislauf, die durchgängige zivilisatorische Dynamik. Die Generierung virtueller Realitäten stößt zu immer neuen Grenzen vor. Aber selbst wenn uns nun Computeraktivitäten aus »Fleisch und Blut« ins Haus stehen (vgl. Bricken 1991, S. 289) und taktile Sensationen simulierbar werden, es verbleiben noch ganze Welten (z. B. Geschmacks- und Geruchswelten – vgl. Jensen 1994) im Schatten. Es gibt noch unendlich viel zu tun. Die virtuellen Welten sind letztlich Stimuli für die Rohwelten – Virtualität baut Stück für Stück die Realität um. Aber die Realität will in der Virtualität auch angenommen, perfektioniert und wie in virtuellen Kriegen gefahrlos gemacht werden. Die Erzeugung von Welten (statt Produkten) führt dementsprechend zu einer Ausfaltung immer neuer Wirklichkeiten, in deren Erprobung sich die

Realität spiegelt und zugleich schärft, die Dynamik sich weitertreibt. Ein Ende der Dynamik und dieser – nicht der – Geschichte würde eine komplette Beseitigung der Differenzen bedingen. Wenn, wie Enzensberger es ausdrückt, jeder Unterschied zum lebensgefährlichen Risiko wird, sind die Unterschiede an der Wurzel zu beseitigen. Wenn es genügt, daß »einer einen andern Fußballclub bevorzugt, daß sein Gemüseladen besser läuft als der nebenan, daß er anders angezogen ist, daß er eine andere Sprache spricht, daß er einen Rollstuhl braucht oder sie ein Kopftuch trägt« (1993, S. 31), um durchzudrehen, muß das Andere gleich werden. Fortschritt endet, wie man es auch dreht und wendet, in der *Aufhebung* oder einer *Anerkennung* der Differenzen. Die endgültige Auflösung und Überwindung der Ungleichheiten würde dem Differenzminderungsprogramm den Boden entziehen. Die treibenden Kräfte fänden keinen Ansatzpunkt in Differenzen mehr. Denkmöglich müßte ein solches Ende wohl sein.

Denkmalpflege

Aber verbleiben wir bei den Gesichtern des Fortschritts. Der Fortschritt schreitet heute auch rückwärtsgewandt vorwärts. Die Entdeckung der Vergangenheit steht freilich gleicherweise unter dem Steigerungsimperativ wie der Ausgriff in die Zukunft. In der Sage von Odysseus trennt Penelope, die Gattin des in der Ferne weilenden und in seiner Heimat totgeglaubten Odysseus, Nacht für Nacht das untertags Gewobene wieder auf, um die begehrlichen Freier abzuhalten, denen sie versprochen hat, nach Fertigstellung des Leichengewandes für Odysseus' Vater Laertes, sich zu entscheiden. *Penelope ist überall.* Nacht für Nacht wird das untertags Gewobene wieder aufgetrennt – um die Anfechtungen des Tages aufzuhalten; aufgetrennt allerdings, um aus den Webresten des Leichenhemdes wiederherzustellen, was über dem Weben immer neuer Kleider für immer neue Welten wirklich verlorengegangen ist, das sichere, wärmende und schützende Kleid fester Institutionen und Obligationen. Aber die Reobligationsversuche, ob sie nun auf Christus und die Wiederetablierung einer öffentlichen Anerkennung des Himmels zielen (vgl. Koslowski 1987, S. 170), ob sie – ein uralter Topos der Gesellschaftskritik – eine vormoderne Gemeinschaft auf dem Boden komplexer Industriegesellschaften anvisieren (wie etwa der kommunitäre Liberalismus) oder ob sie schlicht eine wie auch immer im Einzelnen geartete »soziale Rückbindung«, eine Art Wiedervereinigung in Liebe, Treue, Einfachheit träumen (wie etwa Bellah 1987; Gorz 1991), weben sie nicht Leichengewänder mit den verbrauchten und abgenutzten Webresten von gestern? Lassen sich die Menschen wieder als Gläubige in die Kirchen hineinziehen, in eine sich selbst genügende naturidyllische Gemeinschaft zurückbewegen? Wie werden sie sich wiedervereinigen angesichts einer gigantischen multikulturellen Gesellschaft, in der nicht einmal mehr internationale Hausgemeinschaften miteinander verkehren wollen? Die Beschwörung der Liebe, der Naturverbundenheit und der Sozialität: erscheint sie nicht wie die gedankliche Kompensation einer unentwegt in die andere Richtung deklinierenden Gesellschaft, die das Büßerhemd dann anzieht, wenn Buße tun Steigerung verspricht?

Das rückwärts gewandte Denken reflektiert auch Trauer über die verlorene Ordnung. Es kleidet die Vergangenheit mit Brokatstoffen aus. Ein kostbar ausgeschlagener Sarkophag, in dem die mumifizierten Reste jener Traditionen aufbewahrt sind, an denen es uns zu fehlen scheint: Gemeinschaft, Sozialität, übergreifender Sinnkosmos. Deren Widerschein findet sich in allen Reobligationierungsprogrammen und Fundamentalismen. Sekten, Neue Religionen, Hexenglauben und die Anziehungskraft von kulturfremden Weltreligionen wie Islam und Buddhismus gehören zu den beunruhigendsten Phänomenen für die Theologen selber. Der Mann auf der Straße nimmt sie eher mit einer Mischung aus Verwunderung und Belustigung wahr. Letzthin an einer Einladung korrigierte mich der von mir mit seinem Vornamen angesprochene alte, aber lange nicht mehr gesehene Bekannte leise, aber bestimmt mit seinem nun offenbar indischen Vornamen »*Santaya*«. Kurz darauf bot er, zusammen mit seinen halbwüchsigen Töchtern, zu Ehren des gefeierten Gastes eine hippieske Tanzeinlage mit Rockmusik aus dem im Takt mitgeschwungenen Kassettenrecorder. Fundamentalismen aller Art sind ein fast langweiliges Phänomen der Gegenwartskultur. Langweilig, weil sie intellektuell so leicht zu begreifen sind. Das Hineingeworfen-Sein in die metaphysische Leere ist schwer zu ertragen. Aber was daraus resultiert, ist leicht zu erklären. Der Fallschirmspringer ohne Kompaß sucht seinen Kompaß. Der Astronaut ohne Halterung im schwerelosen Raum blickt hilfesuchend nach dem Mutterschiff. Die Besatzung des Raumschiffs blickt *zurück* zur Mutter Erde.

Die Freiheit hat aus den nicht selbstgewählten Bindungen gelöst und beauftragt, solche Bindungen selbsttätig herzustellen. Vielleicht ist das bei *Santaya* der Fall. Aus der metaphysischen Leere resultiert aber auch eine psychische Grundverfügbarkeit für Führungsansprüche und das *ganz Andere*: Hinterwelten, Jenseitse, absolute Wahrheiten, totalitäre Versuchungen. Wenn man nichts mehr auf den Begriff bringt, ist man froh um etwas oder jemanden, der alles auf einen Begriff bringt. Das kann, aber muß nicht das Althergebrachte sein, die alte Kirche, die hergebrachte oder verschüttete Tradition. Es kann auch, wie es der Multioptionsgesellschaft entspricht, die fremde Kirche, eine neue Weltanschauung sich anbieten. Den ersteren Fall könnte man Re-Obligationierung nennen. Es handelt sich dabei um eine Reaktivierung und Reetablierung des Verlorenen. Der schwankende Boden wird gleichsam mit Betoninjektionen tragfähig gemacht, die Bewegung ist gezwungen, in den Bauten der Moderne selber zu agieren (vgl. Dubiel 1992). Im zweiten Fall haben wir es mit der pluralistisch informierten, mehr oder weniger bewußten Wahl einer in den Regalen der Multioptionsgesellschaft erst neu aufgetauchten Wahrheit zu tun. Damit ist die Moderne mit ihrer Pluralität auch religiöser Deutungssysteme anerkannt. Einen Fundamentalismus als streng bibelgläubige evangelikale Position, die sich gegen Bibelkritik und gegen die modernen Naturwissenschaften wendet, können beide Formen nicht erreichen. Der selbstverständliche Fundamentalist lebt *in* der Wahrheit, der Rückkehrer oder Konvertit entscheidet sich *für* die Wahrheit. Auch der moderne Fundamentalismus ist selbstreflexiv (statt der Devise »all choices, no values« *wählt* er »values without choices«!). Der Glaube unterscheidet sich vom Wissen, daß man ihn nicht weiß. Das Selbstverständliche wird alsbald etwas anderes, wenn man über es nachdenkt. Der Fundamentalist im modernen Sinn reaktiviert die Fundamente intellektuell. Er ist deshalb eher reaktionär (vgl. Schmid 1990).

Und das *dritte* Bild? Neben Betrieb und Gemeinschaftsseligkeit? Neben Gegenwart und Vergangenheit? Was ergibt sich immer wieder, wie und in welcher Reihenfolge auch immer die Elemente zusammengestellt werden? Da ideelle Alternativen zur Multioptionsgesellschaft, zumindest derzeit, chancenlos sind: *die*

Technotopie. Die moderne Utopie denkt die Optionierung technisch weiter. Der utopische Roman der Gegenwart ist Science fiction. Die sozialen Innovationen und Utopien erscheinen alle möglich und entsprechend neutralisiert. Der offene Himmel hingegen ist ein technischer Fluchtraum, dessen Eroberung noch unendlichen Erfindungsreichtums bedarf. Die Richtungsänderung des Blickes ist schon längst eingeleitet. Was noch vor wenigen Jahren Science fiction war, der Satellitenblick auf die Erde, ist heute Alltag. Die Kinder kennen ihn. Das Fernsehen hat Zustände gebracht, die der Weltenphysik 500 Jahre lang nicht gelungen ist: die Ablösung des kopernikanischen durch das galileische Weltbild! Einige tausend Satelliten umkreisen den Erdball und kontrollieren jeden Punkt der Erde. Daraus erwächst, neben dem interplanetarischen Ausgriff, eine zweite Stoßrichtung. Der phantastische Konfettiregen aus Geist, Innovation und Moden wird in der künftigen Simulations-Kultur, in der alles transportiert wird, die Welt zum Menschen transportieren – über multiple *virtuelle* Realitäten. Und damit auch das noch überflüssig wird, werden finale Projekte der Mobilisierung und Differenzminderung aufgeboten: Die Erledigung der biologischen Ungleichheiten und – als *letztes* Projekt – die Erledigung der menschlichen Körperlichkeit. Die Jagd auf den verschämt hinter dem technischen Gerät herhumpelnden, transpirierenden, von Krankheiten geplagten, seinem Tode entgegenschrumpfenden menschlichen Körper hat begonnen. Die Auswechselung seiner Organe ist im Gang. Ganz zu schweigen von der Korrektur der Gliedmaßen, der Nasen, Ohren, Wangen. In Salt Lake City baut die Firma »Symbion Incorporation« einen Markt für elektronische Körperteile auf und hofft, dreißig Prozent des »Ohrengeschäftes« in Europa abzuwickeln: Bald werden die Ohren und Nasen, wie zur Fasnacht die Pappnasen, in Spezialgeschäften auf den Optionentischen liegen.

Es mag in der Gesellschaft gesellschaftliche Enklaven geben, die trotz aufklärerischem Schock und Multioptionierung sich von dieser Entwicklung nicht beeindrucken ließen, ländliche Kulturen, die ältere Generation. Das Phänomen der *Hysterese*, der Beharrung, der Trägheit, heißt im Volksmund altmodisch. Aber wenn das Altmodische gewählt wird, wird es zur Nostalgie. Altmodischkeit und Nostalgie sind grundverschiedene Phänomene. Die Nostalgie hat gewissermaßen vom Baum der Erkenntnis gegessen, das Altmodische ist der Stand der Unschuld. Der sich zu einem

Fundamentalismus Entscheidende agiert auf dem Boden der Moderne, er macht sie nicht rückgängig. Wer eine neu im Optionenregal der Moderne abgelegte und zum Verkauf angebotene Weltanschauung, eine Zivilreligion wählt, sucht Halt, vielleicht Umkehr, aber Reobligationierung nicht mit Hergebrachtem, Altem. Er weiß vom Baum der Erkenntnis. Er möchte den Apfel ausspukken, er kann aber nicht mehr in den Stand der Unschuld zurückfallen. Er versucht sich vielmehr an einem andern Baum, mit fremdartigen Früchten wie Mangos, Kiwis. Er taucht unter in Indien oder Nepal. Der Bhagwanismus war die letzte dynamische Bewegung, die weltweit Beachtung fand. Seine zersprengten Jünger sind in schützende, aber leere Arme gefallen, was endgültige Wahrheiten betrifft. Sie sind nun wieder in die Arme einer Gesellschaft zurückgekehrt, die nicht schützend halten, sondern ins Offene, Endlose weisen. Wie der Herr dem Hund das Rapportieren befiehlt, fordert die offene Gesellschaft zum Suchen auf.

Die privatistischen, frei wählbaren Zivilreligionen versprechen zivile Erfüllung. Für Carl Christian Bry (1988) liegt der letzte Sinn des Daseins für die echten Religionen *jenseits* des Lebens, *über* dem Leben, sie eröffnen *Transzendenz*. Die verkappten, die zivilen Religionen hingegen raunen von einer Welt hinter der gewöhnlichen Welt, einer numinosen, geahnten, noch nicht realisierten Wirklichkeit. Deshalb nennt Bry Anhänger verkappter Religionen »Hinterweltler«. Das Feld der verkappten Religionen ist weit. Es reicht für Bry, der sein Werk in den zwanziger Jahren geschrieben hat, von der Astrologie zur Zahlenmystik, von der Abstinenz zum Yoga, von der Wünschelrute zum Vegetarismus. »Esperanto, Sexualreform, rhythmische Gymnastik, Übermenschen, Faust-Exegese, Gesundbeten, Kommunismus, Psychoanalyse, Shakespeare ist Bacon, Weltfriedensbewegung, Brechung der Zinsknechtschaft, Antialkoholismus, Theosophie, Heimatkunst, Bibelforschung, Expressionismus, Jugendbewegung, Genie ist Wahnsinn, Fakir-Zauber, Haß gegen Freimaurer und Jesuiten...« zählt Bry auf (S. 28). Heute sind dazugekommen: New Age, das holographische Weltbild, Feldbewußtsein und Feldethik, das Wassermann-Zeitalter, das Solar-Zeitalter, das vernetzte Denken, das laterale Denken, die Kulturökologie, die Simulation, die Gaiavorstellung, der Gott der Dezentralisierung, Small is beautyful, Punk, Heavy Metal, die indianische Naturphilosophie, das Alpha-Training, das Beta-Training, die Kunst des Bogenschießens, die Autopoiesis, das Tái Chi Chúan, Tantra, Mantra, I Ging. Und morgen sind es wieder mehr.

Enger oder lockerer mit der New Age Bewegung zusammenhängende Weltbilder bieten nicht nur eine Hinterwelt in Form einer neuen Interpretation der Natur des Lebens und der evolutionären Entwicklung, sondern auch eine Heilsgeschichte. Die hinlänglich bekannten Muster chiliastischer Bewegungen treten allesamt auf: die Annahme, wir befänden uns in einer Wendezeit und der Glaube, ein »New Age«, ein neues Zeitalter stünde bevor. Der Königsweg wird nicht in einer Verschließung, sondern in einer Erweiterung des Bewußtseins gesehen. Die Transformation bedeutet Spiritualisierung. Der spirituelle und selbstverwirklichte, ja der androgyne Mensch ist die ebenso schillernde wie technisch-szientifische Endstation. Verkappte Religionen steuern kein Jenseits, sondern ein *Jenseits im Diesseits* an. Die Fluchtzonen sind ins Irdische geglitten. Die fundamentale Kategorie der Religion, nämlich die Überzeugung, daß es eine andere Wirklichkeit gibt, die die Wirklichkeit unseres Alltags transzendiert, sie übersteigt, ist radikal geschwunden. Nicht nur aus empirischen Gründen, weil die Menschen, die noch in die Kirchen gehen, nicht mehr aus Angst vor der Hölle diese aufsuchen, sondern um einen Lebensstil aufrechtzuerhalten, den Kindern einen moralischen Rückhalt zu bieten oder ein intaktes Familienleben zu demonstrieren (Berger 1970). Die Transzendenz ist aufklärerisch entkräftet und reflexiv abgeschmolzen. Hawking, der Nachfolger Newtons auf dem »Lukasischen Lehrstuhl« in Cambridge, der an den Rollstuhl gefesselte und darum besonders beachtete Physiker hat in seiner *Kurzen Geschichte der Zeit* (1988), so das Vorwort, auch ein Buch über die Nichtexistenz Gottes geschrieben (S. 11 f.). Wie der Eingriff in den menschlichen Körper keine Seele zum Vorschein gebracht hat, was die ersten Anatomen, um die Transzendenz zu vernichten, triumphierend bekanntmachten, widerlegt Hawking die Existenz Gottes durch die These eines anfangslosen, völlig in sich abgeschlossenen Universums. In unübertrefflicher Naivität kommentiert er: »Die These, daß Zeit und Raum möglicherweise eine gemeinsame Fläche bilden, die von endlicher Größe, aber ohne Grenze oder Rand ist, trug ich erstmals auf jener Konferenz im Vatikan vor, von der schon die Rede war. Mein Vortrag war jedoch ziemlich mathematisch gehalten, so daß eine Bedeutung für die Rolle Gottes in der Schöpfung des Universums noch nicht allgemein erkannt wurde (von mir übrigens auch nicht!)« (S. 174). Ist das nicht süß?

Man läßt sich von Jahrhundertgenies gerne Kindereien gefallen. Schon Einstein hat uns die Zunge herausgestreckt. Gott, Engel und Teufel werden bekanntlich, wenn sie von Naturwissenschaftlern stammen, besonders ernst genommen, vor allem dann, wenn sie Gott, Engel und Teufel topographisch aufspürbar und materiell ausmeßbar vorstellen. In meinen Bücherregalen steht, neben dem oben erwähnten Buch von Peter L. Berger *(Auf den Spuren der Engel. Die moderne Gesellschaft und die Wiederentdeckung der Transzendenz)* das US-Army Survival-Handbuch (Boswell 1984). Das ist es. Hier liegt sie uns vor, die hohe Schule des säkularen Überlebens! Der Autor schreibt im Vorwort, daß es »auf der Welt keine größere Autorität als die vier Teilstreitkräfte der Vereinigten Staaten« gebe. Statt der Bibel soll ein »Überlebenspäckchen« griffbereit gehalten werden, das auch zwei Rauchpetarden enthalten soll, sofern man in einer irdischen Hölle landet...

Utopische Miniaturen

Die Überzeugung, daß es andere Wirklichkeiten gibt, die die Wirklichkeit unseres Alltags transzendieren, ist allen Menschen eigen. Die Gleichsetzung dieser Überzeugung mit Religion führt dann – für den vermeintlichen »Ungläubigen« – zur erstaunlichen These, daß man *nicht nicht* religiös sein könne. Ob man die Fähigkeit zum Transzendieren, das Vermögen, das, was ist, mit etwas Gedachtem, Phantasiertem, die Wirklichkeit mit Möglichkeiten zu vergleichen, als Religiosität oder als unabdingbare Grundlage von Religiosität bezeichnet, ist in diesem Zusammenhang sekundär. Je nachdem, wie die Transzendenzerfahrung aber ausgelegt und formuliert wird, beruhigt oder beunruhigt sie den Menschen. Die dualistische Ontologie der Hochreligionen, in der die Welt, das Gegebene, das Wirkliche ein Schlachtfeld der Kräfte Gottes und der Finsternis darstellt, das man bestehen muß, um die andere Wirklichkeit, die ewige Seligkeit, oder wie die Himmelreiche in den Hochreligionen immer formuliert sind, zu erreichen, beruhigt das Leben.

Diese Einbettung des irdischen Daseins in ein kosmisches, der Lebenszeit in eine Weltzeit, hat auch das Sterben und den Tod verwandelt. Kein Wunder, daß die *grausam* gequälten Märtyrer des Christentums lächelnd in den Tod gingen, und nachvollziehbar, daß die hohe Kindersterblichkeit im Mittelalter sogar für Mütter vielleicht nicht besser, aber anders, gefaßter zu bewältigen war. Auf Märtyrer und auf die unschuldigen Kinder hat das Himmelreich gewartet. Der Mensch macht weiterhin Transzendenzerfahrungen, aber die Differenz zwischen Wirklichkeit und Möglichkeit ist innerweltlich umformuliert. Das Übernatürliche ist Bestandteil des Natürlichen, die Möglichkeit verbirgt sich in der Wirklichkeit, das Jenseits ist erreichbar im Diesseits. Mit der Aufklärung taucht auch der Begriff der Ideologie als Bezeichnung für eine Weltanschauung auf, die im Gegensatz zu den wahrnehmbaren Erscheinungen steht, im Gegensatz, aber nicht im unüberwindlichen Gegensatz. Und mit dem Ende der weltpolitischen Auseinandersetzung zwischen den Machtblöcken der kommunistischen und der freien Welt hat sich die ideologische Situation vereinfacht. Die zeitgemäße Ideologie ist eine multioptionale, in utopischen Miniwelten vorangetriebene globale Steigerungsideologie, die mit unterschiedlichen Akzentsetzungen in allen bedeutenden politischen Gruppierungen westlicher Multioptionsgesellschaften zu finden ist. Insofern ist, mit dem Untergang der kommunistischen Welt, keineswegs die abendländische Eschatologie im Herzen getroffen, sondern nur ihre militanteste, obrigkeitliche, politische Ausprägung (vgl. Meyer 1993, S. 14). Die in Aussicht gestellten Himmelreiche sind *changierend*, von dieser Welt und innerweltlich zu erreichen. Man stelle sich den Politiker unter der Bundeskuppel oder im amerikanischen Wahlkampf vor, der das Leid dieser Welt als Sühne für ein unbegreifliches Vorgehen oder den Reichtum der oberen Zehntausend als innerweltliches Zeichen außerweltlicher Auserwähltheit darstellen würde!

Aber alle stellen Himmelreiche, Himmelreiche auf Erden, in Aussicht! Die offene Zukunft ermöglicht Variationen: materielle und immaterielle, spirituelle und sexuelle, vorwärts- und rückwärtsgewandte. Die zeitgenössischen Parteien teilen alle das Programm der offenen Gesellschaft. In schöner Arbeitsteilung betonen sie zwar Unterschiedliches. Die Unterschiede sind indes unterschiedliche Akzentsetzungen bezüglich des *gleichen* Steigerungsprogramms. Der eine rückt die Steigerung der *Handlungsmöglichkeiten* und infolgedessen die Deregulierung freiheitsverdrängender Traditionen und Regeln, der andere die Steigerung der

Teilhabe in den Vordergrund. Individuelle Handlungsfreiheit, Freiheit individuellen Gewinnstrebens, Gedankenfreiheit, Redefreiheit, Versammlungsfreiheit; Freiheiten aller Art sind Garantie für eine offene, ins Unendliche weisende Zukunft. Wichtig, weil sie inhaltlich unbestimmt bleibt, formal aber unendliche Steigerungsmöglichkeiten beinhaltet. Der Sozialdemokratismus übernimmt nur vordergründig die Gegenposition. Wird anstelle der Steigerung der Handlungsmöglichkeiten die Steigerung der Teilhabe an den individuell oder gesellschaftlich eröffneten Optionen in den Vordergrund gerückt, weist auch diese ins Unendliche. Die Differenz von Wirklichkeit und Möglichkeit tut sich endlos neu auf. So steigern sich freiheitlich-liberale und sozial-demokratische Positionen gegenseitig.

In den aufeinanderfolgenden Konjunkturen und Rezessionen wechseln die Parteiideologen weniger, die Parteigänger um so häufiger, eben wie es ihren wechselnden lebenswichtigen Gegebenheiten entspricht, das Lager. Die produktive Verzahnung dieser beiden Positionen im Steigerungsprojekt der Moderne ist *sine qua non* des Fortschritts. Wachstumswirtschaft und Wohlfahrtsstaat marschieren im Schulterschluß durch die Geschichte. Diese ideologischen Kernfraktionen haben ihre linken und rechten Ränder. Ob neue Rechte oder extreme Linke, den Himmel im Himmel und die Sühne auf Erden fordern sie auch nicht. Das konservative Denken, das grundsätzlich am Überkommenen festzuhalten oder es zu restaurieren sucht, ist keineswegs statisch, sondern eine Gegenbewegung zum Progressismus. Die Wachstumsdynamik besteht aus Bewegung und Gegenbewegung! Die konservative Haltung ist in bezug auf die Technik und in bezug auf das wirtschaftliche Wachstum sogar ausgesprochen freundlich-positiv eingestellt, ohne zu erkennen, daß mit dem Steigerungsprogramm fortwährend die kulturelle Substanz abgebaut wird, ja abgebaut werden muß, um Neuem Platz zu machen. Man weint Krokodilstränen. So kommt es zum kuriosen Nebeneinander von technologisch und wirtschaftlich hemmungslosem Modernismus und einem am Schulgebet, Schulzimmerkreuz und Abtreibungsverbot festhaltenden Traditionalismus (vgl. Offe 1986).

Spiegelbildlich verhält sich der Progressismus! Hemmungslos wird jenen Traditionen, die nicht proletarisch sind, die also nicht mit Fabrik, Armut und kultureller Kargheit zu verbinden sind, z. B. der Oper und der Kirche, der Garaus gemacht. Der Linksprogressismus ist »an das Anti festgeschmiedet wie Prometheus an seinen Felsen« (Antje Vollmer). Andererseits verhält man sich zurückhaltend bis ablehnend bezüglich der Erschließung neuer Handlungsspielräume und vertritt eine Politik des Hierher-und-nicht-Weiter (so bei der Gen- und Reproduktionstechnologie). Dabei hat sie gerade hinsichtlich der Emanzipation der Frau und der Gleichberechtigung der Geschlechter die Schleusen für eine komplette Austauschbarkeit der Geschlechter geöffnet (zu der ja gerade auch Gen- und Reproduktionstechnologien beitragen könnten!). Trotz unterschiedlich gebrochenem Modernitätsverständnis konvergieren Neokonservatismus und Neue »postmaterialistische« Linke in ihrer sozialphilosophischen Heilserwartung, daß das Morgen besser sein wird als das Heute – auch wenn es in der Wiederherstellung des Gestern besteht!

Die fortwährende Optionierung aller gesellschaftlichen Verhältnisse und die parallele Destruierung und Deregulierung aller überkommenen Ordnungen mit ihren altehrwürdigen Vorstellungen führt, so alle Klassiker des geschichtsphilosophischen und sozialphilosophischen Denkens, zu einem Aufstau an Optionen, einer Aufzehrung an Obligationen und damit zu einer tiefgreifenden *Disparität* der Gesellschaft. Es ist keine Störung im überkommenen Sinne, wo deren Behebung das Alte wieder aufleben läßt. Altes ist vorbei, Neues noch nicht in Sicht. Die letzte angesagte Revolution, die kommunistische, hat nicht die bürgerliche Revolution, sondern sich selber hinweggefegt. Sie, die bürgerliche Revolution, und das durch sie entfachte Steigerungsprogramm erscheinen von größerer Kraft als je zuvor. Global, imperial und ultrastabil hat es sich schwer auf alles Bisherige gelegt. Mehr denn je gilt, was vor bald einem Jahrhundert Max Weber auf seiner Amerika-Reise konstatiert hat, daß nämlich an den Nahtstellen, wo sich indianische Poesie und kapitalistische Kultur berühren, alles, was der kapitalistischen Kultur im Wege steht, mit rasender Hast niedergemacht wird (Weber 1950, S. 332). Der einzige Unterschied ist der, daß die Indianer heute, wie die Eskimos, wie die Maori und wie die Appenzeller nicht mehr sich dem kapitalistischen Bulldozer oder im Falle der Appenzeller dem Gleichheitsgedanken entgegenstellen, sondern ihn, abgesehen von einigen kleinen Gruppen, sehnsüchtig erwarten. Der Kompaß, dem zu folgen ist, zeigt nicht nach Nord und nicht nach Süd, auch nicht nach West und nicht nach Ost, er zeigt *vorwärts*. »Der gesellschaftliche Fortschritt hält... keine Option offen, an irgendeiner Stelle wieder ein paar Schritte zurückzugehen, oder haltzumachen, wo es uns gerade gefällt. Er treibt uns unbarmherzig nach vorne, auch wenn es uns dort vielleicht schlechter geht als in der Vergangenheit, von der wir herkommen« (Münch 1993, S. 298). Die politische Klasse, von der im Zeichen des europäischen Zusammenschlusses so viel die Rede ist, hat gegenüber dem Volk immer die gleichen Trümpfe: Die Einheit, die internationale Solidarität, die internationale Arbeitsteilung – alles notwendige Dinge im Zeichen eines weiteren wirtschaftlichen Wachstums und einer weiteren Erhöhung des Lebensstandards. Die Entfesselung der Mobilität, die Vervielfältigung der Warenströme, die damit einhergehende Steigerung des Verkehrsaufkommens lassen sich zwanglos rechtfertigen durch das resultierende Mehr.

Verschmelzungs-Träume

Aber gibt es da nicht ein schönes kleines Büchlein mit dem Titel *Und jetzt wohin*? von einem der einflußreichsten linken Denker, nämlich von André Gorz, das einen neuen Ausweg verspricht (1991)? Die allgemeinen Ziele linker Politik bestünden demnach, so Gorz, »in der sozialen Rückbindung der rechtsstaatlich-bürokratischen Steuerungsapparate... und zwar... zugunsten ökologischer Imperative des Wirtschaftens; zugunsten lebensweltlicher Handlungsspielräume der Individuen, von Gemeinschaften und mikrosozialen Milieus, sowie, und dies nicht zuletzt, zugunsten zivilgesellschaftlicher Dimensionen oder öffentlicher Freiheit« (S. 12). Eine vertraute, keineswegs nur linke Klage, ein vertrautes Lied. Von Tönnies bis Dahrendorf, von Packard bis Bellah, von Gorz bis Enzensberger und Kurz, von Walzer bis Taylor wird die gleiche Heimat ausgemacht: die Gemeinschaft, die Sozialität, die Ligatur, die kommunitäre Plazenta und – in einem Sprung über die Zäune der Sozialwelt – die Natur. Aber sind nicht auch diese, mit Vorzug von Menschenwissenschaftlern geschwungenen Fahnen zerschlissen? Ist die einzige Grundlegung der moralischen Realität, die man derzeit vernünftigerweise erhoffen könne, wirklich, wie es Zygmunt Bauman (1993) moniert, »in den moralischen Antrieben, Fähigkeiten und Kompetenzen von Männern und Frauen zu finden, die mit- und vor allem füreinander leben«, mit hineingerissen in den Strudel der zivilisatorischen Dynamik? Gewiß, mit der »Ausdünnung von Traditionen *wachsen* die *Verheißungen* der Partnerschaft« (Beck 1986, S. 187). Aber sind die Verheißungen nicht die in die Partnerschaft zurückgespiegelten Verheißungen der Multioptionsgesellschaft? Macht die Gemeinschaft die Erlösung überflüssig? Ist deren Essenz, nämlich die Steigerung und die Steigerung der Teilhabe, nicht ins Mikroskopische, ins Kapillare hineingerutscht? Und wird sie mit der Forderung nach »lebensweltlichen Handlungsspielräumen« (Gorz) nicht stimuliert? Hat sich damit die Dialektik von Steigerung und Zerstörung nicht auch hineingefressen in die Liliputwelt der Partnerschaften, Ehen und Familien?

Zunächst, auch das Mit- und Füreinander steht unter den kaltheißen Sternen der Zukunft und der Steigerung. Man muß dabei weder nur an die Kontaktanzeigen und – in der Schweiz – die in den Gratisanzeigern inserierten Nummern denken, in denen immer neue Gipfel der Lust zum Hören und Sehen und Tun angeboten werden, noch das sich andauernd steigernde und gigantisch anschwellende Angebot an literarischen, photographischen, filmischen oder dinglichen Lebenshilfen in den Mittelpunkt rücken. Diese sind Begleiterscheinungen, Resultate oder auch, wie der eine partnerlose, autistische Erotik ansteuernde Cyber-Sex mit 3-D-Brillen, Tasthandschuhen und Ganzkörperanzügen (vgl. das Kapitel Simulationswelten), eher tragisch-komische Versuche, die Steigerung mit simulierten Partnern solitär voran- und weiterzutreiben. Vielmehr verspricht die verweltlichte, nicht mehr als Sakrament aufgefaßte, in ein häusliches Paradies der Liebe verwandelte Ehe eine irdische Glückseligkeit, die, weil sie ebenfalls auf Unendlichkeit angelegt ist, mit den gleichen Problemen kämpft wie alles übrige.

Das Christentum hat, durch das Gebot der Einehe, der Enthaltsamkeit und der Treue die Liebe in ein Gefäß gezwungen, in dem die Leidenschaft tabuisiert und von der ehelichen Verbindung gelöst wurde. Mit der nachchristlichen Reformulierung der Differenz ist der christliche Futurismus unmerklich *in* die Partnerschaft hineingeglitten und setzt auch diese dem Imperativ einer wachsenden Steigerung aus. In ihrer christlichen Ausprägung als monogame, lebenslängliche und unscheidbare Ehe mag sie eine »Wahnidee« gewesen sein (vgl. Ariès 1984). Aber die christliche Abhebung und Erhebung gegenüber der blinden Liebe, eine Unterscheidung, die in nahezu allen Gesellschaften zu fast allen Zeiten getroffen wurde, hat sie über Jahrhunderte gegen den Steigerungsimperativ *immunisiert*. Es ist unter diesem Gesichtspunkt gewiß verständlich, wenn homosexuelle Paare, gleichsam zu ihrem eigenen Schutz gegen das Auseinanderbrechen, diese eheliche Institutionalisierung anstreben. Zu gerne wird das von Kirchenhassern, die gleichzeitig die zivilisatorische Dynamik anprangern, vergessen! Zurückhaltung und Scham umgeben in einer für den modernen Menschen seltsamen und anachronistischen Art die eheliche Beziehung – zumindest in den Texten der jüdischen, mittelalterlichen, aber auch der griechischen Kultur. »Schändlich handelt..., wer in allzu großer Liebe zu seiner eigenen Frau entbrennt... Nichts ist schändlicher, als seine Frau wie eine Mätresse zu lieben«: diese merkwürdige, vom Kirchenvater Hieronymus zitierte Stelle aus einer verschollenen Abhandlung Senecas über die Liebe (zit. in Ariès 1984, S. 169) *entfernt* die Liebe gleichsam aus der ehelichen Beziehung. Erst in der Neuzeit tritt die Liebe in die Ehe ein und macht diese zur modernen Liebes- und Neigungsehe, aber auch zu einer Stätte nicht verhüllter, offener und offengestandener Steigerung von Leidenschaften. Ihre Freisetzung für nicht mehr kontrollierbare Zufälle, Affekte und Exzesse (vgl. auch Luhmann 1982, S. 184) wird durch die Erfindung und Verbreitung insbesondere der oralen Kontrazeptiva noch akzeleriert. So hat heute die Frau »Maria und Magdalena, Geliebte und Liebende, Mutter und Freundin, Sich-Selbst-Findende und Gebende; der Mann Macho, Vater und Vater der Kinder, Geliebter und Liebender, Sich-selbst-Findender und andern zu Sich-selbst-finden-Verhelfender zu sein – und das lebenslang und monogam« (Portele 1989, S. 221). Ausgeschlossen ist damit natürlich nicht, daß das eheliche Zusammensein, auch wenn die emotionale Basis noch nicht tragender Pfeiler war, zu heftiger Liebe führen konnte und sich die Leidenschaft im Verlaufe des Zusammenlebens erst entwickelte. Penelope und Odysseus sind die berühmtesten Gestalten im christlichen Pantheon (auch wegen der unbedingten ehelichen Treue von Penelope – vgl. Trojé 1993), aber Zeugnisse für das Hineinbrechen der Leidenschaften in die Ehe, wie etwa von Graf Saint Simon überliefert, der in seinem Testament bestimmte, daß man seinen Sarg mittels Eisenkette mit demjenigen seiner toten Gattin verbinde, sind im Vergleich zur modernen Beliebtheit von Gemeinschaftsgräbern selten (vgl. Ariès 1984, S. 171). Und ganz gewiß hat die Zähmung der Leidenschaft einen ambivalenten Charakter; sie zähmt sie an einen Ort, und treibt sie an andere. Schon das Feudalrittertum schätzte an der Enthaltsamkeit, daß sie die gesteigerte Tapferkeit der Krieger hervorrief (vgl. de Rougemont 1966, S. 67ff.).

Seit dem 18. Jahrhundert, seit dem Auftreten aller anderen Steigerungsimperative, erfolgt jene so folgenreiche Annäherung von Ehe und Liebe, jener Einzug der außerehelichen Erotik und der Leidenschaft und die gleichzeitige Verdrängung der alten Merkmale ehelicher Gemeinschaft. Es werden, wie durch eine Lawine, alle Fragen und Probleme, auch in der kleinen Liliputwelt der Ehe und Familie ausgelöst, die sich unseren Steigerungs- und Fortschrittsgesellschaften überall stellen. In den vor aller Augen sich abspielenden Familien- und Ehedramen spiegelt sich wie in einem Brennglas die Zivilisationsdynamik in ihren komplementären Prozessen der Optionierung, Enttraditionalisierung und Individualisierung und dem diese Trinität antreibenden Realisierungs-, Steigerungs- und Korrekturwillen. Sie manifestiert sich in allem, was wir derzeit als Krisen in Partnerschaften wahrnehmen, von den überhöhten Ansprüchen und den daraus folgenden Zwistigkeiten und Streitereien, von den Gewalttaten zwischen Ehepartnern bis zu den Scheidungen und Wiederverheiratungen.

Die moderne Ehe ist ein *Zwitter* zweier Zeitalter, ein Zwitter freilich nicht von Sklaventum und Zärtlichkeit (vgl. Beck, Beck-Gernsheim 1990, S. 8), sondern von tradierter Form und modernem Inhalt. Die tradierte, im Christentum sakralisierte *lebenslängliche* Form, auf Kontinuität und Stabilität bedacht, wird ausgefüllt und aufgesprengt von einem energetischen Potential, das sich, dem Steigerungsimperativ folgend, dehnt, aneinander aufreibt und abkämpft. Mit dem Eindringen der Leidenschaft in die Ehe will man voneinander mehr. Die in Zeitungen und Zeitschriften, im Fernsehen und in Videofilmen aufgeblendeten und von Sexologen und Familientherapeuten anempfohlenen Variationen sollen die Verschmelzung, die Mimesis zwischen Partnern fördern. Die angesagte und anempfohlene Hochleistungserotik mit immer neuen Innovationen und Optionen, immer tieferer Toleranzschwelle für Störungen und Paralysen und immer höherem Erwartungsdruck an das Gegenüber und Heere von sich andienenden und Steigerung versprechenden Sexberatern führt zu dem von Wayland Young (1966, S. 284ff.) so genannten *Stachanowis-*

mus in der geschlechtlichen Beziehung, ein Ausdruck, der ohne weiteres auch auf die Generationen und überhaupt auf die zwischenmenschlichen Beziehungen ausgedehnt werden kann. (Die Stachanow-Bewegung war ein von der Kommunistischen Partei der UdSSR propagierter Arbeiterwettbewerb mit Akkordleistungen und Normerhöhungen und geht zurück auf Alexei G. Stachanow, der 1935 während einer Schicht 102 Tonnen – später im gleichen Jahr sogar 227 Tonnen – Kohle gefördert hat.)

Der erotische Stachanowismus generiert nicht nur immer neue Befriedigungsmittel und -industrien. Aus ihm resultieren nicht nur die präsenz-psychotischen Zustände aller modernen Don Juans, nicht nur die himmlischen Folterkammern, die in der Nachfolge De Sades in den letzten Provinznestern eingerichtet werden (nachdem die weihnachtliche Leere in diesem Jahr geradezu konzentriert mit Fernseh- und Zeitschriftenberichten, von Soziologen sekundiert, diese Welten hof- bzw. kleinbürgerfähig gemacht haben – vgl. Hitzler 1994), akzeleriert durch die sicheren Mittel der Empfängnisverhütung. Die Kadenz des geschlechtlichen Umganges ist, wie die Förderung von Kohle, zu erhöhen. In der Geschichte der Liebe war die Liebe etwas, »das einen krank machen konnte, wenn man Pech hatte, und seit 1494 konnte man auch an ihr sterben...« (Young 1966, S. 289). All dies gehört (trotz Aids, fügen wir bei) nun der Vergangenheit an. Die nicht mehr bestehende Androhung von Höllenqualen auf der Erde (durch Geschlechtskrankheiten) oder nach dem Tode, die Entkernung von Ehe und Familie hat eine sexuelle Freiheit beschert, die es dem einzelnen überläßt, auch in dieser Beziehung so zu leben, wie man will, wie ihn die Natur, die Umwelt, der Zufall geschaffen hat, als treuer oder treuloser Ehegatte, als Homosexueller oder als Algophiler. »So geht's auch, denkt sich der Zuschauer, der seine Identität, wie alle andern auch, reflexiv organisiert, das heißt, wählt und rechtfertigt und deshalb unter Umständen die Einbeziehung des Lederfetischismus nach der Fernsehsendung in Erwägung zieht« (Rutschky 1994, S. 252). Aber die Wahlfreiheiten zwischen erotischen Optionen und sexuellen Rollen treibt, weil über den Toren zum Paradies die Formel »*Mehr*« steht, erneut zum Rückzug auf sich selbst, zur solipsistischen Befriedigung, zur Autokatalyse. Zwei bis drei Jahrzehnte nach der von Reich, Marcuse, den Kommunarden, von Feministen und Feministinnen propagierten freien Liebe, den Anleitungen der Ehetherapeuten, Sexologen und

Orgasmusberater, hat die Realisierung Zumutungen, Kämpfe, Geschlechterkriege und ein endlos gesteigertes Nehmen und Geben für beide Geschlechter beschworen, aus denen die solitär praktizierbaren simulativen oder softwaretechnischen Lösungen ihre nun durch ganze Industrien akzelerierte Attraktivität gewinnen.

Per Olov Enquist (1987) erzählt den Fall eines verunstalteten Mannes, der in den zwanziger Jahren für Aufsehen sorgte, weil ihm ein Frauengesicht aus der Stirn wuchs; ein anderer Mensch – eine Frau, mit der er verschmolzen, ja verwachsen war, deren ganzes Leben in seinem Kopf gefangen war und dennoch, ja gerade darum das ganz andere Ferne, Fremde verkörperte. Ein Zusammensein, das wie bei ungetrennten siamesischen Zwillingen auch ein Zusammensein im Tode bedeutet. Er trug sie, heißt es, »wie ein Grubenarbeiter seine Stirnlampe trägt... Er hatte sie küssen wollen, aber er konnte es ja nicht... Er hätte sie nicht gefangenhalten wollen, aber er hielt sie gefangen. Sie gefangen in seinem Kopf, er gefangen in ihrem. Gefangen ineinander lebten sie dicht an der äußersten Grenze. In den letzten Jahren wollte er immer mit der Hand an ihrer Wange einschlafen... Er starb am Abend des 21. April 1933 in einem Krankenhaus in Orange County in Los Angeles... Sein Tod war schmerzfrei: als er starb und das große dunkle Gesicht still wurde und der Arm herabfiel, da geschah es leicht, wie wenn ein Vogel vom See auffliegt, lautlos und leicht, durch den Nachtnebel steigt und verschwindet... Was wollte sie rufen? Niemand weiß es. Liebe soll man nicht zu erklären versuchen. Aber was wären wir, wenn wir es nicht versuchten...« (S. 108 ff.)

Versuchen, versuchen, immer wieder von neuem versuchen, aber nicht weiterkommen. Geben und Nehmen in immer neuen Anläufen! Ist die Geschichte des mit der Frau verwachsenen, sie aber nur im Spiegel erblickenden Ungeheuers nicht die Geschichte des modernen Don Juanismus, auch des spiegelbildlich-weiblichen? Ist das, was in den heutigen Ehen geschieht, dieser Massenausbruch und -aufbruch, der hoffnungsvolle oder verzweifelte Wieder- und Wiederbeginn, nicht genauester Ausdruck jenes allgemeinen, nach Steigerung und Differenzminderung suchenden Strebens? Und sind die täglichen, sich immer wieder wiederholenden Sorgen in den Familien, dieser Kampf der Geschlechter und Generationen mit- und gegeneinander nicht Folge eines Welt-,

Menschen- und Selbstverbesserungsprogramms, das vor Ehe und Familie nicht haltmacht? Eine japanische Kollegin schreibt über das Verhältnis zwischen den Ehepartnern in ihrem Land: »Die emotionalen Beziehungen der Ehepartner sind eher kühl in Japan. Dennoch ist die Scheidungsrate im Vergleich mit den USA oder England gering« (Iwao 1986, S. 119). Nicht *dennoch*, sondern *deshalb*! Das Prinzip der unendlichen Erweiterung und Steigerung im Geistigen, im Materiellen und im Sexuellen, dieses Prinzip der westlichen Moderne, mag heute die sinnvolle, endliche Gestaltung der Gegenwart, wie sie dem shintoistischen Geist Japans zugeschrieben wird, im gleichen Maße verdrängen (vgl. Ezawa 1986, S. 170), wie die Liebesheirat die arrangierte Ehe verdrängt. Bezüglich der Kinder, deren Lebensweg vom Bestehen von Prüfungen abhängt (in Japan wie hier, wenn auch in Japan weit rigoroser), ist die Transformation vom Endlichen ins Unendliche – auch in Japan – geschehen. Wer Kinder hat und Kinder auszuhalten hatte, mit ihren Kleidern, Zimmern, Aufgaben und damit fertig werden mußte, erkennt auch in diesen Bezügen den heimlichen Lehrplan der Moderne, zu bessern, zu korrigieren, zu verbessern und damit sich selber gerade aus den Bezügen zu nehmen. Eben macht ein merkwürdiger Bericht über eine Umfrage der Freiburger Polizei in zwanzig Städten der Schweiz die Runde in den Zeitungen (Nov. 1993). Danach wird das Massengrab »immer beliebter«. 15 Prozent der Toten liegen hierzulande in Massengräbern. Freiwillig ins Massengrab! Früher waren diese Gräber (»Caveau des solitaires« – wie sie in Lausanne heißen) den Verstorbenen ohne Angehörige vorbehalten. Heute werden als Gründe genannt: Finanzielle Schwierigkeiten, familiäre Unstimmigkeiten oder die Hemmungen eines Sterbenden, seine Nachkommen zum Unterhalt eines Grabes zu verpflichten. Auch die Familiengräber werden beliebter. Der Grund: Im Grab vereint, wenigstens im Grab!

Und der Rückzug auf die *Gemeinschaft*, die *kleinen Netze*, die *Freund-* und *Nachbarschaften*? Der Ersatz der sicherheitsverheißenden Kasten, Klassen und Schichten durch einen kommunitaristisch unterstützten Tribalismus von Stammesgemeinschaften? Das warme Lampenlicht der überschaubaren Gemeinschaft, die Hinwendung zum Kleinen und zur Nahwelt, die Sehnsucht nach gleichgestimmter Kommunikation, nach Reziprozität, Authentizität, Geborgenheit, wie steht es damit? Immer wieder in diesem Zusammenhang zitiert: »Für die Deutschen muß es heißen: Nicht

Somalia ist unsere Priorität, sondern Hoyerswerda und Rostock, Mölln und Solingen... First things first. Überall brennt es vor der Haustür.« (Enzensberger 1993, S. 91). Nicht allein die Tatsache, daß der Ruf danach gleichsinnig mit der zentrifugalen Bewegung, der technischen, wirtschaftlichen und kognitiven Einschränkung der Horizonte zunahm, ohne daß sich irgendwo stabile Enklaven der Gemeinschaft, in denen das oben Genannte verwirklicht wäre, herausgeschält hätten, stimmt skeptisch. Und selbst wenn die verläßliche Etablierung von kleinen Netzen, von sich selbst helfenden Gruppen, von großfamiliär organisierten Gemeinschaften irgendwann und irgendwo gelingen würde, ein Ende des Kopernikanismus als Rückweg des Geistes aus dem infiniten Universum in die irdisch konzentrierte Anschauungswelt zu bewerkstelligen wäre (vgl. Timm 1985, S. 19), sie wäre ein mit modernster Technik ausgerüsteter und sich modernster Abwehrmaßnahmen gegen unliebsame Eindringlinge bedienender Kokon. Wie hat wieder Le Pen gesagt: »Ich liebe die Nordafrikaner. Aber ihr Platz ist im Maghreb.«

Die *Kokons*, wie Faith Popcorn (1991) diese Exodus-Möglichkeiten benennt, sind bewehrt und mobil, die in sie geschlüpfte Geselligkeit bedient sich modernster Mittel: der Freizeit- und Spirituosenindustrie bieten sich riesige Zukunftsmärkte. »Wie wäre es mit der Wiedereinführung der Cocktailstunde zu Hause? Hier könnte ein großes Potential für Spirituosen- und andere Hersteller liegen...« (ebd., S. 46). Die Bewehrung, Ausrüstung und Inszenierung der kleinen Gemeinschaften zehrt vom *Know-how* der wachstumsorientierten Großunternehmen und von der Entdeckerfreude der Sozialwissenschaft. Der Mikrokosmos stellt in der Tat für einzelne ein sinnerfülltes Zuhause dar. Aber das Retardieren, die Verlangsamung und die Konzentration auf die kleine Gemeinschaft kann die Zivilisationsdynamik insgesamt weder aufhalten noch eine zivilisationsresistente Geisteskultur kräftigen. Sie kann die expansiven Tendenzen allenfalls kompensieren.

Und das Verschmelzen mit der *Natur*? Auch das noch, wird man sagen. Aber diese Paradiesvorstellung findet sich nicht nur in ökologischen Zirkeln, sondern auch in der ersten Generation der kritischen Theorie (bei Horkheimer und Adorno). Aber wenn der Zivilisationsmensch aufgefordert wird, zu einer gesunden und natürlichen Lebensweise zurückzukehren, dann steht diese Vorstellung in einem krassen Widerspruch zur evolutionären Geschichte des Menschen und zu seinem emanzipatorischen Wollen. Nicht nur am Amazonas werden Urwälder gerodet, der zivilisatorische Fortschritt ist ein einziger Rodungsvorgang. Die Ziegen, die nach Drewermann (1982) in der Bibel genannt sind, weil ihre Gehörne als Spazierstockgriffe verwendet werden können, sind noch ein hübsches Beispiel gegenüber den Federn von lebend gerupften Gänsen für unsere Daunendecken und -kissen. Der Mensch sticht – ohne Fellkleid und Schuppen – aus der belebten Tierwelt heraus. Wenn er sich aufrecht, gehüllt in seine kunstvollen Futterale, durch die Natur bewegt, erahnt man die verzweifelte Anstrengung, der es bedürfte, um mit der Natur *eins* zu werden.

Aber wir pflegen diese Vorstellung und wir lassen sie uns gerne gefallen. Sie erscheint uns als bescheidener Rest, an dem es festzuhalten gilt. Wir nehmen an, der Mensch hätte sich seiner Natur immer mehr entfremdet, früher seien die Menschen im Einklang mit der Natur gewesen, hätten natürlicher gelebt, sich natürlicher bewegt, naturnaher gehaust, gegessen, natürlicher geschlafen und gewacht. Heute müßten wir die Natur gleichsam zurückholen, reintegrieren. Die Rouleaux bringen die Nacht, das Holzofenbrot die einfache Lebensweise, die Naturfasern das Fell zurück. Die Wohnungen werden mit Kübeln und Pflanzen vollgestopft, die Wintergärten sehen aus wie kleine Urwälder, man hält sich Vögel, Katzen und Hunde; wenn man mit seinem Wolfshund abends im Park Gassi geht, kommt man sich vor wie ein prähistorischer Jäger. Das ökologische Bewußtsein, das auf eine technische und wirtschaftliche energieverbrauchsintensive Zivilisation aus Rücksicht auf das Gleichgewicht der Natur verzichten will, sucht der Natur eine neue Qualität beizumessen, ein Eigenrecht, das es durch Menschen gegen Menschen zu schützen gälte (Gross, Hitzler 1990; Hitzler 1991).

Die Natur wird geliebt, in ihr will man versinken, in sie projiziert man seine Behütungsphantasien. Über den Naturschutz im überkommenen Sinn, als eine Art kollektiver Hebammenpflicht, die wir der späteren Generation schuldig sind, um ihnen ein lebenswertes Leben zu ermöglichen, gehen die Anmahnungen weit hinaus. Wir entziehen uns in der Ausbeutung der Natur nicht nur unsere Existenzgrundlage (das ist es, was unter Selbstwiderlegung des Fortschrittes firmiert), sondern ein natürliches Liebesobjekt. Ohne Scheu muß man sich dieses Objekt vorstellen; *starr* als bearbeitete Natur, *wehrlos* als lebende. Es ist Liebe, ohne das Versprechen der Gegenliebe. Erwidert die Natur die Liebe nicht, etwa die Pflanze, die nicht mehr recht gedeiht, der Hund, der unfolgsam eine Nacht im Wald streunt, so wird auch vom Naturschützer schonungslos durchgegriffen. Die Pflanze mit den gelben Blättern wird entsorgt, der Hund geschlagen und die nächste Nacht eingesperrt.

Mit der Natur kann man im einzelnen machen, was man will: Bäume fällen, Tiere erschießen, Enten mit Hilfe von Eisenrohren füttern, Vögel in kleinen Käfigen einsperren, Fische im Konfitürenglas schwimmen lassen, Hausfliegen auf dem Salontisch zerquetschen, Wespen mit dem Messer köpfen, Insekten mit kurzem Zischen im Halogenlicht umkommen lassen. *Alle* machen auf ihre Weise und in ihrer Sphäre mit der Natur, was sie wollen, die Präsidenten der Naturschutzvereine eingeschlossen. Gerade wird ein Gesetz beraten, das vorsieht, die Erhaltung von tausend Biotopen mit einer Gesamtfläche von rund dreitausendneunhundert Hektar finanziell abzugelten, und eben hat das Bundesgericht beschlossen, *daß Tiere keine Sachen sind*. Gleichentags in einer anderen Zeitung eine Beschreibung der alpinen und hochalpinen Gasthäuser und die Einladung, durch deren Besuch natürliche Lebensräume zu zerstören: »Auf 2000 Metern Höhe – Kaviar und Gerstensuppe« (*Anzeiger St. Gallen/Appenzell*, Nr. 38, 1991). Genau genommen sind ja nicht nur die Fernflug-Urlauber und die Pistenjäger, sondern alle, die sich in der Natur ergehen, destruktive Variablen im natürlichen Gleichgewicht. Ebenfalls heute (18. September 1991): »Spanische Tierschützer fordern Verbot für Stierkämpfe.« »*Reinigt Spanien vom Blut*« betitelt die Nationale Vereinigung zur Verteidigung der Tiere ihre Kampagne. Im Inseratenteil der gleichen Zeitung schleift ein pausbäckig lachender Metzgermeister zwei bluttriefende Messer über dem Sonderangebot an Riesenschweineschnitzel. Und für die Hunde bietet der gleiche Supermarkt »Bingo Hundvollnahrung mit Rind, Leber und Poulet« an. Den geliebten Tieren werden die weniger geliebten zum Fraß vorgeworfen – wie uns allen!

Frühere Gesellschaften waren überdies keineswegs so naturverbunden und naturliebend, wie wir sie uns rückblickend vorstellen. Tiermetzeleien, Brandrodungen etc. gehörten zum Alltag, möglicherweise penetranter als heute. In einer Reportage über eine Flußfahrt im ehemaligen Belgisch-Kongo, in Zaire, machen die Menschen und die Tiere und der Umgang der Menschen miteinander und mit den Tieren einen derart herzbrechend malträtierten Eindruck (die paketweise zusammengeschnürten Affen, die an Bord des wie ein funkelnder Komet durch den Urwald gleitenden Schiffes gebracht werden, lassen einen nicht los), daß die Schlußfolgerung von Joseph Kurtz, der in Joseph Conrads Roman *Das Herz der Finsternis* (1988) als Elfenbeinhändler einen Bericht über die von ihm besuchten afrikanischen Stämme zu schreiben hatte, nämlich »Tötet die Bestien«, schlagartig wie für einen kurzen, bösen Moment erhellt wird.

In mythischen Weltbildern ist die Natur zwar ein Zaubergarten, der von Mächten und Kräften *hinter den Dingen* beherrscht wird. Mythische Weltarchitekturen sind *opak*, sie leisten keine grundbegriffliche Unterscheidung zwischen Natur- und Sozialwelt. Phänomene und Dinge, die unserem Verständnis nach der Natur zugehören, werden, wie die Teddybären der Kleinkinder, in soziale Gruppierungen mit einbezogen. Natur und Soziales erscheint in einem undenklich absorptionsfähigen Kosmos zusammengezogen. Erst im christlichen Weltbild werden die Geister und Phänomene gleichsam von den Bäumen gepflückt, in einen Sack gesteckt und in ein transzendentes Jenseits verfrachtet. Aus Mythen werden Geschichten, die wilden Männer verschwinden in den Alpensagen. Mit dem Verscheuchen der Götter und Dämonen in Über- und Unterwelten wird die Natur in der Tat fremd, unmenschlich, leer. Sie wird dem menschlichen Zugriff nach ihrer Reinigung unbedenklich preisgegeben. Wenn der aufmerksame Bauer das Kornfeld kurz abgeschritten hat, um die allenfalls in ihm sich verstecken Rehkitze zu verscheuchen, kann er ungehindert losfahren. Der Monotheismus schreitet die Dämonen verscheuchend durchs Kornfeld. Ihm folgen Holzfäller, Jäger und Evangelisten.

Diese Voraussetzung für den abendländisch-christlichen Umgang mit einer wilden und feindseligen Natur wird heute energisch und besorgt in Frage gestellt. Nachdem ganze Völker und Rassen – die Heiden – gleichsam in den Gnadenstand zurückverbracht worden sind, selbst wenn sie sich nicht missionieren und taufen lassen, geschieht dies nun auch in Ausschnitten und Ausschnittchen der Natur. Es kommt zu einer Verklärung und Ausgrenzung von uns als schützens- und liebenswert erachteten Naturbereichen: großen und mittelgroßen freilebenden Wildtieren, ansehnlichen Bäumen und schönen Blumen, dem Fluß-, See- und Grundwasser, der Atmosphäre. Der fürsorgliche Blick auf die Natur erfaßt und gliedert die menschenbezogene und menschenfreundliche Natur, die Wälder in ihrem herbstlichen Glanz, das von Girlitzen durchschwirrte Biotop, die saftigen Wiesen mit stolzen Kühen.

Ausgedehnte Naturreiche verbleiben freilich *im Schatten*: Favres und Jüngers Insektenwelten, Maeterlincks Ameisenkolonien, die Weich- und Kriechtiere. Die gewaltigen Reiche der Bakterien und Viren, die in unermeßlicher Zahl den Boden, die Gewässer und den Luftraum bevölkern, die teils lebensnotwendigen Symbionten (z. B. der Verdauung dienliche Darmbakterien), teils Parasiten und Erreger von Infektionskrankheiten, die in lebenden und toten Organismen leben, auch im verdorbenen Fleisch oder in giftigen Böden, sind außer den wenigen Bakterienarten, die wirtschaftlich, z. B. in der Herstellung von Käse oder Sauerkraut genutzt werden, riesige feindliche Territorien, denen tagtäglich weltweit mit Sterilisationsverfahren, großer Hitze, UV- und Röntgenstrahlen zu Leibe gerückt wird. Den vor allem über die Schleimhäute oder durch blutsaugende Insekten ins Innere des Menschen vordringenden Viren, Bakterien, Pilzen, tierischen Einzellern ist der gnadenlose medizinische Kampf angesagt. Wir bewundern die fleisch- bzw. insektenfressenden Pflanzen und es ist uns vollkommen egal, wie viele Insekten von Igeln, Spitzmäusen und Maulwürfen tagtäglich gefressen werden.

Gelobte Länder

Die Träume suchen neue Einwanderungsländer, wenn alte sich auflösen. Ein bevorzugtes Land der neuzeitlichen Träume ist die *Technik*. Der technische Fortschritt beinhaltet ein augenscheinliches Mehr als *schneller, kleiner, größer, dichter, höher, tiefer*. Die technische Sphäre bietet sich dem utopischen Denken zur Einwanderung an. Die Zentren des Fortschrittes sind die Produktionsanlagen, die Laboratorien, die Entwicklungsstätten. Länder wie Japan sind am fortschrittlichsten, weil ihre technische Innovationsrate so hoch ist, auch wenn die Sozialstruktur hinterherhinkt, die sozialen Innovationen mäßig, die Altersarmut von einer hierzulande unbekannten Brutalität ist und »Wohnungen ohne Bad und Plumpsklo auf dem Hof eher die Regel als die Ausnahme« sein sollen (so Kurz 1991, S. 169). Die unbedingte Erfordernis einer durchgängigen Praxisbezogenheit der Wissenschaften und die völlige Abkehr von der Idee einer zweckfreien, an der Lösung von technischen und sozialen Problemen desinteressierten Wissenschaft veranschaulicht, daß die Lösung von technischen oder von technisch aufgefaßten sozialen oder organisatorischen Problemen insgeheim auch die nichttechnischen Sphären und Wissenschaften dominiert. Sie sind degradiert zu Zulieferbetrieben. Selbst die Umwelt- und Sozialverträglichkeitsprüfungen, die den modernen Sozialwissenschaften angedient werden, sind kompensatorische Krücken, mit denen sich die den technischen Innovationen nachspringenden Wissenschaften den technischen Fragen und Problemlösungen letztendlich ausliefern und deren Knechte und Mägde werden.

Die technisch virtuosen Innovationen, die tagtäglich wie aus einem Füllhorn über uns ausgeschüttet werden, besonders anschaulich an den Transport-, Kommunikations- und Informationstechnologien, vermitteln in der Tat auch im Alltag das Gefühl eines sich beschleunigenden Fortschritts. Alle drei genannten Technologien sind eben auch *Beschleunigungstechnologien* – für Waren, Informationen oder Menschen. Und die weltweite Akzeptanz von im Grunde genommen höchst unnötigen Erfindungen und Verbesserungen (besonders drastisch an den japanischen Neuerungen im Automobilbau oder in der Kameratechnik) zeigt, wie sehr die Technik und der technische Fortschritt Anschauungsmaterial für das Projekt der Moderne und ihre Steigerungsaspekte produziert, das dieses transversal und transpolitisch abstützt, veranschaulicht und glorifiziert. Das Lösen von technischen Problemen zielt über die immer feiner werdenden Verbesserungen und über die Steigerung der Speicher- und Beschleunigungstechniken hinaus auf Endlösungen. »The endless solving of technical problems« (Fukuyama) kulminiert in Lösungen, die eine finale Erlösung von technischen Problemen und technischen Problemlösungen versprechen. Aber jedes Beispiel demonstriert, daß es sich endlos, durch alle Lebensbereiche und Seinsebenen durchdeklinieren läßt. Eben ließ mich ein Bekannter einen Blick ins Innere des neuen Renault »Safrane« werfen und schilderte mir begeistert die automatischen Sitzanpassungen mit »Memory«. Werden uns die Japaner sensorgesteuerte Memory-Corbusier-Liegen verpassen, vielleicht entsprechende Kissen und Klobrillen?

Die Erlösungswege sind im Alten Testament in den Büchern

Exodus, Numeri und Deuteronomium vorgezeichnet. Jahwe im Alten Testament ist der Gott, der die Israeliten aus Ägypten herausgeführt hat. Die Befreiung aus der Knechtschaft, die diesseitige Erlösung durch Flucht, durch den Auszug aus Ägypten findet seine Parallele in den Vorstellungen einer *interplanetarischen* Expansion und Ausreise. Diese Flucht hat allerdings keine Ähnlichkeiten mit den überkommenen Reiseerzählungen. Diese beginnen und wollen zu Hause enden. Es gibt keine Rückkehr, eine neue Heimat muß erobert werden. Das Gelobte Land ist Neuland, in dem niemand wartet. Der Marsch erfordert eine völlige Lösung von der Vergangenheit. Die Arche findet nie zurück! Diesen Weg – und nur diesen – sehen auch die Immigranten aus der Dritten Welt vor sich. Die interplanetarische Ausreise hingegen vollzieht sich im Zentrum ehemals luxurierender Multioptionsgesellschaften als eine Art Flucht vor den sich in ihnen konzentrierenden Massen. *Eine zweite Heimat im All!* Das Jenseits findet seine nicht metaphysische, sondern *reale* Fortsetzung auf anderen Planeten oder in sich selbst regenerierenden Ökosystemen, die wie Gürtel um die Erde geschlungen werden. Weltliche Paradiese im Himmel! Die Erde bleibt als Hölle zurück, in der die sozialen Restkategorien mit zurückbleiben, als globale Pepenadores.

Der Exodus als ein buchstäbliches Vorrücken durch Raum und Zeit in ein gelobtes, in ein reines, in ein unverseuchtes Land, wo Milch und Honig fließen, läßt sich aber auch anders denken. Nicht als Zug durch die Welt und nicht als Auszug aus der Welt, sondern als Auszug aus dem Körper, als Vergeistigung. Der interplanetarische Exodus erstrebt, wie der Auszug aus Ägypten, eine fleischliche Verheißung. Das Manna, das Brot, das JHWH, Jahwe, als Nahrung Israels während des Auszugs aus Ägypten vom Himmel regnen ließ, soll wie die Luft zum Atmen anstrengungslos zu gewinnen sein. Die christlichen Revolutionäre, die englischen Puritaner und die moderne Befreiungstheologie erstreben ein weltliches Paradies; sie setzen dem Reich Gottes, das nicht von dieser Welt ist, ein verweltlichtes Himmelreich entgegen, sie schwenken die Himmelsleiter aus der Vertikalen in die Horizontale, sie *verweltlichen* die Himmelfahrt. Wird die Erlösung als ein Zustand der Seele, nicht der Welt angesetzt, wird das Gelobte Land nicht äußerlich, sondern im Innern gesucht, wird aus dem äußeren Exodus ein innerer, so bedeutet Fortschritt nicht Vorrücken, sondern fortschreitende Lösung aus der Welt und Ausstieg: Exodus aus der

Hülle, dem Tempel und Grab der Seele. Die Verheißungen verlieren die weltlichen und damit auch die körperlich-leiblichen Bezüge. Der Mensch hat einen Leib, ist aber nicht Leib. Der Leib – bzw. der Körper – ist Exerzierfeld des Geistes, in der evolutionären Schöpfungsgeschichte das *Wegwerfkleid* ewiger Gene. Das Gelobte Land kann gar nicht mehr mit weltlichen Maßstäben gemessen werden. Die Menschheit als *massa damnata*, beladen mit einer Erbschuld aus dem Paradies vertrieben, muß in der schweißtreibenden Bewirtschaftung der Natur und in der Züchtigung des Körpers die Schuld abarbeiten. Daraus erwächst dem Menschen Leid und dieses Leid sucht nach Lösungen, deren Essenz häufig in einem vielleicht biblisch-christlich nicht gedeckten Dualismus von Fleisch und Geist endet. Die technischen Endlösungen führen nicht über die Leidhaftigkeit zur Erlösung, sondern erlösen uns vom Leid. Der durch Eva und Adam verschuldeten Sündhaftigkeit, die immer wieder in die Gefahr der Sünde führt, solange es Geschlechter gibt, wird durch die Erledigung des Geschlechts der Boden entzogen. Die Züchtigung des Leibes, die Askese entfällt, wenn Geschlecht und Triebstruktur entfallen. Askese im überkommenen (gnostischen, christlichen oder den asiatischen Hochreligionen verstandenen) Sinn, als Lösung vom Irdischen und Leiblichen, als Fasten, als Enthaltung von Speisen, vom Schlaf, vom Sprechen, vom geschlechtlichen Verkehr bis hin zu positiven Formen wie Selbstpeinigung und Selbstverstümmelung zum Zwecke der Vereinigung mit Gott, findet seine Entsprechung in einer technisch ermöglichten Auslöschung von Welt und Ablösung des Körpers.

In diesem Sinne ist schon Teilhard de Chardin (1966) vorstellig geworden. Seine »Theologie der Megamaschine« (Mumford) endet im Punkt Omega, an dem das superkomplexe Technosystem sich vergeistigt, sich als übermenschliches *großes Gehirn* vom leiblichen Menschen löst (vgl. Ulrich 1986, S. 475 ff.). *Welterfahrung ohne Welt*, das ermöglichen heute technische Simulationen von Welt. Die Körperlichkeit wird nicht realisiert, sondern *simuliert*. Ein gutes Dutzend Firmen bietet Virtual Reality Systeme an, die zwar noch nicht annähernd die sinnliche Unmittelbarkeit der wirklichen Welt haben sollen, und vorderhand können japanische Hausfrauen mit dem Daten-Handschuh wohl erst virtuelle Küchen auskundschaften, die Türen öffnen, die Höhe des Herdes prüfen und den virtuellen Tisch decken. Virtuelle Realität und

Cyberspace wollen helfen, die Bürden des Hingehens und Hinfahrens zu den Dingen zu überwinden. Man entgeht den Warteschleifen in den Flughäfen und den Staus auf den Autobahnen. Cyber-Sex ermöglicht Vereinigung ohne Vereinigung. Es erübrigt sich die Frage, welche Kleidung man mit- und welche Pillen man zu sich nehmen soll. Bei der Welterfahrung ohne Welt muß zwar der Körper weiter versorgt werden. Aber Vergeistigung heißt auch Rücksichtslosigkeit gegenüber dem Körper. Cyberspacetechniken simulieren in ihren Paradiesen gerade körperliche Sensationen. Data Glove und Data Suit sind Gerätschaften, die Sensoren ersetzen. Sie wären ohne Körper nicht notwendig. Der Körper bleibt die Verbindung zwischen Cyberspace und Realität – nicht die Technik (vgl. Jensen 1994, S. 76). Also muß man an der Abschaffung des Körpers arbeiten. Der Mensch kann sich selber gegenübertreten. Wenn er sich selber zum Gegenstand macht, dann betrachtet er sein Soma, seinen Körper. Im Sterben sieht der Geist den Körper im Tod versinken. Schon die platonische Meditatio mortis stellt die Niedrigkeit des Leibes heraus (Moltmann 1985, S. 250ff.). Der Leib ist die gleichgültige (unwichtige?) Hülle der Seele; Erdenrest. Der Tod des Leibes ist ein Fest für die Seele! Die Eliminierung des Körpers, der in prometheischer Scham hinter den technischen Geräten hertrottet, wie es noch Günther Anders in seinem Buch *Die Antiquiertheit des Menschen* beschrieben hat (1956), auch diese Endlösung wird anvisiert: in der Kopie des Geistes auf eine Maschine.

Bronx – Galaxis einfach

Wir verfügen in unserem Heim über Plätze, wo wir den Abfall und den Müll vorübergehend versorgen. Sie sind unseren Augen mehr oder weniger entrückt, die hinterste Ecke in der Speisekammer, der Winkel auf dem Fenstersims, der Behälter unter dem Schüttstein, der Abfallsack in der Ecke der Küche. Wir haben Schränke, oder sofern wir ein Haus besitzen, Zimmer oder Kellerräumlichkeiten, wo wir Unbrauchbares oder Verbrauchtes wie alte Matratzen und Bettgestelle, Möbelteile, Schuhe, Kinderbücher hintun. Ebenso nutzen die Gemeinden Plätze als Müllkippen, auf denen der Abfall der Haushalte entsorgt wird. Schließlich verfügen die Länder auch über nationale Entsorgungsstätten für hochgiftige

Chemikalien, radioaktive Abfälle usf., und es ist sehr wohl denkbar, daß früher oder später einzelne Regionen oder – in der Schweiz – kleine, unbotmäßige Halbkantone als Müllkantone ausgewiesen werden.

Was den Müll betrifft, hat sich eine internationale Arbeitsteilung derart angebahnt, daß Länder, z.B. in Afrika oder Asien, zu Müllauffangländern gekürt werden, wo dann internationale Müllverschiebungskonzerne und -banden Giftmüll hin verschieben. Diese Arbeitsteilung hat sich, unter der Hand, ja auch (vor dem Fall des Eisernen Vorhangs) zwischen West und Ost eingebürgert. Denkt man dieses Müllszenario interplanetarisch weiter, dann erhebt sich folgerichtig die Frage, ob man nicht den *Weltraum* oder andere *Planeten* als Müllkippen brauchen könnte. Seit 1957 sind fast viertausend Satelliten in den Orbit gebracht worden, wovon noch fünf Prozent nutzbar sind. Der Rest ist nach Erschöpfung der Batterien bzw. Treibstoff oder infolge von Pannen unbrauchbar geworden und bildet Weltraummüll. Ein Bienenschwarm von ausgebrannten Raketenstufen zirkuliert (aus Computersimulationen lassen sich obere und untere Grenzwerte von 50 000 und 70 000 berechnen), deren Einzelteile mit der enormen Geschwindigkeit von bis zu 18 000 km/h für bemannte und unbemannte Raumfahrzeuge eine ernste Gefahr bilden (vgl. *Neue Zürcher Zeitung*, 31. 8. 1988). Zur »Völkerwanderung im erdnahen Weltraum« tritt die Kollisionsgefahr. Die erste Europäische »Weltraumschrott-Konferenz« (April 1993) befaßte sich mit der Frage, ob die Weltraumfahrt unter diesen Umständen überhaupt weiterzuführen sei.

Der Mensch schafft sich seit jeher seine eigenen Sekundärsysteme – in Zukunft auch im extraterrestrischen, vorerst erdnahen Raum, seine Eignung für Endlager und Grabstätten ist schon psychologisch einsichtig. So ist es nach Ansicht einiger Wissenschaftler denkbar, daß aufgearbeitete (verglaste) Raketen radioaktiven Abfalls per Shuttle aus dem Orbit der Erde geschossen werden (vgl. Fritsch 1990, S. 282). Insofern auch dieser Abfall eine Gefahr für die Raumfahrzeuge bilden würde, wäre der Gedanke naheliegend, einen möglichst erdfernen Planeten zur Müllkippe für die Problem-, dann für alle Abfälle zu erklären. Die Erde hätte gewissermaßen einen Entsorgungsschlauch zu einem anderen Planeten, der aus einem unaufhörlichen Strom von Container-Shuttles voller Abfall bestehen würde. Man könnte auch an technische Lösungen ganz anderen Kalibers denken, Lösungen, die sich die Fliehkraft und die Anziehungskräfte von Sonne und anderen Planeten dienstbar machen würden; eine Art wie eine Windhose funktionierender Entsorgungswindkanal zu einem anderen Planeten etc.

Allerdings lassen sich weder die Altlasten aus vom Boden schwer oder nicht abbaubaren Schwermetallen, Ölen und chlorierten Wasserstoffen auf ferne Planeten schießen. Die Rückstände im Untergrund unserer Städte, Flüsse und Seen, die Nachlässe aus dem Krieg, die versickerten Öle an den Ufern von Meeren und Flüssen lassen sich nicht mehr sanieren. Die gewaltigen Industriemüllkippen, die ein wildes Durcheinander von Chemikalien aller Art bergen, entziehen sich dem Zugriff. Man müßte Berge versetzen, Gelände mit Spundwänden aus Beton einkapseln, ganze Regionen zu *unberührbaren Zonen* erklären. In allen hochindustrialisierten Ländern wären die Böden zu waschen oder »durchzubacken« (Spill, Wingert 1990, S. 96 f.). Ganz abgesehen vom Energieaufwand entließen die Verbrennungs- und Trennungsanlagen wieder Emissionen, deren Rückstände wieder mit neuen Anlagen zu Leibe gerückt werden müßte usf.

Die biologische Sanierung, bei der Mikroorganismen und Bodenpilze Schadstoffe verzehren sollen, ist bestechend, aber niemand garantiert, daß die Bakterienstämme bei ihrer raschen Generationenfolge nicht unerwünscht mutieren und außer Kontrolle geraten (ebd., S. 99). Bei einer modernen Müllverbrennungsanlage werden z. B. nur sechzig Prozent des Quecksilbers durch die Rauchgaswäsche abgeschieden. Nichts verschwindet. Erlösender Regen, strenge Winter, ein endloser Himmel schienen und scheinen heute noch für einen Ausgleich zu sorgen. Die Billionen Tonnen Kohlendioxyd, beim Verfeuern von Kohle, Erdöl, Gas und Holz erzeugt, die Millionen Tonnen Methan, die bei der Erdgasgewinnung über Asiens Reisfeldern aufsteigen, die als Treib- und Lösungsmittel verwandten Fluorchlorkohlenwasserstoffe führen durch den Aufbau von Reflexschildern und den Abbau des die Erde vor der UV-Strahlung schützenden Ozonschildes zur Gefährdung bisheriger Klimazonen. Diese werden sich – nach Computermodellrechnungen – verschieben, wodurch Dürren und Überschwemmungen zunehmen. Durch die Erwärmung der Ozeane steigt der Meeresspiegel. Die Malediven versinken im Meer, Holland baut riesige Wehre, die Schweizer schauen ungerührt von ihren Bergen. Die Menschen aus den dichtbesiedelten Schwemmdeltas am Ganges, Amazonas und Nil und den dazugehörigen Flußlandschaften packen ihre Habseligkeiten und lassen sich möglicherweise auch ernähren. Die eingesetzten Düngemittel und Pestizide erbringen zwar höhere Mengen und größere Früchte, diese enthalten aber auch mehr Rückstände, die über die Nahrungsmittelketten im Menschen »endgelagert« werden. Die *Endlagerstätte Mensch*, das ist das Problem und dieses Problem bleibt, auch wenn ich auf dem Matterhorn sitze. Selbst Bündnerfleisch läßt Spuren in mir zurück, radioaktive Wolken treiben über mich hinweg, und die klimawirksamen Spurengase CO_2, Methan, Stickoxyde und Fluorwasserstoffe bilden das gläserne Dach eines Treibhauses, das in den Matterhornschen Höhen besonders spürbar aufheizt.

Die Erde muß aber nicht das Endlager für die Abermillionen kleiner Endlagerstätten bleiben, welche die Menschen darstellen, bzw. nicht die Endlagerstätte aller Menschen. Eben ist zu lesen, daß die Bezirks- und Polizeigefängnisse des Kantons Zürich völlig überfüllt sind. Der Einsatz modifizierter Wohncontainer als Gefängnisprovisorien ist in Prüfung! Einzelne Gefängnisse weisen geradezu südamerikanische Verhältnisse auf, nämlich eine zeitweilige Insassenbelastung, die bis zu vierzig Prozent über der vorgesehenen ordentlichen Maximalbelegung lag. 13 Millionen Amerikaner sahen 1991 ein Gefängnis von innen, also fünf Prozent der Bevölkerung (vgl. Haslinger 1992, S. 29). Die Gefängnisse sind hoffnungslos überfüllt, den Großteil der Täter muß man wieder laufen lassen. New York hat pro Tag einen Ausstoß von 27 000 Tonnen Abfall, und 200 000 Menschen müßten sich eigentlich hinter Gittern befinden. Nach einer Umfrage von *Time* (17. Sept. 1990) würden die meisten New Yorker am liebsten die Stadt verlassen. Statt daß die Bewohner sich in ihren Häusern verbarrikadieren und einzelne Quartiere und Stadtteile einzumauern beginnen, wäre das Szenario zu überlegen, welches John Carpenter in seinem Fictionfilm *The Snake* (nach dem Thriller von McQuai 1982) gräßlich-schön abhandelt. Es werden Dörfer oder Städte, in diesem Fall New York, zu Gefängniszonen verwandelt, *ohne* daß man etwas verwandelt, außer daß man eine aus- und einbruchssichere Mauer und einen Todesstreifen um sie zieht. Jeder lebenslänglich Verurteilte wird nicht in ein Verlies oder ein Gefängnis gesteckt, sondern in die Stadt New York verbracht. In ihr gibt es keine

Gefängniswärter, keine Aufsicht. Es herrscht Selbstorganisation. Das schön-schauerliche Szenario, daß der Präsident der Vereinigten Staaten mit seiner Präsidentenmaschine ausgerechnet über New York abstürzt, kann man sich mit einem der letzten vier Präsidenten selber ausdenken.

In Zürich etabliert sich die offene Drogenszene nach jeder Wegtreibung neu und schafft eine mehr oder minder rechtsfreie Sphäre. Die Selbstorganisation der Betroffenen und auch ihre Selbsthilfe und Selbstjustiz substituiert Rechtsstaatlichkeit. In Südamerika, aber auch in den USA mehren sich Quartiere und Stadtteile (z. B. in den New Yorker South-Bronx), die für Besucher und Polizei *terra incognita* werden. Die europäischen Fußballfans lernen gerade jetzt eine Seite der USA kennen, von der die großen und kleinen Botschafter Amerikas lieber nichts erzählen. Unterdessen ist es auch in Europa in einigen Städten (wie etwa in London) nicht angezeigt, sich überall zu bewegen. Bald sind vielleicht auch in Europa die dunklen Wälder sicherer als die hellen Städte! Das Verlassen dieser Welt, wäre das nicht *die* Lösung? Das Buch Exodus im Alten Testament erzählt die Geschichte des israelitischen Volkes, das von der Unterdrückung der Ägypter gedemütigt, gebrochen, verängstigt, verzweifelt sich sammelt und Ausschau hält. Die Welt besteht nicht nur aus Ägypten. Die Welt besteht auch nicht nur aus der Erde. Das Weltall ist unendlich. Seit Galilei heimlich sein Fernrohr auf den nächtlichen Himmel richtete, dringt die menschliche Neugierde immer tiefer in das Weltall ein. Hunderte von Raumschiffen und Satelliten oder deren Trümmer umkreisen unseren Planeten. Es sind zur Zeit noch wenige Erdenbürger, die uns Tag und Nacht in Raumschiffen umkreisen und beobachten. In meiner Kindheit war dies Science fiction. Der Exodus ins All, der interplanetarische Ausgriff, die extraterrestrische Fortführung des Projektes der Moderne ist eine Denkmöglichkeit, deren Realisierung gar nicht mehr so fern scheint.

Vor fünfhundert Jahren wurde aus dem Landtreter der Seeschäumer (Schmitt 1981). Vor hundert Jahren eroberte er die Lüfte, jetzt läßt er sich ins unendliche All katapultieren. Der Auszug aus Ägypten als *Abschied vom Planeten*! Statt Auszug aus Ägypten, Wegzug von der Erde; statt Zug durch die Wüste, Flug durch den Weltraum; statt von Sinai bis in die Steppen Moabs und schließlich in das Land, wo Milch und Honig fließen, über die Galaxien auf einen paradiesisch fremden Stern. Vor fünfundsechzig Millionen Jahren ist die

Erde durch den Einschlag eines Meteoriten von zehn Kilometern Durchmesser beinahe aus dem Gleichgewicht geraten. Von der Stelle, wo der Himmelskörper mit einer errechneten Geschwindigkeit von bis zu sechzig Kilometern in der Sekunde auftraf, stieg eine Staubwolke in die Stratosphäre, ummantelte die Erde und hüllte sie in Dunkelheit. Während mindestens dreier Monate wurde die Photosynthese unterbrochen, die Ozonschicht zerstört. Die Erde lag über zehn Jahre ungeschützt in einer ultravioletten Strahlung. Die Wälder gerieten weltweit in Brand und zerstörten große Teile der globalen Biomasse. Die Ozeane versauerten. Die Katastrophe bewirkte die Vernichtung von drei Vierteln aller damals lebenden Arten innerhalb der »kurzen« Zeitspanne von zehntausend Jahren – unter anderem der Dinosaurier.

Es soll 50 000 Jahre gedauert haben, bis wieder genügend Biomasse da war, um den Zustand der Ozeane zu stabilisieren, die Rückkehr zum ökologischen Gleichgewicht nahm 100 000 Jahre in Anspruch. Dieses erstaunliche Regenerierungspotential unseres Planeten kann sich heute nicht mehr entfalten, weil es nicht kosmische Einwirkungen sind, die periodisch die Ungleichgewichte hervorrufen, sondern Dauerstörungen und Eingriffe, die dem Planeten von einem ihrer Lebewesen – dem Homo sapiens – drohen. Die Menschen vermehrten sich, wucherten und bedrohten die anderen Arten. Ausrottung der Arten, Verschmutzung der Ozeane, Zerstörung der Ozonschicht, Anreicherung der Atmosphäre mit CO_2, Raubbau an Grundwasserreserven, Zerstörung des tropischen Regenwaldes, Übernutzung und Überbeanspruchung der Böden seien Dauerfolgen von Dauereingriffen, wogegen die Regenerierungspotentiale unseres Planeten nicht mehr ausreichen. Was liegt also näher, als diesen Planeten zu *verlassen*? Im späten Pleistozän hat sich der Mensch, evolutionsgeschichtlich betrachtet, aus der direkten Einbindung in die natürlichen Ökosysteme gelöst. Als die genetische Evolution des Menschen ihren Anfang nahm, war der Mensch vermutlich noch ein harmonischer Bestandteil der natürlichen Ökosysteme. Als die kulturelle Evolution begann, fiel der Mensch wie aus der Natur heraus. Jetzt fällt er, langsam aber sicher, *aus der Welt heraus.* In mythischen Weltbildern war die Natur ein Zaubergarten, der von Mächten und Kräften hinter den Dingen beherrscht wird. Aus dem Wald wurde Gehölz, aus dem Vieh Nutzvieh, aus dem Gehörn der Griff des Spazierstocks, aus der Natur ein riesiger Tatschhund, den man nach Gusto streichelt oder quält. Und die Erde? Wird sie nicht zum Spiel-, Fuß- oder gar Schlagball?

Diese Sichtweise wird tagtäglich eingeläutet und vorbereitet. Die Kinder sehen in den Wetterprognosen am Fernsehen unseren Planeten als bläulich schimmernden, von Wettersatelliten aufgenommenen Ball, über den Wolkenfelder ruckweise hinwegziehen. Der »Overview-Effekt« verhilft schon den Kindern zu einer *intergalaktischen Identität* (vgl. While 1993). Die Satellitenoptik ermöglicht, nachdem alle früheren Kulturen »zum« Himmel aufgeblickt haben, den Blick »vom« Himmel. Die »Kopernikanische Revolution des Blickes« (Sloterdijk 1990, S. 57) macht großzügig gegenüber irdischen Übeln. Nicht mehr die Verstorbenen, sondern Astronauten aus aller Herren Länder verlassen bald täglich die Erde. 3 300 Raumflüge in 35 Jahren, davon 140 Missionen mit 440 Astronauten, das ist die Bilanz Ende 1992. Allein in Europa arbeiten 500 000 Beschäftigte im Luftfahrtsektor, weltweit sind es über 2 Millionen. Der »High Resolution Microwave Survey«, den die NASA im Oktober 1992 in Betrieb genommen hat, soll im Laufe der nächsten zehn Jahre das Mikrowellenspektrum im All systematisch nach Signalen von extraterrestrischen, intelligenten Wesen absuchen. Der Planet Erde wird zum *Steuerungsobjekt*. Jüngst an einer Tagung über Ökologie und Ökonomie wurde die Notwendigkeit ökologischen Denkens damit begründet, daß die Erde ein »Unternehmen« sei! Die Forschungs- und Technikbeilagen kommen in keiner Ausgabe ohne intergalaktische und interstellare Berichte aus: Spiralnebel, interstellare Stäube, ferne Galaxien. »Der blaue Planet als Managementobjekt« – eine eben gelesene Überschrift (Sachs 1993)! In sechs Stufen wollen NASA-Ingenieure bis zum Jahr 2170 aus dem Mars ein grünes Gegenstück zur Erde machen. Von 2030 bis 2090 wird der Planet von atombetriebenen Chemiefabriken, reflektierenden Spiegeln, flächendeckenden Bakterienfilmen und durch Freisetzung von Kohlendioxyd, Wasser und Stickstoff urbar gemacht – sofern die Finanzen ausreichen (Odenwald 1991). Die Kosmologie arbeitet mit einer neuen Generation von Infrarotdetektoren und Teleskopen. Milliarden Lichtjahre entfernte Galaxien werden sichtbar. Die Schaffung neuer extraterrestrischer Systeme ist keineswegs nur Spekulation. Private und staatliche Raumfahrtprojekte befassen sich in den USA und in Japan mit der Entwicklung materiell abgeschlossener, sich selbst regenerierender Ökosysteme.

Der bekannte sowjetische Zukunftsforscher Igor Bestuschew-Lada beschreibt in seinem Essay die Zukunft künstlicher Weltraum-Inseln (1988, S. 203 ff.). Deren Projektierung wird erzwungen durch den Mangel an Boden in dichtbesiedelten Regionen. Städteinseln beliebiger und flexibler Konfigurationen in den Ozeanen wären aus verschiedensten Gründen auch für die direkte Nutzung der Solarwasserstoff-Energien von größter Bedeutung. Künstliche, im Weltraum schwimmende Planeten sind die konsequente Weiterführung dieser Idee (ebd., S. 217). Der Bau einer Kette von ätherischen Städteinseln im Asteroidengürtel ist nicht die einzige Möglichkeit, um der Erde zu entkommen, den planetarischen Exodus zu vollziehen. Denkbar wäre auch (und in Science fiction-Filmen bereits veranschaulicht) die Verwandlung von erdnahen Planeten wie Mars und Venus in Planeten vom Typ Erde durch die Synthetisierung einer Atmosphäre und einer Hydrosphäre (ebd., S. 219). Diese wiederum könnten umfangen werden durch eine Kette von künstlichen Planeten in Leichtbauweise. Die japanische Firma Shimizu teilte mit, man sei bei der Planung von Sauerstoff-Produktionsanlagen, wie sie auf dem Mond gebraucht würden, weitergekommen. Eben (26. 9. 1993) hat das achtköpfige Forscherteam, das sich vor zwei Jahren in der 28 Meter hohen und 180 Meter langen Glaspyramide in der Wüste von Arizona einschließen ließ, um zu demonstrieren, daß man in kleinen, sich selbst regenerierenden Ökosystemen überleben kann, ihre Miniaturwelt verlassen, mit Lust auf Schokolade und Salami. Die passierten Pannen stellen zwar die Realistik des Unternehmens in Zweifel. Aber die 250000 Besucher der »Biosphère« und die Millionen, die weltweit immer wieder über das Experiment informiert worden sind, rechnen mit einem früher oder später möglichen intergalaktischen Ausgriff.

Die Erde ist die Wiege der Menschheit, doch niemand kann und will in der Wiege bleiben. Die Erde wird *eng*, die Natur *stöhnt*, der Planet *ächzt*. Vorderhand wird man die Überbevölkerung und den *Run* in die gleißenden Zentren der Multioptionsgesellschaften nicht durch massenweise Emigration (oder »Deportation«) auf andere Planeten oder ätherische Ökosysteme lösen können. Für den Jünger des »Waldgängers« verschwinden die Eliten im Wald, es mag sein, daß sie bald im Weltraum entschwinden. Aber es lassen sich auch bescheidenere Projekte ausmachen. Energie- und raumfressende Forschungs- und Produktionsstätten könnten im Kosmos untergebracht werden. Das wäre die wohl endgültige Durchbrechung der Vorstellung von den natürlichen Grenzen des Wachstums aufgrund nicht-regenerierbarer Ressourcen (Entkapitalisierung der Natur), aufgrund des abnehmenden Grenzertrags regenerierbarer Ressourcen; nicht zuletzt aufgrund der begrenzten Absorptionsfähigkeit der Welt für den Abfall (vgl. auch Binswanger u. a. 1978). Mit der Eroberung des Weltraums wird die Grundlage für die praktisch unbegrenzte Fortentwicklung des wissenschaftlich-technischen Fortschritts geschaffen. Bis die Menschheit das Sonnensystem und andere stellare Systeme vollständig erschließt, werden Jahrtausende, vielleicht Jahrmillionen vergehen. Aber wir stehen am Beginn einer Phase, in der »gigantische, planetenähnliche Raumschiffe, auf denen viele Generationen einander ablösen werden, Jahrtausende lang (nach irdischer Zeitrechnung mit Unterlichtgeschwindigkeit) die Randgebiete unseres Sonnensystems – einen Winkel unserer Galaxis – durchpflügen und ein stellares System nach dem andern erschließen« werden (Bestuschew-Lada 1988, S. 231).

Seit den fünfziger Jahren ist die Wohnbevölkerung der Stadt Detroit von zwei Millionen um mehr als die Hälfte zurückgegangen: »Der Exodus der Mittel- und Oberschicht in die sicheren und besser versorgten Vororte dauert ungebrochen an. Unter den verbleibenden Bewohnern der Stadt sind inzwischen siebzig Prozent schwarzer Hautfarbe...« Was kürzlich unter dem Titel »Soziale Krisensymptome in Detroit« zu lesen war (*Neue Zürcher Zeitung*, 26./27. 5. 1990, S. 5), könnte in hundert Jahren folgendermaßen zu lesen sein: »Seit den fünfziger Jahren ist die Erdbevölkerung von zwei Milliarden um mehr als die Hälfte zurückgegangen. Der Exodus der Mittel- und Oberschichten in die sicheren und besser versorgten interplanetarischen Ökosysteme dauert ungebrochen an. Unter den verbleibenden Bewohnern der Stadt sind inzwischen siebzig Prozent schwarzer Hautfarbe und Sträflinge.«

Simulationswelten

Neben dem weltlich konventionellen *expansiven* Exodus in ein Land, wo Milch und Honig fließen und das unendliche Begehren nach Mehr gestillt ist, und wo man der ungeheuren Anhäufung von Abfall und Müll, dieser gigantischen Deponie von Spalt-,

Rest- und veralteten Produkten entkommen kann, ist der Exodus der Israeliten, wie schon erwähnt, auch anders gedeutet worden. Als Metapher nämlich für die Vergeistigung, für den *invasiven* Exodus aus dem Körper. Gerade die christlichen Interpreten neigten dazu, den Exodus so aufzufassen, wie sie die letzten Tage oder überhaupt die Erlösung deuteten: als Zustand der Seele, nicht der Welt; als Vergeistigung, nicht als fleischliches Schlaraffenland (vgl. Walzer 1988, S. 130). Die moderne Befreiungstheologie, die den hungernden Massen in Südamerika und Afrika das Jenseits im Diesseits verspricht, geriet nicht zuletzt wegen der Handgreiflichkeit ihrer Verheißungen, wegen dem Anstreben eines weltlichen Königreiches, mit der Kirche in Widerspruch.

Aber auch dieser Exodus nimmt höchst technische Züge an. Die Motivation ist nicht die Knechtung, sondern das global unerfüllbare Begehren nach Mehr. Da, wie Rottensteiner treffend anmerkt, »die Zahl der möglichen Schlösser im Schottischen Hochland begrenzt, die der Wünsche danach aber praktisch unbegrenzt ist, bleibt hier nur die vollkommene Illusion als dem energetisch und konfliktbezogen optimalen Verfahren« (in: Hennings u. a. 1983). Das heißt, reale Techniken der Befriedigung des unendlichen Begehrens nach Mehr werden durch Illusionstechniken ersetzt. Echte Prozesse werden *multimedial simuliert*. Die Cybertechniken befriedigen die im Kopf sich anhäufenden Wünsche, die nach Realisierung drängen. Die *World Future Society* sagt für die nahe Zukunft voraus, daß Gefängnisse überflüssig würden, weil das Verhalten der Menschen mit elektronischen Steuergeräten und chemischen Implantaten rund um die Uhr kontrolliert werden könne. In 47 Staaten der USA wird Benthams Panoptikum, in dem man beobachtet wird, ohne daß man weiß wann (vgl. Brosziewski, Maeder 1993), ohne Gefängnisanlagen nämlich, informationstechnisch, mittels Sendegeräten, derer man sich nicht entledigen kann, realisiert (vgl. Haslinger 1992, S. 31 f.). Das ist neben anderen eher fröhlich stimmenden Prognosen, wie, daß in den Gärten der Zukunft künstliche Pflanzen wachsen würden, die dazu programmiert werden könnten, mit den Jahreszeiten nicht nur ihre Farbe, sondern ihre Art zu wechseln, eine bedrohliche Perspektive.

Denn der Weg von der Überwachung zur Steuerung ist kurz. Die Vorstellung eines von allen zu tragenden elektronischen Halsbandes (Deleuze 1992) erscheint überdies, angesichts der modernen technischen Möglichkeiten, bereits antiquiert. Wenn das Verhalten durch Implantate kontrolliert werden kann, ließe es sich möglicherweise auch dadurch steuern. Gefängnisse würden so überhaupt überflüssig. Es gäbe keine Verantwortlichkeit mehr. Eine wie immer geartete Prädestination würde uns die gnadenlose Verantwortung abnehmen, in die uns die Aufklärung gestürzt hat. Kants »Ausgang des Menschen aus seiner selbstverschuldeten Unmündigkeit« würde rückgängig gemacht. Weil es keine eigenverantwortlichen Taten mehr gäbe, gäbe es keine Schuld mehr. Das fehlende *sine qua non* jeden Strafens macht Strafen und das Gefängnis hinfällig. *Rothenberg*, der elektronisch angekettete Häftling in Los Angeles, der nach einem Streit mit seiner Frau seinen eigenen Sohn David angezündet hatte, müßte seinen Sohn, der mit schweren Verbrennungen gerettet werden konnte und der nun darauf wartet, ihn zu erschießen (Zitat des 13jährigen: »Ich schieße ihm das Auge aus, wenn er jemals herkommen sollte. Den mache ich blind!«), nicht fürchten (*Fränkischer Tag*, 28. 1. 1990). Es gäbe also nur noch versehentliche Zusammenstöße von falsch programmierten Menschen oder den Absturz des Computerprogrammes mit den entsprechenden Massenkollisionen oder gesellschaftliche Stillstände.

Man könnte indes folgerichtig – im Zeitalter des Brains – daran gehen, die Massenkollisionen durch die technische Elimination physikalischer Massen aus der Welt zu schaffen. So wie man Autounfälle dadurch vermeiden kann, daß man die Autos durch andere Verkehrssysteme ersetzt oder durch neuartige holographische Informationssysteme substituiert, ließen sich alle, die Körperlichkeit des Menschen betreffenden Probleme, Unfälle, Krankheiten, auch Anschläge durch die Eliminierung der Körperlichkeit an den Wurzeln beseitigen. Lange vor den Möglichkeiten der Transplantationschirurgie und drei Jahrzehnte vor dem von Vilém Flusser (1989) entworfenen »telematischen« Menschen schreibt Günter Anders über die Asynchronizität von Leib und Technik, über die Unfähigkeit des Körpers, »up to date«, auf dem laufenden der Produktion zu bleiben, über unser Nachhinken hinter dem Kraft-, Tempo-, Präzisionsvorsprung der Geräte, von der »beschämend« hohen Qualität der technischen Produkte und der daraus resultierenden prometheischen Scham (»Und so trottet schließlich als letzter Hintermann, als verschämtester Nachzügler, noch heute behängt mit seinen folkloristischen Lumpen, und gleich schlecht synchronisiert mit allen seinen Vordermännern – im weitesten Abstand hinter allem, der menschliche Leib nach« [1956, S. 17]). Die Tölpelhaftigkeit und Anfälligkeit des Leibes, die Kollisionsgefahr mit anderen Leibern, das beschämte Nachhumpeln, würde sich dann erledigen, wenn die Beweglichkeit des Leibes so eingeschränkt würde, daß die Gefahr des Nachhumpelns samt resultierender prometheischer Scham gar nicht mehr auftreten könnte. Statt daß der Mensch mit seinem Körper den Dingen nachjagen muß, trägt man die Dinge zu ihm hin, indem man sie virtualisiert.

In Los Angeles ist eben bei einem Brand der Universal-Filmstudios ein riesiger mechanischer »King-Kong« Opfer der Flammen geworden. Echtes Feuer hat falsche Kulissen vernichtet. Die Straße, in der Michael J. Fox im Film *Zurück in die Zukunft* Skateboard fährt, ist ebenso vernichtet wie der Szenenaufbau für *Dick Tracy*. Vom Unglück betroffen sind auch die Kostüme und einundzwanzig Modellautos für Stallones neuesten Film *Oscar. Bates' Motel* aus dem Hitchcock-Thriller *Psycho* ist, wie gemeldet, noch ebenso intakt wie der Erdbebensimulator. Wer weiß, ob wir in Zukunft noch wissen, ob ein Erdbeben ein Erdbeben ist! In den Filmstudios sind Erlebniswelten ›Erlebniswelten zum Anfassen‹ geworden. King Kong mit Haut und Haar! In den Disneyländern schnattern gamaschenbewehrte Ducks zur stündlichen Wiederholung der amerikanischen Unabhängigkeitserklärung durch Präsident Jefferson und in Bregenz donnern mechanische Dinosaurier über die Bühne. In Steven Spielbergs neuem Spektakel *Jurassic Park* machen mit Computern erzeugte Dinosaurier Jagd auf Menschen. Künftig werden Filme produziert werden mit Kulissen und Schauspielern, die gar nicht existieren. Bald werden John Wayne oder lieber Marilyn Monroe mit Hilfe von Rechnern zum Leben erweckt, neue Rollen spielen und von echten Menschen gejagt oder verführt werden.

Anfang August 1989 konnten, laut einer Meldung der Computer-Zeitschrift *Chip* (März 1990), in Boston auf der Siggraph, der weltweit bedeutendsten Computergrafik-Konferenz, Besucher die ersten Schritte in künstliche Bildwelten wagen. Mit Hilfe von neuartigen Hardware-Schnittstellen in Form von Videobrillen und Datenhandschuhen ließ sich in einem künstlichen Raum Squash spielen, konnte man Bibliotheken besuchen, Bücher aus den Regalen nehmen; es sollen sich bald die Dschungel Borneos erkunden lassen. Die Carnegie-Mellon-Universität in Pittsburgh entwickelt ein Networked Virtual Museum, das dem Anwender erlaubt, in Echtzeit die großen Museen der Welt zu besuchen. Patti Maes vom Media Lab des MIT in Cambridge (Massachusetts) präsentiert interaktive Computermeerschweinchen. Naoko Tosa hat 1993 an der Ars Electronica in Linz ihr »Neurobaby« vorgeführt, einen Bildschirm-3-D-Graphik-Säugling in einem echten Kinderbett, der auf die Stimme des Besuchers reagiert und – so die Entwicklerin – bald im Kinderstuhl Platz nehmen könne (vgl. Fischer 1993). Chris Blue, von der Zigarettenfirma Philipp Morris auserkorene Ministerin of Love, sinniert in einer Anzeige und ab September in Werbeveranstaltungen über das Näherrücken der virtuellen Liebe (*Forbes* 7 [1993], S. 2). Die Softwarefirma »Reactor« in Chicago (Illinois) entwickelt ein »Cyber Sex Duo System«, das zum Datenhelm und zur Video-Brille »Genital Units« mitliefert, die virtuellen Sex in einer neuartigen Perfektion ermöglichen sollen (*Spiegel*, 46 [1993], S. 236f.). Gefängnisse und Behindertenheime sollen, der Werbung zufolge, die Testmärkte sein. Und schon werden, wie man hört, in virtuellen Räumen Werbeflächen vermietet.

Die Außenwelt, in der man sich bewegt und die man manipulieren kann, kommt aus dem Computer. Sie ist weniger Welt als die Potemkinschen Dörfer oder Hollywoods Filmstudios in Los Angeles. Dennoch ist die computergenerierte *World in Reach* visuell *und* körperlich erlebbar. Die Cyberspace Technologie beruht auf einer Art Helm mit hochauflösenden Videomonitoren, die auf den Augen sitzen, und Sensoren, die alle Kopfbewegungen aufnehmen und weitergeben. Die Unterhaltungsbranche (auch die Werbebranche) wittert bereits, nachdem die Haushalte mit Videogeräten und nie abgespielten Aufnahmen überfüllt sind, das nächste große Geschäft. Die frei kopierbaren Videospiele sind großartige Werbeträger, die Kinder und Jugendlichen verbreiten die Werbebotschaften über und im Video-Spiel! Mit »Touchscreen«, einem berührungsempfindlichen Monitor, konnten die Besucher der letzten CEBIT-Messe in Hannover schon an ganz verschiedenen Ständen mittels Berührung der Bildoberfläche in den Programmablauf eingreifen. Der Weg von diesem Programm zum interaktiven Film, in dem man sich in eine Verfolgungsjagd mit einschalten kann, ist weit, aber alle führenden EDV-Unternehmen marschieren. Das Media Lab am Massachusetts Institute of Technology arbeitet seit zwei Jahrzehnten an der Idee, Schrift, Standbild, Film, Musik und Sprache in einer Kommunikationsmaschine zu vereinigen. Man kann die Produkte von Media Lab noch nicht kaufen, aber in – gegenüber solchen Denkmöglichkeiten – altmodischen Büchern bewundern (vgl. Brand 1990). Die Endpunkte dieser Entwicklungen sind vorstellbar: Konsumenten sind nicht die Schulen, die nun Schulreisen ohne Reisen unternehmen, sondern sich in den virtuellen Realitäten eingrabende einzelne. Die Erzeugung von synthetischen Menschen in der virtuellen Realität von Cyberspace macht schnellere Fortschritte als die Erzeugung gentechnisch veränderter Homunculi. Im reich bebilderten Büchlein von Stewart Brand sind junge Leute mit infrarotlichtimitierenden Dioden (ILED) – Handschuhen und Vollkörper-Abtastanzügen – zu sehen, die dem Computer beibringen, wie Menschen sich bewegen. Die Zeitschriften führen in Cyber-Sex-Systeme ein, und bald, vielleicht schon wenn dieses Buch erscheint, bietet der Versandhandel Cybersexanzüge für »alle Größen« an (*Spiegel* 46 [1993], S. 237). Mit Eye-Tracking, durch Abtasten der Augenbewegungen, wird der Computer und seine synthetischen Geschöpfe lernen, sensibel auf Blicke zu reagieren.

Die Folgen dieser neuartigen Technologien sind natürlich ebenso unabsehbar wie ungewiß. Bundesrat Ogi, der Schweizer Verkehrsminister, hat eben ausgerechnet, daß in der Schweiz pro Einwohner fünfzehntausend Kilometer im Jahr zurückgelegt werden. Müßten diese Distanzen zu Fuß bewältigt werden, wäre jedermann neun Stunden pro Tag unterwegs. Das Maß der Bewegungen, früher von der Leistungsfähigkeit des menschlichen oder tierischen Körpers begrenzt, ist heute dank der Vervielfachung der menschlichen Kräfte durch Motoren und Fahrzeuge planetarisch unbegrenzt. Die dadurch entstehenden Mengenprobleme und zunehmenden Belastungen für die Umwelt werden derzeit zwar als technische und technisch lösbare Probleme diskutiert. Die üblichen Mobilitätsangebote wollen die Nachfrage durch Vorschriften reduzieren. Cyberspace erhöht das Angebot, erfüllt die Sehnsucht nach schneller, weiter, höher, häufiger durch Mobilitätsmaschinen *im Wohnzimmer*. Fast alle Geräte, die heute in der guten Stube stehen, sind schon Maschinen diesen Typs. Das Aquarium fingiert Natur im Wohnzimmer, das Radio macht den Konzertbesuch überflüssig, das Fernsehen entführt uns im Lehnstuhl in visuelle und akustische Welten, in die *Welterfahrung ohne Welt*.

Wird die synthetische Telerealität es ermöglichen, ausgerechnet durch Stillegung des Körpers in einer Ersatzwelt das zu erreichen, zu erproben und durchzuführen, was man bislang insgeheim gedacht, gewünscht, geträumt hat? Ließen sich in Zukunft allenfalls Kriege im Simulator durchführen? Wie der Ausbildungschef der Schweizer Armee errechnet hat, kostet nämlich ein Schuß Kriegsmunition für die Fliegerabwehrwaffe »Tow« 40 000 Franken; ein Schuß mit dem Simulator gerade noch drei Franken. *Wie wirklich ist diese Wirklichkeit?* – ist man geneigt, mit Watzlawick zu fragen, dessen gleichlautendes Buch allerdings nicht die virtuelle, sondern die alltägliche, alltagspraktische Lebenswirklichkeit meint (1976). Ließe sich beispielsweise jene Wirklichkeit wählen, die der End- und Zielpunkt des Projektes der Moderne ist: uneingeschränkte Möglichkeiten und uneingeschränkte Teilhabe an den Möglichkeiten? Deutlicher gefragt: Ist die »Home Reality Engine«, dieser Home-Computer, der die virtuellen Realitäten erzeugt (möglicherweise wie das Kabelfernsehen sogar über einen Zentralcomputer, mit dem man zu Hause verbunden ist), die synthetische Lösung praktischer Probleme? Mit andern Worten: Lassen sich hungrige Menschen, aus welchen Ländern auch immer, mit virtuellen Realitäten abspeisen? Werden sie vielleicht so satt? Lanvier schreibt: »Man kann in den Körper eines Menschen schlüpfen oder in ein Gebirge; eine Galaxie, ein Kieselstein oder ein Klavier sein. Ein Klavier zu sein würde mir persönlich sehr zusagen. Ich bin gerne ein Musikinstrument... Mit einem Saxophon kann man beispielsweise Städte oder Lichtzauber spielen. Oder das Blöken einer gläsernen Büffelherde« (1990, S. 6). Aber kann der Hungrige in den Körper eines Satten schlüpfen?

Dank der virtuellen Realität lassen sich ganze Universen in der Westentasche oder hinter dem Ohr herumtragen. Sie ähneln Fetischen, deren magische Kräfte durch Betasten aktiviert werden. Gab es eigentlich diese Möglichkeit nicht schon in den imaginären Räumen, welche die Kunst – ohne Bildschirm oder Videobrille – aufgetan hat? Gab es diese unreglementierten Zonen, diese Beliebigkeitsräume nicht auch und gibt es sie nicht weiterhin im Traum, in der religiösen Verzückung, vielleicht sogar in den Wissenschaften? Gewiß erleben wir gegenwärtig den Zusammenbruch des gesellschaftlichen Konsenses über die Realität. Das macht ja die Attraktivität, die Frischheit des sogenannten Konstruktivismus aus. Überall und immer, wenn er zusammenbricht, stehen in irgendeinem Sinne konstruktivistische »Wir-machen-das-schon«-Ansätze mit den entsprechenden Infanteristen parat, um aus der Krise eine Chance zu machen und nebenbei alles als erfunden zu erklären. »Zum Beispiel: Was muß ich unternehmen, damit dieser Becher grün wird? Das ist eben das Spannende daran. Es gibt nicht nur eine einzige, ausschließliche Möglichkeit. Es gibt Millionen von Möglichkeiten, diesen Becher grün zu färben. Man kann auch neue Becher machen oder jenen Becher dort drüben verändern« (ebd., S. 11).

Was aber, lieber Herr Lanvier, wenn ich nicht den Becher grün färben will, sondern Durst habe, oder am Verdursten bin und einfach, aus welchem Becher auch immer, trinken will? Die virtuelle Realität scheint mir das nicht zu ermöglichen. Mag sein, daß sie, wenn sie z. B. die – wie sich Lanvier ausdrückt – schlechte Energie von der Lebenswirklichkeit absaugt, eine Verringerung von Gewalt und Leiden (und Leidenschaft?) auf der physischen Ebene mit der entsprechenden Übertragung auf die *virtuellen* Ebenen geben könnte. Sofern man an die von der Medienwirkungsdiskussion weder bestätigte noch widerlegte *Katharsis-These* glaubt, nach der zum Beispiel Gewaltdarstellungen am Fernsehen nicht zur Gewalt aufhetzen, sondern eine Abreaktionsmöglichkeit bieten. Aber die Diskussion um das Verbot von Brutalofilmen führt vor Augen, eine verbindliche Wirkungstheorie kann es schon darum nicht geben, weil der Wirkungsbegriff in der Multioptionsgesellschaft auch Zug um Zug offener, breiter, vieldimensionaler wird. Bald wird man die Tätigkeitswörter, die »Tunwörter«, wie man im Schweizerdeutsch sagt, durchgehen müssen, denn jedes Tätigkeitswort enthält ein verstecktes Wirkpotential.

Ob Italowestern, Kung-Fu-, Katastrophen-, Selbstjustiz-, Ninja-, Ghetto- oder Endzeitfilm, ob Barbaren-, Rüstungs-, Schlächter- oder Alien-Streifen, ob nekrophiler Alptraum- oder Horrorfilm, ob virtuelle Realitäten mittels Cyberspace-Techniken, es handelt sich immer um *begrenzte* virtuelle Realitäten, die an der phänomenalen Realität, an der Gewißheit der alltäglichen Lebenswirklichkeit gemessen werden. Diese ist die *Paramount Reality*, die *ausgezeichnete Wirklichkeit*, deren rohe Notwendigkeiten und vitalen Funktionen sich in virtuellen Realitäten nicht abbilden, geschweige denn simulieren lassen. Die Weltrekorde im »Indoor-Rudern«, die kürzlich (Oktober 1993) im Zürcher Fitnessklub Luxor aufgestellt wurden (222 524 Meter in 24 Stunden!), waren begleitet von realem »Essen von Bananen und Kraftriegeln«. Die Meter sind simuliert – die Zeit nicht. Irgendwann muß der echte Pilot im Flugsimulator, dem Schrittmacher der Cyberspace-Techniken, den Flugsimulator verlassen, um vitale Bedürfnisse zu befriedigen oder zu erleiden. Simulation klammert die Grundfragen der Körperlichkeit aus. Weiterhin werde ich krank, sauge ich Schmutzstoffe auf, bin ich Endlager für Strahlen und nicht regenerierbare Stoffe. Die virtuellen Möglichkeiten treiben uns keineswegs, wie es Virilio annimmt, in einen rasenden und gleichwohl »endgültigen Stillstand« (Virilio 1993, S. 41). Das Bewußtsein schweift in die Weite von nicht, noch nicht erreichten Möglichkeiten. Die ganze simulierte Welt verschwindet schnurstracks, wenn das Videosystem oder der Stuhl unter mir zusammenbricht. Ein gebrochener kleiner Finger genügt, um die Simulation zurück und die wirkliche Wirklichkeit hervortreten zu lassen.

Der Schmerz des Leibes

So zeichnet sich am Horizont noch eine weit radikalere Lösung ab: die *Vergeistigung durch den Exodus aus dem Körper*. Der Körper ist in Ägypten, er knechtet uns, in ihm sammeln sich die Gifte, er wird krank, er verläßt uns, er ist Endlagerstätte. So ist letztlich nicht die Erde bedroht, sondern der Mensch. Der letzte Referenzpunkt aller Zurechnungen und aller Schäden ist niemand anderes als er. Er ist das Endlager, er kann in seinem kurzen Leben, was er in seinem Leib an Altlasten empfängt, nicht loswerden und nicht abbauen. Er gibt nichtabgebaute Endlasten seinen Nachkommen weiter, die weiter Lasten anhäufen und ihre Körper immer mehr aus dem Gleichgewicht bringen. Quecksilber läßt sich nicht einfach aus den Körpern herauswaschen wie aus dem Boden. Man kann die Leiber nicht wie die Böden, denen die Waschkraft nicht gewachsen ist, durchbacken. Die radioaktive Verstrahlung wird man nicht durch Joggen los. Die das Immunsystem angreifenden Gifte des Dioxintyps lassen sich mit dem Stoffwechsel nicht ausscheiden. Von der Schadwirkung betroffenes Blut und Knochenmark, aber auch Leber, Schilddrüse, Nerven und dadurch ausgelöste toxische Störungen sind nicht durch einen Ortswechsel behebbar. Denn der Staub, der Regen, das Wasser, der Boden ist überall belastet, es gibt keinen Ort der Welt, wohin die Kunststoffe und die Elektronik, Papier und Gummi, Kabel und Computer- oder Telefontastaturen nicht hingedrungen sind.

Die menschliche Machseligkeit wirft sich deshalb mit voller Wucht auf den Menschen selber. Die Träume der Genfer Uhrmacher, verwirklicht in geniösen mechanischen Maschinen und Automaten, erscheinen uns im Rückblick arglos und unschuldig. Der Schrecken des bis zum Wahnsinn verliebten Nathanaels, wie er Olimpias wahre Natur erkennt (in E. T. A. Hoffmanns Nachtstück *Der Sandmann*), überfällt uns zwar immer noch beim Lesen. Ernst Jünger schreibt über die Geschöpfe Zapparonis: »Die Gesichter waren glänzender, makelloser, die Augen größer geschnitten, edelsteinartig, die Bewegungen langsamer, vornehmer...« (1957, S. 118). Die Mischung von Faszination und Grausen, mit denen wir heute noch die Maschinengeschöpfe der Romantik aus Eisen, Leder und Porzellan beargwöhnen, die in Retorten erzeugten Homunculi und aus Lehm gekneteten Golems sind längst von der Wirklichkeit eingeholt. Sie sind die geheimnisvoll schweigenden Allegorien der modernen Androiden. Denn heute sind Retortenbabies und Menschen mit Plastikherz Wirklichkeit. In einer Frauenzeitschrift (*Petra*, August 1991) stand zu lesen, daß sich die amerikanischen Girls statt Autos und Goldkettchen neue Nasen und Busen zum Geburtstag wünschen. Im Film *L. A.-Story* (mit Steve Martin) lautet ein Dialog: Er: »Warum hast Du einen so komischen Busen?« Sie: »Der ist ja auch nicht aus Silikon!«

Im gewaltigen Lager einer unschuldigen und strahlenden Technik geniert sich der Mensch seines Leibes, seiner Haare, seines Gesichtsausdrucks. Er paßt nicht mehr die Geräte und Maschinen dem Menschen an, sondern sich den Geräten. Die Defizite des Leibes im Lager der Geräte sind zu überwinden. Schwitzend hat er Geräte gebaut, nun will er nicht mehr schwitzen. Bodybuilding und Fitnessprogramme sind bereits antiquierte Techniken, um den Leib zu stählen. Die Biotechnologie ersetzt ausfallende und auffallende Funktionen oder defekte und unschöne Organe entweder durch biologische (Transplantationen, Gewebeverpflanzungen) oder durch technische Substitute (Prothetik). Es gibt Prothesen, die zeitweise das Herz, die Lungen, den Kehlkopf ersetzen, die medizinische Industrie stellt synthetische Blutgefäße, künstliche

Därme und Knochen, Rippenfellersatz und Gelenkoberflächen aus Teflon her. Man plant Handprothesen, die unmittelbar durch die Nervenströme der Muskelstümpfe des Schultergürtels bewegt werden können. Die Kraft der Muskelkontraktionen läßt sich bedeutend verstärken, wenn man zwischen Nerv und Muskel einen elektronischen Impulsverstärker einsetzt. Unterdessen ist es keine Häresie mehr, sich über das Komponieren von Menschen Gedanken zu machen, die alles Edle und Schöne vereinen und sich alles Unschönen und Unappetitlichen entledigt haben. Da man unterdessen bei dem Klonen von Menschenembryonen angelangt ist, scheint es nur mehr eine Frage der Zeit zu sein, bis unsere Kinder und Kindeskinder nicht mehr nur, um sich selber vor dem Feind Mut zu machen, sondern medizinisch beglaubigt, schnell wie Windhunde, zäh wie Leder und hart wie Kruppstahl sind. Narziß als ewig lebender, immerfort gesunder, widerstandsfähiger Androide braucht sich nicht mehr zu bespiegeln, er sieht sich tausendfach im Mitandroiden.

Zur *expansiven* Fortführung des Projektes der Moderne tritt deshalb die *invasive*. Wir bewundern deren Vorspiele in den staunenswerten Leistungen der Herz- und Transplantationschirurgie. Der Denkweg zur vollständigen Substitution des an uns hängenden Säugetierleibes, wie Flusser sagt, die Aufhebung der »Antiquiertheit« des Leibes durch seine Abschaffung bzw. technische Substitution ist kurz. Die Ersatzteile übertreffen in ihrer Härte, Festigkeit und Leistungsfähigkeit die Originale. Für Flusser läßt sich die telematische Gesellschaft, in der alle Menschen in Muße leben und »alle Arbeit untermenschlich wird«, solange nicht verwirklichen, »als an den Gehirnen der Menschen Säugetierleiber hängen, die ernährt und vermehrt werden müssen, die leiden und sterben« (1989, S. 121); eine Überlegung, die in der Tat so fern liegt, weil sie so naheliegend ist. Die Betroffenen der Umweltkrise sind letztlich Menschen in ihrer Körperlichkeit. »Leiblose Diskurswesen können einander nicht vergiften« (so auch Meyer-Abich 1993/94, S. 37). »Solange wir Körper haben«, so Flusser weiter, »wird das Leiden den Unterbau der Gesellschaft bilden« (1989, S. 122f.). Das Abkoppeln des Körpers brächte nicht nur dem britischen Königshaus Vorteile. Fergies nackter Busen und Dianas Magersucht und die Kußgeräusche im Telefonat mit »Squidgy«, überhaupt die ›körperlichen‹ Skandale können keine Königshäuser mehr gefährden. Hans Moravec, Direktor des »Mobile Robot Laboratoriums« der Carnegie Mellon Universität in den Vereinigten Staaten, hofft, daß es in wenigen Jahrzehnten möglich sein wird, menschliche Intelligenz in Roboter zu implantieren. Dadurch würden Bewußtsein und Intelligenz praktisch *unsterblich*, könnten auf Disketten *abgelegt* und per Modem an beliebige Orte *transportiert* werden (1989). Die Roboter der Zukunft werden nicht nur Badezimmer und Teppiche reinigen, sie werden nicht nur Bomben entschärfen und Gourmetgerichte kochen, sondern ein menschliches Gehirn implantiert bekommen. Man würde damit die Vorteile einer Maschine mit den Vorteilen einer persönlichen Identität verbinden können, aber nicht die begrenzte und starre Leistungsfähigkeit des menschlichen Gehirns überwinden.

In RTL-plus erscheint bei den Nachrichten ein Erdball, dessen vollständig leeres und transparentes Inneres lediglich durch die Kontinente umhüllt und damit angedeutet wird. Alles Innere ist in die gewaltigen Galaxien entflohen. Das RTL-Bild ist ein instinktiver Vorgriff auf eine Zukunft, in der durch die Ozonlöcher zunächst der Sauerstoff entweicht, dann durch den nachlassenden Druck der Atmosphäre die Häuser und Städte in gewaltigen Wirbelstürmen von den Kontinenten abgelöst und ins All herausgezogen werden, in das sich die heißen Lavamassen durch die Vulkane und neu auftretenden kontinentalen Driftbewegungen und Spalten in die Atmosphäre ergießen, so daß die kalte Oberfläche der Kontinente sich wie ein Karussel, unter dessen Hülle nichts ist, um sich selber dreht. Das Ganze ist aber auch ein *Vorgriff* auf die geistige Zukunft des Menschen. Das Gehirn wird aus der Kopfschale wie aus einem Gefäß herausgelöst. Wieso also »ersetzen wir nicht gleich alles und pflanzen das menschliche Gehirn in einen speziell entwickelten Roboterkörper ein?« (Moravec 1989, S. 13). Aber damit sind die leiblichen Beschränkungen nur teilweise überwunden. Man stolpert nicht mehr ohne Beine, Rückenoperationen sind überflüssig, weil wir den Rücken abgelegt haben. Bei dem oben beschriebenen Transplantationsszenario befreien wir zwar unser Gehirn vom Körper, aber nicht den Verstand, den Geist vom Brain.

Die invasive Evolution, die komplette Vergeistigung, die Erledigung des Säugetierleibes muß durch eine Art »Trepanation« mit modernsten Mitteln erfolgen. »Die Trepanation zur Entlastung des Hirndrucks ist eine uralte Technik. Bei vollem Bewußtsein durchgeführt, schafft (sie) das Gefühl tiefer Erleichterung. Was für Geschichten dürfen aus diesem Kopf, dem man ein Loch zugefügt und in das saugende All entleert hat, aufsteigen, welche Wahrheiten können auf immer verschwinden, ungehört, unwiderlegt« (Beyse 1986, S. 27). Der Protagonist von Beyses Geschichte wünscht sich die Öffnung des Schädels durch Kugelfräse und Knochenhammer. Die notwendige Justierung des Kopfes fällt heute schwerer als bei den gelassenen Vorfahren der antiken Hochkulturen, vielleicht erreicht man heute ähnliches mit einem Schuß, dessen Schnelligkeit zwischen der Abgabe und dem Durchschlagen des Schädels kein Ausweichen möglich und darum keine Justierung notwendig macht. Der Hirndruck tritt durch das Schädelloch ins Freie aus! Atome und Moleküle des Kopfes verbinden sich mit der Luft und das Gemisch *strahlt und leuchtet*. »Vielleicht hat ein einziger trepanierter Kopf vor grauen Urzeiten genügt, die gesamte Atmosphäre zu entzünden und in Sonnenklumpen und fernen Sternen zu verdichten«, mutmaßt Jochen Beyse (ebd., S. 27f.).

Moravec seinerseits beschreibt die künftige Trepanation folgendermaßen: »Stellen Sie sich folgende Szene vor. Sie wurden soeben in den Operationssaal gefahren. Ein Roboterchirurg hat Dienst. Im gleichen Saal wartet bereits ein Computer, der zu einem menschlichen Äquivalent werden soll, auf das fehlende Programm. Ihr Schädel – nicht Ihr Gehirn – wird anästhesiert. Sie sind bei vollem Bewußtsein. Der Roboterchirurg öffnet Ihre Schädeldecke und legt eine Hand auf Ihr Gehirn. Diese ungewöhnliche Hand strotzt nur so vor mikroskopischen Geräten. Über ein Kabel ist sie mit dem mobilen Computer neben Ihnen verbunden. Die Instrumente der Hand tasten die ersten paar Millimeter Ihrer Gehirnoberfläche ab. Durch hochauflösende magnetische Resonanzmessungen wird Ihre Gehirnschicht dreidimensional chemisch abgebildet, während mehrere magnetische und elektrische Antennen Signale empfangen, die in Windeseile die durch die Neuronen flitzenden Impulse einzeln aufzeichnen. Aufgrund dieser Messungen kann nun der Chirurg durch Zugriff zu seinem umfassenden Wissen über die menschliche Neuralarchitektur ein Programm erstellen, welches das Verhalten der obersten abgetasteten Gehirnschicht nachahmt. Dieses Programm wird dann in einen kleinen Teil des wartenden und aktivierten Computers installiert. Die Messungen der Hand geben ihm Kopien der menschlichen

Gehirnschicht weiter. Zusammen mit dem Chirurgen prüfen Sie nun die Genauigkeit der Simulation, indem die Signale des Computers mit den Originalsignalen verglichen werden. Diese Signale flitzen mit enormer Geschwindigkeit vorbei, doch werden sämtliche Abweichungen auf einem Bildschirm angezeigt. Der Chirurg stimmt schließlich die Simulation so genau ab, daß sie fast perfekt mit dem Original übereinstimmt.

Damit Sie sich selbst von der Richtigkeit der Simulation überzeugen können, gibt man Ihnen einen Knopf in die Hand, mit dem Sie die Simulation testen und mit dem Original vergleichen können. Wenn Sie auf den Knopf drücken, werden eine ganze Reihe von Elektroden in der Hand des Chirurgen aktiviert. Durch eine präzise Injektion von Strom- und Elektromagnetimpulsen können sich die Elektroden über die normalen Signale der umliegenden Neuronen hinwegsetzen. Sie sind so programmiert, daß sie die Simulation dort injizieren, wo das simulierte Gewebe andere Stellen signalisiert. Solange Sie auf den Knopf drücken, wird ein kleiner Teil Ihres Nervensystems durch eine Computersimulation eben dieses Systems ersetzt. Sie drücken auf den Knopf, lassen los, drücken wieder und sollten keinen Unterschied spüren. Sobald Sie zufrieden sind, wird die Simulationsverbindung permanent erstellt. Das Gehirngewebe ist nun außer Kraft: Es empfängt die Eingaben und reagiert wie zuvor, aber seine Ausgaben werden ignoriert. Am Ende dieses Vorgangs entfernen mikroskopische Manipulatoren der Hand die Zellen des überflüssigen Gewebes und geben sie in einen Aspirator, der sie absaugt.

Die Hand des Chirurgen greift jetzt etwa einen Millimeter tiefer in Ihr Gehirn und paßt die Messungen und Signale sogleich der neuen Position an. In der nächsten Schicht wird der Vorgang erneut wiederholt, und bald schon verfügt der Computer über eine zweite Simulation, die mit der ersten und mit den verbleibenden Originalgehirngeweben kommuniziert. So wird das Gehirn Schicht für Schicht simuliert und ausgehöhlt. Schließlich ist Ihr Schädel leer, und die Hand des Chirurgen greift tief in den Gehirnschaft. Sie haben nie das Bewußtsein verloren und nichts vergessen, doch Ihr Verstand wurde aus dem Gehirn entfernt und auf eine Maschine übertragen. Zuletzt nimmt der Chirurg seine Hand aus Ihrem Kopf, worauf sich Ihr vom Geist verlassener Körper ein letztes Mal aufbäumt und stirbt. Einen Augenblick lang ist alles ruhig und dunkel. Dann plötzlich öffnen Sie Ihre Augen und sehen alles aus einer anderen Perspektive. Die Computersimulation wurde vom Kabel, das zur Hand des Chirurgen führte, abgenabelt und an einen nagelneuen Körper angeschlossen, dessen Stil, Farbe und Material Sie selbst ausgewählt haben. Ihre Metamorphose ist damit abgeschlossen« (1989, S. 13 f.).

Aufhebung letzter Differenzen

In Moravecs Überlegungen verschwinden die Grenzen zwischen Mensch und Maschine. Die Maschine soll den Tod überwinden – durch den sukzessiven Ersatz der Natur, durch die Abkopplung des Körpers. Die Abtötung des Fleisches, die Askese, dieser schon im Exodus-Buch der Bibel vorgezeichnete Weg ins gelobte Land hat dort noch ein anderes Gesicht. Das gelobte Land ist einerseits Schlaraffenland, ein Paradies, in dem Milch und Honig fließen. Die Verheißungen sind fleischlich, die gebratenen Tauben fliegen einem, wie wir es als Kinder gelernt haben, in den weit, sperrangelweit geöffneten Mund. Die andere Vorstellung flieht die fleischlichen Verheißungen und die Fleischeslust. Die Erlösung ist ein Zustand der Seele, nicht des Leibes. Beide Wege finden sich in den interplanetarischen Visionen und in den Roboterträumen wieder. Aber expansive und invasive Evolution sind in den Technotopien rein technisch umgesetzt. Sie erreichen die im Projekt der Moderne anvisierten Ziele nicht. Sie sind *ärmlich*. Sie schränken, wie in der invasiven Evolution, sogar die Handlungsmöglichkeiten ein, geschweige denn, daß sie die Teilhabe aller an allen Möglichkeiten offerieren. Sowohl die Kopie des Gehirns auf eine Maschine wie auch das Verlassen der Erde würde die Differenzen vermutlich nicht verkleinern. Die Voraussetzung für eine Wahrnehmung gleicher Chancen durch alle wäre die völlige physische, psychische und geistige, die *fugenlose* Gleichheit. Das wäre das Ende nicht nur eines Philosophentraumes, sondern auch das Ende einer Geschichte, die diesen Philosophentraum vollständig aufgesogen und in allen ihren Programmen zu realisieren versucht hat.

Alles will, im universalistischen Programm, auf die *Aufhebung der Differenzen* hinauslaufen. Entgrenzung und Entzeitlichung, Enttraditionalisierung und Kommerzialisierung, Multikultur und Ökumene, Länder, Zeiten, Traditionen, Kulturen, Religionen, aber auch Rassen, Altersgruppen und Geschlechter treten gleichberechtigt nebeneinander an und auf. Die Unabhängigkeitserklärung der Vereinigten Staaten von 1776 beginnt mit den Worten »All men are created equal«. Zwei amerikanische Wissenschaftler haben mit dem Klonen menschlicher Embryonen diese Absicht gerade (Nov. 1993) auf ihre Weise realisiert. Die Erklärung der Menschenrechte, die Magna Charta des modernen Zusammenlebens übernimmt sie: »Tous les hommes sont égaux pour la nature.« Seit zweihundert Jahren lassen Verfassungen und Politiker immer neue Gleichheitsversprechen erschallen. Die Gleichheit vor dem Gesetz, die Gleichstellung am Arbeitsplatz und ähnliches mehr ist sukzessive durchgesetzt worden. Rassendiskriminierung und Geschlechterdiskriminierung werden in fortschrittlichen internationalen Übereinkünften geahndet. Eben hat der Schweizerische Bundesrat den Beitritt der Schweiz zum Internationalen Übereinkommen vom 7. März 1966 zur Beseitigung jeder Form von Rassendiskriminierung verabschiedet. Überall in den Betrieben treten Frauenbeauftragte in Gleichbehandlungsstellen ihre Ämter an.

Die moderne Gesellschaft hält sich mit einem Paradox in einer Art Dauerunruhe. Auf der einen Seite befiehlt das egalitäre Ideal und verfolgt die Politik eine Steigerung der Teilhabe an den gesellschaftlich eröffneten Optionen. Andererseits kann dieser Prozeß aber nie zu einem Ende kommen, weil die Steigerung der Optionen einer andauernden Differenzvermehrung, einer zunehmenden Differenzierung gleichkommt und das egalitäre Denken zu immer neuem Wehklagen und Differenzverminderungsprojekten antreibt. Dazu treten nun die unsere egalitären Ideale verachtenden natürlichen Unterschiede. Wäre es nicht einfacher, anstatt die Differenzen in Intelligenz, körperlicher Ausstattung und Wohlstand zwischen den Menschen zu verringern, die Differenzen zwischen den Menschen *selbst* zu verringern? Wäre es denkmöglich, daß eine Gesellschaft von äußerlich und innerlich Gleichen das oben genannte Paradoxon verschwinden ließe (de la Mora 1987, S. 195-271)? Rührt denn die Ungleichbehandlung trotz Gleichheitsgrundsatz nicht immer wieder von der natürlichen Ungleichheit der Menschen her? Die Aufhebung von Klassenschranken scheitert immer wieder, wie das Beispiel der USA zeigt, an den nicht aufhebbaren Rassenschranken. In dem im egalitären Programm immer wieder auftauchenden Quartett »gender-race-ethnicity-clan« ist der Begriff der »Klasse« zur völligen Bedeutungslosigkeit, zu einem Anhängsel der Ethnizität, der Rasse und des Geschlechts herabgesunken (vgl. Ostendorf 1992, S. 860). Klassenschranken sind und bleiben dort *Rassenschranken*. Neuerdings gibt es, im Rahmen der amerikanischen Debatte über politische Korrektheit, Bestrebungen, die Begriffe »Rasse« und »Rassismus« abzuschaffen (ebd., 1992, S. 846). Und beruht die unterschiedliche Teilhabe an den gesellschaftlich eröffneten Handlungsmöglichkeiten nicht letztlich auf oder auch auf *natürlichen* Unterschieden des Geschlechts, der Rasse, des Alters? Ist es nicht so, daß die Rassendiskriminierung, die Ausschließung bestimmter Rassen von der Teilhabe an gesellschaftlich eröffneten Möglichkeiten (wie noch vor Jahren, das bleibende Beispiel, deren Ausschluß von der Benutzung der für Weiße bestimmten Sitzgelegenheiten in Parks in Südafrika) verschwinden würde, wenn es *keine Rassen* mehr gäbe? Gerade die Diskussion um die sogenannte »Politische Korrektheit« in den USA demonstriert erneut das unlösbare und unendliche Problem (vgl. Berman 1992; Aufderheide 1992). Nach der Aufhebung der Rassenschranken in der Straßenbahn und auf dem Campus stand diese nämlich auch für die akademischen Diskurse, für die Menschen-, Geschichts- und Weltbetrachtungen an. Nicht nur den Frauen und den Schwarzen sollten Quotenregelungen helfen, in gesellschaftlichen Institutionen, in denen sie untervertreten sind, Fuß zu fassen, sondern auch ihre Ausdrucksweise, ihre Kunst, ihre Literatur, ihre Weltdeutungen hatten mit einer entsprechenden Anteilsquote im Curriculum, in Ausstellungen, in Sammelbänden etc. gesichtet zu werden. Damit wurde aber auch das überkommene humanistische Bildungsgut als Ausdruck weißen, männlichen Denkens in Frage gestellt (vgl. dazu Bloom 1987). Noch mehr; das Bildungsgut wurde überhaupt in Frage gestellt – als eine *illiberale* Überlieferung. Überall wurde die Sprache gereinigt (»Indianer« wurde ersetzt durch »Native Americans«; »Black« zunächst durch »Afro«, dann durch »African Americans«), aber es gibt auch Minoritäten, die einen hermeneutischen Umgang mit der Sprache als kulturfremd ablehnen. So gebiert das Differenzminderungsprogramm immer neue Differenzen. Es ist eigentlich seltsam, daß das Differenzminderungsprogramm selber, das ja diese jahrelange Debatte über politisch korrektes Denken hervorgerufen hat, nicht ebenfalls als weißes, europäisches und dazu noch maskulines Programm entlarvt worden ist!

Jede Differenzierung beinhaltet nun einmal die Gefahr der Hierarchisierung und Diskriminierung. Erst im Tode sind die Rassen, wie es uns ein Plakat von Benetton erneut beigebracht hat, alle gleich. Die Schwarzen haben eine schwarze Haut, aber weiße Knochen wie wir. Michael Jackson, der sich bereits das Gesicht chirurgisch umbauen ließ, hat sich Zeitungsmeldungen zufolge die schwarze Farbe operativ entfernen lassen. Er operiert sich auf den weißen Mann zu. Ethnische Differenzen sind eben nicht nur Differenzen, sondern auf Hierarchisierung zurückgehende Diskriminierungen. Es ist zweifelhaft, ob das Sichschämen über die Differenz natürlich oder eine Folge der gesellschaftlichen Hierarchisierung ist. Die Differenz ist nicht allen, aber vielen peinlich; Peinlichkeiten gilt es aus der Welt zu schaffen. Die modernen technischen Möglichkeiten ermöglichen ungeahnte Entwicklungen in diese Richtung. Dem kosmetischen folgt der chirurgische und diesem der gentechnische Umbau. Verläuft die unterirdisch, über die Reproduktionstechnologien, durch die Möglichkeit von Donoren (Spendern) in Gang kommende positive Eugenik nicht in Richtung *eines* Menschentypus: groß, intelligent, blond, blauäugig? Und gibt es nicht nur für den Menschenschlag, sondern auch für dessen Konstitution und Normalität einen einzigen Normalitäts- und Gesundheitsbegriff, auf den hin die unzähligen Krankheiten und Abweichungen therapiert werden? Nach einer Umfrage unter deutschen Schwangeren würden 18 Prozent ihr Kind abtreiben lassen, wenn sie erführen, daß ein hohes Risiko für es bestünde, behindert zu werden (*Spiegel*, Nr. 44 [1993], S. 231). Von den Lücken zwischen den Zähnen bis zum Pulsschlag wird auf *eine* Idealität hin korrigiert, an deren Ende eine Menschheit stünde, wie sie, milliardenfach geklont, aus der Retorte kommen könnte. Im George Washington University Medical Center sind Menschen-Embryonen geklont und dann (wahrscheinlich) vernichtet worden. Der positiven Eugenik täten sich ungeahnte Möglichkeiten auf: Embryonale Kopien eines Jahrganges könnten im Kühlfach verwahrt, dann aufgetaut werden, wenn sie sich in der Lebenswirklichkeit bewähren würden. Die Hoffnung, die Aufhebung der natürlichen Unterschiede zwischen den Menschen würde den Differenzverminderungsdruck und letztlich die Zivilisationsdynamik abschwächen, bleibe einmal dahingestellt. Ob überhaupt eine derartige Hoffnung bewußt oder latent bei allen Korrektur- und Umbauprogrammen mitschwingt, ist schwer zu sagen. Jedenfalls: nicht nur die Linken haben, wie Manfred Lauermann (1993, S. 58) spöttisch bemerkt, Differenzen nie ertragen! Zweierlei ist aber offensichtlich: Einmal, daß die üblicherweise natürlich genannten Unterschiede zu Unterschieden in der Teilhabe führen und solche häufig auch legitimieren, und zweitens, daß Medizin im Verbund mit Technik, aber auch mit Psychologie und Psychotherapie im Grunde genommen Differenzminderungsprogramme verfolgen. Schauen wir selber hin! Treiben wir das der Moderne innewohnende Programm der Differenzierung und Differenzminderung an die Grenze des heute Absurden, morgen Möglichen!

Die Rassen, schon das Wort fällt irgendwie schwer, sind nun einmal äußerlich in Konstitution und Farbe unterschiedlich, und an Konstitutionen heften sich die verschiedensten Vorurteile und Urteile bezüglich der Arbeitsfähigkeit, der Intelligenz, der Potenz. Die gewaltsamen Auslöschungen von ganzen Völkern, die sich in der Geschichte immer wiederholen, und die gerade derzeit sich vor unseren Augen abspielenden ethnischen Säuberungen und Genozide in Osteuropa sprechen eine deutliche Sprache. Aber wie es eine positive Eugenik gibt, ließe sich auch eine positive »Rassenvernichtung« anstelle der nazistisch negativen formulieren. Der erste Schritt zur Herstellung von Chancengleichheit, was die potentielle Erlangung von Optionen betrifft, wäre die äußerliche Mischung und Angleichung (»Neger wissle« – haben wir früher in der Schweiz scherzhaft herablassend die Missionsarbeit genannt). Dies wiederum wäre nur denkbar und ebenfalls als Jahrtausendprojekt durch eine völlige Vermischung der Ethnien, und zwar nicht in einem pejorativen, sondern in einem bevölkerungspolitischen Sinne; eine Multikulturalisierung auf der Individualebene. Die ethnische Differenz hat in den USA bereits eine voluntaristische Qualität. Schon der Fragebogen, den die Volkszähler im Jahre 1980 benutzten, instruierte zur Angabe der Ethnie folgendermaßen: »Tragen Sie bitte die ethnische Gruppe ein, mit der der Befragte sich *identifiziert*« (Ostendorf 1992, S. 857; Waters 1990). Wenn wir Jahrhunderttausende in die Zukunft hineindenken, nähert sich die vernetzte Welt irgendwann dem Tag, an dem »es nur noch einen einzigen Menschenschlag, eine einzige Sprache und einen einzigen Gedanken mehr geben könnte« (Breton 1981, S. 98). Es ist denkbar, daß in der One World früher oder später die Angehörigen diskriminierter Rassen sich krankenkassenfinanziert zumindest äußere Angleichungen operieren lassen. Desgleichen könnten, wie Claus Koch (1992, S. 281) vermerkt, sich Eltern, denen ihre Hautfarbe ein Hindernis beim sozialen Aufstieg ist, die Pigmentdichte eines Fötus zur Indikation für eine Abtreibung erklären lassen. Das sind aber nicht die ernsten Probleme. Seit die Psychologen Jensen und Eysenck genetisch fundierte Intelligenzunterschiede zwischen verschiedenen Rassen behaupteten und damit der Rassendiskriminierung (aber wie Singer [1991, S. 60 ff.] nachweist, auch der »umgekehrten« Diskriminierung) Vorschub leisten, steht natürlich die Frage an, ob diese genetisch fundierten Unterschiede sich nicht mittels der Gentechnologie über kurz oder lang beheben lassen würden. Diese Überlegung erscheint möglicherweise bizarr, aber die Unterdrückung der Schwarzen und Frauen zählt, wie dies auch Singer (ebd., S. 70) festhält, zu den wichtigsten moralischen und politischen Fragen, die heute die Welt bedrängen.

Wie bereits unter dem Titel »Technologische Entfatalisierung« dargestellt, gibt es in der Science-fiction-Literatur eine Fülle von Szenarien, die die *Geschlechterfrage* mehr oder weniger radikal angehen. Selbst ein derart weitgehendes Gedankenexperiment wie jenes, das Ursula K. Leguin in *The Left Hand of Darkness* anstellt (1974), beruht indes noch auf einem unterdessen antiquierten Modell der Fortpflanzung. Die Bewohner des eisbedeckten Planeten, die zweigeschlechtlich sind und deren Geschlecht sich je nach Situation in Richtung Mann oder Frau zum Zwecke der Zeugung aufbaut und nachher wieder abbaut, haben noch keine Ahnung von der modernen Reproduktionsmedizin, die seit fünfzehn Jahren die Retortenzeugung kennt und in wenigen Jahren die *Ektogenese* verwirklicht haben wird. Die vollständige Auslagerung von Zeugung, Schwangerschaft und Geburt aus den Intimbezügen zwischen Mann und Frau und zwischen Frau und Kind (»Zeugung und Entwicklung eines Keimes außerhalb des Mutterleibes bis zur Lebensreife« heißt es im Glossar von GEO-Wissen 1 [1989]) läßt eine völlige Reproduktion der Bevölkerung zu. Aber damit wird auch die Geschlechterdifferenz bezüglich der Reproduktionsaufgabe *funktionslos*.

In einem Jahrhundertkampf haben die Frauen sich sukzessive die Handlungsmöglichkeiten des Mannes angeeignet. Die Rollenverteilung zwischen Mann und Frau bleibt aber doch im großen und ganzen unangetastet. Auch wenn die Frauen berufstätig sind, und selbst dann, wenn sie bessere Positionen als ihre Männer einnehmen, waschen sie in der Regel die Wäsche (und nicht nur ihre eigene), machen sie in der Regel den Haushalt, bringen sie bis jetzt die Kinder auf die Welt. Wie wahr ist Virilios Bemerkung, daß Frauen nicht schnell genug laufen, weil sie selber »Transportmittel« sind (1993, S. 38). Die »Umerziehung« von Männern für den Haushalt, falls sie überhaupt gelingt, ist, wie Gisela Erler (1985) schreibt, ein Jahrtausendprojekt (S. 62). Und die Umerziehung der Männer für die Kindererziehung, für das Empfangen und Austragen von Kindern? Die Umerziehung von Männern will nicht gelingen, weil die Frau einen natürlichen Nachteil oder Vorsprung, wie man will, in der pränatalen und damit postnatalen Pflege und Erziehung der Kinder aufweist.

Deshalb muß die »feministische Revolution, im Gegensatz zur ersten feministischen Bewegung, nicht einfach auf die Beseitigung männlicher Privilegien, sondern der Geschlechtsunterschiede *selbst* zielen« (Firestone 1976, S. 261). Damit wären auch den durch die universelle Erfahrung der geschlechtlichen Verschiedenheit erzeugten Traumen und Neidgefühlen der Boden entzogen (vgl. Fast 1991). Überhaupt fielen die Auseinandersetzungen zwischen Feminismus und Postfeminismus dahin, ob es eine »natürliche« Differenz zwischen den Geschlechtern gebe (vgl. Heintz 1993). Die Aufhebung der Geschlechtsunterschiede folgt im Grunde der selben Logik wie die Aufhebung der bisherigen Unterschiede. Den Standesvorrechten wurde ein Ende gesetzt durch die Aufhebung der Stände. Die Klassenauseinandersetzungen werden beendet durch die Auflösung der Klassen. Die schichtspezifischen Ungleichheiten werden gemildert durch die Vermischung von ökonomischen und kulturellen Lebensstilen. Die geschlechtsspezifische Ungleichheit wird beendet durch die Aufhebung der Geschlechter. Auf dem Papier ist diese, wie die Aufhebung der Rassen, schon weit gediehen. Die Auflösung des Modells der Zweigeschlechtlichkeit hebt das Paradox auf, daß die Frauenbefreiungsbewegung eine Differenz voraussetzen muß, die sie selber in einen endlosen Kampf verwickelt (vgl. Butler 1991). Auf der Unterhaltungsbühne ist die Travestie unterdessen bis in die Pfarreiveranstaltungen beliebt. Aber auch die Medizin macht Fortschritte im Weg- oder Umoperieren von Unterschieden. Die Evolutionsgeschichte zeigt, daß bei vielen Spezies die geschlechtsbestimmenden Y-Chromosomen mit der Zeit verschwunden sind und die Gattung asexuell wird. Im modernen Steigerungs- und Differenzminderungsprojekt böte, nach zugelassener Umstellung der Reproduktion auf Maschinen, die Asexualität »evolutionäre« Vorteile (vgl. *Neue Zürcher Zeitung*, 6. 4. 1994). Und wer weiß, wann die Eltern dem zuständigen Amt die Geburt eines Kindes wirklich ohne eine Angabe seines Geschlechts melden können, sei es, weil das Kind einmal selber über sein Geschlecht entscheiden soll, sei es, weil es bald Hermaphroditen oder, wie bei Frau Leguin, einen situativen Transvestismus gibt, sei es, weil die Gentechnologie evolutionäre Vorteile definiert und diese am Labortisch realisiert.

So verbleiben noch die *Altersunterschiede*. Wir stehen in bezug auf sie vor den gleichen Tatbeständen. Differenzierung führt zur Hierarchisierung und zur Diskriminierung. Es mag nicht zu allen Zeiten und in allen Kulturen so gewesen sein, heute erleben wir eine gnadenlose Wertschätzung nicht der Jugend, sondern des Jugendlichen. Unterschiede zwischen den Generationen werden durch das *Trimmen* auf Jugendlichkeit abgebaut. Die Kleidung der Jugend unterscheidet sich nur mehr in der Größe, aber nicht mehr im Styling von jener der Jungerwachsenen. Kinder sehen immer mehr Erwachsenen-Sendungen am Fernsehen. In Spielzeugläden gibt es kindgerechte Imitate von Erwachsenenspielzeugen. Zum von Neil Postman (1983) beschriebenen Ende der Kindheit tritt, mit dem Mehr an Alten, mehr und mehr das *Ende des Alters*. Eine juvenile Wegwerfgesellschaft wirft die Alten immer früher weg. In der Bundesrepublik Deutschland liegt die Pensionierungsgrenze für den durchschnittlichen Arbeitnehmer schon bei achtundfünfzig Jahren. Die Alten wollen, zumindest in der Öffentlichkeit, nicht alt werden. Sie spielen die Spiele der Jungen, fahren schnelle Autos, kleiden sich immer jugendlicher und schwingen auf Mallorca das Tanzbein. Die Präsidenten der Weltmächte lassen sich vorzugsweise beim Joggen ablichten. Jungsein ist gut, Altsein ist häßlich. Altsein ist nicht nur häßlich, sondern, selbst für die luxurierende Multioptionsgesellschaft, ein Problem. Die Alten sind, je älter sie werden, um so teurer. Und immer weniger Erwerbstätige müssen für immer mehr und teurer werdende Alte aufkommen. Schon werden Generationenkriege an die Wand gemalt. Die Zahl der über 80jährigen hat zwar in den letzten drei Jahrzehnten in Mitteleuropa um achthundert Prozent zugenommen. Demgegenüber sinkt die Zahl der Jugendlichen. Die nächsten Generationen, so Gronemeyer (1992), erben vor allem Öko-Apotheken. Das Alter wird, in ähnlicher Weise wie die Kindheit, zu einem Experimentierfeld der Technik: Fütterungsautomat, Waschstraße, Fließbandpflege. Das Aus-der-Welt-Gehen gleicht sich dem In-die-Welt-Kommen an. Zur Retortengeburt tritt der Retortentod; versorgt von einem rund-um-die-Uhr laufenden Pflegeroboter gehen die Menschen aus der Welt. Sie entstehen im Glas, verbringen die ersten neun Monate nicht mehr in einem Mutterleib. Sie sterben auf einer Intensiv- und Ernährungsstation, nicht mehr in den Armen ihrer Kinder.

Die Auflösung der Altersunterschiede, so phantastisch ein solches Projekt anmutet, würde natürlich auch die mit den Altersunterschieden einhergehenden Probleme erledigen. Zu allen Zeiten hat man über den märchenhaften Jungbrunnen nachgedacht. Das Leben ist nicht nur begrenzt, sondern auch Verschleißerscheinungen unterworfen. Die Physiologie sagt uns, daß es zwischen dem Verschleiß technischer Systeme und biologischer Organismen entscheidende Unterschiede gibt. Der lebende Organismus unterliegt zwar auch den Gesetzen der physikalischen Chemie und der Thermodynamik, aber biologische Systeme haben zusätzlich die Möglichkeit, sich stets zu erneuern. Biologische Systeme könnten also älter werden, ohne zu altern. Der Mensch erneuert sich durch Ab- und Aufbau in etwa sieben Jahren zu neunzig Prozent; er besteht dann zu diesem Prozentsatz aus völlig neuem Grundmaterial (vgl. Prinzinger 1992). »So wie ein Springbrunnen seine Form und Dynamik mehr oder weniger stetig beibehält, aber aus immer neuen Wasserteilchen besteht, wechselt auch unser Körper die alte Substanz kontinuierlich gegen neue aus. Abnutzung und damit Tod wären also nicht zwangsläufig notwendig... Es gibt keine prinzipielle Notwendigkeit dafür, daß ein biologisches System altern und sterben muß« (ebd.). Aber das Sterben und der Tod sind Grundvoraussetzungen der Evolution, der Fort- und Weiterentwicklung der Art. Freilich ist die Fortentwicklung ein vom Standpunkt der gesellschaftlichen Entwicklung relevanter Gesichtspunkt – nicht vom Standpunkt des einzelnen Individuums aus. Gäbe es auf dem Markt ein Mittel gegen das Sterben, würde der Gesichtspunkt der Evolution in bezug auf die subjektive Möglichkeit, das Leben zu verlängern oder gar den Tod zu besiegen, sofort in den Hintergrund treten.

Aber wenn es ein Mittel, eine Wundersalbe gegen das Altern

gäbe, man also über Jahrzehnte hinweg den Zenith halten könnte, dann müßte man die innere Uhr, die den Ablauf des Alterungsvorganges und den Tod als letzten Schritt eines festgeschriebenen Differenzierungsprogrammes letztlich bestimmt, anhalten oder verlangsamen können. Besonders alt werden große Tiere und solche, die sich energetisch sparsam verhalten. Träge Krokodile und Schildkröten erreichen ein Vielfaches menschlicher Lebenserwartung. Angekettete Greifvögel und Papageien, die sich energetisch nicht ausleben können, zeigen in der Gefangenschaft eine besonders hohe Lebenserwartung. Sich kaum bewegende Muscheln werden zwanzig bis vierzig Jahre älter als hochaktive Tintenfische. Energiesparender Winterschlaf verlängert die Lebensdauer, wie der Vergleich von Weißzahn- und Rotzahnspitzmäusen zeigt, von denen die einen einen Winterschlaf halten und dadurch doppelt so alt werden können. Schließlich kann auch sehr geringe Fütterung zu einer verlängerten Lebensdauer führen, weil sie eine Senkung des Stoffwechsels mit sich bringt (Prinzinger 1942).

Frauen werden bedeutend älter als Männer, weil offenbar ihre Stoffwechselrate rund zehn Prozent geringer ist. Männer leben energetisch intensiver, aber dafür nicht so lange. Besonders alt werden Nonnen und Mönche, ihr Lebenslicht brennt auf kleinster Flamme, dafür um so länger. Energiesparende Verhaltensweisen, die Vermeidung von Streß, extremen Sportarten und extremer Aufregung ist gesund, aber nicht lebensverlängernd. Das Stoppen des Alterungsprozesses wäre aber nur ein Schritt in die richtige Richtung. Man müßte eine Art vertikale Mobilität innerhalb der Stufen des Alterungsprozesses erreichen – und zwar nach vorne und zurück. Die Science fiction liefert auch dafür prachtvolle Szenarien. Menschen kommen als Greise in die Welt und sterben wohlbehütet und umgeben von Eltern und Verwandten im Kindbett! Die Altersungleichheit ist neben der Ungleichheit der Geschlechter etwas höchst Störendes. Das Leben nach dem Tode stellt man sich, so W. H. Auden, als eine immerwährende Abendparty vor, »bei der alle Gäste zwanzig Jahre alt sind« (zit. in Hughes 1992, S. 863). Politisch werden die Mündigkeitsgrenzen immer weiter ins Kindesalter hinein verschoben, obwohl uns die Wissenschaftler weismachen, daß die körperliche Reife heute eher mehr Zeit in Anspruch nimmt. Gleichwohl erscheint es manchmal, als würden die Jungen von 15 Jahren als die »Hauptlieferanten von Wahrheiten« angesehen (vgl. Finkielkraut 1989, S. 137). Die

Jugend stellt den kategorischen Imperativ für alle Generationen (ebd.). Auf der anderen Seite weiß man auch, daß die Jugendlichen in vieler Hinsicht einfach unvernünftiger bzw. riskanter handeln und daß sie deshalb Sondertarife bekommen, wie in der Fahrzeugversicherung. Selbst die Ethik kommt in Schwierigkeiten bei der Behandlung der Säuglinge und Kleinkinder. Diese haben den etwa in der Rawlschen Theorie der moralischen Persönlichkeit vorausgesetzten Gerechtigkeitssinn nicht. Rawls behandelt Säuglinge und Kinder deshalb als potentielle moralische Personen. Aber wie steht es mit alten Menschen, die z. B. auch noch krank sind, etwa an der Alzheimerschen Krankheit leiden? Vor kurzem hat man der Zeitung entnehmen können, daß es US-Wissenschaftlern erstmals gelungen ist, durch die Verabreichung eher hellen Lichtes bei Menschen die »biologische Uhr« zu stoppen. Mit stark fluoreszierendem Licht wurde der normale Wechsel in der Körpertemperatur und beim Hormonausstoß gestoppt, der den Menschen müde oder wach werden läßt. Die Meldung, die im britischen Wissenschaftsjournal *Nature* (1, 1991) erschien, ist darum bedenkenswert, als sie helfen könnte, Menschen umzustellen, die in Nachtschichten arbeiten. Man könnte generell eine Hälfte der Erwerbstätigen so umstellen, daß für die eine Hälfte der Tag Nacht und für die andere die Nacht Tag ist. Und eben erreicht uns die Meldung, daß es gelungen ist, durch die Ausstattung der Drosophila Melanogaster (Taufliege) mit Genen zur Vernichtung von reaktivem Sauerstoff und Katalase diese auch im hohen Alter jugendlich »fit« zu halten und die Lebenserwartung gleichzeitig um ein Drittel zu verlängern (*Neue Zürcher Zeitung*, 6. 4. 1994, S. 69). Schon werden in amerikanischen »Health Food Stores« entsprechende Tabletten angepriesen.

Die gentechnisch kontrollierte Massenfertigung gleicher Individuen könnte das Individuum als Individuum beseitigen. Vielleicht folgt dem Verbot, sich auf *Vaterländer* zu beziehen, das Verbot, sich auf *Vaterschaften* zu berufen. De la Mora (1987) fragt sich, ob eine gewisse biologische Gleichartigkeit aller Menschen nicht möglich gemacht werden könnte durch aufeinanderfolgende Befruchtung bei zunehmender Blutsverwandtschaft und bei Sterilisierung des Restes der Menschheit (S. 259). Angesichts der Tatsache, daß die reproduktionsmedizinischen Verfahren schon eine Art positives Verfahren begünstigen, insofern durch die Auswahl des Spendergutes Haar- und Augenfarbe, möglicherweise auch die

Intelligenz, ein gutes Stück weit planbar ist, wird früher oder später die Frage nach einer gentechnischen Entdifferenzierung gestellt werden. Die Welt als eine Welt von Milliarden eineiiger Zwillinge, die weltumspannende Lichterketten bilden; wäre sie nicht *friedlich*? Eröffnet sich hier nicht der Blick in eine Welt *vollkommener Transparenz*? Keiner mehr kann dem anderen entwischen und keiner mehr kann gegenüber dem andern zurückbleiben, weil jeder der Spiegel des andern ist. Wo der Mensch hinschaut, sieht er sich. Rousseau hat in seiner berühmten Abhandlung über Ursprung und Grundlagen der Ungleichheit unter den Menschen (1753) eine natürliche von einer moralischen oder politischen Ungleichheit und einen natürlichen (Ur-)Zustand unterschieden, in dem die Natur das Schwache und Abweichende von selber tilgt, von einem künstlichen, in dem die Reichen und Mächtigen die Möglichkeit haben, den Zustand der Ungleichheit zu verschärfen und zu verewigen. Der Naturzustand kann nicht wiederhergestellt werden. Mit Gesellschaftsverträgen muß man retten, was zu retten ist. Aber das tiefste Sehnen Rousseaus zielte, wie er in einem Brief an den Marquis de Mirabeau bekennt, auf »cœurs plus ouverts«, auf die vollkommene Transparenz, wo der eine im andern aufgeht (vgl. Beerling 1977, S. 196f.).

Vollkommene Transparenz – das wollte Rousseau noch über Verträge und Erziehung verwirklichen. Heute sind die *technischen Mittel* für eine Abschaffung natürlicher Ungleichheiten, in denen so häufig die Ansatzpunkte für die gesellschaftlich gemachten (wie die Ungleichheit zwischen Rassen, Geschlechtern, Altersgruppen) liegen, in Reichweite. Im medizinisch-technischen Komplex laufen Differenzminderungsprogramme ab, die finale Lösungen *technisch* anpeilen. Auch die letzten Ideologien und mentalen Restwelten träumen von differenzmindernden Verschmelzungen. Nach Wilber (1990) wird der Held(!) des solaren Zeitalters »zentaurisch« sein und über einen ganzheitlichen Körper verfügen: mental-androgyn, intuitiv und rational, männlich und weiblich. Gerade weil der Differenzminderungsprogrammatik immer neue Aufgaben zufallen, erhalten finale Projektionen Aufwind. Die Ausbruchphantasien, in denen die Weltraumtüren und die Türen zum Verlassen oder zum Vergessen des Körpers geöffnet werden, schaffen dagegen neue, gigantische Differenzen. Über Jahrhunderte werden kleine Eliten Mond und Mars bereisen. Die technischen Möglichkeiten können zunächst immer nur von wenigen ausgeschöpft werden. Je mehr Möglichkeiten geschaffen werden, desto breiter, umfassender, vielfältiger und komplexer werden die Differenzminderungsprogramme. Im Marketing wird, angesichts des beschleunigten Wandels, gelegentlich vom Individuum als »letzter Zielgruppe« gesprochen. Eine voll durchindividualisierte Gesellschaft wäre eine voll durch- und ausdifferenzierte Gesellschaft mit ebenso vielen Steigerungsprogrammen wie Individuen.

Die Moderne ist ausgezogen, die Kluft zwischen Wirklichkeit und Möglichkeit zu verringern. Das Phantasierte, Gedachte, Geträumte fordert Realisierung. Die Realisierung schafft freilich immer neue Differenzen. Diese wollen wiederum durch Differenzminderungs- und Teilhabeprogramme gemildert werden, ein unendlicher, nie ein Ende erreichender, sinnloser Fortschritt. Aber lassen wir die erd- und naturtranszendierenden Freiheitsträume und -räusche. Wir werden die Versuche, sie zu realisieren, in den Forschungs- und Entwicklungsabteilungen auf dem Papier und in den Labors erleben. Gibt es ein anderes Verständnis des Möglichen, des Nicht-, des Noch-Nicht-Wirklichen? Ein Verständnis, das nicht in den Sog der Überbietung und Steigerung gerät? Gibt es Grenzen im Grenzenlosen?

Vierter Teil

Grenzen im Grenzenlosen?

Jedenfalls geht es weiter. Die Wolken der Rezession lichten sich. Das Wachstum zieht an. Erfolgsmanager posieren. Jeden Tag werden neue Marschrouten für Kontinente, Länder, Regionen und Menschen ausgehandelt. Jeden Tag setzen sich Millionen von Menschen aufgrund von Marschbefehlen, auferlegten und selbstgegebenen, in Bewegung. Diese »totale« (wie Jünger sagen würde) bzw. »panische« (wie Sloterdijk sie sozialpsychologisch abschwächt) Mobilmachung erfolgt unter dem Banner der Korrektur, der Überarbeitung, der Verbesserung, der andauernden Schöpfung und Zerstörung im Zeichen des Fortschritts. In welchen Lebensbereichen immer, ob im alltäglichen Miteinander, bei der Organisation eines Shuttle-Starts oder im zeitgestoppten Simultanschach, in dem möglichst viele Gegner in möglichst kurzer Zeit auszuschalten sind, die Mobilmachung wechselt ihr Gebiet, aber nicht ihren *Sinn*. Sie wechselt freilich auch ihr Gesicht und ihre Gestalt, manchmal tritt das Spielerische, manchmal das Ernste und Verzweifelte stärker in den Vordergrund. Die Welt ist wie ein großes Stadion, in dem in allen Disziplinen andauernd um »schneller-weiter-höher-schöner« gekämpft oder – je nach Blickrichtung – gespielt wird. Die athletische Version (»version musclée«, wie sie Ehrenberg [1991] nennt) des Lebens in der Gesellschaft äußert sich in den absonderlichsten Rekorden.

Während bei den Leichtathletikwettbewerben zwar kein Ende der Steigerung abzusehen ist, aber die Fortschritte, solange die Techniken oder die Reglemente nicht einschneidend verändert werden, immer kleiner werden (und in einigen Disziplinen, nach dem Verbot von Anabolika, sogar Rückschritte in Kauf genommen werden mußten), erschließt sich das gesellschaftliche Steigerungsprojekt immer neue Disziplinen und Dimensionen. *Die inhaltliche Entleerung des Fortschrittsbegriffs erfolgt im Gleichschritt mit seiner Generalisierung.* Wie der sportliche Ehrgeiz unterdessen die Senioren und die Behinderten erreicht hat, so daß wir staunend die Leistungsfähigkeit von Muskelresten bei achtzigjährigen Bodybuildern, Hochsprungversuche von Blinden und Kurzstreckenrennen von Greisen an eigens eingerichteten Olympiaden verfolgen können, hat der *Wille zum Mehr* alle menschlichen Betätigungsfelder, auch abseitigste, geformt. Das Guinness-Buch der Rekorde wird bald um einen schwarzen Band rekordverdächtiger Gräßlichkeiten und Schändlichkeiten erweitert werden müssen (der selbstredend, wie überhaupt die »bad news«, größere Auflagen erreichen wird als der weiße Band!). Gerade der extraterrestrische Ausgriff symbolisiert die andauernde Eroberung neuer Jagdgründe und die andauernde Erfindung neuer Unendlichkeiten. Die Nachrichten über die Kämpfe im zerfallenen Jugoslawien auf der einen, die Expertisen über die Besiedelung des Mars auf der anderen Seite der gleichen Zeitungsnummer (*Neue Zürcher Zeitung*, 5. August 1992) veranschaulicht eine neue, gigantische Differenz, deren Überbrückung (etwa im Sinne eines ethnisch reinen Planeten) ein unendliches Projekt, ein Jahrtausend- oder Jahrmillionenprojekt ist.

Aber kann es immer so weitergehen? Die individuellen Fluchtversuche jedenfalls und auch die gesellschaftlichen Begrenzungsstrategien stehen unter dem gleichen, ins Unendliche lockenden Stern. *Sie folgen auf ihre Art der Feuersäule eines infiniten Fortschritts*. Sie bieten Höhlen, Spiele oder Kriege an, real oder virtuell. Die eröffneten spirituellen Welten sind optioniert, wählbar, Objekte der Begierde, um die Selbsterfahrung, die Naturerfahrung, die Erfahrung des anderen höher und weiter zu treiben. Die Schraube wird ständig angezogen. Auch die importierten, fremdreligiösen Praktiken können als wählbare Optionen die Sinnleere, das Transzendenzloch, in dem wir stecken, nicht auffüllen. Im Gegenteil: alles Außermenschliche wird im Supermarkt integriert. Wie die Regale von Aldi, Coop oder Migros durchstöbert man Sinnmärkte, um das zu finden, worauf man Lust hat. Ruhe bietet nichts. Das individualistische Steigerungsprogramm dementiert andauernd das Erreichte – und macht eine Universalisierung der Teilhabe, sei es diejenige an Rechten oder diejenige an Gütern, zu einem unendlichen Projekt.

Es kann also, darf aber nicht so weitergehen wie bisher. Dieses Gebot findet seinen Ansatzpunkt in einer allseits beklagten Überbeanspruchung und Überforderung des Menschen und, breitenwirksam erötert, der übermäßigen Beanspruchung der Natur. Deren schwindende Ressourcen und deren begrenzte Absorptions- und Regenerationsfähigkeit ist seit drei Jahrzehnten Anlaß für sorgenvolle Erörterungen. Der Fortschritt bedeutet in der Tat zugleich fortschreitende Zerstörung der Naturbasis. Aber die Rezepte greifen, trotz des verspürten Unbehagens und nicht nur wegen ungenügender internationaler Abstimmung, nicht. Naturzerstörung und ihre Beklagung nehmen gewissermaßen *gleichsinnig* zu. Das liegt nicht nur daran, daß mit dem Ende der Zweiten Welt diese und die Dritte Welt erbarmungslos in das abendländische Fortschrittsprogramm eingebunden worden ist. Das Steigerungs- und Teilhabeprogramm wird über die terminologisch der Vergangenheit angehörenden Zweiten Welt der Dritten Welt und künftigen Welten installierten Parabolantennen aufgeblendet. Die Differenzen werden demonstriert, die Schwellen für das Erträgliche gesenkt und der Mehrhunger stimuliert.

Rezepte gegen diese paradoxe Dynamik sind entsprechend schwach. Der Fortschritt, das Lebenselixier unserer Zeit, *weist ins Unendliche*. Alle Lebensbereiche und Seinsebenen sind infiziert, durchsetzt und durchdrungen. Niemand ist für eine prinzipielle Gegenprogrammatik zu haben. Auf der andern Seite ist man aber freilich für weniger Wachstum zumindest in bezug auf bestimmte Dinge: Pelze, Schokolade, Lärm. Wenn verzichtet werden soll, so vorzugsweise auf das, was man sowieso nicht haben möchte. Aber Verzicht auf Wissen? Auf Information? Auf Neugierde? Das Wachstum der Bibliotheken ist nicht nur engstens mit der Abholzung der Wälder verbunden. Eine substanzlose Mehrformel prägt vielmehr auch die Einschätzung kognitiver Welten. Mehr zu wissen ist besser als wenig zu wissen. Was man nicht weiß, gilt es zu wissen. Das Zuwenig Wissen liefert die Entschuldigung für die obengenannten schwachen Rezepte. Da man über das Waldsterben zuwenig weiß, kann man es auch nicht bekämpfen. Da das Ozonloch noch mit vielen Unbekannten verbunden ist, muß man diese zuerst zu Bekannten machen.

Das Unbekannte wird indes, den unendlichen Fortschrittsgedanken entsprechend, nie endgültig bekannt. Jeder erreichte Horizont eröffnet auch im Geiste neue Horizonte. Die zentrifugale Denkbewegung geht der Ausbeutung der Natur voraus. Der Freiheitsrausch ist erd- und bewußtseinstranszendierend. Die Grenzenlosigkeit führt zu einer Art Ekstase, in der alles immer weiter, immer schneller, immer besser werden soll. Wie also bremsen? Ist Differenzerfahrung zu akzeptieren? Das Teilhabeprogramm zu minimieren? Sind die Phantasien und Utopien abzukoppeln vom Gedanken an ihre irgendwann mögliche oder prinzipiell nicht unmögliche Realisierung? Ist die Drift zwischen dem, was sein könnte, und dem, was ist, zu unterbinden? Sind die mentalen

Universen zu sperren, ihr utopischer Gehalt gegen die Realisierung zu sichern, um der Zivilisionsdynamik Einhalt zu gebieten? Oder ist vielleicht die Transzendenzerfahrung, mit deren diesseitsbezogener Reformulierung die Moderne ihren Anfang nahm, auszulöschen oder in einer Art und Weise umzuformulieren, die den zerstörerischen Realisierungsdruck abschwächt?

I. Unendlichkeit des Fortschritts

Die Unendlichkeit diesseitigen Fortschritts hat sich an die Stelle der jenseitigen Ewigkeit gesetzt. Das Kraftvolle dieses Programmes macht es schwer, Ansatzpunkte für eine Dämpfung der Zivilisationsdynamik zu finden. Zunächst ist, weil es uns an einer kohärenten Weltsicht mangelt, *das Unmöglichste möglich* und, weil wir immer mehr wissen, *das Unwahrscheinlichste wahrscheinlich*. Man kann, wie Postman berichtet, irgend etwas ganz und gar Lächerliches und Unglaubwürdiges selbst wissenschaftlichen Kollegen erzählen, ohne daß die Opfer solcher Experimente mit Ungläubigkeit darauf reagieren (1992, S. 66). Auf den haarsträubendsten Unsinn sagen sie zwar gelegentlich »Wirklich? Ist denn das möglich?« (ebd.). Aber man glaubt heutzutage alles, weil es keinen Grund gibt, nicht daran zu glauben, daß das Unmögliche wirklich wird oder schon irgendwo Wirklichkeit ist. Die unendliche Steigerung von Handlungsmöglichkeiten ist Kernsatz des Fortschrittglaubens: »If you can dream it – we can make it.« Das allbekannte Diktum aus Hegels Rechtsphilosophie: »Was wirklich ist, das ist vernünftig, und was vernünftig ist, das ist wirklich«, das eine Bibliothek von Deutungen hervorgerufen hat, ist, für die moderne Multioptionsgesellschaft, umzuformulieren in den Satz: »Was möglich ist, ist oder wird wirklich, und was wirklich ist, will Wirklichkeit für alle werden.«

Während der allgemeinen Auslegung zufolge für Hegel der Gedanke eines Gottesreiches auf Erden (die Verweltlichung der Himmelfahrt!) zur sittlichen Forderung und zum Maßstab aller menschlichen Einrichtungen wurde, es also galt, die durch Christus in die Welt gekommene Vernunft in der Welt zu verwirklichen, ist heutzutage *nicht die Vernunft, sondern das Mögliche zu verwirklichen*. Ob das Mögliche das Vernünftige ist, ist eine andere Frage. Die Maßstäbe messen nur das »Mehr« oder »Weniger«. Das Mögliche ist das Gesteigerte, die zu verwirklichende Steigerung. Steigerung heißt die Devise. Himmel und Höllen wollen gesteigert werden. Schrankenlosigkeit triumphiert. Alle Wagen rollen für Fukuyama gleicherweise, für uns unglücklicherweise, in die gleiche Richtung (vgl. Fukuyama 1992, S. 445 f.). Die damit in den Fortschritt eingebaute Wachstumsdynamik auf allen Ebenen, die endlose Entfesselung technischer, kultureller und reflexiver Potentiale kann nie zur Ruhe kommen, weil der Maßstab nicht eine wie immer ausgemalte vernünftige Gesellschaft ist, sondern ein *substanzloses Mehr*. Die anderen Wirklichkeiten sind gesteigerte Wirklichkeiten. Die Wirklichkeiten, die individuellen und die gesellschaftlichen, hinken immer hinterher. Jede erreichte Möglichkeit ist eine Etappe zu noch unerreichten Möglichkeiten. Es gibt keine Siege mehr, sondern nur mehr Etappensiege. Das Mögliche wird nie wirklich wirklich. Wenn das Ziel näher rückt, wächst bekanntlich die Ungeduld. Wenn sich das Ziel in hunderttausend Partialziele teilt und ein Endziel nach jeder Etappe um die gleiche Distanz sich wieder entfernt, wird die Anstrengung zunächst verdoppelt, dann, angesichts der eigenen Endlichkeit im Unendlichen – vielleicht – bezweifelt. Voraussetzungen dieser Realisierungswut sind die Entsperrung mentaler Universen, die Demonstration von Differenzen und die ungehinderte Umsetzung des Möglichen ins Wirkliche.

Entsperrung mentaler Universen

Das waren noch Zeiten, als man als gut erzogenes katholisches Kind sündige Phantasien im Beichtstuhl beichten und über die schweren gedanklichen Fehltritte eine Art innere Buchhaltung führen mußte! Man stelle sich einmal vor, man müßte heutzutage Kindern begreiflich machen, daß sie nicht alles phantasieren und denken dürften! Es wäre eine unbegreifliche Zumutung. Angesichts entfesselter Medien, die sich zwischen Phantasie und Realität geschoben haben und die sich an aufmerksamkeitserregenden Schocks und an sündigen Phantasien, kulturell lizenziert und breitenwirksam akzeptiert, zu überbieten suchen, wäre es wohl auch ein vergebliches Unterfangen. Die Mentaluniversen sind vollständig, die medialen Konglomerate fast völlig entsperrt. Mit einem gewissen Amüsement nimmt man die letzten Gefechte in den hiesigen Zeitungen und Zeitschriften wahr, z. B. ob man seitenlang über den Brustumfang von Schönheitsköniginnen und über die Dimensionen männlicher Organe mit Bild und Text berichten könne. Die selbsternannten und die öffentlichen Zensurbehörden müssen, angesichts der immer neuen Steigerungen, Schritt für Schritt *Terrain freigeben*. Was heute das Fernsehen zu mitternächtlicher Stunde anbietet, wurde noch vor zwei Jahrzehnten unter dem Tisch für Spezialkunden gehandelt. Unsere traditionsbewußte Hochschule gibt ihr Semesterschlußessen in einem Saal, in dem kurz vorher nicht Frauen, sondern Männer ihre Glieder reckten. Die Entsperrung sexueller Phantasien und deren mediale Realisierung mag insgesamt ein Randphänomen darstellen. Aber wie in einem Spiegel macht es die Entsperrung aller Themen, aller Thematiken, aller Vorstellungen deutlich. Nicht nur erotische, sondern auch furchterregende Welten werden aufgesperrt.

Foucault zufolge ist gerade die Erotik bahnbrechend gewesen für die allgemeine Entfesselung und Entspannung des Phantasierens und Redens über die Phantasien. Seit dem 18. Jahrhundert hat der Sex, wie Foucault bemerkt, eine Art »allgemeinen diskursiven Erethismus« hervorgerufen (1977, S. 46). Der Sex wurde aus den Kammern des Kopfes, wo er ein verborgenes und sündiges Dasein fristete, in eine öffentliche Existenz hineingetrieben. Unsere Zivilisation fordert und organisiert in jeder Beziehung eine ungeheure Beredsamkeit. Der Diskurs über Sex ist dafür besonders bezeichnend. Man ist, wie Foucault schreibt, des Glaubens, daß einem das Wesentliche dauernd entgeht und wir darum stets »aufs neue seine Spur aufnehmen müssen« (ebd., S. 46f.). Aber die grenzenlos wuchernden Diskurse in diesem Bereich sind unter der Voraussetzung einer selbstverständlichen Trennung diskursiver Möglichkeiten und ihrer Realisierung noch nicht das Problem. Dieses resultiert aus der Aufhebung der Trennung von Phantasie und Wirklichkeit. Erst die Disney-Programmatik, »Was Du träumen kannst, das kannst Du auch tun«, treibt die Phantasien in die Wirklichkeit. Der diskursive Zugang zur Erotik erschließt dann ein Reich von Möglichkeiten, das nach Realisierung ruft. Insofern ist es überhaupt nicht verwunderlich, daß eine der »Entwicklung gewaltiger Produktions- und Destruktionsapparate verschriebene Zivilisation noch die Zeit und die unendliche Geduld gefunden hat, sich mit einer solchen Beklemmung zu fragen, was es mit dem Sex auf sich habe«, wie Foucault das vermeint (ebd., S. 188). Der Sex ist eben nicht nur vom Gesetz des Schweigens befreit worden, sondern hat in einer zunächst individuellen und intimen Weise nach Realisierung der Phantasien verlangt, die sich heute nicht mehr nur in öffentlichen Diskursen abspielt, sondern in öffentlichen Realisierungen.

Angesichts der phantastischen Wirklichkeit stehen die geheimen Wünsche, deren Medium die Träume seit alters her sind, nicht mehr auf der Nachtordnung, sondern auf der Tagesordnung der Wirklichkeit. Der Traum ist nicht mehr die Abstellkammer für das, was aus der Wirklichkeit gedrängt wird oder werden muß, weil nichts mehr aus der Wirklichkeit verdrängt werden muß. Windsor McCay, der um die Jahrhundertwende in den Städten östlich des Mississippi in abendlichen Varieté-Auftritten mit dem Entfesselungskünstler Houdini als Schnellzeichner auftrat (Praesent 1976), zeichnete, insbesondere in den sonderbaren Träumen des Feinschmeckers, der immer nur Käsetoast aß, grotesk ausweglose Situationen; Nachtmahre, die durch den Käsetoast verursacht werden. Die Wirklichkeit führt uns tagtäglich in allen ihren Bereichen und in allen ihren Dimensionen Abgründe vor, in die wir nicht hineingestoßen sind wie in heißen Käse (»Wenn ich die Füße freikriege. Himmel, ist das ein furchtbares Zeug. Warum zieht das nur solche Fäden« – ebd., o. S.) und uns nicht mehr befreien können (so daß wir froh wären, wenn wir schweißgebadet aufwachen), sondern die uns vielmehr zum *Überbrücken, Überspringen und Überwinden* einladen. Es handelt sich freilich nicht um einen Sprung von einem Sinngebiet ins andere, von der Realität in die Welt des Traumes, der Kunst, der religiösen Versenkung. Die Versenkung in ein Gemälde ist begleitet vom Wunsch, dieses zu besitzen; der Ruck, mit dem sich der Wissenschaftler nach dem Mittagessen in die theoretische Attitude versetzt, ist motiviert vom Streben nach Anerkennung durch Verkündung seines Wissens.

Wirklich, die Wirklichkeit ist phantastisch, in jeder Beziehung, im guten wie im bösen. Was Bernd Roger Bienert in Zusammenarbeit mit Elfriede Jelinek im Ballett *Unruhiges Wohnen* am 25. September in Zürich uraufführt, ist eine Kindstötung. »Das Kind läuft aus... Das Kind gegen die Wand geschleudert...« Eine grauenvolle Vorlage, aber sie sei Wirklichkeit und was in der Wirklichkeit passiere, lasse sich in der Kunst nur verarbeiten, denn die Realität sei immer stärker, so Bienert (*Neue Zürcher Zeitung*, 23. September 1991). Im übrigen war Rainald Goetz im 1985 veröffentlichten Bericht *Der Attentäter* schon härter (vgl. Goetz 1993, S. 142). Zwei Tage vor der Uraufführung wird im Fernsehen (ZDF, 23. September 1991) ein Film über Andrew Vachss gezeigt, den New Yorker Anwalt, der auf Fälle von Kindsmißbrauch spezialisiert ist und diese in schonungslose Thriller umsetzt: »Dort, wo die Großstadt zu einem Alptraum aus Sex, Sünde und sinnloser Gewalt verkommt, jagt der lizenz- und vornamenlose Privatdetektiv sein Wild: Kinderschänder, Babyhändler, Luder und anderes Raubzeug« (Vachss 1989, Klappentext). Im Film wurden von Vachss verteidigte wirkliche Babys gezeigt, man konnte nicht hinsehen.

Die Alptraumbücher jagen sich. Auch im Abscheulichsten wird auf die Detailschilderung nicht verzichtet. Im neuesten Gruselbuch (Leibetseder 1992) kauft sich Tutterer, der Held der Geschichte, eine Brasilianerin, baut ein Zimmer zu einer Gefängniszelle um und vollbringt, was er im »Schlüsselloch«, einem gängigen Männermagazin, gelernt hat. Das »Tilgungsfinale«, wie eine Tageszeitung die Schlußsequenz nennt, besteht darin, daß Tutterer die mit Schlafmitteln betäubte Frau in einem Sack in einem nächtlichen Marsch ins Gefängnis trägt, »wo er sie«, so der Bericht in der *Neuen Zürcher Zeitung* (17. August 1992), »auf dem Dachboden mit Folterinstrumenten, die dort aus früherer Zeit noch herumliegen, sadistisch züchtigt und schließlich in pervertiertem religiösem Wahn – ein Opfer wird gebracht – kreuzigt«. Die Folterinstrumente liegen aus früherer Zeit noch herum, aber die Folter in früheren Zeiten hat vermutlich einen völlig anderen Charakter gehabt. Die Inquisition hat Folterkammern errichtet – aber nicht, um die Augen- und Sinneslust zu steigern. Eben dies haben – vom Tempodrom bis hin zum Sex- und Crime-Journalismus – die Medien im Sinn.

Wenn die Nachrichtensendung »Explosiv« (RTL) jüngst heimlich gedrehte Videobilder aus Korea gezeigt hat, wo ein Hund am Kopf aufgehängt und bei lebendigem Leib angezündet wurde, um besonders gutes Fleisch für ein Feinschmeckerrestaurant zu produzieren, dann nur, um die Einschaltquoten ihres Senders zu steigern. Wir wollen schweigen von Bret Easton Ellis Skandalroman *American Psycho* (1991). Was hier an gräßlichsten Untaten aufaddiert wird, die ein Serienmörder im Designeranzug verübt, ist einer Mit- und Nachwelt in einem 550 Seiten langen Roman international und auf ewig bekanntgemacht. Es herrschen Zustände, daß Gott sich schämen würde! Wir wollen auch schweigen vom Literaturpreisträger Kurt Allemann, dessen Prosa mit dem Titel *Babyficker* willkommenes Medienfutter war. Entscheidend ist, daß das Mediale ununterscheidbar ins Reale hineinragt. Das

Begehren will nicht sublimiert, sondern realisiert werden. Nach den Gedanken gehen nun die Füße fremd. Vielleicht nimmt der Nächste Maß an *American Psycho*, wie die Bordellbesucher Maß an den Männermagazinen nehmen.

Realisierung statt Sublimierung

In den Kinder- und Hausmärchen der Gebrüder Grimm, geschrieben vor bald zweihundert Jahren, bittet das Töchterchen: »›Lieber Vater, macht mit mir, was ihr wollt, ich bin Euer Kind.‹ Darauf legte sie beide Hände hin und ließ sie sich abhauen. Der Teufel kam, aber sie hatte so lange und so viel auf die Stümpfe geweint, daß sie doch ganz rein waren« (Grimm o. J., S. 229 f.). Es ist die Figur des anstelle des Vaters aufkreuzenden Teufels, die die entsetzliche Situation völlig entschärft. Und es ist das Weinen des Mädchens auf die Stümpfe, die diese »ganz rein« machen, das die in die Horizontale gelegte Himmelsleiter aufrichtet und den tröstlichen Blick ins Himmelreich, ins Jenseits dieses grauenvollen Diesseits eröffnet. Alle Schauplätze sind heutzutage *in die Wirklichkeit verlegt* und alle Schauplätze sind Plätze zum Anschauen. In Ruanda werden, wie zu lesen ist, den Kindern zur Strafe, daß sie einer anderen Stammesgruppe angehören, die Hände oder die Füße abgeschnitten. Wir leben in Vachss-Land, wo die Gefängnisse zu klein, die Gräßlichkeiten zu groß, die Wünsche zu unerfüllt sind. Auf der anderen Seite liegt die intendierte, latent erwünschte Welt, das Paradies, das Schlaraffenland, das Land, wo Milch und Honig fließen: die Welt, in der alle miteinander kommunizieren, alle zusammengeschaltet sind, wie in einem gewaltigen *Interface*.

Aber diese Welt liegt nicht im Jenseits, sondern im *Diesseits*; der Abgrund ist nicht Abgrund zwischen Leben und Tod (als ewigem Leben), sondern *zwischen Leben und noch nicht realisiertem Leben*. Die Differenz zwischen Wirklichkeit und Möglichkeit ist reformuliert und immanentisiert, das Jenseits ist im Diesseits versprochen und wird nicht in der Kirche, sondern im Fernsehen gezeigt. Die Medien sind das Guckloch in eine phantastische realistische Welt, ein unaufhörlicher Strom von Lockbildern. Der Bildersturm im Mittelalter, bei dem unschätzbare Kunstwerke vernichtet worden sind, die Bücherverbrennungen im Nationalsozialismus haben diesen Zusammenhang sehr wohl im Auge gehabt. Sigmund Freud hat in den Erlebnis- und Traumwelten dann umgekehrt Sublimierungen von Tatbeständen gesehen, die im wirklichen Leben undurchführbar waren und der Meinung Vorschub geleistet haben, es ließen sich Phänomene von einem Seinsbereich in einen anderen transportieren und damit gewissermaßen entschärfen. Freud mag für das viktorianische Zeitalter recht gehabt haben. Aber die daraus resultierenden Symptome und Verdrängungserkrankungen sind heute weitgehend verschwunden. Ob hysterische Symptome durch depressive Krankheiten abgelöst, überholt sind, sei dahingestellt. Heute wird das Leben angeheizt. Die Erlebniswelten sind unzensiert. Phantasieren und Handeln gehen, sich wechselseitig ziehend, in dieselbe Richtung.

Der Zusammenhang von Augenlust und entfesselter theoretischer Neugierde hat der Kirchenvater Augustinus in seinen *Konfessionen*, seinen Bekenntnissen, in – möchte man fast sagen – entfesselter Selbstreflexion herausgearbeitet. Die Curiositas, die Neugier am Verborgenen, Abseitigen, ist identisch mit dem puren Funktionsdrang des Sinnesorgans, der noch am geringsten und abseitigsten Gegenstand Genüge findet und sich triebhaft selbstgenügsam der Welt der nebensächlichen Erscheinungen überläßt. Es handelt sich um Begehren, um Begierde – und begehrliche Neugierde ist ein Laster, ja sogar eines der zentralen Laster. Die Welt verführt uns, führt uns in Versuchung, sie bietet uns – wenn wir genau hinsehen – die Frucht der Erkenntnis an. Die unendliche Neugierde verletzt nach Augustinus das Ordnungsprinzip von Gebrauch und Genuß. Schrankenlosigkeit darf auch hier nicht sein. Die Weltaffektion muß niedrig gehalten, die Reizüberflutung abgewehrt werden. Sonst verwahrlost das Auge. Die Seele darf sich nicht an die Curiositas verlieren. »Es gibt Leute«, schreibt Augustinus, »die alle Tugendhaftigkeit verlassen und im Unwissen um das Wesen Gottes und die Größe der Majestät einer sich immer gleichbleibenden Natur etwas Bedeutendes zu leisten glauben, indem sie die ganze Masse der Körper, die wir ›Welt‹ nennen, mit äußerster Neugierde und Aufmerksamkeit durchforschen. Und daraus erwächst ein solcher Hochmut, daß sie sich selbst in den Himmel, mit dem sie sich so häufig beschäftigen, versetzt glauben« (zit. nach Blumenberg 1984, S. 111).

Der Katalog der Stufen der Curiositas enthält das Ergötzen am verwundeten Leichnam, die Schauspiele im Theater, dann die magischen Künste und die Naturforschung. Der Forschungstrieb treibt Bruno und Galilei in das gefährliche Gebiet der Curiositas-Verbote. Am 17. Februar 1600 läßt die Inquisitionsbehörde den damals an spekulativer Kraft alle überragenden Philosophen Italiens, Giordano Bruno, wegen seinen aus der Beobachtung gewonnenen kosmologischen Ideen öffentlich verbrennen, wenig später muß sich Galileo Galilei wegen der Unterstützung des kopernikanischen Weltbildes verantworten. Galilei erhebt, wie Blumenberg schreibt, »das Fernrohr zu den Gestirnen und liefert sich der Folter aus. Am Ende betreibt er seine Wissenschaft wie ein Laster, heimlich wahrscheinlich, mit Gewissensbissen« (ebd., S. 207). Galilei trennt die Naturforschung aus dem mittelalterlichen Kosmos heraus. Galilei hat die Astronomie und die Physik bereichert, diese Wissenschaften aber zugleich ihrer kosmologischen, ihrer gesellschaftlichen Bedeutung beraubt. Galilei als betriebsblinder Sternengucker! Galileis Vorstoß kann als die Erbsünde der modernen Naturwissenschaften betrachtet werden, schreibt deshalb Blumenberg (ebd., S. 208). Die Naturwissenschaft kann sich gerade in ihrer »Reinheit« und Indifferenz ungestört entwickeln: »Die Atombombe ist sowohl als technisches als auch soziales Phänomen das klassische Endprodukt seiner wissenschaftlichen Leistung und seines sozialen Versagens« (ebd.). Auch die Schriften des Aufklärers Descartes sind gezeichnet von der Angst, mit seinen Erkenntnissen aus dem Rahmen der religiösen Meistererzählungen zu fallen. Er hat bekanntlich versucht, die triebhaft-motorische wissenschaftliche Begierde durch eine Forschungsmoral zu zügeln.

Während im Kulturbereich zumindest noch Kinder und Jugendliche vor der Überreizung oder Irreleitung des Geschlechtsgefühls geschützt werden sollen (Art. 212, Schweizerisches Strafgesetzbuch), ist im privaten Bereich, in den eigenen vier Wänden und in Wissenschaft und Kunst alles möglich, alles entsperrt. Zum Aufsatzthema »Auf frischer Tat ertappt« fällt heute schon den Grundschülern nichts mehr ein. Warum? Es gibt keine *heimlichen* Untaten mehr. Im wissenschaftlichen Bereich treten zwar bei jenen Wissenschaften, die sich am spätesten aus dem mittelalterlichen theokratischen Kosmos herausgelöst haben, die ersten Fragezeichen auf. Anlaß ist nicht das Wiederauftreten einer verbindlichen Kosmologie, sondern die Möglichkeit eines zerstörerischen Einsatzes der aus der naturwissenschaftlichen Forschung hervorgehenden Technologien. Insbesondere die Nutzung der Atomtechnik hat zum öffentlichen (nicht bischöflichen) Verlangen nach der Verantwortbarkeit dieser Techniken geführt. Gleichwohl machen Neugierde und Forschung zur Kernenergie keinen Marschhalt. Was immer die Atomindustrie für Fesseln verordnet bekommt (z. B. durch ein Moratorium für den Bau von Kernkraftwerken, wie es die Schweizer Stimmbürger 1990 in einer Volksabstimmung beschlossen haben), die Forschung ist *unbeherrschbar*, die Neugierde *endlos*. Wenn in der medizinischen Forschung nicht nur die Anwendung von neugewonnenem Wissen, sondern schon die Gewinnung dieses Wissens ethischer Kriterien bedarf, weil theoretisches Wissen häufig nur über praktische Experimente und Erprobungen gewonnen werden kann und entweder Tier- oder Menschenversuche durchgeführt werden können oder müssen, so bleibt sie keineswegs mehr ein Spezialfall. Gerade die gentechnologische Forschung ist ein Hybrid von Theorie und Praxis. Die Trennung von Wissenschaft als der Sphäre reiner Erkenntnis und die Technik als Anwendung derselben ist aufgehoben (vgl. Zimmerli 1988).

Gleichwohl käme es niemandem in den Sinn, Neugierde und Wissenwollen selbst in Zweifel zu ziehen oder einer optischen Normierung des Sehens das Wort zu reden. Die totalitären Systeme dieses Jahrhunderts, die versuchten, die Neugierde in einem Eisschrank tiefzufrieren, sind gescheitert. Wenn Menschen oder Tiere oder die Natur in Versuche eingespannt werden, die Leid und Schmerzen für die Kreatur mit sich bringen, so muß der Steigerungsimperativ herhalten: Leiden, um Leid zu verringern. Außerdem ist, wie schon gesagt, alles zu wissen, was man noch nicht weiß. Die für jede Art von Forschung genügende Legitimation ist eben schon, daß man, was man nicht weiß, eben wissen sollte. Die Wissensproduktion ist ein Vorgang, der an und für sich gerechtfertigt zu sein scheint. Die Legitimierung für die wunderlichsten Untersuchungen lautet: *Aber wir wissen es nicht*! Ob die Fenster in einer katholisch geprägten Kleinstadt von den Frauen im verheirateten mittleren Lebensabschnitt eher mit dem rechten oder dem linken Arm geputzt werden – wir wissen es nicht! Ob mit den Haustieren eher über das Wetter oder über Menschen gesprochen wird und von wem – wir wissen es nicht! Aber wir wollen es wissen. Und wenn wir wissen, wie etwas funktioniert, wollen wir es auch tun. Das in den mentalen Universen Schritt für Schritt freigegebene Terrain wird Schritt für Schritt in der Wirklichkeit realisiert.

Demonstration der Differenz

Während in der ehemaligen Deutschen Demokratischen Republik das »Protokollobst« bei Staatsbesuchen nicht photographiert werden durfte, um beim DDR-Bürger keine Gelüste zu wecken (Pannen 1992) und – ein in der Jetztzeit einmaliger Vorgang – in Sri Lanka die Fernsehreklame für Fleisch verboten wurde, um den Fleischgenuß als Denkmöglichkeit zu vernichten, werden hierzulande und nun auch in den neuen Bundesländern ebenso fabelhafte wie irritierende Differenzen zur Schau gestellt. Der »Kult der Performanz« (Ehrenberg 1991) wird insbesondere im Reich des Geldes zelebriert. Die Schweiz hat, der amerikanischen Zeitschrift *Fortune* zufolge, nach den Vereinigten Staaten die meisten Milliardäre. Es ist Mode geworden, die Reichsten der Reichen zu porträtieren oder, wie jährlich wiederkehrend, in einer Sondernummer des Schweizer Wirtschaftsmagazines *Bilanz* (Nov. 1991), die zweihundert reichsten Schweizer komplett zusammenzustellen. Zweihundert, weil so viele die Bilanz-Schallgrenze von hundert Millionen Franken überschritten haben. Zum gewohnten Ritual der Fernsehanstalten gehört andererseits die mitleiderheischende Zurschaustellung des Elends der Dritten Welt. In diesen Ländern können sich Millionen von Menschen nicht einmal von dem ernähren, was auf den Tisch kommt, denn auf den Tisch kommt so gut wie nichts. Allein in Brasilien soll es sieben Millionen Kinder geben, die auf der Straße leben; von Abfall, von Diebstählen, von Gewalttaten und von der Prostitution. Aber dahinter verbirgt sich das Koordinatenkreuz des Fortschritts.

Es wird gerne ein Zusammenhang zwischen der Tatsache einer bitteren Armut des überwiegenden Teils der Weltbevölkerung und dem Reichtum der luxurierenden Multioptionsgesellschaft konstruiert. Gewiß sind Not und Elend, die in weiten Teilen der Welt herrschen, auch das Ergebnis einer ausbeuterischen Politik der Industriestaaten. Die Doppelrolle des Rohstofflieferanten für die Industrieländer einerseits, des Konsumenten westlicher Konsum- und Investitionsgüter andererseits hat sie zumindest in einem Ausmaß von der westlichen Politik und Preispolitik abhängig gemacht, die ihnen eine unabhängige Politik weitgehend verunmöglicht. Gerade derzeit fallen die Rohstoffpreise, steigt die Auslandsverschuldung und überläuft die demographische Entwicklung die landwirtschaftliche Produktion. Außerdem hat das Ende der Zweiten Welt einen weitgehenden Abbruch der Entwicklungshilfe nach sich gezogen. Solange West und Ost um die ideologische Vorherrschaft kämpften, konnten die Länder der Dritten Welt die Rivalität der beiden Blöcke geschickt für sich ausnutzen.

Aber weder Geld noch Ausbeutung sind der eigentliche Hintergrund der Krise, und es ist schon gar kein Weltkrieg der Reichen in den entwickelten Ländern gegen die Armen in den Entwicklungsländern, vielmehr ist es *das gleichermaßen geteilte Programm*. Es ist zwar in den Industrieländern der Triade, in Europa, in den USA und in Japan weit fortgeschrittener als in den Entwicklungsländern. Es hat diesen, für unsereinen grandiosen, für die restlichen drei Viertel der Welt katastrophalen Zustand heraufbeschworen.

Der Abgrund zwischen den reichen Ländern und Entwicklungsländern ist ein Abgrund, der mit dem abendländischen Differenzminderungsprogramm zwischen die Kontinente eingelassen worden ist. Der Export des westlichen Differenzminderungsmodells hat die Länder der Dritten Welt die Differenz erst sehen lassen. Die Differenz bestand auch vorher, aber sie war nicht relevant, wurde nicht als korrekturbedürftig wahrgenommen, wie die Kastendifferenz vom gläubigen Hindu nicht hinterfragt wird. Das Fortschrittsprogramm der Moderne verspricht, den Abgrund, der zwischen dem Millionär und dem verhungernden Kind liegt, zu überbrücken. Jede Differenz, der wir ansichtig werden, erscheint als eine prinzipiell mit Willen und Können *überwindbare* Differenz. Die kleptokratischen Regimes in verschiedenen Ländern und Regionen der Dritten Welt führen ihren erreichten Reichtum der einheimischen Bevölkerung unverschämt, aber auch mit System vor. Das gilt auch für die Neureichen hierzulande. In ihrem fulminanten Buch *Der betörende Glanz der Dummheit* (1987) erregt sich Esther Vilar über den Mailänder Fabrikdirektor, der seinen neuen Ferrari vor den Fabrikhallen seiner Arbeiter parkt, und über die New Yorkerin, die in einem Dreißigtausend-Dollar-Pelz von Saks zum Tee ins Plaza schlendert, vorbei an Leuten, die nicht wissen, wo sie die Nacht verbringen sollen. Was denken Yachtbesitzer, fragt sie, wenn diese, bestaunt von zerlumpten Kindern, in einem malerisch-trostlosen Küstenort an Deck ihres Fahrzeuges ein üppiges Dinner verzehren (ebd., S. 21)? Ihre Antwort: Gar nichts!

Die *Zurschaustellung der Differenz* hat indes insofern System, als das Differenzminderungsprogramm der Moderne immer neue Differenzen braucht, um das Fortschreiten und das Überschreiten anzuheizen. Die Verheißung, daß das Morgen besser ist als das Heute, ist »frisch und unbefleckt« zu halten; die Hoffnung »auf das Erreichen des Gelobten Landes immer mit dem nagenden Schuldgefühl kombinierend, nicht schnell genug voranzukommen« (Bauman 1994a, S. 237). Denn Differenzen wollen überwunden werden, von Kontinenten, von Ländern, von allen. Das Steigerungs- und Teilhabeprogramm erzeugt eine *produktive Unzufriedenheit*. Daß jedermann auch alles erreichen kann, mit Glück vielleicht, daß einen aber niemand daran hindert, das wird weltweit gestützt und verbreitet. Daraus rührt die Hoffnung, die den kolumbianischen Bauer nach Lima, die Mexikaner nach Kalifornien, die Albaner nach Brindisi, die Bergarbeiter des Jiu-Tales mit Äxten nach Bukarest treibt. Die unwiderstehliche Anziehungskraft des transversalen Projektes, das ja einerseits die Steigerung der Handlungsmöglichkeiten in allen Lebensbereichen und auf allen Seinsebenen anvisiert und andererseits die Steigerung der Teilhabe aller an den gesellschaftlich eröffneten Möglichkeiten einfordert, mag letztlich als Programm für alle ökonomisch, ökologisch und auch sozial unmöglich sein. (»Fred Hirsch hat mit diesem Buch – in Amerika seit Erscheinen ein Klassiker – nichts Geringeres vorgelegt als die ökonomische Begründung für die Unmöglichkeit der Wachstumspolitik« – so der Klappentext zu F. Hirsch [1980]). Aus der Sicht des einzelnen aber ist das Unmögliche vielleicht auf Kosten anderer möglich.

Seit Gruhls (1975) düsteren Prognosen und seit den NAWU-Szenarien (Binswanger u. a. 1978) werden ökologische Grenzen angemahnt. Der neueste Bericht des Bevölkerungsfonds der Vereinten Nationen (UNFPA), der Ende Oktober 1991 in Washington veröffentlicht worden ist, zeichnet ein ökologisches Schreckensszenario: Städte versinken im Abfall, Wälder verkümmern, Wasser ist ungenießbar, Verkehrs-, Kommunikations- und Kanalisationssysteme brechen zusammen (vgl. jetzt dazu auch Kurz 1991, S. 189ff.). Der neue Bericht des Club of Rome (King, Schneider 1991) zeichnet ein noch bedrohlicheres Bild der Weltlage als der erste Bericht über die *Grenzen des Wachstums* (Meadows 1972).

Die Analysen betreffen lokale und nationale Anstrengungen, die indes Teilprogramme des transversalen Projektes darstellen, das, wenn es nicht in seiner Gänze verabschiedet wird, auch nicht in Teilen verabschiedet werden kann. Die gerade vom Schweizerischen Bundesrat beschlossene Abgabe auf das »Treibhaus«-Gas Kohlendioxid, das als Hauptverursacher der vermuteten Weltklimaveränderung gilt, erfaßt zwei Tausendstel des Weltausstoßes; ginge der Welt-CO_2-Ausstoß um diese zwei Tausendstel zurück, stiege vermutlich in der gleichen Zeit der weltweite Ausstoß (über internationale Arbeitsteilung und Wachstum) um 10, 20 oder 30 Prozent an. Die Wachstumsdynamik ist unendlich, weil die Steigerung von Handlungsmöglichkeiten zum sogenannten Wohle aller das letztendliche und von allen geteilte Ziel darstellt. Alle Systeme, Wirtschaft, Politik, Kultur und Wissenschaft – bis hinunter zum einzelnen Individuum – verfolgen Wachstums- und Steigerungsziele. Die Differenz zwischen Wirklichkeit und Möglichkeit kann nie und für niemanden vermindert werden, weil das Programm einer Erweiterung der Handlungsmöglichkeiten ein Programm der Differenzvergrößerung darstellt.

Die infinite Erzeugung neuer Möglichkeiten erzeugt *immer neue Differenzen*. Die neuen Differenzen führen zu *immer neuen Ansprüchen*. Immer mehr Möglichkeiten – immer mehr Wünsche. Gewiß, wenn alle Menschen auf den Zehenspitzen stehen, sieht keiner weiter. Aber alle Menschen halten, auf den Zehenspitzen wippend, nach Möglichkeiten Ausschau, über die Zehenspitzen hinaus zu gelangen, und mit Sicherheit verfügen schon einige über Leitern (z. B. für den Abflug in den Cyber- oder Weltraum), nach denen dann alle verlangen. Gewiß impliziert der wachsende Zeitaufwand (einer der Gründe, die Fred Hirsch anführt), der für den Konsum benötigt wird, eine automatische Selbstbegrenzung des Konsums. Aber wie schon Staffan B. Linder in *The Harried Leisure Class* feststellt (1971), führt dieser wachsende Aufwand zu einem zunehmenden Druck, Tätigkeiten nicht sukzessive, sondern synchron durchzuführen. »Der moderne Mann trinkt nach dem Abendessen brasilianischen Kaffee, raucht dazu eine holländische Zigarre, nippt an einem französischen Cognac, liest die *New York Times*, hört sich das Brandenburgische Konzert an und unterhält seine schwedische Frau – alles zur gleichen Zeit« (S. 115 f.).

Bis diese komfortable Situation erreicht ist, sind ganz andere

Anstrengungen notwendig, als sich auf die Zehenspitzen zu stellen. Aber jedermann und jede Frau unternimmt diese Anstrengungen vielleicht nicht für die holländische Zigarre und den französichen Cognac, sondern für den Bio-Kaffee aus Mexiko und den Aj Quen, den handgewobenen Rucksack aus Guatemala. Denn das Entscheidende am Projekt der Moderne ist seine Transversalität und Universalität, es erfaßt und versengt alle Lebensbereiche und alle Seinsebenen, daß selbst, wie anfangs aufgeführt, die Suche nach Erklärungen für diese Sachlage dem gleichen Verlangen und Begehren folgt, dem Verlangen nach Mehr, nach Differenzierung, nach Steigerung, nach Performanz. Die Kluft zwischen Möglichem und Wirklichem ist infolgedessen nicht nur ein Abgrund zwischen Kontinenten und zwischen Erdteilen, nicht nur eine Kluft zwischen gesellschaftlichen Lagen und Gruppen, sondern ein Abgrund in uns. Der Abgrund ist internalisiert, in jeden einzelnen von uns hineingerutscht und löst dort eine Drift aus dem Kopf zu den Füßen. Mag sein, daß man irgendwann das zu lernen hat, was man nie lernen mußte, nämlich fertig zu werden mit dem unüberbrückbaren Hiatus zwischen Wirklichem und Möglichem. Aber selbst das will man gut lernen, selbst darin will man sich verbessern! Auch die Kinder haben, so die übereinstimmende Meinung, mehr Wünsche als je zuvor. Die Kinder sind die Entwicklungsländer des Marketings. Immer jüngere Käuferschichten werden, wie es so schön heißt, mit der Werbung erschlossen, »früh um halb sieben feuern die Privatsender ihre erste Salve ab« (Spiegel, 50 [1993], S. 81). Bei den Kindern kann man sehen, was man bei sich, wenn es über Nutella, Kellogg's und Barbies für die Kinder hinausgeht, nicht und ungern sieht. Für die Anerkennung in der Clique tun nicht nur die Kids fast alles! Kinder sind noch in einer bewunderswerten Art und Weise bedürfnislos und mit sich selbst beschäftigt, wenn die Konsumwelt, die ihnen aufgeblendet wird, sie nicht früher oder später antreiben würde.

Das noch nicht Gewordene, das noch nicht Mögliche treibt nicht nur die Kindheit, sondern die Menschheit *an* und *voran*. Das Voruns ist keineswegs mehr, wie bei Ernst Bloch (1959), unerhellte Dämmerung, unerforschte Weltstelle, blindes Novum. Bloch schreibt: »Entscheidend bleibt: das Licht, in dessen Schein das prozeßhaft-unabgeschlossene Totum abgebildet und befördert wird, heißt docta spes, dialektisch-materialistisch begriffene Hoffnung« (S. 8). Dialektisch-materialistisch begriffene Hoffnung, genau, das ist es. Auch wenn der Marxismus sich unterdessen selbst erledigt hat, im Bild vom besseren Leben als einem gesteigerten Leben, vielleicht nicht im Nebeneinander von brasilianischem Kaffee und französischem Cognac, sondern im Nebeneinander von französischen Postmodernisten und deutschen Apokalyptikern, im Mix von barocker Leidensmystik, blumengeschmückten Wagenrädern und mit Öl eingefärbten Tränen aus Weidenholz von Josef Felix Müller. Das Bild vom besseren Leben als Steigerung in jeder Beziehung, Maximierung der sozialen Verantwortung, Steigerung des sozialen Miteinanders und Steigerung der Teilhabe an demokratischen Rechten, Steigerung des Wissens, Denkens, Fühlens, Erlebens, Erfahrens und Selbsterfahrens, dieses Bild setzt die Menschen in Bewegung.

Drift

Drift wird eine Meeresströmung genannt. Die Bewegung des Oberflächenwassers, vom Wind hervorgerufen, wird durch innere Reibung auf tiefere Schichten übertragen. Die tieferen Schichten geraten in Bewegung und rufen wiederum Unruhe an der Oberfläche hervor. Voraussetzung der Drift ist die Möglichkeit der Reibung. Wird die Differenz zwischen oben und unten, das heißt zwischen Denken und Tun, zwischen Denkmöglichem und Realisierungswirklichem, als eine ontologische angesetzt, als eine Zwei-Reiche-Lehre, kommt keine Drift zustande. Camporesis zerlumpte und ausgehungerte Massen versuchten, ihren harten Lebensbedingungen durch Kopfwelten zu begegnen, durch die Flucht in künstliche Paradiese, überspannte Träume, Trancezustände und Delirien (1990). Die großen Weltreligionen haben die Differenzerfahrung nicht löschen können, aber in eine die Realisierungswut entschärfende und dämpfende *Zwei-Reiche-Lehre* umgeformt. Die ausgebeuteten Massen der frühen Industrialisierung verlangten nach Verheißungen, nach Einbildungen, nach Vorstellungen, die nichts Wirkliches vorstellten, so Karl Marx. Freuds Gesellschaft überlebt durch Triebverzicht, durch die Sublimierung des Begehrens in den schönen Künsten, in der Ästhetik, in der Kultur, im Traum.

Aus dieser üblichen und solange gültigen Welt- und Menschenbetrachtung hat die Moderne befreit. Oben und unten reiben sich, geraten aneinander. Das Mögliche erscheint als Mögliches in der Wirklichkeit. Zuweilen übertrifft das Wirkliche das Denkmögliche, wenn man von unerhörten technischen Fortschritten oder von gräßlichen Schandtaten hört. Nicht unsere Phantasien und Erwartungen, sondern die Realität übertrifft alles, was Science fiction einst, »das Unheimliche evozierend, zu suggerieren vermochte« (Meyer 1993, S. 219). Wirklichkeit und Möglichkeit werden kurzgeschlossen. Der Himmel fällt auf die Erde, die Hölle erscheint nun unter dem Titel »Unglücksfälle und Verbrechen«. Die dualistische Ontologie samt ihren Lösungen und Möglichkeiten stürzt aus der Vertikalen in die *Horizontale*. Wenn in der bisherigen Menschheitsgeschichte die Kultur ihr energetisches Potential nachgerade aus der Unterdrückung der Triebwünsche durch die Gesellschaft bezogen hat, so bezieht heute umgekehrt die Wirklichkeit allüberall, von Kolumbien, wo mehr Menschen jährlich ermordet werden, als an Krebs- und Herzerkrankungen sterben, bis Kenia, wo die Hälfte der Bevölkerung aidsinfiziert ist, ihre Kraft aus den rund um die Erde telematisch aufgeblendeten möglichen Wirklichkeiten und den diese verkörpernden Figuren: dem Mailänder Fabrikdirektor, der New Yorkerin im Dreißigtausend-Dollar-Pelz, dem dinierenden Yachtbesitzer.

Differenz und Überwindung der Differenz, auch zwischen Denken und Tun, sind die zentralen Stellgrößen, welche zur Drift führen, nicht die postmodern favorisierte Indifferenz. Nicht die Pluralität und die Zustimmung zu ihr, sondern die Differenz und deren Ablehnung lösen die Drift aus, die Drift zwischen den Kontinenten und die Drift *in uns*. Das hierarchische Verhältnis, das zwischen Gott und der Welt geherrscht hat, und darüber Gottes Stellvertreter, der in die Welt gerutscht ist, ist in die Menschen selber hineingerutscht, das ist der epochale Vorgang. Alle tragen den Gott der Verheißungen und seine Gebote in sich. Gott ist gewissermaßen in die Welt und der Mehr-Gott *unter die Räuber* gefallen, die nun alle Teile von ihm zu erhaschen versuchen. Auch im Raum der Stimmen verlieren sich die Einzelstimmen. Sie verschwinden, verdunsten; etwas Wahres ist daran nicht nur für den Autor, sondern für jedermann, es ist ein Rauschen und Rascheln, nicht nur für den hilfesuchenden Textwissenschaftler. Alle miteinander rauschenden und summenden Texte sind Differenzbildungen, deren leichte Abweichungen voneinander zu jenen Schwingungen und Vibrationen führen, die wir dann als Rauschen wahrnehmen. Die Texte legen Differenzen aus, bezeichnen Abstände zwischen Wirklichem und Möglichen, bilden ein Netzwerk von Sondierbohrungen. Das Versprechen der Überbrückung ist der ausgelegte Köder. In ihrem Buch *Only Words* (1993) stellt die Feministin Catharina MacKinnon das Recht, alles zu sagen, ausgerechnet mit der Behauptung in Frage, es zu sagen heiße, es zu tun!

Weil alle die Differenz in sich tragen und im Erleben und Wahrnehmen andauernd bestätigen, kommt es zu dieser Drift in uns selber. Das Gedachte, Gewünschte, Phantasierte ruft *Unruhe* hervor. Die im Kopf, im Erleben und Wahrnehmen auf uns einströmenden Bilder werden andauernd umgeformt in Möglichkeiten, und zwar in für jedermann erreichbare Möglichkeiten. Für fünfzehnhundert Franken fliegt man zehn Tage nach Kenia, für neunhundertfünfundneunzig nach New York. In wenigen Stunden läßt sich Saint Tropez erreichen, im ehemaligen Osten sind alle Türen offen. Der Fernseher quillt über von Marschbefehlen, überall heißt es »Do it«, alle nehmen einander beim Wort. Die ungeheure Bewegung, die Unruhe, die wir überall sehen und erfahren, der Realisierungs- und Zeitdruck, der überall spürbar ist, verbirgt sich dahinter nicht diese Drift?

Rainald Goetz, ein sogenannter Kultautor, hat 1983 am Klagenfurter-Literatur-Wettbewerb Aufsehen erregt, wie er sich beim Lesen seines *Unverdichtet Blut-Bad* die Stirne aufschnitt. Beim Lesen der Sätze: »Ich schneide ein Loch in meinen Kopf, in die Stirne schneide ich das Loch. Mit meinem Blut soll mir mein Hirn auslaufen« griff er zur Rasierklinge (1986, S. 20). Das Blut tropfte in das aufgeschlagene Buch. Goetz demonstrierte die Differenz und die Lösung der Differenz. Goetz führt gegen die medienvermittelte Multioptionsgesellschaft, in der man alles im Kopf und auf dem Papier darf, seine Existenz mit einer Rasierklinge ins Spiel. Die vergoldeten Rasierklingen, die den Hals gutaussehendwollender Männer zieren, spielen auf die Differenz und auf die Lösung an. In seinem letzten Buch demonstriert Safranski (1990) an Nietzsches Denken die Übergänge von gedachten zu gelebten Wahrheiten. Während Nietzsche imaginäre Vernichtungsfeldzüge gegen imaginäre Feinde veranstaltet, läßt sein Leser Adolf Hitler den Worten Taten folgen. Er führt konsequent das Denkbare ins Leben über. Mittels seiner Vollmachten kann er großflächig inszenieren, was er an Abgründen sich ausgedacht hat. Die Ära Hitler inszenierte die Ästhetik des Schreckens und des Bösen in der Wirklichkeit. Was heute noch in den opernhaft inszenierten Dritte-Reich-Filmen von Viscontis *Die Verdammten* bis zu *Cabaret* und *Madame Kitty* eine gewisse Faszination auslöst, die große Geste, das Pathos, der Zusammenbruch, der Tod und die Zerstörung, ist schreckliche und beklemmende Realität für Millionen geworden.

Seit alle Wohnungen und Hütten über bewegte Bilder verfügen, sind die Simulations- und die wirklichen Welten nicht nur in den Köpfen von Kindern ineinander verkeilt. Kürzlich war ein Bericht über die Kinderbanden in den südamerikanischen Großstadtdschungeln zu lesen. Die Differenz zwischen Kriegs- und Videospielen auf dem Computer und dem realen Bandenkrieg mit Toten ist nicht mehr existent, Spiel und blutiger Ernst verschwimmen. Fernsehen hat unseren Alltag im Sinne des Fernsehens verändert. Zumindest fungieren die telematischen Welten in ihrer beliebigen Abrufbarkeit und in ihren Versprechungen als Schrittmacher des Umgangs mit der Wirklichkeit. Von der Karibik bis nach Kasachstan sagen die Satellitenschüsseln die Träume anderer Welten an und tragen sie ins Wohnzimmer oder in die Schlafhöhlen. Das Fernsehen wurde in den 50er Jahren hochgemut als »Leselampe für das Volk«, als eine Art »Bildungstheater« verstanden. Wenn heute die schädlichen Auswirkungen im Vordergrund stehen, weil die telematischen Wirklichkeiten ganze Lebensabschnitte verschwinden lassen (Postman 1983) und Kultur und Politik ins Sirupfaß seichten Entertainments tauchen, dann wird in höchst selbstverständlicher Weise davon ausgegangen, daß Erlebniswelten und Realwelten aufeinander bezogen sind. »Las Vegas mit seiner zehn Meter hohen Papp-Attrappe eines Spielautomaten und eines Chorus-Girls ist das Wahrzeichen einer Kultur geworden«, schreibt Neil Postman, »in welcher der gesamte öffentliche Diskurs immer mehr die Formen des Entertainments annimmt« (1985, S. 12). Gegenüber den derzeit in unsere Wirklichkeiten einbrechenden virtuellen Realitäten, die mittels Multimedia-Technologien, Bilddatenbanken und neuartiger Schnittstellen »Cyber-Spaces« erzeugen, in denen alle Erlebnisse und Erfahrungen synthetisiert werden, nehmen sich Papp-Attrappen und Neonlichter liebenswert nostalgisch aus. Erst die Projizierung dieser Differenz in die Wirklichkeit, in die Welt, die wir erleben und in der wir leben, läßt die Differenz als eine überschreitbare erscheinen.

Die Differenz ist als Differenzminderungsprogramm in jeden einzelnen *hineingerutscht*. Erst mit dieser Umformulierung beginnt die Ausmalung und Formulierung der Möglichkeit. Die Neugierde wird befreit, der Wissensdurst wächst. Das Sein, das Unendliche, Gott und der Teufel, die Erkenntnis selbst – alles gerät in den Schmelzofen der Moderne. Endlos werden neue Welten erschlossen. Der Durst nach Kenntnissen und Erlebnissen ist unstillbar. Mit dem Übergang vom geozentrischen zum heliozentrischen Weltbild erweiterte sich paradoxerweise der Raum, mit der Abkoppelung vom Himmel und der Selbsteinbindung in den Evolutionsprozeß der Natur explodierte die naturwissenschaftliche Begierde. Die aufklärerische Entsperrung des Kopfes öffnete ein Mentaluniversum, einen Freiraum der Kognition, dessen sensuale Nutzung keinerlei Grenzen kennt.

Um dieser selbstverständlich gewordenen Befreiung ansichtig zu werden, braucht man sich nur die sporadischen Versuche, in irgendeinem Winkel der Welt das Mentaluniversum zu schließen oder zumindest seine Objektivationen zu limitieren und zu kontrollieren, zu vergegenwärtigen. Die weltweite Entrüstung bezüglich Rushdies *Satanischen Versen* setzt die Beliebigkeit des Weltverständnisses und die Beliebigkeit, der Beliebigkeit Ausdruck zu geben, voraus. Was in Bern, Zürich und anderen Städten im Zeichen des *Bildersturms* im ersten Viertel des 16. Jahrhunderts vorgefallen ist, würden wir heutzutage als gröbsten Vandalismus verurteilen. Der Kunst wurde insbesondere im Einflußgebiet von Zwingli unermeßlicher Schaden zugefügt. In einer zu Bern am Tage der Zerstörung der Altarbilder im Januar 1529 gehaltenen Predigt ruft Zwingli: »Da liegen die Altäre und Götzen im Tempel; es muß der Koth und Wust – das Götzennarrenwerk – hinaus; jetzt sieht man, daß diese Götzen nichts Heiliges an sich haben, sondern tetschen und bochslen, wie anderes Holz und Stein. Hier liegt einer, dem ist das Haupt ab, dem andern ein Arm; hätten sie Gewalt gehabt, so hätte niemand sie entwegen, noch weniger enthaupten oder lähmen mögen« (Erörterung 1840, S. 80f.). Heute stehen die religiösen Figuren und Bilder entschärft in den Museen und Auktionshäusern, ja die Kirchen sind selber Museen geworden. Sie werden überwiegend von Touristen und Kunstbeflissenen besucht und die wenigen Gläubigen, die sich noch zu einem Gottesdienst zusammenscharen, mutieren selber zu mumifizierten Bestandteilen.

Schrankenlosigkeit

Der aus der Drift herrührende Realisierungsdruck ist *schrankenlos*. Man hat das 20. Jahrhundert als das Jahrhundert des systematischen Autoritätsmißbrauchs und des schleichenden Autoritätsverfalls beschrieben. Der Journalist nennt das, was sein Gegenüber, ein hoher Militär, sagt, vor dem eine Stunde früher noch die Soldaten herumgekrochen sind, dummes Zeug. Die Professoren müssen sich vor ihren Studenten, die in eigenen Zeitungen die Dummheiten ihrer Professoren öffentlich machen, in acht nehmen. Die letzten Dynastien in Europa sind, mit nationalen Unterschieden, die Primeurs für die Frauenzeitschriften. Bischof Haas wird in einem Leserbrief als dickes, süßes Kind, Heinrich Böll im Fernsehen als schlaubergerisches Schwein betitelt. Die Eltern rufen Gendarmen zu Hilfe, die Gendarmen die Psychologen. Stände, Klassen und Schichten schmelzen weg, lösen sich auf, obwohl die Verteilungsrelationen sozialer Ungleichheit relativ konstant geblieben sind, ja sich teilweise, betrachtet man etwa die Einkommens- und Vermögensunterschiede, sogar verschärft haben.

Der entscheidende Unterschied zur Ständegesellschaft besteht indes darin, daß die moderne Gesellschaft jeden Stand jedem erlaubt. Der Paria ist die Ausgangs-, der Parvenu die Durchgangsfigur (vgl. Bauman 1994b). Die Unterschiede an Vermögen, an Reichtum oder an Wissen und Verfügungsmacht mögen in unserer Gesellschaft noch so groß sein – sie sind nie *unheilbar* groß. Bei aller soziologischen Abschwächung der individuellen Selbstbestimmung fordert uns die Moderne auf, zu versuchen, etwas zu unternehmen. Die Aufklärung ist eine Programmatik des Do-it-yourself, des selbstverantwortlichen Do-it-yourself! Die Aufklärung stürzt Gott, entläßt die Hirten und Anwälte der Gestrauchelten, läßt die Himmelsleiter auf die Erde fallen, fordert die Menschen auf, sich ihrer zu bedienen. Der gefährliche Sprengstoff, die Explosivkraft des Ressentiments, des Neides wird gleichsam nach innen gelenkt. Nietzsche schreibt in der *Genealogie der Moral*, daß es das eigentliche Kunststück des asketischen Priesters gewesen sei, diesen Sprengstoff »so zu entladen, daß er nicht die Herde und den Hirten zersprengt« (o. J., S. 344). An allem ist jemand schuld; der asketische Priester sagt: »Recht so, mein Schaf! Irgendwer muß daran schuld sein: aber du selbst bist dieser irgendwer, du bist selbst daran allein schuld ...« (ebd., S. 345).

Es gibt keine Trostmittel, die außerhalb der Welt liegen. Der gnadenlose Zustand, von dem Max Weber angesichts der christlichen Prädestinationslehre spricht, besagt, daß Gott in einem unerforschlichen Ratschluß einen Teil der Menschheit von Anbeginn der Welt an seiner Gnade teilhaftig werden ließ, den anderen Teil aber der ewigen Verdammnis überantwortete. Der Zustand der Gnadenlosigkeit ist heute potenziert. Jeder ist selber schuld, es gibt keine persönliche Prädetermination, noch gibt es eine zweite Chance in einem anderen Leben, alles Tun ist *endgültig*. Die Hierarchie, die sich damit in allen Lebensbereichen installiert, hat weder eine göttliche noch eine naturrechtliche Rechtfertigung. Selbst Königshäuser lassen sich stürzen oder abschaffen, Adelstitel kaufen. Die neue Hierarchie wird als das Ergebnis persönlicher Anstrengung und Leistung gerechtfertigt. Das ist die allgegenwärtige Weltansicht. Kein unabänderliches Schicksal, keine festen Plätze in der Gesellschaft, keine überirdisch zugewiesenen Lebenswege! Jede Position in der Gesellschaft ist durch Anstrengung und Leistung erwerbbar, die Gesellschaft ist eine Art gewaltige *Zirkuskuppel* mit einem Geflecht von Leitern, die das Vor- und Aufwärtskommen ermöglichen. Und jeder einzelne versucht an einer der Sprossenleitern Griff und Tritt zu fassen und sie zu erklimmen.

Die Ausdifferenzierung der Gesellschaft in gesellschaftliche Bereiche und Sphären ermöglicht es, eigene Wege zu suchen und einzuschlagen. Je ausdifferenzierter die Gesellschaft, je breiter die angebotenen Lebenswege und je individueller diese zusammengestellt werden können, desto weniger Konflikte werden auftreten. Wenn jeder selig werden will und muß, aber jeder nach seiner Fasson selig werden kann, zerfließt die Explosionskraft des Ressentiments und zerfällt der Sprengstoff in *Miniportionen*. Die Diffusion der Lebenswege, Lebensphasen und Lebensziele in der modernen Gesellschaft, die Entfaltung von Höchstleistungen in allen, auch höchst obskuren Bereichen der Gesellschaft läßt allen für individuelle Differenzminderungen Platz. Zur Überbietung an Gutem tritt die *Überbietung an Schlechtem*. Zur Überbietung an politischer Artigkeit tritt die Überbietung an *politischer Unkorrektheit*. Zu den Weltrekorden an Höhen treten jene an *Tiefen*, im Guinnessbuch der Rekorde werden bald die schauerlichsten Schandtaten und die ertragreichsten Amokläufe aufgeführt. Heute (10. 5. 1994) in der Tageszeitung: der 32jährige Domenico Cuomo gesteht 90 Morde! Auf der gleichen Seite: Der 33fache Mörder John Wayne Gacy, nach Verzehren seiner gewünschten Henkersmahlzeit (Poulet, Pommes frites und Erdbeeren zum Dessert) hingerichtet! Gerade daß jeder seine Sprossenleiter, seine Wünsche, seine Ansicht von Performanz haben kann, führt in diese Situation. Der individuelle Glaube an die besondere Wichtigkeit des selbstgewählten Weges hat den gleichen Effekt. Glücklicherweise nehmen die wenigsten der Erfolgreichen zur Kenntnis, daß ihre Erfolge für die meisten anderen gar keine Erfolge sind. An den Bildern des weltberühmten Malers läuft die Großzahl der Menschen achtlos vorbei, van Goghs Sonnenblumen haben schon die Schulkinder gelangweilt. Wenn man sich einmal die absolute Indifferenz des Fischers gegenüber dem Briefmarkensammler und des Briefmarkensammlers gegenüber dem Lehrstuhlinhaber vorstellt, dann versteht sich, daß Thomas Mann den Schlafwagenkellner nicht unerwähnt lassen konnte, der ihn erkannte (vgl. dazu Gernhard 1988).

Aber das ändert nichts daran, daß es eine neue gleiche Hierarchie gibt, eine Differenz, einen Abgrund zwischen Wirklichkeit und Möglichkeit, zwischen dem, was man ist, und dem, was man zu sein wünscht. Während der längsten Zeit der Menschheitsgeschichte blieben Träume Träume, wurden Möglichkeiten und Seligkeiten ausgelagert in ein Jenseits, in einen Himmel; die Welt war nun einmal so wie sie war, und das eigene Schicksal lag in der Hand anderer. Die neue Hierarchie *steckt* in den Köpfen und *setzt* die Hände und Füße *in Bewegung*. Die Phantasie driftet. Das traditionelle, seßhafte Denken wird von jenen fließenden Begierdeströmen weggespült, von denen Deleuze und Guattari (1976) in der Nachfolge Nietzsches sprechen. Es gilt das Gedachte, Erwünschte, Phantasierte zu realisieren. Es gibt keinen Selektionsdruck, bestimmte Pfade zu bevorzugen: jeder hat seinen eigenen Weg zu gehen. Auch das gehört zur Idee der Individualität. Aber es herrscht Realisierungsdruck. Die Maxime des ermordeten Bankiers Herrhausen, eine Art hypothetischer Imperativ, lautete, daß man sagen müsse, was man denke, und tun, was man sage, und sein, was man tue. Dieser geforderte Einklang zwischen Wort und Tat, zwischen Kopf und Hand, der ihn in Gestalt eines ebenfalls so denkenden RAF-Kommandos selbst getroffen hat, sie findet ungeteilte Zustimmung.

Repetitive Unendlichkeit

Kontinente sollen auf das Niveau der hochindustrialisierten Länder, Regionen auf das Niveau höchstentwickelter Regionen, Provinzstädte auf das Niveau der Hauptstädte, Gruppen auf die Höhe anderer Gruppen, Individuen auf die Höhe anderer Individuen gehievt werden. Das Programm zwingt alle Nationen, Länder, Regionen, Städte, Gemeinden, Gruppen und Individuen, sich dieses Programm zu eigen zu machen, wenn sie nicht zugrunde gehen wollen! Die Gesellschaft steht von der Weltgesellschaft bis hinunter zur kleinsten Dorfgemeinde und dem Bewohner der hintersten Urwaldhütte unter Realisierungsdruck. Die transportierten Erwartungen lösen eine weltweite Drift aus, eine Tiefenströmung, die tagtäglich an den Immigrationsbewegungen anschaulich wird; an den Mexikanern und Kubanern, die im Grenzland der USA von Patrouillen abgefangen werden, an den Albanern, die zu Tausenden nach Bari übersetzen und, zusammengepfercht in Fußballstadien, jene, welche gelockt haben, ohne mit dem Kommen der Gelockten zu rechnen, mit Steinen bewerfen, weil sie auf ihre Erwartungen nicht einmal eintreten wollen. Und was den Hungrigen nie zu vermitteln ist: gar nicht erfüllen können! Wenn die Albaner in Italien seßhaft geworden sind, die Kubaner die Aufenthaltserlaubnis in den Vereinigten Staaten bekommen haben, *beginnt alles von vorne*. Wird damit der Fortschritt *sinnlos*?

Augustinus rüttelte vor mehr als tausend Jahren an der Himmelsleiter und versuchte, sie in die Horizontale zu senken. Die evolutionär so folgenreiche Differenz zwischen Wirklichem und Möglichem wird von einem unüberwindlichen zu einem überbrückbaren Umstand. Die Differenz wird innerweltlich ausgelegt und reformuliert. Der Abgrund zwischen Himmel und Erde wird zum Abgrund zwischen Noch und Noch-Nicht. Die Welt ist, so Ernst Bloch, Anlage »zu etwas, Tendenz auf etwas, Latenz auf etwas« (1959, S. 17). Die Welt ist nicht mehr eine Art Absprunganlage in den Himmel, eine »Himmelsschanze«, wie wir den lafettenartig konstruierten Kirchturm von Effretikon benannten. Die Abgründe sind verweltlicht und überall rüsten sich die Menschen, sie zu überspringen. Sergej Bubka verbesserte sechsunddreißigmal (das war vor zwei Monaten) den Stabhochsprungweltrekord. Er hat sich selber die Latte immer höher legen lassen. Er trainiert, um sich noch höher zu katapultieren. Weltweit kämpfen

Zehntausende von Athleten um Millimeter und Sekunden. *Nie* ist ein Ende abzusehen. Die gewaltige Energie, die die Menschen nicht nur im Sport zu immer neuen Höchstleistungen ansportnt, ist eine Folge der Verweltlichung der Differenz. Welt steht gegen Welt, Weltliches gegen Weltliches. Es gibt keine Kämpfe mehr zwischen Johannes und dem Teufel, zwischen Antonius und seinen höllischen Verführern.

Die Verweltlichung der Differenz stachelt aber nicht nur die Sportler an. Sie füllt die Warenhäuser mit Waren und Menschen, die Weiterbildungskurse mit Hörern, das putscht die Menschen auf und schreit nach mehr, nach mehr Wissen, mehr Geld, mehr Liebe, mehr Ruhe, mehr Mehr. Es führt an den verschiedensten Weltorten zu parallelen Ereignissen, zu Herzverpflanzungen in Portland, zur Steigerung des Verkaufs automatischer Gewehre in New York, zum Raubmord im Tessin, zur Vergewaltigung in Beinwil, zum Absturz einer Zweierseilschaft am Doldenhorn, zum Rückreisestau am Brenner, zur Erschießung eines Geiselnehmers in New York, zur Blockierung der französischen Hochgeschwindigkeitszüge, zu den erhöhten Ozonwerten – um die Ausbeute einer einzigen Seite einer Tageszeitung zu zitieren (*Neue Zürcher Zeitung*, 19. August 1991, S. 5). Ein morphogenetisches Feld im Bereich des Geistes braucht nicht umständlich nachgewiesen zu werden, der Nachweis geschieht täglich, stündlich, sekündlich, weltweit, überall.

Aber der Sport kommt nicht zur Ruhe, die Herzverpflanzungen werden perfektioniert, die Warenhäuser werden automatisiert – es gibt kein Halten. Schon hüpfen Känguruhs mit Herzschrittmachern durch den Zoo von San Francisco. Steigerungs- und Teilhabeprogramm selber werden – ursprünglich Mittel, um die Vernunft Wirklichkeit werden zu lassen – zu Zielen. Das Dreipunkteprogramm der Moderne, wie wir es formuliert haben, nämlich die Steigerung der Handlungsmöglichkeiten, die Steigerung der Teilhabe an den Handlungsmöglichkeiten und die Garantierung minimaler Teilhabe an den eröffneten Handlungsmöglichkeiten, ist letztlich ein leerer Infinitismus, der Steigerungsimperativ eine substanzlose und gerade darum überall sinnsubstituierende Mehrformel. Alles läßt sich rechtfertigen im Namen eines Mehr und Besser. *Mehr und besser ist mehr und besser.* In seinen Lebensbereichen findet so der Mensch keine Gravitationszentren seines Strebens, sondern nur mehr Steigerungsetappen vor. *Er ist ewiger Jude, ohne daß er von seiner Unerlöstheit weiß*. An die Stelle des Endlichen tritt also das Unendliche. Aber nicht das Unendliche als Unendlichkeit außerhalb des Menschen und der Menschenwelt. »Pondus meum« nennt Augustinus Gott, »mein Gewicht«: »Unruhig ist meine Seele, bis sie ruhet in Dir, o Gott« (zit. in Spaemann, Löw 1981, S. 83). Die Entzauberung hat auch die göttliche Unendlichkeit entzaubert. Auf die Erde geholt, ist sie, anstatt eines Hortes der Ruhe, ein Stachel der Unruhe.

In der Auseinandersetzung mit Tolstoi hat Max Weber das Sinnlose einer säkularisierten Unendlichkeit auf seine Weise angesprochen. Tolstoi hat sich immer wieder mit der Frage befaßt, ob der Tod eine sinnvolle Erscheinung sei oder nicht. Er verneint, daß vor allem der Mensch höherer Bildung der Angst vor dem Tod unterliege. Der einfache Mann, so Tolstoi, »stirbt ruhig ... Seine Religion ist die Natur, mit der er gelebt hat. Er fällte Bäume, säte Roggen, mähte ihn, er schlachtete Hammel, Hammel wurden bei ihm geboren und Kinder kamen bei ihm zur Welt, Greise starben, und er kennt dieses Gesetz, von dem er sich nie abgewendet hat... genau und hat ihm direkt und einfach ins Auge geschaut« (Tolstoj, zit. in Weber 1992, S. 87). Das kann freilich nur der Ausgangspunkt sein. Auch der Metzger der Jetztzeit schlachtet seine Hammel, manchmal, in den modernen Schlachtanlagen, sogar Hunderte an einem Tag und hat allen ruhig ins Auge geschaut. Deswegen stirbt er nicht einfacher.

Der Mensch höherer Bildung steht für den diesseitigkeitsorientierten Menschen, der nicht mehr mit den Naturgewalten verbunden ist. Er hat Angst vor dem Tode, weil – so Max Weber – das einzelne in den Fortschritt, in die Unendlichkeit des Fortschrittes hineingestellte Leben seinem eigenen immanenten Sinn nach kein Ende haben dürfte: Denn es liegt ja immer noch ein weiterer Fortschritt vor dem, der darin steht; niemand stirbt, steht auf der Höhe, die in der Unendlichkeit liegt. Abraham oder irgendein Bauer der alten Zeit starb »alt und lebensgesättigt« (ebd., S. 87). Ein Kulturmensch kann nur lebensmüde werden, denn »er erhascht von dem, was das Leben des Geistes stets gebiert, ja nur den winzigsten Teil, und immer nur etwas Vorläufiges, nichts Endgültiges, und deshalb ist der Tod für ihn eine sinnlose Begebenheit« (ebd.). Eben das gilt heute für jedermann. Wie kann irgend jemand lebensgesättigt sein, wenn er sich all die Möglichkeiten, die er verpaßt hat und noch verpassen wird, ins Gedächtnis ruft? Gerade wenn man älter wird, hat man Zeit dazu. Gerade alte Menschen hängen so sehr am Leben, weil sie, zwar nicht mehr in olympischen Disziplinen, aber z. B. im Erleben, im Lesen, im Fernsehen an den gesellschaftlich eröffneten Möglichkeiten gesteigert teilhaben wollen.

Weber hat, in seinem Vortrag *Wissenschaft als Beruf*, die Wissenschaft, hineingestellt in einen unendlichen Fortschritt, auf ihre Sinnhaftigkeit befragt. Der Sinn des wissenschaftlichen Fortschrittes als Weg zur Wahrheit ist, seiner Meinung nach, versunken. Sie gibt keine Antworten auf die Fragen: »Was sollen wir tun? Wie sollen wir leben?« (Ebd., S. 93) Dafür sind Moses und die Propheten zuständig. Man fragt modernerweise nicht mehr danach, ob die Resultate der Wissenschaft wahr, sondern ob sie passend sind. Die Wissenschaft hat aus sich heraus keinen Sinn. Man kann sie bejahen, sich für sie entscheiden. Man kann sie fachlich betreiben und in den Dienst der Selbstbestimmung und Erkenntnis stellen. Die moderne Wissenschaft gliedert sich dem unendlichen Steigerungsprojekt der Moderne ein.

Was Weber von der Wissenschaft sagt, gilt wohl mehr als je für alle Lebensbereiche und alle in ihnen verlangten Tätigkeiten. Der Weitsprung steht ebenso im Dienste des unendlichen Fortschritts wie der Automobilbau und die Raumfahrt. Gerade der Raum wächst proportional mit den immer fernere Welten erobernden Teleskopen. Und wer, ohne das Opfer des Intellekts zu bringen, überlegt und rational Moses und die Propheten sucht, um seinen Beruf, seinem Leben einen Sinn zu geben, der sucht, so schon Weber, ein Surrogat in »allerhand Arten des Erlebens, denen ... die Würde mystischen Heiligkeitsbesitzes« zugeschrieben wird (1991, S. 109). Die neuen magisch-mythischen Weltbilder, die heute auf dem Sinnangebotsmarkt konkurrieren, versprechen nicht nur Sinn, sondern Steigerung; Steigerung der Selbsterfahrung, Steigerung des Erlebens, Steigerung des Fühlens, Steigerung des Ertrages, Steigerungen der Lust. Die Götzen, so schon Max Weber, »deren Kult wir heute an allen Straßenecken und in allen Zeitschriften sich breit machen sehen, sind ›Persönlichkeit‹ und das ›Erleben‹. Beide sind eng verbunden: Die Vorstellung herrscht, das letztere mache die erstere aus und gehöre zu ihr. Man quält sich ab zu erleben« (ebd., S. 84). Fügen wir hinzu: Nicht bloß erleben, sondern immer mehr erleben und immer mehr leben, heißt die Devise. In der Erlebnisgesellschaft geht es darum, mehr zu erleben. Die Multioptionsgesellschaft verspricht mehr Erleben *und* mehr Leben.

Der fortschrittsbeseelte Mensch kommt deshalb nie zur Ruhe, geht in allen Belangen immer weiter (»Man geht nie weiter, als wenn man nicht mehr weiß, wohin man geht«, so schon Goethe) – grenzen- und schrankenlos. Die Welt mit ihrer unendlichen Vielfalt, die Natur mit ihrer unendlichen Tiefe und der Kosmos mit seiner unendlichen Weite bieten dem menschlichen Mehr und Weiterwollen ein unerschöpfliches Betätigungsfeld. Aus dem rastlosen und ineinander verschmolzenen Denken und Tun resultieren immer neue Erlebens- und Handlungsmöglichkeiten. Handlungsmöglichkeiten, die die extraterrestrische Expansion oder die virtuellen Realitäten, eine natur- und körperlose Evolution ins Unendliche zu ermöglichen scheinen. Das Unendliche! Die gegebene Welt ist das Profane, das andere, Unbegrenzte, ist in ihr selbst. Das Unendliche ist die neue Stätte auch des Heiligen, Unantastbaren. Das aus den Kirchen und Monstranzen entwichene Heilige kehrt wieder in Gestalt eines substanzlosen (und darum trivialen), keine Grenze findenden (und darum unendlichen), allumfassenden Fortschritts. Deshalb auch die Wucht des Steigerungprogramms und deshalb die Schwierigkeiten, eine ähnlich kraftvolle Gegenformel zu finden.

II. Begrenzungsversuche, Grenzen

Begrenzungsstrategien und Grenzziehungsvorschläge – zuhauf stapeln sie sich in den Regalen. Anstelle eines gesamtwirtschaftlichen Wachstums werden eine umwelt- und sozialverträgliche Gestaltung der Wirtschaft, nachhaltige Entwicklung, qualitatives und selektives Wachstum gefordert. Das magische Dreieck soll zu einem magischen Vier- oder Fünfeck erweitert werden, das die ökologische Problematik miteinbezieht. Mit Verve wird seit den siebziger Jahren auf Grenzen des Wachstums verwiesen, auf ökologische und soziale, auf innere und äußere. Dennoch, *alles wächst* und *alles will wachsen*: Die Hoffnungen, die Handlungsmöglichkeiten, die Hoffnungen, an den gesellschaftlich eröffneten Handlungsmöglichkeiten teilhaben zu können. Dementsprechend häufen sich die Gütermengen, vervielfachen sich die Verkehrsströme, nimmt der Autobestand täglich um 140 000 Fahrzeuge zu. Was wir Wohlstand nennen, wird andauernd und weltweit vordemonstriert. Deshalb lassen sich weder die peruanischen Bauern noch die Albaner, noch die Russen auf Begrenzungsstrategien und Öko-Indikatoren verpflichten. Die Multioptionsgesellschaft wird in alle Welt hinausgetragen und hinausposaunt.

Jeder einzelne hat die Kluft zwischen Nicht und Noch-Nicht *immanent gemacht* und *internalisiert*. Der Realisierungsdruck tobt im Innern. Er läßt sich nicht mehr nach außen ableiten und kanalisieren. Jeder ist aufgefordert, die Kluft zu überbrücken, den Abgrund zu überspringen, den Abstand zwischen der eigenen Wirklichkeit und dem Möglichen zu verringern. Das Fortkommen des einzelnen und das der Nationen hängt daran. Das Fortkommen der Politiker hängt davon ab, daß sie Abgründe gleich welcher Art zwischen dem, was man hat, und dem, was man noch nicht hat, bekanntmachen und sich als Helfer derjenigen anpreisen, deren Teilhabe erstritten und erlitten werden muß. Das gilt für *alle* Lebensbereiche und Seinsebenen, keineswegs – es muß immer wieder betont werden – nur bezüglich der materiellen, der güterlichen Ebene.

Muß es nicht überraschen, wie eindimensional, ja einfältig die Begrenzungsstrategien sind? Gemeint ist keineswegs die unzureichende Berücksichtigung des kompletten Wirkungsgefüges in

Ökosystemen. Diese Asymmetrie der Begrenzungsstrategien beruht darauf, daß sie die *kulturell-soziale Seite* der zivilisatorischen Dynamik *gekappt* haben. Sie sind, wenn man so will, *neo-neomarxistisch*. Der Neomarxismus überkommener Prägung hat den Vulgärmarxismus, für den das Bewußtstein, das Denken, die Weltanschauung auf einen Reflex des Seins der materiellen Basis reduziert worden ist, durch die Betonung der Eigenständigkeit der Ideenwelt zu korrigieren versucht. Der moderne Neo-Neomarxismus korrigiert den Neomarxismus in einen Vulgärmarxismus *zurück*. Er verschließt sich reduktionistisch der Bedeutung der *Ideen- und Vorstellungswelt*. Er negiert die Kraft des Phantasierens und Denkens und bezieht diese in seine Begrenzungsvorschläge nicht ein. Das zeigt sich im hartnäckigen Festhalten an Prozentpunkten des Wirtschaftswachstums, in Geld bewerteten Rohstoff- und Energieverbräuchen, in Schadstoffmengen und Immissionsdaten. Die Trophäen erfolgreicher Begrenzungsvorschläge sind verminderte Zuwächse an Gütern und Schadstoffen.

Aber die Deutungskraft der kulturspezifischen Anschauungen, was ihre Auslegung der Transzendenzerfahrung, das heißt die Formulierung der von allen Menschen erfahrenen Kluft zwischen Wirklichkeit und Möglichkeit betrifft, ist entscheidend für die Seinsweise von Kulturen und Menschen in ihnen. Manche Ökonomen würden besser *Stöhrigs Weltgeschichte der Philosophie* oder *Sofies Welt* (Gaardener 1993) lesen, als den Kulturwissenschaftlern die Ökonometrie als Pflichtfach empfehlen. Die internationalen Wirtschaftsgipfel sollten sich in ihren Grundsätzen für ein nachhaltiges Wachstum vielleicht einmal damit befassen, welche Wertsysteme sich durch noch so dringliche Appelle nicht ändern lassen, weil ein alle Seinsebenen und Lebensbereiche durchdringendes Fortschrittsprogramm in Kraft ist. Wird die Wachstumsdynamik als durchgängiges Steigerungsprojekt begriffen (und die Evidenz dafür ist überwältigend), so müßte eine erfolgsversprechende Strategie dementsprechend in allen Lebensbereichen und auf allen Seinsebenen ansetzen. Die Zivilisationsdynamik müßte in ihrem Kern *aufgeklärt, fixiert* und *angegangen* werden. Denn alles hängt mit allem zusammen. Das hieße, das Verhältnis zwischen Wirklichkeit und Möglichkeit so zu reformulieren, daß die Wirklichkeit nicht mehr und ausschließlich im Lichte von Möglichkeiten gesehen würde. Der *Keil*, den die Moderne zwischen Wirklichkeit und Möglichkeit getrieben hat, müßte gleichsam herangezogen werden. Die gängigen Begrenzungsversuche bewegen sich demgegenüber engstirnig im güterlich-wirtschaftlichen Bereich. Sie sehen nur die materielle Seinsebene. Man versucht, die Füße zu fesseln, das Denken aber entfesselt zu lassen, ja dessen Entfesselung zu fördern. Die Moderne ist eine *Entfesselungskünstlerin*, die sich *aller* Fesseln zu entledigen sucht. Unter diesem Gesichtspunkt sind punktuelle Fesselungsversuche untauglich. Aber auch die Vorstellung einer Knetung und Einschnürung der Phantasie, der Neugierde, des Zukunftsdenkens erscheint – angesichts der diktatorischen Versuche in diesem Jahrhundert, die Denkmöglichkeiten zu verschließen und die Phantasie einzusperren – unstatthaft. Und die prinzipiell vorstellbare Möglichkeit, eine *Mauer* zwischen Wirklichem und Möglichem einzuziehen, um derart die Drift vom Kopf in die Füße zu unterbinden, hat in einer Welt, wo der Slogan Walt Disneys »Was du denken kannst, das kannst du auch tun« in tausend Variationen aufleuchtet und präsent ist, wenig Chancen. Im Durchgang dieser Möglichkeiten drängt sich freilich unmerklich eine Frage auf. Die Frage nämlich, ob sich das Steigerungs- und Optionierungsprogramm der Moderne, gemäß der eigenen, inhärenten Logik, nicht letztendlich selber ergreift und optioniert. Der griechische Königssohn Erysichthon, weil er sich am Heiligen Hain der Demeter vergriffen hat und zur Strafe unersättlich hungrig wird, verzehrt er am Ende sich selber (vgl. Binswanger 1994)? »Minuendo corpus alebat« – ist das das ungewollte Schicksal des Fortschrittprogramms?

Untaugliche Fußangeln

In einem Roman von Pearl S. Buck (1960) ist die chinesische Sitte erwähnt, die Füße der Frauen einzuschnüren. Dieser Brauch hat sich tief eingeprägt im Kinderkopf. Er ist eine präzise Metapher für die zeitgemäße Forderung nach einer Begrenzung des wirklichen Wachstums und die gleichzeitige Verfehlung dieses Zieles, wenn nur die Füße gefesselt werden. Buck schreibt: »Es ist schwer zu erklären, wie eine unheilvolle Sitte, die fast die Hälfte der Bewohner zu Krüppeln macht und dadurch das Elend der verarmten Volksmassen so sehr vermehrt, entstehen konnte« (S. 154). Die Autoren der *Bilder aus dem chinesischen Volksleben* (Dukes, Fielde 1982) haben eine Erklärung: »Die Chinesin kennt kein größeres Unglück, als keine Söhne zu haben; aber das zweitgrößte Unglück wäre jedenfalls, nicht zu sein wie alle andern« (ebd.). Diese Erklärung ist immer eine Erklärung. Sie ist eine Erklärung, die aus einer anthropologischen Verfassung (die Menschen wollen gleich sein) schöpft. Die Umgestaltung des Fußes wird folgendermaßen beschrieben: »Man braucht zu dem Fußbinden keine eisernen oder hölzernen Maschinen, sondern nur lange Streifen von festem elastischem Zeug. Die betreffenden Binden werden auf kleinen Handwebstühlen gewoben; sie sind ungefähr zwei Zoll breit und zehn Fuß lang. Ein Ende des Bands wird an der inneren Seite des Spanns angelegt und von da über die vier kleinen Zehen geführt, dieselben an die Sohle hinunterbiegend; dann geht die Binde unter dem Fuß durch, über den Spann und um die Ferse, zieht Ferse und Zehen näher zusammen, macht auf dem Spann eine Beule und in der Sohle darunter einen tiefen Einschnitt. Man fährt mit dem Umwickeln fort, solange das Band reicht, dessen Ende dann festgenäht wird. Wenigstens einmal monatlich kommen die Füße mit samt den Binden in einen Eimer mit heißem Wasser, in dem sie eine Weile bleiben. Hierauf löst man die Binden, reibt die abgestorbene Haut weg, drückt den Fuß noch mehr in die gewünschte Form, bestreut ihn mit Alaunpulver und macht dann schnell frische Binden herum. Wenn man mit dem Anlegen der neuen Binden zögert, so kommt der Blutumlauf in den Füßen wieder in Gang und das Binden ist von neuem sehr schmerzhaft. Die Schmerzen sind am geringsten, wenn die Füße so fest und so anhaltend gebunden sind, daß sie durch den Druck der Binden wie abgestorben werden. Nicht selten kommt es vor, daß während des Prozesses das Fleisch faul wird und Teile der Sohle sich ablösen. Oft fallen auch ganze Zehen ab. In diesem Fall wird der Fuß noch viel kleiner und durch monatelanges Leiden wird besondere Eleganz erworben. Der Schmerz dauert gewöhnlich ungefähr ein Jahr und nimmt dann allmählich ab. Nach zwei Jahren sind die Füße abgestorben und unempfindlich. Während jenes ersten Jahres schläft das Opfer der Mode nur auf dem Rücken. Die Ärmste liegt stöhnend querüber im Bett und ihre Füße hängen herab, so daß der Rand der Bettstelle die Nerven in der Kniekehle zusammendrückt, wodurch der Schmerz etwas betäubt wird. Selbst bei dem kältesten Wetter kann das Mädchen sich nicht in eine Decke hüllen, denn sobald die Glieder anfangen warm zu werden, wird auch der Schmerz heftiger. Es soll ein Gefühl sein, als würden einem

Nadeln in die Gelenke gestochen. Ein Mädchen kann, solange ihre Füße in Behandlung sind, das Zimmer nicht verlassen. Will sie ein paar Schritte gehen, so legt sie die Knie auf zwei Schemel, so daß die Füße den Boden nicht berühren, und rutscht den Schemel mit den Händen weiter. Wenn der Fuß vollkommen umgestaltet ist, hat er in der Sohle einen Einschnitt so tief, daß man einen Silberdollar darin verstecken kann. Die vier kleinen Zehen sind so verdreht, daß man ihre Spitzen an der Innenseite des Fußes, unterhalb des Knöchels sehen kann. Die gebrochenen und verrenkten Knochen des Mittelfußes sind da, wo der Spann sein sollte, in eine Masse zusammengepreßt. Der ganze Fuß hat die Gestalt eines Hennenkopfes, dessen Schnabel durch die große Zehe gebildet wird. Vom Knie abwärts sieht man fast nur Haut und Knochen. Ohne Binden ist ein solcher Fuß ganz unbrauchbar und er bietet einen so schrecklichen und widerlichen Anblick, daß eine Chinesin freiwillig nicht einmal ihre Leidensgenossen die bloßen Füße sehen läßt. Die Füße werden immer mit Alaun bestreut und eingebunden; aber man hat später kürzere Binden als während der Behandlung. Bei Nacht stecken die Füße in leichten Baumwollschuhen, bei Tag in schönen gestickten Abendschuhen mit farbigem Absatz. Darüber fällt ein zierliches Höschen, das nur die große Zehe vorsehen läßt, diese hat die Form wie das Kelchblatt einer Feldlilie« (ebd., S. 84).

Wie das Kelchblatt einer Feldlilie! Die Lilie – ist sie nicht in unserem Kulturkreis das Symbol der Reinheit? Nur sehr reiche Frauen können sich, liest man weiter, den Luxus ganz kleiner Füße und der dadurch bedingten Hilflosigkeit erlauben. Kleinfüßige Frauen des Mittelstandes können oft bis zu anderthalb Stunden täglich gehen. Bei uns legt eine Serviertochter in einem durchschnittlichen Restaurantbetrieb täglich sechzig Kilometer zurück. Ein Chinese sagt den Autoren: »Die Frauen müssen gebundene Füße haben, sonst wären sie so stark wie die Männer und könnten nicht durch Schläge zum Gehorsam gebracht werden« (ebd.). Fügen wir bei, die Flucht ist ihnen unmöglich! Bei uns sind es unsichtbare Einschnürungen, die die Flucht der Frauen aus der Ehe oder Familie verunmöglichen. Doch davon später. Die Chinesin konnte sich also einerseits den Luxus leisten, hilflos zu sein, weil sie sich nicht selber zu helfen brauchte (im Falle der reichen Frau), andererseits hat die Fußschnürung auch die Flucht aus einer vielleicht völlig unglücklichen Ehe oder Sippe verunmöglicht. Ein weit hergeholtes, aber äußerst treffendes Beispiel für vielerlei Maßnahmen, die in unseren Breitengraden propagiert und getroffen werden, um die Überbrückung des Abgrundes zwischen Hoffnungen, Erwartungen, Wünschen und ihrer Realisierung zu verhindern. Man versucht, mit allerlei Maßnahmen den Leuten die Füße zusammenzuschnüren, sie zu fesseln in ihrem Bewegungsdrang, in ihrer Mobilität, in ihren *Petites Fuges*, wie Yves Yersins schöner Film hieß.

Die üblichen Limitierungsvorstellungen in unserer Gesellschaft sind *Fußschnürungsvorstellungen*. Statt dem einzelnen Fußfesseln anzulegen oder ihm die Füße zu verunstalten, versieht man die Gesellschaft mit Fußangeln, vom Tempolimit bis zum Ökobonus. Ökologische Probleme »... können nur durch die gemeinsamen Anstrengungen von Wissenschaftlern, Technologen, Volkswirtschaftlern, Politikern und Verwaltungsfachleuten gelöst werden«, so John Passmore (1980, S. 247). Was herauskommt, sind Katalysatoren, umweltfreundliche Verpackungen, Biomilch. Empfohlen wird ein *Weniger*. Weniger Konsum, weniger Auto fahren, weniger essen, weniger heizen, weniger duschen, weniger waschen. Es besteht kein Anlaß zu Hoffnung, daß sich grundsätzlich irgend etwas ändern wird, solange in allen Lebensbereichen die Steigerung der Handlungsmöglichkeiten, die Steigerung der Teilhabe an ihnen, die Erhöhung der Flexibilität und Mobilität, kurz Freiheit und Gleichheit als kulturelle Ideale vollumfänglich in Kraft sind. Verbote, Fesseln, alle Arten von Limitierungsunterfangen können, könnte man John Passmore paraphrasierend sagen, nur durch die gemeinsamen Anstrengungen von Füßen und Köpfen gelöst werden. Ist der Kopf entsperrt, ist ihm alles gestattet, so ist das Einschnüren der Füße ein gewaltsames und letztlich untaugliches Mittel.

Ökologischer Vulgärmarxismus

Überall ist von Limitierungen die Rede, in allen Lebensbereichen – aber nicht auf allen Seinsebenen. In einem Brief an Georges Bataille schreibt André Masson: »Ich bin ... sicher, daß alles, was auf dem Marxismus beruht, schäbig sein wird, weil diese Doktrin ausschließlich auf einer falschen Vorstellung vom Menschen beruht. – Für den Marxisten ist der Mensch nichts als eine Funktion.

Alter Knabe, wie kann man nicht begreifen, daß die einzigen Sklaven die Anbeter des materiellen Fortschritts sind ... Sie alle lieben die gleiche Sch...« (in: Mattheus, Mattheus 1991). Die Vorstellung vom Menschen, die von der Aufklärung bis zur offenen Gesellschaft allen freiheitlichen Entwürfen zugrunde liegt, stattet den Menschen mit Geist, Vernunft und dem Willen zur Freiheit aus. Das Menschbild des Marxismus mag schäbig sein, das Menschenbild der bürgerlichen Revolution großartig, sie unterliegen demselben Steigerungsimperativ. Mit dem Untergang des offiziellen Marxismus hat sich dieser heimlich – als Neo-Neomarxismus – bei uns etabliert. Die gesamte Diskussion über Fortschritt, Wohlstand, über die guten und die schlechten Nationen, über die guten und die schlechten Seiten von Nationen, verläßt die materielle Ebene nie.

Aber die Wachstumsprogrammatik macht, wie Thomas H. Macho (1992) schreibt, vor dem Reich des Geistes nicht halt. Tag für Tag werden »mehr Zeilen notiert, Artikel kopiert, Bücher gedruckt«, und Tag für Tag werden die notierten Zeiten dementiert, Artikel korrigiert, Bücher zurückgezogen. Auch im Reich des Geistes will alles alsbald übertroffen werden. Gleichzeitig, das war bereits Thema, ereignet sich eine wachsende Zerstörung, Verschleuderung und Destruktion nicht nur natürlicher Gegebenheiten, sondern auch kultürlicher, selbstverständlicher Traditionen und Obligationen. Das Ozonloch ist eine Metapher für das Sinnloch. In Kuweit wurde nicht nur Öl, sondern auch *Sinn* abgefakkelt und neu definiert. Es ist das gleiche Projekt, welches das Ozonloch aufreißt und den Forscher antreibt, die Entstehung des Ozonlochs zu erforschen. Die wirtschaftliche Dynamik ist ein Ableger einer zivilisatorischen Dynamik. Es besteht in der Substanz *kein Unterschied* zwischen den Weltmeisterschaftslimits, welche die Sportler zu erreichen versuchen, und den Verkaufszahlen, welche die Autoren vor Augen haben. Die materielle und immaterielle Produktions- und Prachtentfaltung, die materielle und immaterielle Differenzierung, die persönliche Stilisierung und Individualisierung, sie alle sind in einer irritierenden Weise Momente des transversalen und universalen Programmes, das wir Projekt der Moderne nennen.

Das neueste Ranking der Weltnationen, Japan auf Platz eins, die Schweiz und die Bundesrepublik auf den Ehrenplätzen, mag schmeicheln. Zentrales Kriterium ist die Konkurrenzfähigkeit, zu ihrer Messung sind fünf Standortfaktoren berücksichtigt worden: Arbeit und Management, Technik, Kapital, Staat und Infrastruktur, Umwelt und das soziale und politische Umfeld (*Wirtschaftswoche*, 2. 8. 1991, S. 34 ff.). Die Studien über Auswirkungen eines Fernbleibens der Schweiz von der Europäischen Gemeinschaft stehen mit dem erstaunten Schweizer vor einem Tisch, auf dem Häufelchen von Geld und Waren hin- und hergeschoben werden. Letztendlich haben die unterschiedlichen Varianten eines Beitritts oder eines Fernbleibens unterschiedlich hohe Geldgewinne oder Geldkosten. Daß nicht wenige aufgrund dieser Einäugigkeit vor ihren Geldhäufchen zu einem Häufchen Elend zusammenschrumpfen, versteht sich von selbst.

Die Lamentos über den Untergang wie auch die allgemeine Katastrophenstimmung und die Diskussionen von Limitierungen sind, auch wenn die Ökologen über eine solche Qualifizierung betrübt sein sollten, im Innersten vulgärmarxistisch. Angefangen bei den »Limits to Growth« der Meadows und aufgehört bei den Greenpeace-Aktionen werden ausnahmslos *materielle* Beschränkungen gefordert: weniger Schadstoffausstoß, weniger Pollutionen, weniger Erdölverbrauch, weniger Verkehr, weniger Produktion. Greenpeace-Aktivisten schwingen sich auf Kamine, stemmen sich dem Lastwagenverkehr entgegen, schleichen sich an Bord von Überseeschiffen, ketten sich an die Tore von Chemiefabriken. Die Aktionen sind spektakulär, aber ziemlich folgenlos. Mit allen möglichen Stoffen soll man haushalten, mit der Luft, mit dem Wasser, mit der Energie. Weniger Auto fahren, weniger heizen, weniger essen – die Medien überbieten sich in Vorschlägen zur Diät. Man muß sich nun einmal vorstellen, die Selbstbeschränkung würde nicht »unter der Gürtellinie«, sondern im Kopf propagiert. Limitierungsvorschläge würden nicht das Essen und das Trinken, sondern das Lesen und Sehen, möglicherweise sogar das Denken und die Phantasie betreffen! Man würde nicht über die Immigration von Menschen, sondern von Ideen diskutieren. Die Armee würde aufgeboten, um Wissen aufzuspüren, das man nicht wissen darf. Greenpeace würde sich an Buchhandlungen festschmieden, Limits to Growth würden für Wünsche, Sehnsüchte und Phantasien ausgerufen! Der Aufschrei wäre gellend.

Alles ist denkbar, aber *das* wäre undenkbar! Denn die Steigerung von Handlungsmöglichkeiten verlangt auch, ja vor allem, eine Steigerung der Denkmöglichkeiten. Die Steigerung des Denkmöglichen, die Aufhebung der Denkverbote, der Curiositas-Verbote, wie man sie im Mittelalter genannt hat, ist – nicht neben der doppelten Buchführung, sondern *vor* ihr – unabdingbare Voraussetzung der Erweiterung der Handlungsmöglichkeiten. Während die Neugier Galileis, der heimlich wie ein Krimineller nachts mit dem Fernrohr den Himmel absuchte, eine unstatthafte Neugierde war; während Giordano Bruno wegen seiner kosmologischen Ideen vor sechs Jahrhunderten noch öffentlich verbrannt wurde, haben wir uns gegen jegliche dogmatische Einschränkung des Prozesses der Wissenvermehrung entschieden (Fritsch 1990, S. 9). Und während Sokrates wegen seiner lästigen philosophischen Fragerei 399 vor Christus in Athen der Prozeß gemacht wurde, Luther wegen seiner im Rückblick doch geringen Variationen des christlichen Glaubens (wenn wir an die übrigen, in der multikulturellen und multireligiösen Gesellschaft präsenten Religionen und Sekten denken) in Worms zum Ketzer erklärt wurde, posieren heute auf den öffentlichen Plätzen Sekten mit ihren überlebensgroßen Standbildern und Figuren (z. B. mit einem überlebensgroßen Nebukadnezar). Und während wir noch vor einigen Jahrzehnten die größten Probleme bekamen, wenn wir schwere geistige Verfehlungen im Beichtstuhl zu quantifizieren hatten, überquellen heute die General- und Stadtanzeiger, die Boulevardzeitungen und Telefonbücher von Angeboten, die man vor wenigen Jahrzehnten nicht zu denken gewagt hätte, geschweige denn, zu veröffentlichen.

Rundum werden ideelle Restwelten angeboten. Fundamentale Umorientierungen werden verlangt, ohne daß von den eigentlichen Fundamenten die Rede ist. Holofernes steht als Reklamepappfigur mitten im weihnachtlichen Einkaufsgewühl. Besser als viele Politiker verstehen es die Seelenretter, mit den Menschen und ihren Sorgen und Ängsten umzugehen. Verstanden werden wollen sie gar nicht, gerade deshalb haben sie den Kern des Glaubens verstanden. »Ich verstehe Sie, daß Sie mich nicht verstehen«, hat eine Gläubige im Rahmen einer Diskussion über das Bluttransfusionsverbot ihrer Gemeinschaft ihren Beitrag begonnen. Es fehlte nur noch der Hinweis, daß man selber auch keinen Wert auf Verstehen legt. »Handle stets so, daß weitere Möglichkeiten entstehen«, so hat es Heinz von Foerster, der radikale Konstruktivist, ausgedrückt (1985, S. 60). »Erfinde immer mehr Möglichkeiten, als möglich sind«, findet sich in einem Aufsatz von Gerd Gerken über den Homo optio wieder (1991, S. 90). Ein ewiges Heil, eine

Endgültigkeit, eine Endlösung gibt es im Zeitalter des Konstruktivismus nicht mehr. Objektivität ist Intersubjektivität, Wahrheit ist Passen. Galilei war nicht wahrer als Ptolemäus, sondern hat besser gepaßt – so wird das auf den Begriff gebracht. Das alles paßt genau in den Rahmen der Multioptionsgesellschaft.

Neugier- und Denkverbote?

Denken heißt überschreiten, leben heißt realisieren. Nietzsches Konzeption von Kunst, in der diese weder heilt noch sublimiert, weder beruhigt noch kompensiert, sondern vielmehr ein Stimulans ist, das die Wirklichkeit in Möglichkeiten verwandelt, ist die Konzeption *allen* modernen Denkens und Phantasierens. Die Funktion des Geistes ist ebensowenig wie die Funktion der Geisteswissenschaften nur kompensatorischer Natur. Mag sein, daß die wirtschaftliche und technische Entwicklung den Menschen manchmal davoneilt, daß ein Teil der Probleme, vor denen wir stehen, auf Kurzsichtigkeit, individuelles und kollektives Mißmanagement zurückgeführt werden kann. Aber daß soziale Diskriminierung, wirtschaftliche Ungerechtigkeit, politische Repression, Folter und Terrorismus, Unterernährung, die Gräben zwischen Arm und Reich, das weltweite Wettrüsten, das Wuchern nuklearer Waffen, die Verschmutzung der Weltmeere, die Klimaveränderung u. ä. m. alleinige Urheber einer »Kulturverzögerung« sind, wie Laszlo wohl rückgreifend auf *Ogburns* Theorie des *Kulturlags* annimmt, ist haarsträubend naiv. Von der Entfesselung der Visionen, von der Explosion des Wissens um Krisen und Katastrophen, von der Erhöhung der Anpassungsgeschwindigkeit des Bewußtseins (nach einer Formulierung von Gertrud Höhler) eine Limitierung des Tempos der Expansion hochindustrieller Marktgesellschaften zu erwarten bedeutet, den Teufel mit dem Beelzebub auszutreiben oder, wenn der Teufel kräftiger ist, den Beelzebub mit dem Teufel.

Die entfesselte Produktion auf allen Ebenen und die exzessive Konsumtion ließen sich nur unter einer Bedingung stoppen. Unter der Bedingung nämlich einer radikalen Infragestellung *aller* Punkte des Modernisierungsprogramms auf *allen* Ebenen. Weder hilft die Ideologie der Sparsamkeit noch die Abtötung der körperlichen Bedürfnisse. Die Zeit der Verschwendung sei vorbei, hören wir. Die Limitierungsversuche sind gleichwohl himmelschreiend ungenügend. Wenn zum Boykott von Gänseleber aufgerufen wird, stürzt ein ganzer Industriezweig ab, mit der Folge, daß die Anspruchsparteien sich für neue Produktionsstätten stark machen, für die Teilhabe aller an der allgemeinen Prosperität. Ohne überhaupt die globale Situation miteinzubeziehen, tun sich überall Zirkel auf. Zehn Prozent weniger Schadstoffe, zwanzig Prozent mehr verkaufte Autos. Ehrlicherweise müßten die Ökonomen das gleiche Lied singen wie die Katholiken in der Kirche. Wahrscheinlich summen auch sie heimlich: »Wohin soll ich mich wenden...«

Die Befreiung des Denkens ist sogar der *zentrale* Vorgang. Die Rehabilitierung der theoretischen Neugierde in der Wissenschaft, das Recht auf unbeschränkten Wissenstrieb, die Begründung der Wissenschaft durch das Argument, daß man es noch nicht weiß, dies alles ist auch eine Folge der Absenkung der Himmelsleiter, des Verlustes der Transzendenz. Mit dem Abblenden der Transzendenz wird die Immanenz, das Diesseits aufgeblendet. Die Phantasie schießt nicht mehr in den Himmel, sondern sie ergießt sich wie das Wasser eines Stausees, wenn der Damm bricht, *in die Welt*. Es kommt zu einer einschneidenden Transformation des Erlebens und der Wahrnehmung. Der liebe Gott wird auf die Erde geholt. Er schaut nicht mehr von oben auf die armen Menschlein herunter. Die Menschen sind in ihn hineingeschlüpft; nicht Gott ist Mensch geworden, sondern der Mensch Gott und steht nun wie ein Feldherr in der Welt und blickt in die Horizontale. Der Fortschritt ist ein Fortschauen, Fortdenken, Forttheoretisieren und Fortschreiten auf der Erde.

Fortschritt heißt Fortschreiten im Diesseits auf allen Seinsebenen. Das freigelassene Begehren richtet sich auf alles. Meere sind da, um sie zu überqueren; Klüfte, sie zu überspringen; Berge, um sie zu übersteigen. Blumenberg bezeichnet die 1336 von Petrarca vorgenommene Besteigung des Mont Ventoux als einen der »großen, unentschieden zwischen den Epochen oszillierenden Augenblicke« (1984, S. 142). Petrarca motiviert seinen für diese Zeit äußerst ungewöhnlichen Ausflug durch die »Begierde«, die »ungewöhnliche Höhe dieses Ortes zu sehen«. Zu sehen – damit beginnt es. Petrarca hatte wie die anderen Einwohner Avignons den Mont Ventoux, wie er selber schreibt, der ja von allen Seiten weithin sichtbar ist, »fast immer vor Augen«. Man sah den Berg weithin und sah ihn doch nicht. Wenn man ihn sah, war er kein Ansporn, ihn zu besteigen. Die Eroberung der Alpen begann erst Anfang des 18. Jahrhunderts. Die Umwandlung des Sehens zum Aufklärungs- und Ausspähungsorgan für den Vormarsch ist abgeschlossen.

Bergsteiger steigen auf die Berge, um etwas als erstes zu sehen, eine Wand, einen Ausblick, Fußstapfen. Englische Fischer suchen Nessie, das angebliche Wasserungeheuer im Loch Ness. Forscher nehmen das Fernrohr und das Mikroskop in die Hand, um als erste ganz Fernes oder ganz Nahes zu entdecken. Schriftsteller denken sich Geschichten aus, die sich noch niemand ausgedacht hat. Wie immer die Reihenfolge ist, überall sind Expeditionskorps am Werk. Überall, wo man hinsieht, tun sich Klüfte zwischen dem eigenen Standort, der eigenen Situation und dem Möglichen auf. Überall herrscht der Druck, die Klüfte zu überwinden, mehr zu realisieren. Wie immer die Reihenfolge, es gibt keine Mauern mehr zwischen Denkbarem und zwischen Machbarem. Was machbar ist, wird gemacht: »Man wird [für bessere Speicher – PG] auch über elektrisch leitende Kunststoffe wie Polyacetylen und Polyanilin verfügen; solche Dinge sind absolut gegeben, weil ihre naturwissenschaftliche Machbarkeit erwiesen ist. Es muß lediglich Geld investiert werden, um ihre Anwendungstechnik zu verwirklichen« (Lagadec 1992). Wenn etwas gedacht wird, wird alsbald über seine technische Machbarkeit nachgedacht. Und wenn die technische Machbarkeit gegeben ist, ist die Realisierung früher oder später vollzogen. Die Erfahrung des Weltzuwachses übersteigt zwar die Verarbeitungsmöglichkeiten. Es kommt zum Stau. Er entlädt sich in halsbrecherischen Aktionen, in kleinen und großen Fluchten. Aber eines ist gewiß: es wird nicht gelingen, die Drift zwischen Wirklichkeit und Möglichkeit zu unterbinden, solange die immaterielle bestehenbleibt. Es wird nicht gelingen, die in einem Kollaps endende Sucht nach materiellen Bedürfnissen zu unterbinden, solange die Augen nicht geschlossen werden müssen. Dem Wunsch, alles zu haben, muß demonstriert worden sein, was zu haben ist. Der Konsumwunsch erfolgt nicht aus dem Nichts, sondern aus den als erreichbar signalisierten Universen von Konsummöglichkeiten.

Eine Begrenzung der Steigerungsdynamik setzte deshalb ein neues Menschen- und Weltverständnis voraus. Der Mensch ist *nicht* zweigeteilt, in ein Wesen *über* und eines *unter* der Gürtellinie. Jeder Limitierungsversuch muß in der Tat beim Weltverständnis *und* beim Menschenverständnis beginnen. Die Fähigkeit, eigenen Bedürfnissen Grenzen zu setzen, sich in der Fülle der Möglichkeiten einzuschränken und abzusetzen, sich dem Konsum zu verweigern und zu entsagen, muß kognitiv akzeptiert werden. Aber, und das ist das unlösbare Problem, sie erfolgt aus einem Nachdenken heraus, *das nicht über sich selber nachdenkt*! Reflektiert wird ja nie, um das Denken zu beschränken. Es wird im Rahmen des Dreipunkteprogramms der Moderne nie möglich sein, die Freiheit des Geistes zu bezweifeln, die Wißbegierde zu beschränken, die Neugier zu fesseln oder – wie im Mittelalter – gar in den Lasterkatalog aufzunehmen. Adam und Eva lassen sich, nachdem sie vom Baum der Erkenntnis gegessen haben, auch nicht ins Paradies zurückjagen. Limitierung ja, aber nicht durchgehend. Die Null-Option ist nicht nur vertretbar, sondern zur Abrundung der Optionen notwendig (vgl. dazu Offe 1989). Die Null-Option ist eine Option wie andere Optionen, sie kann wie andere von mir oder andern gewählt werden, in bezug auf Nikotin, Alkohol, Benzin, Butter oder Schweinefleisch. Die Null-Optionen vermehren die Optionen. Sie bestätigt die offene, keine Verbote kennende Multioptionsgesellschaft. So läßt sich im gleichen Zug auf der »Bel Etage« der Kultur das Lob des Polytheismus singen und in der Kirche dem Monotheismus anhängen. Man kann mit ernster Miene die Verschwendung der natürlichen, nichtregenerierbaren Ressourcen beklagen, die Exaltation in Kunst und Literatur, die ungeheure Verschwendung an Ressourcen nichtmaterieller Art, ihre hemmungslose Zerstörung und Kommerzialisierung beklatschen. Das Prinzip der Inkohärenz, des Pluralismus in und zwischen den Lebensbereichen und Seinsebenen ist selber ein wesentliches Moment der Modernisierung. An die Stelle der Klassenkämpfe treten Rassen- und Kulturkämpfe, an die Stelle des Selektionsdruckes der Realisierungsdruck. Differenzen werden andauernd gesucht, jede neue Differenz etabliert einen neuen Abgrund, der den andern, den man übersprungen hat, alsgleich vergessen läßt.

Wenn dem Denken eine automatische Wirklichkeitsbestätigung innewohnt, wären die sperrangelweit geöffneten Mentaluniversen der Phantasien, Hoffnungen, Befürchtungen, Theorien, Legitimationen, Begründungen, Begründungen von Begründungen zuschließbar? Wenn nicht das Sein das Bewußtsein bestimmt, sondern das Bewußtsein das Sein, wie es einer alteuropäischen Denktradition entspricht, wäre dann nicht das Bewußtsein zu *kneten* und funktional zu *begrenzen*? Statt Lean Management der Weltwirtschaft, *Lean Management des Weltgeistes*? Oder wäre es denkbar, die Differenz zwischen Wirklichkeit und Möglichkeit, die den gigantischen evolutionären Prozeß angestoßen und weitergetrieben hat, als Differenz zwischen einem »Ganz anderen« und dem Wirklichen zu reformulieren? Durch die Wiedereinführung von Transzendenzen und breitenwirksamen Jenseitsvorstellungen? Durch vertikale Seinshierarchien anstelle plural-lateraler Seinsbereiche! Durch das Hineinpressen der Zweireichelehre in die einzelnen! Durch Unterbindung der Drift vom Kopf in die Füße! Wäre zu lernen, daß die Welt und das Leben hart ist und die Seligkeit nicht von dieser Welt?

Insofern das Bedürfnis nach Exploration, nach Neugier, nach Sensation kein historisches Akzidens, sondern ein anthropologisches Agens zu sein scheint, die Differenz zwischen Wirklichkeit und Möglichkeit also im einzelnen selber angelegt ist, findet sich die dualistische Ontologie gewiß in jedem einzelnen wieder. Erlebniswelten und sensuelle Nutzungen wäre somit schwer zu verbieten (obwohl immer wieder versucht). Möglich wäre vielleicht ihre Abgrenzung und Definition als etwas »ganz anderes«. Die Überschwenglichkeit und der Erfindungsreichtum von Kunst, Literatur und Kultur ist erlaubt; Kultur ist nicht konsenspflichtig, braucht nicht gemeinschaftlich zu sein, auch nicht lebensdienlich (Safranski 1990, S. 193 ff.). Also die Trennung von Kopf und Fuß, von Phantasie und Leben! Aber wer, ja wer wäre bereit zu lernen und zu akzeptieren, daß es eine *in dieser Welt* unüberbrückbare Kluft zwischen Wirklichkeit und Möglichkeit gibt, die nicht darauf wartet, überbrückt oder verringert zu werden. Wer wäre dafür zu gewinnen, daß die Akzeptanz der Wirklichkeit, wie sie ist, die Garantie bieten könnte, im nächsten Leben, nach dem Tod, *jener anderen Möglichkeiten*, vielleicht der ewigen Seligkeit teilhaftig zu werden?

Die Neigung, einer solchen Lösung auf dem Papier den Vorzug zu geben, ist dennoch verbreitet. Angesichts des Schadens, den die totalitären Systeme Hegels, Nietzsches, Spenglers, Heideggers angerichtet haben sollen, wird die dualistische Ontologie beschworen. »Man sollte so frei sein, gleichzeitig in zwei Welten leben und zwei voneinander getrennte Wahrheitsregionen gelten lassen zu können. Die eine Wahrheitsregion, ich nenne sie der Einfachheit halber die kulturelle – sie hat es mit Selbstfindung, Selbstgestaltung und damit verbunden mit Weltdeutungen und Weltentwürfen zu tun, kurz mit dem höchst individuellen und existentiellen Akt der Sinngebung des Sinnlosen – diese Wahrheitsregion ist phantastisch, erfindungsreich, metaphysisch, imaginär, selbstversucherisch, überschwenglich, abgründig – wie auch immer. Sie ist nicht konsenspflichtig, sie braucht nicht gemeinschaftsdienlich, ja noch nicht einmal lebensdienlich zu sein. Sie kann in den Tod verliebt sein. Alles geht. Allerdings: wenn man nicht Opfer seiner eigenen Erfindungen werden will, sollten Ironie und Selbstdistanz, also Freiheit, mit im Spiel bleiben« (ebd., S. 207f.). Und: »Die kulturelle Wahrheitsregion kann bis ins Transzendente reichen, die politische muß auf jeden Fall transzendental bleiben« (ebd., S. 208).

Es mag sein, daß dies im Einzelfall hilfreich sein kann. Aber auf tausend Pfaden läuft die Programmatik der Moderne weiter. Die Gesellschaft verläuft wie nach einem Computerprogramm, das nicht unterbrochen werden kann. Die Energie des Programms liefern nicht Sterne am Weihnachtshimmel, die im All ihre Bahn ziehen, sondern irdische Schiffe, die vollbeladen mit Gütern und tanzenden, lachenden Menschen an den Feuerstellen des Urwaldes vorbeiziehen.

Das Projekt der Moderne sitzt *tief*, ist wie *eingefleischt*. »Nous sommes encore en Revolution«, soll Saint Simon Jahrzehnte nach der Revolution gesagt haben. »Nous sommes toujours en Revolution«, müssen wir heute zweihundert Jahre nach der Französischen Revolution sagen. In einem unvergeßlichen Filmbericht über eine Flußfahrt im Kongo (*Der Bote des Fortschritts*, TV S3, 20.15 Uhr, 12. 10. 1991) lesen die lesekundigen Schwarzen im finstersten Urwald die Lebensgeschichten der Superreichen: Bokassa, Trump, Marcos. Das sind die modernen Kometen der Verheißungen, die Pilotkategorien einer ewig unvollendbaren Moderne.

Verschwendung und Vernichtung

Die Wachstumsideologie hat uns – wie Bergfleth schreibt – wundersame Dinge wie das Null- und Minuswachstum beschert (1985,

S. 123). Das hat den Wachstumswettlauf und den Steigerungsmodus überhaupt nicht bremsen können. Das Prinzip des Mehr, auch des Mehr an Umweltschutz, führt das endlose Begehren lediglich in neue Bahnen. In archaischen Gesellschaften wurden die Produktionsüberschüsse rituell verschwendet und unschädlich gemacht. *Sie zischten wie ein Feuerwerk in den Himmel.* Es wurde, so Bataille (1985a), produziert, um zu verschwenden. Das moderne Wirtschaften will keine Verschwendung, sondern Wiederverwendung. Das angesammelte Geld will nicht verbrannt, sondern reinvestiert werden. Was auf den ersten Blick wie ein Prinzip der Sparsamkeit aussieht, damit ja nichts verlorengeht und wie ein Rezept, wie man wachsen kann, ohne zu verschwenden, entzieht der Natur mehr Energie als ein Feuerwerk.

Paradoxerweise erscheint neben der künstlerischen Absorption von Energie die militärische Auf- und Hochrüstung die einzige Gegenkraft dieses Fortschritts. Sie ist nur bescheiden innovativ und wird, abgesehen von den Ausspäh- und Informationstechnologien, im Prinzip auf Halde produziert. Selbst dann, wenn sie wie im Vietnamkrieg, in Afghanistan oder in Nicaragua, im Irak oder in Jugoslawien gelegentlich oder kontinuierlich eingesetzt und im Endeffekt zu einer Dezimierung der Bevölkerung führt, so haben diese Abnützungs- und Vernichtungskriege (1916 bei Verdun eine halbe Million Tote!) sogar und eben paradoxerweise einen Dämpfungseffekt (vgl. dazu Bergfleth 1985; Clausen 1988). Tröstlich ist der Gedanke nicht, daß die Weltkriege dieses Jahrhunderts Menschen vernichtet und dadurch die Zivilisations- und Wachstumsdynamik geschwächt haben! Jede Milliarde Dollar Verteidigungsausgaben schafft in den USA Tausende von Arbeitsplätzen bzw. hilft sie sichern. Aber es gäbe eine produktivere Nutzung knapper Ressourcen als ihre Verbauung in Festungsanlagen, die niemand braucht, oder in Tanks, die nie zum Einsatz kommen, oder in Notrationen, die nie verzehrt werden. In der Triade läuten die Friedensglocken, während überall auf der Welt Kleinkriege angezettelt sind. Insofern bis Mitte der 90er Jahre eine dauerhafte Entspannung im Verhältnis zu den Staaten der ehemaligen Sowjetunion einen Rückgang der Verteidigungsausgaben der USA und der NATO zur Folge haben könnte (zur Zeit beträgt in den USA die Ausgabe für Militär etwa 7 Prozent), könnten sich gerade dadurch neue Wachstumsimpulse ergeben, und da Rüstungsausgaben per definitionem inflationär sind, sind mit deren Abbau auch tiefere Zinsen zu erwarten (Rubinstein 1990). Seltsam genug; die Umsetzung der ökonomischen Stärke in militärische Macht führt, in konventionellen Kategorien gedacht, zu einer Verminderung des ökonomischen Wachstums, ökologisch zu einer Verminderung der Zerstörung der Lebensgrundlagen. Durch Rüstung wird das ökonomische Wachstum gefährdet, durch das Führen von Kriegen die Bevölkerung dezimiert. *Ares als helfender Gott, der Krieg als Vater aller Dinge, auch der Umkehr*? Wenn am Ende militärischer Übungen jeweils die restliche Munition, um sie nicht dem Munitionsmagazin gezählt und geordnet zur neuerlichen Ausgabe zuzuführen, verfeuert wurde, so wurde sie zumindest dem administrativen Kreislauf entzogen. Ein ferner Widerschein des *Potlatsch*! Führt man sich allerdings die globale Situation vor Augen, wäre eine Propagierung von Formen der Verschwendung und Prachtentfaltung schiere Blasphemie. Wir wollen einmal davon absehen, daß schon jetzt die Ungleichheiten zwischen den entwickelten und den unterentwickelten Regionen wachsen. Die unsichtbare Hand der Vergangenheit, die hoffen ließ, irgendwann werde sich schon ein Gleichgewicht einstellen, verwandelt sich, wie Ervin Laszlo (1988) sagt, in einen »unsichtbaren Fuß«, der die Machtlosen gnadenlos vom Eßtisch tritt.

Ein Viertel der Menschheit lebt im Stolz auf ihr Modernsein und auf ihre unaufhaltsame Expansion in den entwickelten Ländern. Die konsumgesellschaftlichen Hoffnungen tröpfeln, dringen, sikkern nach unten in die Köpfe und Herzen der Menschen in den Entwicklungsländern Schwarzafrikas, Asiens, Lateinamerikas (vgl. Grubbe 1991). Einer Milliarde zusätzlicher Menschen, die bis zum Jahr 2000 die Bühne betreten, wird eine global einheitliche Version guten Lebens vorprogrammiert. Die Steigerung der Lebensmöglichkeiten in allen Lebensbereichen, in Raum, Zeit, Sozialität, in Produktion, Konsum und Kultur, im Handeln und Denken ist das transpolitische, global unwiderstehliche Programm: Ohne Wachstum ist das Niveau realisierter Multioptionsgesellschaften, täglich weltweit verkündet, nicht zu erreichen. In den luxurierenden Multioptionsgesellschaften wird das Elend der Dritten Welt aufgeblendet. Hat jemand eine andere Antwort als das »Mehr«? Jede Woche sterben weltweit mehr als 250 000 Kinder an Hunger und Krankheiten. Wohlerzogene Kinder mit Gummispielbällen, die die Erde als eine ach so zusammengerückte Welt symbolisieren, tauchen auf und reden wie Erwachsene über die drückende Not ihrer Geschwister in anderen Erdteilen. Weil man sich diese gewaltige zusätzliche Produktion »einfach nicht« vorstellen kann, entsteht eine latente Angst vor den Erwartungen und Hoffnungen der hungernden Blicke, die sich auf uns richten. Sicherung, Stabilisierung, Defensive, Abschalten, die Sorge um die eigenen Privilegien treten in den Vordergrund – im Endeffekt Steigerung.

Bekanntlich kann die Produktion mit der Reproduktion der Weltbevölkerung nicht Schritt halten. Möglicherweise wäre die Erde in der Lage, die nun sechs Milliarden Menschen zu ernähren, vielleicht sogar die doppelte Anzahl (vgl. Fritsch 1990). Schon der Bedarf an normaler Infrastruktur, also an Schulen, Krankenhäusern und Straßen kann aber der Geschwindigkeit der Bevölkerungsvermehrung in den Entwicklungsländern nicht folgen. Dazu schreibt Bruno Fritsch: »Wer also das globale ökologische System vollends ruinieren und die Menschheit in Elend, Verzweiflung und Aggression stürzen will, der muß heute nur eines tun: Er muß alle jene Maßnahmen, die zur Begrenzung des Bevölkerungswachstums erforderlich sind, als unmoralisch und unzulässig erklären« (ebd., S. 71). Vom 15. bis 18. Jahrhundert haben Epidemien und Kriege in Europa die Bevölkerung immer wieder dezimiert. Was damals als Strafe Gottes aufgefaßt werden konnte, hat zwar das rasante Bevölkerungswachstum nicht aufgehalten. Wer den Ruin des globalen, ökologischen Systems vor Augen hat, den müssen die Epidemien und Kriege in den Entwicklungsländern vordergründig erschrecken, latent aber beruhigen. Gott sei dem gnädig, der zu sagen wagen würde, daß jeder Tote der Dritten Welt unseren Wohlstand steigert und unsere Risiken mindert!

Die Verwirklichung des Ideals der Steigerung der Handlungsmöglichkeiten und der Steigerung der Teilhabe an ihnen ist darüber hinaus nicht mit obrigkeitlichen Maßnahmen zur Begrenzung des Bevölkerungswachstums vereinbar. Zumindest beinhaltet eine grundsätzliche Bejahung der Emanzipation und der Gleichverteilung der Teilhabe an ihr die Zulassung unterschiedlicher Meinungen und die Ablehnung apodiktischer Urteile, auch wenn sie aus Sorge um den Fortbestand unserer Planeten rühren. »Noch gibt es Fundamentalismen aller Art, noch ist der Mensch in vielen Teilen der Welt nicht von Not, Elend und Angst befreit und bleibt deshalb fundamentalistischen Versuchungen ausgeliefert«, schreibt Fritsch auf der letzten Seite seines Buches (ebd., S. 306).

Wie wahr. Aber wie anders kann die Begründung bevölkerungspolitischer Maßnahmen erfolgen als im Rückgriff auf eine durchgängige Selbstbeschränkung, und diese wiederum ist nicht anders vorstellbar als im Gewande eines freiheitsbeschränkenden Fundamentalismus. Die automatische Senkung der Geburtenrate im Zuge des wirtschaftlichen Fortschrittes, des Wissens- und Bildungsstandes der Bevölkerung, der Erhöhung des Lebensstandards führt zwar zu einer Stabilisierung der Bevölkerung, aber auch zu einer kompletten Immanentisierung des Steigerungsprogramms.

Auch andere »äußere« Grenzen, wie die Aufzehrung nichtregenerierbarer Ressourcen, bevor Ersatz gefunden ist (Abholzen geht bekanntlich sehr viel schneller als Aufforsten), irreversible Klimaeffekte u. ä. m. werden immer wieder Gegenstand von Beschränkungsüberlegungen. Die Menschheit befindet sich gerade jetzt, so Aurelio Peccei, Mitbegründer des Club of Rome, in einer Phase »beispiellosen demographischen und ökonomischen Wachstums ... Die Weltbevölkerung verdoppelt sich alle paar Jahrzehnte und ihr Appetit wächst sogar noch schneller, desgleichen ihre Fähigkeit, jedwede verfügbare Ressource auszubeuten, während ihre Weisheit und Klugheit nicht in demselben Tempo gewachsen sind« (Vorwort zu Laszlo 1988, S. 8). Auch wenn diese These tausendmal wiederholt wird, wahrer wird sie dadurch nicht. Das Wachstum von Weisheit und Klugheit folgt nämlich den Gesetzen der Steigerung und nicht der Beschränkung. Die Ausweitung der inneren Grenzen und die »Anzapfung« des latenten Potentials (ebd., S. 11) erinnern schon von der Wortwahl her an die Ausbeutung der natürlichen Ressourcen. Die Entwicklung und Entfaltung der menschlichen Fähigkeiten, kann sie etwas anderes bedeuten als eine Entwicklung und Entfaltung der Abgrundüberbrückungsstrategien? Kann die Entwicklung der Phantasie etwas anderes bedeuten als die kontinuierliche Hinausschiebung der Grenze, die andauernde Verbreiterung der Spanne zwischen Wirklichkeit und Möglichkeit? »Noch nie zuvor in ihrer Geschichte«, schreiben die Verfasser des Berichts des Rates des Club of Rome (King, Schneider 1991), »hat die Menschheit wie heute das Wissen und die Fähigkeit, die Mittel und den Zusammenhalt gehabt, eine bessere Welt zu gestalten« (S. 11). Gleichzeitig sagen sie: »Der schiefe Umgang des Wissens hat zur Folge, daß wir nicht mehr wissen, was wir zur Weitergabe an Schüler und Studenten auswählen sollen« (ebd.). Der Transport dieses Wissens um eine bessere Welt in die Länder über Transistoren und Fernseher (unvergeßlich das Bild des verhungernden Afrikaners, der als Sterbelektüre die Erfolgsstorys der Reichen dieser Welt liest!), in der diese bessere Welt noch nicht existiert, implantiert das Endlos-Programm weltweit.

Die Optionierung verschont nichts

Mit dem Zerfall der östlichen Planwirtschaft entfaltet sich die Triade des Fortschrittes, die Steigerung der Teilhabe an der Steigerung und die Absicherung einer minimalen Teilhabe ungehindert und konkurrenzlos in der Welttriade Europa, USA, Ostasien. Der Fortschritt hat tief Luft geholt und setzt alles unter Druck. Beharrlich rüstet sich die Weltgesellschaft in ihren internationalen Gremien, Abgründe zwischen Kontinenten und Klüfte innerhalb der Kontinente zu schließen. Denn Hunger, Not, Elend, alles Leid dieser Welt, werden zeitgleich mit den Erwartungen pausenlos dargeboten. Ehemalige Mitglieder des Club of Rome (der vor bald zwanzig Jahren vor den äußeren Grenzen des Wachstums gemahnt hatte) sehen unterdessen im nach ihren ersten Berichten zum Kollaps führenden Wachstum die einzige Möglichkeit, Klüfte zu verringern. Ohne Wachstum ist in der Tat eine ökonomische Entwicklung nicht möglich. Eine gesteigerte Produktion an Gütern soll über die Klüfte transportiert werden und die arme Welt soll mit Technologien in die Lage versetzt werden, Zug um Zug an den Segnungen des Fortschritts teilzunehmen, letztlich gleichmäßig an ihm zu partizipieren (Pestel 1988). Was das allerdings bedeutet, läßt sich an einer Hand ausrechnen. Bei einem jährlichen Wachstum des Sozialprodukts von vier Prozent würde die Bundesrepublik Deutschland in 50 Jahren allein das Gütervolumen erzeugen, das die gesamte Welt heute produziert!

Aber zunächst schreitet weniger der Lebensstandard mit spanischen Stiefeln voran als die marktwirtschaftliche Stimmung und das marktwirtschaftlich-demokratische Programm der Moderne. Das Programm erreicht heute planetarisches Ausmaß. Die Idee der demokratisch-liberalen Grundordnung glänzt in göttlicher Selbstgegebenheit und Unangreifbarkeit. Es scheint keine vernünftige Alternative dazu zu geben – in politischer, ökonomischer und sozialer Hinsicht. Die ideologische Evolution ist – wie Fukuyama (1989) schreibt – abgeschlossen. Keine Kultur und kein Gott kann der darin aufscheinenden Denkweise widerstehen. Die Idee der Überordnung und Hierarchie, der Zentralsteuerung und Gängelung steht – gegenüber der Idee der Ausweitung der Handlungsspielräume und der Teilhabe aller an diesen – auf vollkommen verlorenem Posten. Dieses Programm wird durchdekliniert von Sibirien bis Kolumbien. Die ideelle Europäisierung der Restwelt dringt deshalb auf hunderttausend Füßen zurück ins Geburtsland, ins alte Europa. Die über die Konkurrenzökonomie herausgefällten Weltsozialfälle verlangen die Einlösung der Versprechen, also zumindest global organisierte Sozialhilfe (vgl. Münch 1993). Hunger, Not, Elend, natürlich denkt man daran zuerst, wenn man Fortschritt, Entwicklung, Wachstum denkt. Alle Bewegungen werden unterstützt, die vorgeben, an deren Beseitigung sich zu beteiligen. Wer sich gegen Anmaßungen und Maßregelungen, gegen die Kanalisierung und Reglementierung der Produktion und Kommunikation wendet, hat globale Hilfe zugut. Im Moskau des Septembers 1991 blieben Radioprogramme auf Sendung, auf den Barrikaden stand die neue Generation in Turnschuhen und mit Walkman und hielt Ausschau nach einem materiell anständigen und kommunikativ freien Leben.

Die materielle, die quantitativ-technische Seite des Fortschritts ist indes aufs engste verbunden mit einem *immateriellen ideellen Programm*, das auch von jenen Gruppen geteilt wird, die das materielle Programm ablehnen, dort eine Wachstumsbeschränkung fordern. Das Programm beschleunigt auf allen Seinsebenen. Immer neue Welten werden kognitiv und technisch erschlossen. Der Anhäufung materieller Güter entspricht eine Anhäufung von Informationen und Wissen. Schon in fünf Jahren werden Speicherchips mit viel größerer Kapazität vorhanden sein. Es wird bessere Hard Discs und Präzisionsgußteile mit engeren Toleranzen geben. In einem gewöhnlichen Schreibtisch und vielleicht dann bald in einem Aktenkoffer sind Datenbanken mit 1000 Terabyte realisierbar. Dies entspricht dem Inhalt der größten weltweit existierenden Archive (Lagadec 1992). Man muß sich das einmal vorstellen: überall reisen die Menschen mit Koffern herum, die alle bereits existierenden Archive enthalten. Die Bibliothek von Babel, die alle Bücher umfaßt, die je geschrieben worden sind und geschrieben werden, weil in ihr alle möglichen Kombinationen des Alphabetes enthalten sind, und die deshalb, obwohl die Zahl der Kombinationen begrenzt ist, unendliche Ausdehnungen hat (vgl. Borges 1959), wird sie in einem Aktenkoffer möglich? Und die in der Originalbibliothek erschöpften, beamteten Sucher und Wissenschaftler, die nach noch unbekannten Texten und neuen Lesearten Ausschau halten (vgl. Schmitz-Emaus 1993), sind sie ein für allemal erlöst durch das Wissen, daß auch diese im Koffer sind und in Sekundenschnelle elektronisch abgerufen werden können? In den Koffern werden alle anderen denkmöglichen Funktionen wie Fernseh- und Radioempfänger, drahtloses Telefon, Fax, Kamera, Uhren etc. integriert. Alle Tageszeitungen, die in Echtzeit à jour gebracht werden und sich von Sekunde zu Sekunde selbsttätig aktualisieren, sind selbstverständlich ebenfalls »im Ding« (ebd.).

Der materiellen Akzeleration entspricht die kognitive und die kognitive befeuert die materielle (Fritsch 1990, S. 171). Die Wachstumsraten sind im Kommunikations- und Transportbereich besonders hoch, so daß Wissen und Information weltweit schneller diffundieren. Dadurch etabliert sich das einheitliche Bild eines glücklichen und guten Lebens im Überfluß, das sich im Freiraum der Kognition bequem weiterdenken läßt und nach Realisierung drängt. Das Feuer der Reflexion schmilzt die noch verbliebenen Bestände an Traditionen in ein Mentaluniversum um, dessen Beliebigkeitsräume so wachsen, wie die Angebote an Waren in den Supermärkten. Gewiß ist zu unterscheiden zwischen einer Vereinheitlichung eines ideellen Weltbildes und der damit unmittelbar zusammenhängenden Ausdifferenzierung und Vervielfältigung sensueller Spielräume. Das ideelle Weltbild verlangt ja eine Steigerung der Optionen auf *allen* Seinsebenen: auf der materiellen und auf der immateriellen und der kognitiven. Es besteht eine weltweite Einigkeit darüber, daß die Mentaluniversen und das Wissen erweitert werden sollen, auch wenn – ein gnadenloser Rückfall – in China wieder vierundzwanzig Bücher verboten worden sind. Das Amt für Presse und Veröffentlichung hat die Bevölkerung in China zu erhöhter Wachsamkeit aufgerufen, gegenüber Veröffentlichungen, die die Gesellschaft schädigen und die Menschen vergiften. Die Weltreaktion war heftiger als die seltsam matte Verurteilung der derzeit tobenden Stammeskriege in Ruanda – wo Menschen zu Tausenden getötet, buchstäblich geschlachtet werden.

Der Umstand, daß die Steigerung der Optionen und ihre Zulassung zur Nutzung, ja die Forderung einer Teilhabe an den eröffneten Optionen zum selbstverständlichsten Teil des Projekts der Moderne gehört, hat die Folge, daß jede neue Option als Zuwachs begrüßt und neophil genutzt wird. Warnungen vor weiterem Wachstum sind Anlaß für Gegenwarnungen und Entwarnungen, Entwarnungen Anlaß für weitere Warnungen. Bei allem Dissens in der Beurteilung unserer Lage und bei allem Unterschied über die Strategien zur Rettung unseres Planeten bleibt eine Voraussetzung ungeklärt und als Rahmen bestehen: Unterschiedliche Beurteilungen sind zugelassen und unterschiedliche Optionen erwünscht. Die Optionierung verschont *nichts*, es erfolgt eine *Freisetzung des Denkens, Wissenwollens, der Neugierde, des Tuns* und des *Machens*. Eine Freisetzung immer komplexerer Strategien, wie die Zukunft zu meistern sei, ist selbstredend ebenfalls gegeben. Die Zukünfte sind selber optioniert. Sie reichen von apokalyptischen Weltuntergangsszenarien bis hin zu kitschigen Wiedervereinigungsphantasien, wo alle Menschen eins werden. Man taumelt von einer Meinung zur anderen, und selbst wer versucht, fest zu bleiben, hat davon auszugehen, daß andere in ihrer konträren Meinung ebenso fest bleiben und annehmen, daß jede Festigkeit um andere Festigkeiten weiß. Dieses Wissen ist freilich schon der Anfang vom Ende einer selbstverständlichen, einer gläubigen Festigkeit und verwandelt diese in eine Art allergische Reaktion des kognitiven Immunsystems, das durch die fortwährende und fortdauernde Optionierung auch aller Überlegungen, Meinungen, Meinungen über Meinungen und deren Aufeinandertürmung und gegenseitige Durchdringung ebenfalls kontinuierlich Allergien, Entzündungen, Schwellungen, Anfälle und Amokläufe auslöst. Da die Optionierung darüber hinaus einhergeht mit einer kontinuierlichen Vernichtung der kulturellen Selbstverständlichkeiten und apokryphen Traditionen, findet der Mensch, wenn er suchend um die Erde läuft, am Schluß sich selbst mit den akkumulierten Optionen mit der in ihn hineingerutschten Differenz zwischen Hier und Dort, zwischen Standort und Zukunftsort, zwischen Wirklichkeit und Möglichkeit. Zwischen einer ungenügenden Wirklichkeit und phantastischen Möglichkeiten, die im weltweiten Kommunikationsverbund aufgeblendet werden! Sei es die 35-Stunden-Woche, die Kriminalitätsrate, die Maturandenquote, die Frauenerwerbsquote, die Handelsbilanz, die Größe der Banken, die Höhe der Sozialleistungsquote, die Abfallquote, die Zahl der

Nobelpreisträger; das Karussell des Erstrebenswerten dreht sich weiter. Es mag Differenzen geben über die Aussagekraft der angeführten Kriterien, aber keine Differenzen darüber, daß es Differenzen gibt und geben muß. Jede Differenz ist Anlaß zum Weiter- und Fortschreiten. Hat ein Forscher etwas herausgefunden, findet der andere noch etwas mehr heraus. Ein dritter erforscht die Differenz zwischen Forscher A und Forscher B, ein vierter stellt die Endlosigkeit dieses Vorganges fest!

Spätestens seit der frische Wind des Konstruktivismus weht, der schon dem Studenten klar zu machen sucht, daß die Wirklichkeit nicht ge-, sondern erfunden werde und damit der traditionelle Begriff von Wahrheit obsolet geworden ist, läßt sich auch in den primären und existentiellen Fragen kein Konsens mehr erzielen. Es bleibt nur mehr der Konsens, daß man mit dem Dissens leben, irgendwie zurechtkommen muß. So bleibt selbst die Frage nach den Möglichkeiten und Grenzen eines umweltverträglichen Wachstums in einer offenen Gesellschaft offen, *muß* offenbleiben. Der Position, die davon ausgeht, daß Wirtschaftswachstum die Umwelt zerstört und Nullwachstum die beste Lösung sei, steht die Meinung gegenüber, daß man die Umweltschäden gerade über Wachstum und damit einhergehender Entfaltung neuerer Techniken vermeiden könne. Die Flut von Publikationen, in der sich auch Hochschulprofessoren nicht mehr zurechtfinden, wie sie zugeben, schon deshalb, weil sie die von den Fachleuten gelieferten Meßdaten nicht überprüfen können, zeigt nicht nur das Chaos von Meinungen über das, was sich im Wechselspiel von Atmosphäre und Biosphäre ereignet (»Was sich im Wechselspiel zwischen Atmosphäre und Biosphäre ereignet, ist bis in die letzte Einzelheit noch nicht aufgeklärt und dürfte auch kaum aufklärbar sein« – vgl. Fritsch 1990, S. 238). Sie demonstriert darüber hinaus, daß sich wichtige Nationen vom Treibhauseffekt, gerade den Wachstumspfad, der ihnen von den Gläubigerländern vorgegeben ist, einzuhalten, Vorteile versprechen. Brasilien und Indonesien wehren sich mit dem Argument, es gehe nicht an, »daß die Industrieländer zunächst die Atmosphäre mit CO_2 anreichern und dann die Entwicklungsländer unter dem Aspekt des Umweltschutzes daran hindern, ihre Ressourcen so zu nutzen, wie sie es für erforderlich und richtig halten« (ebd., S. 231). Staaten mit in hohen Breitengraden gelegenen Territorien versprechen sich vom Treibhauseffekt Vorteile für die Schiffahrt und die Landwirtschaft (ebd., S. 232). Außerdem soll der CO_2-Ausstoß in China bis zum Jahr 2000 auf einen Anteil von 40 Prozent ansteigen, und zwar über das Verbrennen von Steinkohle (ebd.).

Was bedeutet dies alles? Es bedeutet, daß sich in absehbarer Zeit über eine Pluralität konkurrierender Denkmöglichkeiten, Wahrheiten und Systeme, sich gegenseitig relativierender Theorien, Begründungen und Legitimierungen *nichts* finden läßt, worauf sich *alle* einigen können. Einigen kann man sich nur auf die *offene* Gesellschaft, in der die Steigerung der Optionen in allen Kontinenten, Ländern, Lebensbereichen und die Steigerung der Teilhabe an ihnen für alle, in allen Lebenslagen und bezüglich aller drängenden Probleme, des ungeteilten Beifalls sicher sein kann. Unter diesen Voraussetzungen ist es prinzipiell unmöglich, einen Konsens darüber zu erzielen (auch wenn im Einzelfall vertreten), daß Kontinente, Länder, Regionen, Gruppen oder Individuen im Namen eines höheren Interesses, z. B. der Erhaltung des Planeten, gehindert würden, der Segnungen der Multioptionsgesellschaften teilhaftig zu werden. Die sinnlichen Bedürfnisse und Sehnsüchte sind, wie immer es im Innern affluenter Gesellschaften oder im Innern der Produktions- und Konsumwelten, wie immer es in den mit flackerndem Kaminfeuer erhellten, guten Stuben der Kapital- und Bildungseliten aussieht, medial aufgeblendet und vergesellschaftet und wollen realisiert und gelebt werden.

Wirkliche Postmoderne

Damit öffnet sich der Vorhang zur wirklichen *Postmoderne*, zu einer Postmoderne, die diesen Namen verdient. Eine wirkliche Postmoderne ist keine Spätmoderne, keine Ultramoderne, keine Übermoderne, sondern eine Nachmoderne, in der Moderne, Spätmoderne und deren »Tiri-Delirien« (Riese 1993) überwunden sind. Der Vorhang zu ihr öffnet sich, wenn die treibende Kraft der Moderne, die Aufklärung, »sich selber zu erfassen beginnt und alle aufgetretenen Philosophien und Erkenntnismodelle verfügbar werden« (Wildermuth 1990, S. 47). Sie ist auch keine reflexive Moderne, in der Selbstheilungskräfte frei werden. Die reflexive Moderne wird vielmehr selber optimiert. Wird das selbstreflexive Modell selber zur Diskussion gestellt, optioniert, dann finden wir das moderne und das postmoderne Programm der Steigerung des

Diesseits urplötzlich Seite an Seite mit völlig anderen, vielleicht antiquierten, vielleicht noch überhaupt nicht gedachten Varianten. Die Überwindung der Moderne ist in Steigerungs- und Aufklärungsprogrammen radikalisiert: Die wirkliche Postmoderne macht aus der Moderne, was die Moderne aus der bisherigen Geschichte gemacht hat: *Stoff für die Geschichtsbücher*. Wenn man das inhärente Programm der Moderne bis zum Letzten durchführt, dann verzehrt es sich schlußendlich selber.

Gott stirbt durch die Religiosität, hat Nietzsche geschrieben (im Willen zur Wahrheit), die Moderne, so müßte man fortfahren, stirbt in der voll durchgeführten Modernisierung (durch die Modernisierung der Modernisierung). Die Post- oder Nachmoderne ist, erst wenn sie sich selbstreflexiv selbst ins Optionenregal treibt, Vollendung und Erfüllung der Moderne. Wenn der Rahmen splittert, der alle Kontinente, Kulturen, Weltanschauungen, Wahrheitsbegriffe, alle Wissensbestände in einer zweidimensionalen spiegelnden Fläche zusammengehalten hat, splittert die Voraussetzung dieser Entwicklung. Dann purzelt alles durcheinander, dann wird zur Diskussion gestellt, was die Moderne ausmacht: nicht nur einzelne Bestandteile wie der Markt, die Demokratie, Freiheit oder Gleichheit, sondern der Rahmen, in dem Erörterungen aller Art zugelassen und Erörterungen von Erörterungen die Regel sind.

Daß eine Nachmoderne, die diesen Namen verdient, Wirklichkeit werden könnte, ist angesichts der Wucht des Fortschrittsprogramms in weiter Ferne. Auch die genannten Begrenzungsvorschläge sind papieren. Fußangeln für die Wirtschaft sind ein untaugliches Mittel, wenn die zivilisatorische Dynamik, breitenwirksam geteilt und befeuert, in allen anderen Lebensbereichen und auf allen Stockwerken der Gesellschaft weiterläuft. An eine Schließung der Kopfwelten, an die Einführung von Denk-, Phantasie- und Neugierverbote ist nicht einmal zu denken. Und die Etablierung einer dualistischen Ontologie, in der Gedanken, Wünsche, Phantasien und Begierden vom Leben abgekoppelt werden, also eine Unterbindung der Drift durch die Etablierung einer jenseitigen Sphäre, eines Himmels im Himmel oder eines Himmels auf Erden, dessen Seligkeiten nicht in dieser Welt zu realisieren wären, verlangte ein Sich-Abfinden mit dem Kreuz und dem Leid auf Erden. Wer würde dies, angesichts der uns täglich aus aller Welt nahegebrachten Verbrechen und Schandtaten, zu fordern wagen?

Alle genannten Möglichkeiten sind freilich latent vorhanden. Sie schlummern und schimmern. Sie werden nicht offen diskutiert, weil sie allesamt die sakrosankte Rahmenerzählung (Steigerung der Handlungsmöglichkeiten und die Steigerung der Teilhabe an den multioptional eröffneten Handlungsmöglichkeiten) tangieren. Aber werden sie nicht – vielleicht unter der Hand – in der Reihenfolge der Nennungen undiskutiert realisiert? Das egalitäre Programm ist trotz Lippenbekenntnissen in den USA weitgehend storniert: Wie man liest, können fünfundzwanzig Prozent der High-School-Abgänger weder richtig lesen noch schreiben; es soll drei Millionen Obdachlose geben. Fast ein Drittel aller Farbigen (oder wie soll man die »persons of colour« heute nennen?) in den USA leben unterhalb der amtlich festgelegten Armutsgrenze, jedes achte Kind unter zwölf Jahren leidet ständig unter Hunger. Fast ein Fünftel der Farbigen ist arbeitslos, das Durchschnittseinkommen der Weißen ist fast doppelt so hoch wie das ihrer farbigen Kollegen. »Eiseskälte herrscht in den Eingeweiden der großen Maschinenstaaten« und es gibt unterdessen, wie Günther Nenning schreibt, »solide Propheten des gemeinsamen Abstiegs der alten Maschinenmacht USA« (1992). Der gleiche Nenning, der die USA als Inbegriff der Zerstörung schildert, als zerbröselndes Giga-Reich, sieht im bevorstehenden Untergang des American Dream ein anderes Amerika emportauchen – komischerweise gerade wieder das, was zum Untergang des »American Dream« geführt hat. Das Land der unbegrenzten Möglichkeiten!

Die Drift der Erkenntnis ist angesichts einer Welt der unbegrenzten Möglichkeiten nie rückgängig zu machen. Manchmal wäre es wünschenswert! Gewiß, die Drift verwirklicht sich nicht ungehemmt; wer das Böse denkt, muß es noch nicht tun, und wie uns die Psychologie lehrt, kann das Böse auch ein Ventil im Phantasieren finden. Dennoch, das Böse, das verdrängt, in den Phantasien auftaucht, ist ein anderes Böses, als das frei Denkbare, das im Kopf geformt, entwickelt, verfeinert und kulturell konzessioniert in Literatur, Film und Medien auftaucht. In Welschenrohr (Schweiz) sind dieser Tage fünf junge Männer im Alter zwischen siebzehn und einundzwanzig Jahren tödlich verunglückt. Seite an Seite jagten sie mit überhöhter Geschwindigkeit über den Straßenrand hinaus, durchbrachen eine Hausmauer, schossen ins Hausinnere und gerieten im Innern des Gebäudes explosionsartig in Brand. Die beiden Autos waren geleast und sollen, wie die

Freunde der jungen Männer zu Protokoll gaben, Spitzengeschwindigkeiten von über zweihundert km/h erreicht haben. Was machbar ist, will man auch machen, wer so viel auf dem Tacho hat, will dies irgendwann einmal auch realisieren. Das ist es! Eben lese ich in einer mir gerade empfohlenen Abhandlung zur *Klassifizierung von Cannabis* (Bührer 1990), daß Haschisch im Gegensatz zum aggressionsfördernden Alkohol und zum euphorisierenden Kokain aggressionsabbauend wirke (S. 13 f.). Wäre dem so, wäre es besser gewesen, die fünf jungen Männer hätten einen Joint geraucht oder ihr Essen mit Marihuana gewürzt.

Die Verbringung des Himmels in den Himmel, die Kasernierung oder das Verbot subversiven und kreativen Denkens, die Wiederetablierung einer *kohärenten, konsistenten* und *totalen Ordnung* schließlich würde nicht eine Ökodiktatur, sondern eine Ökodiktatur plus Denkdiktatur erfordern. Denkbar wäre sie gewiß, diese Ordnung, und wer hat sie sich nicht schon herbeigewünscht: eine neue Hierarchie, eine neue Antwort, eine neue Disziplin! Aber woher soll man sie nehmen, wer bietet Antworten auf die großen Fragen, Antworten, die mehr bieten als einen neuen Eintopf aus allen bisherigen Eintöpfen, ein neues Weltbild, das alle bisherigen Weltbilder vereint, einen neuen Weltethos, in dem die jesuanische Bergpredigt, die buddhistische Lehre und die koreanische Weisheit, das hinduistische Streben nach Erfüllung des »Karma« und die konfuzianischen Vorstellungen von kosmischen Ordnungen zusammenfließen (in diesem Sinne Küng 1990). Genauer: Wer soll die Hierarchie der Lebens- und Forschungsfragen formulieren, den Katalog der Laster ausarbeiten, den Index der verbotenen Bücher bekanntmachen und den Katechismus in den Schulen wieder einführen? Wer soll die Rangordnung der Lebenssphären und die Wirklichkeit der Lehren bestimmen; wer die Hermetisierung und Mumifizierung des unerwünschten Wissens durchführen? Also kein Weg *aus* der Moderne? Doch. Ein Ausweg lockt und funkelt: die *Akzeptanz* von Differenzen, zwischen Menschen, Lebensstilen, Gesellschaften, Kulturen, Kontinenten und – vor allem – Wirklichkeit und Möglichkeit. Der *Epilog* will, das Bisherige zusammenfassend, auf diese *Erlösung* versprechende Formel hinführen.

Epilog
Quo vadis?

Ende der Geschichte?

Quo vadis, der Titel des zur Zeit der Christenverfolgung spielenden Romans von Henrik Sienkiewics, wem ist er nicht in Erinnerung geblieben! Der aus dem heidnischen Rom flüchtende Petrus stellt diese Frage dem ihm erscheinenden Christus. Unserer Zeit liegt eine andere Frage auf der Zunge. Nicht »Quo vadis« – wohin gehst Du, sondern *»Quo vadit« – wohin geht es?* Eine allgemein akzeptierte Vorstellung über den Fortgang der Geschichte ist nicht erkennbar. Sozial- und Geschichtsphilosophien aus einem Guß und mit einem allen vorgeschriebenen Weg sind obsolet geworden. Wir gehen, so Fukuyama, einer *kalten*, Gehlen hätte gesagt, einer *kristallinen* Zeit entgegen. Die ideologische Evolution erscheint abgeschlossen. Die bipolare Konstruktion der Welt in Ost und West ist ohne Vorwarnung zusammengebrochen. Der Kampf der Religionen, Philosophien, Weltanschauungen und Ideologien ist selber Geschichte. Die ideellen Bestände haben sich in ihren Möglichkeiten erschöpft. Angesichts der postmodernen Verfassung erinnert man sich nicht ohne Wehmut der eindrücklichen Schlußsequenz Max Webers zu seiner Arbeit *Die Objektivität sozialwissenschaftlicher und sozialpolitischer Erkenntnis*. »Aber irgendwann wechselt die Farbe; die Bedeutung der unreflektiert verwerteten Gesichtspunkte wird unsicher, der Weg verliert sich in die Dämmerung. Das Licht der großen Kulturprobleme ist weitergezogen. Dann rüstet sich auch die Wissenschaft, ihren Standort und Begriffsapparat zu wechseln und aus der Höhe des Gedankens auf den Strom des Geschehens zu blicken. Sie zieht jenen Gestirnen nach, welche allein ihrer Arbeit Sinn und Richtung zu weisen vermögen...« (1968, S. 64).

Heute scheinen alle Kulturen gleichermaßen legitim, alle Traditionen gleichwertig, die Werte beliebig und austauschbar. Die Farben wechseln nicht irgendwann, sondern immerzu, und das Licht der großen Kulturprobleme zieht nicht weiter, sondern ist abgehängt und ersetzt durch tausend kleine, gleichzeitig lockende Lichtlein. Im Schwund kultureller Homogenität stauen sich die unterschiedlichsten Lebensformen und Orientierungsweisen und die entsprechenden Werte und Leitbilder. Es fällt schwer, in der »offenen«, »multikulturellen«, informationstechnisch globalisierten Gesellschaft der »Postmoderne« irgendeinen Wert nicht bzw. nicht als prinzipiell anerkennenswert zu bejahen, es sei denn dieses Prinzip selber. In der Anerkennung, ja Hochschätzung dieser Pluralität liegt, wie uns die Philosophie sagt, der »Fokus der Postmoderne, das Herz ihrer Antriebe, der Fluchtpunkt ihrer Vision« (Welsch 1988, S. 23). Max Webers tragisch-heroische Zeitdiagnose, in der lauter gleichermaßen verpflichtende und unvereinbare letzte Werte kollidieren (darum ist die Welt tragisch) und dennoch die Notwendigkeit, ja der Zwang besteht, sich mannhaft zu entscheiden, lichtet sich postmodern. Aber an Stelle der sich der Unversöhnlichkeit bewußten Stellengröße tritt *kein* versöhnlicher Seelenfriede. Max Webers Ausweg konkurriert mit tausend anderen Wegen und Auswegen. Nicht Seelenfriede, sondern Seelenhast herrscht. Die Gesellschaft ist weder kristallin noch kalt, sondern *heiß* und *stimuliert*.

Mit dem Osten ist der Westen keineswegs, wie ein Bonmot heißt, *auch* weggestorben. Denn die Geschichte ist nicht nur Ideen-, sondern auch *Realisierungsgeschichte*. Und das war sie auch in den östlichen Beschleunigungsversuchen. Die sogenannte Aufklärung ist keine geschichtliche Etappe, sondern ein *nicht endender Anspruch und Antrieb*. Die Zivilisationsdynamik tost im Reich des Geistes und auf Erden. Ihre *Aufzugsarchitektur* hat alle Lebensbereiche und Seinsebenen *infiziert*. Die Tatsache, daß die ideologische Evolution abgeschlossen ist, bedeutet nur, daß die Zeit der überkommenen Utopien und Ideologien vorbei ist. Man verfügt über keine inhaltlich definierten Seligkeiten und Schlaraffenländer mehr. Aber eine nie versagende Hoffnung verspricht, daß das nächste Katzenfutter besser, die nächste Wäsche weißer, der nächste PC schneller, der nächste Urlaub schöner, die nächsten Jahre froher sein werden. Eine sich selber stets in jeder Beziehung aufs neue übertreffende Welt, das ist es, was wir Fortschritt nennen. Die Denkmöglichkeiten von einem besseren Leben wollen realisiert werden. »Was du träumen kannst, das kannst du auch tun«, das ist nicht nur der amerikanische, und das war nicht nur der marxianische, nein das ist der *Welttraum*.

Die Moderne hat einen *Keil* zwischen das Wirkliche und das Mögliche getrieben. »Nicht zu sein, was sie sein soll, ist die unverzeihliche Ursünde der Gegenwart« (Bauman 1992b, S. 24). Sie ist weiterhin der unaufhörliche Versuch, die Kluft zwischen Anspruch und Wirklichkeit, zwischen Vernunft und Erfahrung, zwischen Möglichkeit und Wirklichkeit zu schließen. Aber das Mögliche hat keine Tiefenschärfe mehr, es verschwimmt. Endgesellschaften, kommunistische oder kapitalistische, werden nicht mehr ausgemacht. Die Zeiten finaler Kodierungen gesellschaftlicher Evolution sind zwar nicht vorbei. Aber sie stehen selber unter Konkurrenzdruck. Die Zukunftsvorstellungen waren nie so vielfältig und gleichzeitig so vage wie heute. Es sind *foci imaginarii*, niemals erreichbare Horizonte, die den Raum der Moderne »ausschließen und eröffnen, umzingeln und aufblähen« (Bauman 1992b, S. 32). Konkrete Versuche, die Zukunft vorzustellen, sind entsprechend kindlich: Verlängerungen der Gegenwart mit einem *Hoch-zwei*. Bei den Politikern sind Vorstellungen wie Preisstabilität und Elektroautos die kläglichen Reste christlicher Chiliasmen. Die Ökonomen halten sich an Wachstum, als hätte es nie eine Wachstumskritik gegeben, und an ein *pursuit of happiness*, wie wenn *Happiness* das Menschsein ausmachen würde. Bei Philosophen und Soziologen geistert ein leidloses Weltglück in der Ferne. *Alle Menschenrechte für alle*, lautet das Schlußkommuniqué internationaler Konferenzen. Die Explikation von wünschenswerten Zuständen und Präzisierungen von »Glück« sind unschuldig-moderne Variationen von Ungezwungenheit, Ungebundenheit und Freiheit. Alle bisherigen Zustände, vom griechischen Sklavenstaat bis zum indischen Kastensystem, von der Hochkultur der Maya bis zum mittelalterlichen Gottesstaat, waren, an solchen Maßstäben gemessen, Verirrungen. Es sind darüber hinaus Verheißungen ohne Platz für das Leid, für die Prüfung, für Angst und Hemmung, deren Sinn, beileibe nicht nur im Lichte der Weltreligionen, sondern auch im alltäglichen Miteinander, verlorengegangen ist. Auch im Weniger tritt strahlend der Mehrgott hervor: Mit weniger ist mehr zu erreichen. Fortschreiten heißt *Mehr*, und Mehr heißt mehr Optionen, das ist die implizite, finale Programmatik. Jedes Mehr an Optionen ruft Inklusionsprogramme auf den Plan, in denen die Steigerung der *Teilhabe am Mehr* und das Gleichmachen unterschiedlicher Realisierungszustände gefordert wird. Fortschritt definiert sich im Konjunktiv; Fortschritt heißt fortschreiten in immer neue, besser, wahrer, schöner, gerechter gewähnte Welten, an denen immer mehr teilhaben sollen. Zu diesem Fortschritt gehört, daß er nicht einheitlich ausgelegt werden kann.

Nichts kann man sich selber überlassen, alles ist etwas, dem man nicht trauen kann, auch die Deutungen dessen, was ist. In dieser Sicht ist diese Geschichte, anders als die Ost-West-Geschichte, keineswegs zu Ende.

Unendliches Begehren nach Mehr

Optionensteigerung und Steigerung der Teilhabe bergen deshalb, wenn sie Hand in Hand auftreten, eine *nie* endende Triebkraft. An die Stelle ideologischer Kämpfe tritt der Dauerkonflikt zwischen Versprechen und Realisierung, zwischen versprochenen und vorenthaltenen Lebensmöglichkeiten. An die Stelle einer festumrissenen, endlichen, in naher oder ferner Zukunft erreichbaren Utopie treten zersplitterte und zerfaserte Teilseligkeiten. Und an die Stelle eines sich in der Geschichte verwirklichenden objektiven Geistes treten *Millionen individualisierter Selbstverwirklichungsvorstellungen*. Alle sind mit den gleichen Realisierungsbefehlen unterwegs. Aber der finale Zustand einer homogenen, aller Differenzen ledigen Welt wird *nie* erreicht, kann, der Logik von Differenzschaffung und Differenzminderung zufolge, *nie* erreicht werden. Denn die offene Dynamik moderner Multioptionsgesellschaften emaniert täglich neue Differenzen. In einer historisch beispiellosen Weise werden, dem Steigerungsprogramm folgend, immer neue Handlungsmöglichkeiten aufgetan. Ein entfesseltes Denken denkt neue Möglichkeiten, die getreu dem Slogan von Walt Disney bis General Electric »Was du denken kannst, kannst du auch tun« nach ihrer Realisierung rufen. Die Realisierungsphantasien sind die Lokomotiven der offenen Gesellschaft, sie ziehen den kolumbianischen Bauern nach Bogotá und die TV- und Videohändler nach Osteuropa, den St. Galler Professor an ein Symposion nach Tokio. Die Bildschirme, die Medien, die Literatur, die Forschung und Technik-Beilagen halten die Verheißungen des Morgen frisch und unbefleckt. Denn die aufgeblendeten Möglichkeiten werden nicht als utopische, sondern als realisierbare genommen, wiederum transnational von *Bogotá* bis *Moskau*, transpolitisch von Kohl bis Mitterand. Keine Kultur scheint diesem Programm auf die Dauer widerstehen zu können. Es ist global. Jede göttlich oder militärisch legitimierte Hierarchie ohne das Versprechen der Multioptionsgesellschaft bricht früher oder später zusammen.

Zwar bedeutet Produktion gleichzeitig *Destruktion*, *Optionierung immer auch Entobligationierung*. Die Traditionen werden, wie die fossilen Energien, in beschleunigtem Tempo verbraucht. Die Aufmarschzonen des Fortschritts säumen Reste verbrannten Treibstoffs und der Ruß erloschener Flammen (Bauman 1992, S. 24). Die Pygmäen tauschen, nach einem Dokumentarbericht des Fernsehens über die afrikanischen Regenwälder, ihre Baströcke gegen gebrauchte europäische Unterwäsche um. Nicht nur das Wirtschaftliche wird stumm begleitet von der Naturzerstörung, sondern jede Wertschaffung und Wertschöpfung (vgl. Clausen 1989; Bardmann 1994). Wer beklagt nicht den unaufhörlichen Schwund, die kritische Aneignung oder, weniger euphemistisch, die unkritische Vernichtung von Traditionen und Obligationen! Aber der Selektionsdruck von Selbstverständlichkeiten und Verbindlichkeiten, von Beschränkungen der Freiheit wird dadurch geschwächt. Gleichzeitig werden Potentiale *entfesselt*: technische, kognitive, aktivistische, mörderische. Ein Kraftfeld baut sich auf, in dessen Sogkraft Menschen, Familien, Regionen, Nationen und Kontinente unbarmherzig hineingezogen und hineingesogen werden und werden wollen. In ihrem Schmelztiegel verflüssigen sich Grenzen und Zäsuren und verflüchtigen sich Verbindlichkeiten. Die Welt ist unausschöpfbarer Grund für ein kulturweltgeschichtliches *Recycling*. Das Alte ist Baumaterial für das Neue. Das Kräftefeld transformiert und transportiert die Obligationen zum Optionenpol. Bislang Sinnhaftes und Selbstverständliches wird reflexiv entzaubert. Technische Entfatalisierung, kommerzielle Vermarktung und egalitäre Programme füllen die Regale der Multioptionsgesellschaft. Die Baströcke der Pygmäen halten Einzug in den Völkerkundemuseen. Gegen ein kleines Entgelt zeigen Eingeborene ihre mumifizierten Ahnen her. Die Kirchen werden heute in musealer Absicht aufgesucht. Die Grenzen verschwinden, die den Küster vom Kustos, den Pfarrer vom Schausteller trennen. Die Fürsten und Freiherren auf ererbten Schlössern mutieren zu Schaustellern. Protestantische Kirchengemeinden finanzieren sich, sofern im Besitz einer sehenswerten Kirche, über Eintrittsgelder von Touristen, die, aus aller Welt heranchauffiert, sich etwa dafür interessieren, in wie viele Einzelteile ein Altar von Riemenschneider zerlegbar, oder, im katholischen Einsiedeln, warum die Wallfahrtsmadonna schwarz ist. Die Wissenschaft klärt die Restbestände des Selbstverständlichen in den Köpfen auf.

Durch die Reflexion und breitenwirksame Dauerverhandlung der eigenen Biographie stellt man ihre Erklärungskraft für die Gegenwart (und etwas anderes kann sie nicht bieten) zur Disposition. *Alle* mutieren zu Museumswärtern. Es handelt sich dabei nicht um eine *organisierte Vernichtung* der Dinge im Sinne Baudrillards, sondern um die über Reflexion, Technologie, Markt und Demokratie *fortschreitende, sich fortschnellende Bewegung der Plünderung und Befreiung*. Die Dinge erheben sich wie aus einem Dornröschenschlaf. Mehr Wahrheit, mehr Gerechtigkeit, mehr Freiheit, mehr Möglichkeit und immer wieder von vorn, *iterativ*, wie der exakt zur Multioptionsgesellschaft passende, den einfachen und alternativlosen Universalismus überbietende optionäre Universalismus genannt wird (vgl. Walzer 1990).

Auf allen Seinsebenen, im Kopf und in den Füßen, und in allen Lebensbereichen, vom Kochen bis zum Fernsehen, wird emanzipiert, entobligationiert, als politische Gleichstellung, Freiheit der Produktion und Konsumtion, Befreiung der Kunst, des Körpers, der Zunge, der Diskurse, der Frau, der Kinder. Die Multioptionsgesellschaft durchdringt die Dinge, sie steckt zwischen den Buchdeckeln und in den Köpfen. Alles wird simuliert, alles zirkuliert, alles Abwesende wird anwesend; die ganze Geschichte ist, *sich aufstauend, präsent*. Auf der kognitiven, auf der Bewußtseinsebene kündigt sich ein Zustand an, in dem die Knappheit überwunden und eine Beliebigkeit, ein Spektakel erreicht ist, der das Begehren leerlaufen, den *Modernisierungsinfarkt* (Beck) befürchten läßt. Aber noch einmal: die Geschichte ist *Realisierungsgeschichte*. Einfache Gesellschaften sind selbstgenügsam, hochkulturelle bauen in die Höhe. Die modernen Gesellschaften kolonisieren in die Breite *und* entwickeln Aufzugsarchitekturen. Alles erscheint möglich, realisierungsmöglich, wenn auch noch in unterschiedlichen Graden. Das flüssige Universum, in dem Simulation und Realisation – wie etwa im *Cyberspace* – in einer neuartigen Weise verschmelzen, bleibt auch in luxurierenden Überquellwelten für eine kleine Weile der Luxus einzelner, markiert Differenz und ruft, in einem Endlosprozeß, sogleich nach Differenzminderung.

So bleibt der Realisierungsdruck, die Fortschrittsprogrammatik, die Drift. Es bleibt die spezifisch abendländisch formulierte und nachchristlich reformulierte *Differenz zwischen Wirklichem und Möglichem*, die, aus der Vertikalen in die Horizontale gekippt, zum Übersprung einlädt, zu neuen Horizonten treibt. *Mein Reich ist nicht von dieser Welt* – das war die beruhigende und besänftigende Rede von Christus; das ewige Leben als andere Seligkeit, keine Alternative, keine Verlängerung der diesseitigen Welt, sondern immerwährende selige Verklärung! Der außerweltliche heilige Kosmos, dieser Inbegriff des unendlichen Begehrens ist weggerückt, fristet in Schriften und Bildern noch sein nicht mehr verstandenes Dasein. Die Tränen des Eros auf den Wachsbildern der Jahrhundertwende, die umflorten Augen der Mutter Gottes, die Umarmung der blutüberströmten Glieder Jesu Christi – sublimierte Gesten für messianische Träume, in denen alle Differenzen aufgehoben, alle Lebensmöglichkeiten zu himmlischen Seligkeiten wurden.

Die moderne Ära, diese gigantische Anstrengung, den Abgrund, der zwischen Vernunft und Erfahrung liegt, zu verringern, sprengt nicht nur den heiligen Kosmos, sondern wie ein Erdbeben, immer neue Klüfte auf. Die transzendentale Seinssphäre, die die irdischen Probleme in sich aufgesogen und die Energien gleichsam tiefgefroren oder in ebenso gewaltigen wie gegenüber Fabriken nutzlosen Klöstern, Kirchen und Kathedralen investiert hat, wird ausgehöhlt, die außerweltliche Erlösung preisgegeben. *Den Himmel überläßt das Heute den Engeln und Spatzen.* Die ganze Landstriche in Armut stürzende Verbildlichung der in der Apokalypse visionär geschilderten Gottesstadt in monumentalen Sakralbauten hat im Mittelalter eine produktivere Verwendung von Arbeit und Kapital verhindert. Möge die militärisch-technische Hochrüstung unserer Welt vor dem Ende der Ost-West-Geschichte, vor dem Ende des bipolaren Zustandes von der Nachwelt zumindest in einem Punkt einmal nachsichtig beurteilt werden, nämlich als Vernichtung des sonst die Wachstums- und Zivilisationsdynamik anheizenden Kapitals! Die militärischen Monumentalanlagen als säkularisierte Analoga kirchlicher Sakralbauten und die Militärparaden mit ihren über den Köpfen brausenden stählernen Maschinen als weltliche Aberrationen kirchlicher Prachtentfaltung!

Wie auch immer, mit oder seit Augustinus zieht sich die Vorstellung, die Seligkeit sei etwas ganz anderes, mehr und mehr zurück und dringt eine diesseitige Glücksvorstellung in die Welt und die Menschen hinein. Der Abgrund zwischen Himmel und Erde, zwischen Gott und der Welt, zwischen der absoluten Wahrheit und der Unsicherheit und Lüge, zwischen Vernunft und Erfahrung, zwischen Möglichem und Wirklichem wird *enthierarchisiert*. Die Himmelsleiter führte himmelwärts und endete im ganz Anderen. Nun wird sie wie von einem Baum, dessen Früchte gepflückt sind, weggenommen und auf die Erde *abgesenkt*. Es erfolgt jene Richtungsänderung des Blickens und des Blickes, die immer neue Horizonte und damit immer neue Möglichkeiten gewahr macht. Das vom religiösen Prinzip dominierte Weltalter wird abgelöst von einer irdisch-synchronen Seinsweise, in der der Konjunktiv ins Diesseits gerät. Die Seligkeit des Paradieses, die Wonnen des Himmels schleichen sich in die Wahrnehmung der Erde, der Gesellschaft, der Welt ein. Messianische Träume von neben Löwen grasenden Lämmern: welch ministerielle Vorstellung einer friedlich durchmischten, multikulturellen Gesellschaft! Sie wird nicht mehr gemessen an der Wahrheit, an der Vernunft, am Guten, sondern am möglichen *Mehr*. Der Blick schweift in die Ferne. Die aktuelle Welt gerät aus dem Gleichgewicht. Der Abgrund zwischen Erdendasein und himmlischer Seligkeit wird reformuliert in ein Gefälle zwischen Wirklichkeit und Möglichkeit in der Wirklichkeit. Daraus resultiert diese unabsehbare *Korrekturwut*, an der *Welt*, am *anderen*, an *uns*.

Diese nun wird kanalisiert in den einzelnen ausdifferenzierten Lebensbereichen, in Wirtschaft, Politik, Kultur, Wissenschaft. Mögen sie unterschiedlichen Imperativen folgen und unterschiedliche Steuerungsmedien haben! Über ihnen schwebt aber ein *Zentralbefehl*. Auch sie verfolgen Wachstums- und Steigerungsziele. Wenn Steigerung die Erbsünde der Moderne ist, so sind auch die nach Orientierungswissen rufenden Philosophen und die vor der Steigerungsprogrammatik warnenden Ökologen Sünder. Auch sie wollen mehr, wollen besser sein, näher an der Wahrheit, Gerechtigkeit, Glückseligkeit. Die Schließung und Ausdifferenzierung ermöglicht, wie die sportliche Beschränkung auf eine Disziplin, immer neue Höchstleistungen von Systemen. Legitimiert wird das Wachstum zudem durch die Inklusionsforderung, die Teilhabeprogrammatik, die zur Differenzminderung auffordert. *Statt Selektionsdruck herrscht Differenzminderungsdruck, Realisierungsdruck, Druck zur Mimesis* – der verschärft wird durch den modernen *Zeitdruck*. Auch der Zeitdruck ist ein Resultat der Verweltlichung. Die mit dem Leerfegen des Himmels verbundene Vernichtung einer Entlastungsmöglichkeit in einem Jenseits führt zur Kompression des und zum Druck auf das Diesseits. *Weltzeit schrumpft auf Lebenszeit zusammen.* Zeit wird *Frist.* Mehr Wissen, mehr Innovationen, mehr Gerechtigkeit, mehr Bildung, alles muß schneller, wenn möglich gleichzeitig, passieren. Aber alle neu eröffneten Handlungsmöglichkeiten implizieren immer neue Differenzvergrößerungen. Das Paradigma der *aufholenden Entwicklung* gilt beileibe nicht nur für die Drittweltländer, und es ist nicht nur für diese eine empirische und – wegen der Dialektik von Differenzierung und Differenzminderung – prinzipielle Fata Morgana. Deren Teilhabeforderungen begleiten die internationalen Konferenzen, auch wenn, zumindest im Reich des Geistes, eine Kritik am »Kult der Differenz« und an entsprechenden abendländischen Monopolen, etwa am logisch-rationalen Denken, geübt wird (vgl. dazu Hountondji 1993). Das Paradigma beherrscht die Kindergärten und Schulen. Es wird gepflegt im Beruf und in der Partnerschaft. Gleichzeitig erweckt das Projekt der Moderne zwar den Eindruck des Endlosen. Auf jeder einmal erreichten Stufe eröffnen sich neue Ausblicke. Auf keiner Stufe gerät das Differenzminderungsprogramm aus den Augen. Auf jeder Stufe tun sich erneut und noch einmal Differenzen auf. Aber nicht für alle dieselben! Die unterschiedlichen Realisierungszustände verdekken das Repetitive und Vergebliche der Bewegung.

Die beschleunigte Bewegung der Gesellschaft nach vorn läßt sich nicht für alle mitmachen. Transzendenz macht sanft, Immanenz gewalttätig (Blumenberg)! Nicht wenige kommen unter die Räder, verstecken sich, tauchen ab, emigrieren, ziehen sich zurück, machen ihrem Leben ein Ende. In den Klüften und Schründen bleiben viele, auch ganze Länder, als »Weltsozialfälle« zurück, deren Überleben durch global organisierte Sozialhilfe gesichert werden muß (vgl. Kurz 1991; Münch 1993). Wer sich bedroht fühlt, ist nur mehr mit der Abwehr dieser Bedrohungen beschäftigt. Die Abwehr nimmt ebenfalls handgreifliche Formen an. Wen die aufgeblendeten Optionen paralysieren und krank machen, weil alles innerhalb eines kurzen Menschenlebens realisiert und vollendet werden muß (»Wofür die andern eine Ewigkeit haben, dafür bleiben mir nur ein paar armselige Jahre« soll Hitler geäußert haben – Bormann-Zitate, in: Blumenberg 1986, S. 83), der wird die Optionen fliehen, ihre Auflösung herbeisehnen oder diese auszulöschen versuchen. Das jüngste Gericht wird nicht nur in den Köpfen der Amokläufer herbeigesehnt, und die Anrufung der

Apokalypse ist keineswegs nur schlechter Geschmack gutmeinender Intellektueller (Koch 1994, S. 146). Die Churer Aushilfsserviertochter, die zu Hause zwei behinderte Kinder zu betreuen hat und die sich eine Schweiz ohne Asylbewerber wünscht, spricht aus, was ganz und gar kein Ausnahmegedanke ist, den Wunsch nach einem neuen Atomschlag, *»damit man noch einmal von vorne beginnen kann«* (Karrer 1990). Noch einmal von vorne beginnen! Alles anzünden, was einem zwischen die Finger kommt, wie es der Wunsch von Bearis und Butt-Head in der gegenwärtig erfolgreichsten amerikanischen Comic-Serie ist. Dieses Ineinander von Welthaß und Neuanfangswunsch ist gerade ein Resultat der Risikogesellschaft. Die Katastrophe erscheint somit als *Rettung*, weil sie »demokratisch« ist, das heißt, alle trifft!

Die allerorts beklagte zunehmende Gewalt und Irregularität, die Freude an der Destruktion, die Installierung elektrischer Hunde in den Vorstadtvillen, die beschmierten U-Bahnschächte, die Sendung »Aktenzeichen: XY...ungelöst«, die allabendlich gezeigten Mord- und Totschläge am Fernsehen, das allgegenwärtige »Falling Down«-Syndrom, sind es gesteigerte Versuche, die aufgeblendeten Optionen irregulär, im Untergrund, schwarz, kriminell zu realisieren oder wenigstens an sie heranzukommen? Wären sie es, dann hätten wir den diffusen Welt-Bürgerkrieg (wie ihn Enzensberger immer wieder befürchtet), in dem nicht mehr Ideen gegen Ideen, Armeen gegen Armeen, Uniformen gegen Uniformen antreten, sondern jeder gegen jeden ankämpft. Der sich aufspielende Terror ist freilich weder leer, noch sind die Einzeltaten motivlos; es sei denn, man würde den Steigerungs- und Teilhabeimperativ in ihrer substanzlosen Generalisierung so nennen. Der subpolitische Umschlag erfolgt global und national. Der schwelende Krieg ist in der Tat kein Rassen- oder Klassenkampf, sondern ein Kampf um Teilhabe. Die Katastrophenfaszination ist Faszination an der blitzartigen Zerstörung von Differenzen. Auf hunderttausend Füßen marschiert und kriecht die kognitiv kolonialisierte Restwelt mit ihrem Mehrwillen in die luxurierenden Multioptionsgesellschaften hinein. Deren Vorrichtungen zur Kanalisierung der Nutzen- und Gefährdungspotentiale, der produktiven und destruktiven Energien, sind bekannt. Im ausgedünnten Raum zwischen leeren Traditionen und entfesselten Optionen sind Laufgräben, Systeme, Organisationen und Administrationen eingelassen, die eine transitorische Verhaltenssicherheit versprechen.

Transitorisch, weil jedermann weiß, daß die Gesetze und Reglemente, die Ordnungen und Vorschriften vom Menschen gemacht und damit brüchig sind. Gleichzeitig kehren die durch Großorganisationen entpolitisierten Individuen *in die Gesellschaft zurück*, aber, angesichts des unaufhörlich zunehmenden sekundären Analphabetismus (vgl. Bronner 1994) – möglicherweise nicht mit dem Stimmzettel, sondern mit dem Baseballschläger.

Die Organisationen programmieren die Bahnen und kanalisieren die Menschenströme. Sie sind Praxen der Kontingenzbewältilung, temporäre und räumliche Handlungsoasen, die die religiösen, rituellen und institutionellen Gewißheiten abgelöst haben. Als Reflexionsmodi von Traditionen bilden sie eine Zwischenwelt zwischen Erde und Himmel, zwischen Obligationen und Optionen aus. Eine Zwischenwelt, die aus der Erledigung der großen gesellschaftlichen Institutionen resultiert, diese kompensiert und andauernd umgebaut, reguliert und dereguliert wird. In der Zwischenwelt residiert ein *Zwischen*-, ein *Lochmensch* (Berger & Berger); ein Mensch, der wie in ein Transzendenzloch gefallen ist und sich nun, die Augen reibend, auf einer Art Zwischendeck wiederfindet. Christus, geheimnisvolle Sozialitäten, Mystik, Zen, Alan Watts und Rudolf Steiner, der Wassermann, New Age, Lichtadel, alles, was in der multikulturellen Multioptionsgesellschaft herbeiruf- und herbeizitierbar ist, wird zur kompensatorischen Aufheizung des Lochmenschen bemüht: Leichengewänder, die – in Umkehrung von Penelopes bekannter Verzögerungstaktik – Nacht für Nacht genäht und untertags, untertrubeltags wieder aufgetrennt werden.

Das Steigerungs- und Teilhabeprogramm verheißt letztlich homogene Verteilung, die Beseitigung letzter, das Teilhabeprogramm erst in Gang setzender Differenzen, die Abkopplung der Erdenschwere des Menschen und der Planetenschwere des menschlichen Lebens. Solange wir Körper haben, wird das Leiden den Unterbau der Gesellschaft bilden, also befreien wir uns aus diesem Gefängnis. Und solange wir von diesem Planeten leben müssen, müssen wir mit seinen Ressourcen sorgfältig umgehen. Koppeln wir uns also vom Planeten ab! Der erste Satz, den Präsident Clinton bei seiner Pressekonferenz zur Nomination zum Präsidentschaftskandidaten im Hotel Hilton in New York sinngemäß abgab, lautete, daß er eine Tochter habe und daß *diese davon träume, Weltraumstationen zu bauen*! Angesichts des Zustands vieler Weltstädte, zurzeit besonders und gerade Washingtons, kann man diese Exodus-Vorstellung nur zu gut verstehen. Und angesichts der bedrohlichen Überalterung der entwickelten Gesellschaften auch die Hoffnung auf einen kollektiven Auszug aus dem plagenden Körper.

Es ist die *Technik*, die solche Fluchtwege anbietet. In ihr bündeln sich die Energien der Moderne. Nicht mehr Platons *Politeia*, nicht mehr Campanellas der Lobpreisung Gottes dienender *Sonnenstaat*, sondern Bacons *Neu Atlantis* und Jules Vernes technophobe Romane geben den Ton an. Mit Hilfe der Technik werden uns im interplanetarischen Exodus, für den in Kalifornien im Biosphärenzelt geübt wird, die irdischen Sorgen abgenommen. *Weltraum* heißt der *sechste Kontinent*. Die Erde wird sukzessive zur Bronx, zu einer Sträflingsinsel, einem Planeten der Rest- und Randkategorien des Sozialen. Immer mehr Städte, jetzt noch in den USA, werden inmitten affluenter Multioptionsgesellschaften Alpträume; Detroit, Los Angeles usf. Schon wird die Pufferregion zwischen den Nachfahren des Sowjetimperiums und den europäischen Staaten als »mitteleuropäische Bronx« gebrandmarkt. Die schöne Neue Welt ist nicht im transzendentalen, sondern im physikalischen Jenseits der Schwerkraft. Nicht genug damit. Zwar arbeitet die Robotik, wie wir es von der Eidgenössischen Technischen Hochschule hören, an automatischen Tischtennisspielern, vielleicht auch an künstlichen Heeren. Mit Cyberspace müssen wir nicht mehr zu den Welten hin, sondern diese werden vor uns aufgefahren. Robotik und Simulation sind aber, gegenüber den »invasiven«, die Körperlichkeit substituierenden oder eliminierenden Techniken gleichsam Freilufthanswurstiaden. Flusser, der kürzlich verstorbene Kommunikationsphilosoph, hat benannt, was das Problem ist, bei dessen Eliminierung fast alle Probleme, mit denen wir kämpfen, eliminiert wären: unser Säugetierleib. Alle körperliche Behinderung wird durch die *Abschaffung* des Körpers erledigt. Die Perfektion des Menschen steht noch am Anfang, aber immer mehr Energie wird daraufhin umgelenkt (vgl. Paepke 1994). Mit der Erlösung vom Körper wäre die finale Teilhabe aller an allen und allem erreicht, die Unterschiede zwischen Größen, Alter, Rassen, Geschlechtern, Verwandtschaftssystemen, Nationen, was man immer will, sind den auf Maschinen (in einem weltumspannenden Interface) kopierten Geistern zumindest nicht anzusehen.

Aber zunächst noch schafft jede Realisierung *neue* Möglichkeiten, jede *neue* Möglichkeit schafft *neue* Differenzen und jede Differenzbildung ruft nach Differenzminderung: jedes Buch, jede neue Mode, jeder neue Zeitgeist, die neue Racketbespannung, die neue Swatch-Kollektion, der neue Handke, der neue Sloterdijk, der neue Beck, auch wenn er vor dem Neuen warnt und gleichzeitig mit ihm lockt. Jede Horizontergreifung läßt den Blick zu neuen Horizonten schweifen. Das unendliche Begehren nach Mehr ist in den finalen technischen Realisierungen auf absehbare oder unabsehbare Zeit nur für wenige erreichbar. Ein Tunnel wird vorangetrieben, an dessen Spitze ein Fingerhut voll Menschen Platz hat, ein Lift wird konstruiert, der mit ein paar Astronauten in die Galaxis katapultiert wird. Gleichzeitig aber werden in den weltumspannenden medialen und insbesondere telematischen Parallelwelten die phantastischsten technischen Möglichkeiten aufgeblendet. Alle in der Phantasie freigesetzten Seligkeiten erscheinen an irgendeinem Punkt der Welt *realisiert* und damit *prinzipiell realisierbar*. Eine nichtrepressive, sondern offensive Entsublimierung durchbricht jede Art von dualistischer Ontologie und scheint früher oder später alles allen verfügbar zu machen.

Das Fallen der im Transzendenten wie in einer Wolke verschwindenden, in diesem Leben nicht erreichbaren Himmelsleiter auf den Boden, die daraus resultierende Einflächung, Zweidimensionalisierung, läßt die ins Horizontale geklappten Klüfte mit Kraft und Technik und nicht mehr durch Gebete überbrückbar erscheinen. Der christliche Futurismus hat jegliche Hoffnung verworfen, die sich im Gegebenen erfüllen wollte; ja er hat aus dieser Vergeblichkeit die Sehnsucht nach dem anderen und letzten, nach dem Jüngsten Gericht und der ewigen Seligkeit gesteigert (Kohler 1992). Nun tritt an die Stelle der jüdisch-christlichen Heilserwartung das irdische Welt- und Menschenverbesserungsbedürfnis. Die Gegenwart wird *unausschöpfbarer Grund* menschlicher Machseligkeit. Das Begehren läuft angesichts des Zustands der Gegenwart, entgegen den beruhigenden Annahmen französischer Postmodernisten (z. B. Baudrillard), nicht leer. Im Gegenteil: Eine Sättigung der Konsumtion, der Information, der politischen Transformation und damit der Produktion und Innovation kann nie erfolgen. Im Namen der Steigerungs- und Inklusionsprogramme wird alles orgiastischer. Eine entsperrte, obsessive Phantasie fließt, strömt ohne Zähmung *von oben nach unten, vom Kopf in die Füße* und setzt diese in Bewegung, implosionsartig, tagtäglich, stündlich, sekündlich in Abermillionen von Leibern. *Der letzte Ureinwohner wird mit dem Kopf in Optionen getaucht. Das ist die Taufe der Multioptionsgesellschaft*! Nicht nur Methangas wird in den Mägen der Menschen freigesetzt – ein trotz des Ernstes der Lage kurioses Bild – und führt mit zur Beeinträchtigung der Atmosphäre. Nein, konstruktive und destruktive Energie drängt mit jeder aufgenommenen und verdauten telematischen Nahrung in die Welt und preßt sie nach vorne. Und nicht nur die Atmosphäre wird beeinträchtigt, sondern die Lebenssphäre insgesamt.

Alles Allen: Differenzminderung

Das Fortschrittsprogramm der Moderne beinhaltet ein Differenzminderungsprogramm, in dem die Differenzen *horizontal* und nicht mehr *vertikal* ausgelegt sind. Mit der Auflösung der überkommenen Ordnungen fallen die alten Zuweisungen und Einbindungen weg. Aber nicht ersatzlos! Alle sind zwar aufgefordert, ihren Platz selber zu suchen. Alle haben prinzipiell Anrechte auf alles; daß noch nicht jede Frau Päpstin werden kann und daß Hans noch nicht Vroni heißen darf, und umgekehrt, sind in den Augen vieler abgestandene Relikte. Trotz prinzipieller Anrechte auf Zugang zu allen gesellschaftlich eröffneten Möglichkeiten ist die Realisierung gesellschaftlich geregelt. Die Organisationen sind Kompensationen verlorengegangener Traditionen, ihre Reflexionsmodi, sie limitieren die Realisierung durch Anforderungen, die wiederum prinzipiell alle erfüllen können. Allen stehen Schulen, Berufe, Einkaufshäuser, Parteien, Kirchen usf. offen. Vor dem Hintergrund dieser prinzipiellen Anrechte werden naturgemäß unterschiedliche Realisierungszustände zum Problem. Den faktischen Differenzen wird politisch, in einer sekundären Umverteilungsaktion, zu Leibe gerückt.

An diesem Punkt wird die Politik *erfunden* und das Erfundene *politisch*. Alles ist letztendlich allen zugänglich *und* realisierbar zu machen, vom Herzschrittmacher bis zum Präsidentenstuhl. Die Menschen wollen nicht nur *von allem* frei sein, von Herrschaft, von der Kirche, von anderen Personen, von der Natur, sie wollen nicht nur alle die gleichen Rechte, sondern die *gleichen* Freiheiten der Realisierung! Jedes Beklagen ungleicher Lebens- und Handlungschancen und ungleicher Lebenslagen, sei es in der Armutsforschung oder betreffe es die Lage der Frau, sei es die ungleiche Behandlung auf dem Arbeits- oder Wohnungsmarkt oder sei es die ungleiche Verteilung von Zeit, hat diesen zweiten Programmpunkt zur ausgesprochenen oder unausgesprochenen Voraussetzung. Man kann das als Anspruchsgesellschaft bezeichnen und über dem schrankenlosen Konsumerismus die Hände über dem Kopf zusammenschlagen. Im egalitären Programm ist die Forderung nach Teilhabe aber dem Fortschrittsprogramm seit seinem Beginn tief eingeschrieben. Fast könnte es scheinen, als habe die Differenzminderungsprogrammatik im zweiten Hauptsatz der Thermodynamik, demzufolge Wärmeenergie von heißeren zu kälteren Körpern strömt und früher oder später ein thermodynamisches Gleichgewicht erreicht und dabei alle Vielfalt ausgleicht, abtötet wie in einem starren Kristall, sogar eine natürlich-physikalische Grundlage. Die strukturelle Vielfalt des Lebens auf diesem Planeten entstand in Milliarden Jahren, jetzt rotten wir schon stündlich eine lebende Art aus, und es scheint sich in der Tat der Tag zu nähern, an dem es nur noch einen einzigen Menschenschlag, eine einzige Sprache und einen einzigen Gedanken gibt (Breton 1981, S. 98)! Unvergeßlich das Bild aus dem preisgekrönten Film *Urga* von Nikita Michalkow, wo Gombo, der als Viehzüchter inmitten der Unendlichkeit mongolischer Graslandschaften lebt, mit Fernsehapparat, amerikanischer Schirmmütze und Fahrrad, in seine unberührten Lebensräume zurückkehrt und wohl bald, anstelle der Urga, die Fernsehantenne aufrichtet. Die Welt wächst zu einem gigantischen Supermarkt zusammen, der in den luxurierenden Multioptionsgesellschaften real, in den Schwellen- und Entwicklungsländern auf den Bildschirmen und in Touristen aus Erstweltländern reservierten Sperrmeilen aufgeblendet wird. Schon Kolumbus hat nicht nur Beulen, sondern auch Kulturen und Erwartungen transportiert.

Das Teilhabe-Programm ist das Herz aller politischen Programme. Ohne dieses läuft Politik leer wie ein Computer ohne Befehl. Selbst die Beschwörung einer Politik, die sich auf die Bedingungen der Möglichkeit eines friedlichen und freien Zusammenlebens bezieht, kann sich wieder nur auf den zweiten Punkt, auf die Universalisierung der Teilhabe an den in einer Gesellschaft verfügbaren Handlungsmöglichkeiten, beziehen. Wenn die kulturelle Wahrheitsreligion ins Transzendente, Verrückte, Phantastische, Leidenschaftliche, ja Gewalttätige reichen darf (vgl. Safranski 1990, S. 208), so muß der transzendentale Rahmen der Politik die Bedingungen der Möglichkeiten einer solchen Kultur schaffen. Diese entfesseln aber gleichzeitig einen Realisierungswillen, *der nirgends* haltmacht. In einer Gesellschaft mit durchlässigen Grenzen zwischen Kulturen, Lebensbereichen, Phantasien und ihren Realisierungen muß der transzendentale Rahmen für alles gelten. Alle Wirklichkeitsbereiche, auch die Katakomben und Folterkeller, werden sich in entfesselte Disneyländer verwandeln, in denen alles Unmögliche möglich und alles Mögliche wirklich werden will.

Die religiösen Wirklichkeiten, jenseitige heilige Kosmen, sind mit der Säkularisierung wie Gletscher abgeschmolzen. Das Schmelzwasser ist in die Täler geströmt und versickert, die Religion wurde unsichtbar und stückchenweise privatisiert. So gibt es auch keinen heiligen Kosmos einer kulturellen Wirklichkeitsregion mehr, in der alles erlaubt wäre, was sonst nicht erlaubt ist. Die Vorstellung einer sublimen Sphäre, in der Verdrängungen und Wünsche wie in einem Kristall zusammenfließen und aufgehen und – imaginär – ausgelebt werden können, stammt aus dem freudianischen Zeitalter. Nicht Sublimierung, auch nicht repressive Sublimierung, sondern *Realisierung* der Teilhabe heißt die zeitgemäße Devise. Im Götterdämmerungsmythos der Alten Welt ist der Sonnengott Osiris durch seinen finsteren Gegner Typhon zerstückelt worden. In jedem einzelnen Menschen liegt ein Stück begraben. Der Osiris-Mythos nimmt Baudrillards fraktales zersplittertes Subjekt exakt voraus. Osiris ist die Transzendenz, diese ist in unendlich viele Fragmente zerbrochen, aber in jeder Scheibe ist das ganze Universum enthalten (vgl. Baudrillard 1989, S. 113).

Der 6. Januar, bei vielen Völkern der alten Welt der höchste Feiertag, ist im christlichen Weltbild das Erscheinungsfest, das Fest der Epiphanie. »Epiphanias« heißt Lichterscheinung von oben, Offenbarung eines göttlichen Hintergrunds durch eine Lichterscheinung. Die moderne Epiphanie ist *privatisiert* und *pulverisiert*. Kein Stern führt durch die Welt von einem Äon zum anderen. Tausend kleine Sternlein leuchten, nein, fallen wie die *Sterntaler* in Grimms Märchen allen an den Äther Angeschlossenen in den Schoß. Der zerstückelte Osiris wird im Götterdämmerungsmythos der alten Welt in den Herzen begraben. Dereinst in der Zukunft, das war die Gewißheit der alten Völker, wird Osiris auferstehen, dann werden himmlische Liebe und irdische Leidenschaft verschmelzen. Die Postmoderne hat diese Zukunft Wirklichkeit werden lassen. Überall in den Herzen motten die Osiris-Stücklein. Sie sind der Stachel im Fleisch, die täglich verabreichte Injektion. Sie dienen freilich nicht der Ruhigstellung, sondern dem *Aufputsch*. In einer Einführung in östliche Weisheiten wird der Alterungsprozeß damit erklärt, daß die Hypophyse ab dem Einsetzen der Pubertät damit beginnt, ein Todeshormon zu produzieren (Kelder 1989, S. 8). Eine buddhistische Lehre besagt, daß bei unserer Geburt in weiter Ferne ein Bogen gespannt und ein Pfeil auf uns abgeschossen wird – der Tod tritt ein, wenn er uns erreicht. Irgendein Indianerstamm tötet seine Feinde, indem ihnen ein kleiner Span in eine Öffnung getrieben wird: die innerliche Infektion bringt einen langsamen und qualvollen Tod mit sich.

Der Stachel, das Todeshormon, der Pfeil, der Span – archaische Bilder für das irdische Getriebensein! Qualvolles und dennoch glückliches Sterben vor einer Himmelspforte gibt es nur noch in den katholischen Kinderbüchern. Das Sterben ist heute eine finale Mobilmachung, ein Aufbäumen gegen den Tod. Die Mobilmachung erfolgt psychotechnisch und auf der Intensivstation. Die Infektion ist eine geistige Ansteckung, der Stachel sitzt in der Seele und im Fleisch, umgeben von ineinander verfließenden Wirklichkeiten, die nicht einen unterschiedlichen ontologischen Status haben, sondern nur unterschiedlich realisiert sind. Dabei sind die materiellen, die körperlichen und fleischlichen Gelüste keineswegs archaisch oder sekundär – und sukzessive durch virtuelle Realitäten substituier- oder kompensierbar. Die telematisch geöffneten mentalen Paradiese und Universen senken Pfeile in unsere Körper. Der heilige Sebastian wurde während seiner Marterung mit einem Pfeilhagel so überschüttet, daß er, so die Heiligenlegende, aussah wie ein Igel. Könnte man die wie Pfeile in uns tagtäglich eindringenden Informationen sehen, sähen wir ebenso gespickt aus.

Die Bildweltenparadiese am Fernsehen und in den Illustrierten sind nicht, wie die musizierenden Engel von Fra Angelico im Museum San Marco in Florenz, Gegenstände der Andacht und Verehrung, sondern Aufforderungen zur Realisierung. Sie halten den Konjunktiv aufrecht und sei es, wie bei den endlosen Waschmittelspots, die neue Welt der Sauberkeit! Die Straßenzüge in Leipzig, die man mit aufmerksamem Blick auf eingetretene Veränderungen auf der Fahrt vom Flughafen mustert, scheinen noch ähnlich verrottet, aber mit Parabolantennen aufgerüstet. Über die wie bettelnde Hände in den Himmel gereckten weißen Schüsseln wird die weite Welt in die finsteren Wohnzimmer hineingesogen, nicht als Ersatz, sondern als Aufforderung, diese Weltbilder zu realisieren. »Big dish, small house«, unvergeßlich das erste Bild in einem amerikanischen Fotoband (Graham 1987), eine riesenhafte Parabolantenne, in ihrem Schatten ein kleines Haus, kleiner als die Antenne! Die mentalen Paradiese werden nicht nur vom Massentourismus der Seele heimgesucht (Prehn 1991), sondern der Massentourismus sucht die mentalen Paradiese allüberall. Die Energien lassen sich nicht mehr unter Glasglocken einschließen, noch lassen sie sich in Mentaluniversen entschärfen. *Die multimediale Simulation der Multioptionsgesellschaft stimuliert.* Die dreidimensionalen, computersimulierten Monitorwelten, die unter dem Namen *Cyberspace* auf den Markt drängen, vertiefen zwar den häuslich-solitären Freizeitpfad, sind jedoch letztlich Schrittmacher nicht-virtueller Realisierungen. Je länger der Aufenthalt in ihnen, desto größer die Unzufriedenheit.

Früher oder später schwingen sich die Flugschüler aus den Simulatoren, setzen sich in ein echtes Flugzeug und entschwinden in den Lüften. Früher oder später, daran besteht wohl kaum ein Zweifel, entledigen sich die autoerotischen Paare ihrer Cybersexanzüge, die 1995 auf den Markt kommen sollen, und begeben sich in den schmerzlichen und archaisch-blinden Geschlechterclinch. Es gibt eine Kluft, eine Differenz zwischen gelebtem und simuliertem Leben, und diese will verringert, übersprungen sein. In der mentalen Raumfahrt wird das Individuum nicht betäubt und stillgelegt. Es bewegt sich energiegeladen vom Fiktiven zum Faktischen. Die Entdeckungsreisen von Kolumbus finden heute auf den Bildschirmen statt. In den meisten Lebensbereichen existieren keine unüberwindbaren Mauern mehr zwischen Phantasie und Realität, zwischen Mentaluniversen und Realuniversen. Die von Freud entdeckten hysterischen Störungen sind weitgehend verschwunden. Die Sexualmoral des viktorianischen Zeitalters hat sie hervorgerufen; seit diese erledigt ist, ist auch diese Art von Hysterie beerdigt. Die Beziehungen zwischen sexuellen Verdrängungen und hysterischen Reaktionen ist in eine Beziehung zwischen sexuellen Wünschen und lebenspraktischen Realisierungen transformiert. Was irgendwo gesehen, gedacht, geträumt wird, will und kann auch ausgelebt werden. So beherrscht die aggressive Realitätsdefinition nicht nur das Wirtschaften, sondern das private Miteinander, transformiert dieses in *Gegeneinander*.

Was Wunder, wenn sich die finalen technischen Projekte und Wünsche in einem letzten Steigerungswillen auf den doppelten *Exodus* einrichten, auf die *Auswanderung aus dem Körper* und das *Verlassen dieser Erde*. Welt wie Körper sind angstmachend. Die Erde ist, wie der Leib, Patient. Der blaue Planet erscheint mit seinen Rodungen, Bränden, Verwüstungen, Erdölteppichen und Giftwolken als Objekt, von dem man Abstand nehmen kann und Abschied nehmen muß. Das Verlassen der Welt, des Erdplaneten, will dem Treibhauseffekt, dem Ozonloch, der fortschreitenden Vergiftung und der sich abzeichnenden Anarchisierung, der Schlacht um die restlichen Vorräte des Planeten Erde und der Barbarisierung, dem drohenden Globalsuizid entgehen. In den Kampf um die restlichen Vorräte des Planeten, die man sich heute noch im sicheren Gehege der westlichen Industrieländer wie von außen anschaut, will man sich, wenn er sich auf diesen Kontinent verlagert, nicht hineinziehen lassen. Der blaue Planet wird zum *Managementobjekt*, nicht nur, um ihn bewußt zu gestalten, sondern um ihn zu *verlassen*. James Irwin, der 1971 die Apollo 15 flog, hat den – heute mit dem Satellitenblick aufwachsenden Kindern vertrauten, damals aber dramatischen – Bruch der Wahrnehmung beschrieben: »Die Erde erinnerte uns an eine in der Schwärze des Weltraums aufgehängte Christbaumkugel. Mit größerer Entfernung wurde sie immer kleiner. Schließlich schrumpfte sie auf die Größe einer Murmel« (Sachs 1993). Wie weit das Projekt der extraterrestrischen Emigration auch immer gediehen ist, die Identität ist *intergalaktisch* definiert (White 1993); es eröffnet einen mit jenem »Noch-Nicht« erfüllten Raum, der auf dieser Welt, wo es enger und enger wird, sukzessive verlorengeht. Ganz abgesehen davon, daß sich so eine müde gewordene, lustlose und, wie Fukuyama befürchtet, im endlosen Lösen von technischen Problemen sich langweilende Gesellschaft aufzehrt.

Die andere Exodusmöglichkeit, das Verlassen des Körpers, ist seit dem Christentum in das Großprojekt westlicher Zivilisation eingebaut (Moltmann 1985, S. 248 ff.). Die Disziplinierung und Kasteiung des unsere Beweglichkeit einschränkenden, lästigen

Körpers findet heute nicht mehr auf Gebetsschemeln, sondern im Fitneßstudio statt. Mit der Abtötung der körperlichen Begehrlichkeiten wird zugleich das Angstmachende des Körpers, seine Verletzlichkeit liquidiert. Seine Räumung hat, wie die Räumung des Planeten, längst begonnen. Die technische Produktion künstlicher Organe und Körperteile drängt nach Vollersatz, und Moravec' (1989) Vorstellungen von körperloser, auf Maschinen kopierter Intelligenz drängen nach Realisierung. Aber interplanetarischer Exodus und Abkoppelung des Körpers lassen die modernen Risiken in einem anderen Lichte erscheinen. Die Erde als Endlager und der Körper als Hülle unsterblichen Geistes (nicht wie in der Genetik als sterbliche Hülle unsterblicher Gene)! Beides Projekte, die ins Unendliche weisen, in eine *unendliche Galaxis* und in eine *Unendlichkeit des Geistes*. Der Fortschrittsgedanke erfährt eine Steigerung, keine Veränderung. Die Unrast nimmt zu, nicht ab.

Auch die sich auf unseren Planeten beschränkenden Therapien setzen auf den Fortschritt. Wachstum will sich in qualitatives Wachstum verwandeln. Nach der Erfindung des Ackerbaus und nach der industriellen Revolution ist, so Meadows und Randers in ihrem letzten Buch über die neuen Grenzen des Wachstums (1992), die Menschheit zu einer gigantischen Umwälzung aufgerufen: zur Rettung der Umwelt. Wohl jenen, die daran glauben, daß das Steuer herumgerissen werden könne! Wohl jenen, die sich öffentlich um die Naturbasis der Industrienationen sorgen, globale unternehmerische Perspektiven für Entwicklung und Umwelt verkünden, aber und in Wahrheit ihr Interesse an Wachstum nur leicht umlagern und dazu noch gleichzeitig ihren Reichtum vor den Armen dieser Welt auffahren. Daß die Differenz anschaulich gemacht wird, gehört eben zur inneren Logik des Differenzminderungsprojekts. Gerade das katholische Mittelalter mit seinen barocken Himmelfahrten und Höllenstürzen hat das Bewußtsein für das andere, für die Differenz *geschärft*. Aber niemand wird im Ernst glauben, daß diese in gepflegten Konferenzen gefaßten und mit ernsten Mienen in den obersten Stockwerken der Gesellschaft verkündeten Parolen das globale Differenzminderungsprogramm abschwächen oder gar umkehren.

Im Kleinen wie im Großen, vom Geflügelkonsum (1991 wurden in der Schweiz 76,8 Millionen Kilogramm Geflügelfleisch konsumiert, das Doppelte wie vor zwanzig Jahren) bis zur Diskussion über den europäischen Wirtschaftsraum, die Europäische

Gemeinschaft oder die Euregio Bodensee wird nicht qualitatives Wachstum, sondern werden gigantische neue Quantitäten von Waren und Gütern mobilisiert. Der steigende Geflügelkonsum wird aller Voraussicht nach nicht aus zusätzlicher einheimischer Produktion befriedigt, sondern durch gesteigerten Transport. Eben sind in der Schweiz die Känguruhs zum Verzehr freigegeben worden. Der kostengünstigste Produzent beliefert uns und Europa mit Tieren, deren Verteilung ein größeres Transportaufkommen und größeres Leiden verursacht. Die öffentliche Sorge um die Naturbasis der Produktion realisiert die Schattenseiten der Zivilisationsdynamik. Der Grundkonsens über die Notwendigkeit eines weiteren Wirtschaftswachstums ist überhaupt nicht gefährdet. Im Dutzend sind die Bücher zu haben, die wirtschaftliche und unternehmerische Strategien für die ökonomische Kriegsführung anbieten – dreist und ohne Rücksicht auf die Folgen. Allen Ländern der Erde ist beizubringen, wie man »einander statt mit Bomben, Gewehren, Panzern und Raketen mit Qualitätsprodukten und Qualitätsdienstleistungen attackiert« (Burrus 1994, S. 426). In diesem Dritten Weltkrieg werden, es kommen die Tränen, »alle kriegsführenden Länder gewinnen« (ebd., S. 241; in diesem Sinne auch Thurow 1993). Eben dringt, von einer Festkapelle gespielt, die dazu passende Begleitmusik den Rosenberg hinan: »*Wir kommen alle, alle, alle in den Himmel, weil wir so brav sind...*« Der kleinste Bub hat es an den Fußballweltmeisterschaften mitbekommen, daß es keine Wettbewerbe ohne Verlierer gibt! Wenn weniger Wachstum erreicht wird, dann nicht aus Einsicht in »Limits of Growth«, sondern weil es nicht mehr gelingt! Da darüber hinaus auch immer neue Vorkommen an nicht-regenerierbaren fossilen Energien von den Experten und Energiekonzernen ausgemacht werden, erscheinen die Grenzen des Wachstums und die damit verbundenen düsteren Gemälde vom »Ausgehen aller Lichter« selber fossil; ganz zu schweigen von den erneuerbaren Energien wie der der Kernkraft, der Wasser- und Windenergie und dem Potential der »ewigen« Sonnenenergie. Was Friedrich Dürrenmatt in einem Gespräch zum Nationalfeiertag der Schweizer formulierte, nämlich, daß es dem Schweizer früher, während des Zweiten Weltkrieges, um die Freiheit ging, jetzt aber um Limousinen (Häsler 1966), das hat heute für die Ostdeutschen und für die Chinesen Gültigkeit. In Paris und Zürich, in Thailand und auf den Kanaren können jetzt die Sehnsüchte der ins okzidentale Programm Eingemeindeten erfüllt werden. Wenn die Chinesen im gleichen Maßstab wie die westlichen Länder ihre Bevölkerung vom Fahrrad auf das Auto umsteigen lassen (schon 1992 steigt die Zahl der Autos an einem Tag, es ist kaum zu glauben, weltweit um 140000 an), dann schreitet dort nicht nur das Wachstum, das gegenwärtig bei neun Prozent liegt, mit Siebenmeilenstiefeln voran, sondern auch die Zerstörung der Ozonschicht, der Wälder, der Ackerböden, der Trinkwasserreserven, der kulturellen Traditionen und Selbstverständlichkeiten.

Entscheidend ist die *unendliche Reichweite* dieser Entwicklung. Nicht Entwicklung, sagte Gottfried Benn, sondern *Unaufhörlichkeit* wird das Menschheitsgefühl des kommenden Jahrhunderts. Die Markwirtschaft produziert und verbreitet bekanntlich in ihrer Eigenschaft als Wettbewerbswirtschaft eine permanente Stimulierung und Forcierung von Unterschieden und Ansprüchen. Sind die Wachstumslokomotiven scheinbar eingeholt, sind sie, wie in der Geschichte vom Hasen und vom Igel, wo der Igel immer bereits wieder weg ist, wenn der Hase herankeucht, schon wieder entschwunden und wollen erneut eingeholt werden. Die Triadenmärkte spielen selber Hase und Igel mit wechselnden Rollen. Während die einen (etwa Thurow 1993) Europa vorn, das »europäische Haus« dem »übrigen Rudel« davonsprinten sehen (ebd., S. 283), sind es für andere die ostasiatischen Tiger oder gehört das 21. Jahrhundert den USA. Die zivilisatorische Dynamik verschärft sich aufgrund des kompetitiven Wettbewerbs zwischen den Triadenmächten. Zwangsläufig werden die Differenzen zwischen den Triadenmächten und dem Rest der Welt größer. Wer als Unternehmen, als Nation, als Kontinent im Sinne der Devise handeln würde, so zu produzieren, daß auch die künftigen Generationen auf diesem Planeten leben könnten, also sorgsam und überlegt, ohne die Umsätze und Gewinne des nächsten oder des übernächsten Jahres im Auge zu haben, würde schnell von der Insolvenz erreicht. Der Weltmarkt würde solche Kontinente, Nationen und Unternehmen ausschalten. Nicht nur die Unternehmen werden in einen gnadenlosen Wettbewerb um wachsende Umsätze und Einkommen gezwungen, sondern Nationen, die Triadenmächte, die Kontinente. Es geht letztlich um die Existenz der Bevölkerung und ihrer Erwerbstätigen und die Aufrechterhaltung der wohlfahrtsstaatlichen Leistungen, die sie wiederum brauchen, um die Existenz ihrer Arbeitnehmer zu sichern; nicht nur das Staatswesen ist als Fiskus besorgt darüber, daß das Bruttosozialprodukt steigt, damit wenigstens die gleichen Leistungen aufrechterhalten werden können, auch Volkswirtschaften und Kontinente stehen miteinander im Wettbewerb.

Aber der Markt ist lediglich der wirtschaftliche Ableger einer weit *breiter* und *umfassender* angelegten Wachstums-, Steigerungs- und Differenzminderungsprogrammatik. Deshalb ist jedes Rezept zur Rettung der Natur, das sich nur auf ihn bezieht und nur seine Kraft in geregelte Bahnen lenken will, letztendlich *untauglich*. Wie sich die Optionensteigerung auf alle Lebensbereiche, alle Sinnbezirke und alle Seinsebenen bezieht, werden Erwartungen und Ansprüche weit über den güterlichen Bereich hinaus, und keineswegs kompensatorisch, stimuliert und forciert. Es sind nicht die Positionsgüter und auch nicht das Geld, welche das Wachstum grenzenlos machen. Die mentalen Beliebigkeiten und Potentialitäten schaffen einen Realisierungsdruck bis hinauf zum letzten Bergbauern und bis hinunter zum letzten Kindergärtler. Ökonomen und Ökologen wollen im Prinzip das gleiche, nämlich Mehr. Alle sind getrieben von einem, wie es Löwith einmal genannt hat, *fortschrittsfatalistischen* Wollen nach Mehr und Besser. Jede Zeitung, die man aufschlägt, ist eine – je nach Gesichtswinkel – erfreuliche, grausliche oder kuriose Ansammlung von Beispielen. Die Kioske sehen aus wie Vorhöfe zur Hölle oder zum Himmel, je nachdem worauf man die Augen richtet. Sie enthalten ein Dauerbombardement von Neuerungen, rekordverdächtigen Taten (und Untaten!) und furiosen Ideen. Die Zeitungen machen den Eindruck von Eintragungslisten und Anmeldelisten für das Guinness-Buch der Rekorde. Daß in Kenia ein Knabe von einem Tiger gefressen, ein Mann vom Himmel in einen Pariser Vorgarten gestürzt ist, in Kalifornien ein zum Tode verurteilter Hund begnadigt worden ist, in der Nähe Berns eine drei Kilometer lange Cremeschnitte hergestellt oder im Atlantik ein Taucher von einem Ansaugrohr verschluckt wurde, sind noch unscheinbare Titel gegenüber jenen, die uns als Primeurs an den Kioskaushängen entgegenleuchten.

Alles ist zu steigern, von der Schnelligkeit der Informationsübermittlung der individuellen Selbstbestimmung, den Dialogmöglichkeiten bis zur Härte und Schärfe der Geschichten und Photographien. Und überall, die Teilhabe darf nicht zurückbleiben an Schnelligkeiten, Rechten, Selbstbestimmung – man kann nehmen was man will! *Alles hat zu wachsen*: von den Bibliotheken bis zu den Konsummöglichkeiten. *Alles muß besser werden*: vom Mountainbike bis zur elektrischen Zahnbürste. *Alles ist zu maximieren*: die Qualität des Unterrichts, die Pressefreiheit, die Gelegenheiten zum Lernen. *Alles ist zu wissen, was man nicht weiß.* Über alles ist zu reden, worüber man noch nicht geredet hat. Alle politischen Lösungen aller öffentlichen Fragen sind Verteilungskämpfe um das *Mehr*. Alle wirtschaftlichen Antworten auf die wirtschaftlichen Probleme basieren auf dem Mehr. Alle Auswege im privaten und häuslichen Bereich, welche die Lebensberater uns andienen, ebenfalls. Mehr verstehen, mehr informieren, mehr erziehen, mehr lesen, mehr denken, mehr wissen, mehr bilden, mehr diskutieren, mehr lieben. Mehr Aufarbeitung, mehr Selbstbefragung, ein endloser Boom des Mehr! Was Hans Küng über das Projekt »Weltethos« schreibt, hört sich wie eine Zusammenfassung im Namen des Mehrgottes an: »Wir brauchen Menschen in allen Kontinenten, die sich bezüglich der Menschen anderer Länder und Kulturen besser informieren und orientieren..., die versuchen, die Menschen als Partner ganzheitlich zu sehen..., mehr gegenseitige Information, mehr wechselseitige Herausforderung, mehr allseitige Transformation in der gemeinsamen Suche nach der größeren Wahrheit..., innerreligiösen Dialog auf allen Ebenen und in allen Formen..., intensivierte, institutionelle Kontakte und bilaterale Beziehungen...« (1990, S. 167ff.). Waren die Religionen nicht eher Begrenzungs- als Steigerungsversuche? Wäre nicht eine Konvergenz im Weniger statt im Mehr notwendig?

Die Rechnung geht nie auf

Daraus resultieren nun die zentralen Fragen und Probleme, die die modernen Multioptionsgesellschaften, wie weit sie immer realisiert sind, und ihre mehr oder minder glücklichen Bewohner quälen. Viele, ja die meisten sind sich einig, daß es nicht im gleichen Maßstab und im gleichen Tempo weitergehen kann, ja, daß ein neues Verständnis des Möglichen unumgänglich, zu einer Überlebensfrage der Menschheit geworden ist. In diesem Sinne werden qualitatives Wachstum und nachhaltige Entwicklung als Grundlage globalen Denkens und nationalen wirtschaftlichen

Handelns angemahnt. Langsamkeit will entdeckt, ein Tempolimit befohlen, Überschaubarkeit ins Zentrum der Lebensführung gestellt werden. Gleichzeitig wird aber die wirtschaftliche Hilfe eher kleiner als größer, wird die Zahl der unterstützten Länder im Zeichen der Konzentration verkleinert, bringt die Liberalisierung des Welthandels für die ärmeren Länder mehr Nachteile als Vorteile, werden ganze Kontinente wie Afrika abgekoppelt und von der Hilfeagenda gestrichen, werden die Differenzen nicht kleiner, sondern größer.

Aber offenkundig und ohne jeden Zweifel erscheint es ganz unmöglich, daß jene drei Viertel der Menschheit, die nicht auf der Höhe luxurierender Multioptionsgesellschaften leben, einmal deren Höhe erreichen können. 1,1 Milliarden Erdenbürger leben in völliger Armut. Sie haben mit einem Dollar pro Tag auszukommen. 15 Prozent der Ersten Welt verbrauchen 50 Prozent der Weltressourcen. Die erste Welt explodiert technisch, der Rest bevölkerungsmäßig. Die Erdbevölkerung wächst täglich um fast 300000 Menschen. *Die Rechnung geht – individuell und gesellschaftlich – nie auf.* Die sogenannte aufholende Entwicklung ist ein Jahrtausend-, ein Unendlichkeitsprojekt, nicht nur global, sondern auch lokal. Aber alle haben Blut geleckt, haben die Schaufenster der Multioptionsgesellschaft zumindest auf dem Bildschirm gesehen. So sind alle Gesellschaften Multioptionsgesellschaften, auch wenn sie die Mittel nicht oder noch nicht besitzen, alle gesellschaftlich eröffneten Optionen zu realisieren. Die Freiheit erhält für jene, die sie nur sehen und denken, sogar einen größeren Wert als für jene, die in allen Lebenssphären ihrer teilhaftig sind. Entgegen weit- und weit nach oben verbreiteten Meinungen (vgl. für viele Rawls 1992) ist der entscheidende und einschneidende Vorgang *die Freiheit des Denkens*. Deshalb lassen die Unterprivilegierten sich nicht mehr auf »nicht produktive« Produkte, auf das Schnitzen von Masken und magische Praktiken verpflichten. Die Pflege der Ahnengärten und Götter erfolgt auch für sie in den Museen. Die Palästinenser, die endlich zur Ruhe kommen, wollen nun im Libanon Skiferien verbringen und mit dem eigenen Auto auf dem Landweg zu einer Europareise aufbrechen (*Neue Zürcher Zeitung*, 27. Dezember 1993). Schon leben weltweit 125 Millionen Menschen im Ausland. Zwischen 20 und 30 Millionen befinden sich, je nachdem wie man es betrachtet, auf der Flucht oder auf dem Marsch in Gelobte Länder.

Wenn die moderne Wachstumskritik auf die versteckten, nicht

bilanzierten Kosten des Wachstums abhebt, die ab einem bestimmten Punkt die Erträge übersteigen, so mag das zwar auf einer ökonomischen Argumentationsebene einsehbar sein. Wenn darauf hingewiesen wird, daß die verstärkte Konkurrenz und Rivalität um gesellschaftlich knappe Güter zu wachsenden Zeit- und Nutzungskosten führt (wenn alle auf den Zehen stehen, kann niemand weiter sehen!), so trifft auch dies, wie wir alle aus eigener Erfahrung wissen, zu. Aber aus dieser Einsicht resultiert, nicht nur für jene, die noch nicht alles haben, überhaupt *keine Bremsung* des gesamtwirtschaftlichen Prozesses. Im Gegenteil, immer neue Energien werden eingesetzt, um entweder Stelzen, Leitern und Hochstände zu entwickeln, auf denen man noch einmal weiter sieht, oder um Bodenminen zu legen, die dem Konkurrenten die Beine wegreißen. In immer schnellerer Kadenz werden Wachstumsmodelle entworfen und verabschiedet, die einerseits die Optionen erneut steigern, andererseits die Differenzen vermindern helfen sollen. Schon in zehn Jahren, so glauben am dritten Jahrestag der Deutschen Einheit fast zwei Drittel aller Deutschen, geht es Ost und West gleich gut (*Die Woche*, 30. Sept. 1993). Unterdessen wird zwar nicht von einem Jahrtausend-, aber von einem Jahrhundertprojekt geflüstert. Die wenigen Länder, die, wie derzeit China, zur Aufholjagd ansetzen, lehren die Erste Welt – gerade mit der Differenz – das Fürchten. Millionen ehrgeiziger und hungriger Konkurrenten in Fernost ziehen den reichen Industrieländern die Arbeitsplätze und Produktionsstätten weg. Dafür sind in den 24 reichen OECD-Staaten über 30 Millionen Menschen auf Arbeitssuche.

Die *Krise* des Fortschritts-Paradigmas ist im Verhältnis zwischen der Ersten und der Dritten Welt bereits da. Der Versuch, die Drittweltländer auf das Niveau der Ersten Welt heraufzumodernisieren, führt unter den gegebenen Umständen allen Voraussagen nach zum ökologischen Kollaps. Was die Erste Welt für die Dritte Welt will, *darf sie gar nicht wollen* (Eppler 1993, S. 38). Dennoch halten die Industrieländer an den internationalen und interkontinentalen Konferenzen und Kongressen verwegen und entgegen besserem Wissen am Differenzminderungsprogramm fest. BMW wird gerade von hochkarätigen Wissenschaftlern, die grünes Blut in den Adern haben, empfohlen, den chinesischen Markt aufzustemmen. Rolls-Royce baut, wie heute mitgeteilt, in China Servicezentren auf. Die Anzahl der täglich weltweit produzierten

Automobile (140 000) kann mit dem Wachstum der Weltbevölkerung (280 000) noch überhaupt nicht mithalten. Die durch Abgabevorschriften erreichten Reduktionen sind, nicht nur unter schweizerischem oder bundesdeutschem Blickwinkel, sondern auch unter europäischem, im Weltmaßstab nahe Null. Spezialitäten aus dem fernen China gehören zum Alltag. Die, wie gerade am Radio benannt, »Megawachstumsmaschine Asiens« will ihrerseits unsere Spezialitäten früher oder später auf ihrem Speisezettel. Allein die in der chinesischen Wirtschaft erreichten Wachstumsraten machen Umweltbemühungen, etwa was die Senkung von Schadstoffmengen betrifft, zur Donquichotterie. Einfachste Rechnungen führen zum immer gleich desillusionierenden Resultat. Jeder Fortschritt im Umweltschutz wird täglich, stündlich rückgängig gemacht durch die vervielfachte Inbetriebnahme von neuen Motoren. Die offene Zirkulation aller Informationen in offenen Gesellschaften wird das ontologische Desaster einer Fortschrittsprogrammatik, welche die haus- und unternehmenseigene Öko-Bilanz verbessert – aber tagtäglich eine globale Verschlechterung der Bilanz in Kauf nimmt, früher oder später durchsickern lassen. Der Schäfer in den Pyrenäen, dem man, wie Baudrillard schreibt, »Faseroptik, Kurzwellensender und Kabelfernsehen angedreht hat« (1986, S. 82), wird dazu ebenso beitragen wie die in immer schnelleren Rhythmen sich folgenden akademischen Reports über den Zustand des »Raumschiffes Erde«.

Die *empirische Desillusionierung* über die wahren Perspektiven aufholender Entwicklungen zwischen Kontinenten, Ländern, Ethnien, Gruppen, Geschlechtern, Individuen, hat noch andere Gesichter. Sie betrifft keineswegs nur die Güterseite, auch wenn diese die sprechendste ist! Und sie betrifft auch keinesfalls nur die Weltsozialfälle Dritter und Vierter Welten und die in ihnen um ihr Überleben kämpfenden Millionen. Die Desillusionierung nimmt auch *innerhalb* der luxurierenden Multioptionsgesellschaften zu. Das gute Gewissen, das Steigerungsprojekt mit der Begründung voranzutreiben, den Darbenden mehr zu geben, schwindet alsbald, wenn die Differenzen nicht vermindert, sondern – paradoxerweise – über die Hilfe noch vergrößert werden. Der Beispiele gibt es genug und allenthalben. Dem Leser der Regenbogenpresse wird, ob empirisch nachweisbar oder nicht, tagtäglich eine Vergrößerung der Differenzen eingehämmert. Ganz abgesehen davon, wie schon von Tocqueville bemerkt, daß das Verlangen nach

Gleichheit immer unersättlicher wird, je vollständiger die Gleichheit selbst ist. Wie immer und wie lange immer sich Inseln der Seligkeit in den Ursprungsländern des Steigerungsprojekts gegen die Verlierer, Flüchtlinge, Illegalen mit Hilfe der Planetenpolizei aussparen und bewahren lassen, die schwindenden Verteilungsspielräume aufgrund eines nicht mehr wie eine Dampfmaschine anzuheizenden wirtschaftlichen Wachstums entfesseln auch hierzulande angstmachende, endogene Potentiale: Gewalt, Vandalismus, Kriminalität, Zerstörung und Selbstzerstörung. Der weiche Multikulturalismus der Kirche verwandelt sich in den *harten* der Straße (Osten 1992, S. 861). Auch hier ist die materielle Seite (neben der kriminellen) nur die anschaulichste, die am leichtesten lesbare. Nicht nur schließen sich, wie in vielen amerikanischen Städten, die Reichen und Glückseligen in ihren Bezirken und Villen hermetisch ab oder liften sich – so Barbara Ehrenreich (1992) – mittels städtischer Skywalks in eine wetterunabhängige eigene Welt und überlassen die Straßen den Armen und Farbigen. Sie grenzen auch die Bezirke des Geistes ab.

So entstehen auch in den luxurierenden Multioptionsgesellschaften in wachsendem Ausmaß Verliererregionen und -zonen, die nur noch mit dünnen Adern an ein zunehmend versiegendes staatliches Geldpumpsystem angehängt sind (vgl. Kurz 1991, S. 229 ff.). Es gibt zwar die geschlossenen Bezirke des Wissens und die Skywalks auch in exklusiven Mentalwelten und Sinnbezirken. Das Fernsehen wird aber das Bewußtsein für die Hermetik solcher Welten weiterhin schärfen und sowohl panische wie aggressive Reaktionen auslösen. Daß es zu keiner Kapitulation vor dem Gegebenen kommt, sondern zu *Eskalationen*, ist unter dem Diktat der propagierten Differenzminderung unschwer vorauszusagen und wird von Südafrika bis Los Angeles, von Südamerika bis Moskau vordemonstriert. Die Tötung von Cris Hanis oder die Mißhandlung von Rodney King, die Türkenmorde in Solingen oder die Eskalationen in Bad Weiden sind die breitenwirksamen, die Verachtung kanonischer Werke »toter Europäer« (wie Shakespeare oder Dostojewski) durch die radikalen Multikulturalismen die intellektuellen Belege einer zunehmenden gegenseitigen Separierung und Aufstachelung.

Verdeckt noch werden die Konturen einer wirklichen Nach-Moderne sichtbar, wenn die realisierten Multioptionsgesellschaften, wegen des Schutzes der natürlichen Lebensgrundlagen und der unverzichtbaren Ressourcen nicht, *nicht mehr*, als nachahmenswertes Modell für die auf die Zukunft vertrösteten Entwicklungsländer zu gelten haben (vgl. Leitbild Nord-Süd des Schweizerischen Bundesrates, 1994, S. 15), trotz nachhaltiger Forderung, die Hilfeleistungen an die Durchsetzung von Demokratie und Markt zu knüpfen. Andererseits wird in der Unendlichkeit des Fortschritts, im internen Wachstum, von den gleichen Nationen das Steigerungsprojekt bruchlos, linear weitergetrieben und werden mithin die internationalen Differenzen nicht verkleinert, sondern ebenfalls vergrößert. Insofern die wirtschaftliche Wachstums-, Steigerungs- und Teilhabeprogrammatik eben nur ein Ableger einer inhärenten, tief im Innern der modernen Gesellschaften und im Innern des modernen Menschen pochenden und vorwärtstreibenden Fortschrittsidee ist, kann nicht gelingen, wenn man es auch noch so ernsthaft wollte, auf dem wirtschaftlichen Nebenschauplatz eine ins Innere der Gesellschaften und einen in die Tiefe des Menschen hinabreichende Dämpfung und Bremsung zu erzielen. Denn was wachstumskritisch als Vernutzung und Zerstörung der natürlichen Grundlagen bedauert wird, hat im Kulturellen und Kognitiven ein wenig beachtetes Äquivalent, es sei denn, es handle sich um sicht- und faßbare Kulturgüter. Weltkulturgut ist aus Stein, nicht aus Geist. Schutzgebiete für immaterielle Werte haben wir nirgends entdecken können. Das kulturelle Rot-Kreuz-Bewußtsein ist – anders als im ökologischen Bereich (vgl. Beck 1993, S. 245) – noch nicht erwacht, und wo es sich regt, wird es niedergemacht. Alles weint, wenn Zeugen der Vergangenheit ein Raub der Flammen werden – sofern es sich um Brücken, Opernhäuser, Kirchen handelt. Aber alle freuen sich, wenn der ihnen innewohnende Geist, vom tradierten Glauben bis zur hierarchischen Ordnung, ausgeräuchert wird. Komitees für den Schutz überkommener geistiger Ordnungen gibt es nicht.

Was kulturkritisch als metaphysische Heimatlosigkeit und Orientierungslosigkeit bezeichnet wird und in vielerlei Hinsicht Gefahren und Ängste heraufbeschwört, läßt sich kulturoptimistisch freilich als grandiose Steigerung von Erlebens- und Lebensmöglichkeiten werten (die Kritik miteingeschlossen und miteinvermahnt), als Kontingenzerhöhung einer Moderne, die sich vor nichts und vor niemandem und schon vor gar keiner vergangenen geschichtlichen Epoche zu verstecken braucht. Statt einer Brücke tausend Stege, statt einer Kirche tausend Religionen, statt einer Familie hundert gleichberechtigte Formen des Zusammenlebens. So entwickelt sich die Welt prächtiger und vielfältiger, die Optionen nehmen zu und die Versuche, sie zu realisieren, werden verbissener. Die Multioptionsgesellschaft ähnelt einem stellaren Projektil, das im Begriffe ist, sich aufgrund der erreichten Geschwindigkeit in seine Bestandteile aufzulösen. Und wiederum gibt es, auf der Sonnenseite des Planetenlebens, gute Gründe, in der Unendlichkeit des Fortschrittes und seiner Kritik, in der wachsenden Beschleunigung, im strengeren Fahrtwind, keine ernsten Probleme zu sehen. Gut eingebettet und beschließend, mit Widersprüchen zu leben und mit Paradoxa fertig zu werden, könnte man es dabei belassen, die Dinge, die uns beschäftigen, in einen einsichtigen Zusammenhang gestellt, und das Geschehen, das uns mitreißt, in eine plausible Abfolge gebracht zu haben. In diesem Sinne erscheint ein gemäßigter Skeptizismus, gepaart mit einer milden Auflehnung gegen den faustischen Geist des Abendlandes als valable Möglichkeit, mit dem sich gut leben läßt. *Das Leben ist schwer*, pflegte mein Vater zu sagen, *aber interessant!* Man partizipiert ja nicht nur medial an den andauernden Verwüstungen und Zerstörungen. Man hört ja nicht nur in der Tagesschau den näherrückenden Schlachtenlärm. Das Dauerbombardement mit Ungereimtheiten führt zu einer Senkung der Schwelle für das Erträgliche, für Widersprüche und Paradoxa. Entsprechend wachsen auch die Ansprüche, mehr zu empfehlen als das Ertragen von Gegensätzen, das Einlegen von Pausen, die gnostische Umkehr (vgl. Sloterdijk 1993), die Pneumatik (Macho 1994).

Was tun?

Was tun, die Gretchenfrage der Moderne, sie erschallt vielstimmig und vielmündig. Schon die gestellte Frage zeugt indessen davon, daß in der luftigen Höhe moralischer und ethischer Ansprüche genausowenig mehr gewiß ist. Die Multioptionsgesellschaft hat auch hier mit Wucht Einzug gehalten. Viktor Frankl hat einmal gesagt, daß wir, weil wir nicht mehr wissen, was wir sollen, auch nicht mehr wissen, was wir wollen (1993). Fügen wir hinzu, daß wir *wissen wollen* und daß wir *wissen, daß wir sollen*. Aber das Sollen hat sich einerseits einem substanzlosen Mehr verpflichtet, andererseits aufgespalten in tausend Empfehlungen und Traktate, in führende Stimmen und Mitsänger. Ein Blick in die Literatur und die Sammelbände über universalistische und nicht universalistische Ethiken, über Begründungsversuche, die sich von Gott oder der Natur oder aus der Ligatur herleiten, legt einen raschen Verzicht auf etwas Essentielles und Endgültiges nahe, was Rezepte, Therapien oder nur schon einzuschlagende Marschrichtungen betrifft. Auch hier gibt es keinen letzten Dreh, keine endgültige Lösung. »Wäre jemand imstande, ein Buch über die Ethik zu schreiben, das wirklich ein Buch über die Ethik wäre, so würde dieses Buch mit einem Knall sämtliche anderen Bücher auf der Welt vernichten«, hat Ludwig Wittgenstein notiert (zit. in Wenzel 1994). Und wenn die Welt mit einem Knall zugrunde zu gehen drohte, könnte man Wittgenstein paraphrasierend sagen, das rettende Buch würde nicht geschrieben. Was ist also zu tun und was kann man wollen?

Wer so fragt, gerät schnurstracks wieder ins Zentrum jener Bewegung hinein, die in Frage steht. Die Formulierung von Handlungsanleitungen, Rezepten und Therapien sagt ja zur Dynamik, aus der man Auswege und Schlupflöcher sucht. Sie entzündet sich gerade im Raum von Gegebenem und Aufgegebenem, von Wirklichkeit und Möglichkeit, sie will Wirklichkeitsveränderung und Überschreitung, auch dann, wenn Dämpfung und haushälterischer Umgang mit der Natur angemahnt wird. Auf den Höhen der Akademien und wissenschaftlichen Gemeinschaften spielt sich ein der gesellschaftlichen und wirtschaftlichen Dynamik paralleler »edler« Wettstreit zwischen mehr oder minder komplizierten Standpunkten ab. Die Diskussion über wünschenswerte Zustände und Verhaltensweisen steht unter dem gleichen kalten Stern der Steigerung, unter Aufschub des Wahren und Endgültigen in eine mehr oder weniger ferne, allerdings irdische Zukunft. Deshalb wird nicht nur jede Letztbegründung und Letztaussage im Vergleich mit anderen Möglichkeiten scheitern, sondern den Zugang zu anderen Möglichkeiten eröffnen, also neue Differenzen schaffen (vgl. Luhmann 1993, S. 360). Der Diskurs über die universalistische Ethik (die wie eine Art Krönung euro-amerikanischen Fortschrittsprogrammes erscheint), *eskortiert* das Steigerungsprogramm der Moderne auf einer Seins- und Reflexionshöhe, die die bange Frage laut werden läßt, ob man begriffen haben muß, was ein gutes Leben ausmache, um ein gutes Leben *zu leben*, bzw., wie diese Ideen überhaupt fremden Kulturen, z. B. solchen, welche keinen Keil zwischen Wirklichkeit und Möglichkeit getrieben haben, nahe- und beigebracht werden sollen.

Dem Schweigen der Natur und der Beredtheit der Wissenschaft über sie korrespondiert das Schweigen des Menschen und die Beredtheit der ethischen Diskurse. Wie immer die Diskussionen über Moral, Tugend, eine zeitgemäße Ethik ausfallen, sie demonstrieren auf ihre Weise und mit ihren Mitteln jene endlose Optionierung, die nicht nur alle Lebensbereiche und Lebenssphären erreicht, sondern alle Seinsebenen erklommen und erobert hat. Die lautstark angepriesenen rettenden Einsichten und Rezepte sabotieren, indem sie optional verwandt werden, geradewegs sich selber. Sie setzen auf der kognitiven Ebene voraus, was sie zu bekämpfen suchen. So werden, wo man hinsieht, Rezepte und gleichzeitig Verzichte auf Rezepte anempfohlen. »Jeder Versuch, auf Übereinstimmung und Synthese zu drängen, führt zu neuen Zersplitterungen und Trennungen« (Bauman 1992b, S. 306). Die moderne Gesellschaft hat einen Ausdifferenzierungsgrad erreicht, der die Selbstbeschränkungs- und Selbstbegrenzungsversuche mehr oder minder wirkungslos verpuffen läßt; ganz abgesehen davon, daß man vorzugsweise auf das verzichtet, was man eh nicht haben möchte: Plüschtiere, Hamburger, Pelzmäntel, Schweinefleisch, Cabriolets, die S-Klasse. Verzichtforderungen werden darüber hinaus vor allem an die *schwächsten* und mittellosen Bevölkerungsschichten gestellt, global und in den luxurierenden Wohlstandsgesellschaften selber. Auch das ist Möglichkeit und Resultat einer ausdifferenzierten Gesellschaft. Saturierte Gesellschaften können sich Prinzipien leisten. Wenn von der Katastrophe die Rede ist, die uns global erwartet, wenn wir die Verschwendungsstrukturen luxurierender Wohlstandsgesellschaften in den Ländern der Dritten Welt zu verhindern suchen, so schonen wir uns auf Kosten anderer. Es ist weder dumm noch zynisch, einerseits die Vorstellung einer »One World« zu verkünden, andererseits aber Ungleichgewichte von einem gigantischen Ausmaß zu akzeptieren und etwa von den Drittweltländern die Bereitstellung ökologischer Ausgleichsräume für die von den Multioptionsgesellschaften verantwortete Übernutzung der Welt zu verlangen. Es ist eine Perspektivenfrage. Man bewegt sich entweder in der *Teillogik* unter Absehung von der Gesamtlogik oder *umgekehrt*. Die Selbstbeschränkungs- und Selbstbegrenzungsparole wird nie Anklang im mentalen, geistigen, im kulturellen Bereich finden. Ein Diätvorschlag für das Denken? Anstelle einer Liste körperschädlicher Produkte ein Index geistschädlichen Wissens?

Eine Verzichtforderung, die am liebsten auf Dinge verzichtet, die ohnehin wenig bedeuten, eine Verzichtforderung also, die sich nicht kohärent vom materiellen Verzicht in den immateriellen hinein erstreckt, wird indes sowenig Früchte zeigen, wie die Einschnürung der Füße bei gleichzeitiger Entfesselung der mentalen und psychischen Potentiale. Der Geist, den man nicht mehr los wird, ist freilich nicht in der Flasche, sondern *im Kopf*, und versucht, seine Wünsche und Träume zu realisieren. Wenn sich die Verzichtforderung nicht kohärent durch *alle* Lebensregionen, *alle* Lebensbereiche und Seinsebenen zieht, beflügelt sie den Mehrwillen! Die Kasteiung des Körpers kann sportlichen oder geistigen Höchstleistungen dienen. Der Verzicht auf das Rauchen oder das Autofahren bezweckt eine bessere Gesundheit und Fitneß. Man verzichtet auf etwas, um etwas anderes zu gewinnen. Man läßt das eine, um das andere tun zu können. Aber es gehört zur individualisierten Massengesellschaft, daß jeder auf Unterschiedliches verzichtet, um Unterschiedliches zu gewinnen. Die dem Marketing nach dem Verschwinden von Ständen, Klassen und Schichten verbleibende Restzielgruppe ist keine Gruppe mehr, sondern der einzelne. Jeder einzelne trägt differenzierte Differenzminderungsvorstellungen mit sich herum. In ihrer Gesamtheit neutralisieren sie sich nicht, sondern stimulieren sich gegenseitig.

Die Verzichtgebote laufen darüber hinaus häufig auf latente Forderungen nach einer Beschränkung der *Teilhabe* an den gesellschaftlich eröffneten Wahl- und Handlungsmöglichkeiten hinaus. Damit würden nicht nur die Wahlversprechen in der Politik, die im wesentlichen Teilhabeversprechen sind, handle es sich nun um Einkommen, Dienstleistungen, Zeit oder Kultur, auf eine völlig andere Basis gestellt werden müssen. Ein Allerheiligstes der modernen Gesellschaft und des ihr innewohnenden Projekts würde verletzt, nämlich, daß die gesellschaftlich eröffneten Erlebnis-, Lebens- und Handlungsmöglichkeiten sukzessive allen zugute kommen müssen. Das Projekt der Moderne hat ja die Aufmerksamkeiten für die Ungleichheiten dieser Welt nicht geschärft, um sie zu akzeptieren, sondern um sie zu korrigieren. Die Amputation des Projekts der Moderne um das Teilhabeprogramm wäre darüber hinaus gleichbedeutend mit einer Verabschiedung dieses Projekts. Denn Differenzierung und Differenzminderung greifen ineinander wie zwei Zahnräder. Der Stillstand des einen legt auch das andere lahm. Die Teilhabeprogrammatik, die Forderung nach Partizipation an den in den offenen Gesellschaften eröffneten Handlungsmöglichkeiten hat Differenzen, Ungleichheiten zur Voraussetzung. Ohne diese würde die Teilhabeprogrammatik leerlaufen. Und die kontinuierliche Generierung neuer Differenzen verlangt die Differenzminderung.

Der Verzicht auf *Realisierung von Denkmöglichem* schließlich, die Reetablierung einer Zwei-Reihen-Lehre erscheint im Zeitalter der Simulation gleichfalls *kein* gangbarer Weg. Die Installierung zweier sich ausschließender Sphären mit gleichem Wirklichkeitsgrad, aber nicht ineinander umsetzbar – wer würde das den Kindern von heute beibringen! Die Mehrzahl von ihnen glaubt, neueren Erkenntnissen zufolge, nicht mehr an Sünde, geschweige denn, fügen wir bei, *an Sünden im Geiste*! Es darf alles gedacht, aber nicht alles, was gedacht wird, realisiert werden. Über die Berechtigung einer solchen Forderung läßt sich bezüglich des Bösen noch Einigkeit erzielen. Aber sonst beginnt nicht nur der Aufschwung, wie er gerade jetzt als Slogan einer Kampagne der Schweizerischen Unternehmer an den Litfaßsäulen prangt, im Kopf, sondern die Moderne überhaupt. Denk- und technische Möglichkeiten wollen realisiert werden; was du denken kannst, kannst du auch tun: *If you can dream it, you can make it*.

Eine *durchgreifende* Änderung wäre letztlich in der Tat nur so vorstellbar, daß sie, wie Arnold Gehlen es vor Jahrzehnten klarsichtig formuliert hat, an beiden, an den extremsten Enden angreift: »Beim Wissenwollen, dem Anfangspunkt, oder beim Konsumierenwollen, dem Endpunkt des Prozesses« (1957, S. 54). Also Verzicht auf das Wissenwollen, Verzicht auf das Wollen überhaupt. Insofern das Wollen in der Mitte zwischen Gegenwart und Zukunft, zwischen Aktualität und Potentialität liegt, würde das ein Verzicht auf die Zukunft, ein Verzicht auf das Denken und Hoffen an eine bessere Zukunft bedeuten (ganz abgesehen davon, daß »verzichten *wollen*« das zu Bekämpfende zur Voraussetzung macht!). Die Energien werden gewissermaßen vom Utopischen abgezogen und kommen der Gegenwart zugute. *Das Primat des Künftigen hätte dem Primat der Gegenwart zu weichen* (vgl. dazu Kohler 1992). Aber ist ein Individuum nicht überfordert, dessen Freisetzung erfolgte, um die Differenz zwischen dem Jetzt und dem Noch-Nicht zu verringern? Und ist damit nicht eine Welt-,

Menschen- und Selbstanschauung überbeansprucht, die trotz gesellschaftswissenschaftlichen Grablegungsversuchen in Kraft ist, soweit das Auge reicht? Die Umstellung auf Immanenz und Gegenwart mit der christlich geschärften Unterscheidung von Gutem und Bösem würde immer wieder zu einer Richtungsänderung des Blickes nach vorne, auf ein ganz anderes, auf Schlupflöcher, auf ein Licht am Ende des Tunnels zwingen. Denn nicht die Plausibilitätsbedingungen unserer Lebenswelt fordern derzeit gebieterisch eine futuristische Orientierung, sondern deren Schrecknisse und Gefährdungslagen.

Die moderne Gesellschaft hat kein Superministerium, keine Weisungskultur mehr, die in der Lage wären, sich auf externe, ultimative, gott- oder naturgegebene Prinzipien berufend, in die Privatsphäre hineinzugreifen, Gedanken und Informationen zu beschlagnahmen und Gewißheiten zu Tabuzonen zu erklären. Die Titanen von heute tragen Boxershorts mit hohem Seidenanteil und keine Gesetzestafeln. Sie basteln an Paragraphen und lehren keine Moral. Und die moderne Politik ist entgrenzt in Neben- und Subpolitiken. Letztlich empfindet sich das einzelne Individuum als das Steuerungszentrum. Der philosophische Individualismus, in dem der einzelne als autonom und mündig und selbstverantwortlich betrachtet wird, führt dazu, daß die Verzichtanstrengungen individualisiert und die durcheinanderlaufenden Anstrengungen neutralisiert werden. Außerdem stehen sich in allen Fragen Experten und Experten, Expertisen und Expertisen gegenüber. Die Multioptionsgesellschaft erlaubt weder Diagnosen noch Therapien *ex cathedra*. Die Verzichtforderung in einer individualisierten Multioptionsgesellschaft individualisiert den Verzicht und neutralisiert ihn damit zwangsläufig. Alle verzichten auf dies oder jenes, um dies oder jenes zu gewinnen. Aber was es zu gewinnen gilt und worauf es deshalb zu verzichten gälte, das ist Sache des Individuums. Deshalb setzte eine greifende Selbstbeschränkung gerade keine individualisierte Multioptionsgesellschaft und gerade keine differentielle Politik, sondern eine *hierarchische Kultur* und ein *autoritatives Steuerungszentrum* voraus. Kann man sich das weltgesellschaftlich vorstellen? Gar mit diesem Programm?

Differenzakzeptanz als Lösung?

Angesichts der Hoffnungslosigkeit, allgemein akzeptierte, breitenwirksame Dämpfungsversuche nur schon zu formulieren, geschweige denn durchzusetzen, sind Skeptizismus, Akzeptanz der Ambivalenz, aber auch Heroismus freundliche Angebote, der Verzweiflung zu entgehen. Es mag schon sein, daß deren Hereinnahme in unser Denken und Tun die »Verkleinerung der Zwecke, die Langsamkeit, die Revidierbarkeit und Lernfähigkeit, Sorgfalt, Rücksichtnahme, Toleranz, Ironie erringen helfen, die zum Wechsel in eine andere Moderne notwendig sind« (Beck 1993, S. 260; auch Bauman 1992 b). Die Transformation des Schicksals in das Geschick ist eine schöne Formel (vgl. dazu Heller 1989). Aber weder ist es jedem gegeben, heroisch auszuharren, wie jener römische Soldat, »dessen Gebeine man vor einem Tor in Pompeji gefunden hat, der starb, weil man beim Ausbruch des Vesuv vergessen hatte, ihn abzulösen«, wie es Spengler, stellvertretend für viele vor und nach ihm, als das Schicksal der faustischen Kultur angesehen hat (1932, S. 89). Noch erlaubt eine Gegenwart bedrückendster Differenzen diese wohl eher aristokratisch-akademische Attitüde. Sie drückt sich auch herum um jene Formel, die allgemein einen Ausweg verheißt und die mit Wucht, vorbereitet in den Diskursen des Multikulturalismus, des Dekonstruktivismus und des Postmodernismus, die politische und gesellschaftliche Ebene besetzen wird: die *Differenz*, besser die *Akzeptanz von Differenz*. Wäre diese Formel nicht in der Lage, der Differenzminderung zu entkommen, den Weltkrieg der Erwartungen zu dämpfen, die Modernisierung zu bändigen?

Denn das Fortschrittsprogramm hat sich in einen unauflösbaren Widerspruch hineinbegeben, wenn Individualisierung und Egalisierung, Differenzierung und Differenzminderung, Steigerung der individuellen Handlungsmöglichkeit und Steigerung der Teilhabe an den eröffneten Handlungsmöglichkeiten gleichzeitig angestrebt werden, und eine endlose Dynamik auslösen. Die Individualisierung der Differenzerfahrung verwandelt außerweltliche Seligkeiten in innerweltliche Sehnsüchte und transformiert himmlische Bilder in innermenschliche Futurismen. Daß jeder nach seiner eigenen Fasson selig werden könne, ist die trivialisierte und säkularisierte Variante des christlichen Transzendentalismus. Seligkeiten werden andauernd neu formuliert, realisiert und von uns als realisierbar wahrgenommen. Die Universalisierung der Differenzerfahrung bedeutet, daß alles noch nicht fertig, alles noch verbesserungswürdig, alles sich in einem *Gleich-selig-wie-der-die-Seligste*-Ideal bündelt. Da die Seligkeiten ebenfalls dem Steigerungsimperativ unterliegen, bemessen sie sich am momentan Erreich- und Realisierbaren. Das Vorfindbare und Gegebene bleibt immer verbesserungswürdig. Der letzte Stand ist, wenn man ihn erreicht hat, der vorletzte. Warum also nicht Akzeptanz des jetzt oder des letzterreichten Zustandes mitsamt den ihm innewohnenden Differenzen?

Differenzakzeptanz als erlösender Deus ex machina verheißt zunächst wenig Gutes. Vorbereitet in philosophischen Diskursen, wird dieser Begriff aber am Himmel aufleuchten, hin- und hergewendet und variiert werden, in der Hilflosigkeit einen Ausweg versprechen und Skeptizismus und Relativismus der Schwächlichkeit und Unentschlossenheit zeihen. Die luxurierenden Multioptionsgesellschaften könnten dieser Sprachregelung mit erhobenem Glas beistimmen. Aber sie ist, formelhaft verwandt, von hoher Brisanz. Guten Gewissens auf dem Balkon der abendländischen Gesellschaft die Leiden des Rests der Welt mit kalten Augen betrachten, wie Nero die Christenverfolgung, das Christentum die Heidenverfolgung! Differenzakzeptanz als *Indifferenz* gegenüber Differenzen haben die Geld- und Geistreichen dieser Welt zwar zur Genüge trainieren müssen. Der betörende Glanz der Dummheit, über den Esther Vilar ein ganzes Buch geschrieben hat (1987), der die Reichen dazu verführt, ihre Reichtümer vor den Augen der Armen dieser Welt aufzufahren, ist gelernte Dummheit, ist gelernte Indifferenz gegenüber Differenzen, nicht zuletzt durch an Arbeit und Leistung anschließende Rechtfertigungen der Indifferenz. Differenzakzeptanz als weltmännische Apathie, als fröhliches Driften auf der Luxusjacht im gewalterfüllten Weltkessel, wie weiland Sindbad der Seefahrer mit Blick auf die in Schlauchbooten mit der hohen See kämpfenden Massen! Vielleicht sogar als Apartheid in der vorderhand überholten südafrikanischen Manier: Als polizeilich durchgesetzte Rassentrennung nämlich zur Sicherung von Privilegien. Womöglich ist zwar mit einer »gesamteuropäischen Karriere des Apartheidthemas« zu rechnen, mit »Visionen von der kontrollierbaren Separation, von der Bantustanisierung der Restwelt und von der Großen Mauer« (vgl. Kohler 1990, S. 77). Schon beginnt die Konjunktur des nun über Jahrzehnte streng verpönten

Protektionismus. Ironisch noch wird die »Verschweizerung« Europas und die Entwicklung Europas zu einer »ungeheuren Wehrstätte« zur Absicherung der Hemisphärensezession antizipiert (ebd.). Ein neuer Limes wird nach dem Zusammenbruch der bipolaren Welt gezogen, der die Erde undurchlässiger als die alte Ost-West-Teilung in einen Norden und einen Süden spaltet (vgl. Rufin 1993), und operettenhaft beschwingt ist von Inkommensurabilität, Heterogenität, Vielfalt, Lob der Buntheit, Anerkennung des anderen die Rede.

Alles mehr oder weniger bekannte, mehr oder weniger umstrittene, im Reich des postmodernen Geistes üppig und virtuos gehandhabte Termini (Marquard 1981; Lyotard 1985; Rorty 1985). Aber wie läßt sich dieser Diskurs politisch und lebenspraktisch führen? Bezüglich des Krieges in Jugoslawien und der Schlächtereien in Ruanda? Was sich daraus ableiten läßt hinsichtlich des Kopftuch-Skandals in Frankreich, des gemischten Badeunterrichts für Türkenmädchen in der Schweiz, hinsichtlich des indischen Kastensystems, der arrangierten Ehe in Japan und bezüglich Kulturen, wo man über Delinquenten »körperliche Züchtigungen verhängt, wo die unfruchtbare Frau verstoßen und die Ehebrecherin mit dem Tode bestraft wird, wo die Aussage eines Mannes so viel wert ist wie die von zwei Frauen, wo eine Schwester nur Anspruch auf die Hälfte des Erbes hat, das ihrem Bruder zufällt; wo die Frauen beschnitten werden, wo die Mischehe verboten und die Polygamie erlaubt ist« (Finkielkraut 1989, S. 111)? Die Fragen sind legitim, aber wie man weiß, auf dem Papier und aus der Ferne schwer zu beantworten. Doch auch sie verweisen zurück auf die Grundsatzfrage, wie angesichts des euroamerikanischen Fortschrittsmodells das, was an Disparitäten, Ungleichheiten und Differenzen in der Welt sichtbar ist, ein Prinzip des Innehaltens, des Verweilens vertreten wäre. Wie ließe sich aber das Ablassen vom Fortschreiten wiederum anders rechtfertigen als durch ein Recht auf Differenz und Ungleichheit und die despotische, rassenontologische oder kastenförmig-feudale Absicherung dieser Rechte? Könnte Differenzakzeptanz etwa auch heißen, daß man ein Differenzen totalitär sicherndes Regime, einen Nietzscheanischen Protofaschismus, einen orientalischen Despotismus, eine afrikanische Clan-Wirtschaft oder auch göttlich, überirdisch gestützte und gerechtfertigte Ungleichheitsvorstellungen akzeptiert? Die Anerkennung von Differenzen zwischen Kontinenten, Rassen, Kulturen, Lebens- und Seinsbereichen, Geschlechtern, Gruppen – bedeutet sie nicht immer auch eine *Apologie* und *Zementierung* von Ungleichheiten? Und führt deren Akzeptanz nicht erfahrungsgemäß und schnurstracks zu einer Hierarchisierung, zu einer Rangordnung von an den Differenzen festgemachten Lebens- und Seinsweisen? Das Belassen des Seins, wie es ist, ist so schwer, weil es nicht mehr ist, wie es war. Es ist wohl zu spät dafür. Kann man, was ist, negieren und es dann oder gleichzeitig zum Letztmöglichen erheben?

Die Hierarchisierung und Partialisierung hätte doch die Folge, daß beispielsweise den Drittweltländern beizubringen wäre, daß sie angesichts der schwindenden globalen Naturbasis der Produktion niemals die zivilisatorische Höhe luxurierender Multioptionsgesellschaften erreichen könnten. *Niemals*, weil sich beim Erreichen der jetzigen Höhe, neue, wieder neue, noch nicht erreichte Höhen auftürmen. Das pfeifen die Spatzen noch nicht von den Dächern. Wir leben in einer Welt, aus der, was den Entwicklungsstand betrifft, nie *eine* Welt werden kann. Aber Unterschiede *kippen*, unter dem Diktat des internalisierten Teilhabeprogramms, flugs *in Ungleichheiten*. Alles ordnet sich einem Ranking unter: Leistungsunterschiede, Altersunterschiede, Geschlechtsunterschiede, Rassenunterschiede. Es bluten die Herzen. Alle Hierarchien in der modernen Gesellschaft gründen auf dem Prinzip der Differenzierung und der Steigerung. Die weltmeisterlichen Treppchen, die wir an der Fußballweltmeisterschaft eben wieder vier Wochen lang anschauen durften, sind an allen Ecken und Enden und in allen Lebens- und Seinsbereichen und wo man immer hinschaut von unsichtbaren Händen einladend aufgestellt.

Man stößt mit diesen Fragen mitten in die epochalen Dilemmata hinein, zwischen denen die Kultur- und Sozialphilosophien und *wir alle selber schwanken*. Jeder Versuch der Gleichbehandlung von Individuen bei gleichzeitiger Achtung ihrer kulturellen und ethnischen Identität führt in theoretische Kämpfe und Überbietungen, denen letztlich nichts zu entnehmen ist als ihr unbedingter Wille zu einem klaren Schnitt, einer Lösung, einer praktikablen Wahrheit (vgl. etwa Brumlik/Brunkhorst 1993). Im Fortschrittsdenken ist ja die Unendlichkeit und die Unmöglichkeit *einer* Lösung, *einer* Wahrheit impliziert. Wahr ist, daß es immer weitergehen muß, ein endloses Spiel, in dem immer neue Figuren auftauchen. Wie also *durchsteuern*, zwischen Universalismen und Differenzansprüchen, delierenden prometheischen Gesten (Finkielkraut) und Abschottung? Zwischen dem von Christentum und Aufklärung geprägten Teilhabeprogramm an christlich-aufklärerisch geprägten Menschenrechten und dem Recht auf einem anderen, nicht aufgeklärten, vielleicht vollkommen singulären Menschenbild? Wie ist zu *vermitteln* zwischen hellsichtiger Wahrnehmung des Zentrismus des menschenrechtlichen Teilhabeprogramms und einer projektiven Panik vor dem Erleben und Erfahren ferner, vielleicht asiatischer, vielleicht orientalischer Formen gemeinschaftlicher – oder durch Gottesfurcht gerechtfertigter – Despotie und Gewalt? Wie kann aus dem unlösbaren Widerspruch *hinausgefunden* werden, in den eine Anerkennung anderer Traditionen, Kulturen, Selbstverständlichkeiten führt, wenn diese ihrerseits das andere, das Steigerungs- und Emanzipationsprogramm nicht anerkennen? Bleibt demnach doch nichts anderes übrig als die *Verabschiedung* von universellen Programmen, Marschbefehlen, Ethiken und die Anerkennung der universellen Permissivität und Differenz?

Der Ausweg liegt nicht im Entweder-Oder, sondern im *Sowohl-als-auch*, noch besser: im *Und* (vgl. dazu auch Beck 1993, S. 9 ff.). Ganz offensichtlich gibt es keine einfachen und auch keine widerspruchsfreien Lösungen, wie sie gerade das Projekt der Moderne mit dem linearen Fortdenken der Gegenwart in die Zukunft hinein beinhaltet. Auch wenn der Bedarf danach groß und der Beifall, wenn solche genannt werden, programmiert ist, die Zeitdiagnose oder die Therapie, das entscheidende Buch, das, wie Wittgenstein meinte, mit einem Knall alle anderen verschwinden ließe, kann nicht erwartet werden. Das bedeutet andererseits auch wieder nicht, daß jeder und jede nach der eigenen Fasson selig werden könnte und selig werden muß. Eine generalisierte und vollständig individualisierte, milliardenfach unterschiedlich ausgelegte und gedeutete Differenz ohne Konsens oder nur mit dem Konsens, daß es keinen Konsens, sondern nur Differenzen, daß es keinen übergreifenden Sinn, sondern nur individualisierten Sinn gibt, würde jedes Gespräch, jede Auseinandersetzung, jedes Miteinander, jede Solidarität zum Erliegen bringen. Jede und jeder wären die Kristallisationspunkte einer unendlichen Fülle von Möglichkeiten, die immer nur *gegeneinander* realisierbar wären: die totale Autonomie, die totale Selbstbestimmung, die totale Transparenz, die komplette *Entkontingentisierung* des Daseins ohne Versuche der Prioritätensetzungen, ohne Vertrauen in die Überzeugungskraft besserer Argumente. Das wäre das Ende *der* Geschichte. Wie der Universalismus im *postmodernen Blutbad* (Zygmunt Bauman) untergegangen ist, führte ein so durchgeführter Individualismus das Ende der Solidarität herbei.

Alle Überlegungen, was denn jetzt zu tun sei, sind deshalb ebenfalls zu differenzieren. Das Gebot der Differenzakzeptanz macht nicht irgendwo halt. Es macht einen Unterschied, ob man von Kontinenten oder von Individuen, vom Essen oder vom Denken redet. Und obwohl sich in allen Lebensbereichen und auf allen Seinsebenen die gleiche Dynamik abspielt, läßt sie sich nicht mit dem gleichen Rezept brechen. Die Einsicht in die andauernde Überforderung und Überbeanspruchung der Natur, der Mitmenschen und von uns selbst, dieser panische und manische Verbesserungs- und Korrekturzwang, dem man sich andauernd ausgesetzt fühlt, zwingt zumindest die Denkmöglichkeit eines Verbleibens im *Ist* vor Augen. Nur die endlose Differenz zwischen Wirklichkeit und Möglichkeit wird in Frage gestellt. Ein Leben ohne die quälende Spanne zwischen Erfahrung und Vernunft, zwischen Wirklichkeit und Möglichkeit, zwingt zur Auseinandersetzung mit einem Stillstehen – in der Geschichte, an dem Ort, wo man sich gerade befindet. Es ist sehr schwer, der Zukunft zu entfliehen. Es erscheint gradezu lebenswidrig, auf einem bestehenden Zustand zu beharren. Aber ein Leben ohne die quälende Spannung zwischen Erfahrung und Vernunft, zwischen Wirklichkeit und Möglichkeit, denkmöglich wäre es. Auch das Verharren, das Verbleiben, muß als Möglichkeit gedacht werden. Alles wird, auch die Suche nach einem Ausweg, in die Spannung zwischen Wirklichkeit und Möglichkeit hineingezogen. Im Ausdenken von Möglichkeiten gerät man in die Dynamik hinein, die es zu überwinden gälte. Jede Zeile – auch diese – demonstriert, was sie beschreibt. Das Sein in der Gegenwart ist gerade ein Sein ohne Spannung zwischen einem Hier und Dort. Was das in der Lebenswirklichkeit bedeutet, leuchtet manchmal, wenn wir in friedlicher Gemeinschaft durch den Stundenschlag, die hereinbrechende Nacht oder durch den Gedanken an das Pflichtenheft von Morgen aufgeschreckt werden, undeutlich auf.

Differenzakzeptanz hieße das Sich-Lösen von der Vorstellung, alles müsse *neu, anders, besser* hergestellt oder *vervollkommnet* werden. Die Fähigkeit, das Gegebene unpolemisch anzunehmen, statt es aufzuladen und fortzutreiben, ist in hohem Maße geschwunden. Wir hängen in der Selbstreflexion, im Miteinander und bezüglich des Zustandes unserer Welt, wie am *Tropf* einer numinosen Zukunft. Es gilt, die verdrängten Möglichkeiten der Gegenwart lebendig zu machen. Dabei haben wir schon so viel zu tun, um das festzuhalten, was die alltägliche Lebensführung ermöglicht. In der *Anerkennung* und im *Geltenlassen* des Du, des anderen, des anderen Alters, Geschlechts, Lebens, der anderen Existenz und der anderen Seinsweise läßt sich diese Fähigkeit erproben. Aus dem Sich-Einlassen und dem Belassen von Unterschieden, aus der Anerkennung von Differenz resultiert jene Umstellung vom Primat der Zukunft auf das Primat der Gegenwart. Es resultiert ein *Ablassen* und ein *Desinteresse* am Steigerungsprojekt und insofern in der Tat Differenzakzeptanz! Belassen heißt freilich nicht, das Differente dem Schicksal *zu überlassen*. Es zieht vielmehr ein Verständnis des Lebens nach sich, das dieses nicht in eine Konzeption von Glück einfriert, auf die Zukunft vertröstend. Der Steigerungs- und der Teilhabeimperativ setzen die Gegenwart und unser Leben unter ständigen Druck. Alles, was ist, ist obsolet. Es ist obsolet, bevor es entsteht (vgl. Bauman 1992b, S. 25). Das Leben ist Leben im Konjunktiv, der Aufenthalt dient der Besserung und Wiedergutmachung, die Welt ist eine Weltverbesserungsanstalt. Die Messung am Fortschritt und an einer numinosen Glückseligkeit beutet die Gegenwart und die gegenwärtige Existenz aus zugunsten des Kommenden. Alles steht unter dem Druck unerfüllter Hoffnungen. Jedes Mittel ist für die Erreichung der Zukunft gut. Das Gute und das Böse, das Große und das Kleine, das Glück und das Leid lassen sich im Hinblick auf diese rechtfertigen. So wird in allen Lebensbereichen und auf allen Seinsebenen wütend gekämpft, werden emphatisch neue Orientierungen und Auswege gesucht. Überall ist die moderne Kultur in eine verbissene Auseinandersetzung mit einer nach Verbesserungen schreienden Realität verstrickt. Alles, was überhaupt das Licht der Welt erblickt, vom Apfel über das Auto bis hin zum Menschen, seinen Beziehungen und Gedanken, ist in einen Strom geraten, der, wie Robert Musil es ausgedrückt hat, seine eigenen Ufer mitreißt und dessen einziger Bestimmungsort das Neue, das Bessere und Fortgeschrittenere ist (vgl. Bauman 1994, S. 239). Hineingeworfen in eine endlose Tirade von Selbstentwertung und Selbstverbesserung, ausgestattet mit *stereoskopi-*

scher Wahrnehmung, die nicht Zweidimensionales dreidimensional, sondern alles, was ist, im Lichte des Möglichen erscheinen läßt, treiben wir alles und uns selbst endlos über das Gegebene hinaus.

So selbstverständlich die Forderung nach Differenzakzeptanz als Generalformel auch mikropolitisch anmutet, so mißverständlich erscheint sie angewandt auf Kollektive, Rassen, Ethnien, Geschlechter, Nationen, Kontinente. Sich gegenseitig Lassende und Belassende lassen sich gut denken in Magdenau, in Badia di Morrona, in Mogán oder in Tiefenellern – überall dort, wo die Unterschiede entweder nicht vorhanden oder Differenzen selbstverständlich sind. Vielleicht sind die Differenzen, auch Ungleichheiten ohne die Vorstellung der einen und gleichen zukünftigen Welt erträglich gewesen. Die Faktizität ist so schwer zu akzeptieren, weil sie bereits das Ergebnis der zivilisatorischen Dynamik ist. Es ist schwer zu sagen, ob, wenn die Dritte Welt nicht kolonisiert, wenn Kolumbus Amerika nicht entdeckt, Stanley Livingstone nicht gesucht, Albert Schweitzer sich nicht in Lambarene niedergelassen hätte, wenn also die europäische Welt die übrige in Ruhe gelassen hätte, es dort besser ginge. Überhaupt sind wir doch gar nicht so sicher, ob andere Existenzweisen, die in unseren Augen qualvoll und grausam erscheinen, in anderen Augen qualvoll und grausam sind. Im Lichte funkelnder Multioptionsgesellschaften treten aber überall die Differenzen in den Vordergrund und wollen angesichts dieser geschichtlich unwiderstehlichen Wucht des Steigerungs- und Teilhabeprogramms gemindert werden. Daß der gegenwärtige Zustand nicht verbesserungsmöglich oder gar nicht verbesserungswürdig sei, wäre eine schlechte Nachricht. Angesichts der schnell voranschreitenden empirischen Desillusionierung kann man indes nur schwache Hoffnungen auf Hochkommissariate, internationale Truppen und Gerichtshöfe hegen. Die anempfohlene Totalverantwortung wird heimlich konterkariert durch, wer kennt sie nicht, aus Ängsten herrührenden Befriedigungen über Stammeskriege und Massensterben, die offensichtlich das Bedrohungspotential vermindern. Und ebenso schwer ist die Frage zu beantworten, ob die Ersetzung der Differenzminderung durch Differenzakzeptanz in naher Zukunft, außer daß es den Rückzug von Welt- bis zu Drogenhilfeprogrammen legitimieren könnte, kurzfristig Früchte zeigen würde.

Der Abstand wächst, der den Fortschritt der einen von der Stagnation der anderen trennt. Die Globalisierung und Telematisierung, die uns die Leiden in den Hütten Afrikas, in den Slums Südamerikas und in den Steppen Sibiriens tagtäglich nahebringt, verlangt geradezu gebieterisch Steigerung und Wachstum. Das ist, wie Hughes es nennt, der »Crack der Politik« (1994, S. 45); und gleichzeitig ihr Sedativ. Eine Politik ohne Umverteilungs- und Teilhabeprogramme entbehrt ihres Zentralprogramms. Die Polarisierung macht betroffen, die Rhetorik der Überwindung beruhigt. Die Hymnen offener, dynamischer Gesellschaften erschallen in den letzten Hütten der fernsten Welten. Der vorwurfsvolle Hinweis auf die internationale Solidarität erschlägt die Sorge um die Sozial- und Naturbasis der Zivilisations- und Steigerungsdynamik. Sie führt deren Nachtseiten auf ein Zuwenig, nicht auf ein Zuviel zurück. Das eigene *Memento mori*, das uns breitenwirksam in aufeinanderfolgenden technisch ausgelösten Naturkatastrophen erreicht hat, ist nicht zuletzt ob den sich auftuenden terrestrischen Qualen und extraterrestrischen Möglichkeiten in die gerade in diesem Sommer merkwürdig satten Wälder zurückgeglitten. Die Katastrophenmeldungen führen sich, nicht nur weil sie häufig genug heimliche Befriedigungen auslösen, sondern weil sie selber unter dem Steigerungsimperativ stehen, ad absurdum. Sie verpuffen im Unendlichen, wie alle anderen Steigerungen. Es geht also weiter. Täglich verkünden die Medien neue Marschbefehle. Neue Handlungsmöglichkeiten und Lebenschancen werden aufgetan. Der Geist ist der *Melmoth* der Gegenwart, er wandert von Möglichkeit zu Möglichkeit und prüft eilig deren Realisierbarkeit. Schneller als je werden institutionelle Bestände preisgegeben und abgebaut. Gebieterisch wie nie werden angesichts der Wirklichkeiten von Kreis 5 in Zürich bis hin zu Somalia große Aufgaben beschworen, große Sprünge verlangt. Die Globalisierung deckt immer neue Asymmetrien auf.

Die extraterrestrisch ausgreifenden und die das Naturinnere des Menschen aushöhlenden und substituierenden High-Tech-Fortführungen des Projekts der Moderne, die Raumfahrt und die Gen-, Reproduktions- und Transplantationstechniken versprechen sogar eine unabsehbare Prolongation und Verunendlichung des Projektes. Eine Geschichte *ohne Ende* – kein Ende der Geschichte! Im All geht es weiter und weiter, und der Geist prüft den Exodus aus Welt und Leib. Ein paar hundert Astronauten, hinauskatapultiert in die Alleroberung, üben real eine intergalaktische

Identität ein. Millionen von Kindern und Jugendlichen wachsen heute mit dem Astronautenblick auf. Es mag sein, daß der erd- und körpertranszendierende Freiheitsrausch erst von einer winzigen Elite ausgekostet werden kann. Möglich, daß irgendwann ein greller Blitz in das leise Sirren interplanetarischer, mit Erdauswanderern besetzten Raumschiffe hineinzuckt, der das Ende des ehemals blauen und bunten Erdplaneten anzeigt! Würde das sekundenschnelle Verdampfen der im gigantischen Steigerungsprojekt der Moderne auf der Erde angesammelten und aufgestapelten Güter und des nicht mehr in die natürlichen Kreisläufe rückführbaren Mülls, wenn nicht die Menschen wären, wie eine Erlösung wirken?

Dann nicht, wenn das Steigerungsprojekt der Moderne, das die Welt in diese Dauerunruhe versetzt hat, gleichsam *zweifach zweigeteilt* fortgeführt würde: *zweigeteilt* im Weltmaßstab und zweigeteilt in den realisierten Multioptionsgesellschaften. Im Weltmaßstab als Insistieren auf dem Lassen und Belassen in den fortgeschrittenen Multioptionsgesellschaften und gleichzeitig als Akzeptieren der Hoffnungen derjenigen, die nicht einmal eines Minimums der in den Überflußgesellschaften vorhandenen Optionen teilhaftig sind; Steigerung also nach *unten* statt nach oben, Steigerung der Teilhabe *ohne* Steigerung der Differenz! Und *zweigeteilt* auch *in* den realisierten Multioptionsgesellschaften. Denn auch in ihnen verschärfen sich die Polarisierungen, entstehen eigentliche Drittweltverhältnisse. Ein »Nord-Süd-Limes« wird in den fortgeschrittensten Millionenstädten der Ersten Welt gezogen. Die amerikanischen Austragungsorte der Fußballweltmeisterschaft bieten Einblick in Verhältnisse, die sukzessive in europäischen Städten Wirklichkeit werden. Ein Aufhalten der Polarisierung ist nicht möglich ohne Differenzminderung – aber einer Differenzminderung auf der Basis des Gegebenen. Ansonsten nämlich wird die empirische Desillusionierung über die nicht realisierbaren Versprechungen aufholender Entwicklung, über die sich noch verschärfenden Unterschiede zu Spannungen führen, die sich möglicherweise dramatisch entladen werden. Die *Reformulierung* der Differenz zwischen Wirklichem und Möglichem, das *Neuverständnis* des Möglichen und sein Zurücknehmen ins Wirkliche, die vom Überarbeitungs- und Verbesserungszwang ablassende Haltung muß darob nicht in Frage gestellt werden. Sie findet Ansatzpunkte genug in einer leiderfüllten Gegenwart. Vielleicht finden sich Zeichen dieser anderen Haltung gegenüber dem Leben, die einer gelehrten Reformulierung helfen. Nicht nur im Aufscheinen heller Momente und seliger Gegenwärtigkeiten in der Verspanntheit zwischen Gegenwart und Zukunft, sondern bei gesellschaftlichen Gruppen, die das Ablassen vorleben wollen oder leben müssen. Vielleicht hilft eine noch unbekannte Generation, eine adäquate Beziehung zum Gegebenen zu finden. Sie wird Bündnispartner finden. Und vielleicht ist für sie das doppelte Motto dieses Buches, das unser Denken vom automobilen bis hin zum akademischen so zwanghaft bestimmt (alles ist möglich, nicht ist unmöglich) nicht beflügelnd, sondern beängstigend. Denn nach aller Erfahrung wird, wenn alles möglich ist, auch das Furchtbarste möglich. Vielleicht also wird diese unbekannte Generation der endlosen Umwälzungen, der Marschbefehle und der Katastrophenmeldungen nach ihrer Ausführung müde, Rüstzeug und Rüstung für den Vorwärtskampf verweigern. Denn sie sieht in unserer überanstrengten Physiognomie nicht nur die Möglichkeiten, sondern auch die Zerstörungen gespiegelt! Vielleicht!

Gott ist in der Neuzeit vom Thron gestoßen worden. Aber der Thron blieb, wie Zygmunt Bauman (1992, S. 244ff.) schreibt, unbeschädigt. Er funkelt unwiderstehlich und wirkt nicht nur für Visionäre und Abenteurer, sondern auch auf an Aufgebote und Marschbefehle bewohnte Welten hypnotisch. Der Thron ist nicht besetzt, doch *alle* wollen ihn besetzen. Es ist ein gewaltiges Eilen und Hasten, eine Kletterpartie, deren Ausschreibung in den letzten Winkel dieser Welt erfolgt und deren Kommandos uns von der Wiege bis zur Bahre begleiten. Der Thron bietet nicht nur nicht allen Platz, sondern entpuppt sich nach jeder Inthronisierung als weltliche Schimäre, als Trugbild eines erneut unwiderstehlich funkelnden, aber wieder gleich weit entfernten Throns. Wohl denen, die ihren ganz persönlichen, kleinen und den Augen der anderen verborgenen Sitzplatz gefunden haben! Und wohl vor allem jenen, die weder nach funkelnden Thronen Ausschau halten noch mobilmachen für die Zerstörung der Nachschubwege zu den Thronen. Denn sie lösen sich vom Bestmöglichkeitsgedanken, leuchte dieser nun in der Zukunft oder in der Vergangenheit. Sie ziehen den Keil, den die Moderne zwischen Gegenwart und Zukunft getrieben hat, heraus. Diese Trennung vom Besserungs- und Erlösungsgedanken, das Absehen vom Begehren nach Mehr ist vielleicht wenig und ebenfalls mehrdeutig. Gerade die Ausweglosigkeit und die Tatsache, daß, in welche Richtung man sich auch bewegt, das Resultat zumindest vieldeutig herauskommt, läßt den alten »Tatenzwang« und die Vorwürfe und Gewissensbisse, die ihn bewachen, »nicht endgültig, aber portionenweise in sich zusammenbrechen« (Beck 1993, S. 275). Eine leise Melancholie ist unabweisbar in den entstehenden Pausen. Kein Firmament, kein Fundament; kein Feuer, das in der Ferne leuchtet, und keine Vergangenheit, die in die Gegenwart gewünscht wird, keine *foci imaginarii*. Kein Vortasten zu einer neuen Welt, keine angespannte, präreflexive Gemeinschaftsseligkeit, keine Mimesis mit einer bedrohlich-gekränkten Natur, kein entsetztes Verlangen nach Umkehr. Keine Weltsucht und keine Weltflucht. Vielmehr ein *Ja-so-ist-die-Welt*. Die Auflösung der Multioptionsgesellschaft in ihre Bestandteile, in die in ihr angelegte Vielheit von Möglichkeiten, die Auflösung des Realisierungswollens und -willens in allen Möglichkeiten und die Akzeptanz von Erlebens- und Lebensmöglichkeiten, die das Weltfortschrittsprogramm *nicht* beinhalten, die Überführung der Ungewißheit und Kontingenz in eine Bestimmung, *das ist alles*. Kein Copyright für eine neue Gesellschaft, kein Einschweißen der Weltgesellschaft in eine neue und gleißende Folie, sondern ein aus dem Ineinander von Einlassen und Seinlassen hervorgehender *Vielwelt-Modus*, ohne den der Moderne inhärenten und manischen Zwang zur Verbesserung, Überbietung der Eigenwelt, aber in Mitleid mit der Fremdwelt.

Eine löbliche und wohlfeile Devise lautet, daß der Sinn heute nicht mehr gegeben ist, aber auch nicht einfach erzeugt werden könne. Man müsse ihn *suchen*, um ihn zu finden. Man findet nichts, wenn man am falschen Ort sucht. Sinn erschließt sich aus dem Erkennen von Zusammenhängen. Der englische Dichter R. Burton schreibt nicht heute, sondern schon 1621 in seiner *Anatomy of Melancholia* (zit. in Löwith 1956, S. 76): »Neue Philosophie setzt alles nun in Zweifel. Das Element des Feuers ist verlöscht; die Sonne ist fort, die Erde auch, und kein Verstand dem Menschen zeigt, wo er sie wiederfindet. Und frei bekennt der Mensch, daß diese Welt ganz aufgebraucht, wenn in Planeten und im Firmament man lauter neue sucht und sieht, daß in Atome alles auseinanderfällt. In Stücken alles, kein Zusammenhang...« Wirklich? Oder sehen wir ihn – den Zusammenhang? Und verstehen wir besser, was die Welt, die Kontinente, die Nationen, die Kulturen, und uns in ihnen vorwärtstreibt? »Zwischen dem Himmel und der Erde strahlt eine frohe und vergängliche Welt ihre kurzen Flügel aus...«, so Jean Paul. Der Himmel ist verdunkelt, auf der Erde liegt nicht Frohmut, sondern Schatten. Die moderne Melancholie rührt aus dem Zweifel, daß das, was uns das Projekt der Moderne beschert, in *keinem* Leben erreichbar sein könnte. Die Unruhe, die Selbstüberforderung, die beinahe verzweifelte Hast nach vorn in eine Zukunft, die immer Zukunft bleibt, die Suche nach Endgültigem bei gleichzeitigem Wissen um die Vorläufigkeit und das alles individualisiert und in jedem einzelnen auf seine Art reformuliert, erlitten und aktiviert, es steigert das Verständnis für die Voraussetzungen der modernen Gesellschaft und ihrer substanzlosen, alles Tun und Lassen, den Erdball wie einen feinen Film überziehenden, ins Kapillarsystem der Gesellschaft eingedrungenen, eingespeisten *Mehrwillens*. Dieser ist alles andere als erlahmt. Im Gegenteil, die Überzeugungskraft der Verheißungen der Multioptionsgesellschaft ist gegenüber allen Begrenzungs- und Dämpfungsversuchen ungebrochen und unwiderstehlich. Francis Fukuyama schließt sein Buch *Das Ende der Geschichte* (1992) mit der optimistischen Bemerkung ab, daß die Menschheit seit ihrem Beginn mit unterschiedlichen Wagen unterwegs ist, aber auf einer »einzigen« Reise, mit einem »einzigen« Ziel (S. 446). Insofern die Laufrichtungen des Fortschritts von der Namensgebung bis zur Raumfahrt voraussehbar sind und insofern das Ziel in einer endlosen Verbesserung des Gegebenen besteht, ist dieser in der Tat »einzig«, aber nicht in einer übernatürlichen, sondern in einer bestürzend trivialen Weise. Das beruhigt irgendwie das Leben. Und insofern sich die Aufklärung über den ihr innewohnenden repetitiven Steigerungsimperativ aufklärt, könnte man sie auch individuell abbrechen! Ihrer eigenen Logik zufolge wird sie zwar, nachdem sie alle Alternativen zu sich selber zerstört hat, zwangsläufig sich selber zerstören – beschleunigt durch die empirische Desillusionierung über die Perspektiven von endloser Differenzierung und Differenzminderung. Diese »Logik« der Geschichte ist nichts anderes als millionenfach in *einem* Weltbewußtsein kumuliertes Selbstbewußtsein! Man kann das eine zweite oder eine dritte Aufklärung nennen, das Buch zuklappen, neuen Höchstleistungen und neuen Teilhabeprogrammen zujubeln, in die Startpflöcke eilen und neue Bindestrichgesellschaften schreiben. Oder man kann, wenn das Steigerungsprojekt der Moderne in seiner repetitiven Trivialität und in seiner irdischen Endlosigkeit verstanden und entzaubert ist, den Versuch unternehmen, die Differenz zwischen Wirklichkeit und Möglichkeit, zu deren Überwindung uns die Moderne aufruft und anbrüllt, so zu reformulieren, daß man in ihr nicht stehenbleiben und die Entwicklungsmöglichkeiten nicht abbrechen muß und gleichwohl die entfesselte zivilisatorische Dynamik dämpft. Man kann sich nicht mitten in einer unvollendeten Moderne hinsetzen. Dann schwemmt sie einen einfach fort. Aber man kann die Anstrengungen vom Vollendungszwang der Moderne weg- und den Nachtseiten dieser Dynamik zuwenden. Alles ist möglich. Die Konzentration auf die Möglichkeiten und Leiden der Gegenwart nimmt freilich den Druck der Zukunft in uns, über uns und unter uns nicht einfach weg. Denn die Gegenwart ist unter diesem Druck entstanden, sie ist, was aus ihr gemacht worden ist. Wäre nur *diese* und nicht *jede* Gegenwart obsolet, so resultierte ein Ablassen vom welt-, menschen- und selbstfeindlichen Korrekturzwang. Das wäre das Ende nicht *der*, sondern *dieser* Geschichte.

Literatur

Abrams, Malcolm/Harriet Bernstein (1990): *Der Zukunftskatalog*, Wien, Darmstadt.
Adorno, Theodor W. (1966): *Negative Dialektik*, Frankfurt am Main.
Albach, Horst (1991): Zit. in: *Die 500 Topverdiener der Nation*. In: *Forbes* 3, S. 107-118.
Albert, Michel (1992): *Kapitalismus contra Kapitalismus*, Frankfurt am Main/New York.
Améry, Carl (1972): *Das Ende des Christentums*, Hamburg.
Améry, Jean (1981): *Hand an sich legen. Diskurs über den Freitod*, Stuttgart.
Anders, Günther (1956): *Die Antiquiertheit des Menschen. Über die Seele im Zeitalter der zweiten technischen Revolution*, München.
Anders, Günther (1979): *Endzeit und Zeitende*, München.
Apel, Karl-Otto (1976): *Transformation der Philosophie*, Frankfurt am Main.
Ariès, Philippe (1984a): *Die unauflösliche Ehe*. In: Ders./André Béjin (Hg.), *Die Masken des Begehrens und die Metamorphosen der Sinnlichkeit*, Frankfurt am Main, S. 176-197.
Ariès, Philippe (1984b): *Liebe in der Ehe*. In: Ders./André Béjin (Hg.), *Die Masken des Begehrens und die Metamorphosen der Sinnlichkeit*, Frankfurt am Main, S. 165-176.
Aron, Raymond (1970): *Fortschritt ohne Ende?*, Gütersloh.
Atteslander, Peter (1993): *Kulturelle Eigenentwicklung als Kampf gegen Anomie*. In: Ders. (Hg.), *Kulturelle Eigenentwicklung: Perspektiven einer neuen Entwicklungspolitik*, Frankfurt am Main/New York, S. 13-33.
Atteslander, Peter (1994): *Anatomie der Ratlosigkeit*, MS. Augsburg.
Aufderheide, Patricia (Hg.) (1992): *Beyond PC: toward a polities of understanding*, Saint Paul.
Augé, Marc (1994): *Orte und Nicht-Orte. Vorüberlegungen zu einer Ethnologie der Einsamkeit*, Frankfurt am Main.
Augustinus (1985): *Vom Gottesstaat*, 2 Bde. München.
Auster, Paul (1985): *City of Glass*, Los Angeles.

Badinter, Elisabeth (1987): *Ich bin Du. Die androgyne Revolution*, München.
Bahr, Hans-Dieter (o. J.): *Über den Umgang mit Maschinen*, Tübingen.
Baier, Horst (1985): *Die Wiederkehr des gemeinen Mannes*. In: *Frankfurter Allgemeine Zeitung*, 24. August 1985.
Baier, Lothar (1985): *Gleichheitszeichen. Streitschriften über Abweichung und Identität*, Berlin.

Bardmann, Theodor M. (1994): *Wenn aus Arbeit Abfall wird. Aufbau und Abbau organisatorischer Realitäten*, Frankfurt am Main.
Barley, Nigel (1990): *Traumatische Tropen. Als Feldforscher bei den Dowayos*. In: *Merkur* 6, S. 447-461.
Baselitz, Georg (1994): *Skulpturen. Kunsthalle Hamburg*, Stuttgart.
Bataille, Georges (1984): *Der heilige Eros*, Frankfurt am Main/Berlin/Wien.
Bataille, George (1985): *Die Aufhebung der Ökonomie*, München (2. Aufl.).
Bataille, George (1994): *Das Unmögliche*, Frankfurt am Main.
Baudrillard, Jean (1985): *Die fatalen Strategien*, München.
Baudrillard, Jean (1988): *America*, London.
Baudrillard, Jean (1989): *Videowelt und fraktales Subjekt*. In: Ders. u. a., *Philosophien der neuen Technologie*, Berlin, S. 113-131.
Bauman, Zygmunt (1992a): *Dialektik der Ordnung. Die Moderne und der Holocaust*, Hamburg.
Bauman, Zygmunt (1992b): *Moderne und Ambivalenz. Das Ende der Eindeutigkeit*, Hamburg.
Bauman, Zygmunt (1994): *Parvenü und Paria. Helden und Opfer der Moderne*. In: *Merkur* 3, S. 237-249.
Beck, Ulrich (1984): *Jenseits von Stand und Klasse*. In: Reinhard Kreckel (Hg.), *Soziale Ungleichheiten. Soziale Welt*, Sonderband 2, S. 35-74.
Beck, Ulrich (1986): *Die Risikogesellschaft. Auf dem Weg in eine andere Moderne*, Frankfurt am Main.
Beck, Ulrich (1993): *Die Erfindung des Politischen. Zu einer Theorie reflexiver Modernisierung*, Frankfurt am Main.
Beck, Ulrich (1994): *Vom Verschwinden der Solidarität. Individualisierung der Gesellschaft heißt Verschärfung sozialer Ungleichheit*. In: Warnfried Dettling (Hg.), *Perspektiven für Deutschland*, München, S. 29-31.
Beck, Ulrich/Elisabeth Beck-Gernsheim (1990): *Das ganz normale Chaos der Liebe*, Frankfurt am Main.
Beerling, Reinier F. (1977): *Jean-Jacques und Jean Paul Rousseau. Sartre und die Zwangsidee der vollkommenen Transparenz*. In: Bernhard Waldenfels (Hg.), *Phänomenologie und Marxismus*, Bd. 2, Frankfurt am Main.
Beleuchtung der Vorurteile über die katholische Kirche von einem protestantischen Laien, Luzern 1940.
Bell, Daniel (1975): *Die nachindustrielle Gesellschaft*, Frankfurt am Main/New York.
Bell, Daniel (1976): *Die Zukunft der westlichen Welt. Kultur und Technologie im Widerstreit*, Frankfurt am Main/New York.
Bellah, Robert N. u. a. (1987): *Gewohnheiten des Herzens. Individualismus und Gemeinsinn in der amerikanischen Gesellschaft*, Köln.
Benda, Julien (1988): *Der Verrat der Intellektuellen*, Frankfurt am Main.

Bennis, Warren (1990): *Führen lernen*, Frankfurt am Main/New York.
Benoist, Jean-Marie (1985): *Die Werkzeuge der Freiheit*, Berlin.
Berger, Peter L. (1970): *Auf den Spuren der Engel. Die moderne Gesellschaft und die Wiederentdeckung der Transzendenz*, Frankfurt am Main.
Berger, Peter L. (1971): *Einladung zur Soziologie*, München.
Berger, Peter L. (1990): *Robert Musil und die Errettung des Ich*, MS.
Berger, Peter L. (1994): *Does Sociology still make sense?* In: *Schweizerische Zeitschrift für Soziologie* I, S. 3-12.
Berger, Peter L./Hansfried Kellner (1984): *Für eine neue Soziologie*, Frankfurt am Main.
Berger, Peter L./Berger, Brigitte/Hansfried Kellner (1973): *Homeless Mind*, New York.
Bergfleth, Gerd (1985): *Theorie der Verschwendung*, München.
Berlin, Isaiah (1969): *Four Essays on Liberty*, Oxford.
Berman, Paul (Hg.) (1992): *Debating P.C.*, New York.
Bestuschew-Lada, Igor (1988): *Essay über die Zukunft*, Köln.
Beyse, Jochen (1986): *Das Affenhaus*, München.
Binswanger, Hans Christoph (1991): *Geld & Natur. Das wirtschaftliche Wachstum im Spannungsfeld zwischen Ökologie und Ökonomie*, Stuttgart/Wien.
Binswanger, Hans Christoph (1994): *Der Frevel Erysichthons als Ursprung der ökologischen Krise*, MS. St. Gallen.
Binswanger, Hans Christoph u. a. (1978): *Der NAWU-Report. Wege aus der Wohlstandsfalle. Strategien gegen Arbeitslosigkeit und Umweltkrise*, Frankfurt am Main.
Birnbacher, Dieter (1980): *Sind wir für die Natur verantwortlich?* In: Ders. (Hg.), *Ökologie und Ethik*, Stuttgart, S. 103-140.
Blaker, Carmen/Michael Loewe (Hg.) (1977): *Weltformeln der Frühzeit. Die Kosmologien der alten Kulturvölker*, Düsseldorf/Köln.
Bleicher, Knut (1991): *Das Konzept Integriertes Management*, Frankfurt/New York.
Bloch, Ernst (1959): *Das Prinzip Hoffnung*, 3 Bde., Frankfurt am Main.
Bloom, Allan (1987): *The Closing of American Mind*, New York.
Blumenberg, Hans (1974): *Säkularisierung und Selbstbehauptung*, Frankfurt am Main.
Blumenberg, Hans (1984): *Der Prozeß der theoretischen Neugierde*, Frankfurt am Main.
Blumenberg, Hans (1986): *Lebenszeit und Weltzeit*, Frankfurt am Main.
Böhme, Gernot (1991): *Philosophie als Arbeit. Einige Gedanken zur heutigen Situation*. In: *Neue Zürcher Zeitung*, 22. April 1991.
Bohrer, Karl-Heinz (1990): *Widerspruch zu Hermann Lübbe*. In: *Merkur* 6, S. 530-534.
Bohrer, Karl-Heinz (1992): *Deutsche Revolution und protestantische Mentalität*. In: *Merkur* 9/10, S. 958-965.

Borges, Jorge Luis (1959a): *Die Bibliothek von Babel*. In: Ders., *Labyrinthe*, München, S. 187-198.
Borges, Jorge Luis (1959b): *Drei Fassungen des Judas*. In: Ders., *Labyrinthe*, München, S. 198-205.
Boswell, John (1984): *Die hohe Schule des Überlebens*, Stuttgart, 7. Aufl.
Bourdieu, Pierre (1991): *Der Korporatismus des Universellen. Die Rolle des Intellektuellen in der Modernen Welt*. In: Ders., *Die Intellektuellen und die Macht*, Hamburg, S. 46-65.
Brand, Stewart (1990): *Media Lab*, Reinbek.
Brecht, Bertolt (1963): *Leben des Galilei*, Frankfurt am Main.
Breton, Roland (1981): *Lob der Verschiedenheit*, Wien.
Breuer, Stefan (1992): *Die Gesellschaft des Verschwindens. Von der Selbstzerstörung der technischen Zivilisation*, Hamburg.
Bronner, Steffen Eric (1994): *Unterwegs zur Risikogesellschaft?* In: *Ästhetik & Kommunikation*, Mai 1994, S. 98-105.
Brosziewski, Achim (1994): *Destruktive Weltbilder und attraktive Bilderwelten. Von virtuellen, zivilen und rohen Formen der Feindberührung.* In: *Ästhetik & Kommunikation* 23, H. 85/86, S. 51-54.
Brosziewski, Achim / Christoph Maeder (1993): *Humanisierungspolitik in einem Schweizer Gefängnis*. In: Ronald Hitzler u. a. (Hg.), *Politische Aspekte sozialer Arbeit*, Heidenheim.
Brown, L. R. u. a. (1989): *Worldwatch Institute Report. Zur Lage der Welt – 89/90. Daten fürs Überleben unseres Planeten*, Frankfurt am Main.
Bruckner, Pascal / Alain Finkielkraut (1979): *Die neue Liebesunordnung*, München.
Brunold, Georg (1994): *Die Geburt des Detektivs und die Zeichen. Die literarische Avantgarde der Kriminalistik*. In: *Neue Zürcher Zeitung*, 29./30. Januar 1994, S. 69 f.
Bry, Christian (1988): *Verkappte Religionen. Kritik des kollektiven Wahns*, Nördlingen.
Buck, Pearl S. (1960): *Peony*, Frankfurt am Main/Hamburg.
Buber, Martin (o. J.): *Ich und Du*, Zürich.
Bühl, Walter L. (1970): *Evolution und Revolution. Kritik der symmetrischen Soziologie*, München.
Bührer, Toni (1990): *Haschisch-Studie. Zur Klassifizierung von Cannabis*, Solothurn.
Burrus, Daniel / Roger Gittines (1994): *Technotrends*, Wien.
Butler, Judith (1991): *Der Unbehagen der Geschlechter*, Frankfurt am Main.

Camporesi, Piero (1990): *Das Brot der Träume. Hunger und Halluzinationen im vorindustriellen Europa*, Frankfurt am Main, New York.
Camus, Albert (1961): *Der Fremde*, Reinbek.

Canetti, Elias (1980): *Masse und Macht*, Frankfurt am Main.
Caudwell, Christopher (1977): *Studien zu einer sterbenden Kultur*, Frankfurt am Main/Berlin/Wien.
Chargaff, Erwin (1984): *Die verfolgte Wahrheit. Über den Begriff der Methode in den Wissenschaften*. In: *Kursbuch* 78, S. 47-61.
Chargaff, Erwin (1989): *Erforschung der Natur und Denaturierung des Menschen*. In: Hans-Peter Dürr/Walter Ch. Zimmerlin (Hg.), *Geist und Natur*, Bern, München, Wien, S. 355-369.
Cioran, Emile M. (1979): *Die Lehre vom Zerfall*, Stuttgart.
Cioran, Emile M. (1980): *Skeptiker und Barbar*. In: Ders., *Der Absturz in die Zeit*, Stuttgart, S. 46-64.
Clausen, Lars (1988): *Produktive Arbeit. Destruktive Arbeit*, Berlin/New York.
Cohen, Stanley/Laurie Taylor (1977): *Ausbruchsversuche. Identität und Widerstand in der modernen Lebenswelt*, Frankfurt am Main.
Conrad, Joseph (1988): *Das Herz der Finsternis*, Zürich.
Coulmas, Florian (1993): *Das ABC der Wissenschaft*. In: *Merkur* 5, S. 390-399.
Coupland, Douglas (1992): *Generation X. Geschichten für eine immer schneller werdende Kultur*, Hamburg.

Dahrendorf, Ralf (1967): *Elemente der Soziologie*. In: Ders., *Pfade aus Utopia*, München, S. 42-62.
Dahrendorf, Ralf (1979): *Lebenschancen*, Frankfurt am Main.
Dahrendorf, Ralf (1983): *Die Chancen der Krise. Über die Zukunft des Liberalismus*, Stuttgart.
Dahrendorf, Ralf (1990): *Betrachtungen über die Revolution in Europa. In einem Brief, der an einen Herrn in Warschau gerichtet ist*, Stuttgart.
Dahrendorf, Ralf (1992): *Moralität, Institutionen und die Bürgergesellschaft*. In: *Merkur* 7, S. 557-569.
Deleuze, Gilles (1992): *Das elektronische Halsband. Innenansicht der kontrollierten Gesellschaft*. In: *Kriminologisches Journal* 24, Heft 43, S. 181-186.
Deleuze, Gilles/Félix Guattari (1976): *Kafka*, Frankfurt am Main.
Delumeau, Jean (1985): *Angst im Abendland*, Bd. 1, Reinbek.
Demandt, Alexander (1979): *Metaphern der Geschichte. Sprachbilder und Gleichnisse im historisch-politischen Denken*, München.
Derrida, Jacques (1986): *Positionen*, Graz/Wien.
Döblin, Alfred (1938): *Amazonas. Romantrilogie*, 3 Bde., Amsterdam.
Didion, Joan (1991): *Überfall im Central Park*, München/Wien.
Drewermann, Eugen (1982): *Der tödliche Fortschritt*, Regensburg, 2. Aufl.
Dubiel, Helmut (1992): *Der Fundamentalismus der Moderne*. In: *Merkur* 9/10, S. 747-763.

Duchâteau, Armand (1989): *Benin. Kunst einer Königskultur*, Paris.

Dukes, E. J. / A. Fielde (1892): *Alltagsleben in China. Bilder aus dem chinesischen Volksleben*, Basel.

Dumont, Louis (1976): *Der Weltverzicht in den Religionen Indiens*. In: Ders., *Gesellschaft in Indien*, Wien.

Dumont, Louis (1991): *Genese I: Vom außerweltlichen zum innerweltlichen Individuum*. In: Ders., *Individualismus. Zur Ideologie der Moderne*, Frankfurt am Main/New York, S. 33-73.

Easton Ellis, Brett (1991): *American Psycho*, Köln.

Eberle, Thomas S. (1984): *Sinnkonstruktion in Alltag und Wissenschaft*, Bern/Stuttgart.

Ehrenberg, Alain (1991): *Le culte de la performance*, Paris.

Ehrenreich, Barbara (1993): *Die Angst der Mittelklasse vor dem Absturz*. In: *gdi-Impuls* 1, S. 3-12.

Eigen, Manfred / Peter Schuster (1979): *The Hypercycle*, Heidelberg/Berlin/New York.

Elster, John (1986): *The Multiple Self*, London.

Enquist, Per Olov (1987): *Gestürzter Engel*, München/Wien.

Enzensberger, Hans Magnus (1987): *Ach Europa! Wahrnehmungen aus sieben Ländern*, Frankfurt am Main.

Enzensberger, Hans Magnus (1988): *Die Leere im Zentrum des Terrors*. In: Ders., *Mittelmaß und Wahn*, Frankfurt am Main, S. 245-250.

Enzensberger, Hans Magnus (1993a): *Aussichten auf den Bürgerkrieg*, Frankfurt am Main.

Enzensberger, Hans Magnus (1993b): *Der große Bürgerkrieg und die Grenzen der Verantwortung. Ein Gespräch*. In: *Neue Zürcher Zeitung* 12./13. Juni 1993, S. 57f.

Eppler, Erhard (1993): *Ein Limes fällt die Welt*. In: *Der Spiegel* 43, S. 78-87.

Erdheim, Mario (1992): *Fremdenangst kennt jede Kultur*. In: *Neue Zürcher Zeitung-Folio*, Juni 1992, S. 26-33.

Erler, Gisela (1985a): *Frauenzimmer. Für eine Politik der Ungleichheit*, Berlin.

Erler, Gisela (1985b): *Erdöl und Mutterliebe. Von der Knappheit einiger Rohstoffe*. In: Thomas Schmid (Hg.), *Das pfeifende Schwein. Über weitergehende Interessen der Linken*, Berlin, S. 49-63.

Erörterung der beiden wichtigsten Unterscheidungslehren beider christlichen Hauptconfessionen, Luzern 1840.

Esser, Hartmut (1989): *Verfällt die soziologische Methode?* In: *Soziale Welt* 1/2, S. 57-76.

Ezawa, Kennosuke (1986): *Das Selbstverständnis des modernen japanischen Menschen und die japanische Technokratie der Gegenwart*. In: Peter Pörtner (Hg.), *Japan. Ein Lesebuch*, Tübingen, S. 165-173.

Fast, Irene (1991): *Von der Einheit zur Differenz. Psychoanalyse der Geschlechtsidentität*, Berlin u. a.
Finkielkraut, Alain (1989): *Die Niederlage des Denkens*, Reinbek.
Firestone, Sulamith (1976): *Die Dialektik der Geschlechter – Klassenkampf oder sexuelle Revolution?* In: Jutta Menschik (Hg.), *Grundlagentexte zur Emanzipation der Frau*, Köln, S. 254-266.
Fischer, Robert (1993): *Immer billigere, immer schnellere Bildcomputer.* In: *Neue Zürcher Zeitung*, 3. September.
Flusser, Vilém (1989): *Ins Universum der technischen Bilder*, Göttingen (2. Aufl.).
Foerster, Heinz von (1985): *Das Konstruieren einer Wirklichkeit.* In: Paul Watzlawick (Hg.), *Die erfundene Wirklichkeit*, München, S. 39-61.
Forbes 7 (1993)
Foucault, Michel (1973): *Die Geburt der Klinik. Eine Archäologie des ärztlichen Blicks*, München.
Foucault, Michel (1977): *Sexualität und Wahrheit*, Bd. 1: *Der Wille zum Wissen*, Frankfurt am Main.
Frankl, Viktor E. (1993): *Der Mensch vor der Frage nach dem Sinn*, München (1979).
Freyer, Hans (1955): *Theorie des gegenwärtigen Zeitalters*, Stuttgart.
Fritsch, Bruno (1990): *Mensch, Umwelt, Wissen. Evolutionsgeschichtliche Aspekte des Umweltproblems*, Zürich/Stuttgart.
Fuchs, Peter (1992): *Gefährliche Modernität. Das zweite vatikanische Konzil und die Veränderung des Messeritus.* In: *Kölner Zeitschrift für Soziologie und Sozialpsychologie* 1, S. 1-12.
Fuchs, Peter (1993): *Moderne Kommunikation. Zur Theorie des operativen Displacements*, Frankfurt am Main.
Fukuyama, Francis (1989): *The End of History?* In: *The National Interest* 16, S. 3-18.
Fukuyama, Francis (1992): *Das Ende der Geschichte*, München.

Gaarder, Jostein (1993): *Sofies Welt. Roman über die Geschichte der Philosophie*, München/Wien.
Galbraith, John K. (1959): *Gesellschaft im Überfluß*, München, Zürich.
Garhammer, Manfred (1994): *Balanceakt Zeit*, Berlin.
Garhammer, Manfred/Peter Gross (1993): *Auswirkungen der Flexibilisierung von Arbeitszeiten und der Technisierung von Haushalten auf Freizeitgestaltung, Alltagsorganisation und Sozialbeziehung*, Bamberg 1993.
Geertz, Clifford (1991): *Die künstlichen Wilden*, München.
Gehlen, Arnold (1940): *Urmensch und Spätkultur*, Berlin.
Gehlen, Arnold (1957): *Die Seele im technischen Zeitalter*, Hamburg.
Gehlen, Arnold (1961): *Anthropologische Forschung*, Hamburg.
Gehlen, Arnold (1975): *Einblicke*, Frankfurt am Main.

Geo-Wissen (1989): *Sex, Geburt, Genetik*, Heft 1.
Gergen, Kenneth J. (1991): *The Saturated Self. Dilemmas of Identity in Contemporary Life*, Basic Books.
Gerken, Gerd (1989): *Die Trends für das Jahr 2000*, Düsseldorf/Wien/New York.
Gerken, Gerd (1990): *Abschied vom Marketing*, Düsseldorf/Wien/New York.
Gerken, Gerd (1991): *HomoOptio*. In: *Wiener* 12, S. 88-112.
Gerken, Gerd (1993): *Die Zukunft der Ernährung*. In: *Wiener* 11, S. 92-96.
Gernhard, Robert (1988): *Glück, Glanz, Ruhm*, Zürich.
Giesen, Bernhard (1991): *Die Entdinglichung des Sozialen. Eine evolutionstheoretische Perspektive auf die Postmoderne*, Frankfurt am Main.
Ginzburg, Carlo (1983): *Spurensicherungen*, Berlin.
Glucksmann, André (1989): *Die cartesianische Revolution. Von der Herkunft Frankreichs aus dem Geist der Philosophie*, Reinbek.
Glucksmann, André (1993): *Das Schlimmste verhindern. Ein Gespräch*. In: *Neue Zürcher Zeitung* 10./11. Juli 1993, S. 57f.
Goethe, Johann Wolfgang (1993): *Maximen und Reflexionen*. In: Ders., *Sämtliche Werke. Briefe, Tagebücher und Gespräche*, Frankfurt am Main.
Goetz, Rainald (1986): *Der Attentäter*. In: Ders., *Hirn*, Frankfurt am Main, S. 127-176.
Goetz, Rainald (1993): *Letzte Verfügung*, In: Ders., *Kronos*, Frankfurt am Main, S. 373-375.
Goffman, Erving (1972): *Asyle*, Frankfurt am Main.
Goffman, Erving (1977): *Rahmen-Analyse. Ein Versuch über die Organisation von Alltagserfahrungen*, Frankfurt am Main.
Goodman, Nelson (1990): *Weisen der Welterzeugung*, Frankfurt am Main.
Gorz, André (1991): *Und jetzt wohin?*, Nördlingen.
Gosman, Leonid (1993): *Von den Schrecken der Freiheit. Die Russen – ein Psychogramm*, Berlin.
Graham, David (1987): *American Beauty*, New York.
Greshake, Gisbert (1988): *Tod – und dann? Ende – Reinkarnation – Auferstehung*, Freiburg/Basel/Wien.
Grimm, Gebrüder (o. J.): *Kinder- und Hausmärchen*, Zürich.
Gronemeyer, Marianne (1988): *Die Macht der Bedürfnisse. Reflexionen über ein Phantom*, Reinbek.
Gronemeyer, Herbert (1992): *Der Retortensenior. Der Generationenkonflikt wird durch Mechanisierung abgekühlt*. In: *gdi-impuls* 2, S. 24-30.
Groß, Hermann u. a. (1989): *Arbeitszeit 89. Ergebnisse einer aktuellen Repräsentativbefragung zu den Arbeitszeitstrukturen und Arbeitszeitwünschen der abhängig Beschäftigten in der Bundesrepublik Deutschland*, Köln.

Gross, Peter (1983a): *Über die Präventivwirkung des Nichtwissens*. In: Zeitschrift für Pädagogik, 18. Beiheft, S. 221-227.

Gross, Peter (1983b): *Die Verheißungen der Dienstleistungsgesellschaft. Soziale Befreiung oder Sozialherrschaft*, Opladen.

Gross, Peter (1985): *Bastelmentalität: ein »postmoderner« Schwebezustand?* In: Thomas Schmid (Hg.), *Das pfeifende Schwein. Über weitergehende Interessen der Linken*, Berlin, S. 63-85.

Gross, Peter (1988a): *Die japanische Herausforderung – in uns?* In: *gdi-impuls* 2.

Gross, Peter (1988b): *Zur gesellschaftlichen Bedeutung und Bewertung der Schattenwirtschaft?* In: Peter Gross/Peter Friedrich (Hg.), *Positive Wirkungen der Schattenwirtschaft?*, Baden-Baden, S. 9-51.

Gross, Peter (1989): *Der liebe Gott auf Erden*. In: Alexander Schuller u. a. (Hg.), *Zahnarzt im Wandel*, München, Wien, S. 158-188.

Gross, Peter (1990a): *Genetischer Wahn? Die Zukunft der leiblichen Elternschaft*. In: BHW-Forum (Hg.), *Familie ist Zukunft oder: Zukunft ohne Familie?*, Hameln, S. 50-64.

Gross, Peter (1990b): *Selbsthilfe und Selbstverantwortung als normative Leitideen der Sozialpolitik*. In: Christoph Sachße/H. Tristram Engelhardt (Hg.), *Sicherheit und Freiheit. Zur Ethik des Wohlfahrtsstaates*, Frankfurt am Main, S. 85-106.

Gross, Peter (1991): *Arbeitszeit, Freizeit, Lebenszeit. Zur gesellschaftlichen Bedeutung von Arbeitszeitveränderungen*. In: Peter Friedrich/ Peter Gross (Hg.), *Arbeitszeitveränderung in wirtschaftlicher, gesellschaftlicher und ethischer Sicht*, Baden-Baden.

Gross, Peter (1992): *Familie simuliert*. In: *gdi-impuls* 1, S. 50-58.

Gross, Peter (1993): *Dissonanz der Lebenszyklen*. In: *gdi-impuls* 1, S. 39-47.

Gross, Peter (1994a): *Himmelwärts. Die Eroberung der Alpen*. In: Walter M. Sprondel (Hg.), *Die Objektivität der Ordnungen und ihre Kommunikative Konstruktion*, Frankfurt am Main, S. 356-379.

Gross, Peter (1994b): *Der Kampf als Vater aller Dinge?* In: *Soziologische Revue* 1, S. 16-22.

Gross, Peter (1994c): *Der Flexibilisierungsimperativ*. Vorwort zu Garhammer, Manfred, *Balanceakt Zeit*, Berlin, S. 11-21.

Gross, Peter (1994d): *Der Markt der Unternehmensberatung*. In: *Berater-Forum Schweiz. GDI-Zürich*, S. 15-23.

Gross, Peter/Ronald Hitzler (1990): *Die Natur – Schöpfung, Konstrukt, Menetekel*. In: *gdi-impuls* 3.

Gross, Peter/Anne Honer (1990): *Multiple Elternschaften*. In: *Soziale Welt* 1, S. 97-117.

Gross, Peter/Ronald Hitzler/Anne Honer (1989): *Diagnostische und therapeutische Kompetenz im Wandel*. In: Franz Wagner (Hg.), *Medizin. Momente der Veränderung*, Berlin, S. 155-172.

Gross, Peter/Manfred Garhammer/Jörg Eckart (1988): *Freizeitmarkt, Dienstleistungen und häuslicher Freizeitpfad*, ILS Dortmund.
Gross, Raphael (1993): *Carl Schmitts »Nomos und die Juden«*. In: *Merkur* 5, S. 410-421.
Grubbe, Peter (1991): *Das Ende der dritten Welt*, Hamburg.
Gruhl, Herbert (1975): *Ein Planet wird geplündert*, Frankfurt am Main.

Habermas, Jürgen (Hg.) (1966): *Nachwort* zu Georg Wilhelm Hegel, *Politische Schriften*, Frankfurt am Main.
Haefs, Hanswilhelm (1989/1991): *Handbuch des nutzlosen Wissens*, 2 Bde., München.
Hahn, Alois (1987): *Soziologische Aspekte der Knappheit*. In: Klaus Heinemann (Hg.), *Soziologie wirtschaftlichen Handelns*, Kölner Zeitschrift für Soziologie und Sozialpsychologie (Sonderheft 28), Opladen, S. 119-133.
Haller, Matthias (1975): *Sicherheit durch Versicherung?*, Bern/St. Gallen.
Handke, Peter (1990): *Der Alltag ist schändlich leblos. Spiegel-Gespräch*, in: *Der Spiegel* 16, S. 220ff.
Handy, Charles (1989): *The Age of Unreason*, London.
Hänny, Reto (1989): *Flug*, Frankfurt am Main.
Häsler, Alfred A. (1966): *Gespräch mit Friedrich Dürrenmatt zum 1. August*. In: *Ex Libris*, Heft 8.
Haussmann, Heinz (1990): *Zeitsouveränität ist wichtiger als Geld*. In: *Das Parlament* 4/5.
Hawking, Stephen W. (1988): *Eine kurze Geschichte der Zeit. Die Suche nach der Urkraft des Universums*, Reinbek.
Hayek, Friedrich A. (1976): *Der Weg zur Knechtschaft*, München.
Heintel, Peter (1991): *Skizzen zur technologischen Formation. Heinz Hülsmann zum 75. Geburtstag*, MS., Klagenfurt.
Heintel, Peter (1992): *Alternative Modellbildungen in der Ökonomie. Klagenfurter Beiträge zur Technikdiskussion*, Heft 28, Innsbruck, Klagenfurt, Wien.
Heintz, Bettina (1993): *Die Auflösung der Geschlechterdifferenz. Entwicklungstendenzen in der Theorie der Geschlechter*. In: Elisabeth Bühler u.a. (Hg.), *Ortssuche. Zur Geographie der Geschlechterdifferenz*, Zürich/Dortmund, S. 17-49.
Heller, Agnes (1989): *From Hermeneutics in Social Science toward a Hermeneutics of Social Science*. In: *Theory and Society* 18, S. 291-322.
Hennen, Manfred (1994): *Motivation als Konstrukt einer Sozialtheorie*. In: Gebhard Rusch/Siegfried J. Schmidt (Hg.), *Konstruktivismus und Sozialtheorie*, Frankfurt am Main, S. 133-172.
Hennings, Ralf-Dirk u.a. (Hg.) (1983): *Informations- und Kommunikationsstrukturen der Zukunft*, München.
Hirsch, Fred (1980): *Die sozialen Grenzen des Wachstums*, Reinbek.

Hirsch, Günter / Wolfram Eberbach (1987): *Auf dem Weg zum künstlichen Leben. Retortenkinder – Leihmütter – programmierte Gene*, Basel, Boston, Stuttgart.

Hirschmann, Albert O. (1992): *Denken gegen die Vernunft. Die Rhetorik der Reaktion*, München.

Hitzler, Ronald (1990): *Sinnwelten*, Opladen.

Hitzler, Ronald (1991): *Zur gesellschaftlichen Konstruktion von Natur*. In: Wechselwirkung 50, S. 11-21.

Hitzler, Ronald (1992): *Der Goffmensch. Überlegungen zu einer dramatischen Anthropologie*. In: Soziale Welt 43, Heft 4, S. 449-461.

Hitzler, Ronald (1993a): *Der bewegte Bürger – eine Sehnsuchtsfigur?* In: Liberal 2, S. 46-48.

Hitzler, Ronald (1993b): *Bürger machen mobil. Über die neue soziale Sicherheits-Bewegung*. In: Forschungsjournal 3/4, S. 16-28.

Hitzler, Ronald (1993c): *Verstehen: Alltagspraxis und wissenschaftliches Programm*. In: Thomas Jung/Stefan Müller-Dohm (Hg.), *»Wirklichkeit« im Deutungsprozeß. Verstehen und Methoden in den Kultur- und Sozialwissenschaften*, Frankfurt am Main, S. 223-241.

Hitzler, Ronald (1994): *Devotion und Dominanz. Rituelle Konstruktion in der algophilen Lebens-Welt*. In: Norbert Schroer (Hg.), *Interpretative Sozialforschung*, Opladen, S. 151-167.

Hoffmann-Nowotny, Hans-Joachim (1978): *Gastarbeiter in Europa – Eine neue Völkerwanderung*. In: Lutz Franke und Hans W. Jürgens (Hg.), *Keine Kinder – keine Zukunft*. Schriftenreihe des BIP, Bd. 4, Boldt, S. 35-41.

Hoffmann-Nowotny, Hans-Joachim (1991): *Weltbevölkerung und Weltimmigration – eine zukunftsorientierte Analyse*. In: Schweizerisches Institut für Auslandforschung (Hg.), *Das Flüchtlingsproblem – eine Zeitbombe?*, Chur/Zürich, S. 75-101.

Hondrich, Karl-Otto (1975): *Menschliche Bedürfnisse und soziale Steuerung*, Reinbek.

Hondrich, Karl-Otto (1993): *Selbstreferentialität statt Selbstreflexion. Bemerkungen zum 26. Deutschen Soziologentag*. In: Soziale Welt 1, S. 136-142.

Honer, Anne (1993a): *Lebensweltliche Ethnographie*, Wiesbaden.

Honer, Anne (1993b): *Das Perspektivenproblem in der Sozialforschung*. In: Jung/Müller-Dohm 1993, S. 241-258.

Honneth, Axel (1992): *Kampf um Anerkennung. Zur moralischen Grammatik sozialer Konflikte*, Frankfurt am Main.

Horkheimer, Max/Theodor W. Adorno (1969): *Dialektik der Aufklärung*, Frankfurt am Main.

Horx, Matthias (1993): *Trendbuch. Der erste, große, deutsche Trendreport*, Düsseldorf/Wien/New York/Moskau.

Huber, Joseph (1985): *Die Regenbogengesellschaft. Ökologie und Sozialpolitik*, Frankfurt am Main.

Huber, Joseph (1989): *Herrschen und Sehnen. Kulturdynamik des Westens*, Weinheim/Basel.
Hughes, Robert (1992): *Zerfällt Amerika? Über Separatismus und Politische Korrektheit.* In: *Merkur* 9/10, S. 863-876.
Hughes, Robert (1994): *Nachrichten aus dem Jammertal*, München.
Hunt, Morton (1991): *Die Praxis der Sozialforschung. Reportagen aus dem Alltag der Wissenschaft*, Frankfurt am Main.
Husserl, Edmund (1962): *Die Krisis der europäischen Wissenschaften und die Transzendentale Phänomenologie*, Den Haag.
Huxley, Aldous (1987): *Schöne neue Welt*, München.

Imhof, Arthur E. (1981): *Die gewonnenen Jahre. Von der Zunahme unserer Lebensspanne seit dreihundert Jahren oder von der Notwendigkeit einer neuen Einstellung zu Leben und Sterben*, München.
Imhof, Arthur E. (1984): *Die verlorenen Welten. Alltagsbewältigung durch unsere Vorfahren – und weshalb wir uns heute so schwer damit tun*, München.
Ingold, Felix Philipp (1988): *Ein neues Mittelalter? Nikolai Berdjajew als Wegbereiter der Postmoderne.* In: *Mittelalter-Rezeption II. Göppinger Arbeiten zur Germanistik*, Nr. 479, Göppingen, S. 135-141.
Iwao, Sumiko (1986): *Die japanische Familie.* In: Constantin von Barloewen/Kai Wehrhan-Mees (Hg.), *Japan und der Westen*, Bd. 3, Frankfurt am Main, S. 116-127.

Jehle, Frank (1993): *Dem Tod ins Gesicht sehen*, Zürich.
Jencks, Charles (1980): *Die Sprache der postmodernen Architektur*, Stuttgart.
Jensen, Stefan (1994): *Im Kerngehäuse.* In: Gebhard Rusch/Siegfried J. Schmidt (Hg.), *Konstruktivismus und Sozialtheorie*, Frankfurt am Main, S. 47-109.
Jonas, Hans (1934): *Gnosis und spätantiker Geist*, Göttingen (Bd. I).
Jonas, Hans (1979): *Das Prinzip der Verantwortung*, Frankfurt am Main.
Joris, Elisabeth (1991): *Nachwort* zur Neuausgabe von Iris von Roten, *Frauen im Laufgitter*, Zürich/Dortmund, S. 580-588.
Jung, Thomas / Stefan Müller-Dohm (Hg.) (1993): *»Wirklichkeit« im Deutungsprozeß. Verstehen und Methoden in den Kultur- und Sozialwissenschaften*, Frankfurt am Main, S. 223-258.
Jünger, Ernst (1950): *Das abenteuerliche Herz*, Frankfurt am Main.
Jünger, Ernst (1957): *Gläserne Bienen*, Stuttgart.
Jünger, Ernst (1960): *Die Totale Mobilmachung.* In: Ders., *Essays* I, Stuttgart, S. 123-149.
Jünger, Ernst (1993): *Siebzig verweht III*, Stuttgart.
Jungk, Robert (1983): *Menschenbeben*, München.

Kafka, Franz (1988): *Ein Bericht für eine Akademie*, Frankfurt am Main.
Kamper, Dietmar (Hg.) (1977): *Über die Wünsche. Ein Versuch zur Archäologie der Subjektivität*, München/Wien.
Karrer, Felix (1990): *Reisebericht durch fremdes Land*. Dokumentarfilm.
Katholisches Gesang- und Gebetbuch der Schweiz. Hg. im Auftrag der schweizerischen Bischöfe, Solothurn 1978.
Kaufmann, Richard (1964): *Die Menschenmacher. Die Zukunft der Menschen in einer biologisch gesteuerten Welt*, Hamburg.
Kelder, Peter (1989): *Die Fünf »Tibeter«*, Wessobrunn.
Kennedy, Paul (1993): *In Vorbereitung auf das 21. Jahrhundert*, Frankfurt am Main.
King, Alexander/Bertrand Schneider (1991): *Die Globale Revolution. Ein Bericht des Rates des Club of Rome*. Spiegel Spezial, Nr. 2.
Klages, Helmut (1993): *Traditionsbruch als Herausforderung. Perspektiven der Wertewandelsgesellschaft*, Frankfurt am Main.
Klix, Bettina (1986): *Tiefenrausch*, Frankfurt am Main.
Knoepfel, Peter (1988): *Brüche statt Umbrüche? Konsensverlust durch Geschichtsverlust*. In: Ders. (Hg.), *Risiko und Risikomanagement*, Basel, S. 123-134.
Knorr-Cetina, Karin (1987): *Spielarten des Konstruktivismus*. In: *Soziale Welt* 1/2, S. 86-97.
Koch, Claus (1992): *Gegen Identität. Von der Antiquiertheit der Ethik*. In: *Merkur* 4, S. 275-290.
Koch, Claus (1993): *Zivilisation der Arbeitslosigkeit oder Vor dem Ende des Nationalstaats?* In: *Merkur* 11, S. 927-940.
Koch, Claus (1994): *Ende der Natürlichkeit. Eine Streitschrift zu Biotechnik und Biomoral*, München/Wien.
Kohler, Georg (1990): *Warum nicht Apartheid? Wie sich das 19. und 21. Jahrhundert wiederholen sollte*. In: Peter Sloterdijk (Hg.), *Vor der Jahrtausendwende: Berichte zur Lage der Zukunft*, Frankfurt am Main, Bd. 1, S. 65-94.
Kohler, Georg (1992): *Die Gottesstadt oder das ganz Andere*. In: *Neue Zürcher Zeitung*, 31. Dezember 1992.
Kojève, Alexandre (1947): *Introduction à la lecture de Hegel*, Paris.
Kolakowski, Leszek (1992): *Falls es keinen Gott gibt*, Freiburg, Basel, Wien.
Kon, Igor S. (1983): *Die Entdeckung des Ichs*, Köln.
Konrád, György (1985): *Antipolitik. Mitteleuropäische Meditationen*, Frankfurt am Main.
Korin, J. (1990): *Die Wirklichkeit und das Gehirn: Von den Anfängen und vom Ende des Menschen*. In: Jan Brockman (Hg.), *Neue Realität*, München, S. 67-91.
Koslowski, Peter (1987): *Die Postmoderne Kultur. Gesellschaftlich-kulturelle Konsequenzen der technischen Entwicklung*, München.

Kotik, Jan (1974): *Konsum oder Verbrauch. Gesellschaftlicher Reichtum, Gebrauchswert, Nutzungsprozeß, Bedürfnisse*, Hamburg.
Kroker, Arthur/David Cook (Hg.) (1986): *The Postmodern Scene, Excremental Culture and Hyper-Aesthetics*, New York.
Küng, Emil (1972): *Wohlstand und Wohlfahrt*, Tübingen.
Küng, Hans (1990): *Projekt Weltethos*, München.
Kurz-Scherf, Ingrid/Gisela Breil (Hg.) (1980): *Wem gehört die Zeit? Ein Lesebuch zum 6-Stunden-Tag*, Hamburg 1987.
Kurz-Scherf, Ingrid/Gisela Breil (1988): *Zeit(t)räume per Tarifvertrag. Oder: Die Renaissance der betriebsnahen Tarifpolitik*. In: Rainer Zoll (Hg.), *Zerstörung und Wiederaneignung der Zeit*, Frankfurt am Main, S. 544-565.
Kurz, Robert (1991): *Der Kollaps der Modernisierung. Vom Zusammenbruch des Kasernensozialismus zur Krise der Weltökonomie*, Frankfurt am Main.

Laermann, Klaus (1993): *Der Zwang zum Wechsel. Moden in den Geistes- und Sozialwissenschaften*. In: *Neue Zürcher Zeitung*, 11./12. September.
Lagadec, Ralph (1992): *Fortschritte der Informationstechnologie*. In: *Neue Zürcher Zeitung*, 8. Januar 1992.
Lang, Thilo (Hg.) (1989): *Ça ira*, München.
Lanier, Jaron (1990): *Virtuelle Realität. Mit dem Computer in die 4. Dimension*. In: *gdi-impuls* 2, S. 3-15.
Lash, Christopher (1979): *The Culture of Narcissism*, New York.
Lash, Scott (1990): *Sociology of Postmodernism*, London/New York.
Lash, Scott (1992): *Ästhetische Dimensionen reflexiver Modernisierung*. In: *Soziale Welt* 3, S. 261-278.
Laszlo, Ervin (1988): *Die inneren Grenzen der Menschheit*, München.
Lauermann, Manfred (1993): *»21/3d26g104,1«. Was steckt dahinter?* In: *Forum Wissenschaft* 3, S. 56-60.
Lehrplan Katholische Religionslehre für die 9. Jahrgangsstufe des Gymnasiums d. Bayrischen Staatsministeriums für Unterricht und Kultus, 1976, Amtsblatt Teil I, Nr. 16.
Leibetseder, Florian (1992): *Schlüsselloch*, Salzburg.
Leibowitz, Herbert (1989): *Fabricating Lives: Explorations in American Autobiography*, New York.
Lem, Stanislaw (1982): *Summa technologiae*, Frankfurt am Main.
Lempp, Rainer (1984): Vorwort zu: Franz Mertens: *Ich wollte Liebe und lernte hassen*, Zürich.
Leontovitch, Victor (1985): *Das Wesen des Liberalismus*. In: Lothar Gall (Hg.), *Liberalismus*, Königstein/Ts., S. 37-54.
Linder, Staffan B. (1971): *Das Linder Axiom oder Warum wir keine Zeit mehr haben*, Gütersloh/Wien.

Livingstone der Missionär. I. Ältere und neuere Erforschungsreisen im Innern Afrika's, Leipzig 1868.
Löwe, Jürgen (1992): *Der unersättliche Mensch. Untersuchung über die Entwicklung menschlichen Besitzverlangens*, Diss. Hochschule St. Gallen.
Löwith, Karl (1952): *Weltgeschichte und Heilsgeschehen*, Stuttgart/Berlin/Köln/Mainz.
Löwith, Karl (1956): *Wissen, Glaube, Skepsis*, Göttingen.
Lübbe, Hermann (1988): *Im Zug der Zeit. Über die Verkürzung des Aufenthaltes in der Gegenwart*. In: Walther Chr. Zimmerli (Hg.), *Technologisches Zeitalter der Postmoderne*, München, S. 212-225.
Lübbe, Hermann (1979): *Legitimitätswandel der Wissenschaft nach der Aufklärung*. In: Oskar Schatz (Hg.), *Brauchen wir eine andere Wissenschaft?*, Graz/Wien/Köln, S. 77-89.
Lübbe, Hermann (1992): *Im Zug der Zeit*, Berlin u. a.
Luckmann, Thomas (1972): *Religion in der modernen Gesellschaft*. In: Jacobus Wössner (Hg.), *Religion im Umbruch*, Stuttgart, S. 3-16.
Luckmann, Thomas (1972b): *Zwänge und Freiheiten im Wandel der Gesellschaftsstruktur*. In: Hans-Georg Gadamer/Paul Vogler (Hg.), *Neue Anthropologie*, Bd. 3, Stuttgart, S. 168-198.
Luckmann, Thomas (1980): *Persönliche Identität als evolutionäres und historisches Problem*. In: Ders., *Lebenswelt und Gesellschaft*, Paderborn, S. 123-142.
Luckmann, Thomas (1991): *Die unsichtbare Religion*, Frankfurt am Main.
Luhmann, Niklas (1973): *Vertrauen. Ein Mechanismus der Reduktion sozialer Komplexität*, Stuttgart.
Luhmann, Niklas (1975): *Interaktion, Organisation, Gesellschaft*. In: Ders., *Soziologische Aufsätze*, Bd. 2: *Aufsätze zur Theorie der Gesellschaft*, Opladen.
Luhmann, Niklas (1982): *Liebe als Passion. Zur Kodierung von Intimität*, Frankfurt am Main.
Luhmann, Niklas (1984): *Soziale Systeme. Grundriß einer allgemeinen Theorie*, Frankfurt am Main.
Luhmann, Niklas (1992): *Beobachtungen der Moderne*, Opladen.
Lukacs, John (1993): *The End of the Twentieth Century and the End of the Modern Age*, New York.
Lukoschik, Andreas (1987ff.): *In & Out. Der Leitfaden durch das Labyrinth der Moden, Trends und Welten*, München.
Lyotard, Jean-François (1979): *Apathie der Theorie*, Berlin.
Lyotard, Jean-François (1985a): *Postmoderne für Kinder*, Wien.
Lyotard, Jean-François (1985b): *Die Mauer des Pazifik*, Graz/Wien.
Lyotard, Jean-François (1986): *Das postmoderne Wissen. Ein Bericht*, Graz/Wien.

Macho, Thomas H. (1989): *So viele Menschen – jenseits des genealogischen Prinzips*. In: Peter Sloterdijk (Hg.), *Vor der Jahrtausendwende – Berichte zur Lage der Zukunft*, Frankfurt am Main, S. 29-64.

Macho, Thomas H. (1992): *Geistesgegenwart. Notizen zur Lage der Intellektuellen*. In: *Neue Zürcher Zeitung*, 4./5. Juli 1992.

Macho, Thomas H. (1994): *Neue Askese? Zur Aktualität des Verzichts*. In: *Merkur* 11, S. 583-594.

MacIntyre, Alasdair (1987): *Der Verlust der Tugend. Zur moralischen Krise der Gegenwart*, Frankfurt/New York.

MacKinnon, Catharina (1993): *Only Words*, Harvard.

Malcolm, Abrams/Harriet Bernstein (1990): *Der Zukunftskatalog*, Wien/Darmstadt.

Malik, Fredmund/Walter M. Teulings (1990): *Effektivität und Betriebskultur. Zukunftsorientierte Verantwortung für ein Kreatives Management*, Europäisches Forum Alpbach, S. 627-632.

Malraux, André (1956): *Stimmen der Stille*, Zürich.

Markowitz, Jürgen (1990): *Kommunikation über Risiken. Eine Theorie-Skizze*. In: *Schweizerische Zeitschrift für Soziologie* 3, S. 385-420.

Marquard, Udo (1981): *Abschied vom Prinzipiellen*, Stuttgart.

Martin, Hans Peter/Harald Schumann (1993): *»Alle Hemmungen beseitigt«. Der unkontrollierte Welthandel gefährdet Europas Demokratien*. In: *Der Spiegel* 51, S. 89-97.

Marx, Karl (1964): *Elend der Philosophie*. In: *MEW*, Bd. 4, Berlin.

Mattheus, Bernd/Axel Mattheus (Hg.) (1991): *Ich gestatte mir die Revolte*, München.

McQuai, Mike (1982): *Die Klapperschlange. Flucht aus New York*, Bergisch Gladbach.

Meadows, Dennis (1972): *Die Grenzen des Wachstums. Bericht des Club of Rome zur Lage der Menschheit*, Stuttgart.

Meadows, Donella und Dennis / Jørgen Randers (1992): *Die neuen Grenzen des Wachstums*, Stuttgart.

Meffert, Heribert/Manfred Kirchgeorg (1993): *Das neue Leitbild Sustainable Development – der Weg ist das Ziel*. In: *Harvard Business Manager* 2, S. 34-46.

Meier, Verena (1994): *Wirtschaftsgeographie: Flexibilisierung, Globalisierung, Frauenarbeit. Analysen am Beispiel der Schnittblumenindustrie*. In: *Bulletin* I, 12/VII. Schweizerischer Nationalfonds.

Mernissi, Fatema (1992): *Die Angst vor der Moderne. Frauen und Männer zwischen Islam und Demokratie*, Hamburg.

Mertens, Dieter (1988): *Gedanken zur Ambivalenz der Expansion des tertiären Sektors*. In: Hans-Jürgen Krupp u. a., *Dienstleistungen im Strukturwandel*, Berlin, S. 41-56.

Meyer, Martin (1993): *Ende der Geschichte?*, München.

Meyer-Abich, Klaus Michael (1993/94): *Kann die Natur durch den Menschen gewinnen?* In: *Scheidewege* I, S. 35-51.
Miegel, Meinhard (1994): *Strukturprobleme hochindustrialisierter Länder: Großbritannien und Deutschland.* In: *Merkur* 7, S. 573-583.
Miller, Norbert (1990): *Endämonie des Traums. Thomas de Quinceys Experiment mit der Raum- und Zeiterfahrung.* In: *Neue Zürcher Zeitung*, 22./23. Dezember.
Miller, Stuart (1987): *Painted in Blood. Understanding the European Mind*, New York.
Mitterauer, Michael (1993): *Ahnen und Heilige. Namensgebung in der europäischen Geschichte*, München.
Moltmann, Jürgen (1985): *Gott in der Schöpfung. Ökologische Schöpfungslehre*, München.
Mora de la Gonzalo, Fernandez (1987): *Der gleichmacherische Neid*, München.
Moravec, Hans (1988): *Mind Children. The Future of Robot and Human Intelligence*, Cambridge/London.
Müller, Josef-Felix (1987): *Skulpturen. Museum für Gegenwartskunst*, Basel.
Müller, Josef-Felix (1989): *Roboterträume.* In: *gdi-impuls* 4, S. 3-17.
Münch, Richard (1993): *Das Projekt Europa. Zwischen Nationalstaat, regionaler Autonomie und Weltgesellschaft*, Frankfurt am Main.
Musil, Robert (1952): *Mann ohne Eigenschaften*, Hamburg.

Nagel, Thomas (1992): *Der Blick von nirgendwo*, Frankfurt am Main.
Naisbitt, John (1984): *Megatrends. 10 Perspektiven, die unser Leben verändern werden*, Bayreuth.
Neckel, Sieghard (1993): *Neid – ein Gefangenendilemma.* In: Ders., *Die Macht der Unterscheidung*, Frankfurt am Main, S. 111-120.
Nef, Robert (1992): *Wege in die Freiheit. Sechs Szenarien aus dem menschheitsgeschichtlichen Erfahrungsschatz.* In: Daniel Brühlmeier/Robert Nef (Hg.), *Wege in die Freiheit. Die Revolution in Osteuropa in liberaler Perspektive*, St. Gallen/Zürich.
Nelson, Benjamin (1969): *The Idea fo Usury. From Tribal Brotherhood to Universal Otherhood*, 2. Aufl. Chicago.
Nenning, Günther (1992): *Der Ami ist gut.* In: *Wiener* 1.
Nettelbeck, Uwe (1979): *Fantomas. Eine Sittengeschichte des Erkenntnisdienstes*, Salzhausen.
Nicholson, William (1990): *Der Marsch. Aufbruch der Massen nach Europa*, Rosenheim.
Nietzsche, Friedrich: *Unzeitgemäße Betrachtungen.* In: *Werke in 4 Bänden*, Erlangen o. J., Bd. III.
Nussbaum, Martha C. (1993): *Menschliches Tun und soziale Gerechtigkeit. Zur Verteidigung des soziologischen aristotelischen Essentialismus.* In:

Micha Brumlik/Hauke Brunkhorst (Hg.), *Gemeinschaft und Gerechtigkeit*, Frankfurt am Main, S. 323-364.

Odenwald, Michael (1991): *Eine zweite Heimat im All*. In: *VDI-Nachrichten*, 13. September 1991, S. 26.
Offe, Claus (1986): *Die Utopie der Null-Option*, In: Johannes Berger (Hg.), *Die Moderne – Kontinuitäten und Zäsuren*, Göttingen, S. 97-119.
Offe, Claus (1989): *Bindung, Fessel, Bremse. Die Unüberwindlichkeit von Selbstbeschränkungsformeln*. In: Honneth, Axel u. a. (Hg.), *Zwischenbetrachtungen im Prozeß der Aufklärung*, Frankfurt am Main, S. 739-775.
Opaschowski, Horst (1983): *Arbeit, Freizeit, Lebenssinn?*, Opladen.
Ortega y Gasset, José (1956): *Der Aufstand der Massen*, Reinbek.
Ost, John/Klaus Sonnenleiter (1993): *Virtuelle Medizin*. In: *Focus* 25, S. 86-91.
Ostendorf, Berndt (1992): *Der Preis des Multikulturalismus. Entwicklungen in den USA*. In: *Merkur* 9/10, S. 846-863.
Otto, Brigitte (1985): *Vornamen. Herkunft und Bedeutung von Abigail bis Zygmunt*, Düsseldorf.

Paepke, Owen C. (1993): *The Evolution of Progress*, New York.
Pannen, Stefan (1992): *Die Weiterleiter*, Köln.
Parin, Paul (1985): *Zu viele Teufel im Land*, Frankfurt am Main.
Paslack, Rainer (1991): *Urgeschichte der Selbstorganisation – Zur Archäologie eines wissenschaftlichen Paradigmas*, Braunschweig/Wiesbaden.
Passmore, John (1980): *Den Unrat beseitigen. Überlegungen zur ökologischen Mode*. In: Dieter Birnbacher (Hg.), *Ökologie und Ethik*, Stuttgart, S. 207-247.
Paul, Jean: *Rede des toten Christus vom Weltgebäude herab, daß kein Gott sei*. In: Jean Paul, *Werke*, Berlin o. J., Bd. V, S. 760-766.
Perec, Georges (1982): *Das Leben. Eine Gebrauchsanweisung*, Frankfurt am Main.
Pessoa, Fernando (1987): *Das Buch der Unruhe*, Frankfurt am Main.
Pestel, Eduard (1988): *Jenseits der Grenzen des Wachstums. Bericht an den Club of Rome*, Stuttgart.
Peters, Bernhard (1993): *Die Integration moderner Gesellschaften*, Frankfurt am Main.
Peters, Tom (1988): *Kreatives Chaos. Thriving on Chaos*, Hamburg.
Pfäfflin, Friedemann/Astrid Junge (1992): *Geschlechtsumwandlung. Abhandlungen zur Transsexualität*, Stuttgart/New York.
Pfiffner, Eugen (1961): *Die Regel des Heiligen Benedikt*, Einsiedeln/Zürich.
Polanyi, Karl (1978): *The Great Transformation. Politische und ökonomische Ursprünge von Gesellschaften und Wirtschaftssystemen*, Wien.

Popcorn, Faith (1991): *The Popcorn-Report*, New York.
Popitz, Heinrich (1962): *Prozesse der Machtbildung*, 2. Aufl. Tübingen.
Popper, Karl R. (1957/58): *Die offene Gesellschaft und ihre Feinde*, 2 Bde., Bern, Bd. 1.
Portele, Gerhard (1989): *Anatomie, Macht, Liebe*, Frankfurt am Main.
Postman, Neil (1983): *Das Verschwinden der Kindheit*, Frankfurt am Main.
Postman, Neil (1985): *Wir amüsieren uns zu Tode*, Frankfurt am Main.
Postman, Neil (1992): *Das Technopol*, Frankfurt am Main.
Praesent, Alexander (Hg.) (1976): *Aus der Traumküche des Windsor McCay*, Frankfurt am Main.
Prehn, Horst (1991): *Zwischen Sinn und Sinnen. Ein simulierter Dialog*. In: *gdi-impuls* 4, S. 53-65.
Probst, Gilbert J. B. (1987): *Selbstorganisation*, Berlin/Hamburg.
Prinzinger, Roland (1992): *Lebensalter und physiologische Zeit*. In: *Neue Zürcher Zeitung*, 6. Februar.

Rabe, Werner (1990): *Die Erde im Fieber*, Göttingen.
Rappaport, Herbert (1991): *Time out*. In: *gdi-impuls* 4, S. 65-73.
Rawls, John (1992): *Die Idee des politischen Liberalismus*, Frankfurt am Main.
Reich, Robert B. (1991): *The Work of Nations. Preparing Ourselves for 21st Century Capitalism*, New York.
Reich, Robert B. (1993): *Die neue Weltwirtschaft. Das Ende der nationalen Ökonomie*, Frankfurt am Main/Berlin.
Reichertz, Jo (1991): *Aufklärungsarbeit. Kriminalpolizisten und Feldforscher bei der Arbeit*, Stuttgart.
Reinle, Adolf (1986): *Der Kruzifixus von Lumbrein. Ein Andachtsbild mittelalterlicher und barocker Leidensmystik*. In: Ursus Brunold/Lothar Deplazes (Hg.), *Geschichte und Kultur Churrätiens*, Disentis, S. 617-641.
Reman, Micky (1984): *Berichte aus dem Überall*. In: Ders., *Der Globaltrottel*, Berlin.
Richle, Dieter (1989): *Schlaraffenland. Geschichte einer populären Phantasie*, Frankfurt am Main.
Riese, Utz (1993): *Das Tiridelirieren der Postmoderne*. In: Ders. (Hg.), *Falsche Dokumente. Postmoderne Texte aus den USA*, Leipzig, S. 9-23.
Rheingold, Howard (1992): *Virtuelle Welten. Reise im Cyberspace*, Hamburg.
Roda-Becher, Martin (1992): *Wo sich die Köpfe küßten. Das Wachsfigurenkabinett als Bordell der Weltgeschichte*. In: *Merkur* 5, S. 457-463.
Ropohl, Günter (1991): *Risikoverantwortung im technischen Handeln*. In: Peter Fischer (Hg.), *Auf der Suche nach der verlorenen Sicherheit*, München, S. 95-106.

Rorty, Richard (1985): *Le Cosmopolitisme sans émancipation*. In: *Critique* 456, S. 569-580.
Rorty, Richard (1989): *Kontingenz, Ironie und Solidarität*, Frankfurt am Main.
Rorty, Richard (1993): *Der Fortschritt des Pragmatisten*. In: *Merkur* 12, S. 1025-1037.
Roten, Iris von (1958): *Frauen im Laufgitter*, Bern.
Rougemont, Denis de (1966): *Die Liebe und das Abendland*, Köln/Berlin.
Rubinstein, Arthur (1990): *Neuer Wachstumsschub*. In: *Bilanz* 3.
Rufin, Jean-Christophe (1993): *Das Reich und die neuen Barbaren*, Berlin.
Rutschky, Katharina (1992): *Rechtsradikal oder irre?* In: *Merkur* 8, S. 702-707.
Rutschky, Katharina (1994): *Humaniora. Eine Kolumne. Intimität als Thema moderner Gesellschaften*. In: *Merkur* 3, S. 249-254.

Sachs, Wolfgang (1993): *Ein Gefühl der Omnipotenz. Der blaue Planet als Managementobjekt*. In: *Neue Zürcher Zeitung*, 26. Mai 1993, S. 61.
Safranski, Rüdiger (1990): *Wieviel Wahrheit braucht der Mensch?*, München/Wien.
Schauer, Hans (1993): *Europa der Vernunft*, Bonn.
Scheler, Max (1962): *Die Stellung des Menschen im Kosmos*, Bern/München.
Schelsky, Helmut (1977): *Die Arbeit tun die andern. Klassenkampf und Priesterherrschaft der Intellektuellen*, München.
Schimmang, Jochen (1982): *Beruf, Job, Arbeit*. In: Michael Rutschky (Hg.), *Errungenschaften. Eine Kasuistik*, Frankfurt am Main, S. 195-203.
Schivelbusch, Wolfgang (1983): *Lichtblicke. Zur Geschichte der künstlichen Helligkeit im 19. Jahrhundert*, München/Wien.
Schmid, G. (1990): *Der Augenblick der christlichen Entscheidung*. In: *Neue Zürcher Zeitung*, 21. Februar 1990.
Schmid, Josef (1992): *Das verlorene Gleichgewicht. Eine Kulturökologie der Gegenwart*, Stuttgart, Berlin, Köln.
Schmitt, Carl (1934): *Politische Theologie*, Berlin.
Schmitt, Carl (1963): *Theorie des Partisanen. Zwischenbemerkungen zum Begriff des Politischen*, Berlin.
Schmitt, Carl (1981): *Land und Meer. Eine weltgeschichtliche Betrachtung*, Köln-Lövenich.
Schmitz-Emaus, Monika (1993): *Ein Brief aus Babel: Über unsere (ganz alltägliche?) Dekonstruktion*. In: *Zeno* 15, S. 4-45.
Schoeck, Helmuth (1980): *Der Neid. Die Urgeschichte des Bösen*, München, Wien.

Schulze, Gerhard (1992): *Die Erlebnisgesellschaft. Kultursoziologie der Gegenwart*, Frankfurt/New York.

Schütz, Alfred (1972): *Gesammelte Aufsätze*, 3 Bde., Den Haag.

Schütz, Alfred/Thomas Luckmann (1979): *Strukturen der Lebenswelt*, Bd. 1, Frankfurt am Main.

Seidel, Alfred (1927): *Bewußtsein als Verhängnis*, Bonn.

Seidel, Eberhard (1992): *Die Marktwirtschaft vor der ökologischen Bewährungsprobe*. In: *Gaja* 2, S. 95-109.

Seiwert, Lothar J. (1987): *Das 1×1 des Zeitmanagement*, München.

Sens, Eberhard (1990): *Der Heilige Georg und die planetarische Perspektive*. In: Sloterdijk, Peter (Hg.), *Vor der Jahrtausendwende: Berichte zur Lage der Zukunft*, Frankfurt am Main, Bd. 1, S. 13-29.

Seyfahrt, Constans (1973): *Protestantismus und gesellschaftliche Entwicklung. Zur Reformulierung eines Problems*. In: Ders./Walter M. Sprondel (Hg.), *Seminar: Religion und gesellschaftliche Entwicklung*, Frankfurt am Main, S. 338-367.

Shneidmann, Edwin (1987): *In grenzenloser Unempfindlichkeit. Briefe und Zeugnisse von Menschen, die ihren Tod erwarten*, München.

Sieburg, Friedrich (1961): *Die Lust am Untergang*, Reinbek.

Simmel, Georg (1968): *Soziologie. Untersuchungen über die Formen der Vergesellschaftung*, Berlin.

Simmel, Georg (1984): *Das Individuum und die Freiheit. Essais*, Berlin.

Simon, Julian (1993): *Haltlose Einwände gegen Einwanderer. Neue Arbeitsplätze und Nettozuschüsse an die Staatskasse*. In: *Neue Zürcher Zeitung*, 27./28. Februar 1993.

Singer, Peter (1991): *Praktische Ethik*, Ditzingen.

Sloterdijk, Peter (1978): *Literatur und Lebenserfahrung. Autobiographien der Zwanziger Jahre*, München.

Sloterdijk, Peter (1987): *Kopernikanische Mobilmachung und ptolemäische Abrüstung*, Frankfurt am Main.

Sloterdijk, Peter (1989): *Eurotaoismus. Zur Kritik der politischen Kinetik*, Frankfurt am Main, S. 277 ff.

Sloterdijk, Peter (1990): *Versprechen auf Deutsch. Rede über das eigene Land*, Frankfurt am Main.

Sloterdijk, Peter (1993 a): *Sendboten der Gewalt. Der Mensch als Werfer und Schütze – zur Metaphysik des Action-Kinos*. In: *Die Zeit* 18, S. 57 ff.

Sloterdijk, Peter (1993 b): *Die wahre Irrlehre. Über die Weltreligion der Weltlosigkeit*. In: Ders./Thomas H. Macho (Hg.), *Weltrevolution der Seele*, Zürich, S. 17-57.

Smith, Keith und Irene (1987): *Krisenzeiten meistern. Überleben in der Zivilisation*, Stuttgart.

Solschenyzin, Alexander (1974): *Der Archipel GULAG*, Bern.

Spaemann, Robert/Reinhard Löw (1981): *Die Frage Wozu? Geschichte und Wiederentdeckung des theologischen Denkens*, München/Zürich.

Spengler, Oswald (1923): *Der Untergang des Abendlandes*, München.
Spengler, Oswald (1932): *Der Mensch und die Technik*, München.
Spill, Elvira/Wingert Erdmann (Hg.) (1990): *Brennpunkt Müll*, Hamburg.
Staguhn, Gerhard (1990): *Das Lachen Gottes. Der Mensch und sein Kosmos*, Wien.
Stephan, Cora (1985): *Ganz entspannt im Supermarkt. Liebe und Leben im ausgehenden 20. Jahrhundert*, Berlin.
Sternberger, Dolf (1976): *Heinrich Heine und die Abschaffung der Sünde*, Frankfurt am Main.
Stratmann-Mertens, Eckhard u. a. (Hg.) (1991): *Wachstum, Abschied von einem Dogma*, Frankfurt am Main.
Strauß, Botho (1988): *Besucher, Komödie*, München/Wien.
Stuke, Horst (1972): *Aufklärung*. In: Otto Brunner u. a. (Hg.), *Geschichtliche Grundbegriffe. Historisches Lexikon zur politisch-sozialen Sprache in Deutschland*, Bd. 1, Stuttgart.
Sudnow, David (1973): *Organisiertes Sterben*, Frankfurt am Main.
Sukale, Michael (1988): *Denken, Sprechen, Wissen*, Tübingen.
Sukale, Michael (1990): *Die Henker von Paris*, MS. Bamberg.
Szalay, Miklós (1994): *Die Kunst Schwarzafrikas. Kunst und Gesellschaft*, München.

Tannen, Deborah (1991): *Du kannst mich einfach nicht verstehen*, Hamburg.
Taurek, Bernhard H. F. (1989): *Nietzsche und der Faschismus*, Hamburg.
Taylor, Charles (1993): *Multikulturalismus und die Politik der Anerkennung*, Frankfurt am Main.
Tenbruck, Friedrich H. (1984): *Die unbewältigten Sozialwissenschaften oder die Abschaffung des Menschen*, Graz, Wien, Köln.
Theunissen, Michael (1970): *Die Verwirklichung der Vernunft. Zur Theorie-Praxis-Diskussion im Anschluß an Hegel*. In: *Philosophische Rundschau*, Beiheft 6, Tübingen.
Thurow, Lester (1993): *Kopf an Kopf. Wer siegt im Wirtschaftskrieg zwischen Europa, Japan und den USA?*, Düsseldorf/Wien/New York/Moskau.
Timm, Hermann (1985): *Das Weltquadrat. Eine religiöse Kosmologie*, Gütersloh.
Tipler, Frank J. (1994): *Die Physik der Unsterblichkeit*, München.
Tobler, Jürg (1993): *Im Sound der Zeit. Über modische Mentalitäten*, St. Gallen.
Tocqueville, Alexis de (1987): *Über die Demokratie in Amerika*, Zürich.
Toffler, Alvin (1971): *Der Zukunftsschock*, Bern/München/Wien.
Toffler, Alvin (1990): *Machtbeben. Powershift*, Düsseldorf, Wien, New York.

Trojé, Hans Erich (1992): *Gestohlene Liebe. Zur Archäologie der Ehe – ein Rettungsversuch*, Stuttgart-Bad Cannstatt.
Tuiavii aus Tiavea (1973): *Der Papalagi*, Nürnberg.
Turner, Bryan S. (1990): *Theories of Modernity and Postmodernity*, London.

Uexküll von, Thure (1945): *Die sinnliche Welt und die Wirklichkeit der Naturwissenschaften*. In: Thure von Uexküll/Ernesto Grassi, *Wirklichkeit als Geheimnis und Auftrag. Die Exaktheit der Naturwissenschaften und die philosophische Erfahrung*, Bern.
Uhle-Wettler, Franz (1989): *Die Gesichter des Mars*, Erlangen/Bonn/Wien.
Ulrich, Peter (1986): *Transformation der ökonomischen Vernunft. Fortschrittsperspektiven der modernen Industriegesellschaft*, Bern/Stuttgart.

Vachss, Andrew (1989): *Strega*, Frankfurt am Main/Berlin/Wien.
Vilar, Esther (1982): *Die Antrittsrede der amerikanischen Päpstin*, München.
Vilar, Esther (1985): *Die Mathematik der Nina Gluckstein*, Bern/München/Wien.
Vilar, Esther (1987): *Der betörende Glanz der Dummheit*, Düsseldorf/Wien/New York.
Virilio, Paul (1978): *Fahren, fahren, fahren...*, Berlin.
Virilio, Paul (1993): *Revolution der Geschwindigkeit*, Berlin.
Voegelin, Eric (1959): *Die Neue Wissenschaft der Politik*, München.
Vogl, Joseph (1987): *Terror des Lebens. Katastrophe des Todes*. In: *Süddeutsche Zeitung*, 7. Mai 1987.

Walter-Busch, Emil (1989): *Das Auge der Firma*, Stuttgart.
Walter-Busch, Emil (1994): *Gemeinsame Denkfiguren von Experten und Laien*. In: Ronald Hitzler/Anne Honer/Christoph Maeder (Hg.), *Expertenwissen. Die institutionalisierte Kompetenz zur Konstruktion von Wirklichkeit*, Opladen, S. 83-104.
Walzer, Michael (1985): *Exodus und Revolution*, Berlin.
Walzer, Michael (1990a): *Kritik und Gemeinsinn*, Berlin.
Walzer, Michael (1990b): *Zwei Arten des Universalismus*. In: *Babylon* 7, S. 7-29.
Watzlawick, Paul (1976): *Wie wirklich ist die Wirklichkeit? Wahn, Täuschung, Verstehen*, München.
Weber, Marianne (1950): *Max Weber. Ein Lebensbild*, 2. Aufl., Heidelberg.
Weber, Max (1973): *Die Protestantische Ethik und der Geist des Kapitalismus*, 3. Aufl., München/Hamburg.

Weber, Max (1972): *Wirtschaft und Gesellschaft. Grundriß der verstehenden Soziologie*, Tübingen.
Weber, Max (1991): *Die Objektivität sozialwissenschaftlicher und sozialpolitischer Erkenntnis*. In: Ders., *Schriften zur Wissenschaftslehre*. Hg. von Michael Sukale, Stuttgart, S. 21-102.
Weber, Max (1992): *Wissenschaft als Beruf*. In: Horst Baier u. a. (Hg.), *Gesamtausgabe Max Weber*, Bd. 17, Tübingen, S. 71-113.
Weder, Hans (1994): *Erfüllte Zeit. Neutestamentliche Überlegungen zum Umgang mit der Zeit*. In: *Neue Zürcher Zeitung*, 23./24. April.
Weissenfeld, Horst (1993): *Das große Buch der Optionen*, Ebmatingen.
Wellmer, Albrecht (1985): *Zur Dialektik von Moderne und Postmoderne*, Frankfurt am Main.
Welsch, Wolfgang (1988): *Postmoderne – Pluralität als ethischer und politischer Wert*, Köln.
Wenzel, Uwe Justus (1994): *Weder im Himmel noch auf der Erde. Ernst Tugendhats Vorlesungen über Ethik*. In: *Neue Zürcher Zeitung*, 20. April.
Wetzstein, Thomas A. u. a. (1993): *Sadomasochismus. Szenen und Rituale*, Reinbek.
White, Frank (1993): *Auf dem Weg zur intergalaktischen Identität. Der Overview-Effekt und seine Folgen*. In: *Neue Zürcher Zeitung*, 26. April 1993, S. 61.
Wilber, Ken (1990): *Halbzeit der Evolution*, Bern/München.
Wildermuth, Armin (1990): *Postmoderne Aufklärung*. In: Wolfgang Welsch u. a., *Postmoderne. Ende in Sicht*, Heiden, S. 26-51.
Willemsen, Rudolf (Hg.) (1986): *Der Selbstmord in Berichten, Briefen, Manifesten, Dokumenten und literarischen Texten*, Köln.
Williamson, Judith (1990): *Consuming Passions. The Dynamics of Popular Culture*, London, New York.
Wohlrab-Sahr, Monika (1992): *Über den Umgang mit biographischer Unsicherheit*. In: *Soziale Welt* 43, S. 216-236.
Wyss, Werner (1989): *»New Marketing«. Konsequenzen aus dem Paradigma-Wechsel des Konsumenten*, 3. Aufl., Adligenswil.

Young, Wayland (1966): *Der verleugnete Eros*, München.

Zeitschrift für Kulturaustausch (1991): *Entwicklung – wohin? Ökonomische, politische, kulturelle und ökologische Aspekte der Zusammenarbeit mit der »Dritten Welt«*, Heft 4.
Ziegler, Jean (1992): *Die multikriminelle Gesellschaft*. In: *Wiener*, Februar 1992, S. 48-51.
Zimmerli, Walter Chr. (1988): *Das antiplatonische Experiment*. In: Ders. (Hg.), *Technologisches Zeitalter oder Postmoderne?*, München, S. 13-36.

edition suhrkamp
Eine Auswahl

Abelshauser: Wirtschaftsgeschichte der Bundesrepublik Deutschland 1945-1980. NHB. es 1241
Achebe: Okonkwo oder Das Alte stürzt. es 1138
Adorno: Eingriffe. es 10
– Gesellschaftstheorie und Kulturkritik. es 772
– Kritik. es 469
– Ohne Leitbild. es 201
– Stichworte. es 347
Bachtin: Die Ästhetik des Wortes. es 967
Barthes: Kritik und Wahrheit. es 218
– Leçon/Lektion. es 1030
– Mythen des Alltags. es 92
– Semiologisches Abenteuer. es 1441
– Die Sprache der Mode. es 1318
Beck: Gegengifte. es 1468
– Die Erfindung des Politischen. es 1780
– Risikogesellschaft. es 1365
Becker: Warnung vor dem Schriftsteller. es 1601
Beckett: Endspiel. Fin de Partie. es 96
– Flötentöne. es 1098
Benjamin: Das Kunstwerk im Zeitalter seiner technischen Reproduzierbarkeit. es 28
– Moskauer Tagebuch. es 1020
– Das Passagen-Werk. es 1200
– Versuche über Brecht. es 172
Bernecker: Sozialgeschichte Spaniens im 19. und 20. Jahrhundert. NHB. es 1540
Bernhard: Der deutsche Mittagstisch. es 1480
Biesheuvel: Schrei aus dem Souterrain. es 1179
Bildlichkeit. Hg. von V. Bohn. es 1475
Bleisch: Viertes Deutschland. es 1719
Bloch für Leser der neunziger Jahre. es 1827
Bloch: Abschied von der Utopie? es 1046
– Kampf, nicht Krieg. es 1167
Boal: Theater der Unterdrückten. es 1361
Böhme, G.: Natürliche Natur. es 1680
Böhme, H.: Prolegomena zu einer Sozial- und Wirtschaftsgeschichte Deutschlands im 19. und 20. Jahrhundert. es 253
Bohrer: Die Kritik der Romantik. es 1551
– Der romantische Brief. es 1582
Bond: Gesammelte Stücke. 2 Bde. es 1340
Botzenhart: Reform, Restauration, Krise. NHB. es 1252
Boullosa: Sie sind Kühe, wir sind Schweine. es 1866
Bourdieu: Rede und Antwort. es 1547
– Soziologische Fragen. es 1872
Bovenschen: Die imaginierte Weiblichkeit. es 921
Brandão: Kein Land wie dieses. es 1236
Brasch: Frauen. Krieg. Lustspiel. es 1469
– Lovely Rita. Rotter. Lieber Georg. es 1562

edition suhrkamp
Eine Auswahl

Braun: Böhmen am Meer.
es 1784
- Verheerende Folgen mangelnden Anscheins innerbetrieblicher Demokratie. es 1473

Brecht: Der aufhaltsame Aufstieg des Arturo Ui. es 144
- Aufstieg und Fall der Stadt Mahagonny. es 21
- Ausgewählte Gedichte. es 86
- Baal. es 170
- Buckower Elegien. es 1397
- Die Dreigroschenoper. es 229
- Furcht und Elend des Dritten Reiches. es 392
- Die Geschäfte des Herrn Julius Caesar. es 332
- Die Gesichte der Simone Machard. es 369
- Die Gewehre der Frau Carrar. es 219
- Der gute Mensch von Sezuan. es 73
- Die heilige Johanna der Schlachthöfe. es 113
- Herr Puntila und sein Knecht Matti. es 105
- Der kaukasische Kreidekreis. es 31
- Leben des Galilei. es 1
- Leben Eduards des Zweiten von England. es 245
- Mann ist Mann. es 259
- Die Mutter. es 200
- Mutter Courage und ihre Kinder. es 49
- Der Ozeanflug. Die Horatier und die Kuratier. Die Maßnahme. es 222
- Schweyk im zweiten Weltkrieg. es 132
- Die Tage der Commune. es 169
- Trommeln in der Nacht. es 490
- Über Politik auf dem Theater. es 465
- Das Verhör des Lukullus. es 740

Brecht für Leser der neunziger Jahre. Hg. von S. Unseld. es 1826

Brunkhorst: Der Intellektuelle im Land der Mandarine. es 1403

Bubner: Ästhetische Erfahrung. es 1564
- Zwischenrufe. Aus den bewegten Jahren. es 1814

Buch: Der Herbst des großen Kommunikators. es 1344
- Die Nähe und die Ferne. es 1663
- Waldspaziergang. es 1412

Bürger: Theorie der Avantgarde. es 727

Burkhardt: Der Dreißigjährige Krieg 1618-1648. NHB. es 1542

Butler: Das Unbehagen der Geschlechter. es 1722

Celan: Ausgewählte Gedichte. Zwei Reden. es 262

Cortázar: Letzte Runde. es 1140
- Das Observatorium. es 1527
- Reise um den Tag in 80 Welten. es 1045

Dedecius: Poetik der Polen. es 1690

Dekonstruktiver Feminismus. Hg. von B. Vinken. es 1678

Deleuze: Logik des Sinns. es 1707
- Verhandlungen. es 1778

edition suhrkamp
Eine Auswahl

Denken, das an der Zeit ist. Hg. von F. Rötzer. es 1406
Derrida: Das andere Kap. Die aufgeschobene Demokratie. es 1769
– Gesetzeskraft. es 1645
Dieckmann: Glockenläuten und offene Fragen. es 1644
– Vom Einbringen. es 1713
Digitaler Schein. Hg. von F. Rötzer. es 1599
Dinescu: Exil im Pfefferkorn. es 1589
Ditlevsen: Sucht. es 1009
– Wilhelms Zimmer. es 1076
Dorst: Toller. es 294
Drawert: Spiegelland. es 1715
Dröge / Krämer-Badoni: Die Kneipe. es 1380
Duerr: Traumzeit. es 1345
Duras: Eden Cinéma. es 1443
– La Musica Zwei. es 1408
– Sommer 1980. es 1205
– Vera Baxter oder Die Atlantikstrände. es 1389
Eco: Zeichen. es 895
Ehmer: Sozialgeschichte des Alters. NHB. es 1541
Eich: Botschaften des Regens. es 48
Elias: Humana conditio. es 1384
Norbert Elias über sich selbst. es 1590
Engler: Die zivilisatorische Lücke. es 1772
Enzensberger: Blindschrift. es 217
– Einzelheiten I. es 63
– Einzelheiten II. es 87
– Die Furie des Verschwindens. es 1066
– Landessprache. es 304
– Palaver. es 696
– Das Verhör von Habana. es 553
Eppler: Kavalleriepferde beim Hornsignal. es 1788
Erste Einsichten. Hg. von Ch. Döring und H. Steinert. es 1592
Esser: Gewerkschaften in der Krise. es 1131
Evans: Im Schatten Hitlers? es 1637
Ewald: Der Vorsorgestaat. es 1676
Federman: Surfiction: Der Weg der Literatur. es 1667
Feminismus. Inspektion der Herrenkultur. Hg. von L. F. Pusch. es 1192
Fernández Cubas: Das geschenkte Jahr. es 1549
Feyerabend: Erkenntnis für freie Menschen. es 1011
– Wissenschaft als Kunst. es 1231
Fortschritte der Naturzerstörung. Hg. von R. P. Sieferle. es 1489
Foucault: Psychologie und Geisteskrankheit. es 272
– Raymond Roussel. es 1559
Denken und Existenz bei Michel Foucault. Hg. von W. Schmid. es 1657
Spiele der Wahrheit. Hg. von F. Ewald und B. Waldenfels. es 1640
Frank: Einführung in die frühromantische Ästhetik. es 1536
– Gott im Exil. es 1506
– Der kommende Gott. es 1142

edition suhrkamp
Eine Auswahl

Frank: Motive der Moderne. es 1456
- Die Unhintergehbarkeit von Individualität. es 1377
- Was ist Neostrukturalismus? es 1203

Frevert: Frauen-Geschichte. NHB. es 1284

Frisch: Biedermann und die Brandstifter. es 41
- Die Chinesische Mauer. es 65
- Don Juan oder Die Liebe zur Geometrie. es 4
- Frühe Stücke. es 154
- Graf Öderland. es 32

García Morales: Die Logik des Vampirs. es 1871
- Das Schweigen der Sirenen. es 1647

Gedächtniskunst. Hg. von A. Haverkamp und R. Lachmann. es 1653

Geist gegen den Zeitgeist. Hg. von J. Früchtl und M. Calloni. es 1630

Geyer: Deutsche Rüstungspolitik 1860-1980. NHB. es 1246

Goetz: Festung. 5 Bde. es 1793-1795
- Festung. es 1793
- Krieg. 2 Bde. es 1320
- Kronos. es 1795
- 1989. 3 Bde. es 1794

Goffman: Asyle. es 678

Gorz: Der Verräter. es 988

Goytisolo: Die Quarantäne. es 1874

Grassmuck / Unverzagt: Das Müll-System. es 1652

Gstrein: Anderntags. es 1625
- Einer. es 1483

Habermas: Eine Art Schadensabwicklung. es 1453
- Legitimationsprobleme im Spätkapitalismus. es 623
- Die nachholende Revolution. es 1633
- Die Neue Unübersichtlichkeit. es 1321
- Technik und Wissenschaft als Ideologie. es 287
- Theorie des kommunikativen Handelns. es 1502

Hänny: Zürich, Anfang September. es 1079

Hahn: Unter falschem Namen. es 1723

Handke: Die Innenwelt der Außenwelt der Innenwelt. es 307
- Kaspar. es 322
- Phantasien der Wiederholung. es 1168
- Publikumsbeschimpfung und andere Sprechstücke. es 177

Happel: Grüne Nachmittage. es 1570

Henrich: Konzepte. es 1400
- Nach dem Ende der Teilung. es 1813
- Eine Republik Deutschland. es 1658

Hensel: Im Schlauch. es 1815

Hentschel: Geschichte der deutschen Sozialpolitik 1880-1980. NHB. es 1247

Hettche: Inkubation. es 1787

Die Hexen der Neuzeit. Hg. von C. Honegger. es 743

Hijiya-Kirschnereit: Was heißt: Japanische Literatur verstehen? es 1608

edition suhrkamp
Eine Auswahl

Hodjak: Franz, Geschichten-
sammler. es 1698
- Siebenbürgische Sprechübung.
es 1622
Holbein: Der belauschte Lärm.
es 1643
- Ozeanische Sekunde. es 1771
- Samthase und Odradek.
es 1575
Huchel: Gedichte. es 1828
Irigaray: Speculum. es 946
Jahoda / Lazarsfeld / Zeisel: Die
Arbeitslosen von Marienthal.
es 769
Jansen: Reisswolf. es 1693
Jasper: Die gescheiterte Zäh-
mung. NHB. es 1270
Jauß: Literaturgeschichte als Pro-
vokation. es 418
Johnson: Begleitumstände.
es 1820
- Das dritte Buch über Achim.
es 1819
- Der 5. Kanal. es 1336
- Ingrid Babendererde. es 1817
- Jahrestage 1. es 1822
- Jahrestage 2. es 1823
- Jahrestage 3. es 1824
- Jahrestage 4. es 1825
- Mutmassungen über Jakob.
es 1818
- Porträts und Erinnerungen.
es 1499
- Versuch, einen Vater zu finden.
Marthas Ferien. es 1416
Über Uwe Johnson. es 1821
Jones: Frauen, die töten. es 1350
Joyce: Finnegans Wake. es 1524
- Penelope. es 1106

Judentum im deutschen Sprach-
raum. Hg. von K. E. Grözin-
ger. es 1613
Junior: Jorge, der Brasilianer.
es 1571
Kenner: Ulysses. es 1104
Kiesewetter: Industrielle Revolu-
tion in Deutschland 1815-1914.
NHB.
es 1539
Kipphardt: In der Sache J. Ro-
bert Oppenheimer. es 64
Kirchhoff: Body-Building.
es 1005
Kluge, A.: Gelegenheitsarbeit
einer Sklavin. es 733
- Lernprozesse mit tödlichem
Ausgang. es 665
- Schlachtbeschreibung. es 1193
Kluge, U.: Die deutsche Revolu-
tion 1918/1919. NHB. es 1262
Köhler: Deutsches Roulette.
es 1642
Koeppen: Morgenrot. es 1454
Kolbe: Bornholm II. es 1402
- Hineingeboren. es 1110
Konrád: Antipolitik. es 1293
- Die Melancholie der Wiederge-
burt. es 1720
- Stimmungsbericht. es 1394
Krechel: Mit dem Körper des
Vaters spielen. es 1716
Krippendorff: Politische Inter-
pretationen. es 1576
- Staat und Krieg. es 1305
- »Wie die Großen mit den Men-
schen spielen.« es 1486
Kristeva: Fremde sind wir uns
selbst. es 1604

edition suhrkamp
Eine Auswahl

Kristeva: Geschichten von der Liebe. es 1482
- Die Revolution der poetischen Sprache. es 949

Kritische Theorie und Studentenbewegung. es 1517

Kroetz: Bauern sterben. es 1388
- Bauerntheater. es 1659
- Furcht und Hoffnung der BRD. es 1291
- Mensch Meier. Der stramme Max. Wer durchs Laub geht … es 753
- Nicht Fisch nicht Fleisch. Verfassungsfeinde. Jumbo-Track. es 1094
- Oberösterreich. Dolomitenstadt Lienz. Maria Magdalena. Münchner Kindl. es 707
- Stallerhof. Geisterbahn. Lieber Fritz. Wunschkonzert. es 586

Krynicki: Wunde der Wahrheit. es 1664

Laederach: Fahles Ende kleiner Begierden. es 1075
- Der zweite Sinn. es 1455

Lang / McDannell: Der Himmel. es 1586

Lehnert: Sozialdemokratie zwischen Protestbewegung und Regierungspartei 1848–1983. NHB. es 1248

Lem: Dialoge. es 1013

Lenz, H.: Leben und Schreiben. es 1425

Leroi-Gourhan: Die Religionen der Vorgeschichte. es 1073

Leutenegger: Lebewohl, Gute Reise. es 1001
- Das verlorene Monument. es 1315

Lévi-Strauss: Das Ende des Totemismus. es 128
- Mythos und Bedeutung. es 1027

Die Listen der Mode. Hg. von S. Bovenschen. es 1338

»Literaturentwicklungsprozesse«. Die Zensur der Literatur in der DDR.
Hg. von E. Wichner und H. Wiesner. es 1782

Llamazares: Der gelbe Regen. es 1660

Löwenthal: Mitmachen wollte ich nie. es 1014

Lüderssen: Der Staat geht unter – das Unrecht bleibt? es 1810

Lukács: Gelebtes Denken. es 1088

Maeffert: Bruchstellen. es 1387

de Man: Die Ideologie des Ästhetischen. es 1682

Marcus: Umkehrung der Moral. es 903

Marcuse: Ideen zu einer kritischen Theorie der Gesellschaft. es 300

Maruyama: Denken in Japan. es 1398

Mattenklott: Blindgänger. es 1343

Mayer: Gelebte Literatur. es 1427
- Versuche über die Oper. es 1050

Mayröcker: Magische Blätter. es 1202
- Magische Blätter II. es 1421
- Magische Blätter III. es 1646

Meckel: Von den Luftgeschäften der Poesie. es 1578

edition suhrkamp
Eine Auswahl

Medienmacht im Nord-Süd-Konflikt. Friedensanalysen Bd. 18. es 1166
Menninghaus: Paul Celan. es 1026
Menzel / Senghaas: Europas Entwicklung und die Dritte Welt. es 1393
Millás: Dein verwirrender Name. es 1623
Miłosz: Zeichen im Dunkel. es 995
Mitscherlich: Krankheit als Konflikt. es 164
– Die Unwirtlichkeit unserer Städte. es 123
Mitterauer: Sozialgeschichte der Jugend. NHB. es 1278
Möller: Vernunft und Kritik. NHB. es 1269
Morshäuser: Hauptsache Deutsch. es 1626
Moser: Besuche bei den Brüdern und Schwestern. es 1686
– Eine fast normale Familie. es 1223
– Der Psychoanalytiker als sprechende Attrappe. es 1404
– Romane als Krankengeschichten. es 1304
Muschg: Literatur als Therapie? es 1065
Mythos ohne Illusion. es 1220
Mythos und Moderne. es 1144
Nakane: Die Struktur der japanischen Gesellschaft. es 1204
Negt / Kluge: Geschichte und Eigensinn. es 1700
Ngūgī wa Thiong'o: Der gekreuzigte Teufel. es 1199
Nizon: Am Schreiben gehen. es 1328
Nooteboom: Berliner Notizen. es 1639
– Wie wird man Europäer? es 1869
Oehler: Pariser Bilder I (1830-1848). es 725
– Ein Höllensturz der Alten Welt. es 1422
Oppenheim: Husch, husch, der schönste Vokal entleert sich. es 1232
Oz: Politische Essays. es 1876
Paetzke: Andersdenkende in Ungarn. es 1379
Paz: Der menschenfreundliche Menschenfresser. es 1064
– Suche nach einer Mitte. es 1008
– Zwiesprache. es 1290
Petri: Schöner und unerbittlicher Mummenschanz. es 1528
Plenzdorf: Zeit der Wölfe. Ein Tag, länger als das Leben. es 1638
Politik der Armut und die Spaltung des Sozialstaats. Hg. von S. Leibfried und F. Tennstedt. es 1233
Politik ohne Projekt? Hg. von S. Unseld. es 1812
Powell: Edisto. es 1332
– Eine Frau mit Namen Drown. es 1516
Ein Pronomen ist verhaftet verhaftet worden. Hg. von E. Wichner. es 1671
Pusch: Alle Menschen werden Schwestern. es 1565
– Das Deutsche als Männersprache. es 1217

edition suhrkamp
Eine Auswahl

Raimbault: Kinder sprechen vom Tod. es 993
Rakusa: Steppe. es 1634
Reichert: Vielfacher Schriftsinn. es 1525
Ribeiro, D.: Unterentwicklung, Kultur und Zivilisation. es 1018
Ribeiro, J. U.: Sargento Getúlio. es 1183
Rodinson: Die Araber. es 1051
Rohe: Wahlen und Wählertraditionen in Deutschland. es 1544
Rosenboom: Eine teure Freundschaft. es 1607
Rosenlöcher: Die verkauften Pflastersteine. es 1635
– Die Wiederentdeckung des Gehens beim Wandern. es 1685
Roth: Die einzige Geschichte. es 1368
– Das Ganze ein Stück. es 1399
– Krötenbrunnen. es 1319
– Die Wachsamen. es 1614
Rubinstein: Sterben kann man immer noch. es 1433
Rühmkorf: agar agar – zaurzaurim. es 1307
Russell: Probleme der Philosophie. es 207
Schedlinski: die rationen des ja und des nein. es 1606
Schindel: Ein Feuerchen im Hintennach. es 1775
– Geier sind pünktliche Tiere. es 1429
– Im Herzen die Krätze. es 1511
Schleef: Die Bande. es 1127
Schöne Aussichten. Hg. v. Ch. Döring und H. Steinert. es 1593
Schönhoven: Die deutschen Gewerkschaften. NHB. es 1287
Schröder: Die Revolutionen Englands im 17. Jahrhundert. NHB. es 1279
Das Schwinden der Sinne. Hg. von D. Kamper und Ch. Wulf. es 1188
Segbers: Der sowjetische Systemwandel. es 1561
Senghaas: Europa 2000. es 1632
– Friedensprojekt: Europa. es 1717
– Konfliktformationen im internationalen System. es 1509
– Die Zukunft Europas. es 1339
Sieferle: Die Krise der menschlichen Natur. es 1567
Simmel: Schriften zur Philosophie und Soziologie der Geschlechter. es 1333
Sloterdijk: Der Denker auf der Bühne. es 1353
Sloterdijk: Eurotaoismus. es 1450
– Kopernikanische Mobilmachung und ptolemäische Abrüstung. es 1375
– Kritik der zynischen Vernunft. es 1099
– Versprechen auf Deutsch. es 1631
– Weltfremdheit. es 1781
Söllner: Kopfland. Passagen. es 1504
Staritz: Geschichte der DDR 1949-1985. NHB. es 1260
Steinwachs: G-L-Ü-C-K. es 1711
Stichworte zur ›Geistigen Situation der Zeit‹. 2 Bde. Hg. von J. Habermas. es 1000

edition suhrkamp
Eine Auswahl

Streeruwitz: New York. New York. Elysian Park. es 1800
– Waikiki-Beach. Sloane Square. es 1786
Struck: Kindheits Ende. es 1123
– Klassenliebe. es 629
Szondi: Theorie des modernen Dramas. es 27
Techel: Es kündigt sich an. es 1370
Thiemann: Schulszenen. es 1331
Thompson: Die Entstehung der englischen Arbeiterklasse. es 1170
Thränhardt: Geschichte der Bundesrepublik Deutschland. NHB. es 1267
Todorov: Die Eroberung Amerikas. es 1213
Treichel: Liebe Not. es 1373
Tugendhat: Ethik und Politik. es 1714
Vargas Llosa: Gegen Wind und Wetter. es 1513
– La Chunga. es 1555
Vernant: Die Entstehung des griechischen Denkens. es 1150
Veyne: Foucault: Die Revolutionierung der Geschichte. es 1702
Vor der Jahrtausendwende: Berichte zur Lage der Zukunft. Hg. von P. Sloterdijk. es 1550
Walser: Ein fliehendes Pferd. es 1383
– Geständnis auf Raten. es 1374
– Selbstbewußtsein und Ironie. es 1090
– Über Deutschland reden. es 1553
– Wie und wovon handelt Literatur. es 642
Weiss: Abschied von den Eltern. es 85
– Die Ästhetik des Widerstands. es 1501
– Fluchtpunkt. es 125
– Das Gespräch der drei Gehenden. es 7
– Notizbücher 1960-1971. es 1135
– Notizbücher 1971-1980. es 1067
– Rapporte. es 276
– Rapporte 2. es 444
– Rekonvaleszenz. es 1710
– Der Schatten des Körpers des Kutschers. es 53
– Stücke I. es 833
– Stücke II. 2 Bde. es 910
– Verfolgung … Marat/Sade. es 68
Sinclair (P. Weiss): Der Fremde. es 1007
Die Wiederkehr des Körpers. Hg. von D. Kamper und Ch. Wulf. es 1132
Wippermann: Europäischer Faschismus im Vergleich 1922-1982. NHB. es 1245
Wirz: Sklaverei und kapitalistisches Weltsystem. NHB. es 1256
Wittgenstein: Tractatus logico-philosophicus. es 12
Zoll: Alltagssolidarität und Individualismus. es 1776
Der Zusammenbruch der DDR. Hg. von H. Joas und M. Kohli. es 1777